A destruição dos judeus europeus

TRADUÇÃO

Carolina Barcellos

Laura Folgueira

Luís Protásio

Maurício Tamboni

Sonia Augusto

A destruição dos judeus europeus

RAUL HILBERG

Amarilys

Copyright © 1961, 1985, 2003 por Raul Hilberg.

Primeira edição em inglês publicada em 1961 pela Quadrangle Books, Chicago.

Edição revisada publicada em 1985 por Holmes & Meier, Nova York e Londres.

Terceira edição publicada em 2003 pela Yale University Press, New Haven e Londres.

Amarilys é um selo editorial Manole.

Este livro contempla as regras do Acordo Ortográfico de 1990, que entrou em vigor no Brasil.

Editor-gestor: Walter Luiz Coutinho
Editor: Enrico Giglio
Produção editorial: Luiz Pereira
Preparação: Lyvia Felix, Lívia Campos, Lindsay Góis, Susana Yunis
Revisão de prova: Gabriela Rocha Ribeiro, Michel Arcas Bezerra, Mônica Rodrigues,
   Pamela Juliana de Oliveira
Capa e projeto gráfico: Daniel Justi
Editoração eletrônica: Luargraf Serviços Gráficos

Dados Internacionais de Catalogação na Publicação (CIP)
(Câmara Brasileira do Livro, SP, Brasil)

Hilberg, Raul
   A destruição dos judeus europeus / Raul
Hilberg. -- Barueri, SP : Amarilys, 2016.

   Título original: The destruction of european
jews.
   Vários tradutores.
   Bibliografia.
   ISBN 978-85-204-3998-2

   1. Alemanha - Política e governo - 1933-1945
2. Holocausto judeu (1939-1945) 3. Judeus -
Genocídio I. Título.

15-08528 CDD-940.531503924

Índices para catálogo sistemático:
1. Judeus : Guerra Mundial : 1939-1945 :
   História 940.531503924

Todos os direitos reservados.

Nenhuma parte deste livro poderá ser reproduzida, por qualquer processo, sem a permissão
expressa dos editores. É proibida a reprodução por xerox.

A Editora Manole é filiada à ABDR – Associação Brasileira de Direitos Reprográficos.

Editora Manole Ltda.
Av. Ceci, 672 – Tamboré
06460-120 – Barueri – SP – Brasil
Tel.: (11) 4196-6000 – Fax: (11) 4196-6021
www.manole.com.br / www.amarilyseditora.com.br
info@amarilyseditora.com.br

Impresso no Brasil / *Printed in Brazil*

Volume 2

VOLUME 1

XI PREFÁCIO À TERCEIRA EDIÇÃO

XIII PREFÁCIO À EDIÇÃO REVISTA

XVII PREFÁCIO À PRIMEIRA EDIÇÃO

1 **1. PRECEDENTES**

29 **2. ANTECEDENTES**

52 **3. A ESTRUTURA DA DESTRUIÇÃO**

63 **4. DEFINIÇÃO POR DECRETO**

81 **5. EXPROPRIAÇÃO**
84 Demissões
95 Arianizações
141 Impostos sobre propriedade
148 Bloqueio de dinheiro
155 Trabalho forçado e regulamentações de pagamento
159 Imposto de renda especial
161 Medidas de inanição

168 **6. CONCENTRAÇÃO**
168 A área do *Reich-Protektorat*
206 Polônia
227 Expulsões

238	Formação de gueto
262	Manutenção do gueto
268	Confiscos
280	Exploração de trabalho
294	Controle de alimentos
302	Doença e morte nos guetos

308 7. OPERAÇÕES MÓVEIS DE EXTERMÍNIO

309	Preparações
329	A primeira varredura
332	Estratégia
341	Cooperação com as unidades móveis de extermínio
365	Operações de extermínio e suas repercussões
388	O extermínio dos prisioneiros de guerra
395	O estágio intermediário
429	A segunda varredura

460 8. DEPORTAÇÕES

477	Agências centrais de deportação
488	A área de *Reich-Protektorat*
491	O processo de desenraizamento
491	Problema especial 1: *Mischlinge* e judeus em casamentos mistos
505	Problema especial 2: os judeus de Theresienstadt
517	Problema especial 3: os judeus que tiveram sua partida adiada
529	Problema especial 4: os judeus presos
536	Captura e transporte
556	Confiscos
570	Polônia
573	Preparativos

580	A realização das deportações
628	Consequências econômicas
654	O arco semicircular
666	O norte
667	Noruega
673	Dinamarca
685	O oeste
686	Países baixos
724	Luxemburgo
727	Bélgica
739	França
808	Itália
833	Os balcãs
834	Área Militar "Sudeste"
870	Satélites por excelência
915	Os satélites oportunistas

VOLUME 2

1065	**9. OPERAÇÕES DOS CENTROS DE EXTERMÍNIO**
1065	Origens dos centros de extermínio
1108	Organização, pessoal e manutenção
1138	Utilização de mão de obra
1160	Experimentos médicos
1173	Confiscos
1191	Operações de extermínio
1191	Ocultação

1198   A "esteira industrial"

1209   Eliminação

1212   Fechamento dos centros de extermínio e fim do processo de destruição

1229 **10. REFLEXÕES**

1229 Os perpetradores

1230   A expansão destrutiva

1248   Os obstáculos

1248   Problemas administrativos

1253   Problemas psicológicos

1282 As vítimas

1299 Os vizinhos

1309 **11. CONSEQUÊNCIAS**

1327 Os julgamentos

1388 Resgate

1443 Socorro

1503 **12. REPERCUSSÕES**

1513 APÊNDICE A CARGOS ALEMÃES

1515 APÊNDICE B ESTATÍSTICAS DE JUDEUS MORTOS

1539 APÊNDICE C SOBRE AS FONTES

1551 ÍNDICE REMISSIVO

A destruição dos judeus europeus

RAUL HILBERG

9

Operações dos centros de extermínio

ORIGENS DOS CENTROS DE EXTERMÍNIO

AS OPERAÇÕES MAIS SECRETAS DO PROCESSO DE DESTRUIÇÃO FORAM realizadas em seis campos localizados na Polônia, em uma área que se estendia desde os territórios incorporados até o rio Bug. Esses campos eram os pontos de coleta para os quais convergiam milhares de transportes vindos de todos os lados. Em três anos, o tráfego de entrada alcançou um total de aproximadamente três milhões de judeus. Conforme os transportes retornavam vazios, seus passageiros desapareciam dentro dos campos.

Os centros de extermínio funcionavam de maneira rápida e eficiente. Um homem poderia descer do trem pela manhã e, à tarde, ter seu cadáver incinerado e suas roupas empacotadas para serem enviadas à Alemanha. Tal operação era resultado de grande planejamento, uma vez que o campo de extermínio consistia em um intrincado mecanismo no qual todo um batalhão de especialistas desempenhavam seus papéis. Visto superficialmente, esse mecanismo de funcionamento harmonioso é enganosamente simples; porém, examinadas mais de perto, as operações dos centros de extermínios assemelham-se em vários aspectos aos complexos métodos de produção em massa de uma fábrica moderna. Será necessário, portanto, explorar passo a passo o que tornou possível o resultado final.

Um fato notável é que, ao contrário das fases anteriores do processo de destruição, as operações nesses centros não tinham precedentes. Nunca antes na história as pessoas haviam sido assassinadas em um regime de linha de montagem.[1] O centro de extermínio como tal não tinha protótipo; não tinha um precursor administrativo. Isso se explica pelo fato de se tratar de uma instituição composta que consistia em duas partes: o campo propriamente dito e as instalações de extermínio dentro dele. Cada um desses dois componentes tinha uma história administrativa própria; nenhum era inteiramente novo. Como instituições separadas, tanto o campo de concentração como a câmara de gás já existiam há algum tempo. A grande inovação surgiu com a fusão desses dois dispositivos. Um exame do campo de extermínio deve, portanto, começar com os dois componentes básicos e como eles foram combinados.

O campo de concentração alemão nasceu e floresceu em meio a violentas disputas e lutas entre facções nazistas. Mesmo nos primeiros dias do regime nazista, a importância do campo de concentração era integralmente reconhecida. Quem quer que se apoderasse dessa arma exerceria um grande poder.

Na Prússia, o ministro do Interior (e posteriormente primeiro-ministro) Göring fez sua aposta e decidiu agrupar os comunistas. Não se tratava da reclusão de criminosos condenados, mas da prisão de um grupo potencialmente perigoso. "As prisões não estavam disponíveis para esse fim";[2] desse modo, Göring estabeleceu campos de concentração, os quais colocou sob controle de sua Gestapo (então *Ministerialrat Diels*).

Quase simultaneamente, campos rivais apareceram em cena. Um deles foi criado em Estetino pelo *Gauleiter* Karpenstein; outro foi erguido em Breslau pelo comandante Heines da SA; um terceiro foi erigido próximo a Berlim pelo comandante Ernst, da SA. Göring avançou com toda a sua força contra esses "campos não autorizados". Karpenstein perdeu o posto; Ernst, a vida.

Todavia, um adversário mais poderoso surgiu. Em Munique, o chefe da polícia, Himmler, organizou sua própria Gestapo e, próximo à cidade de Dachau, constituiu um campo de concentração que colocou sob o comando do

---

1 A frase foi usada por um médico do campo, Friedrich Entress, em seu depoimento de 14 de abril de 1947, no-2368.

2 Testemunho de Göring, Tribunal Militar Internacional, *Trial of the Major War Criminals* (Nuremberg, 1947), IX, 257.

ss-Oberführer Eicke.[3] Em pouco tempo, a Gestapo de Himmler abrangeu os *Länder* [Estados da Alemanha] não prussianos e, na primavera de 1934, Himmler conquistou, por meio de favores de Hitler, a Gestapo prussiana (da qual se tornou "vice-chefe"). Juntamente com a Gestapo de Göring, Himmler capturou os campos de concentração prussianos. A partir de então, todos os campos estavam sob seu controle.[4]

Eicke, o primeiro comandante de Dachau, tornou-se, então, inspetor dos campos de concentração. Suas *Totenkopfverbände* (Unidades da Caveira) tornaram-se os vigias. Desse modo, os campos foram separados da Gestapo, que manteve na administração de cada um deles apenas um ponto de apoio: o departamento político, com jurisdição sobre as execuções e as liberações. Após a eclosão da guerra, Eicke e a maioria de suas *Totenkopfverbände* deslocaram-se para a batalha. Ele foi morto na Rússia e seu substituto, que posteriormente viria a ser o *Brigadeführer* Glücks, assumiu os serviços de inspeção.

A saída de Eicke marca o ponto central no desenvolvimento dos campos de concentração. Até o início da guerra, eles mantinham três tipos de prisioneiros:[5]

i. Prisioneiros políticos
   a. Comunistas (reunião sistemática);
   b. Social-democratas ativos;
   c. Testemunhas de Jeová;
   d. Clérigos que faziam discursos indesejáveis ou manifestavam oposição de alguma forma;
   e. Indivíduos que faziam declarações contra o regime e eram enviados aos campos como exemplo para os outros;
   f. Nazistas expurgados, especialmente homens da SA.

---

3 Ver autorizações de Eicke, 1º de outubro de 1933, PS-778.

4 Os campos de trabalhadores estrangeiros e os campos de prisioneiros de guerra estavam fora da esfera de Himmler. Entretanto, em outubro de 1944, ele assumiu os campos de prisioneiros de guerra na retaguarda.

5 Em outubro de 1943, 110 mil prisioneiros alemães, incluindo quarenta mil "criminosos políticos" e setenta mil "antissociais" foram enviados para os campos de concentração. Discurso de Himmler para o *Militärbefehlshaber*, 14 de outubro de 1943, L-70.

2. Os chamados antissociais, que consistiam principalmente em criminosos habituais e agressores sexuais.
3. Judeus enviados aos campos por *Einzelaktionen* [ações individuais].

Após 1939, os campos foram inundados com milhões de pessoas, incluindo judeus deportados, poloneses, prisioneiros de guerra soviéticos, membros dos movimentos franceses de resistência, e assim por diante.

O serviço de inspeção não conseguia acompanhar esse fluxo. Assim, a partir de 1940, os altos comandantes da ss e da Polícia estabeleceram campos por conta própria, especificamente os campos de trânsito no oeste e os campos de trabalho na Polônia. Durante o último estágio do processo de destruição, os altos comandantes da ss e da Polícia também ergueram campos de extermínio.

Nesse ponto, um departamento surgiu com o intuito de centralizar e unificar a rede de campos de concentração: o Departamento Central Econômico-Administrativo da ss, uma organização do *Obergruppenfüher* Oswald Pohl. Em um processo que levou vários anos, Pohl finalmente emergia como o poder dominante no mecanismo dos campos. Sua organização incorporava o serviço de inspeção e envolvia quase completamente os campos dos altos comandantes da ss e da Polícia.

Pohl entrou nesse cenário de modo um tanto enviesado. Não era comandante de campo nem alto comandante da ss e da Polícia. Na 1ª Guerra Mundial, fora tesoureiro da Marinha e, no início da ss, servira no *Verwaltungsamt* (Escritório Administrativo) do Departamento Central da ss (o *Verwaltungsamt* tratava das questões financeiras e administrativas da organização). Em 1º de fevereiro de 1934, Pohl assumiu o *Verwaltungsamt*, e, em 1936, as atividades já haviam sido expandidas por ele. Agora o escritório lidava também com assuntos de edificações, incluindo a construção de instalações da ss nos campos de concentração. O *Verwaltungsamt* foi, então, reorganizado para se transformar no *Amt Haushalt und Bauten* (Escritório de Construção e Orçamento) – o primeiro grande passo em direção ao controle total.

Em 1940, Pohl rompeu com o Departamento Central da ss e estabeleceu seu próprio Departamento Central: o *Hauptamt Haushalt und Bauten*. Ao mesmo tempo, criou uma cadeia de empreendimentos da ss em campos de concentração e de trabalho. Esses empreendimentos não poderiam ser sujeitos ao *Hauptamt Haushalt und Bauten*, que era, sobretudo, uma agência estatal financiada inteiramente por fundos do Reich. Por esse motivo, Pohl organizou outro Departamento Central, o *Hauptamt Verwaltung und Wirtschaft* (vwha), ou Departamento

Central de Administração e Economia. Esse foi o segundo passo de Pohl. A organização dupla, análoga ao mecanismo de Heydrich antes da união do *Hauptamt Sicherheitspolizei* (Departamento Central de Polícia de Segurança, composto por Gestapo e Kripo) e do *Sicherheitshauptamt* (SD) [Gabinete de Segurança] no RSHA [Departamento Central de Segurança do Reich], é mostrada na Tabela 9.1.

TABELA 9.1 Organização do *Haushalt und Bauten* e do VWHA

HAUSHALT UND BAUTEN		VERWALTUNG UND WIRTSCHAFT
Departamento I Orçamento	Departamento II Construção	Departamento III Administração e Economia (empreendimentos da SS)
Obf. Lörner	*Gruf.* Pohl	*Gruf.* Pohl
I-1 Salários *OStubaf.* Prietzel	II-A Waffen-SS *HStuf.* Sasemann	III-A *Staf.* Dr. Salpeter III-A/1 Companhia Alemã de Obras Públicas (*Deutsche Erd- und Steinwerke* – DEST) *Stubaf.* Mummenthey
I-2 Judiciário *HStuf.* Fricke	II-B Tarefas Especiais *UStuf.* Geber	III-B *Obf.* Möckel
I-3 Uniforme e Roupas *Stubaf.* Weggel	II-C Campos de Concentração e Polícia *HStuf.* List	III-C *OStubaf.* Maurer III-C/3 Companhia Bélica Alemã (*Deutsche Ausrüstungswerke* — DAW) *HStuf.* Niemann
I-4 Instalações *OStubaf.* Köberlein	II-D *HStuf.* Dr. Flir	III-D *Stubaf.* Vogel
I-5 Alocação de Trabalho de Prisioneiros *HStuf.* Burböck	II-E Pessoal	III-S Tarefas Especiais *Stubaf.* Klein

continua

TABELA 9.1 Organização do *Haushalt und Bauten* e do VWHA *(continuação)*

HAUSHALT UND BAUTEN	VERWALTUNG UND WIRTSCHAFT
I-6 Alimentação *HStuf.* Fichtinger	
I-H Pessoal *UStuf.* Lange	
I-K Transportes *UStuf.* Leitner	

Nota: Organograma do *Hauptamt Haushalt und Bauten* e do *Hauptamt Verwaltung und Wirtschaft*, 1941, NO-620. O histórico inicial da organização de Pohl é baseado em seu depoimento de 18 de março de 1947, NO-2574.

Em 1º de fevereiro de 1942, Pohl seguiu o exemplo de Heydrich e uniu seus dois escritórios centrais em uma única organização: o Departamento Central de Economia e Administração, ou *Wirtschafts-Verwaltungshauptamt* (WVHA).

Um mês após essa consolidação, Pohl deu seu terceiro grande passo: para assegurar uma melhor utilização do trabalho nos campos e possibilitar um crescimento desimpedido de seus empreendimentos da SS, ele engoliu também o serviço de inspeção. O WVHA estava agora completamente envolvido com as atividades nos campos de concentração. Na Tabela 9.2, é possível ver que o *Hauptamt Haushalt und Bauten* (I e II) tornou-se os *Amtsgruppen A, B* e *C*, que o serviço de inspeção foi transformado no *Amtsgruppen D* e que o VWHA (III) despontou como *Amtsgruppen W*.[6]

Com a incorporação do serviço de inspeção na máquina de Pohl, a administração dos campos de concentração adquiriu um caráter econômico. A exploração da força de trabalho dos prisioneiros, algo que havia motivado Pohl a empreender essa consolidação, tornava-se agora o principal motivo da existência dos campos de concentração. Esse fator levou aos campos de extermínio o mesmo dilema que já havia despontado nas operações de extermínio móveis e nas deportações – a saber, a necessidade de trabalho versus a "Solução Final". Dessa vez, o dilema era integralmente uma questão interna da SS. O crescimento da organização de Pohl entre 1929 e março de 1942 é resumido na Tabela 9.3.

---

6 Ver organogramas nos documentos NO-52 e NO-III.

TABELA 9.2 Organização do WVHA

Comandante, WVHA		*OGruf*. Pohl
Representante		(*Brif*. Frank) *Gruf*. Georg Lörner
Chefe, *Amtsgruppe* A	Administração das tropas	(Frank) *Brif*. Fanslau
Amt A-I	Orçamento	*Obf*. Hans Lörner
Amt A-II	Finanças	(*OStubaf*. Eggert) *HStuf*. Melmer
Amt A-III	Judiciário	*Obf*. Salpeter
Amt A-IV	Auditoria	*Staf*. Vogt
Amt A-V	Pessoal	*Brif*. Fanslau
Comandante, *Amtsgruppe* B	Economia das tropas	*Gruf*. Georg Lörner
Representante		(*Staf*. Prietzel) *Obf*. Tschentscher
Inspetor de alimentação, Waffen-SS		*Staf*. Prof. Schenk
Amt B-I	Alimentação (sem incluir os campos de concentração)	
		Obf. Tschentscher
Amt B-II	Vestuário (incluindo prisioneiros)	*OStubaf*. Lechler
	Instalações	
Amt B-III		*Staf*. Köberlein
(Amt B-IV: transferido para B-II, 3 de março de 1942)	Matéria-prima Transportes e armamentos	*OStubaf*. Weggel *Staf*. Scheide
Amt B-V		
Comandante, *Amtsgruppe* C	Construção	*Gruf*. Dr. Ing. Kammler
Representante		(*Stubaf*. Basching) *OStubaf*. Schleif
Amt C-I	Construção geral (incluindo campos de concentração)	*Stubaf*. Rall
	Construção especial	*OStubaf*. Kiefer
Amt C-II	Técnico	*Stubaf*. Floto
Amt C-III	Artístico	*Stubaf*. Schneider
Amt C-IV	Inspeção central	(Lenzer) *OStubaf*. Noell
Amt C-V	Financeiro	*Staf*. Eirenschmalz
Amt C-VI		

continua

TABELA 9.2 Organização do WVHA *(continuação)*

Comandante, *Amtsgruppe* D Representante	Campos de concentração	*Brif.* Glücks *OStubaf.* Liebehenschel
Amt D-I	Departamento Central	(Liebehenschel) *OStubaf.* Höss
Amt D-II	Alocação de trabalho	*Staf.* Maurer
Amt D-III	Saneamento	*Staf.* Dr. Lolling
Amt D-IV	Administração	(Kaindl) *Stubaf.* Burger
Comandante, *Amstgruppe* W	Empreendimentos econômicos	*OGruf.* Pohl
Empreendimentos Econômicos Alemães, Inc.		
Primeiro gerente		*OGruf.* Pohl
Segundo gerente		*Gruf.* Lörner *Obf.* Baier
Comandante, Equipe W		
Amt W-I	Companhia Alemã de Obras Públicas (DEST) – Reich	*OStubaf.* Mummenthey
Amt W-II	DEST – Leste	*Stubaf.* Dr. Bobermin
Amt W-III	Empreendimentos alimentícios	*HStuf.* Rabeneck
Amt W-IV	Produtos de madeira (incluindo DAW)	(*HStuf.* Dr. May) *HStuf.* Opperbeck
Amt W-V	Agricultura	*OStubaf.* Vogel
Amt W-VI	Têxteis e couro	*OStubaf.* Lechler
Amt W-VII	Livros e pinturas (incluindo a Nordland Publishing Company e a Deutscher Bilderdienst)	*Stubaf.* Mischke
Amt W-VIII	Tarefas especiais (monumentos, etc.)	*Obf.* Dr. Salpeter

TABELA 9.3 Organização de Pohl, 1929-1942

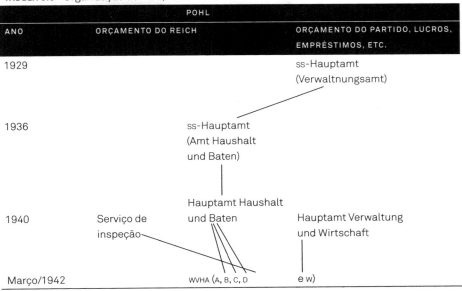

O processo de consolidação não cessou com a incorporação do serviço de inspeção, já que Pohl também abocanhou os campos dos altos comandantes da ss e da Polícia. Anexou alguns campos por completo, controlou outros instalando escritórios regionais que respondiam ao WVHA (os economistas da ss [ss--Wirtschafter])[7] e invadiu os centros de extermínio no *Generalgouvernement* [Governo Geral estabelecido na Polônia], adquirindo o controle sobre todo o mecanismo de confisco do campo no território. Os campos de concentração tornaram-se o principal fator na estrutura de poder de Pohl, que, por sua vez, despontou como uma figura dominante nesse cenário.[8]

---

7 Ordem de Pohl, 23 de julho de 1942, NO-2128. Pohl para Himmler, 27 de julho de 1942, NO-2128. Os economistas da ss foram instalados em Riga, Mogilev, Kiev, Cracóvia, Belgrado e Oslo e, mais tarde, na Hungria.

8 Ver o ensaio de Martin Broszat, "The Concentration Camps 1933-1945", em Helmut Krausnick, Hans Buchheim, Martin Broszat e Hans-Adolf Jacobsen, *The Anatomy of the ss State* (Nova York, 1968), pp. 397-504.

Conforme Pohl reforçava seu controle sobre os campos, números cada vez maiores de prisioneiros passavam a ser absorvidos. Os números seguintes indicam o crescimento do cada vez mais importante exército de escravos presos nos campos de concentração:

Setembro de 1939: 21.400[9]
19 de abril de 1943: mais de 160 mil[10]
1º de agosto de 1944: 524.286[11]

Os números não incluem os campos dos altos comandantes da ss e da Polícia; tampouco contabilizam as milhões de mortes.

Para acompanhar o fluxo de vítimas, a rede de campos precisava ser expandida. Em 1939, havia seis campos relativamente pequenos.[12] Em 1944, Pohl enviou a Himmler um mapa que mostrava vinte campos de concentração completamente estabelecidos (*Konzentrationslager* ou KL) e 165 campos de trabalho satélites agrupados ao redor dos grandes KLS (novamente, os campos dos altos comandantes da ss e da Polícia não estão incluídos).[13] Himmler recebeu o relatório com grande satisfação, assinalando que "são tais exemplos que mostram como o negócio cresceu" [*Gerade an solchen Beispielen kann man sehen, wie unsere Dinge gewachsen sind*]".[14] Dessa maneira, o império de Pohl caracterizou-se por um crescimento em três etapas: a ampliação da jurisdição, o aumento do número de escravos nos campos e a expansão da rede de campos.

Os seis centros de extermínio surgiram nos anos 1941 e 1942, em um momento de grande multiplicação e expansão de instalações de campos de concentração. Durante essa explosão de atividade, a construção e a operação dos centros de extermínio puderam avançar tranquila e discretamente.

Os campos de extermínio operavam com gás. Havia três tipos de instalações de gás, já que a evolução administrativa desse método avançara em três caminhos

---

9 Pohl para Himmler, 30 de abril de 1942, R-129.

10 Pohl para *OStubaf.* Brandt, 19 de abril de 1942, Arquivos de Himmler, Pasta 67.

11 WVHA D-IV (assinado pelo *Stubaf.* Burger) para WVHA-B (Gruf. Lörner), 15 de agosto de 1944, NO-399.

12 Pohl para Himmler, 30 de abril de 1942, R-129.

13 Pohl para Himmler, 5 de abril de 1944, NO-20.

14 Himmler para Pohl, 22 de abril de 1944, NO-20.

distintos. Um desenvolvimento aconteceu na *Technical Referat* [Unidade Técnica] do RSHA, departamento que produziu o ônibus de gás. Já vimos o uso do ônibus na Rússia e na Sérvia. Nesses dois territórios, os ônibus eram instrumentos auxiliares usados para assassinar apenas mulheres e crianças. Entretanto, estava para surgir mais uma aplicação. Em 1941, o *Gauleiter* Greiser, de Wartheland, obteve a permissão de Himmler para assassinar cem mil judeus em seu Distrito.[15] Para isso, três ônibus foram levados para o bosque de Kulmhof (Chełmno); a área foi fechada e, assim, o primeiro centro de extermínio surgiu.[16]

A construção de outro tipo de mecanismo de gás foi levada adiante na Chancelaria do Führer, gabinete pessoal de Hitler. Durante algum tempo na Alemanha, foram objeto de reflexão várias doutrinas sobre a qualidade de vida, desde a simples ideia de que se deveria ajudar uma pessoa moribunda a morrer (*Sterbehilfe*) até a noção de que uma vida injustificada é uma vida indigna. Esse deslocamento da preocupação com o indivíduo para a preocupação com a sociedade foi realizado por meio da representação de pessoas com deficiências ou retardos, especialmente aquelas com problemas entendidos como congênitos, como células doentes ou nocivas à saúde do corpo da nação. O título de uma monografia publicada após o choque da 1ª Guerra Mundial pode, de fato, ser lido como uma sugestão à destruição de tais pessoas. A monografia chamava-se *A libertação pelo aniquilamento da vida sem valor* [*Die Freigabe der Vernichtung lebensunwerten Lebens*].[17] As três últimas palavras da frase em alemão seriam recorrentes na correspondência oficial durante os anos do nazismo.

Contudo, somente após a eclosão da 2ª Guerra Mundial Hitler assinou uma ordem (pré-datada de 1º de setembro de 1939) dando poderes ao chefe da Chancelaria do Führer, o *Reichsleiter* Bouhler, e a seu médico pessoal, o dr. Brandt, "para ampliar a autoridade individual dos médicos, visando permitir-lhes, após realização do mais específico exame existente no reino do conhecimento humano,

---

15 Greiser para Himmler, 1º de maio de 1942, NO-246.

16 Juiz Wladyslaw Bednarz (Łódź), "Extermination Camp at Chełmno", Comissão Central de Investigação de Crimes Alemães na Polônia, *German Crimes in Poland* (Varsóvia, 1946-47), vol. 1, pp. 107-117.

17 Os autores eram Karl Binding, um advogado, e Alfred Hoche, um psiquiatra. (Ver 2ª ed., Leipzig, 1922). Para uma análise complementar a esse pensamento, ver Stephen L. Chorover, *From Genesis to Genocide* (Cambridge, Mass., 1979), p. 78 e ss.

administrar às pessoas com doenças incuráveis uma morte misericordiosa".[18] A intenção era aplicar essa diretiva apenas a alemães com distúrbios mentais,[19] mas, eventualmente, o programa passou a envolver as seguintes operações:[20]

1. Ao longo da guerra, o assassinato, mediante determinação de juntas médicas, de cerca de 5 mil bebês e crianças com síndrome de Down, hidrocefálicas, microcefálicas, coxas, com paralisia cerebral e malformadas. As crianças eram retiradas de instituições de custódia e de pais que não imaginavam o que iria acontecer com elas, levadas para unidades pediátricas especialmente organizadas (*Kinderfachabteilungen*) em cerca de trinta asilos e hospitais onde médicos administravam comprimidos de luminal, ocasionalmente acompanhados de injeções de morfina-escopolamina para induzir à pneumonia, ao coma e à morte.

2. Durante o ano de 1940 e os primeiros oito meses de 1941, o extermínio de 70 mil adultos em estações de eutanásia equipadas com câmaras de gás e monóxido de carbono puro e engarrafado. As vítimas, selecionadas em listas de triagem elaboradas por psiquiatras, eram geralmente institucionalizadas:

   – pessoas senis, débeis mentais, epiléticos, pessoas com a doença de Huntington e alguns outros distúrbios neurológicos;

---

18 Ordem de Hitler, 1 de setembro de 1939, PS-630.

19 Depoimento do dr. Konrad Morgen, 19 de julho de 1946, SS (A)-67. Morgen era um oficial da SS cuja tarefa consistia em investigar a corrupção na SS. Desse vantajoso ponto de vista, teve ciência da fase de extermínio do processo de destruição.

20 Para descrições detalhadas, ver Klaus Dorner, "Nationalsozialismus und Lebensvernichtung", *Vierteljahrshefte für Zeitgeschichte* 15 (1967): 121-52; Lothar Gruchmann, "Euthanasie und Justiz im Dritten Reich", *ibid.*, 20 (1972): 235-79; H. G. Adler, *Der verwaltete Mensch* (Tubinga, 1974), pp. 234-39; Florian Zehethofer, "Das Euthanasieproblem im Dritten Reich am Beispiel Schloss Hartheim 1938-1945", *Oberösterreichisches Heimatblatt* 32 (1978): 46-62. Ernst Klee, "*Euthanasie*" im NS-Staat (Frankfurt, 1985); Klee, ed., *Dokumente zur "Euthanasie"* (Frankfurt, 1985); e Robert Jay Lifton, *The Nazi Doctors* (Nova York, 1986), pp. 21-144. Para o fuzilamento dos pacientes da Pomerânia e o assassinato na câmara de gás dos pacientes da Prússia, ver Henry Friedlander, *The Origins of Nazi Genocide* (Chapel Hill, N.C., 1995), pp. 136-140, e Michael Burleigh, *Death and Deliverance* (Cambridge, England, 1994), pp. 130-132. Além disso, 12.850 pacientes psiquiátricos poloneses foram assassinados entre 1939 e 1944. Burleigh, *Death*, pp. 132-133. Um resumo sem data e sem assinatura das operações nas estações de eutanásia de 1º de setembro de 1941 pode ser encontrado em T 1021, Lista 18.

- indivíduos que tivessem passado por tratamentos em alguma instituição por pelo menos cinco anos;
- pessoas criminalmente insanas, especialmente aquelas envolvidas em crimes morais.

As estações de eutanásia, que não tinham pacientes residentes, eram:

Grefeneck (após o fechamento: Hadamar);

Brandemburgo (após o fechamento: Bernburg);

Sonnenstein;

Hartheim.

3. O fuzilamento de mais de 3 mil pacientes de hospitais psiquiátricos da Pomerânia, no bosque do recém-ocupado corredor polonês.

4. De setembro de 1941 até o final da guerra, a prática da chamada "eutanásia selvagem" em vários hospitais mentais. Médicos e enfermeiras eliminaram milhares de pacientes incapazes ou irritantes, assassinando-os com uma dieta de inanição e overdoses de luminal e outras drogas relacionadas.

5. Da metade do ano de 1941 até o inverno de 1944-1945, a retirada dos campos de concentração de prisioneiros muito fracos ou incômodos para serem mantidos vivos e o assassinato dessas pessoas, mediante avaliação psiquiátrica superficial, em estações de eutanásia, de acordo com o código 14 f 13.

A implementação administrativa desse holocausto psiquiátrico estava nas mãos da Chancelaria do Führer, sob o comando de Bouhler. O homem de fato encarregado pelo programa era um subordinado de Bouhler, o *Reichsamtsleiter* Brack.[21] Para cuidar dos aspectos técnicos do projeto, o *Reichsamtsleiter* contou com os serviços do *Kriminalkommissar* Wirth, chefe do Departamento de Polícia Criminal em Stuttgart e especialista em rastrear criminosos.[22]

---

21 Para a organização e pessoal desse escritório, ver Friedlander, *The Origins of Nazi Genocide*.

22 Depoimento de Morgen, 13 de julho de 1946, ss (A)-65. O psiquiatra avaliador chefe dos hospitais psiquiátricos era um médico da ss, prof. Werner Heyde. Cada estação de eutanásia tinha seu próprio diretor. O termo "holocausto psiquiátrico" foi cunhado por Peter Roger Breggin em "The Psychiatric Holocaust", *Penthouse*, Jan/1979, pp. 81-84, 216. As estações foram chamadas de "centros de extermínio" por Leo Alexander em "Medical Science under Dictatorship", *New England Journal of Medicine* 24 (1949): pp. 39-47. A designação de Alexander é usada aqui para descrever os campos onde os judeus foram assassinados com o uso de gás.

A "eutanásia" era uma prefiguração tanto conceitual quanto tecnológica e administrativa da "Solução Final" nos campos de extermínio. No verão de 1941, quando a destruição física dos judeus estava no horizonte de todo o continente europeu, Himmler consultou o médico chefe da ss (*Reichsarzt-ss und Polizei*), o *Gruppenführer* dr. Grawitz, sobre a melhor forma de empreender a operação de extermínio em massa. Grawitz aconselhou o uso de câmaras de gás.[23]

Em 10 de outubro de 1941, em uma conferência sobre a "Solução Final" do RSHA, Heydrich fez alusão ao desejo de Hitler de libertar o Reich dos judeus, se possível, até o final daquele ano. Em seguida, o chefe do RSHA discutiu as iminentes deportações para Łódź e mencionou Riga e Minsk. Chegou a considerar a possibilidade de enviar judeus para campos de concentração criados para comunistas pelos *Einsatzgruppen* B e C em áreas operacionais.[24] Emergindo como centro gravitacional desse esquema, o Ostland [território oriental] servia para cristalizar a ideia do que deveria ser feito com os deportados pelo Reich em sua chegada.

No final do mês, o especialista em raça (*Sonderdezernent für Rassenpolitik*) do gabinete de Bräutigam do Ministério do Leste, o *Amtsgerichtsrat* Wetzel, esboçou uma carta na qual afirmava que Brack estava preparado para introduzir seu mecanismo de gás no leste. Brack havia se oferecido para enviar seu especialista em química, o dr. Kallmeyer, para Riga. Eichmann, por sua vez, fora enviado a Riga e Minsk para expressar concordância com a ideia. "De acordo com os fatos, não é necessário ter reservas quanto a eliminar, usando os métodos de Brack, esses judeus incapazes de trabalhar" [*Nach Sachlage, bestehen keine Bedenken wenn diejenigen Juden, die nicht arbeitsfähig sind, mit den Brackschen Hilfsmitteln beseitigt werden*],[25] escreveu Wetzel. Porém, houve uma reconsideração sobre o direcionamento do fluxo contínuo de transportes para as regiões geladas da União Soviética ocupada.[26] Orientado a esperar em Berlim por conta do frio no leste, o

---

23 Depoimento de Morgen, 13 de julho de 1946, ss (A)-65.

24 Polícia de Israel 1193.

25 Rascunho de memorando de Wetzel para Lohse e Rosenberg, 25 de outubro de 1941, NO-365. Em Jerusalém, Eichmann declarou que *não* tinha discutido sobre câmaras de gás com Wetzel. Transcrição do julgamento de Eichmann, 23 de junho 1961, sessão 78, p. R1; 17 de julho 1961, sessão 98, p. Bb1.

26 Quando o *Generalgouverneur* Frank esteve em Berlim (em meados de dezembro de 1941), foi informado de que "nada podia ser feito com os judeus em Ostland". Frank em reunião no *Generalgouvernement*, 16 de dezembro de 1941, PS-2233.

dr. Kallmeyer passou o Natal em casa.[27] A cena de ação já havia se transferido para o *Generalgouvernement*.

Em condições primitivas, três campos foram construídos pelo *Amt Haushalt und Bauten* (após a reorganização de março de 1942, WVHA-C) e sua estrutura regional em Bełżec, Sobibor e Treblinka. Os lugares foram escolhidos tendo em vista o isolamento e o acesso a linhas ferroviárias. No planejamento, houve alguma improvisação e muita economia; a mão de obra e o material eram obtidos localmente a um custo mínimo.

Bełżec, no distrito de Lublin, foi o modelo. Sua construção, de acordo com testemunhas polonesas, teve início em novembro de 1941. Um serralheiro que trabalhou na construção do campo fornece a seguinte cronologia:[28]

Outubro de 1941	Homens da SS abordam a administração polonesa na cidade de Bełżec e exigem vinte trabalhadores. Os alemães escolhem o local.
1º de novembro de 1941	Os trabalhadores poloneses começam a construção de três galpões: um salão de espera que, por um corredor, conduzia a uma antessala, a qual, por sua vez, levava a uma terceira construção com um corredor com três portas para três compartimentos, todos com tubulação no chão e uma porta de saída. Todas as seis portas (de entrada e de saída) nesses três compartimentos eram envoltas com uma camada espessa de borracha e abertas para o exterior.

---

27 Helmut Kallmeyer (em Havana) para o dr. Stahmer (advogado), 18 de junho de 1960, caso Oberhauser (Bełżec), *Landgericht München* I, 1 Js 278/60, vol. 5, pp. 974-975. Todos os números dos volumes pertencentes as casos de Bełżec, Sobibor e Treblinka referem-se à coleção do Zentrale Stelle der Landesjustizverzwaltungen in Ludwigsburg, 8 AR-Z 252/59.

28 Declaração de Stanisław Kozak 14 de outubro de 1945, caso Bełżec, vol. 6, pp. 1129-1133. A data de 1º de novembro de 1941 também é mencionada por Eustachy Ukrainski (diretor de escola primária na cidade de Bełżec), 11 de outubro de 1945, caso Bełżec, vol. 6, pp. 1117-1120. A presença de colaboradores do leste no final de 1941 é confirmada por Ludwig Obalek (prefeito de Bełżec) em uma declaração de 10 de outubro de 1945, caso Bełżec, vol. 6, pp. 1112-1114.

Novembro-dezembro de 1941	Um contingente de aproximadamente setenta colaboradores do leste (prisioneiros de guerra soviéticos libertados do cárcere) vestindo uniformes pretos instalam bitolas ferroviárias, cavam poços e constroem uma cerca.
22 de dezembro de 1941	Trabalhadores poloneses são despejados.
Janeiro-fevereiro de 1942	Torres de vigia são construídas.

Os alemães em Bełżec que requisitaram a força de trabalho polonesa eram membros de um *Kommando* de construção da ss.[29] O trabalho era supervisionado por um "mestre de Katowice", um alemão não identificado com algum conhecimento de polonês e que tinha posse dos projetos de construção. Quando os poloneses perguntavam o propósito do projeto, o alemão apenas sorria.[30] Pouco antes do natal, o chefe de construção (*Bauleiter*) mostrou os desenhos técnicos para um oficial não comissionado da ss (Oberhauser) alocado na área e que viria a trabalhar na administração dos campos de extermínio. Os desenhos técnicos eram projetos de instalações de gás (*Vergasungsanlagen*). Nesse momento, a construção dos prédios havia praticamente terminado[31] e, logo em seguida, o químico dr. Kallmeyer chegou de Berlim.[32]

Também no distrito de Lublin, Sobibor foi construído, evidentemente com mais rapidez, nos meses de março e abril do ano de 1942. A supervisão da construção estava a cargo do *Obersturmführer* (mais tarde *Hauptsturmführer*) Thomalla, um mestre de obras regularmente atribuído ao ss-*Zentralbauleitung*

---

29 Declarações de Josef Oberhauser, 26 de fevereiro e 15 de setembro de 1960, caso Bełżec, vol. 4, pp. 656-660 e vol. 6, pp. 1036-1040.

30 Declaração de Kozak e declaração de Edward Ferens (também serralheiro), 20 de março de 1946, caso Bełżec, vol. 6, pp. 1222-1223.

31 Declaração de Oberhouser, 12 de dezembro de 1960, caso Bełżec, vol. 9, pp. 1678-1693.

32 Kallmeyer para Oberhauser, 12 de dezembro de 1960, caso Bełżec, vol. 5, pp. 974-975. Na carta, Kallmeyer afirma que ele não era necessário.

[Departamento Central de Construção] em Lublin/*Bauleitung* Zamość.[33] Thomalla contou com a ajuda profissional do *Baurat* [chefe do departamento de planejamento e controle de construção] Moser, empregado pelo *Kreishauptmann* de Chełm (Ansel), em cujo território Sobibor estava localizado.[34] Para acelerar as obras, o trabalho judeu das regiões vizinhas foi empregado extensivamente durante a fase de construção.[35]

Em Treblinka (dentro do distrito de Varsóvia), onde o comando estava a cargo do médico responsável pela eutanásia, dr. Eberl, o *Zentralbauleitung* do distrito, juntamente com duas empreiteiras – a empresa Schönbrunn Liegnitz e a firma Schmidt und Münstermann, de Varsóvia (construtores do muro do Gueto de Varsóvia) – preparavam o campo.[36] A mão de obra para a construção veio do Gueto de Varsóvia.[37] O dr. Eberl também aproveitou os recursos do gue-

---

33 Declaração de Georg Michalsen (funcionário de reinstalação de Globocnik), 4 de setembro de 1961, caso Sobibor, Hagen, 45 Js 27/61, vol. 4, pp 723-725. Ver também gravação pessoal de Richard Thomalla no Centro de Documentação de Berlim.

34 Declaração do *Landrat* dr. Werner Ansel, 15 de junho de 1960, caso Sobibor, vol. 3, p. 416. Moser também é mencionado pelo comandante de Sobibor, Franz Stangl, 26 de junho de 1967, caso Treblinka, Düsseldorf, 8 Js 10904/59, vol. 13, pp 3712-3722.

35 Declaração de Jan Stefaniuk (um trabalhador não judeu em Sobibor), 26 de fevereiro de 1966, caso Sobibor, vol. 13, pp 2694-2695. O aparelho de gás foi testado na presença de um químico não identificado. Ver Adalbert Rückerl, *NS-Vernichtungslager* (Munich, 1977), pp 165-166. O livro de Rückerl contém textos de decisões judiciais da corte da República Federal da Alemanha e relatos sobre todos os três campos do *Generalgouvernement*, bem como do campo de Chełmo (Kulmhof). Para entradas sobre os três campos, ver a enciclopédia de Główna Komisja Badania Zbrodni Hitlerowskich w Polsce, *Obozy hitlerowskie na ziemiach polskich 1939-1945* (Varsóvia, 1979), pp. 93-95; 459-461; 524-528. Ver também Ino Arndt e Wolfgang Scheffler, "Organisierter Massenmord an Juden in national-sozialistischen Vernichtungslagern", *Vierteljahreshefte für Zeitgeschichte* 24 (1976): 105-135.

36 Acusação de Kurt Franz, anexa pelo promotor Hühnerschulte ao tribunal distrital em Dusseldorf, 29 de janeiro de 1963, cortesia da Polícia Israel.

37 Ver entradas do diário de Czerniaków (presidente do Conselho Judaico do Gueto de Varsóvia) – datas: 17 de janeiro, 4 e 20 de fevereiro, 10, 27 e 29 de março, 9 e 18 de abril, 23 de maio e 1º de junho de 1942 –, em Raul Hilberg, Stanislaw Staron e Josef Kermisz (eds.) *The Warsaw Diary of Adam Czerniakow* (Nova York, 1979), pp. 316, 322, 328, 333, 338, 339, 341, 344, 358, 361. Um campo

to para conseguir material, incluindo interruptores, pregos, cabos e papel de parede.[38] Mais uma vez, os judeus seriam colaboradores involuntários de sua própria destruição.

Mesmo enquanto os três campos estavam sendo erguidos, transportes com judeus deportados do distrito da Cracóvia, do Reich e do Protetorado chegavam à área de Hrubieszów-Zamość. O diretor do Setor de População e Bem-Estar do Departamento do Interior do Gabinete do governador de Lublin (Türk) foi instruído pelo Departamento Geral do Interior do *Generalgouvernement* (Siebert) a auxiliar Globocnik na criação de espaço para os judeus que eram despejados no distrito. Por esse motivo, o representante de Türk (Reuter) teve uma conversa com o técnico em assuntos de "reassentamento" judeu de Globocnik, o *Hauptsturmführer* Höfle. O *Hauptsturmführer* fez algumas declarações dignas de nota: um campo estava sendo construído em Bełżec, próximo à fronteira do *Generalgouvernement* no subdistrito (*Kreis*) de Zamość. Nesse meio tempo, onde poderiam ser descarregados os 60 mil judeus da linha Dęblin-Trawniki? Höfle encontrava-se preparado para receber quatro ou cinco trens diariamente em Bełżec. "Esses judeus cruzariam a fronteira e nunca retornariam para o *Generalgouvernement*" [*Diese Juden kämen über die Grenze und würden nie mehr ins Generalgouvernement zurückkommen*].[39] A discussão, na tarde de 16 de março de 1942, aconteceu alguns dias antes da abertura de Bełżec. Durante o mês seguinte, Sobibor foi finalizado e, em julho, Treblinka.

O terreno de cada campo tinha apenas algumas centenas de metros de comprimento e largura. O esquema era similar nos três: havia galpões para o pessoal da guarda, uma área onde os judeus eram descarregados, uma estação onde eram

---

de trabalho (Treblinka I) já existia, não muito longe do local. A mão de obra judia era enviada do gueto de Varsóvia para Treblinka I e os prisioneiros, tanto poloneses quanto judeus, puderam ser usados na construção. Treblinka I, sob o comando do *Hauptsturmführer* van Eupen, não era administrativamente ligado ao campo de extermínio.

38 Eberl para o *Kommissar* do distrito judeu (Auerswald), 26 de junho de 1942, fac-símile no Instituto Histórico Judaico em Varsóvia, *Faschismus–Getto–Massenmord* (Berlim, 1961), p. 304. Eberl para o *Kommissar*, 7 de julho de 1942, fac-símile em Alexander Donat (ed.). *The Death Camp Treblinka* (New York, 1979), p. 255

39 Memorando de Reuter, 17 de março de 1942, em Instituto Histórico Judaico, *Faschismus-Getto-Massenmord*, pp. 269-270.

despidos e um corredor em forma de S, chamado de *Shlauch* (mangueira), com dois ou três metros de largura e ladeado por cercas altas de arame-farpado cobertas de hera. A *Schlauch* era atravessada pelas vítimas nuas, que caminhavam rumo às instalações de gás. Toda a disposição era projetada para convencer os judeus de que eles estavam em um campo de transição, onde seriam obrigados a se lavar antes de serem mandados para o "leste". As câmaras de gás, disfarçadas de chuveiros, não eram maiores do que uma sala média comum, mas, durante a operação de intoxicação, ficavam lotadas. Num primeiro momento, nenhum campo tinha mais do que três dessas câmaras. O gás usado inicialmente em Bełżec era engarrafado, contendo o mesmo preparo de monóxido de carbono enviado para as estações de eutanásia, ou possivelmente cianeto de hidrogênio.[40] Posteriormente, relata-se que Bełżec foi equipado com um motor a diesel; Treblinka, segundo os relatos, teria tido um desde o início, ao passo que Sobibor começou com um enorme motor russo a gasolina de oito cilindros, mais de duzentos cavalos e resfriado a água, o qual liberava uma mistura de monóxido e dióxido de carbono nas câmaras de gás.[41] Nenhum forno crematório foi instalado: os corpos eram incinerados em covas coletivas.

A capacidade limitada dos campos preocupava o comandante da ss e da Polícia, Globocnik; ele não queria que a operação emperrasse.[42] Durante o verão de 1942, houve um congestionamento no tráfego ferroviário no *Generalgouvernement* e a linha para Sobibor passava por reparos. Em Bełżec, as operações foram reduzidas e interrompidas, e em Sobibor a interrupção prolongou-se. Mas Treblinka recebia os trens ao ponto de transbordar, e pilhas de corpos não queimados em vários estágios de putrefação confrontavam novas chegadas de deportados.[43]

---

40 O gás engarrafado (*Flaschengas*) é mencionado por Oberhauser (*Obersturmführer* em Bełżec). Veja o texto de sua declaração em Rückerl, *NS-Vernichtungslager*, pp. 136-137. A sentença judicial do caso Oberhauser identifica o gás como cianeto (Zyklon B). *Ibid.*, p. 133.

41 *Ibid.*, pp. 133, 203, 165-166. Eugen Kogon et al., *Nationalsozialistische Massentötungen durch Giftgas* (Frankfurt, 1986), pp. 154, 163, 158-159. O motor de Sobibor é descrito pelo *Unterscharführer* Erich Fuchs em *Massentötungen*, pp. 158-159. Fuchs ajudou a instalar o motor e o testou com um contingente de trinta a quarenta mulheres judias.

42 Brack para Himmler, 23 de junho de 1942, NO-205.

43 Rückerl, *NS-Vernichtungslager*, pp 208-209.

Entre julho e setembro, os três campos passaram por expansões. Estruturas gigantescas, de pedra em Bełżec e de tijolos em Treblinka, contendo pelo menos seis câmaras de gás cada, substituíram as instalações antigas. Nas novas construções, essas câmaras ficavam alinhadas em ambos os lados de um corredor e, em Treblinka, a sala de máquinas situava-se no final. A parede da frente da câmara de gás de Treblinka, abaixo do frontão, era decorada com uma Estrela de Davi. Na entrada, dependurava-se uma cortina pesada e escura tirada de uma sinagoga e ainda contendo, em hebraico, as palavras "Esta é a porta pela qual os justos entrarão".[44]

O *Generalgouvernement* também era o local de um campo de concentração comum do WVHA, onde trens de judeus eram recebidos de tempos em tempos. Nas correspondências, os alemães referiam-se ao campo como Lubin, embora seu nome comum após a guerra fosse Majdanek. Até outubro de 1942, o campo possuía apenas instalações para homens. Tinha sido construído para receber prisioneiros de guerras (entre os quais soldados judeus do exército polonês) sob a jurisdição da SS. Mesmo durante esses primeiros tempos, entretanto, vários milhares de judeus, incluindo homens, mulheres e crianças de localidades próximas eram levados para o campo. Nos meses de setembro e outubro de 1942, três

---

44 *Ibid.*, p. 204. As informações sobre o número e o tamanho das câmaras de gás em cada campo não se baseiam em documentação, mas na lembrança de testemunhas. Há um consenso de que as novas câmaras eram maiores do que as antigas (a capacidade *simultânea* de envenenamento por gás em Bełżec durante o verão de 1942 foi estimada em 1.500). Os números de câmaras de gás são dados nos seguintes termos:

Bełżec - 3, depois 6

Sobibor - 3, depois 4, 5, ou 6

Treblinka - 3, depois 6 ou 10

É provável que cada unidade tenha sido concebida a partir do mesmo projeto básico; portanto, três é provavelmente a capacidade inicial e seis a capacidade subsequente. Réus alemães do julgamento de Treblinka de 1965 (Franz et al.) indicaram seis câmaras após a expansão. *Ibid.* Um sobrevivente judeu, que era carpinteiro em Treblinka, afirma que havia dez câmaras de gás. Jankiel Wiernik, "A Year at Treblinka", in.: Donat, *Treblinka*, pp. 147-188, especialmente p. 161. Para um esboço desenhado por Wiernik, consulte Filip Friedman, *This Was Oswiecim* (Londres, 1946), pp. 81-84 e Glówna Komisja, *Obozy*, p. 526. Ver, no entanto, dois layouts diferentes em Donat, *Treblinka*, pp. 318-319; e *Stern*, 17 de maio, 1970, p. 170.

pequenas câmaras de gás foram abertas em um prédio em forma de U. Duas delas haviam sido construídas para o uso intercambiável de monóxido de carbono e gás cianeto engarrafados; a terceira, apenas para o uso de cianeto. A área na frente do prédio era chamada de *Rosengarten* e *Rosenfeld* (jardim de rosas e campo de rosas). Todavia, nenhuma rosa adornava o campo – em vez disso, os diretores da ss associavam a instalação à alcunha das vítimas judias. A fase de uso do gás, que resultou em cerca de 500 a 600 mortes por semana ao longo do período de um ano, chegou ao fim com a decisão de acabar com toda a população judia com um único golpe.[45] Após o campo de Lublin adquirir o controle administrativo dos campos de trabalho de Trawaniki e Poniatowa, fuzilamentos em massa ocorreram, no início de novembro de 1943, em todos os três locais.[46]

Enquanto o campo de extermínio de Chełmno, em Wartheland, estava sendo preparado com vans-câmaras de gás e uma rede de campos de câmaras de gás era estabelecida no *Generalgouvernement*, um terceiro desenvolvimento tornou-se realidade no território incorporado da Alta Silésia. Lá, logo abaixo da convergência dos rios Vístula e Sola, o exército polonês mantinha uma base de artilharia cercada por viveiros de peixes inativos, inundando o complexo com umidade, névoa e lama.[47] Após o colapso polonês, o exército alemão instalou uma comitiva de

---

45 Para uma história do campo de Lublin, ver Jozef Marszalek, *Majdanek* (Hamburgo, 1982), especialmente pp. 24-44, 135-152; julgamento do *Landgericht*, Düsseldorf, 27 de abril de 1979, sobre Ernst Schmidt, 8 Ks 1/75; declaração não juramentada de Friedrich Wilhelm Ruppert (Diretor, Divisão Técnica, campo de Lublin a partir de setembro de 1942), 6 de agosto de 1945, NO-1903; e Glówna Komisja, *Obozy*, pp. 302-312. Sobre as entregas de Zyklon para o campo em 1943, ver o depoimento de Alfred Zaun (contador da Tesch und Stabenow, fornecedores), 18 de outubro de 1947, NI-11937, e fac-símiles de correspondências entre o campo de Lublin e a Tesch und Stabenow durante junho e julho de 1943, em Glówna Komisja, *Obozy*, apêndice, artigos 18, 140 e 141. O gás foi usado rotineiramente em campos também para fumigação.

46 De acordo com Ruppert, aproximadamente 17 mil judeus foram fuzilados em Lublin em novembro de 1943. Franz Pantli, homem da ss no campo, estima 12 mil. Declaração juramentada de Franz Pantli, 24 de maio de 1945, NO-1903. O *Obersturmführer* Offermann cita 15 mil mortos em Lublin, outros 15 mil em Poniatowa e 10 mil em Trawniki. Instituto Histórico Judaico, *Faschismus-Getto-Massenmord*, pp. 366-367n. Ver também Marszalek, *Majdanek*, p. 138.

47 Jan Sehn, "Concentration and Extermination in Camp at Oświęcim", Comissão Central de Investigação de Crimes Alemães na Polônia, *German Crimes in Poland* (Varsóvia, 1946-1947), vol.

soldados de construção nesse local. No início de 1940, o Serviço de Inspeção dos Campos de Concentração, após examinar a área, chegou à conclusão de que, com melhorias estruturais e saneamento adequados, os prédios poderiam ser usados como um centro de quarentena.[48] Alguns meses depois, a ss se mudou para lá.[49] Outro campo de concentração nascia. Seu nome era Auschwitz; seu comandante, um nazista de primeira hora que aportara no mundo dos campos de concentração levando consigo a experiência de Dachau e Sachsenhausen, seu nome era Rudolf Höss.

Os primeiros prisioneiros eram polacos e o objetivo inicial específico do campo era a exploração local desses indivíduos para fins econômicos da ss, incluindo a agricultura nas redondezas. Para essa finalidade, a ss fez um esforço considerável visando estender sua influência para o território ao redor. Consequentemente, a terra entre os dois rios foi declarada uma "área de interesse" (*Interessengebiet*) e todos os camponeses poloneses dos vilarejos locais foram expulsos. O objetivo era estabelecer um *Gutsbezirk* da Waffen-ss, um distrito de propriedade da ss, e reuniões para esse fim foram realizadas por um período de dois anos. O complicado processo de transferência de terras, compreendendo propriedades do estado polonês, municipais, eclesiásticas e pertencentes a alemães, não poderia ser controlado e, no dia 3 de março de 1943, o *Oberpräsident* da Alta Silésia, Bracht, emitiu um decreto criando, em vez de um *Gutsbezirk*, o

---

1, pp. 27-29. Certificado da Direção de Novas Construções (*Neubauleitung*) em Birkenau, 21 de outubro de 1941, observando o solo pesado de argila e as chuvas frequentes, arquivos do Museu Memorial do Holocausto dos EUA, Grupo de Registros 11.001 (Centro para Preservação de Documentos Históricos, Moscou), Rolo 21, Fundo 502, Inscrição 1, Pasta 41.

48 *Obf. Glücks* para Himmler, cópias para Pohl e Heydrich, 21 de fevereiro de 1940, NO-34.

49 Heeresamt Gleiwitz para ids Breslaw, 27 de abril de 1940, e ids para Höss, 31 de maio de 1940, arquivos do Museu Memorial do Holocausto dos EUA, Grupo de Registros 11.001 (Centro de Coleções Históricas, Moscou), Rolo 21, Fundo 502, Inscrição 1, Pasta 55. A ss não fez nenhum pagamento ao exército pelo acampamento. O proprietário era simplesmente o Império. Relatório do Chefe do Departamento Central de Construção em Auschwitz (*Ostuf.* Jothann), 22 de junho de 1944, *ibid.*, Rolo 20, Fundo 502, Inscrição 1, Pasta 38. A meta era 10 mil prisioneiros. Departamento Central de Orçamento e Construção II c 5 para Neubauleitung Auschwitz, 3 de agosto de 1940, *ibid.*, Rolo 36, Fundo 502, Inscrição 1, Pasta 265.

distrito administrativo (*Amtsbezirk*) de Auschwitz.[50] Höss também se tornou o chefe executivo desse *Amtsbezirk*.[51]

Essa manobra para obter o controle era acompanhada por projetos de construção na área. Uma decisão da I. G. Farben Campany de construir uma fábrica em Auschwitz levou a uma ordem emitida pelo chefe de construção da ss, Kammler, para erguer galpões para 18 mil prisioneiros até o final do ano de 1941.[52] Uma ramificação de Auschwitz foi fundada fora da área de interesse. Chamou-se campo de Buna em virtude da borracha sintética (*Buna*) que seria produzida lá. Posteriormente, chamou-se também Monowitz. No momento, havia uma carência de mão de obra e, quando Höss fez um acordo com o *Landrat* local para a captura de polacos e pessoas de origem alemã que tivessem se recusado a trabalhar no mercado livre, o promotor civil protestou contra a usurpação de suas prerrogativas.[53]

A invasão da União Soviética incitou Himmler a agir, uma vez que ele queria sua parcela da abundância de prisioneiros de guerra. O exército concordou e dois locais foram rapidamente denominados campos de prisioneiros de guerra da ss: o

---

50 Bodenamt da Silésia em Katowice (assinado por Kusche) para o Diretor da Zentralbodenamt beim Reichsführer-ss/RKfdFdV (*Gruf.* barão von Holzschuher), 22 de maio de 1940, PS-1352. Brif. Lörner para o Ministério das Finanças, 1º de outubro de 1941, NG-5545. Pohl para o Ministério das Finanças, 7 de novembro de 1942, PS-1643. Registros de reuniões, 3 de novembro e 17 e 18 de dezembro de 1942, sob a presidência do Ministro das Finanças, dr. Casdorf do Ministério das Finanças, PS-1643. Procuração de plenos poderes assinada por Casdorf em acordo com o chefe do Departamento Central de Tutela do Leste (Winkler), 12 de janeiro de 1943, PS-1643. *Ministerialrat* Hoffmann (Ministério do Interior) para o presidente do governo em Katowice, 22 de janeiro de 1943, PS-1643. Ordem de Bracht estabelecendo o distrito oficial (*Amtsbezirk*) de Auschwitz com a descrição detalhada da área, 31 de maio de 1943, PS-1643. Mapa no Museu Memorial do Holocausto dos EUA, Grupo de Registros 11.001 (Centro de Coleções Históricas, Moscou), Rolo 34, Fundo 502, Inscrição 1, Pasta 26.

51 Ordem de Comando (assinada por Höss) de 2 de março de 1942, em que se refere a si mesmo como Comissário Oficial, arquivos do Museu Memorial do Holocausto dos EUA, Grupo de Registros 11.001 (Centro de Coleções Históricas, Moscou), Rolo 20, Fundo 502, Inscrição 1, Pasta 32.

52 Kammler para o *Zentralbauleitung*, 27 de junho de 1941, *ibid.*, Rolo 54, Fundo 502, Inscrição 1, Pasta 215.

53 Relatório semanal do engenheiro Faust, da I. G. Farben (Auschwitz), cobrindo de 17 a 23 de agosto de 1941, NI-15254.

campo de Lublin (Majdanek) e Birkenau. O último era uma extensão praticamente vazia a cerca de três quilômetros do campo principal de Auschwitz. Embora Birkenau fosse "parcialmente pantanoso", acreditava-se que pudesse abrigar 125 mil prisioneiros.[54] Tais massas de homens, entretanto, não se concretizaram. Cerca de 10 mil foram levados para um campo de prisioneiros de guerra próximo, em Lamsdorf. Höss havia sido informado de que eles eram a nata da safra para trabalhos pesados, mas, em fevereiro de 1942, quase todos já estavam mortos.[55]

No meio dessa efervescência, um novo incremento foi introduzido em Auschwitz: a solução final para a questão judaica. Höss lembrou que, no verão de 1941, fora convocado pelo próprio Heinrich Himmler para comparecer a Berlim. Com algumas palavras vagas, Himmler lhe comunicara a decisão de Hitler de exterminar os judeus. Um dos fatores para a escolha de Auschwitz, disse Himmler, era sua proximidade das ferrovias. Os detalhes dessa atribuição seriam levados a Höss por Eichmann. Após colocar esse fardo sobre os ombros de Höss, Himmler acrescentou: "Nós, a SS, devemos executar essa ordem. Se ela não for executada agora, mais tarde os judeus irão destruir o povo alemão".[56] Durante as semanas

---

54 Relatório da *Bauleitung* [Gerência de Construção], 30 de outubro de 1941, arquivos do Museu Memorial do Holocausto dos EUA, Grupo de Registros 11.001 (Centro de Coleções Históricas, Moscou), Rolo 35, Fundo 502, Inscrição 1, Pasta 233. Kammler para *Bauleitung*, 1º de novembro de 1941, *ibid. HStuf.* Bischoff (*Zentralbauleitung*) para *Rüstungskommando* Weimar, 12 de novembro de 1941, *ibid.*, Rolo 41, Fundo 502, Inscrição 1, Pasta 314. Certificado de construção de Neubauleitung, 18 de novembro de 1941, *ibid.*, Rolo 20, Fundo 502, Inscrição 1, Pasta 41.

55 Rudolf Höss, *Kommandant in Auschwitz* (Munique, 1978), pp. 105-106. Danuta Czech, *Kalendarium der Ereignisse im Konzentrationslager Auschwitz-Birkenau 1939-1945* (Reinbek bei Hamburg, 1989), especialmente pp. 160, 166, 170, 177. A maioria dos prisioneiros havia chegado em outubro.

56 Höss, *Kommandant*, pp. 157, 180-181. Veja também seu testemunho no Tribunal Militar Internacional, *Trial of the Major War Criminals* (Nuremberg, 1947-1949), vol. 11, p. 398. Höss não se lembra da data exata da reunião com Himmler, embora em uma de suas declarações, que é também a mais confusa delas, ele mencione junho. Ver seu depoimento de 14 de março de 1946, NO-1210. Dado o desenvolvimento da Solução Final, é improvável que a data seja junho. Julho também pode ser descartado. Richard Breitman, revendo a viagem de Himmler, especifica 13-15 julho como a única vez naquele mês que Himmler esteve em Berlim. Ver seu *Architect of Genocide*

seguintes, Eichmann foi a Auschwitz e Höss participou de uma reunião em seu escritório para discutir as ferrovias e os preparativos para os trens.[57]

Um dos detalhes a serem resolvidos era a forma de morte. A solução para o problema foi acidental. Auschwitz servia como um dos campos de concentração ao qual a Gestapo levava funcionários comunistas e prisioneiros de guerra soviéticos selecionados para serem "liquidados". Certo dia, quando Höss estava ausente tratando de alguns assuntos, seu representante, Fritzsch, trancou alguns prisioneiros em uma cela e os assassinou com cianeto de hidrogênio, um gás em estoque para fumigação. A experiência foi repetida quando Höss retornou. O prédio (ou "bloco", como era chamado em Auschwitz) de número 11 precisou ser ventilado por dois dias, e a próxima utilização de gás foi, portanto, planejada para um número maior de russos no crematório. Buracos foram feitos na terra e no teto de concreto do forno crematório do necrotério. Após o cianeto ser introduzido, alguns russos gritaram "Gás!" e tentaram arrombar a porta, mas as trancas não cederam. Höss observou os cadáveres e ouviu as explicações do médico do campo. As vítimas, ele assegurou, não sofreram em agonia. Ele concluiu que a morte com o uso de gás não derramava sangue e que seu uso pouparia seus homens de um grande fardo psicológico.[58]

O necrotério tornava-se a primeira câmara de gás e, com uma interrupção para reparos na chaminé, operou durante um ano. Uma vez que o tamanho da câmara e a capacidade dos dois fornos não eram suficientes para a tarefa que tinha em mãos, Höss procurou por um novo local para realizar execuções extras. Acompanhado por Eichmann, encontrou em Birkenau duas pequenas fazendas que pareciam adequadas. O trabalho começou com o selamento das janelas. As paredes

---

(Nova York, 1991), p. 295. Danuta Czech sugere que em julho Höss estava ausente de Auschwitz no dia 29. Ver seu *Kalendarium*, entrada para 29 de julho de 1941, pp. 106-107.

57 Höss, *Kommandant*, pp. 157-159. Datar as reuniões com Eichmann é difícil. Veja Christopher Browning, *Fateful Months* (Nova York, 1985), pp. 22-28.

58 Höss, *Kommandant*, pp. 127, 159. Czech, *Kalendarium*, pp. 115-118. Com base nos depoimentos das testemunhas, Czech propõe 3 de setembro como a data do experimento com gás no Bloco 11. Franciszek Piper também escolhe entre 3 e 5 de setembro. Ver seu artigo "Gas Chambers and Crematoria", em Yisrael Gutman e Michael Berenbaum (eds.), *The Anatomy of the Auschwitz Death Camp* (Bloomington, Ind., 1994), pp. 158-159. Prisioneiros soviéticos enviados a Auschwitz antes de outubro eram comunistas e judeus selecionados não para o trabalho forçado, mas para serem exterminados. Nenhuma data precisa foi estabelecida para o segundo experimento com gás em Auschwitz.

internas foram removidas e portas herméticas especiais foram instaladas. Os dois prédios para a liberação de gás foram postos em operação durante 1942, o menor em março e o maior em junho. Foram batizados como Bunker I e II.[59]

Himmler visitou o campo nos dias 17 e 18 de julho de 1942 acompanhado pelo *Gauleiter* Bracht e pelo alto comandante da ss e da Polícia da Alta Silésia, Schmauser. Assistiu ao procedimento desde o desembarque dos vivos até a remoção dos mortos no Bunker II. Naquele momento, não fez nenhum comentário. Posteriormente, sentou-se no escritório de Höss e afirmou que os trens de Eichmann aumentariam exponencialmente mês a mês, que os judeus incapazes de trabalhar deveriam ser exterminados impiedosamente e que os ciganos também deveriam ser assassinados.[60]

Os cadáveres das pessoas executadas nas câmaras de gás dos dois prédios eram enterrados em valas coletivas. Um sobrevivente conta que, no verão de 1942, os cadáveres incharam, "liberando uma substância escura e com um odor terrível que poluía os lençóis freáticos nas imediações".[61] Do final do verão até o mês de novembro de 1942, os corpos em decomposição acumulados e infestados de larvas tiveram que ser desenterrados e incinerados.[62]

Nesse meio tempo, todo o campo encontrava-se em agitação. Auschwitz estava continuamente em construção. A maior parte do trabalho era planejada e supervisionada pela *ss-Zentralbauleitung Auschwitz*, uma organização de aproximadamente cem pessoas, incluindo engenheiros, arquitetos e técnicos, entre outros membros.[63] O *Zentralbauleitung* era responsável por erguer todas as

---

59 Jean-Claude Pressac, *Auschwitz: Technique and Operation of the Gas Chambers* (Auschwitz, 1989), pp. 123-182. Para informações sobre o *Krematorium* original, ver seu *Les crématoires d'Auschwitz* (Paris, 1993), pp 16-20. Sobre os prédios Bunker, ver também um depoimento de Friedrich Entress, 14 de abril de 1947, NO-2368. A execução de judeus por gás no *Krematorium* começou em 15 de fevereiro de 1942, no Bunker I em 20 de março de 1942 e no Bunker II em 30 de junho de 1942, Czech, *Kalendarium*, pp. 174-175, 186-187, 238-239.

60 Höss, *Kommandant*, pp 161, 184.

61 Filip Müller, *Eyewitness Auschwitz* (Nova York, 1979), pp. 50-51.

62 Höss, *Kommandant*, p. 161.

63 Veja o número 98 do *Zentralbauleitung* para o segundo trimestre de 1943, arquivos do Museu Memorial do Holocausto dos EUA, Grupo de Registros 11.001 (Centro de Coleções Históricas, Moscou), Rolo 21, Fundo 502, Inscrição 1, Pasta 46.

instalações da ss e duas fábricas que seriam usadas pela empresa Krupp. Além disso, a I. G. Farben tinha uma autorização para construir seus prédios[64] e o departamento de construção da estação ferroviária de Auschwitz assentava os trilhos e montava os equipamentos.[65]

O *Zentralbauleitung* não era capaz de executar sozinho essa tarefa. A Deutsche Ausrüstungswerk (DAW), empresa da ss, podia realizar apenas trabalhos simples de carpintaria. Consequentemente, cerca de duzentas firmas privadas foram envolvidas, muitas das quais para a construção do campo, outras como fornecedoras de materiais para Auschwitz. A maior parte das empresas ficava na Alta Silésia e tinha um volume de negócios pequeno, mas várias ficavam em Düsseldorf, Colônia ou Viena e algumas tinham filiais em diversas cidades.[66]

Quase todas as firmas tinham de enfrentar inúmeros problemas causados pelas condições de guerra: a distribuição do material, que era da alçada do ministério de Speer; a disponibilidade de vagões de carga para remessas, que era determinada pela *Reichsbahn* [ferrovia do Reich]; e a atribuição de trabalho para os projetos de Auschwitz, que estava sujeita ao controle dos centros de emprego. No que diz respeito a essas questões, o *Zentralbauleitung* procurava apoiar solicitações com o objetivo de acelerar o processo,[67] mas apenas a escassez de mão de

---

64 Veja a Tabela 9.15. Em novembro de 1941, o *Zentralbauleitung* era uma amálgama de um *Neubauleitung* no campo principal e uma *Sonderbauleitung zur Errichtung eines Kriegsgefangenenlagers* (uma "direção especial de construção para a edificação de um campo de prisioneiros de guerra"). Geralmente, um *Neubauleitung* era criado em um novo campo de concentração. A *Sonderbauleitung* foi formada em 1º de outubro de 1941 para o campo de Birkenau.

65 Veja os desenhos parcialmente reconstruídos da *Reichsbahndirektion Oppeln* para Auschwitz e outras localidades da região da *Direktion*. Verkehrsmuseum Nuremberg Archive, Pasta mm.

66 Para as empresas que participaram da construção do complexo de Auschwitz, consulte os arquivos do *Zentralbauleitung* no Museu Memorial do Holocausto dos EUA, Grupo de Registros 11.001 (Centro de Coleções Históricas, Moscou), *passim*.

67 Para a distribuição de material, ver, por exemplo, Equipe Pessoal de Himmler/Escritório de Insumos (Rohstoffamt) para o *Zentralbauleitung*, 11 de maio de 1944; com relação a uma autorização do ministro Speer para a AEG/Katowice para a estação de revezamento, *ibid.*, Rolo 21, Fundo 502, Inscrição 1, Pasta 38 e correspondência para outras empresas em *ibid.*, Rolo 41, Fundo 502, Inscrição 1, Pasta 307. Para problemas de embargo de vagões de carga e prioritários, consulte a correspondência do ano 1943 na Pasta 307, e com referência específica à construção do

obra podia ser atenuada pelo aproveitamento da população prisioneira. A partir de 22 de dezembro de 1942, por exemplo, as firmas de construção empregaram 905 funcionários próprios e 2.076 prisioneiros no campo, ao passo que o *Zentralbauleitung* usou outros 5.751 prisioneiros.[68] A busca por trabalho profissional e especializado demandou um esforço especial no início, quando Auschwitz tentava encontrar engenheiros e arquitetos qualificados entre os prisioneiros alemães de outros campos de concentração.[69]

Os projetos de construção de Auschwitz tinham começado com o planejamento de ruas, a importação de eletricidade e a perfuração de poços de água.[70] Em seguida, vieram as centenas de galpões, particularmente em Birkenau. Essas estruturas eram, em sua maior parte, estábulos pré-fabricados, assentados em chão de terra batida sem piso e usados para o alojamento de prisioneiros e de latrinas.[71] Torres de guarda temporárias (sem serviços higiênicos) deveriam ser substituídas em abril de 1943 por dezesseis estruturas grandes, 45 médias e 42 pequenas.[72] Ao longo dessas atividades, toneladas de arame farpado eram fortalecidas e eletrificadas.[73]

---

crematório, Eng. Prüfer (empresa Topf) para o *Zentralbauleitung*, 29 de janeiro de 1943, *ibid.*, Rolo 41, Fundo 502, Inscrição 1, Pasta 313. Para aprovação do Departamento de Trabalho em Kattowitz (Katowice), ver Wilhelm Kermel, *Kattowitz Elektrotechnisches Installationsgeschäft*, 8 setembro de 1942, buscando ajuda do *Zentralbauleitung*, *ibid.*, Rolo 41, Fundo 502, Inscrição 1, Pasta 307.

68 Compilação do *Zentralbauleitung* para 22 de dezembro de 1942, *ibid.*, Rolo 21, Fundo 502, Inscrição 1, Pasta 57.

69 *Bauleitung* para *Kommandantur* Auschwitz, 12 de novembro de 1941, *ibid.*, Rolo 21, Fundo 502, Inscrição 1, Pasta 54.

70 Veja a proposta de orçamento do *Zentralbauleitung*, 9 de janeiro de 1942, referindo-se à proposta de orçamento de 20 de outubro de 1941, *ibid.*, Rolo 20, Fundo 502, Inscrição 1, Pasta 24.

71 Bischoff para Kammler, 27 de janeiro de 1943, e relatório de auditoria do *Zentralbauleitung*, 2 de fevereiro de 1943, *ibid.*, Rolo 20, Fundo 502, Inscrição 1, Pasta 28.

72 Anotação do *Untersturmführer* Dejaco (*Zentralbauleitung*), 4 de dezembro de 1942, *ibid.*, Rolo 20, Fundo 502, Inscrição 1, Pasta 26. Höss para WVHA-D, 12 de abril de 1943, *ibid.*, Rolo 36, Fundo 502, Inscrição 1, Pasta 260. Bischoff para Kammler, 27 de abril de 1943, *ibid.*, Rolo 20, Fundo 502, Inscrição 1, Pasta 28.

73 Pedido Especial (*Sonderbefehl*) de Höss, 10 de novembro de 1940, *ibid.*, Rolo 20, Fundo 502, Inscrição 1, Pasta 32. *Bauleitung* para *Festungspionierstab* 12 (Equipe de Engenheiros de Fortificação

Foi no curso de toda essa construção que um novo tipo de edifício apareceu. Quatro enormes edificações contendo câmaras de gás e um crematório foram erguidas em Birkenau. Elas deveriam ser a resposta ao aviso de Himmler de que cada vez mais trens chegariam a Auschwitz. Enquanto estavam sendo erguidas, essas construções foram designadas como *Bauwerke* (Estruturas) 30, 30a, 30b e 30c. Essa numeração indica que foram planejadas não todas ao mesmo tempo, mas em sequência.[74]

A *Bauwerk* 30, a primeira do conjunto, tornar-se-ia o *Krematorium II*, o segundo crematório de Auschwitz. A estrutura havia sido projetada no final de 1941, quando ainda havia a expectativa da chegada de prisioneiros de guerra soviéticos em larga escala.[75] Naquele momento, o *Zentralbauleitung* previu cinco fornos com três fornalhas cada. Após a interrupção do fluxo de prisioneiros soviéticos, o projeto foi reduzido a dois necrotérios no porão e apenas duas fornalhas no térreo. Entretanto, em 27 de fevereiro de 1942 os judeus deportados estavam no horizonte. Naquele dia, o *Oberführer* Kammler visitou o campo e decidiu que cinco fornalhas deveriam ser instaladas.[76] Algum tempo depois, várias mudanças tinham sido

---

12 das Forças Armadas), 28 de novembro de 1941, pedindo 7 toneladas de arame farpado para Birkenau, *ibid.*, Rolo 21, Fundo 502, Inscrição 1, Pasta 55. Cartão de Trabalho, *Zentralbauleitung*, 10 de julho de 1943, *ibid.*, Rolo 41, Fundo 502, Inscrição 1, Pasta 316.

74 Ver correspondência sobre a construção em *ibid.*, Rolo 41, Fundo 502, Inscrição 1, Pastas 306-314. Empreiteiros às vezes ficavam confusos com essas designações.

75 Bischoff para *Rüstungskommando* Weimar, referindo-se aos russos, 12 de novembro de 1941, *ibid.*, Rolo 41, Fundo 502, Inscrição 1, Pasta 314.

76 A partir de 22 de outubro de 1941, o *Krematorium* deveria ter cinco fornos, cada um com três fornalhas. Veja a carta da *Bauleitung* à empresa Topf naquele dia, com a especificação dos prazos para entrega de projetos e de peças. Fac-símile de uma cópia original (*Abschrift*) sem assinatura em Pressac, *Auschwitz: Technique and Operation*, p. 187. Uma breve carta descrevendo um plano para substituição de 150 mil judeus por prisioneiros soviéticos ausentes foi enviada por Himmler para Glücks em 25 de janeiro de 1942, NO-500. Sem a carta, o *Zentralbauleitung* fez um pedido oral de apenas dois fornos em 12 de fevereiro de 1942. Bischoff para Topf, 2 de março de 1942, fac-símile em Pressac, *Auschwitz:. Technique and Operation*, p. 191. Depois da visita de Kammler em 27 de fevereiro de 1942, a ordem oral foi rescindida e a original foi restabelecida. Carta de Bischoff de 5 de março de 1942, *ibid.* Veja também Bischoff para WVHA-C III (*Stubaf.* Wirtz), 30 de março de 1942, arquivos do US. Holocaust Memorial Museum, Grupo de Registros 11.001 (Centro de Coleções

efetuadas na planta do prédio. Uma rampa para cadáveres foi excluída e, no seu lugar, incluiu-se uma escada. Um dos necrotérios subterrâneos foi transformado em sala de despir. No outro, os idealizadores adicionaram um sistema de escoamento separado, além de ventilação – o que o transformava em uma câmara de gás.[77]

Enquanto essas mudanças eram projetadas em uma sucessão de desenhos, um terceiro *Krematorium*, idêntico à versão final do segundo, foi projetado. Essa estrutura, a 30a, viria a ser o *Krematorium* III.[78] Por fim, dois outros *Bauwerke*, 30b e 30c, foram acrescentados. Esses prédios, que eram os *Krematoria* IV e V, não possuíam um porão. Suas câmaras de gás ficavam na superfície e, como medida de economia, cada Krematorium deveria ter uma fornalha dupla com duas chaminés.[79] Os fornos duplos tinham sido solicitados pelo Serviço de Inspeção de Construções da ss e pelo alto comandante da ss e da Polícia na Rússia Central, Erich von dem Bach, para serem implantados em Mogilev, no Rio Dniepre. Todavia, tais ordens foram desviadas para Auschwitz.[80]

O cianeto de hidrogênio, solidificado em paletas, deveria ser agitado através de hastes nos porões dos *Krematoria* II e III; já nos *Krematoria* IV e V, ele seria

---

Históricas, Moscou), Rolo 41, Fundo 502, Inscrição 1, Pasta 313. Pressac supõe, a partir dos projetos, que o *Krematorium* II destinava-se em primeiro lugar ao campo principal. Ver sua argumentação e fac-símiles de projetos em seus dois livros.

77 Ver os modelos em Pressac com suas análises, *Auschwitz: Technique and Operation*, pp. 183-184, 267-329 (particularmente 284-303), 355-78, e seu *Les crématoires d'Auschwitz*, pp. 46 -86 (*passim*), com modelos e fotos em lâminas coloridas. Ver também seu artigo (com Robert-Jan van Pelt), "Machinery of Mass Murder", em Gutman e Berenbaum (eds.), *Anatomy of the Auschwitz Death Camp*, pp 199-201.

78 Ver fotos do *Krematorium* III em construção e concluído em Pressac, *Auschwitz: Technique and Operation*, pp. 333, 336-37, 339 e 342.

79 Ver fac-símiles de projetos, *ibid.*, pp 392-403. O mais antigo desses projetos, feito por um prisioneiro, é de 14 de agosto de 1942.

80 Memorando escrito por *UStuf.* Ertl (*Zentralbauleitung*), 21 de agosto de 1942, arquivos do Museu Memorial do Holocausto dos EUA, Grupo de Registros 11.001 (Centro de Coleções Históricas, Moscou), Rolo 41, Fundo 502, Inscrição 1, Pasta 313. Posto de liquidação (em Poznań) do Grupo de Construção da ss na Rússia Central para o *Zentralbauleitung*, 11 de agosto de 1944 e outras correspondências na mesma pasta. Prüfer (empresa Topf) para o *Zentralbauleitung*, 7 de julho de 1943, em Pressac, *Auschwitz: Technique and Operation*, pp. 382-383.

agitado nas paredes laterais das câmaras na superfície. Nas câmaras de gás, as paletas passariam imediatamente para o estado gasoso. Assim, um sistema bem mais eficiente, que garantia um procedimento bem mais rápido do que nos outros campos, foi concebido em Auschwitz.

Contudo, havia um inconveniente: a construção desses prédios elaborados exigia muito mais tempo do que a montagem de seus homólogos nos centros de extermínio do *Generalgouvernement* em Sobibor e Treblinka. Abaixo estão os intervalos de tempo em Auschwitz, do início ao fim:[81]

Números de Krematoria completos	Data do início da construção	Data da transferência do *Zentralbauleitung* para a administração do campo (*Standortverwaltung*)
II	2 de julho de 1942	31 de março de 1943
III	14 de setembro de 1942	26 de junho de 1943
IV	9 de outubro de 1942	22 de março de 1943
V	20 de novembro de 1942	4 de abril de 1943

Mais de uma dúzia de firmas eram empreiteiras nos locais dos quatro Krematoria,[82] para o projeto de câmara de gás-crematório e o fornecimento de fornos:

J. A. Topf und Söhne, Erfurt;

para a construção dos prédios:

HUTA Hoch- und Tiefbau, Breslau, filial de Katowice

Hermann Hirt Nachf., Beuthen

W. Riedel und Sohn, Bielitz

VEDAG Vereinigte Dachpappen A. G., Breslau

---

81 As datas do início das construções no cronograma do *Zentralbauleitung*, arquivos do Museu Memorial do Holocausto dos EUA, Grupo de Registros 11.001 (Centro de Coleções Históricas, Moscou), Rolo 34, Fundo 502, Inscrição 1, Pasta 210. Datas de término no arquivo do *Zentralbauleitung*, fac-símile em Jadwiga Bezwinska (ed.) *Amidst a Nightmare of Crime* (Auschwitz, 1973), p. 55.

82 Pressac, *Les crématoires d'Auschwitz*, pp. 140-142 e documentos do *Zentralbauleitung* nos arquivos do Museu Memorial do Holocausto dos EUA, Grupo de Registro 11.001 (Centro de Coleções Históricas, Moscou), Fundo 502 e *passim*.

para escoamento:

Continentale Wasserwerksgesellschaft, Berlim

Tiefbauunternehmung "TRITON", Katowice

para telhados:

Baugeschaäft Konrad Segnitz, Beuthen

Industrie-Bau A. G., Bielsko

para chaminés:

Robert Koehler, Myslowitz

para encanamento:

Karl Falck, Gliwice

para a ventilação:

Josef Kluge, Velha-Gliwice

para a corrente elétrica:

AEG (*Allgemeine Elektrizitätsgesellschaft*), filial em Katowice

Muito do trabalho foi assolado pela escassez de produtos, atrasos na conclusão das instalações e mão de obra pouco qualificada. Em 29 de janeiro de 1943, por exemplo, a AEG comunicou abruptamente ao *Zentralbauleitung* que não conseguiria obter os melhores componentes para prover a eletricidade a tempo, que o equipamento teria que ser canibalizado de outros projetos e que esse compromisso reduziria a incineração simultânea e o "tratamento especial" no *Krematorium* II.[83] Uma interrupção na distribuição de vagões de carga, por sua vez, atrasou a instalação do equipamento de ventilação no teto de concreto do "porão especial" (*Soderkeller*) do *Krematorium*.[84] Em 13 de janeiro de 1943, o *Zentralbauleitung* queixou-se com a Deutsche Ausrüstungswerke, empresa da ss, pois o trabalho de carpintaria não havia sido terminado e as portas para as unidades, "que eram necessárias com urgência para a implementação de medidas especiais" [*welches zur Durchführung der Sondermassnahmen dringend benötigt wird*], não estavam

---

83 Memorando assinado pelo engenheiro Tomitschek da AEG e *Unterscharführer* Swoboda do *Zentralbauleitung*, 29 de janeiro de 1943, arquivos do Museu Memorial do Holocausto dos EUA, Grupo de Registros 11.001 (Centro de Coleções Históricas, Moscou), Rolo 20, Fundo 502, Inscrição 1, Pasta 26.

84 Memorando do *UStuf.* Wolter (*Zentralbauleitung*), 27 de novembro de 1942, *ibid.*, Rolo 41, Fundo 502, Inscrição 1, Pasta 313.

concluídas.[85] Em 31 de março, outro recado foi enviado sobre uma porta que não possuía olho mágico, com o lembrete de que tal ordem era especialmente urgente.[86] Após os *Krematoria* serem colocados em operação, foram necessários alguns reparos, particularmente na chaminé do *Krematorium* II. Nessa ocasião, houve uma discussão entre Prüfer, engenheiro da Topf responsável pelos projetos, e a empresa Koehler, que os havia executado. Na tentativa de esclarecer os fatos, até o supervisor alemão sênior dos prisioneiros teve de ser consultado.[87] Por fim, concluiu-se que os dois fornos duplos desviados de Mogilev para os *Krematoria* IV e V não funcionavam direito.[88]

Existia uma razão para as tentativas febris de concluir os prédios e usá-los mesmo com partes defeituosas. Ao longo do ano de 1942, Auschwitz havia recebido apenas 175 mil judeus. Os campos do *Generalgouvernement* tinham absorvido mais de oito vezes esse número. As valas em Birkenau e no *Generalgouvernement* estavam lotando ou já estavam lotadas. Nos primeiros meses de 1943, mais judeus chegavam a Auschwitz, mas outras dezenas de milhares da Macedônia, da Trácia, da França e da Holanda eram direcionadas por rotas mais longas para Treblinka e Sobibor, onde não havia nenhuma indústria e nenhuma seleção dos que estavam em melhor forma poderia ser conduzida. Consequentemente, Auschwitz vinha se tornando o centro das atenções e tinha que se firmar.

O status de Auschwitz como um ponto central foi ressaltado em um relatório de 27 de janeiro de 1943 de Bischoff a Kammler. Referindo-se especialmente à "implementação da ação especial" [*Durchfuührung der Sonderaktion*] em Birkenau, Bischoff assinalou uma intervenção do próprio Hitler: "Em conformidade com a ordem do Führer, a conclusão das obras no campo deverá ser especialmente acelerada [*Durch einen Führerbefehl ist der Aufbau des Lagers besonders beschleunigt*

---

85 *Zentralbauleitung* para DAW, 13 de janeiro de 1943, NO-4466.

86 *Zentralbauleitung* para DAW, 31 de março de 1943, NO-4465.

87 Memorando do *UStuf.* Kirschneck (*Zentralbauleitung*) sobre a conversa com Prüfer, representante da Topf, e com o engenheiro Koehler, 14 de setembro de 1943, arquivos do Museu Memorial do Holocausto dos EUA, Grupo de Registros 11.001 (Centro de Coleções Históricas, Moscou), Rolo 20, Fundo 501, Inscrição 1, Pasta 26. O preso, Oberkapo August Brück, tinha chegado de Buchenwald. Czech, *Kalendarium*, p. 431n.

88 Pressac, *Auschwitz: Technique and Operation*, pp 386-390.

durchzuführen]".[89] Dois dias depois, Bischoff escreveu animado a Kammler informando que, após o comprometimento de toda a força de trabalho disponível e apesar das imensas dificuldades (*unsagbare Schwierigkeiten*), o *Krematorium* II estava quase pronto, faltando ainda alguns detalhes estruturais (*bauliche Kleinigkeite*).[90] Para uma visão geral das instalações concluídas, veja a Tabela 9.4.

Se a construção das câmaras de gás era um assunto que se arrastava, o assentamento dos trilhos para os trens chegando a Birkenau demorava ainda mais. A estação de Auschwitz, como parte da rede da Alta Silésia, estava sob a jurisdição da *Reichsbahndirektion* em Oppeln. Essa *Direktion*, que tinha vários gabinetes também em Katowice e Sosnowiec, foi chefiada pelo *Präsident* Pirath até sua aposentadoria, em 14 de outubro de 1942, quando foi substituído pelo *Präsident* Geitmann, um engenheiro. Em várias ocasiões, o *Zentralbauleitung* da ss relacionou-se diretamente não apenas com funcionários da estação de Auschwitz, mas com oficiais da *Reichsbahndirektion* responsáveis pela construção, pelas operações e pelo tráfego.

Os trens chegando a Auschwitz eram carregados com materiais de construção, insumos para a produção e prisioneiros. No início da primavera de 1942, quando os prisioneiros ainda eram descarregados na estação ferroviária, o *Zentralbauleitung* começou a considerar o estabelecimento de um ramal até Birkenau.[91] Já naquele momento, Oppeln havia avisado o *Zentralbauleitung* da possibilidade de os trens serem barrados (*Annahmesperre*).[92] Todavia, o projeto de construção não era simples. De acordo com a lei de 1892, quaisquer linhas, incluindo aquelas de propriedade de agências oficiais eram definidas como "particulares" se não

---

89 Bischoff para Kammler, 27 de janeiro de 1943, arquivos do Museu Memorial do Holocausto dos EUA Grupo de Registros 11.001 (Centro de Coleções Históricas, Moscou), Rolo 20, Fundo 502, Inscrição 1, Pasta 28.

90 *Zentralbauleitung* para *Reichsbahndirektion* (RBD) *Oppeln*/Departamento 47, 30 de julho de 1942, arquivos do Museu Memorial do Holocausto dos EUA, Grupo de Registros 11.001 (Centro de Coleções Históricas, Moscou), Rolo 32, Fundo 502, Inscrição 1, Pasta 186.

91 *Zentralbauleitung* para *Reichsbahndirektion* (RBD) *Oppeln*/Departamento 47, 30 de julho de 1942, arquivos do Museu Memorial do Holocausto dos EUA, Grupo de Registros 11.001 (Centro de Coleções Históricas, Moscou), Rolo 32, Fundo 502, Inscrição 1, Pasta 186.

92 Escritório de Operações da Reichsbahn (Betriebsamt) em Katowice 4 (assinado pelo *Reichbahnrat* Mannl) para o *Zentralbauleitung*, e RBD *Oppeln* para *Zentralbauleitung*, maio de 1942, *ibid.*

TABELA 9.4 Instalações de gás e crematórios em Auschwitz (números antigos entre parênteses)

Campo principal de Auschwitz (*Krematorium* I)	Câmara de gás convertida, com crematório, usada de fevereiro a dezembro de 1942.
Birkenau – Bunker I	Duas pequenas câmaras de gás, galpões para se despir, cova adjacente; usada de março de 1942 até a primavera de 1943.
– Bunker II	Quatro pequenas câmaras de gás, galpões para se despir, cova adjacente; usaca de junho de 1942 até a primavera de 1943. Transformada na primavera de 1944 na Instalação V para uso em modo de espera durante o dia, com o uso do bosque para despir e covas para a cremação.
– *Krematorium* (II) I	Câmara de gás subterrânea dividida em duas câmaras em dezembro de 1943; cinco fornos com três fornalhas cada; usado de março de 1943 a novembro de 1944.
– *Krematorium* (III) II	Câmara de gás subterrânea dividida em duas câmaras em dezembro de 1943; cinco fornos com três fornalhas cada; usado de junho de 1943 a novembro de 1944.
– *Krematorium* (IV) III	Câmara de gás na superfície; forno duplo com oito fornalhas. A partir de março de 1943. Repetido mal-funcionamento. Destruído por prisioneiros em 7 de outubro de 1944.
– *Krematorium* (V) IV	Câmara de gás na superfície; forno duplo com oito fornalhas. Covas suplementares cavadas em 1944. Usado de abril de 1943 a novembro de 1944.

Nota: Franciszek Piper, "Gas Chambers and Crematoria" e Jean-Claude Pressac (com Robert-Jan van Pelt), "The Machinery of Mass Murder at Auschwitz", em Yisrael Gutman e Michael Barenbaum (eds.), *Anatomy of the Auschwitz Death Camp* (Bloomington, Ind., 1994), pp. 157-245.

fossem abertas ao tráfego geral.[93] Consequentemente, a ss precisaria de verba, alocações de trilhos e cruzamentos, acordos com a *Reichsbahn* e permissão do *Regierungspräsident* antes de prosseguir.

No início de 1943, o *Zentralbauleitung* descarregava trinta vagões por dia apenas de materiais de construção.[94] Höss tinha negociado com a *Reichsbahn*

---

93 Ver a correspondência de 1943, a aprovação de 6 de março de 1944 pelo gabinete do *Regierungspräsident* em Katowice (assinado por Scholz) e RBD Oppeln para *Standortverwaltung* [Gerenciamento do Campo] de Auschwitz, 5 de fevereiro de 1944, *ibid*.

94 Bischoff para Höss, 7 de abril de 1943, *ibid*. Um único galpão pré-fabricado era levado por cinco vagões. Escritório de Construção do Exército/Galpões (*Heeresbauamt/Barracken*) para o

para usar um ramal ferroviário externo que fora descartado pelas próprias ferrovias para seus próprios projetos de construção.[95] A ss, entretanto, queria que os transportes que chegavam parassem na frente das novas câmaras de gás dentro de Birkenau. Os trilhos deveriam atravessar a guarita na entrada, onde deveria haver portões que pudessem ser trancados.[96] Em 19 de março de 1943, Höss explicou ao *Oberreichsbahnrat* Stäbler que os trilhos eram necessários "com urgência" agora que havia sido enviada uma notificação de que o fluxo de trens se intensificaria.[97] A rampa provisória precisou ser retirada quando a *Reichsbahn* estava ampliando sua construção e a ss ficou preocupada que o congestionamento pudesse limitar a capacidade de descarregamento a cinco trens por dia.[98]

Apesar disso, houve mais complicações e soluções temporárias.[99] Por fim, a construção do ramal começou no início de 1944, quando uma empreiteira, a firma Richard Reckmann, de Cottbus, foi contratada para o empreendimento.[100] Em 19 de abril de 1944, a estação ferroviária de Auschwitz aprovou que os trilhos recém-construídos fossem utilizados por locomotivas da *Reichsbahn*.[101] Apenas um mês depois, os trens húngaros começaram a rodar e, nos seis meses seguintes, o campo receberia mais judeus do que os que haviam chegado durante os dois anos anteriores.

Zentralbauleitung, 18 de fevereiro de 1943, *ibid.*, Rolo 35, Fundo 502, Inscrição 1, Pasta 236.

95 Memorando do *Zentralbauleitung*, 18 de janeiro de 1943, *ibid.*, Rolo 32, Fundo 502, Inscrição 1, Pasta 184. Bischoff para o WVHA C-III, 4 de maio de 1943, *ibid.*, Pasta 186.

96 Bischoff para o WVHA C-III, 4 de maio de 1943, *ibid.*, Pasta 186.

97 Höss para Stäbler, 19 de abril de 1943, e Bischoff repetindo o apelo de urgência em uma carta ao *Regierungspräsident*, 11 de setembro de 1943, *ibid.*

98 Discussão entre o *Oberreichsbahnrat* Stäbler, o *Oberreichsbahnrat* Doll (Departamento 32), o *Reichsbahnrat* Sander, o *Amtmann* [oficial de justiça] Löw, e Bischoff, *Untersturmführer* Jänisch e *Unterscharführer* Dr. Kuchendorf (*Zentralbauleitung*), 27 de março de 1943, *ibid.*

99 Ver a anotação de uma reunião entre Moeckel, Bischoff e Jänisch com o *Oberreichsbahnrat* Fehling e dois de seus assistentes, 12 de julho de 1943, *ibid.*, Rolo 20, Fundo 501, Inscrição I, Pasta 26, e outras correspondências em *ibid.* Rolo 32, Fundo 510, Inscrição 1, Pasta 186.

100 *Zentralbauleitung* para *Standortverwaltung*, 10 de fevereiro de 1944, *ibid.*, Rolo 32, Fundo 501, Inscrição 1, Pasta 186.

101 Estação Ferroviária para *Zentralbauleitung*, 19 de abril de 1944, *ibid.* Os cruzamentos de estrada, muito utilizados, continuavam sendo um problema, pois ainda não possuíam sinais de alerta e vigas. Memorando da *Bauleitung*, 30 de maio de 1944, *ibid.*

A construção era metade do problema enfrentado pela ss. A outra metade era o fornecimento de gás. O cianeto de hidrogênio, ou Zyklon, era um poderoso agente letal – uma dose de 1 miligrama por quilo do peso corporal era fatal. Vinha acondicionado em recipientes e, para ser utilizado, bastava abri-los e verter as bolinhas dentro da câmara; o material sólido, então, sublimava. O Zyklon tinha apenas um inconveniente: dentro de três meses, ele deteriorava o recipiente e, por esse motivo, não podia ser estocado.[102] Uma vez que Auschwitz era uma estação de recebimento em constante funcionamento, tornava-se necessário ter um fornecimento de gás confiável.

A ss não produzia Zyklon, de modo que o gás precisava ser adquirido de empresas privadas. As empresas que o forneciam eram parte da indústria química, especializadas no "controle de pragas" [*Schädlingsbekämpfung*] por meio de gases venenosos. O Zyklon era um dos oito produtos fabricados por essas empresas,[103] que executavam fumigação em larga escala de prédios, galpões e navios. O produto também servia para desinfetar roupas em câmaras de gás especialmente construídas (*Entlausungsanlagen*) e eliminar piolhos de pessoas protegidas com máscaras de gás.[104] Em resumo, essa indústria fabricava gases fortes o bastante para exterminar roedores e insetos em espaços fechados. O fato de tal técnica ter sido empregada em uma operação para assassinar judeus às centenas de milhares não foi mera coincidência. Na propaganda alemã, eles eram frequentemente retratados como insetos. Frank e Himmler haviam declarado repetidamente que os judeus eram parasitas que precisavam ser exterminados como vermes e, com a introdução do Zyklon em Auschwitz, esse pensamento foi traduzido em realidade.

As operações da indústria de extermínio eram determinadas por três sistemas: os canais de participação acionária, as linhas de produção e venda e os mecanismos de designação de usuários. A empresa que desenvolveu o método de gás para combater vermes foi a Deutsche Gesellschaft für Schädlingsbekämpfung

---

102 Características de Zyklon descritas no relatório, sem data, feito pelo Instituto de Saúde do Protetorado: "Directive for Utilization of Zyklon for Extermination of Vermin" (*Ungeziefervertilgung*), NI-9912. Para as propriedades tóxicas do gás, ver também Steven I. Baskin, "Zyklon B", em Walter Laqueur (ed.), *The Holocaust Encyclopedia* (New Haven, 2001), pp. 716-719.

103 Palestras do Dr. Gerhard Peters e de Heinrich Sossenheimer (peritos em gás), 27 de fevereiro de 1942, NI-9098.

104 *Ibid.*

mbH (Corporação Alemã de Combate às Pragas), cuja abreviatura era DEGESCH.[105] A firma era uma propriedade de três corporações e, sozinha, controlava dois revendedores (ver Tabela 9.5).

Os números do capital de investimento expostos na tabela não são uma indicação do volume de negócios e dos lucros. O lucro da DEGESCH em 1942 foi de 760.368 Reichsmark. Apenas das ações da HELI, a DEGESCH recebeu 76.500 Reichsmark; da TESTA, 36.500 Reichsmark. Em 1943, após a venda das ações da TESTA, a DEGESCH obteve 580.999 Reichsmark, dos quais 102 mil foram lucro do investimento da HELI.[106] Em todos os anos entre 1938 e 1943, com exceção de 1940 e 1941, a I. G. Farben recebeu um dividendo da DEGESCH de 85 mil Reichsmark (200%). Nos anos de 1940 e 1941, a I. G. teve um lucro de 42.500 Reichsmark (100%).[107] As três principais razões para esses lucros descomunais eram: uma despesa geral relativamente baixa (a DEGESCH tinha menos de cinquenta funcionários), demandas da economia de guerra cada vez maiores[108] e, mais importante, um monopólio.

O Zyklon era produzido por duas empresas: a Dessauer Werke e a Keliwerke, em Kolín. Uma fábrica da I. G. Farben (em Uerdingen) produzia o estabilizador do Zyklon.[109] A distribuição de gás era controlada pela DEGESCH, que, em 1929, dividiu o mercado mundial com uma corporação americana, a Cyanamid.[110] Entretanto, a DEGESCH não vendia o Zyklon diretamente para os usuários. Duas outras empresas cuidavam da comercialização: HELI e TESTA. O território dessas duas corporações era dividido pela linha de Cuxhaven que atravessava Öbisfelde e ia até Plauen. A área a nordeste daquela linha, incluindo Auschwitz, pertencia à Tesch

---

105 Para a história dessa corporação, ver palestras de Peters e Sossenheimer (ambos oficiais da DEGESCH), 27 de fevereiro de 1942, NI-9098.

106 Depoimento de Paul H. Haeni, 29 de julho de 1947, NI-9150.

107 Interrogatórios diante da subcomissão da Comissão de Assuntos Militares, Senado Americano, 79º Cong., Iª sessão., Exposições 31-40, NI-9774.

108 Para as estatísticas de comercialização e de construção de câmaras de gás, ver relatórios administrativos da DEGESCH de 1942 e 1944, NI-9093.

109 Depoimento de Karl Amend (DEGESCH Prokurist [oficial autorizado]), 3 de novembro de 1947, NI-12217.

110 Palestras de Peters e Sossenheimer, 27 de fevereiro de 1942, NI-9098.

TABELA 9.5 Participação acionária na indústria do extermínio

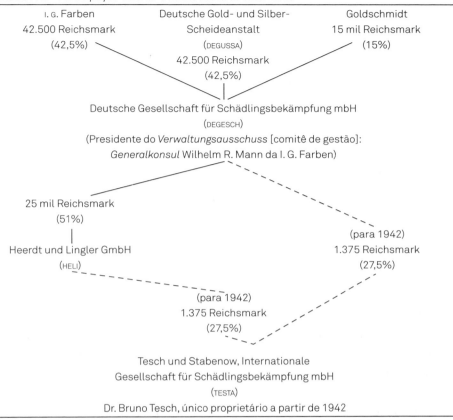

Nota: Contrato entre a DEGESCH, a DEGUSSA, a I.G. Faben e a Goldschimidt, 1936-1937, NI-6363. Depoimentos de Paul H. Haeni (equipe da promotoria) baseados na análise de documentos, 27 de julho de 1947 e 28 de outubro de 1947, NI-9150 e NI-12073. The Zyklon B Case, *Law Reports of Trials of War Criminals*, vol. 1 (Londres, 1947), p. 94. O *Verwaltungsausschuss* (comitê de gestão) da DEGESCH tinha os poderes de um *Aufsichtsrat* (conselho diretor).

und Stabenow.[111] A produção e a comercialização de Zyklon são apresentadas no esquema contido na Tabela 9.6.

A divisão territorial entre a HELI e a TESTA fornecia à primeira a maior parte de clientes particulares e à segunda principalmente o setor governamental, incluindo a Wehrmacht [Forças Armadas da Alemanha Nazista] e a SS. No total,

---

111 Contrato entre DEGESCH e TESTA, 27 de junho de 1942, NI-11393. A TESTA comprava Zyklon da DEGESCH por 5,28 Reichsmark o quilo.

Operações dos centros de extermínio **1103**

TABELA 9.6   Produção e comercialização de Zyklon

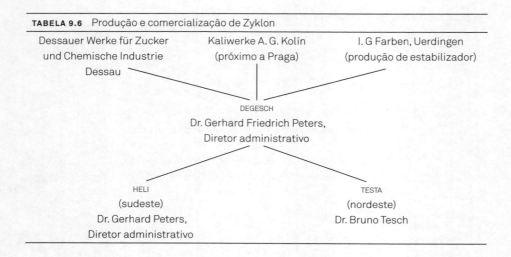

nenhuma das firmas procurava invadir o território da outra, mas ocasionalmente o dr. Tesch abastecia Dachau via Berlim.[112]

A distribuição do produto para compradores era um terceiro fator no trabalho da indústria. Em uma guerra, não se podia simplesmente comprar e vender. Cada usuário tinha que mostrar porque precisava dos materiais e, mediante a apresentação de tais provas, certas quantidades lhe eram atribuídas. Em outras palavras, o monopólio territorial dizia a esse usuário onde ele devia comprar os materiais e o sistema de distribuição determinava a quantia que ele poderia adquirir.

O comando central de distribuição era um comitê no ministério de Speer. O comitê dividia os materiais entre exportação, firmas particulares e forças armadas. O Parque Central de Saneamento das Forças Armadas fixava as necessidades da Wehermacht e da ss;[113] o Depósito de Saneamento Central da Waffen-ss era, por sua vez, responsável pelas distribuições para os escritórios da ss e para os campos de concentração.[114] O funcionamento do aparelho é ilustrado na Tabela 9.7, que indica as distribuições de Zyklon para vários usuários.

A TESTA comercializava Zyklon em diferentes concentrações. Faturas apresentadas a clientes municipais ou industriais para fumigações de prédios eram impressas com colunas com a notações *C*, *D*, *E* e *F*, cada uma indicando uma

---

112 Depoimento de Peters, 16 de outubro de 1947, NO-9113.

113 *Ibid.*

114 Testemunho de Joachim Mrugowski, Caso n. 1, pp. 5403-4.

TABELA 9.7 Distribuição de Zyklon

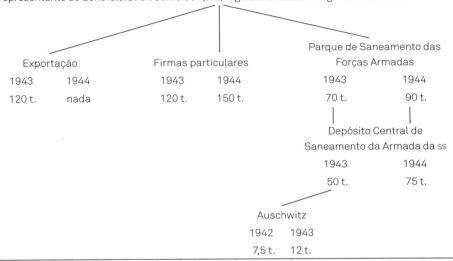

categoria de eficácia e seu preço. Conforme explicado em uma carta para Ostland, a eficácia E era necessária para erradicar pragas especialmente resistentes, como baratas, ou para o uso em câmaras de gás em galpões de madeira. A preparação "regular", D, era usada para exterminar piolhos, roedores e ratos em estruturas grandes e bem construídas contendo mobília.[115] Os organismos humanos em câmaras de gás eram assassinados com Zyklon B.[116]

---

115 *Reichskommissar* Ostland/Divisão de Saúde para *Reichskommissar*/Tutela, 28 de fevereiro de 1942, encerrando explicações sobre os preços do Zyklon de Weinbacher (TESTA) para o Dr. Ferdinand (Divisão de Saúde), 21 de fevereiro de 1942, e ordem de serviço para a fumigação de edifícios vazios do gueto em Riga, 2 de março de 1942, T 459, Rolo 3.

116 Höss, *Kommandant*, p. 159. A mesma preparação era utilizada para eliminar piolhos das roupas. *Ibid*. A maioria dos documentos relativos aos envios de gás para os campos simplesmente designam Zyklon. Ver, no entanto, a correspondência de 1944 com a designação *B* nos documentos NI-9909 e NI-9913.

As quantidades requeridas por Auschwitz não eram grandes, mas eram notáveis. Em várias ocasiões, consideráveis porções desses pedidos eram usadas para assassinar pessoas.[117] A compra do gás não era realizada pela administração do campo, mas pelo *Obersturmführer* Gerstein, diretor-chefe de desinfecção do gabinete do chefe de saneamento da Waffen-ss (Mrugowski).[118] Via de regra, todos os pedidos passavam pelas mãos da TESTA, da DEGESCH e da Dessau. Da Dessau Works, que produzia o gás, encomendas eram enviadas diretamente para a Divisão de Fumigação e Extermínio de Auschwitz (*Abteilung Entwesung und Entseuchung*).[119]

A notificação geralmente vinha do *Amtsgruppe* D, que autorizava a administração de Auschwitz a despachar um caminhão para Dessau "para apanhar materiais para a reinstalação dos judeus [*Abholung von Materialien für die Judenumsiedlung*]".[120] As entregas para instalações da ss para propósitos de fumigação eram realizadas mais ou menos a cada seis meses, mas Auschwitz demandava um envio a cada seis semanas porque o Zyklon se deteriorava com facilidade e precisava haver uma quantidade do veneno à disposição o tempo todo. Para os olhos mais atentos, essa frequência também era notável.[121]

O sistema de entrega funcionou de forma confiável até março de 1944, quando uma fábrica de Zyklon da Dessau foi bombardeada e fortemente danificada.[122] A repentina redução do fornecimento veio em um momento em que a ss fazia preparativos para enviar 750 mil judeus para Auschwitz, o único centro de extermínio ainda existente. Uma crise eclodiu. Em 5 de abril de 1944, um

---

117 Testemunho de dr. Charles Sigismund Bendel (sobrevivente judeu) no julgamento de Bruno Tesch, tr. pp. 28-31, NI-11953. Heinrich Schuster, ex-agente da Inteligência austríaca preso em Auschwitz estimou que o consumo anual de Zyklon para fumigações de galpões e vagões de carga era 1,7 tonelada. Depoimento de Schuster, 13 de outubro de 1947, NI-11862. Höss estimou que apenas seis quilos (em seis latas de um quilo cada) eram necessários para executar 1.500 pessoas. Ver seu depoimento de 20 de maio de 1946, NI-03.

118 Contas de Gerstein da DEGESCH, NI-7278. Depoimento de Höss, 17 de maio de 1946, NI-34.

119 Dessau para a DEGESCH, 11 de abril de 1944, NI-9913. O homem encarregado do armazenamento de gás em Auschwitz era o *OSchaf.* Klehr. Depoimento de Perry Broad (ss), 14 de dezembro de 1945, NI-11397.

120 Liebehenschel para Auschwitz, 2 de outubro de 1942, NO-2362.

121 Interrogatório de Höss, 14 de maio 1946, NI-36.

122 Relatório de negócios da DEGESCH do ano de 1944, 23 de abril de 1946, NI-9093.

representante de Mrugowski escreveu para a DEGESCH pedindo o envio imediato de cinco toneladas de Zyklon B sem princípio aromatizante. O envio já havia sido aprovado pelo Parque Central de Saneamento das Forças Armadas, e a Waffen-ss "necessitava com urgência" (*dringendst benötigt*) do produto.[123] Uma semana depois, o próprio dr. Evers, do Saneamento das Forças Armadas, pediu cerca de três toneladas e as enviou a Auschwitz. A TESTA rapidamente perguntou para quem deveria enviar a conta.[124] Um oficial da DEGESCH ficou preocupado com a possibilidade de a produção de Zyklon sem princípio aromatizante poder colocar em risco o monopólio da firma.[125] O Alto Comando da Marinha protestou, alegando que precisava com urgência de Zyklon para a fumigação dos navios.[126]

Enquanto isso, a ss começou a se preocupar com a possibilidade de ter recebido o Zyklon muito cedo. Em 24 de maio, um agente de desinfecção, *Obersturmführer* Gerstein, escreveu uma carta ao dr. Peters perguntando quanto tempo o envio demoraria. Quando o Zyklon se deterioraria? Até aquele momento, o produto ainda não tinha sido usado. "Por outro lado, sob determinadas circunstâncias, grandes quantidades – quer dizer, na verdade, a carga toda – pode ter que ser usada por completo de uma só vez" [*Andereseits werden erhebliche Mengen - d.h. eigentlich die ganzen verwahrten Mengen—unter Umständen plötzlich benötigt*].[127]

A ss não precisou esperar muito. No final de maio, a carga estava entrando em Auschwitz e, em 6 de agosto, o *Referat für Schädlingsbekämpfung der Waffen-ss und Polizei in Auschwitz* (Departamento Anti-Pragas da ss e da Polícia em Auschwitz) pediu mais Zyklon.[128] O fornecimento manteve-se até o fim. A ss não ficou sem gás.

O método de extermínio com gás tinha evoluído através de três canais distintos, cada um mais avançado do que o anterior: primeiro, os ônibus com monóxido de carbono; depois, as câmaras de monóxido de carbono; por fim, unidades de mistura de cianeto de hidrogênio (Zyklon). As vantagens do Zyklon como um

---

123 Bremenburg para Peters, 5 de abril de 1944, NI-9909.

124 Dessau para DEGESCH, 11 de abril de 1944, NI-9913. TESTA para DEGESCH, 11 de abril de 1944, NI-9096. DEGESCH para TESTA, 13 de abril de 1944, NI-9096.

125 Dr. Heinrich para Amend, 21 de junho de 1944, NI-12110.

126 OKM (assinado pelo dr. Klebe) para DEGESCH, 16 de agosto de 1944, NI-10185.

127 Gerstein para Peters, 24 de maio de 1944, NI-9908.

128 Comunicado de Auschwitz para a DEGESCH, anexado em carta da DEGESCH para a TESTA para reserva, 14 de agosto de 1944, NI-9095.

gás letal tornaram-se conhecidas. Mesmo em 1942, enquanto Höss ainda construía suas câmaras de gás, um distinto visitante de Lublin, o *Brigadeführer* Globocnik, visitou Auschwitz para conhecer o novo método.[129] A descoberta de Höss representou uma ameaça imediata para seu rival no *Generalgouvernement*, o *Kriminalkommissar* Wirth.

Essa rivalidade chegou a um ponto crítico em agosto de 1942, quando um representante de Eichmann, Günther, e o agente-chefe de desinfecção, Kurt Gerstein, chegaram a Bełżec. Eles tinham consigo cerca de noventa quilos de Zyklon e estavam prestes a converter as câmaras de monóxido de carbono para o método de cianeto de hidrogênio. Os visitantes indesejáveis permaneceram para assistir à execução com gás, que levou um tempo especialmente longo (mais de três horas) em virtude de uma falha no motor a diesel. Para grande constrangimento e humilhação de Wirth, Gerstein cronometrava a operação. Enfrentando a maior crise de sua carreira, Wirth deixou seu orgulho de lado e pediu a Gerstein para "não propor nenhum outro tipo de câmara de gás em Berlin". Gerstein fez uma concessão, ordenando que o Zyklon fosse enterrado sob o pretexto de que estava estragado.[130]

Daquele momento em diante, Höss e Wirth tornaram-se inimigos. O comandante de Auschwitz, mesmo após a guerra, falava orgulhosamente de seus "aperfeiçoamentos".[131] Wirth, por outro lado, desprezava Höss como um retardatário, chamando-o de "pupilo sem talento".[132] Assim surgiu uma classe de "fundadores" e "promotores" de meios de assassinato em massa e, entre esses arquitetos dos centros de extermínio, havia uma competição e uma rivalidade acirradas.

Uma recapitulação da "Solução Final" nos campos de extermínio é o que mostra a Tabela 9.8.

ORGANIZAÇÃO, PESSOAL E MANUTENÇÃO

A estrutura administrativa dos campos foi moldada em grande medida por sua evolução e por suas funções. Kulmhof, um centro de extermínio puro, era o mais simples. Suas vans-câmaras de gás eram fornecidas pelo RSHA e seu pessoal

---

129 Interrogatório de Höss, 14 de maio de 1946, NI-36.

130 Declaração de Gerstein, 26 de abril de 1945, PS-1553.

131 Depoimento de Höss, 5 de abril de 1946, PS-3868.

132 Depoimento do dr. Konrad Morgen, 19 de julho de 1946, SS(A)-67.

TABELA 9.8 A "solução final" nos campos de extermínio

CAMPO	PRINCIPAL ORIGEM GEOGRÁFICA DAS VÍTIMAS	PRINCIPAIS INTERVALOS DE TEMPO DE ASSASSINATOS SISTEMÁTICOS	NÚMERO DE MORTES
Kulmhof	Wartheland Reich, via Łódź	Dezembro de 1941 a setembro de 1942 e junho-julho de 1944	Mais de 150 mil
Bełżec	Galícia Distrito de Cracóvia Distrito de Lublin (incluindo deportados do Reich)	Março – dezembro de 1942	434.508
Sobibor	Distrito de Lublin Holanda Eslováquia Protetorado do Reich Vilna e Minsk França	Abril – junho de 1942 e outubro de 1942 a outubro de 1943	Mais de 150 mil
Treblinka	Distrito de Varsóvia Distrito de Radom Distrito de Białystok Distrito de Lublin Macedônia-Trácia Reich Theresienstadt	Julho de 1942 a outubro de 1943	Cerca de 800 mil
Lublin	Distrito de Lublin Distrito de Varsóvia Eslováquia Protetorado Distrito de Białystok França	Setembro de 1942 a setembro de 1943 e novembro de 1943	Mais de 50 mil

Auschwitz	Hungria
	Polônia
	   áreas incorporadas
	      Distrito de Białystok
	      Wartheland
	      Alta Silésia
	      Prússia Oriental
	      Generalgouvernement
	      guetos remanescentes e
	      campos de trabalho
		Fevereiro de 1942 a novembro de 1944	Cerca de 1 milhão

(continua)

TABELA 9.8 A "solução final" nos campos de extermínio *(continuação)*

CAMPO	PRINCIPAL ORIGEM GEOGRÁFICA DAS VÍTIMAS	PRINCIPAIS INTERVALOS DE TEMPO DE ASSASSINATOS SISTEMÁTICOS	NÚMERO DE MORTES
	França		
	Holanda		
	Grécia		
	Theresienstadt		
	Eslováquia		
	Bélgica		
	Protetorado do Reich (direto)		
	Itália		
	Croácia		
	Noruega		

Nota: A coluna de distribuição geográfica está disposta de modo a indicar, para cada campo, as vítimas judias por local de origem, dos números maiores até os menores em ordem decrescente. Para chegadas de trens a Auschwitz, consulte Danuta Czech, *Kalendarium der Ereignisse im Konzentrationslager Auschwitz-Birkenau 1939-1945* (Reinbek bei Hamburg, 1989). Para as estatísticas de Auschwitz, consulte Franciszek Piper, *Die Zahl der Opfer von Auschwitz* (Oświęcim, 1993). Piper, na página 202 de seu estudo, estima que o número de não judeus mortos em Auschwitz foi de aproximadamente 120 mil, dos quais 60% eram poloneses. O número final preciso para Bełżec está listado em um relatório do *Stubaf*. Höfle da equipe de Globocnik para o *Ostubaf*. Heim (Gabinete do BBS [Comandante da Polícia e Segurança] na Cracóvia), 11 de janeiro de 1943. Fac-símile da mensagem interceptada e decodificada pela *Code and Cypher School*, na Grã-Bretanha, Departamento de Registros Públicos GPDD 355a, em Peter Witte e Stephen Tyas, "A New Document on the Deportation and Murder of Jews during 'Einsatz Reinhardt' 1942", *Holocaust and Genocide Studies* 15 (2001): 458-86. Na decodificação, também estão listados os números de Einsatz Reinhardt a partir de 31 de dezembro de 1942 para os outros campos do *Generalgouvernement*, mas acréscimos em 1943 devem ser considerados. Na Tabela 9.8, os números de judeus mortos são arredondados, no caso de Auschwitz, para aproximadamente cem mil, e para Treblinka, Sobibor, Kulmhof e Lublin, para aproximadamente cinquenta mil.

fazia parte de um *Kommando* do alto comandante da ss e da Polícia, Wilhelm Ko-ppe, com fins especiais, incluindo a eutanásia dos pacientes com problemas mentais do leste da Prússia, muito antes de o centro de Kulmhof ser estabelecido.[1] O centro do *Kommando*, composto por dez a quinze homens, viera da Gestapo de

-----

1 Condenação de Wilhem Koppe em Bonn, 1964, 8 Js 52/60. Em 1940, o *Kommando*, usando um ônibus, assassinou 1.558 pacientes psquiátricos do leste da Prússia e entre 250 e trezentos da Polônia em Soldau. Acusação, pp. 174-191, incluindo a correspondência de Koppe com

Poznań e Łódź, cujo serviço em Kulmhof (pelo menos inicialmente) era em sistema de rodízio.[2] O *Kommando* recebeu o nome de seu primeiro comandante, *Hauptsturmführer* Lange, e essa designação foi mantida por um tempo, mesmo depois que outro *Hauptsturmführer*, Bothmann, assumiu o posto em março ou abril de 1942. Quando o campo foi fragmentado, em 1943, todos os 85 homens do *Sonderkommando* foram designados a um grupo da Divisão da ss, o Prinz Eugen.[3] O *Kommando* reapareceu quando o campo foi reaberto em 1944.

Bełżec, Sobibór e Treblinka eram administrados pelo *Kriminalkommissar* Wirth, que trabalhara nas operações de eutanásia da Chancelaria do Führer. Brack o enviou a Lublin perto do natal de 1941.[4] Em sua nova posição, ele ainda estava fortemente ligado à Chancelaria do Führer, mas também respondia a Globocnik, como mostra a Tabela 9.9.[5] Quase todo o pessoal alemão de Wirth tinha experiência com eutanásia. No Reich, aquele programa demandara uma equipe de cerca de 400 a 500 pessoas: médicos da ss, enfermeiras, motoristas, atendentes, fotógrafos, entre outros.[6] No final do verão de 1941, quando o extermínio de pessoas com deficiência mental nas câmaras de gás foi interrompido por uma ordem verbal de Hitler e apenas as operações mais limitadas de diminuição da população prisioneira nos campos de concentração continuavam, muitos desses funcionários e assistentes não eram mais necessários. Logo, porém, uma oportunidade surgiu para que seus serviços nas câmaras de gás continuassem. Cerca de cem homens (nenhuma enfermeira mulher) foram designados para Wirth no

---

Sporrenberg, 18 de outubro de 1940, e de Rediess com Wolff, 7 de novembro de 1940, nas páginas 188-189. Ver também T 175, Rolo 60.

2 Condenação Koppe, pp. 194-195; Adalbert Rückerl, *NS-Vernichtungslager* (Munique, 1977), pp. 262-264.

3 Brandt a Kaltenbrunner, 29 de março de 1943 e correspondência posterior, T 175, Rolo 60.

4 Brack a Himmler, 23 de junho de 1942, NO-205. Declaração de Josef Oberhauser, 12 de dezembro de 1962, caso Bełżec, I Js 278/60, vol. 9, pp. 1678-1693.

5 Interrogatório de H. G. Wied (especialista em corrupção da ss), 21 de julho de 1945, YIVO, G-215.

6 Dieter Allers (Chancelaria do *Führer*) lista quatrocentas pessoas. Gitta Sereny, *Into That Darkness* (Nova York, 1974), p. 84. Arnold Oels (chefe de pessoal da Gemeinnützige Stiftung für Anstaltspflege na Chancelaria do Führer) indica um registro de quinhentas. Ver sua declaração de 23 de maio de 1961, no Caso Bełżec, vol. 7, pp. 1.305-1.307.

TABELA 9.9 Linhas de autoridade subordinadas a Wirth

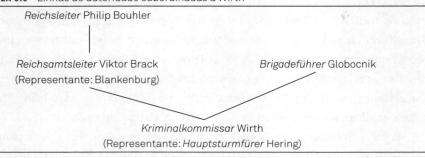

Generalgouvernement.[7] Enquanto estavam na Polônia, a maioria deles permaneceu na folha de pagamentos da Chancelaria do Führer.[8] Suas atividades, entretanto, seriam alteradas não apenas no que dizia respeito ao local, mas também à escala. Himmler teria dito que o que esperava deles agora era "sobre-humano desumano" (*er mute ihnen Übermenschlich-Unmenschliches zu*).[9] Eles chegavam para suas tarefas, sozinhos ou em grupos, por várias rotas.[10] Entre 35 e quarenta foram

---

7 Globocnik menciona 92 homens da Chancelaria do Führer em sua equipe da Aktion. Globocnik para von Herff, 27 de outubro de 1943, em Centro de Documentação de Berlim, reproduzido por Rückerl, *NS-Vernichtungslager*, pp. 117-119.

8 Declaração de Robert Lorent (responsável pela folha de pagamento, Gemeinnützige Stiftung), 4 de maio de 1961, caso Bełżec, vol. 7, pp. 1.258-1.261.

9 Depoimento de Morgen, 13 de julho de 1946, ss(A)-65. A declaração, que teria sido dita ao próprio *Kommando*, não foi confirmada por nenhum de seus membros sobreviventes. Wirth e a maioria dos demais oficiais originais estavam mortos ou desaparecidos em 1945. Um homem que executava eutanásia, Franz Suchomel, afirma que, quando ele hesitou, dois oficiais da Chancelaria do Führer (Blankenburg e Oels) lhe disseram que ele poderia ou ir para a Polônia, ou sofrer uma morte heroica em uma unidade militar. Declaração de Franz Suchomel, 24-25 de outubro de 1960, em Caso Treblinka, 8Js 10904/59, vol. 7, pp. 1.403-1.426.

10 Para a maioria, houve um hiato entre a eutanásia e a designação no *Generalgouvernement*. Vários deles foram enviados durante aquele intervalo para a URSS ocupada com o objetivo de cuidar de soldados alemães feridos ou congelados, mas logo foram chamados de volta. Ver detalhes em vários depoimentos nos volumes dos casos Bełżec, Sobibór e Treblinka em Ludwigsburg. Ver também Sereny, *Darkness*, pp. 78-90, e Rückerl, *NS-Vernichtungslager*, pp. 72-75, 121-122.

enviados a Treblinka, trinta a Bełżec e o restante a Sobibór.[11] Os comandantes (sucessivamente) eram os seguintes:[12]

Bełżec
    Sturmbannführer Wirth
    Hauptsturmführer Hering
Sobibór
    Obersturmführer Thomalla
    Obersturmführer Stangl
    Obersturmführer Reichleitner
Treblinka
    Obersturmführer Eberl
    Obersturmführer Schemmerl
    Obersturmführer Stangl
    Untersturmführer Franz

Em 1º de agosto de 1942, Wirth foi nomeado inspetor dos três campos.[13] Apenas Thomalla, que era encarregado de Sobibór durante o período de construção, tinha sido colocado no Distrito de Lublin antes de 1941;[14] os outros eram membros do grupo de eutanásia. Vários deles (Eberl, Stangl e Reichleitner) eram austríacos, uma circunstância que pode ser explicada pelas origens austríacas de Globocnik.[15] Eberl, um médico que fora responsável pelas estações de eutanásia em Brandemburgo e Bernburg, era provavelmente o mais educado.[16] Poucos ofi-

---

11 Em Treblinka, ver Rückerl, *ibid.*, p. 206. O desenho de Bełżec é da enciclopédia de Główna Komisja Badania Zbrodni Hitlerowskich w Polsce, *Obozy hitlerowskie na ziemiach polskich 1939-1945* (Varsóvia, 1979), pp. 93-95. Entre 25 e trinta homens parecem ter composto a força alemã em Sobibór. Ver declarações no caso Sobibór, 45 Js 27/61, vol. 3, pp. 520-526, 559-580.

12 Compilado principalmente a partir de Rückerl, *NS-Vernichtungslager.*

13 *Ibid.*, p. 134.

14 Arquivo pessoal no Centro de Documentação de Berlim. Ver também Rückerl, *NS-Vernichtungslager*, pp. 72-73

15 Rückerl, *ibid.*, pp. 179, 295.

16 O arquivo pessoal de Eberl no Centro de Documentação de Berlim contém apenas seu livro de pagamentos do partido. Ele se filiou ao partido em 1931, quando tinha 21 anos.

ciais e pessoal haviam sido criados em lares tão estáveis. Os pais desses indivíduos eram trabalhadores, atendentes ou funcionários de baixo escalão e eles mesmos tinham sido treinados para os mesmos postos modestos.[17] Seu status nos tempos de guerra, por outro lado, não era estável. Quando Globocnik tentou assegurar promoções para alguns dos comandantes e subordinados, ele gerou um grande número de correspondências no Departamento Pessoal Central da ss, onde notas eram escritas para que nem Reichleitner, nem Stangl tivessem postos adequados na Ordem Policial, para que Reichleitner, como um mero *Kriminalsekretär*, não merecesse o posto de *Obersturmführer* e para que Hering não fosse alçado a membro da Waffen-ss.[18]

Como profissionais, os membros da equipe de Treblinka-Bełżec-Sobibór eram homens endurecidos quando chegaram. Stangl, católico como vários outros de seus colegas, conta que, em sua época de eutanásia, visitou um hospital psiquiátrico para crianças severamente retardadas administrado por freiras. A madre superiora apontou para o que parecia ser um garotinho de cinco anos em uma cesta e perguntou a Stangl se ele tinha ideia de quantos anos aquela criança teria. Stangl não conseguiu adivinhar a idade e, então, foi-lhe dito que o garoto tinha dezesseis anos. Os psiquiatras, enquanto selecionavam candidatos para a execução à gás, tinham rejeitado o paciente, e, então, a freira lhe perguntou: "Como eles puderam não aceitá-lo?". Um padre que estava de pé ao lado dela assentiu em concordância. O incidente aparentemente causou uma forte impressão em Stangl.[19]

Nos campos de extermínio a desumanização das vítimas aos olhos de seus captores manifestava-se em uma variedade de formas. Essencialmente, a ss considerava que judeus que chegavam perdiam sua vida no momento em que desciam dos trens. Eles encenavam casamentos e outras distrações com a expectativa de que, em um tempo muito curto, aqueles objetos de suas brincadeiras fossem exterminados nas câmaras de gás. Em Treblinka, organizaram uma orquestra de

---

17 Rückerl, *NS-Vernichtungslager*, p. 296. A generalização é baseada nos registros de 27 homens investigados pelas autoridades judiciais da Alemanha Ocidental.

18 Correspondência no arquivo pessoal de Christian Wirth, Centro de Documentação de Berlim. Hering foi colocado diante de um tribunal da Polícia e da ss em 1944, mas foi exonerado de irregularidades. Ele queimou duas aldeias perto de Bełżec e fuzilou 46 pessoas. Ver registro pessoal da Hering no Centro de Documentação de Berlim.

19 Sereny, *Darkness*, pp. 57-58.

prisioneiros que tocava uma música composta pelo maestro judeu e com letra do *Untersturmführer* Franz enfatizando o trabalho, o destino e a obediência.[20] Um exemplo-chave dessa mentalidade está no uso que os oficiais faziam de um cão, Barry, sobre o qual um tribunal da Alemanha Ocidental escreveu várias páginas. Barry era um São Bernardo enorme que aparecera primeiro em Sobibór e, depois, em Treblinka. Ele fora treinado para atacar os prisioneiros quando recebesse a seguinte ordem: "Homem, pegue aquele cão! [*Mensch, fasst den Hund!*]".[21]

Havia centenas de guardas nos campos do *Generalgouvernement*.[22] Eram ucranianos de uniformes pretos equipados com rifles, carabinas e chicotes de couro. Como graduados do campo de treinamento de Globocnik em Trawniki, eram oriundos da mesma associação que fornecia guardas para os guetos e, em 1943, combatentes para a batalha do Gueto de Varsóvia.[23]

Em contraste com Kulmhof, Bełżec, Sobibór e Treblinka, os campos do WVHA em Lublin e Auschwitz eram elaborados. Sua organização administrativa básica era

---

20 Rückerl, *NS-Vernichtungslager*, p. 213.

21 Barry, como muitos dos perpetradores, teve uma vida pacífica depois de 1943. Quando ficou velho e doente, em 1947, foi submetido a eutanásia. *Ibid.*, pp. 188, 234-239. O cão é mencionado também em uma série de relatos de sobreviventes.

22 Estimativas da força por campo variam, mas a média parece ter sido de três pelotões (um pelotão consistia em trinta homens). Ver depoimentos de ex-funcionários alemães no Caso Bełżec, vol. 7, pp. 1254-1258, 1311-1331, 1409-1435; e no Caso Sobibór, vol. 3, pp. 520-526. Ver também Rückerl, *NS-Vernichtungslager*, pp. 122-123, 207.

23 Membros ucranianos, russos brancos e de nacionalidades bálticas foram elegíveis para liberação automática dos campos de prisioneiros de guerra. Ver diretiva do OKW, 8 de setembro de 1941, em Herbert Michaelis e Ernst Schraepler, eds., *Ursachen und Folgen* (Berlin, 1958-1977), vol. 17, pp. 333-337. Prisioneiros libertados, bem como os residentes locais, foram recrutados como policiais auxiliares. Ver ordem de Himmler, 25 de julho de 1941, T 454, Rolo 100, e Werner Brockdorff, *Kollaboration oder Widerstand* (Wels, 1968), pp. 218-219. Um motorista de caminhão do Exército Vermelho ucraniano, Feodor Fedorenko, capturado em 1941 e mantido em um campo de prisioneiros de guerra em Chełm, onde a taxa de mortalidade foi extraordinariamente alta, foi então treinado em Trawniki, enviado ao Gueto de Lublin e, em setembro de 1942, enviado a Treblinka. EUA vs. Fedorenko, 455 F. Supp. 893 (1978). Ao todo, cerca de dois mil homens foram treinados em Trawniki. Depoimento de Karl Streibel (comandante do campo de treinamento de Trawniki), 4 de setembro de 1969, em Caso Treblinka, vol. 19a, p. 5030. Streibel visitou Treblinka no final de 1942.

aquela dos campos de concentração pré-guerra na Alemanha. Os três oficiais mais importantes nesses campos eram o comandante, que tinha responsabilidade geral sobre o complexo, o *Schutzhaftlagerführer*, que era encarregado do controle dos prisioneiros, e o chefe da administração, que cuidava dos assuntos financeiros, contratações, etc. Em Dachau, Buchenwald e Sachsenhausen, o comandante do campo era um *Standartenführer* (coronel), o *Schutzhaftlagerführer* era um *Obersturmbannführer* (tenente-coronel) e o chefe administrativo, um *Sturmbannführer* (major). Além desses oficiais principais, havia um vice-*Schutzhaftlagerführer*, um ajudante, um engenheiro do campo, um médico do campo e assim por diante.[24]

Essa hierarquia é revelada na estrutura de Lublin como mostrada a seguir:[25]

Comandante (sucessivamente):
    Staf. Koch
    OStubaf. Koegel
    Stubaf. Florstedt
    OStubaf. Weiss
    OStubaf. Liebehenschel
Schutzhaftlagerführer (sucessivamente):
    HStuf. Hackmann
    OStuf. Thumann
    Administração:
    HStuf. Worster
Comando das forças de guarda (sucessivamente):
    Stubaf. Langleist
    HStuf. Melzer

De modo semelhante, Auschwitz era organizado da seguinte forma:

Comandante: *OStubaf.* Höss
Administração: (Burger) *OStubaf.* Möckel

---

24 Orçamento para o Waffen-ss e campos de concentração para o ano fiscal de 1939 (assinado pelo *Oberführer* Frank), 17 de julho de 1939, NG-4456.

25 Principalmente a partir de um depoimento de Friedrich Wilhelm Ruppert (chefe da divisão técnica de Lublin), 6 agosto de 1945, NO-1903.

Zentralbauleitung: *Stubaf.* Bischoff
Guardas: *Stubaf.* Hartjenstein
Médico-chefe: *HStuf.* Wirths
Divisão Política: *UStuf.* Grabner
Rapportführer (contagem de prisioneiros): *OSchaf.* Palitzsch
Crematórios: *OSchaf.* Moll

Em novembro de 1943, Höss foi substituído pelo *Obersturmbannführer* Liebehenschel e o campo foi simultaneamente fragmentado em três partes (ver Tabela 9.10). Auschwitz I era o *Stammlager* (antigo campo); Auschwitz II, nas Florestas de Birkenau, era o centro de extermínio; Auschwitz III, também chamado de Monowitz, era o campo industrial. Liebehenschel (com sua matriz) permaneceu no controle geral e tinha de ser consultado pelos comandantes de Auschwitz II e III sobre todos os assuntos importantes. Contudo, eles, por sua vez, tinham acesso direto ao Amtsgruppe D, e as forças de guarda estavam sob seu comando direto.[26] Höss voltou a Auschwitz por um período crucial em 1944 como pós-comandante sênior (*Standortältester*).

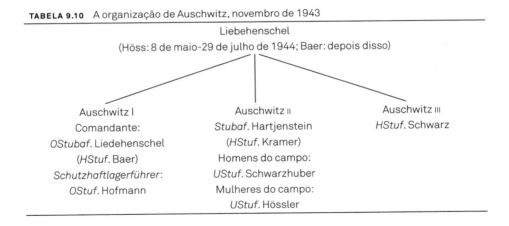

TABELA 9.10 A organização de Auschwitz, novembro de 1943

26 Encomendas de Liebehenschel, 11 e 22 de novembro de 1943, em Centralna Żydowska Komisja Historyczna w Polsce, *Dokumenty i materialy do dziejów okupacji niemeckiej w Polsce*, 3 vols. (Varsóvia, Lódz e Cracóvia, 1946), vol. I, pp. 76-77. Carta sem assinatura e sem data, NO-1966.

Como no caso dos campos do *Generalgouvernement*, o centro administrativo era bem menor do que a força de guarda.[27] Em Lublin e em Auschwitz, comandantes e administradores haviam servido em campos de concentração antes da guerra, mas homens com tal experiência eram relativamente poucos.[28] Eles eram o tipo de pessoa cuja perspectiva de vida identificava-se completamente com a ideologia da ss e eram capazes de realizar quaisquer tarefas que o Reichsführer-ss lhes atribuísse. Um desses homens – para citar o exemplo mais proeminente – era Höss.

Nascido em 1900, Höss tivera uma educação modestamente boa (seis anos de Ginásio clássico). Cresceu em um lar bastante católico e seu pai desejava que ele se tornasse padre. "Eu tinha de rezar e ir à igreja incessantemente, fazer penitências por causa do mais leve deslize", Höss lembrou. Durante a Primeira Guerra Mundial, voluntariou-se aos quinze anos para servir e lutou com o Sexto Exército Turco em Bagdá, em Kut-el-Amara e na Palestina. Ferido três vezes e vítima de malária, recebeu a Cruz de Ferro da Primeira Classe e a Lua Crescente de Ferro. De 1919 a 1921, lutou com os *Freikorps* na região dos Bálticos, na Silésia e em Ruhr. Enquanto as forças de ocupação francesas estavam em Ruhr, um terrorista alemão, Leo Schlageter, foi traído e denunciado aos franceses por um professor, Walter Kadow. Höss assassinou o professor. Como consequência desse ato, foi sentenciado a dez anos na prisão (dos quais cumpriu cinco).

Já um tanto notável, juntou-se à ss em 1933 sem nenhum posto. A partir de 1934, serviu nos campos de concentração, subindo na hierarquia até se tornar comandante de Auschwitz e *Obersturmbannführer*. O ss-*Gruppenführer* von Herff descobriu em Höss um homem valente e leal, um bom comandante, um bom fazendeiro, tranquilo e simples, prático e seguro de si. Nas palavras de Herff: "Ele [Höss] não se impele, mas deixa suas ações falarem em seu nome". Comparado aos intelectuais no Einsatzgruppen e aos tesoureiros do wvha, o homem fora praticamente feito para aquele trabalho. Sob determinado aspecto, ele havia se tornado

---

27 A relação entre administradores e guardas em Auschwitz era de aproximadamente um para seis (quinhentos para 3 mil). Depoimento de Höss, 20 de março de 1946, D-749-B.

28 A força administrativa total registada no orçamento do Waffen-ss e dos campos de concentração no ano fiscal de 1939 foi de 953, incluindo 62 oficiais, 791 homens alistados e cem mulheres. Orçamento assinado pelo *Obf.* Frank, 17 de julho de 1939, NG-4456.

um pouco mais burguês. Embora comandasse uma empresa na qual 1 milhão de pessoas foram mortas, Höss, pessoalmente, não cometeu outro assassinato.[29]

Höss era o homem ideal da ss, perfeitamente adequado ao trabalho, assim como, aparentemente, o era o *Sturmbannführer* Richard Baer, que começara sua carreira em Dachau em 1933, fora ferido no front oriental e retornara aos campos de concentração, tornando-se comandante de Auschwitz I em maio de 1944.[30] Após algum tempo, todavia, o núcleo de homens como Höss e Baer foi complementado por oficiais do wvha e seus entrepostos, assim como por outro pessoal com experiências administrativas. Esses reforços não eram exatamente entusiastas dos campos. Muitos assumiram seus postos de maneira indiferente e até mesmo apática. Quando Möckel, um experiente oficial do wvha foi nomeado para assumir o departamento de administração em Auschwitz, declarou que não gostaria de ir a um campo de concentração e "especialmente, não para Auschwitz". Apesar disso, o *Brigadeführer* Fanslau, chefe de equipe do wvha, enviou-o para lá.[31] A equipe administrativa dos campos de concentração era, consequentemente, uma mistura de homens do velho tipo da ss, que se identificavam com o "movimento", e vários burocratas especializados em finanças e administração geral.

A expansão da rede de campos precisava de mais guardas. Até 1939, as forças de guardas eram obtidas da Totenkopfstandarten (Regimentos da Caveira). Após a eclosão da guerra, a maioria desses homens foi para o front. A continuação do conflito e o ininterrupto crescimento dos campos resultavam em mais volumes de negócios e na necessidade de ainda mais mão de obra.[32] Em última análise, os

---

29 O relato da vida de Höss é baseado em seu registro pessoal, NO-2142, em seu depoimento de 14 de março de 1946 e em sua autobiografia, *Kommandant in Auschwitz* (Munique, 1978). A declaração citada sobre sua juventude é de G. M. Gilbert, *Nuremberg Diary* (Nova York, 1947), p. 269.

30 Werner Ernenputsch, "Der Kommandant fehlt auf der Anklagebank", *Frankfurter Allgemeine Zeitung*, 13 de dezembro de 1963, p. 8. Baer morreu em 1963.

31 Depoimento de Karl Möckel, 21 de julho de 1947, NO-4514.

32 Ver lista de oficiais nos campos de concentração, com biografias resumidas dos registros de pessoal da ss, compilados pelo francês L. MacLean, *The Camp Men* (Atglen, Paris, 1999). Para obter os números destes oficiais transferidos das ou para as divisões da ss, ver pp. 278-285.

números eram dezenas de milhares.[33] Apenas Auschwitz tinha quatro esquadrões de guardas em abril de 1941[34] e sete em novembro do mesmo ano.[35] Em novembro de 1943, seus grupos eram divididos conforme mostrado a seguir:[36]

- Auschwitz I (Campo principal) 2ª Equipe, 1º, 2º, 3º e 4º Esquadrões
- Auschwitz II (Birkenau) 1ª Equipe, 6º, 7º e 8º Esquadrão, mais Esquadrão do Cão (Hundestaffel)
- Auschwitz III (Monowitz) 5º Esquadrão e Esquadrão de Guarda "Buna"

---

33 As estatísticas que indicam os homens da Waffen-ss nos campos do WVHA são as seguintes:

	Número de pessoal em:	
	Todos os campos do WVHA	Apenas Auschwitz
Maio de 1940		Aproximadamente 65[a]
Março de 1942	Aprox. 15 mil[b]	1.800[c]
1943	25-30 mil[d]	
Dezembro de 1943		Aprox. 3.500[e]
Abril de 1945	30-35 mil[f]	
Acumulado março de 1942 a abril de 1945	Aprox. 45 mil[g]	
Acumulado maio de 1940 a janeiro de 1945		Aprox. 7 mil[h]

[a]Depoimento de Höss, 20 de março de 1946, D-749-B

[b]Depoimento de August Harbaum (*Stubaf.*, chefe do WVHA A-V-4), 19 de março de 1946, D-750.

[c]Administração de Auschwitz (*HStuf.* Wagner) para WVHA D-IV, 25 de março de 1942, NO-2146.

[d]Depoimento de Pohl, 19 de março de 1947, NO-2571.

[e]Depoimento de Höss, 20 de março de 1946, D-749-B.

[f]Depoimento de Harbaum, 19 de março de 1946, D-750.

[g]*Ibid.* Números do acumulado incluem transferências.

[h]Depoimento de Höss, 20 de março de 1946, D-749-B.

34 Arquivo do *Führungshauptamt* (Jüttner) que contém a composição das Forças Armadas da SS, incluindo as empresas Totenkopfsturmbann nos campos, de 22 de abril de 1941. Arquivos do Museu Memorial do Holocausto dos EUA, Grupo de Registros 48.004 (Instituto Histórico Militar, Praga), Rolo 6. Totenkopfsturmbann era a designação genérica das forças de guarda instaladas nos campos de concentração e já não tinha qualquer ligação com o pessoal de Totenkopf retirado dos campos e que servia na Divisão Totenkopf da SS.

35 Pedido do Auschwitz Kommandantur (assinado por Höss), 19 de novembro de 1941, arquivos do Museu Memorial do Holocausto dos EUA, Grupo de Registros 11.001 (Centro para Preservação de documentos Históricos, Moscou), Rolo 20, Arquivo 502, Inscrição 1, Pasta 32.

36 Pedido (Standortbefehl) de Liebehenschel, 22 de novembro de 1943, *ibid.*, Rolo 21, Arquivo 502, Inscrição 1, Pasta 38.

O Zentralbauleitung em Auschwitz planejou um canil em Birkenau para 250 cães de guarda[37] e uma cozinha especial, também para os cães.[38]

Os substitutos nem sempre eram alemães do Reich. O campo de Lublin empregou um batalhão lituano.[39] Pessoas de origem alemã compunham uma porcentagem cada vez maior da equipe em Auschwitz.[40] Um dos comandantes de Auschwitz, *Hauptsturmführer* Alfred Schemmel, era um ex-padre e professor da Transilvânia.[41] O médico Fritz Klein, também da Transilvânia, chegou a Auschwitz após três anos servindo no exército romeno.[42] Auschwitz também possuía oficiais que de maneira nenhuma eram os mais apropriados comandantes da ss. O *Untersturmführer* Hans Mehrbach devia sua transferência legal para Auschwitz ao fato de estar sofrendo de uma paralisia dos músculos cardíacos.[43] O *Hauptsturmführer* Kurt Otto foi parar em Auschwitz após ficar bêbado e pisar em uma mina. Sua vida conjugal era tal que Glücks o achava instável (*labil*) e portador de algum

---

37 Estimativa de custos do Zentralbauleitung, 16 de abril de 1943, e recapitulação (com o desenho do canil, assinado por Bischoff), 11 de março de 1943, *ibid.*, Rolo 34, Arquivo 502, Inscrição 1, Pasta 227.

38 Zentralbauleitung (Bischoff) para wvha-c I, 20 de março de 1943, *ibid.*, Rolo 20, Arquivo 502, Inscrição 1, Pasta 28.

39 O 2º Batalhão Schutzmannschaft da Lituânia, composto por 14 oficiais e 352 alistados e equipado com 350 fuzis, 13 submetralhadoras e 27 metralhadoras leves, está listado como a força de guarda no relatório de força (*Stärkenachweisung*) do Schutzmannschaften, 1º de julho de 1942, Arquivos Federais da Alemanha, R 19/266. O batalhão foi dissolvido no início de 1943, Hans Joachim Neufeld, Jürgen Huck e Georg Tessin, *Zur Geschichte der Ordnungspolizei* (Koblenz, 1957), pt. 2, p. 101. É mencionado que o 252º Batalhão Schutzmannschaft (Lituânia) deixou o campo em julho de 1943. Krüger para Himmler, cópia para o Comandante da ss e da Polícia na Cracóvia (*Oberführer* Scherner), 7 de julho de 1943, Arquivos de Himmler, pasta 94.

40 Ergänzungsamt der Waffen-ss/Dienststelle ss Oberabschnitt Donau (assinado pelo *OStuf.* Dietz) para ss-*Hauptamt*/Ergänzungsamt, 22 de outubro de 1941, NO-3372. Relatórios de forças de Auschwitz, dezembro de 1944, T 175, Rolo 575, e T 580, Rolo 321.

41 Registro pessoal no Centro de Documentação de Berlim. Schemmel serviu em Auschwitz de julho de 1942 a agosto de 1944 e foi rebaixado para *Obersturmführer* em março de 1944.

42 Depoimento de Klein em Raymond Phillips, ed., *Trial of Josef Kramer and Forty-Four Others (The Belsen Trial)* (Londres, 1949), pp. 183-188.

43 Depoimento de Mehrbach, 24 de fevereiro de 1947, NO-2192.

problema mental (*geistigen Defekt*). No início do ano de 1943, Otto atirou em sua amante e se suicidou.[44]

Os campos de concentração exerciam certa influência sobre os guardas e administradores, um efeito produzido pela enorme distância entre os homens da ss e os prisioneiros. Por causa dessa distância, vários membros da equipe do campo perdiam a perspectiva e incidiam em padrões de comportamento que já não podiam ser conciliados com a conduta desejada ou prescrita pela política nazista. O perigo imediato de tais lapsos de conduta era uma ameaça à eficiência global do campo de concentração. Todavia, além dessa análise restrita, havia no horizonte um temor bem mais amplo, o qual analisaremos agora.

O problema com o pessoal da equipe emergia de duas formas diferentes: sadismo e corrupção. O primeiro era representado principalmente pelos guardas; o último, sobretudo pelos oficiais antigos dos campos. No que diz respeito ao sadismo, deve-se ter em mente que a burocracia não ignorava apenas o sofrimento das vítimas, mas também a contaminação dos perpetradores. Desse modo, a ss não deu atenção alguma à série de torturas indiretas que tinha construído na rotina do campo: a fome, a exposição ao tempo frio, o excesso de trabalho, a sujeira e a total falta de privacidade. Todo esse sofrimento era uma consequência da própria natureza da manutenção e das operações dos campos da ss. Simplesmente não era problema.

Além dessas torturas incorporadas, havia uma categoria de dor que era administrada tendo em vista o alcance de objetivos específicos: punição por infrações disciplinares; experimentos médicos com seres humanos; e, acima de tudo, a execução das vítimas judias em câmaras de gás. Essas operações e o sofrimento que elas causavam eram considerados uma necessidade. Eram, portanto, sujeitos apenas a um mecanismo geral de controle que consistia em diretivas e procedimentos criados para minimizar as possibilidades de um ato individual por parte da equipe participante da ss. Em resumo: a perpetração daquele sofrimento tinha de ser impessoal.

Uma terceira categoria de tortura era mais problemática. Muitas vezes, por exemplo, prisioneiros tinham de executar uma série de exercícios físicos exaustivos para um guarda ou tinham de pegar um quepe ou algum outro objeto enquanto um oficial da ss jocosamente os alvejava com um rifle. Esse tipo de exercício era

---

44 Glücks para Brandt, 4 e 11 de fevereiro de 1943, e *OStubaf.* Reich (*Personalhauptamt*) para RF *Feldkommandostelle*, 4 de fevereiro de 1943, T 175, Rolo 33.

chamado *Sport machen* (prática de esporte). Em essência, era visto como uma forma de os guardas aliviarem o tédio e, embora não fosse exatamente encorajado por ordens oficiais, fazia-se pouco para impedir sua prática.

O problema do sadismo era, portanto, reduzido a um tipo especial de atividade: os chamados excessos. Em geral, um "excesso" envolvia uma grande orgia ou uma aberração sexual. Entre os sobreviventes, certas pessoas ficaram famosas por tal comportamento sádico. Um exemplo é Irma Grese, uma guarda em Auschwitz que perseguia mulheres judias bem formadas e lhes rasgava os seios com um chicote. Suas vítimas eram, então, levadas a uma médica prisioneira que realizava uma dolorosa operação na vítima enquanto Irma Grese assistia, com as bochechas ruborizadas, a cabeça balançando ritmicamente, a boca espumando.[45] Até onde sabemos, a administração do campo nunca interferiu nos atos de Grese.

Outra figura célebre de Auschwitz, *Oberscharführer* Moll, encarregado dos crematórios, é mencionado com bastante frequência na literatura dos sobreviventes. Moll era um viúvo recente quando chegou de Oranienburg em 1941. As roupas de sua falecida esposa ainda se encontravam na Alemanha e agora ele estava sozinho.[46] Todavia, não lhe faltavam divertimentos. Entre outras coisas, reporta-se que Moll escolheu de um trem recém-chegado vinte das mais belas mulheres. Colocou-as de pé em uma fila, completamente nuas, e praticou tiro ao alvo nelas. Algumas foram atingidas em várias partes do corpo antes de morrer.[47]

Embora Auschwitz fosse se tornar objeto de uma investigação especial nazista, esses incidentes particulares parecem ter sido deixados de lado. Não houve nenhum esforço conjunto para conter o sadismo e, de qualquer forma, tal esforço enfrentaria dificuldades. O único recurso prescrito teria transformado os guardas responsáveis pelas ofensas em "antissociais" (criminosos sexuais). Entretanto, o problema era reconhecido. Por um lado, a administração do campo estabeleceu uma série de bordéis.[48] Outra medida foi, em vez de punir os guardas, punir os

---

45 Gisella Perl, *I Was a Doctor in Auschwitz* (Nova York, 1948), pp. 61-62.

46 *OSchaf.* Moll para Kommandantur. Auschwitz, 16 de junho Holocaust Memorial de 1941, arquivos do Museu Memorial do Holocausto dos EUA, Grupo de Registros 11.001 (Center for Documentary Historical Collections, Moscou), Rolo 35, Fundo 502, Inscrição 1, Pasta 243.

47 Filip Friedman, *This Was Oswiecim* (Londres, 1946), p. 69.

48 Guardas ucranianos poderiam garantir os serviços de mulheres polonesas por dois Reichsmark (um a ser pago para a prostituta, o outro a ser depositado em uma conta especial).

prisioneiros com ações disciplinares, incluindo o espancamento. Essa substituição (que será discutida em relação à hierarquia dos prisioneiros) teve efeitos de longo alcance nos presos. Como último recurso, havia a possibilidade de se livrar do membro da equipe que estava exagerando em suas ações, mas essa medida parece raramente ter sido aplicada. Em uma ocasião, quando homens da ss e prisioneiros políticos alemães atiraram noventa mulheres judias por uma janela do terceiro andar no pátio abaixo, os funcionários da ss foram transferidos para outros postos.[49]

Portanto, o sadismo, uma vez admitido, era tratado como uma ameaça à saúde dos 50 mil guardas que circulavam nos campos. O outro problema, a corrupção, era visto como uma ameaça a todo o sistema nazista. Essa prática foi tratada com muito mais seriedade e exigiu medidas bem mais assertivas e fortes. No início de 1941, os especialistas em corrupção da Nebe (RSHA-V) e o tribunal da Polícia e da ss começaram a prestar mais atenção nessa questão vital.

As investigações de corrupção eram uma questão extremamente delicada porque atingiam o âmago de um dilema muito agudo, particularmente entre os nazistas mais velhos. Um homem não podia ser um idealista e, ao mesmo tempo, encher os bolsos, fazer sexo com mulheres judias ou participar de orgias regadas a álcool. Foi por esse motivo que Himmler, que tratava a ss como uma organização santificada por sua missão de salvaguardar o futuro da nação alemã por centenas de anos, não podia tolerar que tais "lapsos" fossem cometidos por seus homens. Os funcionários corruptos, portanto, tinham uma base sólida sobre a qual proceder, mas precisavam ser bastante cuidadosos para não envolver alguém que tivesse muito poder.

Em 1941, o Tribunal XXII da Polícia e da ss em Kassel iniciou uma investigação contra Koch, comandante do campo de concentração de Buchenwald. Os procedimentos falharam e Pohl parabenizou Koch por escrito. Nessa carta, que ficaria famosa nos círculos da ss, Pohl disse, com efeito, que interviria defensivamente "sempre que um advogado desempregado esticasse as mãos de carrasco novamente para agarrar o corpo branco de Koch [*wenn wieder einmal ein arbeitsloser*

Glücks para os comandantes do campo, 15 de dezembro de 1943, NO-1545. O bordel, é claro, não impedia os comportamentos sádicos.

49 Ella Lingens-Reiner, *Prisoners of Fear* (Londres, 1948), p. 40. A autora foi uma prisioneira alemã em Auschwitz.

Jurist seine Henkershände nach dem weissen Körper Koch's ausstrecken wolle]".[50] Mas o tribunal não o livrou. Após Koch assumir o centro de extermínio de Lublin, dois funcionários especialistas em corrupção do RSHA (o *Hauptsturmführer* dr. Morgen e o *Kriminalkommissar Hauptsturmführer* Wied) arrastaram-no para o *Generalgouvernement*.[51] Em 20 de agosto de 1942, ele foi derrubado de seu posto.[52]

Enquanto Koch se encontrava detido para ser julgado, a investigação começou para valer. Em Buchenwald, um *Hauptsturmführer*, Koehler, foi preso como testemunha essencial. Alguns dias depois de sua prisão, ele foi encontrado morto em sua cela, aparentemente envenenado. O funcionário responsável pela investigação, dr. Morgen, ficou furioso. Suspeitando que o médico do campo (dr. Hoven) tivesse relação com o assassinato, Morden ordenou que amostras da substância química encontrada no estômago do cadáver fossem administradas a quatro prisioneiros soviéticos de guerra. Os quatro homens morreram diante de várias testemunhas, incluindo Morgen, o funcionário especialista em corrupção, Wehner, e um colega de Hoven, o dr. Schuller (cujo apelido era Ding). De posse dessa prova, Morgen prendeu Hoven.[53]

O próprio Koch não conseguiu escapar da armadilha. Foi julgado, sentenciado à morte e executado.[54] O cerco também se fechou sobre seu subordinado imediato, Hackmann, o *Schutzhaftlagerführer* de Lublin. Condenado à morte, Hackmann foi posteriormente colocado em uma unidade penal.[55]

---

50 Depoimento do dr. Werner Paulmann, 11 de julho de 1946, SS-64. Paulmann foi segundo juiz e, posteriormente, chefe do tribunal da SS e da Polícia em Kassel.

51 Depoimento de Paulmann, 11 de julho de 1946, SS-64. Interrogatório de Wied, 21 de julho de 1945, G-215.

52 Pohl para o Departamento Pessoal Central da SS (*OGruf.* Schmitt), 28 de julho de 1942, NO-1994. *OStubaf.* Brandt para Pohl, 23 de agosto de 1942, NO-1994. Ordem de transferência de Fanslau enviando Koegel para tomar o lugar de Koch como comandante de Lublin, 24 de agosto de 1942, NO-4334. Ao mesmo tempo, o comandante do Flossenbürg, *OStubaf.* Künstler, foi afastado do cargo por causa de "festas e bebedeiras" e o comandante de Dachau, *OStubaf.* Piorkowski foi removido para ser julgado por ofensas mais graves. Brandt para Pohl, 23 de agosto de 1942, NO-1994.

53 Testemunho de Eugen Kogon, Caso No. 1, tr. pp. 1183-1184.

54 Depoimento de Paulmann, 11 de julho de 1946, SS-64.

55 Depoimento do dr. Erwin Schuler, 20 de julho de 1945, NO-258.

Tendo abocanhado o campo de Lublin, os funcionários especialistas em corrupção sofreram um revés. Descobriram que todas as potenciais testemunhas judias tinham sido assassinadas. Decidindo investigar também essa questão, o tribunal da Polícia e da ss confrontou-se com o assassinato em massa de todos os prisioneiros judeus remanescentes em Lublin.[56] A resistência aumentava também em outros campos conforme a velha guarda lutava para sobreviver. Deste modo, em Sachsenhausen, a comissão de corrupção foi "expulsa à força" (*gewaltsam herausgesetzt*).[57]

O Tribunal XXII da Polícia e da ss em Kassel constituía-se, agora, no "Tribunal da Polícia e da ss para Fins Especiais". Foram feitos preparativos para capturar o maior prêmio de todos: o *Obersturmbannführer* Höss, de Auschwitz. Uma comissão especial (dirigida pelo *Hauptsturmführer* Drescher) foi instalada no campo e um informante (o *Hauptscharführer* Gerhard Palitzsch) fornecia informações sobre Höss. O comandante, disse ele, era responsável pela gravidez de uma prisioneira, Eleonore Hodys, nascida em 1903 em Viena. Após dificuldades consideráveis, os funcionários especialistas em corrupção interrogaram Hodys.[58] Todavia, a campanha em Auschwitz estava fadada ao fracasso. O mecanismo de sucção do campo começou a agir. Ameaças abertas eram enviadas ao tribunal da Polícia e da ss.[59] No próprio campo, o *Hauptscharführer* Palitzsch foi encontrado com uma judia e atirado em uma carvoaria.[60] Höss vencera.

Um ataque feroz do tribunal da Polícia e da ss reclamou as vítimas, mas a estrutura do campo como um todo resistiu, protegida pela mão onipotente de Pohl, que estava pronto para acobertar e defender seus comandantes nos momentos de crise.

O número de pessoal da equipe nos campos estava em enorme desvantagem com relação ao número de prisioneiros. Essa disparidade levanta as seguintes

---

56 Depoimento de Paulmann, 11 de julho de 1946, ss-64.

57 *Ibid.*

58 Depoimento de Gerhard Wiebeck, 28 de fevereiro de 1947, NO-2330. Wiebeck, um subordinado de Morgen, interrogou a mulher em outubro de 1944.

59 *"Von Auschwitz wurde dem Gericht ganz offen gedroht."* Depoimento de Paulmann, 11 de julho de 1946, ss-64.

60 Jan Sehn (juíz, Cracóvia), "Concentration and Extermination Camp at Oświęcim". Comissão central de investigação de crimes alemães na Polônia, *German Crimes in Poland* (Varsóvia, 1946-1947), vol. I, p. 82.

perguntas: por que, afinal, um centro de extermínio tinha prisioneiros judeus? Por que qualquer um deles deveria permanecer vivo? A resposta é que eles precisavam ser mantidos pelo menos para a manutenção do campo e das operações, incluindo a recepção de deportados e a incineração dos cadáveres. Nos campos de Kulmhof e do *Generalgouvernement*, onde o tratamento das vítimas era a principal atividade, relata-se que o trabalho era relativamente escasso. Auschwitz, contudo, precisava de mão de obra adicional para a construção e para a indústria privada. Por esse motivo, seus administradores precisavam ter em seus planos alguma provisão de abrigos rudimentares, alimentos para subsistência e assistência médica mínima.

Não eram necessários espaço e sustento adequados para garantir a sobrevivência de cada preso que tivesse de cumprir uma determinada tarefa. É significativo notar que "a responsabilidade pela vida de um prisioneiro" (inclusive de um prisioneiro alemão) era definida como um relatório completo e preciso de sua morte (nome, data de nascimento, nacionalidade, etc.).[61] Quando um judeu morria, entretanto, nenhum relatório especial precisava ser feito: uma lista de mortos era suficiente.[62] Não importava se um determinado judeu vivia ou morria.

Era preciso haver apenas um número suficiente de prisioneiros para cuidar das tarefas exigidas e, se o suprimento fosse mais do que o suficiente, a SS podia exterminar a população excedente, enviando-a para a câmara de gás. O número de prisioneiros era, portanto, sujeito à grande flutuação. Dependendo da chegada de novos trens ou de uma seleção de vítimas a serem executadas, a população do campo podia ser duplicada ou reduzida à metade em um curto espaço de tempo.[63]

---

61 Glücks para comandantes do campo, 21 de novembro de 1942, NO-1543.

62 *Ibid.* WVHA D I-1 (assinado por Liebehenschel) para comandantes do campo, 15 de julho de 1943, NO-1246. Memorando de Höss (WVHA D-I), sem data, NO-1553.

63 KL Auschwitz/Administração (*HStuf.* Wagner) reportou para o WVHA D-IV em 25 de março de 1942 que esperava um aumento do número de prisioneiros de 11 mil para 27 mil nos dias seguintes; NO-2146. Em 17 de outubro de 1944, as mulheres do campo de Auschwitz II somavam 29.925. Em 25 de novembro de 1944, o número era de 14.271. Relatórios de forças de Frauen-Lager LK Au II/Abt. IIIa (Birkenau), 18 de outubro e 26 de novembro de 1944, *Dokumenty i materialy*, vol. I, p. 118. Auschwitz como um todo tinha 11 mil prisioneiros em março de 1942. Wagner para WVHA D-IV, 25 de março de 1942, NO-2146. O número era de 87 mil em dezembro de 1943, 67 mil em abril de 1944 e (contando, possivelmente, 30 mil não registrados) 135 mil em agosto de 1944, antes de o número cair novamente. Danuta Czech, *Kalendarium der Ereignisse im Konzentrationslager*

Obviamente, os gastos para a manutenção dos prisioneiros eram extremamente baixos. Os galpões eram o mais primitivo possível. Lublin, por exemplo, no outono de 1942, possuía cinco blocos com um total de 22 galpões parcialmente inacabados; alguns não possuíam janelas, outros tinham telhados de papelão. Nenhum tinha encanamento de água. Latrinas provisórias (buracos) exalavam odores fétidos por todo o local.[64] Durante uma reunião de construção em Auschwitz em 16 de junho de 1944 (da qual participaram, entre outros, Pohl, Maurer, Höss, Bischoff, Baer e Wirths), a "conclusão" (*Ausbau*) dos galpões no Campo II ainda era objeto de discussão. Naquele contexto, foi apontado que a instalação de banheiros era necessária apenas a cada três ou quatro galpões.[65]

A superlotação era uma praga constante para os prisioneiros; simplesmente não havia um limite para o número de pessoas que poderiam ser colocadas em um alojamento. Os prisioneiros dormiam sem cobertores ou travesseiros nas chamadas *Pritschen*, pranchas de madeira colocadas juntas. Em 4 de outubro de 1944, a divisão de administração de Auschwitz II escreveu à administração central pedindo 230 novas *Pritschen*. Em vez de serem usadas por cinco prisioneiros, como prescrito, cada uma das *Pritschen* acomodava mais de quinze pessoas. Por causa do peso, o leito superior de um *Pritschen* havia se quebrado e todos os prisioneiros caíram sobre as pessoas que estavam no leito intermediário, que também cedeu, derrubando todos no leito inferior.[66] O resultado foi uma massa retorcida de corpos e lascas de madeira.

No quesito vestimentas, a situação era ainda pior. Os judeus que chegavam aos campos eram destituídos de todos os pertences, incluindo as roupas. No início do ano de 1943, as vestimentas dos prisioneiros eram divididas entre todos. Estimativas de requerimentos eram enviadas pelo Amtsgruppe D para o Amt B-II, que tinha de barganhar as distribuições com o setor civil (Speer e o Ministério

---

Auschwitz-Birkenau 1939-1945 (Reinbek, 1989), pp. 688, 750, 860. O número de prisioneiros em Lublin caiu de 20-25 mil em setembro de 1942 para 6 mil em dezembro de 1943. Depoimento de Ruppert, 6 de agosto de 1945, NO-1903. Interrogatório de Wied, 21 de julho de 1945, G-215.

64 Depoimento de Ruppert, 6 de agosto de 1945, NO-1903.

65 Resumo da reunião de Auschwitz, 17 de junho de 1944, NO-2359.

66 Kommandantur KL Au II/Verw. para Zentralverw. Au, 4 de outubro de 1944, *Dokumenty materialy*, vol. I, pp. 95-96.

da Economia).[67] Esse planejamento não incluía sapatos e botas. Uma empresa, a Schuh- und Lederfabrik A. G. Chelmek, recebeu um pedido para a produção de 250 mil pares de galochas para os prisioneiros.[68] Conforme a crise aumentava, o fornecimento de roupas para os prisioneiros diminuía. Em 26 de fevereiro de 1943, foi feito então um pedido para que os trabalhadores recebessem roupas comuns (apropriadamente marcadas), deixando o fornecimento restante da variedade listrada unicamente para as forças de trabalho que fossem se deslocar para fora do campo.[69] Uma vez que qualquer coisa que pudesse ser chamada de roupa era confiscada para ser distribuída aos alemães pobres (em um processo complicado que será descrito mais adiante), os prisioneiros judeus geralmente recebiam trapos. Itens como artigos de toalete, lenços e papel (incluindo papel higiênico) não eram distribuídos. Durante o ano de 1944, as condições eram tais que milhares de pessoas tinham de andar completamente nuas.[70]

A terceira praga era a falta de comida. A base administrativa para a distribuição de comida nos campos era um sistema de ração administrado pelo Ministério de Alimentação e Agricultura e dizia respeito a rações parciais para os judeus.[71] Cada administração de campo obtinha o material nos depósitos de alimentos da Waffen-ss (*Standartenführer* Tschentscher) e no mercado livre.[72] O que acontecia com o alimento após ser enviado para o campo era de responsabilidade da própria administração. A dieta básica dos prisioneiros judeus era sopa de nabo aguada

---

67 Depoimento de Georg Lörner, 1º de dezembro de 1945, NO-54.

68 Administrador da Schuh- und Lederfabrik Chelmek para a Zentralbauleitung Auschwitz, 18 de fevereiro de 1943, arquivos do Museu Memorial do Holocausto dos EUA, Grupo de Registros 11.001 (Centro de Acervos Documentais, Moscou), Rolo 35, Fundo 502, Inscrição 1, Pasta 236.

69 Liebehenschel para os comandantes de campo, WVHA D-II, e WVHA D-III, 26 de fevereiro de 1943, NO-1530.

70 Mulheres judias húngaras em Auschwitz foram particularmente afetadas. Friedman, *Oswiecim*, pp. 67-68.

71 Serviço de Inspeção para os comandantes de campo, 13 de outubro de 1941, NO-1536. Decreto do Ministério de Alimentos (assinado pelo dr. Moritz), 6 de agosto de 1944, NG-455.

72 Depoimento de Wilhelm Max Burger, 14 de maio de 1947, NO-3255. Burger era chefe administrativo de Auschwitz antes de Möckel.

e tomada em cumbucas,[73] complementada por uma refeição noturna composta por pão com serragem e um pouco de margarina, "marmelada fétida" ou "salsicha podre".[74] No intervalo entre as duas refeições, os prisioneiros tentavam beber algumas gotas de água suja em uma torneira em um barracão de banho.[75]

As condições de vida nos centros de extermínio produziam doenças e epidemias, incluindo disenteria, tifo e doenças de pele de todos os tipos. As medidas de saneamento básico eram praticamente nulas. Os terrenos de Auschwitz não eram propícios à canalização, de modo que latrinas eram as únicas instalações disponíveis. A água não era filtrada; sabão e artigos de limpeza eram bastante escassos; ratos corriam soltos pelos galpões e os médicos dos prisioneiros trabalhavam com poucos medicamentos e poucos instrumentos. Quando as enfermarias ficavam lotadas, o médico da SS realizava uma inspeção e despachava os casos mais graves para a câmara de gás.[76]

Os prisioneiros tentavam sobreviver e criavam alguns mecanismos compensatórios. Comida era roubada e negociada no mercado negro.[77] Médicos prisionei-

---

73 A sopa era a refeição do meio-dia. "Havia pedaços de madeira, cascas de batata e substâncias irreconhecíveis nadando nela." Perl, *I Was a Doctor in Auschwitz*, pp. 38-41. A sopa era enviada em latas com cerca de 54 kg, com apenas duas alças, sem tampa. Antes de ser distribuída nas panelas, a bebida escaldante precisava ser carregada com cautela pelos homens da SS da cozinha para o galpão. Relato de De Gaullist, 20 de agosto de 1946, NO-1960.

74 Perl, *I Was a Doctor in Auschwitz*, p. 36.

75 *Ibid.*, p. 32. Para uma discussão especializada dos aspectos médicos da nutrição nos campos, ver dr. Elie A. Cohen, *Human Behavior in the Concentration Camp* (Nova York, 1953), pp. 51-58. O autor foi um sobrevivente de Auschwitz.

76 Sobre as doenças e o tratamento dos doentes, ver Cohen, *Human Behavior in the Concentration Camp*, pp. 58-81.

77 Alguns preços (em Reichsmark) no mercado negro de Auschwitz eram os seguintes:

1 cigarro	6-7
450 g de pão	150
450 g de margarina	100
450 g de manteiga	200
450 g de gordura	280-320
450 g de carne	400-480

Relato de De Gaullist, 20 de agosto de 1946, NO-1960. Na maioria das vezes, havia apenas o comércio de escambo. Um velho em Auschwitz negociou um saco de diamantes que tinha

ros trabalhavam frenética e incansavelmente, mas a onda de mortes era muito grande. No final do ano de 1942, Lublin recebeu 26.258 prisioneiros judeus *registrados*. Um total de 4.568 foi transferido; 14.348 morreram. Auschwitz recebeu 5.849 prisioneiros judeus *registrados* mais ou menos na mesma data; 4.436 morreram.[78] Em julho de 1943, Auschwitz tinha poucos prisioneiros para suprir suas necessidades industriais e uma comissão foi enviada a Lublin para tirar alguns prisioneiros de lá. Das 3.800 pessoas designadas para Auschwitz, um exame preliminar revelou que apenas 30% estava apta para o trabalho. A comissão de Auschwitz ficou tão indignada que a administração de Lublin esfolou "sem demonstrar qualquer culpa" todos os internos que poderiam estar aptos ao trabalho. Após um segundo exame, um médico de Lublin, *Untersturmführer* dr. Rindfleisch, admitiu que os prisioneiros de Lublin não podiam, de fato, ser classificados como utilizáveis.[79] Mil e quinhentos cativos foram finalmente escolhidos. Quando chegaram, cinco mulheres já estavam mortas, 49 estavam morrendo e a maioria dos outros ou tinha erupções na pele ou sofria de "exaustão" (*Körperschwäche*).[80] Quaisquer que fossem os talentos dos oficiais do campo, manter os prisioneiros vivos não era um deles, mesmo que em raras ocasiões isso fosse esperado. Todavia, eles providenciavam música de orquestra tocada profissionalmente pelos prisioneiros no pátio.[81]

Para a ss, manter os prisioneiros vivos não era tão essencial quanto mantê-los sob controle. Em algumas ocasiões, havia excesso de confiança e relaxamento em matéria de segurança, mas, nos círculos da ss, a exigência de manter uma mão de ferro sobre a população carcerária não tinha necessidade de ser enunciada: era

---

contrabandeado por três batatas cruas, que comeu de uma única vez. Perl, *I Was a Doctor in Auschwitz*, pp. 114-115. As mulheres às vezes emprestavam seus corpos para prisioneiros políticos alemães ou poloneses para poderem se alimentar. *Ibid.*, pp. 76, 78-79.

78 Relato de Korherr, 27 de março de 1943, NO-5194.

79 Relato de um *UStuf.* de Auschwitz, 6 de julho de 1943, *Dokumenty i materialy*, vol. I, pp. 138-140.

80 *Standortarzt* (médico do campo) de Auschwitz para Kommandantur Auschwitz, 8 de julho de 1943, *ibid.*

81 Fania Fenelon, *Playing for Time* (Nova York, 1977), p. 46. A autora era uma prisioneira que fazia parte da orquestra de mulheres, conduzida pela violinista Alma Rosé. A orquestra dos homens, maior, é mencionada apenas raramente na literatura dos sobreviventes. *Ibid.*, p. 209; Filip Müller, *Eyewitness Auschwitz* (Nova York, 1979), pp. 47, 58, 100.

algo claramente compreendido. Instituiu-se, assim, um sistema rígido de restrições sob a forma de controles internos, obstáculos físicos e uso de guarda.

Fundamental na ideia de um mecanismo de controle interno era a hipótese de que um determinado prisioneiro não resistiria, mas obedeceria a uma ordem mesmo que ela fosse contra seus próprios interesses. Quando confrontado com uma escolha entre a ação e a inércia, o prisioneiro ficaria paralisado. Ponderaria que, em Auschwitz, nada jamais é certo, nem mesmo a morte.[82] A principal ameaça de resistência era, consequentemente, não o raciocínio de um indivíduo, pois ele era impotente apesar e por causa disso, mas o estabelecimento de uma organização que confrontasse o campo de concentração. Controles internos procuravam evitar a formação de quaisquer movimentos de resistência dessa natureza. Os comandantes dos campos recebiam ordens para permanecerem vigilantes o tempo todo, evitando, assim, que fossem surpreendidos por "desagradáveis acontecimentos de força maior".[83] Os comandantes deviam acompanhar tudo fazendo uso de prisioneiros espiões[84] e a resistência era neutralizada por meio da instituição de uma burocracia e de privilégios carcerários.

A distribuição do poder e dos privilégios entre os prisioneiros era determinada em primeira instância pela hierarquia racial. Mesmo em um campo de concentração, um alemão ainda era um alemão, um polonês ainda era um polonês e um judeu ainda era um judeu. Essa estratificação não podia ser quebrada pelos prisioneiros; a hierarquia racial era tão rígida quanto a hierarquia burocrática. Mistura, delegação de poder e comunidade não eram possíveis ali.

A burocracia carcerária era dividida em duas partes: uma era encarregada dos quartéis e a outra das forças de trabalho. Nos quartéis, a hierarquia era a seguinte: *Lagerältester* (a mais elevada do campo), *Blockältester* (encarregada do bloco) e *Stubendienst* (encarregada dos galpões). Nas forças de trabalho, havia a *Oberkapo*, a *Kapo* e a *Vorarbeiter*. Em Auschwitz e em Lublin, os mais altos escalões da burocracia carcerária eram ocupados por prisioneiros alemães.[85] Nessas condi-

---

82 Ver Cohen, *Human Behavior in the Concentration Camp*, pp. 115-210.

83 Glücks para os comandantes do campo, 31 de março de 1944, NO-1554.

84 *Ibid.*

85 Sehn, "Oświęcim", *German Crimes in Poland*, vol. I, pp. 38-39. Irene Schwarz in Leo W. Schwarz, ed., *The Root and the Bough* (Nova York e Toronto, 1949), pp. 193-196. Depoimento de Ruppert, 6 de agosto de 1945, NO-1903.

ções, havia uma liderança carcerária, mas ela era responsável e, frequentemente, responsiva ao comando do campo.

Os prisioneiros alemães não apenas ocupavam as posições mais importantes da burocracia carcerária como também desfrutavam de privilégios mais extensivos dentro do quadro da vida no campo de concentração, como o direito de receber encomendas, rações complementares de alimento, menos lotação nos galpões e roupas de cama nos hospitais do campo.[86] Bem menos privilegiados e em condições muito piores viviam os poloneses, os tchecos e outros eslavos.[87] Na base ficavam os judeus. Entre os prisioneiros judeus e os alemães, havia um abismo intransponível. Os alemães tinham o direito de viver ou, pelo menos, as mínimas condições de lutar pela vida. Os judeus eram condenados. É característico o fato de os judeus em Auschwitz esperarem que um ataque aéreo pudesse destruir as instalações de extermínio,[88] ao passo que os alemães eram consolados com o pensamento de "que os pilotos aliados conheciam e evitariam o campo".[89]

Talvez o exemplo extremo da força esmagadora que separava os alemães dos judeus seja um incidente relatado pela dra. Ella Lingens-Reiner, que fora enviada a Auschwitz por ter escondido alguns judeus em seu apartamento em Viena (*Judenbegünstigung*). Em Auschwitz, ela assumiu a proteção de uma jovem judia de Praga, Gretl Stutz. Um dia, Stutz foi levada para a enfermaria com tifo, uma paciente em meio a outros setecentos. Enquanto a dra. Lingens-Reiner aplicava-lhe uma injeção, uma voz protestou do lado alemão: "Claro, você dá algo para a judia e deixa os alemães morrerem como cães. Que belo exemplo de prisioneira alemã você é!". Por causa disso, a dra. Lingens-Reiner não visitou novamente a amiga. Gretl Stutz foi transferida para outra enfermaria e, após alguns dias, sucumbiu, abandonada, à doença.[90]

Outra medida interna de controle era a marcação. Nos campos de concentração, o prisioneiro judeu tinha de usar a Estrela de Davi. Em Auschwitz, seu

---

86 Lingens-Reiner, *Prisoners of Fear*, pp. 52, 56, 100.

87 *Ibid.*, pp. 44, 49.

88 Olga Lengyel, *Five Chimneys* (Chicago e Nova York, 1947), pp. 123, 155-156. A autora foi uma prisioneira judia.

89 Lingens-Reiner, *Prisoners of Fear*, p. 36.

90 *Ibid.*, pp. 83-84.

número de registro era tatuado no braço.[91] Ainda outra precaução era tomada na forma de chamadas diárias – algo que, às vezes, levava horas. As chamadas controlavam todos os prisioneiros e evitava que se escondessem dentro do campo. Eles não eram dispensados até todos serem contados, vivos ou mortos.[92] Como última medida, os alemães também recorriam à retaliação, geralmente um enforcamento público. Assim, eles procuravam frustrar a formação de movimentos internos de resistência por meio de um sistema de espiões, burocracias carcerárias, privilégios carcerários, marcação, chamadas e retaliações. Todavia, medidas preventivas não impediam esses artifícios.

Em fevereiro de 1943, Himmler começou a temer que ataques aéreos nos campos de concentração pudessem ocasionar fugas em massa. Para evitar qualquer ocorrência desse tipo, ordenou que cada campo fosse dividido em blocos. Em cada bloco, cercado por arame farpado, deveria haver 4 mil prisioneiros. Todo campo devia ser cercado por um muro alto e arame farpado deveria ser colocado em *ambos* os lados. O corredor interno entre o arame e o muro deveria ser vigiado por cães; o corredor externo deveria ser minado, para o caso de uma bomba abrir um buraco no muro. Nas proximidades do campo, cães treinados para estraçalharem homens (*zerreissen*) deveriam fazer a ronda noturna.[93] Holofotes deveriam ser instalados em postes na cerca de arame e o arame da parte interna deveria ser eletrificado. Prisioneiros cansados daquela vida precisariam simplesmente encostar na cerca para acabarem com seu sofrimento.

O terceiro elemento de controle de prisioneiros era a força de guarda. Mesmo com todas as medidas internas e da construção de engenhocas, era preciso haver um corpo armado de homens para lidar com a eventualidade de "desagradáveis acontecimentos de força maior". Ainda assim, os campos de extermínio, nos quais quase 3 milhões de pessoas foram assassinadas, eram vigiados de forma bastante escassa. Ao todo, cerca de 4 mil homens devem ter feito parte dos centros de extermínio em todos os momentos. Em Auschwitz, havia aproximadamente 3 mil guardas; Lublin possuía um batalhão da Schutzmannschaft, o grupo de proteção. Uma pequena equipe da Polícia Alemã foi instalada em Kulmhof. Treblinka, Bełżec e Sobibór tinham um grupo de ucranianos cada um. Nos campos do WVHA,

---

91 Lengyel, *Five Chimneys*, p. 106. Cohen, *Human Behavior in the Concentration Camp*, pp. 26-28.

92 Lengyel, *Five Chimneys*, pp. 37-40.

93 Himmler para Pohl e Glücks, 8 de fevereiro de 1943, Arquivos de Himmler, Pasta 67.

os guardas eram equipados com armas pequenas, incluindo metralhadoras instaladas nas torres de observação.[94] À noite, esses guardas vigiavam com holofotes os pátios do campo. A obtenção desses guardas, mesmo em número pequeno para o tamanho da tarefa, não era um problema de fácil resolução. Ademais, a aquisição do armamento mostrou-se uma dificuldade ainda maior.

Como as forças de vigia não eram unidades de primeiro escalão, os homens da ss encarregados do fornecimento das armas não consideravam necessário abastecê-las com armas de primeira classe. A distribuição de armas e munição em toda a Waffen-ss era administrada pela ss-*Führungshauptamt*, o gabinete central que tratava de questões puramente militares. No WVHA, o Amt-B-V, sob o comando do *Standartenführer* Scheide, cuidava das armas e das munições para os campos do WVHA. Sempre que o WVHA recebia pedidos de armas, Scheide os submetia ao *Führungshauptamt*. Com bastante frequência, eram oferecidos rifles italianos sem munição e assim por diante.

O Amtsgruppe D conseguiu apenas por volta de 15 mil rifles e trinta metralhadoras para todos os seus campos. Essa quantidade, é claro, não era suficiente, de modo que o gabinete fez uso de seus próprios contatos para procurar armas independentemente. Empresas que faziam o uso de mão de obra do campo, particularmente a firma de armamentos Steyr, eram abordadas em tais questões. Scheide reclamou com Glücks por causa desse contrabando de armas (*Waffenschieberei*), ao que Glücks respondeu que conseguiria suas armas onde quer que fosse. No que dizia respeito aos caminhões, a situação era a mesma. Os caminhões eram geralmente obtidos quando firmas disponibilizavam o transporte necessário para recolher os trabalhadores e, então, de alguma forma, esqueciam-se de pedir os veículos de volta.[95]

Desse modo, por meio de artimanhas e trapaças, os guardas, as armas e os transportes eram reunidos. Contudo, Pohl ainda estava preocupado. Havia muitas pessoas condenadas nos campos. Em um relatório para Himmler datado de 5 de abril de 1944, ele sublinhou os preparativos que vinha fazendo para a eventualidade de um grande motim em Auschwitz. O número de prisioneiros em Auschwitz era, então, de 67 mil. A partir desse número, Pohl subtraiu 18 mil doentes e 15 mil em forças de trabalho que poderiam ser aniquilados (*abgesetzt*), "de modo

---

94 Pohl para Himmler, 5 de abril de 1944, NO-21.

95 Depoimento de Rudolf Hermann Karl Scheide, 16 de janeiro de 1947, NO-1568.

que praticamente era preciso contar com 34 mil prisioneiros". No momento ele dispunha de 2.950 guardas. Do alto comandante da Polícia e da ss na região, *Obergruppenführer* Schmauser, Pohl obteve outra tropa de polícia de 130 homens como uma força reserva. No início de um ataque, uma linha de defesa no interior do campo seria criada por todos os guardas. Além disso, Schmauser havia feito um acordo com o vice-comandante do Corpo VIII (comandante do antigo Wehrkreis VIII na Silésia), *General der Kavallerie* von Koch-Erpach. Nos termos desse acordo, a Wehrmacht forneceria equipamento para uma linha de defesa externa. Além disso, a força aérea havia prometido fornecer mil homens se o motim não coincidisse com um ataque aéreo. Por fim, a Kripo-Leitstelle em Katowice estava preparada para realizar uma grande busca (*Grossfahndung*) para capturar qualquer prisioneiro que conseguisse escapar.[96]

Não houve um motim em Auschwitz. Apenas alguns poucos prisioneiros conseguiram escapar do esquema triplo composto por informantes, cercas e guardas – e a maioria deles foi resgatada. Às vezes, o cadáver de um prisioneiro fugitivo era escorado em uma cadeira com os dizeres: "Estou aqui novamente [*Ich bin wieder da*]".[97] Pouquíssimos conseguiram escapar.

Em dois dos campos menores, Treblinka e Sobibór, o inesperado aconteceu. Diferentemente de Auschwitz, que possuía uma grande população carcerária, Treblinka mantinha apenas algumas forças de trabalho (todos judeus) para manutenção e outras finalidades. A proporção de prisioneiros/guardas em Auschwitz durante 1943 e 1944 variava em torno de 20/1 e 35/1. Em Treblinka, com cerca de setecentos prisioneiros dentro do espaço de um quilômetro quadrado, não havia possibilidade de se esconder, nem oportunidade de se esquivar da morte final. Em 1943, quando a frequência dos transportes estava diminuindo, cada interno só podia se perguntar quando chegaria a sua hora.

O plano de fuga em Treblinka foi simples. Um ferreiro faria uma cópia da chave do arsenal e um ex-capitão do exército polonês, o dr. Julian Chorazycki, colocaria em funcionamento o plano. Ele foi assassinado pouco antes de o plano ser colocado em prática, mas vários outros, dois dos quais ex-funcionários do exército

------

96 Pohl para Himmler, 5 de abril de 1944, NO-21.

97 Rudolf Vbra e Alan Bestic, *I Cannot Forgive* (Nova York, 1964), p. 204. Irina Bundzewicz, "Kostek", *Hefte von Auschwitz* II (1970): 149-82, p. 182. A prática teve origem em Dachau. Höss, *Kommandant*, p. 87.

1136 A destruição dos judeus europeus

da Tchecoslováquia, continuaram os preparativos. Em 2 de agosto de 1943, um dia bastante quente, quando parte da força de guarda tinha ido se banhar no rio Bug, vinte granadas de mão, vinte rifles e vários revólveres foram secretamente retirados do arsenal. A revolta estava marcada para começar antes do pôr do sol para dar àqueles que conseguissem chegar ao campo a oportunidade de se esconderem na escuridão. Tudo começou às 15h45. Os guardas foram atacados de surpresa e os galpões, as garagens e os armazéns foram incendiados. Tiros foram trocados por cerca de meia hora enquanto grandes áreas do campo, com exceção das câmaras de gás, eram incendiadas. Entre 150 e 200 homens escaparam e todos foram caçados. Talvez sessenta ou setenta tenham sobrevivido.[98] Entre os guardas, dois ucranianos foram assassinados, mas não houve morte de alemães.[99] O campo continuou a operar e, no curso daquele mesmo mês, mais transportes chegaram de Białystok.[100]

A revolta de Sobibór, executada por cerca de trezentos prisioneiros, foi praticamente uma cópia do motim de Treblinka. A batalha ocorreu no final da tarde do dia 14 de outubro de 1943 e foi organizada por um jovem oficial soviético, Alexander Pechersky, que havia sido preso no Gueto de Minsk e havia chegado a Sobibór em um trem vindo daquele gueto em setembro. Observando o terreno e a maneira como o campo era vigiado, Pechersky percebeu alguns detalhes, como o fornecimento de cinco cartuchos de munição para cada guarda. No dia da revolta, alguns dos alemães foram presos em galpões e agredidos com machados e

---

98 Samuel Rajzman, 'Uprising em Treblinka', *Hearings before the House Committee on Foreign Affairs,* 79th Cong., Iª sessão, em H. J. Res. 93 (sentença de criminosos de guerra), 25-26 de março de 1945, pp. 120-125. Yankel Wiernik em Schwarz, *The Root and the Bough,* pp. 119-121. Tanto Rajzman quanto Wiernik estavam nesse motim. Veja também outros relatos em Alexander Donat, ed., *The Death Camp Treblinka* (Nova York, 1979) e relatos gravados por Sereny, *Into That Darkness,* pp. 210-250. Donat publicou uma lista de sobreviventes nas pp. 284-291. Para uma análise da revolta Treblinka, consulte Yitzhak Arad, *Belzec, Sobibor, Treblinka* (Bloomington, Indiana, 1987), pp. 270-298.

99 Declarações de Franz Rum, 12-13 de outubro de 1960, e Franz Suchomel, 24-25 de outubro de 1960. Caso Treblinka, pp. 1311-1333 e 1403-1406.

100 Sereny, *Into That Darkness,* p. 249. Reichsbahndirektion Königsberg/33 para as estações de Białystok para Treblinka, 17 de agosto de 1943, Zentrale Stelle der Landesjustizverwaltungen in Ludwigsburg, Polônia 162, filme 6, quadro 194.

pedaços de pau. Um alemão disparou o alarme. De posse de armas, os judeus correram para a cerca de arame farpado e, sob tiros disparados dos postos elevados de vigia, passaram, abrindo caminho para as minas explosivas. Duzentos morreram. No complexo, nove homens da ss, incluindo o vice-comandante *Untersturmführer* Niemann e dois prisioneiros de origem alemã estavam mortos. Naquela noite, reforços do exército e da Schutzpolizei foram instalados nas redondezas e o *Kommando*, despachado pela kds de Chełm, vasculhou os galpões mesmo enquanto os judeus presos ali dentro ainda estavam atirando. Dos que conseguiram escapar, mais de cinquenta foram atingidos por tiros disparados por perseguidores e quarenta ou cinquenta ainda estavam vivos no final da guerra.[101]

UTILIZAÇÃO DE MÃO DE OBRA

O principal motivo para se manter uma população carcerária era a utilização de mão de obra, embora o uso de judeus nos projetos de construção, na manutenção ou na indústria fosse meramente um passo intermediário antes do extermínio. Como no caso das operações móveis de extermínio no leste, os judeus deviam receber apenas um "respiro" ou, nas palavras ponderadas de Pohl, "judeus utilizáveis

---

101 kdo Lublin/Ia da bdo *Generalgouvernement*, 15, 16, 20, 25 e 31 de outubro de 1943. Arquivos do Museu Memorial do Holocausto dos EUA, Grupo de Registros 11.001 (Centro de Acervos Documentais Históricos, Moscou), Rolo 82, Fundo 1323, Inscrição 2, pasta 339. Relatório de situação, *Wehrkreiskommando Generalgouvernement*/Ia, para intervalo de 11 a 20 outubro de 1943, de 23 de outubro de 1943, fac-símile em Stanislaw Wronski e Maria Zwolakowa, eds., *Polacy Zydzi 1939-1945* (Varsóvia, 1971), p. 214. Grenzpolizeikommissariat Cholm de kds Lublin (assinado *Ustuf.* Benda), 17 de março de 1944, recomendando emblemas para si mesmo e para outros seis, fac-símile em Miriam Novitch, ed., *Sobibor* (Nova York, 1980), pp. 166-167. Relato de Pechersky, *ibid.*, pp. 89-99. Declaração de Franz Wolf (plano alemão em Sobibór), 14 de junho de 1962, Julgamento de Sobibór diante de um tribunal em Hagen, 45 Js 27/61, vol. 7, pp. 1326-1371. Declaração de Hans Wagner (comandante do batalhão 689 Sicherungsbattailon do Exército em Chelmo), 21 de outubro de 1960, Caso Sobibór, vol. 3, pp. 559-580. Das declarações de Wolf e Wagner, parece que, dos 29 alemães enviados a Sobibór em outubro de 1943, doze estavam de licença. Wagner afirma que as tropas estavam comprometidas com o perímetro segundo ordens expressas dadas por telefone pelo general Moser (*Oberfeldkommandant*) e *Wehrkreis- befehlshaber* Haenicke. Veja também descrições da revolta no julgamento de Sobibór em Hagen (1966), 11 Ks 1/64, reproduzidas por Rückerl em *NS-Vernichtungslager*, pp. 194-197, e por Arad, *Belzec, Sobibor, Treblinka*, pp. 299-348.

que estão migrando para o leste terão de interromper sua jornada e trabalhar na indústria de guerra [*Die für die Ostwanderung bestimmten arbeits- fähigen Juden werden also ihre Reise unterbrechen und Rüstungsarbeiten leisten müssen*]".[1]

Ao contrário do respiro oferecido aos judeus nos territórios ocupados do leste, o adiamento das execuções nos campos dependia inteiramente da ss. Aqueles entre os judeus condenados que eram fortes o suficiente para realizar algum trabalho deviam doar o resto de suas vidas para que a ss pudesse desenvolver uma base industrial e exercer um poder econômico. "Os campos de concentração terão de lidar com tarefas econômicas essenciais nas próximas semanas", escreveu Himmler a Glücks em 25 de janeiro de 1942, quando lhe pediu para se preparar para a chegada de "100 mil judeus e quase 50 mil judias".[2]

A principal circunstância que possibilitou que a ss realizasse quaisquer tarefas mais relevantes foi sua oferta de mão de obra em um momento em que o contingente começava a diminuir na Europa. É uma das ironias do processo de destruição o fato de a falta de mão de obra (problema que a ss agora propunha resolver) ter sido criada em primeiro lugar pela eliminação da força de trabalho apropriada em nome da "solução final da questão judia na Europa". De fato, a ss enfrentava alguns problemas para cumprir sua promessa, já que os oficiais dos campos eram péssimos zeladores da força de trabalho sob sua custódia. Os transportes recém-chegados eram tratados de maneira extremamente descuidada. Em tempos de escassez de mão de obra em Auschwitz, o médico do campo frequentemente enviava quase um trem inteiro para a câmara de gás. Tais acontecimentos enfureciam as autoridades responsáveis pela distribuição da força de trabalho do campo, especialmente o diretor *Standartenführer* Maurer, do WVHA D-II, e seu assistente, Sommer. Duas ocasiões podem ser citadas.

Em 27 de janeiro de 1943, Sommer informou Höss que 5 mil judeus de Theresienstadt estavam sendo enviados a Auschwitz. Pediu para que os potenciais trabalhadores entre eles fossem selecionados "cuidadosamente" (*sorgfältig zu erfassen*), pois eram necessários ao departamento de construção em Auschwitz e ao escritório da I. G. Farben Works lá instalado. Após algum tempo, Schwarz enviou a seguinte estatística como resposta: dos 5.022 judeus de Theresienstadt, 4.092 tinham sido

---

1 Pohl para Himmler, 16 de setembro de 1942, NI-15392.

2 Himmler para Glücks, 25 de janeiro de 1942, NO-500.

assassinados nas câmaras de gás (*gesondert untergebracht*). Os homens eram muito "frágeis" (*gebrechlic*); as mulheres eram, em sua maioria, crianças.[3]

Em 3 de março de 1943, Maurer anunciou que trens lotados com trabalhadores judeus qualificados estavam sendo enviados de Berlim. Ele lembrou a Höss que aqueles trabalhadores tinham sido operários na indústria de guerra; consequentemente, seriam úteis no campo. A firma I. G. Farben supriria suas necessidades com aquela carga. Para certificar-se de que as seleções fossem conduzidas de modo mais cuidadoso dessa vez, Maurer sugeriu que os trens fossem descarregados "não no lugar habitual" (no crematório), mas, mais apropriadamente (*zweckmässigerweise*), próximo à fábrica da I. G. Farben.[4] Dois dias depois, o *Obersturmführer* Schwarz respondeu em tom grosseiro: um total de 1.750 judeus tinha chegado de Berlim; 632 eram homens; o resto, mulheres e crianças. A média de idade dos homens selecionados para o trabalho era entre cinquenta e sessenta anos. Das 1.118 mulheres e crianças, 918 precisavam ser submetidas ao "tratamento especial" (*SB*). "Se os trens de Berlim continuarem a trazer tantas mulheres, crianças e judeus velhos, não poderei garantir a distribuição de trabalho", escreveu Schwarz. Os quatro trens seguintes não se saíram muito melhor (2.398 assassinados e 1.689 poupados para a indústria).[5]

Além de a administração do campo ser terrivelmente ineficiente no processo de seleção, ela era, como já ressaltado, ainda mais apática e incapaz em sua tarefa de manter os prisioneiros vivos. O fornecimento de mão de obra para o campo era como água em um barril com um grande furo embaixo. Os transportes precisavam ser enviados constantemente. Se o fluxo fosse interrompido por alguma razão, o fornecimento de mão de obra para o campo ficaria perigosamente baixo, como aconteceu em julho de 1943, quando a administração de Auschwitz correu para Lublin para pegar emprestados alguns prisioneiros. Todavia, apesar desse sistema, um fornecimento de mão de obra era gradualmente construído.[6]

———

3 Sommer para Kommandant Auschwitz, 27 de janeiro de 1943, *Dokumenty i materiały*, vol. I, pp. 115-117. Schwarz para WVHA D-II, 20 de fevereiro de 1943, *ibid.*

4 Maurer para Höss, 3 de março de 1943, *ibid.*, p. 108

5 Schwarz para WVHA D-II, 5 de março de 1943, *ibid.*, pp. 108-110, 117. Schwarz para WVHA D-II, 8 de março de 1943, *ibid.* Schwarz para WVHA-D, 15 de março de 1943, *ibid.*

6 As estatísticas a seguir são uma compilação de relatórios de campo do WVHA que apontam chegadas e partidas registradas durante o período de junho a novembro de 1942. Uma vez que os

Nem todos os prisioneiros estavam disponíveis para propósitos industriais. Na primavera de 1943, os 160 mil prisioneiros dos campos do WVHA estavam distribuídos da seguinte forma:[7]

– Manutenção do campo: 15%
– Indústria: 63%
– Impossibilitados de trabalhar: 22%

Na verdade, as porcentagens são irreais; elas foram oferecidas por Himmler a Speer. De modo mais preciso, a repartição seria da seguinte forma:

– Manutenção do campo: 15%
– WVHA C (construção)
– WVHA-W (empreendimentos da SS) ⎫ 63%
– Empregadores particulares ⎭
– Impossibilitados de trabalhar: 22%

Nessa coluna, os três primeiros grupos eram empregadores da SS e apenas o quarto representava a indústria de guerra.

---

totais foram calculados a partir da soma dos números fornecidos por cada campo, as transferências entre os campos aparecem nas chegadas *e* partidas:

As chegadas totalizaram 136.780, incluindo 109.861 recém-chegados ("entregas") e 26.919 transferências.

As "partidas" foram de 112.434, divididas em 4.711 descargas, 27.846 transferências, 70.610 mortes e 9.267 execuções.

Esses números mostram um ganho líquido de 24.346 em seis meses. Alarmado, Glücks enviou as estatísticas para os médicos do campo, ressaltando que "com tal taxa de mortalidade, o número de prisioneiros nunca poderia ser elevado à quantidade ordenada pela *Reichsführer*-SS". Glücks também instruía os médicos a prestarem mais atenção na distribuição de alimentos e nas condições de trabalho. WVHA D-III (assinado por Glücks) para os comandantes de campo, 28 de dezembro de 1942, PS-2171.

7 Himmler para Speer, junho de 1943, Arquivos de Himmler, Pasta 67. As porcentagens são referentes a 31 de março de 1943. No início de 1945 (470 mil prisioneiros), as porcentagens eram aproximadamente 9, 74, e 17. Depoimento de Pohl, 21 de maio de 1947, NO-2570.

Econômica e administrativamente, os quatros grupos de empregadores não ocupavam posições idênticas. A administração do campo não precisava se candidatar à distribuição e não pagava pela mão de obra. Kammler, as indústrias da ss e as empresas privadas obtinham mão de obra inscrevendo-se para isso no gabinete de Maurer (D-II). Os administradores do campo e Kammler não precisavam pagar por seus trabalhadores; as indústrias da ss e as empresas privadas faziam pagamentos ao Reich (ver Tabela 9.11).

TABELA 9.11 Administração de mão de obra no campo

	DISTRIBUIÇÃO DE MAURER	PAGAMENTO POR PRISIONEIROS
Administração do Campo		
Amtsgruppe C	X	
Amtsgruppe D	X	X
Empresas privadas	X	X

Todos os prisioneiros empregados eram organizados em forças de trabalho (*Kommandos*) e colocados sob a supervisão de outros prisioneiros (Oberkapos, Kapos e Vorarbeiter). Havia dois tipos de *Kommandos* de manutenção, refletindo o propósito duplo do centro de extermínio: aqueles envolvidos em tarefas comuns de manutenção (equipe de cozinha, atendentes nas enfermarias, limpadores de latrinas, eletricistas, encanadores, etc.) e aqueles envolvidos nas operações de extermínio (os *Transportkommandos*, que limpavam os vagões de carga após o descarregamento; os *Kommandos* no *Effektenkammer*, que separavam os objetos de valor; e, mais importante, os *Sonderkommandos*, que trabalhavam nos crematórios).[8] Além do campo propriamente dito, havia dois outros empregadores da ss: o Amtsgruppe C e as indústrias da ss.

---

8 Para separações com estatísticas, ver relatório do KL Auschwitz II sobre distribuição de trabalho, 11 de maio de 1944, *Dokumenty i materialy*, vol. I, pp. 100-105. Ver também Samuel Rajzman, "Uprising in Treblinka", Audiências perante o Comitê de Relações Exteriores, 79º Cong., 1ª sessão, em H. J. Res. 93 (condenação de criminosos de guerra), 25-26 março de 1945, pp. 120-125. Os *Kommandos* tinham nomes diferentes em diferentes campos. Também eram organizados de maneira ligeiramente diversa em cada campo.

O diretor do Amtsgruppe C, Kammler, era o construtor dos campos de concentração e das instalações dos campos de concentração. Somente em Auschwitz, durante 1942 e 1943, ele utilizou um total de aproximadamente 8 mil prisioneiros por dia.[9]

Nos campos de trabalho estabelecidos por Himmler durante a deportação dos judeus poloneses, as indústrias da ss produziam itens como escovas, cestos e tamancos. Sua contribuição para o esforço de guerra nos campos de concentração era da mesma ordem. Em virtude de seus limitados recursos financeiros (capital investido: 32 milhões de RM), a rede de indústrias da ss precisava se restringir à produção que não exigia grandes investimentos de capital e que era adequada à exploração do trabalho escravo. A Tabela 9.12 mostra um breve perfil da rede de indústrias da ss nos centros de extermínio.

TABELA 9.12 Indústrias da ss nos centros de extermínio

GABINETE	EMPREENDIMENTO	GERENTE	ESTABELECIMENTOS
WVHA W-I	Terra e pedras (DEST)	*OStubaf.* Mummenthey	Fábricas de cascalho em Auschwitz e em Treblinka I (também fábricas de granito em Mauthausen e lapidação de diamante em Herzogenbusch)
WVHA W-II	Cimento	*OStubaf.* Bobermin	Fábricas de cimento em Lublin
WVHA W-III	Produtos alimentícios	*HStuf.* Rabeneck	Auschwitz, Lublin
WVHA W-IV	Produtos de madeira (DAW)	*HStuf.* Opperbeck	Auschwitz, Lublin

Nota: Organograma das indústrias da ss, 30 de setembro de 1944, no-2116. Gráfico de salários das indústrias da ss, 1º de abril de 1944, no-653. As fábricas de granito em Mauthausen utilizavam os mil judeus holandeses deportados para lá em 1941. Judeus holandeses também eram empregados em Herzogenbusch. A maioria das fábricas da ss realizava trabalhos comuns e estava localizada em campos de concentração, o que não é mostrado na tabela acima. Treblinka I era o campo de trabalho.

As indústrias da ss gozavam de excelentes relações com os administradores do campo e com os comandantes da Polícia e da ss. Em uma atmosfera de cooperação e boa vontade, elas evoluíram até atingirem um tamanho respeitável. Por

9 Jan Sehn, "Concentration and Extermination Camp at Oświęcim". Comissão central de investigação de crimes alemães na Polônia, *German Crimes in Poland* (Varsóvia, 1946-1947), vol. I, pp. 30-31.

exemplo, *Sturmbannführer* Mummenthey (DEST) relatou que os trabalhos com o cascalho em Treblinka estavam indo bem. O fato de Treblinka não estar sob a jurisdição do Amtsgruppe D não era uma desvantagem.[10] A DAW em Lublin obteve um empréstimo de 71 mil zloty do *Brigadeführer* Globocnik, e o comandante do campo (Koch) concordou em alimentar os empregados da DAW com um total de 0,30 Reichsmark por pessoa por dia.[11] Em Auschwitz, a DAW recebeu a atenção paternalista de Höss. Do Bauleitung adquiriu duas oficinas e pedidos de portas e janelas que seriam utilizadas nas câmaras de gás.[12] Dessa forma, os empreendimentos da SS logo puderam adquirir vários milhares de trabalhadores prisioneiros.

Um empreendimento especial foi requisitado por Himmler para Sobibór. Esse campo seria reservado para a desmontagem da munição capturada com o objetivo de recuperar os metais e os explosivos. O empreendimento não seria incorporado à rede de indústrias do WVHA, visto que deveria trabalhar exclusivamente para o SS-*Führungshauptamt*.[13] No final, a fábrica projetada foi completamente abandonada.

Os prisioneiros judeus que trabalhavam para seus empregadores da SS não duravam muito tempo. A SS insistia que eles mantivessem um ritmo absurdo. Batatas precisavam ser descarregadas rapidamente[14] e carrinhos de mão cheios de cascalho precisavam ser puxados por encostas íngremes em passo acelerado.[15] Para aqueles que não conseguiam manter o ritmo, restava apenas uma morte rápida.

Diferentemente da SS, as empresas privadas mudaram-se para os campos de concentração com bastante capital e os transformaram em uma produção bélica. Havia muito tempo que a SS tentava atrair a indústria para os campos. No início de 1935, funcionários da I. G. Farben visitaram Dachau,[16] mas a visita não foi bem-

---

10 Mummenthey para Pohl, 28 de junho de 1943, NO-1031. Ele se referia a Treblinka I.

11 Relatado por *HStuf.* May (W-IV), 11 de junho de 1942, NO-1216.

12 *Ibid.*

13 Himmler para WVHA, *Führungshauptamt*, comandantes da Polícia e da Alta SS, Ostland, Ucrânia, Rússia Central, comandante da Polícia e da SS de Lublin e chefe de Unidades Antipartidárias, 5 de julho de 1943, NO-482.

14 Sehn, "Oswiecim", *German Crimes in Poland*, vol. I, p. 53.

15 Conselho para Refugiados de Guerra, "Auschwitz-Birkenau", relato do major polonês, p. 12.

16 Depoimento de Höss, 17 de maio de 1946, NI-34.

-sucedida. Embora a mão de obra do campo certamente fosse barata (no início, o preço era 1 Reichmark por prisioneiro por dia), sua utilização trazia complicações. Para começar, uma fábrica tinha de ser construída dentro do campo, ou o campo tinha de ser ampliado de modo a incorporar a fábrica. Precisava haver mão de obra suficiente no campo para justificar a construção de um galpão ou prédio. Mão de obra fundamental e, em certa medida, mão de obra qualificada precisavam ser trazidas pela firma. Mesmo se todas essas exigências fossem cumpridas, a rotina do campo de concentração não seria ajustada de modo a promover a eficiência da mão de obra e, por um longo tempo, Himmler foi incapaz de encontrar quaisquer clientes. A ss conseguiu seu primeiro grande cliente somente após as desvantagens da operação do campo serem compensadas com alguns incentivos especiais. A primeira empresa a se mudar em grande escala foi a I. G. Farben.[17]

A I. G. não era apenas uma das principais empresas industriais, mas um grande aparelho burocrático e uma parte notável da máquina de destruição. Inicialmente, a empresa participou da demissão dos empregados judeus e da propagação da arianização. Agora, desempenharia um papel central na expansão e na operação de Auschwitz. Suas decisões ao longo desse envolvimento fatal estavam incorporadas em uma elaborada estrutura administrativa.

No esquema convencional, acionistas elegiam o *Aufsichtsrat* (Conselho), que, por sua vez, elegia o *Vorstand* (Conselho Administrativo). Esses gabinetes eletivos eram os principais centros de poder. Na I. G., o *Aufsichtsrat* e o *Vorstand* eram simplesmente testas de ferro. A participação nesses corpos sem uma posição no comitê, um conjunto de fábricas ou a administração central pouco significavam. O diretor nominal da empresa, presidente do *Vorstand* Hermann Schmitz não possuía posição burocrática. Ele parecia ser um carimbo virtual. O *Vorstand* (84 membros até 1937, 27 após 1937) era um corpo desajeitado com atividades meramente formais. Aceitava *todas* as recomendações apresentadas para sua aprovação. O ainda maior e mais superficial *Aufsichtsrat* reunia-se três ou quatro vezes por ano para receber os relatórios do *Vorstand*.[18] Não havia necessidade de discutir com os acionistas.

---

17 Para o papel desempenhado pela I. G. Farben, ver Peter Hayes, *Industry and Ideology* (Cambridge, Inglaterra, 1987), e Bernd C. Wagner, *IG Auschwitz* (Munique, 2000).

18 Depoimento do dr. Fritz Ter Meer, 29 de abril de 1947, NI-5184. Depoimento do dr. August von Knierim, 15 de abril de 1947, NI-6173. A posição de Ter Meer será mostrada adiante; von Knierim era diretor jurídico.

A organização da I. G. Farben era espantosamente complexa. Em um quadro simplificado e abreviado, a hierarquia pode ser dividida em três partes: o escalão superior, as fábricas e os serviços centrais.

O escalão superior – ou a parte responsável pela criação da política da organização – não era um escritório presidido por um homem. Em um Estado liderado por um Führer, a I. G. não possuía um líder. Em vez disso, possuía três centros de direção separados: o escritório de Krauch, o TEA e o KA. Krauch sequer fazia parte da I. G. – ele foi um alto funcionário da empresa somente até 1940. Depois, tornou-se Plenipotenciário Geral para Assuntos Especiais de Produção Química no Gabinete do Plano Quadrienal. Isso, todavia, não o levou a abrir mão de seu salário na I. G. Farben.[19] Desse seu novo escritório, Krauch conduziu a expansão de toda a indústria química.

O TEA (*Technischer Ausschuss*, ou Comitê Técnico), presidido pelo dr. Fritz Ter Meer, lidava com a produção: questões científicas, matéria-prima, métodos de produção, expansão de fábricas e assim por diante. O TEA estava no topo de um grande número de comissões que lidavam com problemas específicos:[20]

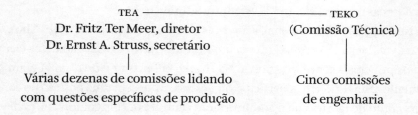

O KA (*Kaufmännischer Ausschuss*, ou Comitê Comercial), sob a direção do dr. Georg von Schnitzler, lidava com problemas comerciais: marketing, vendas, preços, taxas e assim por diante. Estava posicionado acima dos grupos de vendas (ver Tabela 9.13).

Desse modo, o escalão superior responsável pela criação de políticas consistia em um triunvirato: Krauch (expansão), Ter Meer (produção) e Schnitzler (marketing e questões financeiras).

---

19 Interrogatório do dr. Ernst A. Struss, 26 de abril de 1947, NI-11109.
20 Depoimento de Ter Meer, 29 de abril de 1947, NI-5184.

TABELA 9.13 Mecanismo do KA

	KA		PROKO
	Dr. Georg von Schnitzler		(Comissão de propaganda)
Grupos de vendas	Grupos de vendas	Grupos de Vendas	
Divisão I	Divisão II	Divisão III	
(nitrogênio e gasolina)	(produtos químicos, corantes, metais leves, produtos farmacêuticos)	(películas e nylon)	
p. ex., Stickstoff Syndicate	p. ex., Bayer	p. ex., Agfa	

Nota: Depoimento do dr. Günther Frank-Fahle, 10 de junho de 1947, ni-5169. O declarante era um membro do KA.

A segunda parte do mecanismo da I. G. Farben era a organização de suas fábricas. Dissemos que a I. G. era um verdadeiro império industrial. Ela possuía mais fábricas (56) do que Pohl tinha campos de concentração, e sua produção englobava todo o campo químico. As fábricas eram distribuídas em três divisões (*Sparten*), de acordo com a especialização da produção, e em equipes de trabalho (*Betriebsgemeinschaften*), agrupadas territorialmente. A Tabela 9.14 mostra as divisões, os grupos de trabalho, as principais fábricas e algumas das outras fábricas às quais faremos referência.

O terceiro componente da I. G. consistia nos departamentos centrais de serviço, divididos nos escritórios de Berlim e de Frankfurt. A "I. G. Berlim", dirigida pelo dr. Max Ilgner, cuidava de questões diversificadas, porém importantes, como pessoal, protocolos, questões legais, imprensa, exportação e economia política.[21] Frankfurt era a sede dos serviços comerciais, incluindo os departamentos centrais de contabilidade e de seguros, atendimento ao cliente, e assim por diante.[22]

A hierarquia da I. G. – comitês, fábricas e administração central – era um monstro sem cabeça, funcionando como uma máquina autônoma que alguém certa vez colocara em movimento e que seguia implacavelmente de modo a continuar produzindo e se expandindo. Nesse contexto, a presença da I. G. em Auschwitz pode ser atribuída não apenas a um desejo de assassinar judeus ou de

---

21 Para organograma, ver depoimento de Ilgner, 30 de abril de 1947, NI-6544.

22 Depoimento de Frank-Fahle, 10 de junho de 1947, NI-5169.

TABELA 9.14 Organização das fábricas da I. G. Farben

Divisão I Dr. Christian Schneider Nitrogênio e gasolina	Divisão II Dr. Fritz Ter Meer Produtos químicos, corantes, metais leves, produtos farmacêuticos			Divisão III Dr. Fritz Gajewski Películas e nylon
Dr. Büterfisch	Grupo de Trabalho Central Dr. Lautenschläger	Grupo de Trabalho Reno Inferior Dr. Kühne	Grupo de Trabalho Alemanha Central Dr. Bürgin	
Grupo de trabalho Reno Superior Dr. Wurster	HÖCHST* Dr. Lautenschläger Vice-diretor, Jähne	LEVERKUSEN* Dr. Haberland Vice-diretor, dr. Brüggermann	BITTERFELD* Dr. Bürgin	WOLFEN FILM* Dr. Gajewski Vice-diretor, dr. Kleine
LEUNA* Dr. von Staden		UERDINGEN Dr. Haberland		
OPPAU* Dr. Müller-Cunradi				
LUDWIGSHAFFEN* Dr. Wurster Vice-diretor, Dr. Ambros				
AUSCHWITZ Dr. Dürrfeld Divisão I, Dr. Braus				
HEYDEBRECK Dr. Sönsken				
BUNA I (SCHKOPAU) Dr. Wulff				
BUNA II (HÜLS) Dr. Hoffmann				
BUNA III (LUDWIGSHAFFEN) Niemann				
BUNA IV (AUSCHWITZ) Dr. Dürrfeld Divisão II, Dr. Eisfeld				
DYHERNFURTH Palm				

Nota: Depoimento do dr. Ernst Struss, 16 de julho de 1947, ni-10029. Um organograma completo pode ser encontrado nesse depoimento. Até 1940, Krauch dirigiu a Divisão I. Compare essas divisões com a organização dos grupos de venda.

* Fábrica principal.

explorá-los até a morte, mas também a um complicado problema industrial: a produção de borracha sintética (*Buna*).

Antes da guerra, a I. G. construiu duas fábricas de *Buna*: Buna I (em Schkopau, em 1936) e Buna II (em Hüls, em 1938).[23] Em 2 de novembro de 1940, funcionários da I. G. Farben encontraram-se com o *Unterstaatssekretär* von Hanneken, do Ministério da Economia, e decidiram intensificar a produção de borracha sintética.[24] Consequentemente, foi decidido construir Buna III em Ludwigshafen. A fábrica de Ludwigshafen não foi suficiente para elevar a produção ao nível desejado, e os organizadores, então, consideraram duas alternativas: aumentar a produção da fábrica de Hüls de 40 mil toneladas para 60 mil toneladas ou construir outra fábrica com a capacidade de 25 mil toneladas. A nova fábrica podia ser construída na Noruega ou em Auschwitz.

Desde o início, o Ministério da Economia estimulou a escolha de Auschwitz. Havia, naquele momento, um grande interesse em transformar os territórios incorporados em parte da Alemanha, não apenas administrativa, mas também econômica e demograficamente. Em 11 de dezembro de 1940, um estímulo foi oferecido para esse fim na forma de um decreto que oferecia isenções fiscais para as empresas construírem fábricas nas áreas incorporadas.[25] Em 6 de fevereiro de 1941, a decisão final foi tomada. Três reuniões ocorreram naquele dia. Em uma delas, o *Ministerialdirigent* Mulert, do Ministério da Economia, vetou a Noruega; em outra, o *Ministerialrat* Römer prometeu, sujeito à aprovação do comissário de preços, que a economia de 60 milhões de Reichsmarks, que poderia ser feita ao expandir a Buna II em vez de construir a nova fábrica, seria parcialmente coberta pela manutenção dos preços da borracha em seu atual nível mais alto. Na terceira reunião, Ter Meer e o vice-diretor da principal fábrica em Ludwigshafen, dr. Otto Ambros, falaram abertamente com Krauch sobre as vantagens e desvantagens de Auschwitz.

Ambros sublinhou os fatos de Auschwitz ter uma boa água, carvão e fontes de cal. As comunicações também eram adequadas. As desvantagens eram a falta de mão de obra especializada na área e a relutância que os trabalhadores alemães demonstravam em morar lá.[26] Essas dificuldades restantes logo foram contorna-

---

23 Depoimento de Struss, 6 de julho de 1947, NI-10029.

24 O objetivo era 150 mil toneladas. Memorando de Ter Meer, 10 de fevereiro de 1941, NI-11112.

25 RGBl I, 1505.

26 Memorandos de Ter Meer resumindo as três reuniões, 10 de fevereiro de 1941, NI-11111-3.

das. Krauch sugeriu a Göring que Himmler desse uma ajuda e, em 26 de fevereiro de 1941, Himmler ordenou que a população civil evacuasse a cidade de Auschwitz completamente para abrir espaço para os operários de construção da I. G. Os poloneses poderiam permanecer se pudessem ser utilizados pela I. G. Além disso, toda mão de obra qualificada no campo de Auschwitz estava à disposição do novo empreendimento.[27]

Em 19 de março e em 24 de abril de 1941, o TEA deliberou sobre os detalhes da produção de Auschwitz. Deveria haver duas fábricas: uma de borracha sintética (Buna IV) e uma de ácido acético. As sugestões do TEA foram aceitas pelo *Vorstand* em 25 de abril de 1941.[28] A I. G. Auschwitz estava no mapa (ver Tabela 9.15).

TABELA 9.15 A administração da I. G. Auschwitz

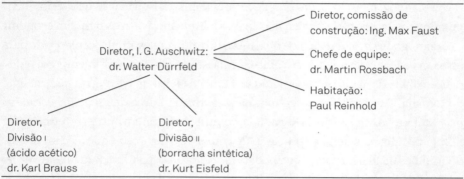

O investimento em Auschwitz foi inicialmente de mais de 500 milhões de Reichsmarks; no fim, ultrapassou os 700 milhões.[29] O departamento central de construção da I. G. em Ludwigshafen (*Ing.* Camill Santo) estabeleceu uma filial em Auschwitz (sob a direção do *Ing.* Marx Faust) análoga à instalação da SS

---

27 Göring para o Ministério do Trabalho, 18 de fevereiro de 1941, NG-1587. Escritório de Krauch (assinado por Wirth) para a I. G. Farben, 4 de março de 1941, anexando a ordem de Himmler de 16 de fevereiro de 1941, NI-11086.

28 Resumo da 25ª reunião do *Vorstand*, 25 de abril de 1941, NI-8078.

29 Interrogatório de Struss, 16 de abril de 1947, NI-11109

(Kammler-Bischoff).[30] Cerca de 170 empreiteiros trabalharam.[31] A fábrica foi estabelecida, estradas foram construídas, galpões foram edificados para os prisioneiros, arame farpado foi instalado para a "pacificação da fábrica" (*Fabrikeinfriedung*)[32] e, após a cidade de Auschwitz ser inundada com o pessoal da I. G., duas vilas foram erguidas.[33] Para se certificar de que a I. G. Auschwitz teria todos os materiais de construção necessários, Krauch condescendentemente ordenou que a Buna tivesse prioridade (*Dringlichkeitsstufe I*) até sua conclusão.[34] Expandindo-se, a I. G. Auschwitz adquiriu suas fontes de carvão, as minas Fürstengrube e Janinagrube, as quais foram lotadas com prisioneiros judeus.[35]

Desde o início, houve cooperação completa entre a I. G. e a SS. As duas organizações complementavam-se uma à outra em Auschwitz. Enquanto a I. G. construía os galpões, a SS fornecia a "mobília" (beliches).[36] A SS fornecia os guardas e a I. G. acrescentava sua *Werkschutz* ("polícia da fábrica").[37] A I. G. pedia punições para

---

30 Depoimento de Santo, 21 de novembro de 1947, Dürrfeld-882. Depoimento de Gustav Murr (vice de Faust), 3 de novembro de 1947, Dürrfeld-853. Em 1942, o ministério de Speer criou um *Amt für Rüstungsausbau* (Escritório para Expansão de Fábricas de Guerra) que então passou a supervisionar boa parte do trabalho de construção. Depoimento de Murr, 3 de novembro de 1947, Dürrfeld-853.

31 Depoimento de Murr, 3 de novembro de 1947, Dürrfeld-853. Depoimento de Faust, 11 de dezembro de 1947, Dürrfeld-961.

32 I. G. Auschwitz para Comissão Técnica (TEKO) pedindo crédito, 28 de novembro de 1942 e 13 de novembro de 1944, NI-9110.

33 Sobre o déficit habitacional, ver relatório de Faust de 17-23 de agosto de 1941, NI-15254. As duas vilas da empresa ficavam em Dwory. Depoimento de Murr, 3 de novembro de 1947, Dürrfeld-853.

34 Körner e Steffler para Speer e Milch, 27 de junho de 1943, NOKW-307.

35 Depoimento de Günther Falkenhahn (Fürstengrube), 30 de setembro de 1947, NI-12010. Memorando de Braus, 2 de fevereiro de 1942, NI-12014. Relatório da I. G. Frankfurt/Contabilidade, 28 de setembro de 1944, NI-12015. I. G. Auschwitz para Falkenhahn, Dürrfeld, Sobel (Fürstengrube) e Kröger (Janinagrube), 28 de julho de 1943, NI-12019.

36 I. G. Auschwitz/Hauptgruppe 2 para Comissão Técnica (TEKO) pedindo dinheiro para a expansão dos galpões, 28 de novembro de 1942, NI-9110. Depoimento de Rudolf Dämming (arquiteto da I. G.), 17 de junho de 1948, Dürrfeld-102.

37 Interrogatório de Dürrfeld, 24 de fevereiro de 1947, NI-11046, pp. 30-33.

prisioneiros que violavam suas regras e a ss as administrava.[38] A ss alimentava os prisioneiros com a dieta padrão de Auschwitz e a I. G. adicionava um pouco da "sopa Buna" para garantir o rendimento do trabalho.[39] As relações sociais também eram amigáveis. Vez ou outra Höss convidava o dr. e a sra. Dürrfeld ou o dr. e a sra. Eisfeld para uma visita à sua residência próxima do campo.[40] Mas o envolvimento da I. G. ia bem além da cooperação administrativa e das relações sociais amigáveis. A I. G. adotava em sua fábrica os métodos e a mentalidade da ss.

Longe de desfrutar de qualquer proteção em virtude do fato de estarem empregados em Buna, os prisioneiros eram forçados a trabalhar até a morte. Mesmo durante a etapa de construção, os capatazes da I. G. adotavam o "ritmo de trabalho" da ss, por exemplo, no carregamento de cimento.[41] Um dia em 1944, um grande grupo de prisioneiros recém-chegados foi recebido com um discurso no qual lhe foi dito que eles agora estavam no campo de concentração da I. G. Farbenindustrie. O grupo tinha ido ali não para viver, mas para "perecer no concreto". Esse discurso de boas-vindas referia-se, de acordo com um sobrevivente, a uma prática da I. G. Farben de atirar os cadáveres dos prisioneiros em buracos que tinham sido cavados para passagem de cabos. Como as antigas crianças de Israel, aqueles cadáveres eram, então, cobertos quando o concreto era despejado sobre eles.[42]

Como a mentalidade da ss havia tomado conta completamente até mesmo dos diretores da I. G. Farben é algo ilustrado pelo seguinte relato. Certa ocasião, dois prisioneiros de Buna, o dr. Raymond van den Straaten e o dr. Fritz Löhner--Beda, estavam cuidando de suas tarefas quando uma comitiva de personalidades da I. G. Farben passou. Um dos diretores apontou para o dr. Löhner-Beda e disse a seu companheiro da ss: "Esse porco judeu podia trabalhar um pouco mais rápido [*Diese Judensau könnte auch rascher arbeiten*]". Outro diretor então fez a seguinte observação: "Se eles não conseguem trabalhar, deixe-os perecer na câmara de gás [*Wenn die nicht mehr arbeiten können, sollen sie in der Gaskammer verrecken*]". Após

---

38 Para relatos das punições mais comuns, ver documentos NI-11000 a NI-11038 e NI-11040 a NI-11045.

39 Depoimento de Faust, 16 de janeiro de 1948, Dürrfeld-478.

40 Depoimento de Höss, 17 de maio de 1946, NI-34.

41 Depoimento de Ervin Schulhof (ex-prisioneiro), 21 de junho de 1947, NI-7967.

42 Depoimento do dr. Nikolae Nyiszli, 8 de outubro de 1947, NI-11710. O depoente, um médico, era um sobrevivente de Auschwitz III.

o término da inspeção, o dr. Löhner-Beda foi retirado da frente de trabalho e espancado e chutado até, morrendo, terminar sua vida em I. G. Auschwitz, nos braços do amigo prisioneiro.[43]

Cerca de 35 mil prisioneiros passaram por Buna. Pelos menos 25 mil morreram.[44] A expectativa de vida de um prisioneiro judeu na I. G. Auschwitz era entre três e quatro meses,[45] ao passo que, nas minas de carvão, esse período girava em torno de um mês.[46] Como a SS, a I. G. tinha se esquecido de como manter seus prisioneiros vivos.

A SS era, por sua vez, influenciada de forma bastante peculiar por seu primeiro cliente. No WVHA, a imaginação era estimulada, a ambição era provocada e os planos eram criados. Especificamente, o WVHA tinha dois objetivos em mente. Primeiro, o campo da I. G. Farben (Auschwitz III) devia ser expandido para acomodar mais indústrias. Depois, a SS começou a pensar em termos de assumir seções completas da indústria alemã e transformar essas fábricas em uma gigantesca rede de campos de concentração. Em 15 de setembro de 1942, um grande movimento foi feito rumo à realização desses planos. O *Reichsminister* Speer e quatro de seus principais homens – *Staatsrat* dr. Schieber (honorário SS-*Brigadeführer*), *Dipl. Ing.* Saur,

---

43 Depoimento de van den Straaten, 18 de julho de 1947, NI-9109. O depoente não identifica os funcionários da I. G. Farben que fizeram os comentários, mas menciona que viu cinco visitantes: Dürrfeld, Ambros, Bütefisch, Krauch e Ter Meer.

44 O número de 35 mil é dado em um depoimento de Schulhof, 21 de junho de 1947, NI-7967. O número médio de prisioneiros utilizados pela I. G. foi de aproximadamente 10 mil, de acordo com Höss. Ver seu depoimento de 17 de maio de 1946, NI-34. Dez mil é o número máximo de acordo com Schulhof. Em janeiro de 1944, o número de presos que trabalhavam na I. G. Auschwitz era de 5.300. Pohl para Kranefuss (vice de Krauch), 15 de janeiro de 1944, NO-1905. Os registros do "hospital" de Auschwitz III mostram 15.684 entradas entre 7 junho de 1943 e 19 de junho 1944 (sem contar 23 ilegíveis). As entradas referem-se a 8.244 pessoas, algumas das quais foram levadas para lá mais de uma vez. Oitenta e três por cento dos detentos doentes (cerca de 6.800) eram judeus; 632 judeus morreram na enfermaria; 1.336 foram enviados para a câmara de gás de Birkenau (Auschwitz II). Depoimento de Karl Haeseler (analista de defesa), 7 de abril de 1948, Dürrfeld-1441.

45 Depoimento do Prof. Berthold Epstein, 3 de março de 1947, NI-5847. O depoente era um assistente de enfermagem em Buna.

46 Depoimento do dr. Erick Orlik, 18 de junho de 1947, NI-7966. O depoente era um médico prisioneiro na mina Janina.

Ministerialrat Steffen e *Ministerialrat* dr. Briese – reuniram-se com Pohl e Kammler. Dois tópicos faziam parte da agenda: (1) aumentar o campo de Auschwitz em consequência da "migração para o leste" e (2) "assumir tarefas de armamento completas de grandes proporções através dos campos de concentração".

Não houve problemas com o primeiro ponto. Speer aprovou a aquisição de materiais de construção (no total de 13.700.000 Reichsmarks) para erguer trezentos galpões com espaço para 132 mil prisioneiros em Auschwitz. No que diz respeito ao segundo ponto, Pohl anunciou que dali em diante a ss não se ocuparia mais com "coisas pequenas" (*Kleckerkram*). Ela assumiria uma fábrica somente se pudesse enchê-la com entre 5 mil e 10 mil (talvez 15 mil) prisioneiros. Eles concordaram com Speer que tal fábrica não poderia ser construída *em* um campo de concentração. Como Speer havia corretamente apontado, a fábrica tinha de estar deitada em "verdes pastos". Os homens da ss, então, lembraram que certos estabelecimentos não funcionavam em força total por causa da escassez de mão de obra. A força de trabalho nessas fábricas supriria outras fábricas. As fábricas vazias, entretanto, seriam cercadas por arame eletrificado e ocupadas por prisioneiros para serem operadas como fábricas de armamentos da ss (*ss-Rüstungsbetriebe*).

É claro que o wvha não tinha tantos prisioneiros à disposição. O rsha, então, estenderia uma mão amiga tirando judeus da economia livre e enviando-os para os campos de concentração. Speer concordou que era possível dispor de 50 mil judeus em pouco tempo. Saur nomearia as fábricas. Pohl não confiava muito em Saur e, para se certificar de que o programa realmente deslanchasse, ordenou que seu especialista em mão de obra, o *Obersturmbannführer* Maurer (wvha d-ii), fosse transferido para o escritório do especialista em mão de obra de Speer, o *Staatsrat* Schieber. Aquilo, pensou Pohl, seria o suficiente.[47]

Esses sonhos não chegaram a se materializar. Nenhuma fábrica foi entregue. Em dezembro de 1942, Himmler escreveu a Müller dizendo que apenas Auschwitz precisava de mão de obra, e Müller foi, portanto, instruído a enviar 15 mil judeus para Auschwitz ao longo do mês seguinte.[48] Em abril do ano seguinte, veio um golpe do qual a ss nunca se recuperou. Aquele golpe significava que Himmler nunca conseguiria estabelecer o império industrial que esperava alcançar com o uso dos judeus condenados.

---

47 Relatório de reunião de Pohl para Himmler, 16 de setembro de 1942, ni-15392.

48 Himmler para Müller, 17 de dezembro de 1942, Arquivos de Himmler, Pasta 67.

Speer fez uma viagem de inspeção a Mauthausen e chegou à conclusão de que a ss estava empreendendo construções "extravagantes" (*grosszügig*). Em uma carta sem rodeios a Himmler – do tipo que o *Reichsführer* frequentemente recebia –, ele apontou que precisava de tanques, querosene e submarinos com certa urgência. "Caro Companheiro Himmler, da forma como as coisas vão, você não conseguirá ter suas fábricas prontas esse ano pelo simples fato de que nunca vai conseguir os materiais de construção necessários." Portanto, aconselhou Speer, seria necessário proceder por caminhos completamente diferentes. De agora em diante, seria necessário aplicar o princípio da *Primitivbauweise* ("construção primitiva"); isto é, trabalhando praticamente sem ferramentas e sem nenhum material, os prisioneiros teriam de alcançar os melhores resultados possíveis apenas através da mão de obra. Todas as distribuições de materiais de construção teriam de ser revistas.[49]

Essa carta significava que Speer estava retirando o primeiro ponto do acordo, com todas as implicações que aquilo tinha no segundo ponto. Pohl ficou furioso. Escrevendo para o *Referent* [representante] pessoal de Himmler, o *Obersturmbannführer* Brandt, ele expressou a opinião de que a carta de Speer era, "na verdade, uma peça bastante forte [*eigentlich ein recht starkes Stück*]", mas uma vez que ele havia se esquecido da arte de se espantar, simplesmente desejava sublinhar que Speer já havia dado aprovação preliminar para a construção nos campos e certamente podia ter consultado Schieber acerca da utilização da mão de obra. Por fim, Pohl tocou no ponto mais incômodo. Ele tinha sido acusado implicitamente de tratar os prisioneiros de forma muito leve, de não extrair deles até a última gota de força. Speer sabia, perguntou ele, quantas mortes aconteciam nos campos de concentração? Tinha conhecimento do enorme aumento da mortalidade que os "métodos primitivos" ocasionariam?[50] Enquanto Pohl se sentiu profundamente envergonhado, Himmler ficou na defensiva. Minuciosamente, ele contou as 2.200 toneladas de ferro que foram disponibilizadas para Auschwitz, dividiu a mão de obra carcerária em porcentagens para mostrar que 67% estavam trabalhando em armamentos e apontou que o tipo de trabalho de construção em andamento naquele momento satisfazia por completo o rótulo de *Primitivbauweise*.[51]

---

49 Speer para Himmler, 5 de abril 1943, Arquivos de Himmler, Pasta 67.

50 Pohl para Brandt, 19 de abril de 1943, Arquivos de Himmler, Pasta 67.

51 Himmler para Speer, junho de 1943, Arquivos de Himmler, Pasta 67.

Acalmado, Speer respondeu com um tom um pouco mais amigável que suas ideias a respeito da construção primitiva já haviam sido reconhecidas (*Verständnis entgegengebracht*); porém, na sentença seguinte, desconcertou Himmler apontando uma dificuldade remanescente. Os prisioneiros estavam caindo mortos muito rapidamente, em particular em Auschwitz. Algo teria de ser feito para afastar pelo menos as piores condições.[52]

A ss agora estava bastante restrita a Auschwitz. Contudo, nesse centro de extermínio, várias grandes empresas se juntaram à I. G. Farben. Em 5 de março de 1943, a fábrica de fusíveis Krupp, em Essen, foi bombardeada[53] e, no dia 17 de março, planos foram estabelecidos para transferir o maquinário restante para Auschwitz. No mesmo momento, um empreendedor funcionário da Krupp, Hölkeskamp, recolheu quinhentos trabalhadores judeus de duas firmas de Berlim, a Krone-Presswerk e a Graetz. Esses judeus foram imediatamente deportados para Auschwitz e disponibilizados para a Krupp como cortesia do *Obersturmführer* Sommer, do WVHA D-II.[54] Todavia, os empresários agora tinham receio com relação à retenção de sua mão de obra. Nesse cenário, um representante do Comitê Especial de Munições fez a seguinte pergunta durante uma reunião em Auschwitz: E se as necessidades políticas e policiais resultassem em uma "retirada" dos prisioneiros treinados ou, pior, de todos os prisioneiros? O *Hauptsturmführer* Schwarz imediatamente assegurou-lhe que tal acontecimento era improvável.[55] Quando a produção de fusíveis estava para ter início,[56] outra firma, a "Union" Metallindustrie, que precisou se retirar da Ucrânia, tomou

---

52 Speer para Himmler, 10 de junho 1943, Arquivos de Himmler, Pasta 67.

53 Depoimento de Erich Luthal (empregado da Krupp), 24 de setembro de 1947, NI-11674.

54 Memorando de Hölkeskamp, 17 de março de 1943, NI-2911.

55 Memorando do *UStuf*. Kirschneck do Zentralbauleitung, 23 de agosto de 1943, sobre uma reunião na presença de Weinhold (diretor da fábrica Krupp), do coronel Wartenberg e do capitão Schwartz da Inspeção de Armamentos VIIIb e do diretor Wielan do Comitê Especial de Munições, arquivos do Museu Memorial do Holocausto dos EUA, Grupo de registros 11.001 (Centro de Coleções Históricas, Moscou), Rolo 20, Fundo 502, Inscrição 1, Pasta 26. Em vários documentos, "Kirschneck" aparece também com a grafia "Kirschnek".

56 Para especificações, ver OKH/Chefe do Exército de Apoio/*WA Chef Ing*. Stab. IVa para Friedrich Krupp A. G./Auschwitz Works, dr. Janssen, 22 de setembro de 1943, NI-10650.

conta da fábrica.[57] Além da Krupp, a onipresente Hermann Göring Works (minas de carvão), a Siemens-Schuckert e várias outras empresas apoiaram-se nas fontes de prisioneiros de Auschwitz III, estabelecendo campos satélites a quilômetros de distância.[58] O número médio de prisioneiros usados por essas empresas era de aproximadamente 40 mil.[59]

Com tantos novos fregueses competindo pela mão de obra de Auschwitz, a ss não se esqueceu de seu cliente original. Em 1943, Pohl, Glücks, Frank e Maurer foram visitar as fábricas de Buna e prometeram a representantes da I. G. Farben que a I. G. Auschwitz desfrutaria de prioridade sobre todas as firmas na distribuição de prisioneiros.[60] Entretanto, no início do ano de 1944, a situação complicou-se. Pohl escreveu ao adjunto de Krauch, Kranefuss, dizendo que não podia fornecer mais nenhum trabalhador. Afinal de contas, a indústria química já havia recebido mais do que sua cota.[61] Embora o valor de um prisioneiro capacitado tivesse aumentado de cerca de 1,5 Reichsmark em 1941 para 5 Reichsmarks em 1944,[62] a mão de obra tinha se tornado tão escassa que um fechado e complicado sistema de distribuição precisou ser colocado em prática. Cada firma tinha de enviar seus pedidos em três formulários para o Ministério de Speer (major von den Osten). Os formulários eram comparados com escritórios de trabalho para evitar pedidos duplos por prisioneiros e mão de obra gratuita. Se tudo estivesse em ordem, Sauckel seria consultado para determinar se a distribuição era justificada. Apenas após passarem por essas etapas os pedidos poderiam ser enviados a Maurer.[63]

No verão de 1944, quando aproximadamente 425 mil judeus chegaram a Auschwitz vindos da Hungria, a ss voltou a ter esperanças de fazer grandes

---

57 Memorando da Krupp (assinado por Müller), 20 de setembro de 1943, NI-12329. Serviço de Inspeção de Armamentos VIIIb, Katowice (assinado por *Oberst.* Hüter), relatório de julho-setembro de 1943, Wi/ID I.224.

58 Depoimento de Höss, 17 de maio de 1946, NI-34.

59 *Ibid.* O número inclui vários não judeus.

60 *Ibid.*

61 Pohl para Kranefuss, 15 de janeiro de 1944, NO-1905.

62 Depoimento de Höss, 12 de março de 1947, NI-4434.

63 Ministério do Armamento e da Produção de Guerra (Speer) aos presidentes de comissões de armamentos, diretores dos principais comitês, anéis industriais e comitês de produção, Reichsvereinigung Eisen, Sauckel e WVHA, 9 de outubro de 1944, NI-638.

negócios. Em 1º de março, Speer e Milch formaram a *Jägerstab* (Equipe de Aviões Caça), um comitê coordenado cujo trabalho era construir fábricas de aviões caça em enormes depósitos. A seguir, uma lista de alguns dos principais nomes:[64]

- Speer, diretor
- Milch, vice-diretor
- Saur, representante de Speer
- Dorsch (Organização Todt), responsável pela construção
- Schlempp, representante de Dorsch
- Kammler, construção especial
- Schmelter (*Ministerialdirigent*, Divisão Central de Distribuição de Mão de Obra, Ministério de Speer), aquisição de mão de obra

Para seus projetos de construção, a Jägerstab precisava de aproximadamente 250 mil operários da construção civil.[65] Os especialistas examinaram a provisão de mão de obra e concluíram que teriam de empregar judeus. Em 6 e 7 de abril de 1944, Saur discutiu pessoalmente o problema com Hitler, que concordou, como último recurso, com a utilização de 100 mil dos judeus húngaros que em breve chegariam a Auschwitz.[66]

Pouco tempo depois, entretanto, um velho e familiar obstáculo surgiu. Os trens húngaros traziam relativamente poucos homens jovens, pois o exército húngaro vinha recrutando judeus para batalhões de trabalho que estavam sendo mantidos na Hungria. Em 24 de março de 1944, Pohl escreveu a Himmler dizendo que os primeiros trens pareciam indicar que cerca de metade dos recém-chegados fisicamente capazes eram mulheres. Será que aquelas mulheres poderiam

---

64 Depoimento de Fritz Schmelter, 9 de dezembro de 1946, NOKW-372. Interrogatório de Schmelter, 15 de novembro de 1946, NOKW-319. Depoimento de Xaver Dorsch, 28 de dezembro de 1946, NOKW-447. Interrogatório de Milch, 14 de outubro de 1946, NOKW-420. Interrogatório de Milch, 8 de novembro de 1946, NOKW-421. Resumo da reunião do Ministério da Aeronáutica, 31 de março de 1944, NOKW-417. Resumo da reunião do Jägerstab, 24 de março de 1944, NOKW-162.

65 Minutas da reunião do Jägerstab, 25 de maio de 1944, NOKW-349.

66 Resumo de Saur da conversa com Hitler, 9 de abril de 1944, R-124. Ministério de Speer para Jägerstab, 17 de abril de 1944, PS-1584-III. Interrogatório de Albert Speer, 18 de outubro de 1945, PS-3720.

ser empregadas no programa de construção da Organização Todt?, perguntou Pohl.[67] A resposta veio rapidamente: "Meu caro Pohl! Mas é claro que as mulheres judias podem ser empregadas. A única preocupação será com uma boa alimentação. Aqui o importante é um fornecimento de vegetais crus. Portanto, não se esqueça de importar bastante alho da Hungria".[68]

O especialista em mão de obra de Speer, Schmelter, não achou a situação tão engraçada. Em uma reunião da Jägerstab, realizada no dia 26 de maio, ele declarou: "Até agora, dois trens chegaram ao campo da ss em Auschwitz. O que foi oferecido para as construções de aviões caça foram crianças, mulheres e velhos com os quais pouco pode ser feito. Se os próximos trens não trouxerem um grupo de homens em idade adequada, toda a Aktion irá ruir",[69] advertiu.

Em 9 de junho, Schmelter anunciou que conseguira reunir entre 10 mil e 20 mil "judias húngaras". Alguém estava interessado? "Excelente!", respondeu Saur. "O que experimentei certa vez na Siemens com judias fazendo instalações eletrônicas foi único."[70] Contudo, havia poucos interessados, mesmo pelo pequeno montante de 20 mil, uma vez que os problemas de custódia e alojamento eram quase intransponíveis. A I. G, cliente mais leal de Himmler, recusou.[71] A Krupp ficou com 520 judias para realizarem trabalho pesado em sua fábrica em Essen, embora um especialista em pessoal tivesse expressado a opinião de que as vítimas eram "criaturas fracas e magras", inadequadas para o trabalho.[72]

---

67 Pohl para Himmler, 24 de maio de 1944, NO-30.

68 Himmler para Pohl, 27 de maio de 1944, NO-30.

69 Minutas da reunião do Jägerstab, 26 de maio de 1944, NOKW-336.

70 Minutas da reunião do Jägerstab, 9 de junho de 1944, NG-1593.

71 Warnecke (I. G. Farben/Leverkusen) para Guenter (Gabinete de Reconstrução Econômica do Reich), 2 de junho de 1944, NI-8969. Resumo da reunião técnica da I. G. Leverkusen (presidente Haberland), 10 de julho de 1944, NI-5765.

72 Sobre o emprego de Krupp, ver: Depoimento de Adolf Trockel, 24 de setembro de 1947, NI-11676. Depoimento de Johannes Maria Dolhaine, 18 de setembro de 1947, NI-11675. Depoimento de Walter Hölkeskamp, 15 de setembro de 1947, NI-11679. Depoimento de Günther Hoppe, 8 de outubro de 1945, NI-5787. Depoimento de Hans Kupke, 19 de Setembro de 1945, NI-6811. Interrogatório do dr. Wilhelm Jäger, 6 de junho de 1946, NI-5823. Memorando de Wilshaus (Krupp Essen Werkschutz), 28 de agosto de 1944, NI-15364. Relatório de ataque aéreo de Hoppe

Em agosto de 1944, a empresa de construção Polensky & Zöllner, que tinha um projeto de construir, em um campo satélite de Dachau, o Waldlager V em Ampfing, instalações seguras para a produção de aviões caça, recebeu mais de mil judeus homens para realizarem tarefas como carregar sacos de cimento até as betoneiras. Em outubro, no entanto, a empresa decidiu que o ritmo de trabalho estava muito lento e que os Kapos judeus não forçavam os prisioneiros o suficiente. A firma, então, pediu Kapos arianos e a ss cuidou do problema.[73]

No final da guerra, um problema complemente diverso surgiu. Algumas das empresas que, em 1944, não tinham o menor remorso em utilizar mão de obra escrava agora não queriam ser pegas pelos exércitos aliados com essa força de trabalho em suas dependências. Esse foi o caso da Württembergische Metallwarenfabrik, que tinha pedido ao *Obergruppenführer* Hofmann, alto comandante da ss e da Polícia na região do *Armmekommando* V, para interceder com Pohl com o objetivo de distribuir seus prisioneiros judeus. Setecentas judias foram enviadas para a fábrica. Em março de 1945, o diretor da empresa telefonou para Hoffmann com o apelo urgente para que ele retirasse as mulheres de suas mãos porque as tropas americanas estavam se aproximando. Dessa vez, Hoffmann respondeu dizendo que aquilo não era problema seu e que não podia fazer nada.[74] Os judeus não eram retornáveis.

EXPERIMENTOS MÉDICOS

Havia outra e mais sinistra utilização dos judeus condenados: os experimentos médicos. Numericamente, o uso de prisioneiros para experimentos não se aproximava das dimensões da exploração industrial; psicologicamente, porém, essas experiências constituíam um problema bastante significativo.

(comandante de campo, complexo de mulheres judias), 12 de dezembro de 1944, NI-5785. Depoimento de Anneliese Trockel, 28 de maio de 1947, NI-8947.

73 Organização Todt, Einsatzgruppe Deutschland VI/Oberbauleitung Weingut I para várias empresas, 16 de agosto de 1944; Oberbauleitung (assinado por Griesinger) para os Campos de Concentração I e II do complexo de Mühldorf, 27 de setembro de 1944; e Polensky & Zöllner para *Hauptscharführer* Eberl, 20 de outubro de 1944, com a anotação manuscrita do Eberl, T 580, Rolo 321. O Campo de Concentração II era o Waldlager V.

74 Depoimento de Otto Hofmann, 30 de novembro de 1945, NO-2412.

Os experimentos podem ser divididos em duas grandes categorias. A primeira compreendia pesquisas médicas que seriam consideradas comuns e normais, exceto pela utilização de sujeitos involuntários, *Versuchspersonen*, como eram chamados. A segunda categoria era mais complexa e abrangente, pois nem seus métodos, nem seus objetivos eram comuns. Ambas as classes de experiências eram produtos de uma única máquina administrativa, uma estrutura que é mostrada de forma abreviada na Tabela 9.16.

Um experimento iniciava-se quando alguém imaginava a possibilidade do uso de prisioneiros para testar um novo soro, uma hipótese ou resolver algum problema. Por exemplo, o chefe do Serviço Médico da Força Aérea mostrava-se interessado em experimentos com altitude e revitalização de pilotos semicongelados abatidos sobre o Oceano Atlântico.[1] O *Stabsarzt* dr. Dohmen, do Serviço Médico do Exército, queria pesquisar a icterícia. Até então, ele havia injetado o vírus da icterícia de humanos em animais saudáveis, mas agora queria fazer o processo inverso e injetar em humanos o vírus retirado de animais doentes.[2] Os laboratórios de pesquisa da "Bayer" da I. G. Farben queriam testar um preparo contra o tifo. O produto existia em duas formas, comprimido e granulado, e, ao que parecia, alguns pacientes estavam vomitando os comprimidos. Os pesquisadores da I. G. acercaram-se de um "manicômio amigável" para conduzir suas experiências e, então, viram-se em uma posição embaraçosa, pois os prisioneiros eram incapazes de dizer se o preparo era menos desagradável granulado ou em comprimidos. A I. G, então, lembrou-se que um de seus pesquisadores era agora um *Obersturmführer* em Auschwitz e lhe pediu ajuda.[3] A maioria dos interessados não adotava o caminho informal que a I. G. Farben escolhera nesse caso, mas submetia seus pedidos ao *Reichsarzt* da ss e da Polícia, Grawitz, ou diretamente a Himmler.

Desde o início, Himmler interessou-se pessoalmente por esses assuntos. As experiências o fascinavam e, se fosse convencido de que a pesquisa era de "grande importância", facilitaria os planos administrativos. Esse interesse induziu Himmler a ordenar, em 1943, que nenhuma experiência fosse iniciada sem sua

---

1 Hippke para Wolff, 6 de março de 1943, NO-262.

2 Grawitz para Himmler, 1º de junho de 1943, NO-10.

3 Divisão de Pesquisa II, Bayer (assinado por König) para dr. Mertens, na divisão, 19 de janeiro de 1943, NI-12242. Dr. Weber e dr. König para OStuf. Dr. Vetter, em Auschwitz, 27 de janeiro de 1943, NI-11417.

TABELA 9.16 O aparato médico da destruição

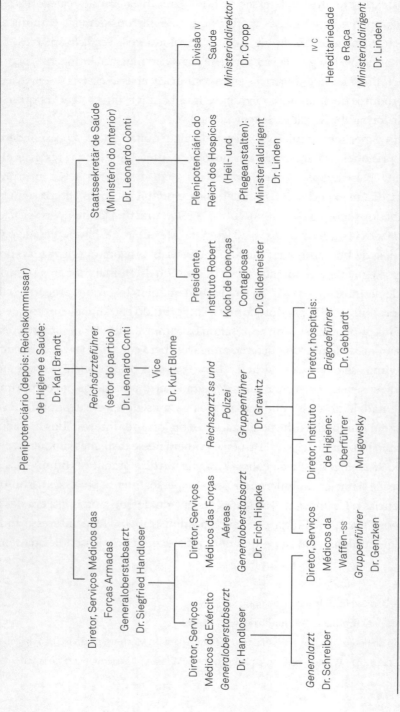

Nota: Baseado no organograma assinado pelo dr. Karl Brandt, sem data, no-645, e em Taschenbuch für Verwaltungsbeamte, 1943, ps-3475.

autorização expressa.[4] Em 1944, o procedimento tornou-se mais elaborado. As propostas dali em diante deveriam ser submetidas a Grawitz, que as transmitiria a Himmler com pareceres de Gebhardt, Glücks e Nebe anexados.[5] O parecer de Gebhardt era médico, ao passo que Glücks e Nebe opinavam sobre a importante questão da escolha das vítimas.

Como regra, médicos pediam permissão para usar "reincidentes"[6] ou prisioneiros que tinham sido "condenados à morte".[7] Essa formulação era resultado da tentativa dos médicos de ficarem com a consciência limpa. Um reincidente ou condenado à morte, pensava-se, certamente não tinha direito a tratamentos mais favoráveis do que soldados alemães arriscando suas vidas e morrendo por causa de ferimentos. Todavia, na consideração do pedido, a ss frequentemente incluía sua própria noção de criminalidade, cuja consequência era o fato de a escolha final sempre recair sobre "criminosos judeus profanadores da raça" (*rassenschänderische Berufsverbrecher-Juden*) ou, talvez, "criminosos judeus do movimento polonês de resistência que tinham sido condenados à morte".[8]

Em certa ocasião, a seleção de vítimas tornou-se objeto de discussão de uma "perspectiva racial". O experimento sendo avaliado era a conversão de água do mar em água potável. Glücks propôs a utilização de judeus e Nebe rebateu propondo "ciganos híbridos antissociais" (as questões dos ciganos estavam sob a jurisdição de Nebe). Grawitz, por sua vez, sugeriu que, por razões raciais, os ciganos não eram adequados para experimentos com água do mar.[9]

Himmler demonstrava interesse não apenas no início das experiências, mas também acompanhava seu progresso, estudava suas descobertas e, ocasionalmente, sugeria melhorias. Acima de tudo, era o anjo da guarda dos médicos, sempre pronto para assumir "toda a responsabilidade" pelos feitos e lidar seriamente com as críticas.

---

4 Pohl para *OStubaf*. Brandt, 16 de agosto de 1943, NO-1610.

5 Ordem de Himmler, 15 de maio de 1944, NO-919.

6 Rascher para Himmler, 15 de maio de 1941, PS-1602.

7 Por exemplo, Dohmen. Ver Grawitz para Himmler, 1º de junho de 1943, NO-10.

8 Ver a autorização de Himmler para os experimentos de Dohmen em sua carta para Grawitz, com cópia para Pohl, 16 de junho de 1943, NO-11.

9 Grawitz para Himmler, 28 de junho de 1944, NO-179.

A ss e os médicos participantes sempre estavam atentos às tendências de reprovação da categoria médica. Em maio de 1943, o professor Handloser, diretor médico do Wehrmacht, organizou a quarta conferência de consultoria médica para as forças armadas. Durante o evento, Gebhardt levantou-se para apresentar um palestrante. A palestra trataria do transplante de ossos humanos e as descobertas baseavam-se em experimentos efetivos (a remoção de ossos de mulheres polonesas em Ravensbrück). "Assumo toda a responsabilidade humana, cirúrgica e política desses experimentos", disse Gebhardt. Quando a apresentação terminou, o dr. Fritz Ernst Fischer subiu à tribuna e, com o auxílio de tabelas e projeções, explicou como as operações eram realizadas. Após seu discurso, abriu-se espaço para discussão. Nenhuma crítica foi feita.[10]

Certa vez, durante as experiências de Rascher para a Força Aérea, um atrito ocorreu. Rascher, um *Stabsarzt* (capitão) da Força Aérea, desfrutava da amizade e da proteção de Himmler. (Ao ser informado de que a amante de Rascher estava grávida do segundo filho, Himmler enviou-lhe frutas frescas para garantir que mãe e filho ficassem bem.) O envolvimento de Rascher começou no dia em que ele estava participando de um curso da Aeronáutica que tratava de problemas de altitude e vitalidade dos pilotos. A partir da observação casual do instrutor de que nenhuma experiência jamais fora conduzida com seres humanos, Rascher teve a ideia de usar alguns "criminosos reincidentes" para essa finalidade. Ele comunicou sua proposta a Himmler[11] e obteve a permissão do *Generaloberstabsarzt* Hippke para realizar os experimentos.

Após um tempo, insinuações e críticas de outros médicos da Aeronáutica começaram a surgir. Um homem, o professor Holzlöhner, até mesmo teceu comentários sobre a pessoa de Himmler em uma visita ao campo experimental de Dachau. Rascher queixou-se com Himmler, e o *Reichsführer* da ss respondeu que ele também classificaria as pessoas que rejeitavam o uso de seres humanos em experimentos, em uma época em que soldados alemães estavam morrendo como traidores de segundo e primeiro graus (*Hoch- und Landesvarräter*).[12] Ao *Generalfeldmarschall* Milch, Himmler escreveu no mesmo tom, omitindo referências à traição, mas enfa-

---

10 Depoimento de Fischer, 21 de novembro de 1945, *Conspiracy and Aggression*, VIII, pp. 635-642.

11 Rascher para Himmler, 15 de maio de 1941, PS-1602. Nessa carta, Rascher agradece Himmler pelas frutas.

12 Himmler para Rascher, 24 de outubro de 1942, PS-1609.

tizando que não se deixaria intimidar por aqueles círculos "cristãos". Rascher, disse Himmler, poderia ser transferido para a ss, e o problema de consciência seria resolvido. A Aeronáutica ainda se beneficiaria das descobertas do dr. Rascher.[13]

Alguns meses mais tarde, Hippke escreveu uma carta a Wolff aceitando a combinação, mas aproveitando a oportunidade para corrigir algumas falsas impressões. Em primeiro lugar, ninguém tinha contestado aqueles experimentos. Hippke havia "concordado imediatamente" em fazê-los. A dificuldade repousava em outra esfera: era tudo uma questão de vaidade. Todos queriam ser responsáveis por novas descobertas. Contudo, se Rascher quisesse criar seu próprio instituto de pesquisas na Waffen-ss, Hippke não faria objeções e lhe desejaria boa sorte.[14]

Todos os que fizeram uso de cobaias humanas eram médicos. Entretanto, alguns deram um passo adiante, conduzindo experimentos que não mais se caracterizavam pelo desejo de ajudar os pacientes. Esses experimentos tinham uma direção completamente diferente, uma vez que se identificavam com os objetivos nazistas. Em tais atividades, era possível vislumbrar uma tentativa de ampliar o processo de destruição. Os técnicos médicos que se envolveram nessas pesquisas não estavam apenas engajados no trato com os prisioneiros: eles estavam tentando descobrir meios pelos quais a Alemanha pudesse governar a Europa para sempre.

Em um dia do mês de outubro de 1941, um médico aposentado do exército, Adolf Pokorny, sentou-se para escrever uma carta a Himmler. Para evitar a possibilidade de um subordinado abrir a carta e ler seu conteúdo, o envelope foi enviado a Himmler por um mensageiro, o professor Höhn. Na carta, Pokorkny apontava que havia lido em uma publicação médica um artigo de um certo dr. Madaus, do Instituto Biológico em Radebeul-Dresden. O artigo tratava do efeito da injeção do extrato de uma planta da América do Sul em ratos e camundongos, *Caladium seguinum*, responsável por esterilizar os animais. Enquanto lia aquele artigo, Pokorny pensara na "imensa importância" daquela droga "na atual luta de nosso povo". Seria possível, continuava Pokorny, produzir em um curto período uma mistura que levaria à esterilização inadvertida das pessoas. Seguindo esse raciocínio, ele insinuou que a Alemanha possuía 3 milhões de prisioneiros soviéticos de guerra e, para concluir, deu os seguintes conselhos: Madaus não deveria publicar mais

---

13 Himmler para Milch, 13 de novembro de 1942, PS-1617.

14 Hippke para Wolff, 6 de março de 1943, NO-262.

nenhum artigo; a planta deveria ser produzida em estufas; análises químicas deveriam ser realizadas para determinar se um extrato poderia ser sintetizado; e "experimentos imediatos em seres humanos" deveriam ter início.[15]

Alguns meses mais tarde, Himmler ordenou que Pohl oferecesse ao dr. Madaus possibilidades de realização de pesquisa.[16] Himmler estava, na verdade, bastante impaciente e, em setembro de 1942, Pohl, Lolling (diretor médico, WVHA D-III) e Madaus concordaram em transferir o trabalho para os campos de concentração.[17]

Enquanto os preparativos eram realizados, outra pessoa tomou conhecimento do artigo de Madaus. Em 24 de agosto de 1942, o vice-*Gauleiter* da Baixa Áustria, ss-*Oberführer* Gerland, também enviou uma carta a Himmler. Tentando impressioná-lo acerca da "imensa importância" da descoberta de Madaus, ele pediu que o especialista em questões raciais do distrito, o dr. Fehringer, tivesse a permissão para conduzir experimentos – em colaboração com o Instituto Farmacológico da Faculdade de Medicina da Universidade de Viena – em um campo de ciganos em Lackenbach.[18] A resposta de Himmler (por meio do *Obersturmbannführer* Brandt) foi amigável. A questão já estava sendo investigada, mas havia certas dificuldades, pois a planta não estava disponível em quantidade suficiente; se o dr. Fehringer tivesse uma provisão em mãos, o *Reichsführer* da ss ficaria feliz em saber.[19]

Os obstáculos mostraram-se insuperáveis e reforços científicos foram chamados. Em novembro de 1942, o dr. Müller-Cunradi, diretor do laboratório da I. G. Farben em Ludwigshafen, enviou seu bioquímico, o dr. Tauboeck, ao Instituto Madaus. Tauboeck e Madaus discutiram o assunto. Toda a pesquisa começara quando Madaus lera que uma tribo brasileira usava *Caladium seguinum* para esterilizar seus inimigos. Os índios realizavam a esterilização atirando flechas no inimigo (isto é, por meio de injeção intramuscular), e as vítimas geralmente não

---

15 Pokorny para Himmler, outubro de 1941, NO-35.

16 Himmler para Pohl, 10 de março de 1942, NO-36. Auxiliar de Himmler (assinado *OStuf.* Fischer) para RSHA IV-B-4, aos cuidados do *Stubaf.* Günther, 4 de julho de 1942, NO-50.

17 Pohl para Rudolf Brandt, 7 de setembro de 1942, NO-41. Depoimento de Rudolf Brandt, 19 de outubro de 1946, NO-440.

18 Gerland para Himmler, 24 de agosto de 1942, NO-39.

19 Brandt para Gerland, 29 de agosto de 1942, NO-40.

tinham consciência de seu destino. Todavia, o clima da Alemanha não era apropriado para o cultivo daquela planta e a façanha não pôde ser repetida.[20]

O método de Madaus não foi o único a tentar conciliar as necessidades de curto alcance da guerra com as políticas de destruição de longo alcance. A ideia de que, após o uso intensivo de mão de obra durante períodos de emergência, as pessoas teriam a permissão de morrer de formas naturais, sem a chance de se recuperar, era um pensamento recorrente nos círculos médicos nazistas. Assim, em maio de 1941, Himmler ficou interessado na "esterilização não cirúrgica de mulheres inferiores". O autor dessa ideia foi o professor Carl Clauberg, diretor médico da clínica de mulheres dos hospitais Knappschaft e St. Hedwig, em Königshütte, Alta Silésia. Clauberg propunha que um irritante fosse introduzido no útero com o auxílio de uma seringa. Esse procedimento tornou-se conhecido como "método Clauberg".

Três médicos foram reunidos para auxiliar Clauberg a realizar seus experimentos (*Standartenführer* prof. von Wolff, de Berlim; *Sturmbannführer* prof. Erhardt, da Clínica para Mulheres da Universidade de Graz; e *Hauptsturmführer* dr. Günther F. K. Schultze, da Clínica para Mulheres da Universidade de Greifswald).[21] Entretanto, havia um obstáculo administrativo: Himmler queria que Clauberg trabalhasse no grande campo de concentração de mulheres em Ravensbrück, mas Clauberg não queria se mudar com seus equipamentos pesados e, apesar dos apelos de Grawitz de que, em virtude da "enorme importância" daqueles experimentos os prisioneiros deveriam ser disponibilizados em Königshütte,[22] todos os planos caíram por terra nesse ponto.

Um ano mais tarde, Clauberg teve um "encontro científico" com um assistente de Himmler, o *Obersturmbannführer* Arlt. Durante a conversa, Clauberg falou sobre

---

20 Depoimento do dr. Karl Tauboeck, 18 de junho de 1947, NO-3963. Para além dessas dificuldades, havia outras. O efeito da *Caladium seguinum* na reprodução é o mesmo de superdosagens de nicotina, morfina ou simplesmente da fome. Aparentemente, ninguém tinha informado Himmler que muitos dos ratos de Madaus tinham morrido por envenenamento. Depoimento do dr. Friedrich Jung, sem data, Pokorny-30. Sobre Madaus (que morreu em fevereiro de 1942) e as ramificações de sua experiência, ver também Andrea Kamphuis, "Sonnenhut in Buchenwald: Alternativ-medizinische Forschungsprojekte und Menschen- Versuche im 'Dritten Reich'", *Skeptiker* 14 (2001): 52-64.

21 Grawitz para Himmler, 30 de maio de 1941, NO-214.

22 Grawitz para Himmler, 29 de maio de 1941, NO-1639.

seus agora vastamente ampliados planos para os experimentos. Arlt destacou que, no que dizia respeito a tais questões, Himmler era o homem certo. Clauberg, então, escreveu a Himmler pedindo permissão para instalar seus aparelhos em Auschwitz e realizar experimentos lá com o objetivo de aperfeiçoar os métodos de esterilização em massa de "mulheres indignas" (*fortpflanzungsunwürdige Frauen*), assim como produzir fertilidade em "mulheres dignas".[23] Sua carta produziu resultados.

Em 7 de julho de 1942, Himmler, Gebhardt, Glücks e Clauberg encontraram-se e decidiram dar início aos experimentos em Auschwitz. O objetivo dos experimentos era, em primeiro lugar, a descoberta de meios pelos quais uma vítima pudesse ser esterilizada inadvertidamente. Os experimentos seriam realizados em "grandes dimensões" com as judias no campo. Em segundo lugar, ficou acordado que um grande especialista em raio X, o prof. Holfelder, seria chamado para descobrir se era viável realizar a castração dos homens utilizando raio X. Na conclusão, Himmler ressaltou a todos os presentes que aquelas eram questões ultrassecretas e que todos os envolvidos no trabalho tinham de se comprometer a manter sigilo.[24]

Três dias depois, o secretário de Himmler, Brandt, enviou uma carta a Clauberg com sugestões e pedidos adicionais. Himmler queria saber o quão rápido seria possível esterilizar mil mulheres judias. "As próprias judias não devem saber de nada." Os resultados dos experimentos deveriam ser checados por meio de exames de raio X que, então, seriam estudados. Clauberg também poderia fazer um "teste prático", por exemplo, trancar uma "judia e um judeu" em um quarto durante um certo período e esperar os efeitos.[25]

Mais um ano se passou enquanto Clauberg trabalhava diligentemente no Bloco 10 de Auschwitz I, o bloco de experiências. Para enganar as vítimas, dizia às mulheres antes de injetar o fluído irritante que elas estavam passando por um processo de inseminação artificial.[26] Clauberg gostava de seu trabalho e queria

---

23 Clauberg para Himmler, 30 de maio de 1942, NO-211.

24 Memorando de Brandt, julho de 1942, NO-216. Ver também seu memorando datado de 11 de julho de 1942, NO-215.

25 Brandt para Clauberg, cópias para Pohl, *OStubaf.* Koegel (Ravensbrück) e *Stubaf.* Günther (RSHA IV-B-4), 10 de julho de 1942, NO-213. Koegel e Günther receberam cópias porque Himmler ainda estava tentando persuadir Clauberg a esterilizar as "judias" em Ravensbrück.

26 Depoimento de Jeanne Ingred Salomon, 9 de outubro de 1946, NO-810. A depoente, uma sobrevivente, foi vítima do experimento.

exibir-se. Quando, certo dia, Pohl visitou Auschwitz, Clauberg aproximou-se do *Obergruppenführer* no jantar e o convidou para testemunhar alguns experimentos. Pohl recusou o convite.[27]

Em junho de 1943, Clauberg enviou seu primeiro relatório a Himmler. O método era "quase perfeito" (*so gut wie fertig ausgearbeitet*), embora ainda precisasse de alguns "aprimoramentos" (*Verfeinerungen*). Por enquanto, tinha sido eficiente em casos "normais". Ademais, ele podia garantir ao *Reichsführer* da ss que a esterilização podia ser realizada de modo imperceptível durante um exame ginecológico de rotina. Com dez assistentes, um médico seria capaz de esterilizar mil mulheres em um dia.[28] Clauberg não especificou até que ponto o sigilo poderia ser mantido em um procedimento de esterilização em massa. Ele seguiu trabalhando e, em 5 de julho de 1944, o comandante do campo enviou uma mensagem urgente ao Serviço de Inspeção de Construção na Silésia pedindo arame farpado para amarrar em 47 pilares de concreto e fechar um espaço que acomodaria entre 2 mil e 3 mil prisioneiras nos fundos do prédio de Clauberg.[29]

Enquanto Claubert continuava tentando "aperfeiçoar" seu método, houve ainda uma terceira tentativa de levar a cabo tal programa: os experimentos com raio X. No início do mês de março de 1941, Himmler e a Chancelaria do *Führer* (Bouhler e Brack) haviam discutido os problemas de esterilização e, após essa discussão, Brack escreveu uma carta a Himmler na qual dava sua opinião de especialista sobre o assunto. Essa carta beirava a fantasia. Ela começava como um relato sóbrio das possibilidades do raio X no campo da esterilização e da castração. Segundo Brack, estudos preliminares realizados por médicos especialistas da Chancelaria indicaram que pequenas doses de raio X resultavam apenas em esterilização temporária; doses maiores causavam queimaduras. Tendo chegado a essa conclusão, Brack ignorou-a completamente e continuou com o seguinte esquema. As pessoas que passariam pelo "processo" (*die abzufertigen Personen*) aproximar-se-iam de um balcão para responder a algumas perguntas ou preencher alguns formulários. Assim ocupado, o inadvertido candidato à esterilização

---

27 Depoimento de Pohl, 14 de julho de 1946, NO-65.

28 Clauberg para Himmler, 7 de junho de 1943, NO-212.

29 Standortälteste de Auschwitz para Serviço de Inspeção de Construção da ss na Silésia (Bischoff), 5 de julho de 1944, arquivos do Museu Memorial do Holocausto dos EUA, Grupo de registro 11.001 (Centro de Coleções Históricas, Moscou), Rolo 21, Fundo 502, Inscrição 1, Pasta 38.

permanecia em frente ao guichê durante dois ou três minutos enquanto o oficial sentado atrás do balcão apertaria um interruptor que dispararia raios X através de tubos apontados para a vítima. Com 20 desses balcões (cada um custando entre 20 mil e 30 mil Reichsmarks), algo entre 3 mil e 4 mil pessoas seriam esterilizadas por dia.[30]

A proposta não foi imediatamente posta em prática, mas Brack a trouxe de volta em junho de 1942 junto com a instalação de câmaras de gás nos campos do *Generalgouvernement*. Parecia-lhe que, entre os 10 milhões de judeus que estavam condenados à morte, havia pelo menos 2 ou 3 milhões que eram necessários com urgência nos esforços de guerra. Uma vez que a esterilização cirúrgica era muito demorada e cara, ele quis lembrar Himmler de que já no ano anterior havia apontado as vantagens do uso do raio X. O fato de que as vítimas tomariam ciência de sua esterilização após alguns meses era uma consideração banal naquele estágio do jogo. Para concluir, Brack assinalou que seu chefe, o *Reichsleiter* Bouhler, estava pronto para fornecer todos os médicos e o pessoal necessários para levar adiante o programa.[31] Dessa vez, Himmler respondeu dizendo que gostaria que o método de raio X fosse testado de maneira experimental em pelo menos um campo.[32]

Os experimentos foram realizados em Auschwitz pelo dr. Horst Schumann, em homens e mulheres. Quando Schumann se instalou em Auschwitz, a competição nos blocos de experiências passou a operar a todo vapor.[33] O diretor médico do campo, Wirths, que estava em primeiro lugar interessado nas qualidades pré--cancerígenas do colo do útero, iniciou sua própria série de experimentos envolvendo operações em adolescentes e mães com cerca de trinta anos de idade.[34] Um

---

30 Brack para Himmler, 28 de março de 1941, NO-203. Brack declarou após a guerra que essa carta era *deliberadamente* absurda. Ver seu testemunho no Caso No. 1, tr. pp. 7.484-7.493.

31 Brack para Himmler, 23 de junho de 1942, NO-205.

32 Himmler para Brack, cópias para Pohl e Grawitz, 11 de agosto de 1942, NO-206. Também, o aceite de Himmler da oferta do vice de Brack, Blankenburg, 14 de agosto de 1942, NO-207.

33 Ver carta de Clauberg para *OStubaf*. Brandt, 6 de agosto de 1943, NO-210, na qual Clauberg reclama que, em sua ausência, uma das máquinas de raio X tinha sido usada por outro cavalheiro. Embora não se importasse com esse procedimento, ele de fato precisava de outra máquina para realizar seus experimentos "positivos" (aumento de fertilidade), etc.

34 Julgamento de Höss, *Law Reports of War Criminals* (Londres, 1947), VII, 14-16, 25-26. Jan Sehn, "Concentration and Extermination Camp at Oświęcim", Comissão Central de

ginecologista judeu prisioneiro, dr. Samuel, ficou impressionado com esses experimentos.[35] Outro médico do campo, Mengele, limitou seus estudos a gêmeos, pois sua ambição era multiplicar a nação alemã.[36] Todos esses experimentos, que aniquilaram vários milhares de vítimas, não levaram a nada. Nenhum dos competidores teve sucesso. Certo dia, o vice de Brack, Blankenburg, admitiu a falha dos experimentos conduzidos em homens. Os raios X eram menos confiáveis e menos rápidos do que a castração cirúrgica.[37] Em outras palavras, levara três anos para se descobrir o que já se sabia desde o início.

Embora as experiências de esterilização fossem geradas por amadorismo e fraude, elas foram um episódio significante na história da Europa. A mera concepção dessas pesquisas era uma ameaça a qualquer pessoa que pudesse ser classificada como "inferior". O destino dos *Mischlinge* [híbridos] de primeiro grau já estava por um fio enquanto o Ministério do Interior esperava o aperfeiçoamento das técnicas de esterilização em massa. A consequência do fracasso desses experimentos foi a inibição do desenvolvimento de um empreendimento que havia exposto de forma sombria a destruição de grandes porções da população da Europa.

Isso, então, marca a diferença entre as experiências comuns e as tentativas de esterilização em massa. Se um prisioneiro morresse durante um procedimento que tinha sido criado visando um resultado convencional, o pesquisador tinha matado um ser humano. O médico que lidava com a esterilização, contudo, era potencialmente um arquiteto da destruição em massa. E não parava aí. A hierarquia nazista também financiava alguns pesquisadores que queriam fortificar seu

---

Investigação de Crimes Alemães na Polônia, *German Crimes in Poland* (Varsóvia, 1946-1947), vol. I, p. 23. Depoimento do dr. Jan Klempfner, 27 de julho de 1946, NI-311. Klempfner era um médico prisioneiro. Depoimento de Jeanne Salomon, 9 de outubro de 1946, NO-810. Salomon declarou que seu útero foi "desmembrado".

35 Depoimento de Klempfner, 27 de julho de 1946, NI-311. Deposição de Adelaide de Jong (sem data), em Raymond Phillips, ed., *Trial of Josef Kramer and Forty-Four Others (The Belsen Trial)* (Londres, 1949), p. 668. De Jong foi esterilizada pelo dr. Samuel.

36 Gisella Perl, *I Was a Doctor in Auschwitz* (Nova York, 1948), pp. 125-127.

37 Blankenburg para Himmler, 29 de abril de 1944, NO-208. Schumann, na verdade, induziu o câncer com o uso de raio X. Depoimento do dr. Robert Levy (sobrevivente), 19 de novembro de 1946, NO-884. Para descrições de Clauberg, Schumann, Wirths e Mengele, ver Robert Jay Lifton, *The Nazi Doctors* (Nova York, 1986).

objetivo destrutivo com um indiscutível argumento científico. Na busca por tal racionalidade, esses médicos retrocediam de suas descobertas médicas e, redirecionando seus passos rumo a um beco sem saída, destruíam sua ciência.

Como essa pesquisa surgiu? Os nazistas extremos viam o processo de destruição como uma luta de raças. Para eles, as medidas antijudeus eram uma batalha defensiva da "substância racial nórdica" contra o insidioso ataque de uma "mistura racial inferior". Essa racionalização tinha suas dificuldades. Vários oficiais falhavam em ver quaisquer conexões intrínsecas entre características físicas e uma *Weltanschauung* [visão de mundo]. Os ideólogos do partido e a ss tinham, portanto, de se esforçar para provarem suas teorias. Não é de se estranhar que, em sua busca por fundamentação, eles tenham recorrido a experimentos. Eis dois deles.

Na primavera do ano de 1942, foi feita uma tentativa de demonstrar como o sangue dos ciganos era diferente do dos alemães. Dois médicos, o prof. Werner Fischer e o *Stabsarzt* (capitão) dr. Horneck, ambos com experiência adquirida trabalhando com prisioneiros de guerra negros, receberam permissão para realizar experiências com ciganos em Sachsenhausen. Horneck abandonou o projeto porque foi enviado para o front oriental e Fischer começou com quarenta ciganos. A pedido de Himmler, ele prometeu ampliar sua pesquisa, investigando também o sangue judeu.[38]

Outra abordagem foi experimentada pela Ahnenerbe, uma organização formada pela ss em 1939 para investigar "a esfera, o espírito, os feitos e a herança da raça nórdica indo-germânica".[39] O presidente dessa organização era Himmler; seu administrador era o *Standartenführer* Sieves; e um de seus pesquisadores era o *Hauptsturmführer* prof. Hirt, diretor de anatomia na Universidade do Reich em Estrasburgo.

No início de 1942, Hirt estava internado, seus pulmões sangrando e sua circulação sanguínea gravemente debilitada. Do leito, enviou o seguinte relatório a Himmler: todas as nações e raças tinham sido estudadas através do exame de crânios; apenas no caso dos judeus não havia crânios suficientes para que se chegasse a conclusões científicas. A guerra no leste oferecia a oportunidade de corrigir essa

---

38 *OStubaf.* Brandt para Grawitz, 9 de junho de 1942, NO-410. Grawitz para Himmler, 20 de julho de 1942, NO-411.

39 Ver patente do instituto, assinada por Himmler, 1º de janeiro de 1939, NO-659.

situação. "Nos comissários judeus-bolcheviques, que incorporam uma subumanidade repulsiva, porém característica, temos a possibilidade de obter uma fonte plástica para estudos [*ein greifbar wissenschaftliches Dokument*] se protegermos seus crânios". O melhor seria, propôs Hirt, que os comissários fossem entregues com vida à Polícia do Campo. Um médico, então, anotaria as medidas, mataria os judeus, removeria cuidadosamente a cabeça e assim por diante.[40] Brandt respondeu que Himmler estava bastante interessado nesse projeto, mas que, primeiro, Hirt precisaria se restabelecer. Talvez um pouco de frutas frescas pudesse ajudar.[41]

Após alguns meses, Hirt recuperou-se suficientemente para fazer seu trabalho. Em vista da escassez de "comissários judeus-bolcheviques", a Ahnenerbe declarou-se pronta para aceitar 150 judeus de Auschwitz.[42] Um funcionário da Ahnenerbe, o *Hauptsturmführer* dr. Bruno Beger, foi enviado ao campo; 115 pessoas – incluindo 79 judeus, 30 judias, 4 asiáticos e 2 poloneses – foram colocadas de quarentena, e medidas foram tomadas com Eichmann para que elas fossem transferidas para Natzweiler, onde seriam assassinadas na câmara de gás.[43] Os corpos foram levados para Estrasburgo e preservados para estudos de raça.[44] Lá, no laboratório de anatomia da universidade, o extremo de que os médicos alemães eram capazes seguiu seu curso.

CONFISCOS

As operações dos dois centros de extermínio restantes abrangiam, além do extermínio, o confisco de propriedades. A utilização de prisioneiros na mão de obra e em experimentos foi uma interrupção do processo, uma introdução de procedimentos intermediários para fins econômicos e outros propostos extrínsecos. Apenas as expropriações e extermínios eram orgânicos em um sentido

---

40 Sievers para *Stubaf.* dr. Brandt, 9 de fevereiro de 1942, anexo relatório de Hirt, NO-85.

41 Brandt para Sievers, 27 de fevereiro de 1942, NO-90.

42 Sievers para Brandt, 2 de novembro de 1942, NO-86.

43 *OStubaf.* Brandt para Eichmann, 6 de novembro de 1942, NO-116. *Staf.* Sievers para Eichmann, cópias para *HStuf.* Beger e *OStubaf.* Brandt, 21 de junho de 1943, NO-87. Depoimento do dr. Leon Felix Boutbien, 30 de outubro de 1946, NO-532. Depoimento de Ferdinand Holl, 3 de novembro de 1946, NO-590. Boutbien e Holl eram prisioneiros de Natzweiler.

44 *Staf.* Sievers para *Staf.* Brandt, 5 de setembro de 1944, NO-88.

administrativo; eram as duas únicas operações que foram implementadas em todos os seis campos e que abrangeram praticamente todos os deportados judeus.

O confisco de pertences pessoais era um negócio que envolvia tudo: tudo que os judeus tinham conseguido juntar, tudo o que tinham conseguido esconder era coletado nos centros de extermínio. Propriedades que os estados satélites tinham sido forçados a renunciar para que os deportados pudessem começar uma nova vida no "Leste" agora também entravam no pacote. Tudo era coletado e transformado em lucro. Todavia, o resgate daquelas propriedades era uma operação precisa e bem planejada.

Um passo preliminar rumo ao resgate sistemático foi dado na primavera de 1941. Em abril daquele ano, a RSHA informou ao serviço de inspeção que devolver aos familiares e dependentes os objetos pessoais confiscados dos judeus nos campos de concentração estava "fora de questão". A propriedade era objeto de confisco por meio de canais normais (isto é, o *Regierungspräsidenten*).[1] Esse procedimento, deve-se salientar, aplicava-se a todos os campos antes do início das deportações em massa. Após o estabelecimento dos centros de extermínio, o recolhimento, a classificação e a distribuição do vasto número de pertences pessoais tornaram-se um grande problema que não podia mais ser tratado de modo *ad hoc*. Consequentemente, um mecanismo administrativo especial foi criado com a finalidade de realizar essas expropriações. Na nova disposição, a coleta era feita pelos próprios campos, mas o registro e a alienação dos itens tornaram-se bem mais complicados.

A jurisdição sobre classificação e distribuição dos saques de Kulmhof era centralizada em uma organização que estava fora do controle da Polícia e da SS: a Administração do Gueto de Łódź. Kulmhof era, a rigor, uma empresa local, estabelecida pelo *Gauleiter* Greiser para os judeus de seu Distrito. Como apontado antes, Greiser conferiu ao *Gettoverwaltung* de Litzmannstadt (Łódź) o poder pleno de confiscar os pertences de todos os judeus deportados no Warthegau.[2] Esse poder estendia-se não apenas às propriedades abandonadas nos guetos, mas também aos pertences que os deportados carregavam para o campo de Kulmhof. O *Amtsleiter* Biebow do *Gettoverwaltung*, portanto, estabeleceu em Pabianice (cerca

---

1 Liebehenschel para comandantes do campo, 5 de maio de 1941, carta anexada pela RSHA II-A-5 (assinada pelo dr. Nockemann) para inspeção, datada de 3 de abril de 1941, NO-1235.

2 Memorando de Biebow, 20 de abril de 1942, *Dokumenty i materialy*, vol. 2, pp. 118-119.

de doze quilômetros ao sudoeste de Łódź) uma estação central de registro, que colocou sob a direção de um de seus *Abteilungsleiter*, Seifert, e cujo objetivo era classificar todos os pertences saqueados dos guetos abandonados de Warthegau e do campo de Kulmhof, utilizando uma frota de dezesseis caminhões.[3] Os confiscos de Kulmhof eram, consequentemente, "recebimentos" canalizados para o *Gettoverwaltung*. Com uma exceção (peles), o registro e a concretização final da propriedade aconteciam inteiramente sob o domínio de Biebow.

Em Auschwitz, o chefe administrativo (Burger e, mais tarde, Möckel) cuidava não apenas da coleta, mas também da classificação, do registro e do empacotamento. Para a distribuição dos itens, entretanto, ele dependia das ordens do Amtsgruppe A do WVHA (*Gruppenführer* Frank).

No *Generalgouvernement*, o alto comandante da SS e da Polícia em Lublin, Globocnik, sempre atento às novas oportunidades de aumentar sua jurisdição no que dizia respeito às questões judias, instruiu seus homens a estabelecerem um *Zentralkartei* (registro central) de todas as propriedades coletadas em seus campos. O *Sturmbannführer* Wippern foi encarregado de todos os bens pesados (joias, dinheiro, etc.), e o *Hauptsturmführer* Höfle, que tivera um papel ativo no início das deportações para o então recém-estabelecido Bełżec, ficou responsável pela separação de roupas, sapatos e assim por diante.[4] De todos os quatro campos, incluindo Treblinka, bens eram enviados para armazéns em Lublin.[5] Toda essa operação tornou-se a fase final da Aktion Reinhardt.

Globocnik mal havia estabelecido sua organização quando o comandante da Polícia e da SS em Varsóvia e o próprio Globocnik começaram a ser pressionados para distribuírem alguns dos bens acumulados. Em 25 de abril de 1942, o *Gruppenführer* Grawitz, *Reichsarzt SS und Polizei*, enviou uma carta ao *Oberführer* Wigand, então comandante da Polícia e da SS em Varsóvia. "Chegou ao meu conhecimento", escreveu Grawitz, "que depósitos do velho ouro de origem judia

---

3 Seifert para Biebow, 7 de maio de 1942, *ibid.*, vol. 1, pp. 25-26. *Oberbürgermeister* Litzmannstadt (assinado por Luchterhandt) para Landeswirtschaftsamt Posen, aos cuidados do *Regierungsrat* Gerlich, 27 de maio de 1942, *ibid.*, vol. 3, pp. 233-234. Gerlich para o *Gettoverwaltung*, 28 de agosto de 1942, *ibid.*, p. 235.

4 Globocnik para Wippern e Höfle, 15 de julho de 1942, *ibid.*, vol. 2, p. 183.

5 Depoimento de Georg Lörner, 4 de fevereiro de 1947, NO-1911. Von Sammern-Frankenegg para a equipe pessoal de Himmler, 9 de julho de 1942, NO-3163.

são mantidos pelos Comandos da ss e da Polícia em Varsóvia e em Lublin". Ele poderia usar o ouro em tratamentos odontológicos.[6] Wigand respondeu pedindo para que Grawitz obtivesse uma diretiva oficial de Himmler e uma longa troca de correspondência se seguiu.[7] No dia 12 de agosto de 1942, Brandt informou Krüger que Himmler havia atribuído a Pohl a responsabilidade pela distribuição (*Weiterleitung*) de todos os objetos de valor dos judeus para "agências competentes" do Reich.[8] Ao notificar Pohl dessa ordem, Brandt assinalava que Himmler esperava que o Ministério da Economia concordasse com o "tratamento generoso" da ss (*grosszügige Behandlung*) de quaisquer pedidos por ouro e prata.[9]

Nessa mesma época (11 de agosto de 1942), Globocnik pediu permissão para "beliscar" (*abzweigen*) 2 milhões de zloty da desocupação judia (*Judenumsiedlung*) para financiar escolas para alemães realojados no distrito. Esse procedimento, Globocnik explicou, já havia sido aplicado no que dizia respeito às vestimentas.[10] Brandt escreveu diretamente para o *Gruppenführer* Greifelt, diretor de Pessoal do *Reichskommissar* para o Fortalecimento do Germanismo, dizendo-lhe que Himmler queria que ele financiasse pessoalmente o projeto. O dinheiro coletado no *Judenumsiedlung* seria enviado ao Reichsbank sem dedução de sequer um centavo. "Dessa maneira, será bem mais fácil conseguir os fundos necessários através de canais normais do Ministério das Finanças", concluiu Brandt.[11]

A jurisdição para alienar os objetos de valor e o dinheiro em todos os campos do *Generalgouvernement* estava sob a responsabilidade de Pohl. Esse poder

------

6 Grawitz para Wigand, 25 de abril de 1942, NO-3166.

7 Wigand para Grawitz, 8 de maio de 1942, NO-3166. Grawitz para *OStubaf*. Brandt, 16 de maio de 1942, NO-3166. *OStubaf*. Brandt para Wigand, 23 de maio de 1942, NO-3165. Equipe pessoal de Himmler para o comandante da Polícia e da ss de Varsóvia, 3 de julho de 1942, NO-3164. Von Sammern-Frankenegg para a equipe pessoal, 7 de julho de 1942, NO-3163. Von Sammern-Frankenegg para a equipe pessoal, 9 de julho de 1942, informando a Himmler que o ouro já havia sido transferido para Globocnik, NO-3163.

8 Brandt para os altos comandantes da Polícia e da ss nos territórios do leste, 12 de agosto de 1942, NO-3192.

9 Brandt para Pohl, 12 de agosto de 1942, NO-3192. Também Brandt para Grawitz, 14 de agosto de 1942, NO-3191.

10 Brif. Globocnik para Himmler, 11 de agosto de 1942, Arquivos de Himmler, Pasta 94.

11 *OStubaf*. Brandt para *Gruf*. Greifelt, 14 de agosto de 1942, Arquivos de Himmler, pasta 94.

1176 A destruição dos judeus europeus

manifestava-se em diretivas desde o Amtsgruppe A do WVHA até as administrações de Auschwitz e de Lublin.[12]

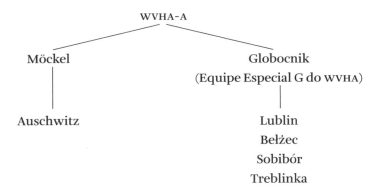

Apenas Kulmhof permanecia fora do aparelho:

É preciso perceber como o sistema de fato funcionava. Em essência, os confiscos eram uma operação de captura total, mas também um modelo de conservação. Tudo era coletado; nada era desperdiçado. Como era possível ser tão minucioso? A resposta está na linha de montagem, um método infalível. Forças

---

12 Apesar da centralização, pedidos de distribuições especiais continuaram a ser enviados a Lublin. Em 19 de setembro de 1942, o chefe da Gestapo em Viena solicitou, em nome de Kaltenbrunner, roupas para poloneses germanizados e prisioneiros. Huber para o comandante da Polícia e da SS de Lublin – "Reinhardt", 19 de setembro de 1942, *Dokumenty i materialy*, vol. 2, p. 190. Em novembro, o Tribunal VI da Polícia e da SS na Cracóvia pediu um presente (*Überlassung*) de tapetes, vidros, roupas de civis, etc., para a "propriedade judaica" (*Judenachlass*). Tribunal VI da Polícia e da SS para SS Standortverwaltung de Lublin, 10 de novembro de 1942, *ibid.*, pp. 192-193.

de trabalho de prisioneiros pegavam a bagagem deixada nos vagões dos trens e na plataforma. Outros *Kommandos* de prisioneiros recolhiam as roupas e os bens de valor nos vestiários. O cabelo das mulheres era cortado em barbearias próximas às câmaras de gás. Dentes de ouro eram extraídos da boca dos cadáveres e a gordura humana que saía dos corpos queimados era colocada de volta nas chamas para acelerar as cremações. Assim, os dois processos orgânicos do campo de extermínio, o confisco e o assassinato, fundiam-se e sincronizavam-se em um único procedimento que garantia o sucesso absoluto de ambas as operações.

Um corolário da perfeição dos saques era o cuidado com que o registro era conduzido. Cada moeda estrangeira era contada. Relógios eram separados e aqueles que tinham valor eram reparados. Roupas velhas e trapos eram pesados. Recibos eram passados de um lado para o outro e tudo era contabilizado. Tudo isso era feito de acordo com o desejo de Himmler de que houvesse "rigor meticuloso" (*die grösste Genauigkeit*). "Não há como ser preciso demais."[13]

No entanto, havia um problema que ameaçava a perfeição dos confiscos e o "rigor meticuloso" dos registros. Os alemães que faziam parte da equipe eram tentados a tomar para si alguns dos bens. Algo tinha de ser feito a esse respeito. Seifert, o diretor do *Gettowaltung* em Pabianice, pediu para que seus homens recebessem o mesmo bônus (quinze Reichsmarks por dia) por serviços de "risco" que o pessoal em Kulmhof estava recebendo. Como a equipe de Kulmhof, Seifert pensou, seus homens eram expostos a riscos de "infecção" (*Infektionsgefahren*).[14] A empresa de fiscalização em Pabianice também teve a oportunidade de comprar os itens que quisesse.[15] Globocnik relatou a Himmler na conclusão da Aktion Reinhard que apenas "a decência e a honestidade" de seus homens tinham garantido uma entrega completa de espólios para o *Reich*,[16] mas em Treblinka, os homens da ss, assim como guardas ucranianos, haviam pegado para si joias e dinheiro, e alguns dos poloneses que moravam nas proximidades do campo tinham

---

13 Himmler para Krüger e Pohl, 15 de janeiro de 1943, NO-1257.

14 Seifert para Ribbe, 29 de maio de 1942, *Dokumenty i materialy*, vol. 1, p. 27. O *Gettoverwaltung* oferecia apenas seis Reichsmark. Biebow para o departamento pessoal do *Gettoverwaltung*, 20 de junho de 1942, *ibid.*, vol. 2, p. 75.

15 Segundo Batalhão de Polícia (gueto) para *Gettoverwaltung*, 27 de julho de 1942, *ibid.*, pp. 140-142.

16 Relatórios sem data de Globocnik para Himmler, PS-4024.

se aproveitado da situação, comprando dos ucranianos moedas, relógios e roupas por preços irresistíveis.[17]

O comandante de Auschwitz, Liebehenschel, tentou reprimir os roubos. No dia 16 de novembro de 1943, emitiu uma ordem na qual dizia que todos os pertences dos prisioneiros, fossem roupas, bens de valor, comida ou outros objetos, eram propriedades do Estado e que apenas o Estado podia decidir sobre sua utilização. "Quem quer que toque em propriedade do Estado torna-se um criminoso e exclui-se automaticamente das posições da ss", a ordem declarava.[18]

Talvez o aspecto mais interessante dos confiscos fosse a distribuição de propriedades. No caso do *Gettoverwaltung*, o problema era vender, uma vez que o *Gettoverwaltung* não distribuía nada. Peles eram a única exceção; por ordem de Himmler elas eram enviadas à fábrica de roupas da ss em Ravensbrück para finalmente vestirem o Waffen-ss.[19] Quanto ao resto, o *Gettoverwaltung* podia confiar na diretiva de Greiser e no fato de ser uma agência do *Reich*, ligada ao *Oberbürgermeister* de Łódź, com fins essencialmente administrativos e responsável pelo Gabinete Central de Curadoria do Leste no que concernia ao confisco. Isso não significava que quaisquer fundos eram passados adiante. O *Gettoverwaltung* conduzia um balanço patrimonial fechado e podia usar todo o dinheiro que recebia.

Para os clientes de Biebow, a compra de tais itens representava alguns dilemas. Por exemplo, em agosto de 1942, uma organização assistencial em Poznán (a NSV) pediu 3 mil ternos, mil roupas femininas e algumas peças de roupas íntimas e de cama. O material era necessário com urgência para reassentados. A NSV pediu para pagar um preço baixo.[20] Alguns meses depois, os itens foram entregues

---

17 Sobre a corrupção em Treblinka, ver Arad, *Belzec, Sobibor, Treblinka*, pp. 161-164.

18 Jan Sehn, "Concentration and Extermination Camp at Oświęcim", Comissão Central de Investigação de Crimes Alemães na Polônia, *German Crimes in Poland* (Varsóvia, 1946-1947), vol. 1, p. 43. De acordo com ex-prisioneiros, grandes quantidades de joias, relógios de pulso e dinheiro eram roubadas pelos guardas. Depoimento de Werner Krumpe, 23 de setembro de 1945, NO-1933.

19 Koppe para *OStubaf*. Brandt, 28 de agosto de 1942, NO-3190. O hospital de reserva da ss em Sieradz pediu alguns itens porque a mobília temporária do novo hospital era uma "catástrofe". Biebow para Meyer (divisão de administração de bens), 7 de setembro de 1942, *Dokumenty i materialy*, vol. 2, p. 138.

20 Gauleitung Wartheland/Amt für Volkswohlfahrt Posen/Organisation para *Oberbürgermeister* Litzmannstadt, 12 de agosto de 1942, *Dokumenty i materialy*, vol. 2, pp. 156-157.

e a conta foi enviada à NSV.[21] O negócio foi fechado. No entanto, em 16 de janeiro de 1943, o *Gettoverwaltung* recebeu uma reclamação. A primeira remessa de 1.500 uniformes fora enviada em caixas fechadas para escritórios locais da organização assistencial. Ao abrir as caixas, os funcionários descobriram com espanto que o conteúdo de forma alguma se comparava com as amostras vistas em Kulmhof. Muitos dos ternos sequer eram ternos, mas casacos e calças que não combinavam. Pior, grande parte das roupas estava bastante manchada de terra e de sangue (*"Ein grosser Teil der Bekleidungsstücke ist stark befleckt und teilweise auch mit Schmutz und Blutflecken durchsetzt"*). Em Poznán, várias dezenas de itens ainda traziam a estrela de Davi. Como a maioria dos trabalhadores que desempacotavam as encomendas eram poloneses, havia o risco de os reassentados descobrirem a origem daquelas coisas, mergulhando assim o "Socorro de Inverno" [*Winterhilfswerk des Deutschen Volkes*] em "descrédito".[22]

O *Gettoverwaltung* respondeu laconicamente seis semanas mais tarde, autorizando a devolução de 2.750 ternos e mil vestidos. As manchas não seriam de sangue, mas de ferrugem e não poderiam ser removidas. Portanto, uma nota seria feita contabilizando apenas 250 uniformes e as roupas íntimas.[23] A resposta gerou outra carta do "Socorro de Inverno" afirmando que a organização de bem--estar não aceita a perda dos ternos. Se as manchas de ferrugem não podiam ser removidas, então pelo menos as estrelas de Davi deveriam ter sido arrancadas das roupas.[24]

Mas aquilo era muito para os acordos comerciais do *Gettoverwaltung*. A estratégia do WVHA era um pouco mais complexa. Himmler insistia que os bens dos judeus pertenciam ao *Reich* e que acordos comerciais diretos com terceiros estavam fora de cogitação. Todavia, isso não significava que os pertences dos judeus não pudessem ser utilizados de modo a aumentar os lucros da SS. Em primeiro lugar, o WVHA distribuía grandes quantidades de "propriedade do estado" a grupos de pessoas que regularmente desfrutavam da generosidade da SS; a saber, os

---

21 *Gettoverwaltung* para *Gauleitung* Wartheland/NSV – *Kreis* Litzmannstadtland, 28 de novembro de 1942, *ibid.*, p. 166.

22 *Winterhilfswerk des Deutschen Volkes/Der Gaubeauftragte* Wartheland para *Gettoverwaltung*, 16 de janeiro de 1943, *ibid.*, pp. 168-170.

23 *Gettoverwaltung* para *Gau* Plenipotenciário Winterhilfswerk, 3 de abril de 1943, *ibid.*, p. 177.

24 *Gau* Plenipotenciário para *Gettoverwaltung*, 22 de abril de 1943, *ibid.*, pp. 179-180.

homens da ss (particularmente soldados feridos ou condecorados), familiares dos homens da ss e pessoas de origem alemã. Em segundo lugar – e mais importante – estava o uso de entregas para agências estatais como alavanca para obter o "tratamento generoso". Essas táticas do WVHA merecem ser descritas mais detalhadamente.

No dia 7 de setembro de 1942, Pohl escreveu a Himmler dizendo que pretendia doar uma grande quantidade de casacos femininos, roupas infantis, luvas, capas de chuva e meias, entre outras coisas, ao Escritório Central de Raça e Reassentamento (RUSHA) para serem distribuídos como presentes de natal aos familiares dos homens da ss. Os itens eram derivados das *Sonderaktion* [ações especiais] holandesas.[25]

Apenas duas semanas depois, o *Brigadeführer* August Frank, diretor do WVHA-A, emitiu uma diretiva de distribuição básica para Auschwitz e Lublin que transformava a ss em um autêntico Exército da Salvação e, ao mesmo tempo, fornecia-lhe considerável influência contra Funk, o ministro da Economia. Para assegurar que tudo fosse devidamente camuflado, Frank ordenou, de início, que as propriedades dos judeus fossem referidas de agora em diante como "bens originários de furto, interceptação de bens roubados e bens acumulados". A alienação era feita da seguinte forma:

a. Dinheiro em notas de Reichsmark devia ser enviado para a conta do WVHA no Reichsbank.
b. Dinheiro em moedas estrangeiras, metais raros, joias e pedras preciosas e semipreciosas, pérolas, ouro proveniente dos dentes e itens banhados a ouro deviam ser enviados ao WVHA para a transmissão ao Reichsbank.
c. Relógios de pulso, relógios de parede, canetas-tinteiro, lapiseiras, lâminas de barbear, canivetes, tesouras, lanternas, carteiras e bolsas deviam ser enviados às oficinas do WVHA para serem levados de lá a postos de troca com o objetivo de serem vendidos para as tropas.
d. Roupas e roupas íntimas masculinas deviam ser entregues à Volksdeutsche Mittelstelle (VOMI), organização de bem-estar para pessoas de etnia alemã.

---

25 Pohl para Himmler, 7 de setembro de 1942, NO-1258.

e. Roupas e roupas íntimas femininas deviam ser vendidas para a VOMI, com exceção de roupas íntimas de seda pura (masculinas e femininas), que deviam ser enviadas diretamente para o Ministério da Economia.

f. Colchões de pena, colchas, cobertores, guarda-chuvas, carrinhos de bebê, malas, cintos de couro, sacolas de compras, cachimbos, óculos de sol, espelhos, maletas e tecidos deviam ser enviados para a VOMI; o pagamento seria decidido posteriormente.

g. Linhos (roupas de cama, travesseiros, toalhas de banho, toalhas de mesa, etc.) deviam ser vendidos para a VOMI.

h. Óculos de grau sem armação e lentes deviam ser enviados ao Referat médico (D-III).

i. Peles valiosas deviam ser enviadas ao WVHA; peles comuns deviam ser entregues ao Referat B-II e enviadas para a fábrica de roupas da SS em Ravensbrück.

j. Itens de pouco valor e sem utilidade deviam ser enviados para o Ministério da Economia para serem vendidos por peso.[26]

Um item não mencionado na diretiva era o cabelo humano. A recolha de cabelos já tinha sido ordenada no dia 6 de agosto de 1942. Eles deveriam ser usados na fabricação de calçados para o pessoal da U-boat e funcionários da Reichsbahn.[27]

De forma bastante breve, as diretivas do WVHA podem ser resumidas da seguinte forma:

---

26 Frank para o diretor Standortverwaltung de Lublin e para o diretor administrativo de Auschwitz (seis cópias), 26 de setembro de 1942, NO-724.

27 Glücks para os comandantes dos campos, 6 de agosto de 1942, USSR-511. Os prisioneiros recordam o uso do sangue. Dr. Perl afirma ter testemunhado o sangramento de setecentas jovens mulheres judias em Auschwitz. A teoria racial, evidentemente, era ignorada a fim de obter o plasma. A extração do sangue não era realizada em quantidades modestas ou com garantias elementares. As mulheres ficavam deitadas no chão, fracas, "e profundos rios de sangue corriam em volta de seus corpos". Gisella Perl, *I Was a Doctor in Auschwitz* (Nova York, 1948), pp. 73-75. As extrações de sangue de mulheres são mencionadas também por um enfermeiro prisioneiro. Depoimento de Renée Erman (sem data), em Raymond Phillips, ed., *Trial of Josef Kramer and Forty-Four Others (The Belsen Trial)* (Londres, 1949), pp. 661-662.

	Doações através de	Entregas para o Estado
Têxteis	VOMI	Ministério da Economia
Bens	WVHA	Reichsbank

As doações eram distribuições que não vinham de agências estatais. As entregas ao Ministério da Economia e ao Reichsbank eram usadas com o objetivo de obter benefícios especiais para a ss. Vejamos como ambos os objetivos eram realizados. Primeiro, examinemos a distribuição de itens leves; em seguida, analisemos os itens pesados.

Antes da distribuição, era preciso procurar nas roupas bens de valor costurados e, ao contrário da prática em Kulmhof, a estrela de Davi precisava ser removida. Essa era uma ordem estrita de Frank.[28] Os melhores itens têxteis eram reservados para distribuição para a Volksdeutche. De acordo com uma ordem de Himmler de 14 de outubro de 1942, mais de 200 mil pessoas de etnia alemã em Transnístria, na Ucrânia e no *Generalgouvernement* precisavam de ternos, vestidos, casacos, chapéus, cobertores, roupas íntimas e utensílios. Os itens precisavam ser entregues até o Natal.[29]

Em 6 de fevereiro de 1943, Pohl fez um relatório dos têxteis da Aktion. Desculpando-se, ele apontou que uma grande parte das roupas nos armazéns de Auschwitz e de Lublin não passava de trapos. O transporte de tais doações para o Leste vinha enfrentando dificuldades porque a Reichsbahn havia fechado o tráfego para a Ucrânia (*Transportsperre*). Contudo, o Ministério da Economia estava negociando com o Ministério dos Transportes a distribuição de vagões de carga, uma vez que era o grande interesse da economia utilizar ao máximo as roupas de segunda mão. Na época do relatório, as seguintes quantidades foram enviadas:[30]

---

28 Diretiva de Frank, 26 de setembro de 1942, NO-724.

29 Himmler para Pohl e para o diretor da VOMI, *OGruf.* Lorenz, cópias para *OGruf.* Prützmann e *Obf.* Hoffmeyer, 14 de outubro de 1942, NO-5395.

30 Pohl para Himmler, 6 de fevereiro de 1943, NO-1257. Os números representam um mero início. Ver o relatório posterior de Globocnik afirmando que ele só havia enviado 2.900 vagões de carga

VOMI	Vagões de carga
Roupas masculinas	
Roupas femininas	211
Roupas infantis	
Roupas íntimas, etc.	
Ministério da Economia	
Roupas masculinas	
Roupas femininas	34
Roupas íntimas femininas de seda	
Trapos	400
Colchões	130
Cabelo de mulher (3 toneladas)	1
Outros itens	5
Total	781

Em geral, portanto, o que não era bom o suficiente para a Volksdeutche era enviado para o Ministério da Economia. (A seda era, claro, uma exceção; os esforços de guerra tinham uma prioridade por materiais de seda.) Carregamentos reservados aos ministérios iam para empresas particulares para servirem a uma ou outra finalidade.[31] Em troca da contribuição que o WVHA fazia para o programa de conservação enviando os trapos e as roupas velhas, Pohl naturalmente pediu certos favores. Assim, ele teve uma "conversa amigável" (*freundliches Gespräch*) com

---

com materiais têxteis, enquanto roupas suficientes para encher outros mil vagões continuavam em estoque. Globocnik para Himmler, sem data, provavelmente outono de 1943, PS-4024. As enormes quantidades de ternos e vestidos nos centros de extermínio eram complementadas por roupas e utensílios que se acumulavam nos campos de trânsito. Estes campos foram integrados ao sistema de distribuição. Depoimento do dr. Konrad Morgen, 5 de outubro de 1947, NO-5440. Morgen viu lojas de roupas em Herzogenbusch (Vught), na Holanda. Apenas desse campo, vários vagões de carga foram enviados para a VOMI.

31 Depoimento de Georg Lörner (WVHA-B), 4 de fevereiro de 1947, NO-1911. Uma empresa de Estrasburgo, Strassburg GmbH, solicitou na filial de Berlim do Dresdner Bank um empréstimo de entre 200 mil e 300 mil Reichsmark. Investigações descobriram que a empresa estava negociando roupas manchadas de sangue (*blutdurchtränkt*) com buracos. O empréstimo foi negado. Depoimento de Werner von Richter (Dresdner Bank, Berlim), 3 de maio de 1948, NI-15646.

o ministro da Economia Funk, durante a qual pediu prioridades para que os tecidos fossem transformados em uniformes da ss, "em consideração ao envio das roupas velhas dos judeus mortos".[32]

Embora o grande volume de tecidos fosse para a VOMI e para o Ministério da Economia, algumas das roupas eram distribuídas aos prisioneiros nos campos de concentração. (Os uniformes de prisioneiros, é preciso lembrar, tinham se tornado escassos.) No verão de 1943, carregamentos de roupas de Auschwitz e de Lublin chegaram a Dachau. Antes de entregá-las aos prisioneiros, os oficiais da ss vasculharam as "montanhas de roupas" procurando bens de valor e pegando as melhores peças para si.[33]

As roupas dadas aos prisioneiros eram "propriedade do Estado". Um ex-prisioneiro, dr. Perl, relata um incidente em Auschwitz que afetou uma cantora judia que, de acordo com a prática comum, havia rasgado tiras de sua roupa íntima para usar como lenços e papel higiênico, itens que não eram disponibilizados. Um dia, um guarda a abordou, ergueu seu vestido e descobriu que sobrara apenas as tiras das alças. "Sua porca revolucionária! Sua ladra! Onde está a camisola do campo?",[34] ele gritou para a mulher, espancando-a impiedosamente.

A maior doação na categoria de bens duráveis eram os relógios de pulso. Em 13 de maio de 1943, Frank já podia fazer um relatório sobre a "utilização dos bens roubados dos judeus" (*Verwertung des jüdischen Hehler- und Diebesgutes*), no qual mencionou o recebimento de 94 mil relógios de pulso masculinos, 33 mil femininos, 25 mil canetas-tinteiro e outros itens. Ele já havia enviado 1.500 relógios de pulso para três divisões da ss (*Leibstandarte Adolf Hitler, Das Reich, e Totenkopfdivision*) e proposto enviar 1 mil para cada divisão do Waffen-ss, além de 6 mil para o comando U-boat (um serviço favorecido). Ainda, distribuiria tesouras para o DAW, Lebensborn, médicos e cabelereiros do campo.[35]

Quatro meses mais tarde, Hildebrandt, do RUSHA, apresentou um pedido de "maiores quantidades" (*grössere Mengen*) de relógios de pulso e canetas-tinteiro. Ele queria distribuir doações para homens feridos da ss no Natal de 1943. "Vários

---

32 Depoimento de Pohl, 15 de julho de 1946, PS-4045.

33 Depoimento de Karl Adam Roeder, 20 de fevereiro de 1947, NO-2122. O depoente era um prisioneiro de Dachau.

34 Perl, *I Was a Doctor in Auschwitz*, pp. 101-102.

35 *Gruf.* Frank para Himmler, 13 de maio de 1943, NO-2003.

homens feridos que não possuem um relógio de pulso ou uma caneta-tinteiro apreciarão tal presente", declarou.[36] Não precisamos entrar a fundo na correspondência subsequente, na qual tais pesadas decisões foram tomadas a respeito de se a Divisão de Polícia e da ss deveria ou não receber quinhentos ou setecentos relógios de pulso, o envio de 15 mil relógios femininos para descendentes de alemães, a distribuição de 3 mil relógios de parede (quinhentos para os campos de concentração, 2.500 para berlinenses bombardeados) e a distribuição de relógios de pulso especialmente valiosos para soldados excepcionalmente corajosos de novas divisões.[37]

A maioria dos bens de valor, incluindo dinheiro, joias, relógios de ouro e dentes de ouro, era devidamente enviada para o Reichsbank, principal banco da Alemanha, cujo presidente era o ministro da Economia Funk. Havia dois vice-presidentes: Emil Puhl, um antigo funcionário da instituição, e Kurt Lange, que tinha vindo do Ministério da Economia e era o especialista do ministério em questões monetárias, de taxas e de seguros.[38] Abaixo dos vice-presidentes, estava o *Reichsbankdirektoren*, e cada um era encarregado de determinado aspecto da operação do banco (por exemplo, seguros, câmbio). Ligadas ao ou operando em conjunto com o Reichsbank havia várias outras organizações:[39]

---

36 *OGruf*. Hildebrandt para Himmler, 18 de agosto de 1943, NO-2752.

37 Ver a seguinte correspondência: *Gruf*. Frank para *OStubaf*. Brandt, 2 de setembro de 1943, NO-2751. Pohl para Brandt, 6 de novembro de 1943, NO-2753. Brandt para Pohl, 3 de dezembro de 1943, NO-2754. WVHA D-II para WVHA-A e administração de Auschwitz, 24 de janeiro de 1944, NO-4468. Pohl para Himmler, 4 de julho de 1944, NO-2755. Pohl para Himmler, 29 de julho de 1944, NO-2756. Himmler para Pohl, 13 de agosto de 1944, NO-2749.

38 Os dois vice-presidentes tinham o posto de *Staatssekretär*. Funk para Lammers, 11 de março de 1941, NI-14457.

39 Eram membros do *Aufsichtsrat* [Conselho] do Golddiskontbank: *Vizepräsident* Puhl, *Reichsbankdirektor* Wilhelm, *Reichsbankdirektor* Kretzschmann, *Ministerialdirigent* Bayrhoffer (Ministério de Finanças), *Staatssekretär* dr. Landfried (Ministério da Economia). Depoimento de Karl Friedrich Wilhelm, 23 de janeiro de 1948, NI-14462. O *Reichshauptkasse* (Tesouro Central) era ligado ao Reichsbank: o Escritório de Auditoria e a Casa da Moeda eram agências do Ministério das Finanças. Organograma de Frick, PS-2905. A Casa de Penhores Municipal de Berlim respondia ao tesouro da cidade. Memorando de Kropp (Hauptkasse), 31 de março de 1944, PS-3947.

– O *Golddiskontbank*
– O *Reichshauptkasse* (Tesouro Central)
– O *Reichsrechnungshof* (Escritório de Auditoria)
– A *Preussische Staatsmünze* (Casa da Moeda)
– A *Pfandleihanstalt* de Berlim (Casa de Penhores)

A entrega dos itens para o Reichsbank assentava-se em um acordo concluído entre Funk e Himmler no verão de 1942.[40] Na época, a questão foi discutida por Funk, Puhl, Pohl e vários outros funcionários em um almoço no prédio do Reichsbank.[41] O acordo para os recebimentos dos itens foi levado a cabo pelo *Reichsbankrat* Thoms, da Divisão de Metais Preciosos do Reichsbank, e pelo *Brigadeführer* Frank.[42] As entregas eram feitas pelo diretor do WVHA A-II (finança e folha de pagamento), o *Hauptsturmführer* Melmer.[43] Havia um total de 76 ou 77 carregamentos, cada um enchendo um caminhão.[44] Embora Melmer vestisse roupas civis mediante o acordo, ele estava acompanhado de alguns guardas da SS uniformizados; portanto, as entregas não permaneceram em segredo por muito tempo.[45]

Nos armazéns, os artigos eram despejados sobre mesas e separados. Entre 25 e 30 pessoas aproximadamente passavam por armazéns todos os dias.[46] Os próprios objetos às vezes eram carimbados com "Auschwitz" e "Lublin" e a grande quantidade de dentes de ouro chamava a atenção.[47] Quando Pohl visitou o Reichsbank, foi conduzido às instalações por Puhl, que comentou: "Tem coisas suas aqui também [*Ihre Sachen sind auch darunter*]".[48]

O problema do que fazer com as entregas acumuladas foi levantado por Puhl em determinado momento em uma reunião do *Reichsbankdirektoren*. O

---

40 Depoimento de Puhl, 3 de maio de 1946, PS-3944.

41 Depoimento de Pohl, 15 de julho de 1946, PS-4045. Depoimento de Wilhelm, 23 de janeiro de 1948, NI-14462.

42 Declaração de Thoms, 8 de maio de 1946, PS-3951.

43 *Ibid.*

44 Testemunho de Thoms, *Trial of the Major War Criminals*, XIII, 604-605, 615.

45 Declaração de Thoms, 8 de maio de 1946, PS-3951.

46 Testemunho de Thoms, *Trial of the Major War Criminals*, XIII, 603.

47 Declaração de Thoms, 8 de maio de 1946, PS-3951.

48 Rascunho do depoimento de Pohl, sem data, NI-15307.

vice-presidente anunciou que o Reichsbank iria converter em dinheiro o ouro e as joias da ss. O *Reichsbankdirektor* Wilhelm, diretor de moeda estrangeira e controle de câmbio, protestou dizendo que "o Reichsbank não era um vendedor de bens de segunda mão".[49] Wilhelm, que não era amigo da ss, foi, portanto, deixado de fora.[50]

O encaminhamento dos bens dos armazéns era da seguinte forma. As moedas eram retidas pela Divisão de Metais Precisos (Thoms).[51] Ações, títulos e cadernetas bancárias eram transferidos para a Divisão de Títulos.[52] Dentes de ouro eram enviados para a Casa da Moeda do Estado Prussiano para serem derretidos.[53] Joias eram enviadas para a Casa de Penhores de Berlim, onde eram negociadas pelo *Amtsrat* Wieser.[54] Os rendimentos das vendas de metais e papéis eram depositados no Tesouro. Lá, eram creditados ao Ministério das Finanças em uma conta especial em nome de "Max Heiliger".[55] De tempos em tempos, a conta era examinada pelo antigo especialista em joias do Ministério das Finanças, dr. Maedel, que registrava os saques no orçamento (Capítulo XVIII, título 7, parágrafo 3).[56]

A conversão dos objetos de valor dos judeus não seguiu de modo tão eficiente quanto o procedimento descrito no parágrafo anterior parece indicar. Três obstáculos sobretudo tiveram de ser enfrentados. Em primeiro lugar, era difícil se livrar de determinados itens. Por exemplo, a Divisão de Títulos estava cheia de papéis não endossados pagáveis apenas ao titular,[57] e a Casa de Penhores reclamava que grande parte das joias e relógios de pulso que recebia tinha um valor baixo, pois eram antigos ou tinham sido danificados no transporte.[58]

---

49 Depoimento de Wilhelm, 23 de janeiro de 1948, NI-14462.

50 Ele fala de sua "conhecida aversão geral por essas pessoas". *Ibid.*

51 Declaração de Thoms, 8 de maio de 1946, PS-3951.

52 *Ibid.*

53 Tesouro Central (assinado por Thoms) para Casa da Moeda do Estado Prussiano, 24 de dezembro de 1944, NI-15534. Testemunho de Thoms, *Trial of the Major War Criminals*, XIII, 612.

54 Pohl para Ministério das Finanças, 24 de julho de 1944, NG-4096.

55 *Ibid.*; *Ministerialdirektor* Gossel (Ministério das Finanças) para *Reichrechnungsdirektor* (auditor-diretor) Patzer, 7 de setembro de 1944, NG-4094.

56 Patzer para Gossel, 16 de novembro de 1944, NG-4097.

57 Depoimento de Thoms, 8 de maio de 1946, PS-3951.

58 Casa de Penhores para Hauptkasse, 14 de setembro de 1943, NI-13818.

Outra dificuldade era a falta de tempo. Durante o processamento, vários gargalos eram criados. Pouco antes do colapso germânico, 207 contêineres cheios de ouro, dinheiro e outros bens de valor foram enviados a minas de sal, onde permaneceram até serem encontrados pelas tropas americanas.[59]

A terceira limitação era o preço que a ss pedia por suas entregas. Embora "nem um centavo" devesse ser deduzido, Wippern e Möckel estavam autorizados a reter quantidades suficientes para custear as despesas relacionadas à *Aktion*.[60] O ouro era entregue mediante a condição de que três quilos fossem disponibilizados para a ss em caso de necessidade de pagamento de suborno ou informações.[61] Mais importante de tudo, o Reichsbank e o Golddiskontbank tiveram de estabelecer um fundo do qual a ss pudesse fazer empréstimos para financiar suas várias atividades. Esse empréstimo, conhecido como fundo Reinhardt, gerou um novo sopro de vida nas indústrias da ss. O conjunto da ss devia 6.831.279,54 Reichsmarks aos fundos da ss e 1 milhão de Reichsmarks à Cruz Vermelha Alemã. Essas dívidas não podiam ser pagas. Ademais, uma quantidade de dinheiro foi bloqueada na expansão do capital.[62] Após a conclusão desses acordos, o *Reichsbankdirektor* reprovador, Wilhelm, aproveitou a ocasião para "alertar" Puhl para não visitar os campos de concentração ligados aos créditos.[63]

Os últimos pertences das vítimas não eram as riquezas de que Himmler falou, mas foram coletados assiduamente e distribuídos deliberadamente para um grande número de usuários finais. A organização desse esquema aparece na Tabela 9.17.

---

59 Depoimento de Albert Thoms, 26 de maio de 1948, NI-15533. Para uma lista dos bens de valor encontrados nas minas de sal em Merkers, ver relatório de F. J. Roberts, diretor, seção de reivindicação, depositário cambial do Gabinete Militar do Governo Norte-Americano, 30 de janeiro de 1947, NI-15647.

60 Pohl para escritórios centrais, comandantes da Polícia e da Alta ss, economistas da ss, WVHA-B, WVHA-D, WVHA A-IV, *Gruf.* Sporrenberg (sucessor de Globocnik), *Stubaf.* Wippern e *OStubaf.* Möckel, 9 de dezembro de 1943, NO-4566.

61 Himmler para *Staf.* Baumert, 25 de junho de 1944, NO-2208.

62 Memorando do WVHA-W, 26 de maio de 1943, NO-2190. DWB (rede industrial da ss) para *Gruf.* Frank e *HStuf.* Melmer, 7 de junho de 1943, NO-554.

63 *Obf.* Brack para Himmler, 23 de junho de 1942, NO-205.

TABELA 9.17 A administração dos saques no centro de extermínio

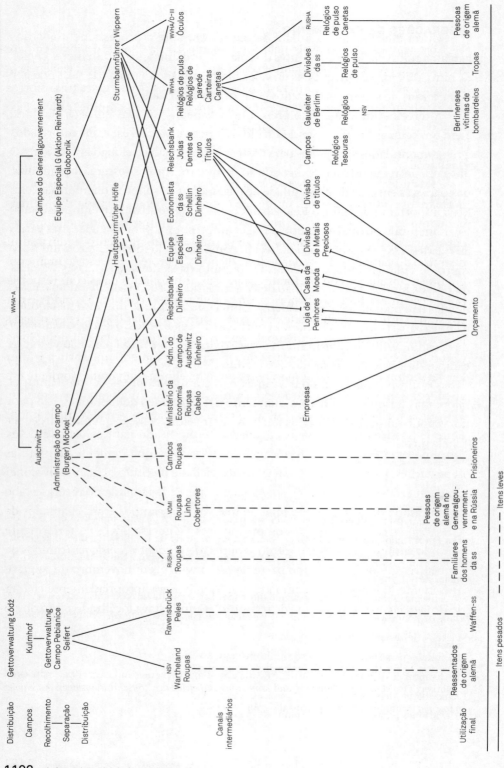

A destruição dos judeus europeus

OPERAÇÕES DE EXTERMÍNIO

Os campos responsáveis pela implementação da "Solução Final" tinham três preocupações. Uma era manter o segredo. Outra dizia respeito à eficiência. A terceira consistia em apagar os rastros dos assassinatos. Todos esses três esforços compunham a operação, incorporados nos procedimentos administrativos e colocados em prática nos campos dia após dia.

Ocultação

Esconder a operação de todos os indivíduos forasteiros era um problema permanente. Precauções tinham de ser tomadas antes da chegada das vítimas, enquanto elas passavam pelo processo e após serem mortas. Em nenhuma circunstância qualquer revelação podia ser permitida e em momento algum a administração do campo podia se dar ao luxo de ficar desprotegida. Desde o momento em que as instalações de gás foram projetadas, funcionários da ss com responsabilidades em Berlim e nos próprios campos viviam em constante estado de nervosismo diante da possibilidade de pessoas não autorizadas fazerem descobertas inconvenientes. Esse é o motivo pelo qual a rapidez ganhou tanta importância. Como Viktor Brack, da Chancelaria do *Führer*, observou em uma carta a Himmler: "O senhor mesmo, *Reichsführer*, disse-me há algum tempo que, somente em virtude dos motivos de ocultação, precisamos trabalhar o mais rápido possível".[1]

Uma medida padrão de ocultação era a camuflagem verbal. O mais importante e, possivelmente, o mais enganador termo usado para os centros de extermínio era "Leste". Esse termo era empregado frequentemente durante as deportações. Para os campos, havia uma variedade de títulos. Quando prisioneiros de guerra soviéticos eram esperados no campo de Lublin e no recém-estabelecido campo de Birkenau, no final de 1941, os dois campos eram chamados de *Kriegsgefangenenlager* (campos de prisioneiros de guerra [PW]). Posteriormente, contudo, ambos receberam o rótulo genérico de *Konzentrationslager* (campos de concentração), Birkenau como parte de Auschwitz e, em novembro de 1943, teoricamente independente, como KL Au II.[2] Sobibór era apropriadamente chamado de *Durchgangslager* (campo de transição). Como estava localizado perto do rio

---

1 *Obf.* Brack para Himmler, 23 de junho de 1942, NO-205.

2 Norbert Frei *et al.*, eds., *Standort- und Kommandaturbefehle des Konzentrationslagers Auschwitz 1940-1945* (Munique, 2000), pp. 76n, 366-368.

Bug, na fronteira dos territórios orientais ocupados, a designação ajustava-se ao mito da "migração para o leste". Quando Himmler propôs, certo dia, que o campo fosse designado *Konzentrationslager*, Pohl se opôs à mudança.[3]

Em Auschwitz, o arquiteto Ertl, do *Zentralbauleitung*, referia-se a um projeto de construção de galpões em que seriam mantidos os pertences dos judeus assassinados nas câmaras de gás como "Galpões de efeitos para tratamento especial de três peças" (*Effektenbaracke für Soderbehandlung 3 Stück*).[4] Ele chamava as câmaras de gás subterrâneas de "porões especiais" (*Sonderkeller*) e as câmaras na superfície de "salas de banho para ações especiais" (*Badeanstalten für Sonderaktionen*).[5] Como projetos de prédios de gás podiam ser reveladores, mesmo sem a nomeação explícita de seus propósitos, o diretor do *Zentralbauleitung*, Bischoff, ordenou que tais projetos fossem mantidos sob vigilância especial.[6] Além disso, era proibido tirar fotos dentro de Auschwitz.[7]

No campo de Bełżec, bem menor, o motor a diesel ficava localizado em uma cabana chamada de "Fundação Hackenholt" (o *Unterscharführer* Hackenholt era o operador do motor).[8] O principal termo para a operação de extermínio propriamente dita era o mesmo que fora empregado para os extermínios na Rússia – *Sonderbehandlung* (tratamento especial). Ademais, havia uma terminologia mais apropriada para as operações dos centros de extermínio, como *durchgeschleusst* (arrastado) ou *gesondert untergebracht* (alojado separadamente).

Além da camuflagem verbal, era também de importância fundamental calar as bocas do círculo interno; portanto, todo o pessoal do campo, especialmente os que ocupavam cargos elevados, juravam silêncio. Höss fez tal promessa a Himmler antes de iniciar sua tarefa. Ele guardaria completo sigilo e não falaria com

---

3 Himmler para Pohl, 5 de julho de 1943, NO-482. Pohl para Himmler, 15 de julho de 1943, NO-482.

4 Memorando de Ertl, 30 de junho de 1942, arquivos do Museu Memorial do Holocausto dos EUA, Grupo de registro 11.001 (Centro de Coleções Históricas, Moscou), Rolo 35, Fundo 502, Inscrição 1, Pasta 236.

5 Memorandos de Ertl, 27 de novembro e 21 de agosto de 1942, *ibid.*, Rolo 41, Fundo 502, Inscrição 1, Pasta 313.

6 Ordem de Bischoff, 5 de maio de 1943, *ibid.*, Rolo 21, Fundo 502, Inscrição 1, Pasta 39.

7 Ordem do Kommandantur (assinada por Höss), 2 de fevereiro de 1943, *ibid.*, Rolo 20, Fundo 502, Inscrição 1, Pasta 32.

8 Depoimento de Gerstein, 26 de abril de 1945, PS-1553.

ninguém de fora sobre seu trabalho. Quebrou sua palavra apenas uma vez: "No final de 1942", relata Höss, "a curiosidade de minha esposa foi despertada por comentários feitos pelo *Gauleiter* da Alta Silésia, Bracht, a respeito de acontecimentos no campo. Ela me perguntou se aquilo era verdade, e admiti que era. Aquela foi a única violação da promessa que eu fizera ao *Reichsführer*".[9]

Um guarda de Treblinka, *Unterscharführer* Hirtreiter, certa vez foi passar uma folga com sua namorada, Frieda Jörg, na Alemanha. A mulher tinha conhecimento das experiências passadas de Hirtreiter com operações de "eutanásia" no hospital mental de Hadamar. Cheia de curiosidade, perguntou-lhe: "O que você está fazendo na Polônia agora? Matando pessoas, né? [*Was macht ihr denn in Polen? Gelt, ihr legt da Menschen um?*]. Hirtreiter não respondeu.[10]

Nem todos os participantes conseguiam suportar sozinhos o peso do que sabiam. Em 1943, a administração de Auschwitz pediu à Polícia de Ordem e Segurança no oeste para não confrontar judeus com "comentários perturbadores sobre o lugar e a natureza de sua futura utilização" ou "indicações ou especulações sobre seus futuros alojamentos que pudessem causar resistência" ("*irgend welche beunruhigende Eröffnungen über den Ort und die Art ihrer bevorstehenden Verwendung*" ou "*irgend welche besonderen Widerstand auslösende Andeutungen bezw. Vermutungen über die Art ihrer Unterbringung*").[11] Há também registros de instâncias que indicam que guardas às vezes espalhavam as notícias às vítimas

---

9 Depoimento de Höss, *Trial of the Major War Criminals*, XI, 396-411. Os guardas de Auschwitz precisavam assinar declarações de que não falariam sobre a "evacuação dos judeus" nem mesmo aos companheiros da ss. Arquivos do Museu Memorial do Holocausto dos EUA, Grupo de registro 4 (Registros dos Campos de Concentração Nazistas 1939-1945/Auschwitz), Rolos 1 e 2.

10 "Ein Wachmann von Treblinka", *Frankfurter Zeitung*, 11 de novembro de 1950, p. 3.

11 RSHA IV-B-4 (assinado por Günther) para Knochen, Zoepf e Ehlers na França, Holanda e Bélgica, com cópia para BDS em Metz, 29 de abril de 1943, Polícia de Israel 1208. Digno de nota é o fato de que Auschwitz-Birkenau não foi mantido em segredo como um destino. O Israelowicz do UGIF escreveu a uma mulher em 2 de setembro de 1942 dizendo que seu marido havia sido deportado para Auschwitz, na Alta Silésia, e que lá era um campo de trabalho. Em 12 de fevereiro de 1943, o *Bulletin de l'Union Générale des Israélites en France* declarou que não tinha correspondência dos judeus deportados para o "campo de trabalho" de Birkenau. Cynthia J. Haft, *The Bargain and the Bridle* (Chicago, 1983), pp. 38, 61-62.

recém-chegadas nos centros de extermínio.[12] Quando o *Obersturmführer* Gerstein, especialista em gás, completou sua visita pelos campos do *Generalgouvernement*, no final do verão de 1942, espalhou o segredo no expresso Varsóvia-Berlim para um colega passageiro, o diplomata sueco Barão von Otter.[13] O barão reportou a existência de centros de extermínio em Estocolmo, mas o governo sueco não divulgou a informação para o resto do mundo.[14]

Estreitamente relacionado ao juramento de silêncio era o controle de visitantes. Ocasionalmente, altos oficiais do *Reich* ou do partido chegavam para "inspeções". A administração do campo de concentração mostrava-se especialmente desconfiada com essas visitas. Em 3 de novembro de 1943, Glücks ordenou que os visitantes não deviam ver os bordéis e os crematórios; nenhum deles estava lá para falar sobre aquelas instalações.[15] Caso acontecesse de alguém perceber as chaminés, deveria lhe ser dada a explicação padrão de que o crematório estava queimando cadáveres de vítimas de epidemias.[16]

Havia visitantes desejáveis e indesejáveis. Após uma visita do ministro da Justiça, Thierack, a Auschwitz, em 8 de janeiro de 1943, Höss enviou-lhe um álbum de fotografias com uma breve nota na qual expressava o desejo de que o *Reichsminister* as "apreciasse" (*"in der Hoffnung, Ihnen damit gleichzeitig eine Freude bereitet zu haben"*).[17] Visitantes indesejáveis eram principalmente aqueles que

----

12 Julius Ganszer, um sobrevivente, conta sua recepção em Auschwitz após receber as roupas de prisioneiro e após um número ser tatuado em seu braço. Um guarda disse: "Vocês são apenas números. Um tiro, e o número desaparece. Não tentem escapar; a única forma de sair daqui é pela chaminé". Filip Friedman, *This Was Oswiecim* (Londres, 1946), p. 26. Para um relato idêntico do dr. Bernard Lauber, ver Caso No. 4, tr. pp. 282-297.

13 Declaração de Gerstein, 4 de maio de 1945, em *Vierteljahrshefte für Zeigeschichte* I (1953): 192.

14 Comentário de Hans Rothfels, citando a carta do Ministério de Relações Exteriores Sueco para o Centre de Documentation Juive Contemporaine, 10 de novembro de 1949. *Ibid.*, p. 181.

15 Glücks para comandantes dos campos, 10 de novembro de 1943, NO-1541. Ver também correspondência sobre a ocultação de "construções especiais" em NO-1242 e NO-4463.

16 Depoimento de Wilhelm Steffler, 28 de janeiro de 1948, NI-13953. Steffler era *Ministerialrat* encarregado de matéria-prima no Escritório do Plano Quadrienal. Ele visitou Auschwitz com uma comitiva que incluía Krauch e Körner. Depoimento do dr. Karl Rühmer, 7 de fevereiro de 1947, NO-1931. Rühmer, um *Stubaf.* no WVHA W-V, era um especialista em indústria da pesca.

17 Höss para Thierack, 4 de março de 1943, NG-645.

chegavam sem aviso. Frank, *Generalgouverneur* da Polônia, estava extremamente ansioso para saber dos detalhes sobre os campos de extermínio. Certa vez, ele recebeu um relatório dizendo "que havia algo acontecendo próximo a Bełżec" e foi para lá no dia seguinte. Globocnik mostrou-lhe como os judeus estavam trabalhando em uma enorme trincheira. Quando Frank perguntou o que aconteceria com os judeus, recebeu a resposta padrão: eles seriam enviados mais para o leste. Frank fez outra tentativa e expressou a Himmler o desejo de fazer uma visita a Lublin. Himmler insistiu para que ele não fosse lá. Por fim, Frank tentou fazer uma visita surpresa a Auschwitz. Seu carro foi parado e desviado com a explicação de que havia uma epidemia no campo. Posteriormente, Frank reclamou com Hitler sobre sua visita frustrada. Conta-se que Hitler teria respondido o seguinte: "Você pode muito bem imaginar que há execuções de insurgentes em curso. Com exceção disso, não sei de mais nada. Por que não conversa com Heinrich Himmler sobre isso?" E assim Frank voltava para o ponto em que começara.[18]

Embora as entradas dos campos pudessem ser vigiadas, os fundos frequentemente estavam abertos, mesmo nos isolados campos de extermínio do *Generalgouvernement*. Um sargento alemão ouviu muito sobre Bełżec na Deutsches Haus de Rawa Ruska e no Ratskeller da vizinha Chełm. Certo dia, indo para Chełm, na estação ferroviária de Rawa Ruska, ele viu um trem de deportação. Perguntou ao guarda ferroviário de onde os judeus estavam vindo e o guarda explicou que eles provavelmente eram os últimos de Lvov. E para onde eles estavam indo? Para Bełżec. E depois? Envenenamento (*Gift*). Quando seu trem chegou, o sargento alemão dividiu a cabine com a mulher de outro guarda ferroviário que, então em serviço, juntou-se a eles. A mulher mostraria Bełżec no caminho. "Está chegando [*Jetzt kommt es schon*]". Um forte odor adocicado os saudou. "Eles já estão fedendo [*Die stinken já schon*]", disse a mulher. "Que nada... isso é gás [*Ach Quatsch, das ist ja das Gas*]", explicou o esposo.[19]

Em virtude de sua grande atividade industrial, Auschwitz tinha um fluxo constante de funcionários, engenheiros, pedreiros e outros funcionários chegando e partindo, todos excelentes em espalhar rumores até os cantos mais afastados

---

18 Testemunho de Frank, *Trial of the Major War Criminals*, XII, 17-19.

19 Diário de Wilhelm Cornides, 31 de agosto de 1942, *Vierteljahrshefte für Zeitgeschichte* 7 (1959): 333-36. Ver também relato de um deportado belga em Rawa Ruska, 18 de outubro de 1942, Yad Vashem, M 7/2-2.

do *Reich*.[20] Havia também um grande número de alemães vivendo na região de Auschwitz e que tinham plena consciência do centro de extermínio. Um funcionário da ferrovia, observando as cercas e as guaritas de Auschwitz I de um lado da estrada de ferro e de Auschwitz II do outro, concluiu que ele estava no meio de tudo aquilo (*mitten drin*).[21] Outro funcionário percebeu que seu apartamento era impregnado com um cheiro adocicado e que as janelas ficavam cobertas por uma película azulada.[22] Até mesmo aqueles que estavam em pontos mais distantes podiam ver indícios físicos das operações de extermínio. Da direção de Katowice, as chamas de Auschwitz eram visíveis a quase vinte quilômetros de distância.[23] Inevitavelmente, esses residentes alemães conversavam sobre o extermínio e a cremação,[24] e alguns deles tornaram-se fontes regulares de notícias para colegas no *Reich*.[25]

A poderosa rede de boatos não atingia apenas ouvidos alemães. As notícias dos centros de extermínio eram levadas a populações de vários países na forma de uma história que dizia que os alemães usavam a gordura dos cadáveres para

——

20 Depoimento de Ernst A. Struss (I. G. Farben), 17 de abril de 1947, NI-6645. Struss visitou Auschwitz em janeiro de 1942 e, novamente, em maio de 1943.

21 Testemunho de Willy Hilse, 9 de dezembro de 1964, Caso Novak, 1416/61, Landesgericht Vienna, vol. 13, pp. 248-257. Ver também declaração de Ulrich Brand, 23 de junho de 1967, Staatsanwaltschaft Düsseldorf, Caso Ganzenmüller, vol. XVI, p. 161 anexo (Hülle) pp. 7-10.

22 Testemunho de Adolf Johann Barthelmässs, 2 de dezembro de 1964, Caso Novak, vol. 13, pp. 281-289. Barthelmäss vivia em Babice. Na cidade de Auschwitz propriamente dita, em 17 de dezembro de 1939, havia um total de 12.545 habitantes, divididos quase igualmente entre judeus e poloneses. Em 10 de outubro de 1943, o número era de 27.813, incluindo os poloneses restantes, cerca de 6 mil alemães do *Reich* e alguns poloneses e estrangeiros recém-chegados. Sybille Steinbacher, *"Musterstadt" Auschwitz* (Munique, 2000), pp. 159, 244-245.

23 Testemunho de Barthelmäss, 2 de dezembro de 1964, Caso Novak, vol. 13, pp. 281-289. Depoimento de Heinrich Schuster (prisioneiro austríaco), 13 de outubro de 1947, NI-11862.

24 Declaração de Wilhelm Fehling, 8 de junho de 1967. Caso Ganzenmüller, vol. XVI, p. 161, anexo, pp. 18-23. Um membro cristão da resistência belga, Victor Martin, encarregou-se de uma missão para descobrir o que estava acontecendo com os judeus, viajou para a Alta Silésia e foi capaz de obter informações detalhadas em conversas com trabalhadores alemães. Ver o relatório sem data de Martin no Yad Vashem, documento 02/300.

25 Depoimento do dr. Gustav Küpper (I. G. Farben), 10 de junho de 1947, NI-8919.

fazer sabão. Até hoje a origem desse boato sobre a feitura de sabão não foi identificada, mas uma provável pista é o testemunho pós-guerra de um investigador da ss, o dr. Konrad Morgen, que por um certo período foi bastante ativo na Polônia. Um dos subordinados de Morgen de especial interesse era o *Brigadeführer* Dirlewanger. Deve-se ressaltar que Dirlewanger não tinha nada a ver com os centros de extermínio. Ele era o comandante de uma notória unidade de membros pouco confiáveis da ss que, em 1941, servia no *Generalgouvernement*. O que esse homem fez? De acordo com Morgen,

> Dirlewanger havia prendido pessoas ilegal e arbitrariamente e, quanto às prisioneiras – jovens judias – ele fez o seguinte: convocou um pequeno círculo de amigos que consistia em membros de uma unidade de apoio do Wehrmacht. Em seguida, realizou supostos experimentos científicos envolvendo o desnudamento das vítimas. Então, elas [as vítimas] receberam uma injeção de estricnina. Fumando, Dirlewanger assistia àquilo com os amigos e eles viam como aquelas garotas morriam. Imediatamente depois, os cadáveres eram cortados em pequenos pedaços, misturados com carne de cavalo e cozidos para fazer sabão.
>
> Eu gostaria de dizer aqui, enfaticamente, que ali estávamos apenas preocupados com uma suspeita, embora bastante urgente. Tínhamos o depoimento de testemunhas a respeito desses incidentes e a Polícia de Segurança em Lublin tinha feito algumas investigações...[26]

Em 29 de julho de 1942, o chefe das pessoas de origem alemã na Eslováquia, Karmasin, escrevera uma carta a Himmler, na qual descrevia o "reassentamento" de setecentos "antissociais" de origem alemã. Uma das dificuldades, escreveu Karmasin, era a propagação dos boatos (promovida pelo clero) de que os "reassentados" seriam "transformados em sabão" (*dass die Aussiedler "zur Seife verkocht werden"*).[27] Em outubro de 1942, a Divisão de Propaganda no Distrito de Lublin relatou o boato que circulava na cidade de que agora era a vez de os poloneses serem usados, como os judeus, para "a produção de sabão" (*Die Polen kommen jetzt*

---

26 Testemunho de Morgen, Caso No. II, tr. pp. 4.075-4.076.

27 Karmasin para Himmler, 29 de julho de 1942, NO-1660.

gnau wie die Juden zur Seifenproduktion dran).[28] No *Generaldirektion der Ostbahn*, guardas ferroviários conversando sobre os assassinatos em câmaras de gás diziam ironicamente (*ironisch*) que outra distribuição de sabão estava à vista.[29]

A Polícia e a ss não podiam impedir a disseminação de boatos, que continuou por muito tempo após a guerra.[30] Menos ainda podiam as agências alemãs lidar com deduções e previsões fundamentadas. Os centros de extermínio podiam ser escondidos, mas o desaparecimento de grandes comunidades era percebido em Bruxelas e em Viena, em Varsóvia e em Budapeste. Como, então, os poucos milhares de guardas nos campos de extermínio controlavam os milhões que chegavam? Como os alemães assassinavam suas vítimas?

A "esteira industrial"

A operação de extermínio era uma combinação de projeto físico com técnica psicológica. Os oficiais do campo cobriam cada passo desde a plataforma de trem até as câmaras de gás com uma série de ordens precisas. Uma demonstração de força imprimia nas vítimas a gravidade da indisciplina ou obstinação, mesmo

---

28 A Divisão Central de Propaganda do *Generalgouvernement* resumia os relatórios semanais das divisões de propaganda do distrito. Relatório da divisão de Lublin, 3 de outubro de 1942, Occ E 2-2.

29 Declaração de Christian Johann Liebhäuser, 28 de agosto de 1961, Caso Gazenmüller, vol. V, pp. 154-159.

30 O boato sobre o sabão parece ter sido o mais persistente. De acordo com Friedman (*Oswiecim*, p. 64), a população polonesa de fato boicotou sabão por causa da crença de que ingredientes humanos tinham sido utilizados em sua fabricação. Um documento escrito pelo prof. R. Spanner, diretor do Instituto de Anatomia da Academia de Medicina, em Danzig, 15 de fevereiro de 1944, USSR-196, contém uma receita para a fabricação de sabão a partir de restos de gordura (*Seifenherstellung aus Fettresten*) com recomendações para a remoção de odores. O documento não especifica gordura humana. No entanto, em 5 de maio de 1945, o novo prefeito (polonês) de Danzig, Kotus-Jankowski, testemunhou perante uma sessão do Conselho Nacional: "No Instituto de Higiene de Danzig descobrimos uma fábrica de sabão em que os corpos humanos do Campo de Stutthof, próximo a Danzig, foram utilizados. Encontramos 350 corpos lá, poloneses e prisioneiros soviéticos; encontramos um caldeirão com os restos de carne humana cozida, uma caixa de ossos humanos preparados e cestas cheias de mãos, pés e pele humana com a gordura removida". Citado por Friedman, *Oswiecim*, p. 64. O boato sobre o sabão foi perpetuado mesmo após a guerra. Bolos de sabão, supostamente feitos com a gordura de judeus mortos, foram preservados em Israel e pelo Instituto YIVO, em Nova York.

enquanto explicações enganosas as tranquilizavam quanto àquele novo e sinistro ambiente. Embora existissem falhas e incidentes nesse sistema, ele era perfeito a um grau que justificava sua qualificação, feita por um médico da ss, de "esteira industrial" (*am laufenden Band*).[31]

A primeira ação na sequência predeterminada era a notificação do campo de que um trem havia chegado.[32] Após a notificação, havia uma mobilização de guardas e prisioneiros que seriam envolvidos no processamento.[33] Todos sabiam o que aconteceria e o que precisavam fazer. A partir do momento em que as portas dos trens eram abertas, praticamente todos os deportados tinham apenas duas horas de vida.[34]

Os judeus que chegavam, por outro lado, estavam despreparados para um campo de extermínio. Boatos e insinuações que lhes haviam chegado aos ouvidos simplesmente não eram absorvidos. Esses avisos prévios eram rejeitados porque não eram suficientemente completos, ou precisos, ou convincentes. Quando, em maio de 1942, um grupo de deportados estava marchando de Zolkiewka para a estação de Krasnystaw (de onde um trem os levaria para Sobibór), moradores poloneses gritaram para as filas: "*Hey, Zydzi, idziecie na spalenie!* [Ei judeus, vocês vão queimar!]".[35] Um sobrevivente daquele trem se recorda: "O significado daquelas palavras nos escapava. Tínhamos ouvido sobre o campo de extermínio de Bełżec, mas não acreditávamos".[36] Um sofisticado médico de Viena que estava em um vagão de gado recorda que outro deportado percebeu um sinal em uma estação de trem e gritou "Auschwitz!". O médico viu o contorno de um "imenso campo" estendendo-se na madrugada e ouviu os gritos e apitos de comando. "Não sabíamos o que significava", ele diz. À noite, perguntou para onde um amigo havia sido enviado e lhe foi dito por um dos antigos prisioneiros que ele poderia vê-lo "lá". Um dedo

---

31 Depoimento de Friedrich Entress, 14 de abril de 1947, NO-2368.

32 Ver Novak para Höss, cópia para Liebehenschel, 23 de janeiro de 1943, sobre a chegada de três trens de Theresienstadt, Caso Novak, vol. 17, p. 295.

33 Adalbert Rückerl, *NS-Vernichtungslager* (Munique, 1977), pp. 135, 138 (Bełżec), p. 181 (Sobibór), p. 217 (Treblinka).

34 *Ibid.*, p. 226.

35 Itzhak Lichtman, "From Zolkiewka to Sobibor", in Miriam Novitch, *Sobibor*, (Nova York, 1980), pp. 80-85.

36 *Ibid.*

apontou para a chaminé, mas o novo prisioneiro não conseguiu entender o gesto até a verdade ser expressa em "palavras claras".[37] Outro médico, da Holanda, relata:

> Eu me recusava a... deixar espaço para qualquer pensamento sobre o envenenamento por gás dos judeus, o qual eu certamente não podia fingir desconhecer. No início de 1942, eu tinha ouvido boatos sobre o envenenamento por gás de judeus poloneses... Mas ninguém jamais tinha ouvido sobre quando esses envenenamentos aconteceram e era definitivamente desconhecido o fato de as pessoas serem envenenadas assim que chegavam.[38]

A grande maioria dos deportados não tinha como compreender a situação sem conhecer os detalhes da operação de extermínio, o quando e o como. Aqueles que tinham premonições e presságios eram geralmente incapazes de pensar em uma saída. Em um trem de Varsóvia para Treblinka, em agosto de 1942, um jovem deportado ouviu as palavras "Judeus, acabamos com eles!". Os velhos no vagão começaram a fazer uma oração para os mortos.[39] Outro jovem, descendo de um trem em Treblinka, viu montes de roupas e disse à esposa que aquele era o fim (*Das ist das Ende*).[40] O conhecimento era, assim, convertido mais prontamente em fatalismo do que em força para fugir ou resistir.

Os administradores alemães, contudo, estavam determinados a não correr riscos, para que nenhum resistente impetuoso na multidão criasse um confronto perigoso. Eles se moviam rapidamente enquanto reforçavam as ilusões dos judeus até o último momento. Para esse fim, estabeleceram um padrão de procedimentos que era praticamente o mesmo em todos os campos, com exceção apenas daquelas variações que resultavam de diferentes disposições e instalações de cada recinto.

As plataformas de Bełżec, Sobibór e Treblinka eram muito pequenas para acomodar trens muito longos. Em cada um desses campos, os transportes eram

---

37 Victor Frankl, *From Death Camp to Existentialism* (Boston, 1949), pp. 6-12.

38 Elie Cohen, *Human Behavior in the Concentration Camp* (Nova York, 1953), p. 119.

39 Abraham Krzepicki, "Eighteen Days in Treblinka", em Alexander Donat, ed. *The Death Camp Treblinka* (Nova York, 1979), pp. 77-145, p. 79. Krzepicki escapou para o Gueto de Varsóvia, onde registrou suas experiências de dezembro de 1942 a janeiro de 1943. Durante a batalha do Gueto de Varsóvia, ele foi ferido e abandonado em um prédio em chamas. Seu relato foi encontrado após a guerra.

40 Rückerl, NS-*Vernichtungslager*, p. 218.

direcionados a um complexo para que alguns vagões fossem descarregados de cada vez.[41] Na colina de Bełżec, os judeus que chegavam eram recebidos com a música de uma orquestra composta por dez prisioneiros.[42]

Kulmhof era acessível apenas por estrada ou por uma ferrovia estreita. Inicialmente, os deportados eram levados das vizinhanças mais próximas em caminhões. Trens do Gueto de Łódź paravam em Warthbrücken (Koło),[43] onde as vítimas às vezes eram obrigadas a pernoitar na sinagoga local, da qual eram levadas em caminhões para Kulmhof. Posteriormente, um procedimento logístico mais complicado foi instituído para evitar a exposição pública dos judeus deportados em Warthbrücken. As vítimas eram carregadas em um trem estreito e mantidas durante a noite em um moinho em Zawacki. Em seguida, eram conduzidas em caminhões até Kulmhof.[44]

Em Auschwitz, a plataforma estava localizada, no início, entre o velho campo e Birkenau. Aqueles que eram enviados à câmara de gás de Auschwitz I "fluíam" através do portão. Quando Birkenau foi aberto, longas colunas estendiam-se perigosamente por várias centenas de metros rumo aos crematórios.[45] Somente na primavera de 1944 um prédio foi construído em Birkenau. Na nova plataforma, trens eram descarregados a poucos metros das câmaras de gás.[46] Os vagões, esvaziados dos vivos e dos mortos, eram levados para a instalação de desinfecção. Em um dia quente, um mestre de cargas abriu um vagão e foi surpreendido

---

41 *Ibid.*, pp. 138, 166-167, 217. Sobre Treblinka, ver declaração detalhada de David Milgrom em Bratislava, 30 de agosto de 1943, anexada pelo Vice-Cônsul Americano em Melbourne (Istambul) para o secretário de Estado, 13 de janeiro de 1944, National Archives Record Group 226/OSS 58603. Milgrom escapou.

42 Declaração de Stefan Kirsz (ajudante polonês de locomotiva), 15 de outubro de 1945, Caso Bełżec, I Js 278/60, vol. 6, pp. 1.147-1149.

43 Deutsche Reichsbahn/Verkehrsamt em Łódź para Gestapo em Łódź, 19 de maio de 1942, Jüdisches Historisches Institut Warschau, *Faschismus–Getto–Massenmord* (Berlim, 1961), pp. 280-281.

44 Rückerl, NS-*Vernichtungslager*, pp. 268-269, 277, 285. Uma fotografia do que parece ser um trem estreito sendo carregado com os judeus aparece na página 284 de *Faschismus-Getto-Massenmord*.

45 Filip Müller, *Eyewitness Auschwitz* (Nova York, 1979), pp. 173 (mapa), 31, 69.

46 Danuta Czech, *Kalendarium der Ereignisse im Konzentrationslager Auschwitz-Birkenau 1939-1945* (Reinbek bei Hamburg, 1989), mapa na p. 27.

quando um cadáver apodrecido caiu. O vagão estava cheio de corpos que a equipe do campo havia se esquecido de remover.[47]

Após o descarregamento dos trens, havia um procedimento de seleção feito em duas etapas. Os velhos, os enfermos e, às vezes, as crianças pequenas eram separados na plataforma. Em Bełżec, os doentes eram colocados de bruços próximo a uma cova para serem fuzilados.[48] Em Sobibór, onde caminhões recolhiam os velhos e as crianças pequenas, os guardas ocasionalmente tentavam arremessar os bebês de uma distância considerável para o interior do veículo.[49] Em Treblinka, aqueles incapazes de caminhar eram levados a uma cova próxima da enfermaria para serem fuzilados.[50] Da primeira plataforma de Auschwitz, os caminhões levavam os velhos e os enfermos para as câmaras de gás.[51]

Os campos também selecionavam pessoas fortes para trabalhos forçados. Nos campos do *Generalgouvernement* ou de Kulmhof, poucos indivíduos eram necessários como mão de obra e, entre os escolhidos, as mulheres eram apenas algumas.[52] Questionado sobre as crianças, um ex-membro do estabelecimento da ss em Treblinka declarou em seu julgamento que "salvar as crianças em Treblinka era impossível [*Kinder in Treblinka zi retten war unmöglich*]".[53] As demandas por mão de obra em Auschwitz eram maiores e, na plataforma de Birkenau, médicos da ss (Mengele, König, Thilo ou Klein) escolhiam judeus úteis para a máquina industrial. Todavia, as seleções não eram cuidadosas. As vítimas passavam diante do médico que, então, tomava a decisão na hora, apontando para a direita para aqueles que iriam para o trabalho ou para a esquerda para aqueles que iriam para a câmara de gás.[54]

---

47 Testemunho de Adolf Johann Barthelmäss, 2 de dezembro de 1964, Caso Novak, Landesgericht Vienna 1416/61, vol. 13, pp. 281-289, e sua declaração de 11 de abril de 1967, Caso Novak, vol. 16, p. 338. Interrogatório de Willy Hilse, ca. 1964, Caso Novak, vol. 12, p. 605, e seu testemunho, Caso Novak, vol. 13, pp. 248-257. Ambos eram funcionários da ferrovia em Auschwitz.

48 Rückerl, *NS-Vernichtungslager*, pp. 14-41.

49 *Ibid.*, pp. 171, 191-192.

50 *Ibid.*, p. 219.

51 Depoimento de Entress, 14 de abril de 1947, NO-2368.

52 Krzepicki, "Eighteen Days", em Donat, *Treblinka*, p. 117.

53 Rückerl, *NS-Vernichtungslager*, p. 223.

54 Olga Lengyel, *Five Chimneys* (Chicago e Nova York, 1947), p. 10. Testemunho de Auerbach (judeu sobrevivente), Caso No. 11, tr. pp. 2.512-2.514. Sehn, "Oświęcim", *German Crimes in Poland*,

Homens e mulheres eram separados para serem despidos em galpões. Criava-se a impressão de que as roupas seriam devolvidas após os banhos.[55] Em Sobibór, um dos homens da ss vestindo um casaco branco dava instruções elaboradas sobre a forma de dobrar as roupas, às vezes fazendo observações sobre um Estado judeu que os deportados construiriam na Ucrânia.[56] Em Kulmhof, as vítimas eram informadas de que seriam enviadas para a Alemanha para trabalhar e, em Bełżec, um homem da ss especialmente escolhido fazia discursos igualmente apaziguadores.[57] Em todos os três campos do *Generalgouvernement*, havia guichês para o depósito de bens de valor.[58] O cabelo das mulheres era raspado[59] e a procissão era formada, homens à frente. Em Sobibór, grupos de cinquenta a cem marchavam através da "mangueira" sob o comando de um homem da ss, que se mantinha à frente, e quatro ou cinco ucranianos seguindo na parte de trás da coluna.[60] Em Bełżec, mulheres que gritavam eram açoitadas com chicotes e baionetas.[61] Os judeus, ao chegarem a Treblinka, declara Höss, quase sempre sabiam que iriam morrer.[62] Às vezes, eles podiam ver montanhas de cadáveres parcialmente decompostos.[63] Alguns tinham choques nervosos, rindo e chorando

---

vol. i, pp. 41, 77-78. Ver também fotografias do procedimento de chegada tiradas por fotógrafos da ss em Auschwitz em Peter Hellman, *The Auschwitz Album* (Nova York, 1981).

55 Rückerl, *NS-Vernichtungslager*, pp. 135, 167, 202, 218-219.

56 *Ibid.*, p. 167.

57 *Ibid.*, p. 269. Declaração de Karl Schluch (quadro Bełżec), 10 de novembro de 1961, Caso Bełżec, vol. 8, pp. 1.503-1.525.

58 Rückerl, *NS-Vernichtungslager*, pp. 135, 139, 167, 219.

59 *Ibid.*, pp. 135, 222-223. Em Bełżec, as mulheres nuas que tiveram seus cabelos cortados eram espancadas na cabeça e no rosto. Declaração de Rudolf Reder feita logo após a guerra na Polônia, Caso Bełżec, vol. i, pp. 28-31. Reder era um dos dois únicos sobreviventes de Bełżec conhecido por estar vivo em 1945. O outro, Chaim Hirszman, foi morto em março 1946 antes que pudesse concluir seu depoimento perante a Comissão Histórica Judaica em Lublin. Ver Martin Gilbert, *The Holocaust* (Nova York, 1985), pp. 302, 304-305, 817.

60 Rückerl, *NS-Vernichtungslager*, pp. 182, 135.

61 Declaração pós-guerra de Reder, Caso Bełżec, vol. 2, pp. 258-287.

62 Depoimento de Höss, 5 de abril de 1946, PS-3868.

63 Rückerl, *NS-Vernichtungslager*, pp. 208-209.

alternadamente.[64] Para apressar o procedimento, as mulheres em Treblinka eram informadas de que a água nos banhos estava esfriando.[65] As vítimas eram, então, forçadas a caminhar ou correr nuas pela "mangueira" com as mãos para cima.[66] Durante o rigoroso inverno de 1942-1943, os judeus podiam permanecer de pé do lado de fora por horas, nus, esperando sua vez nas câmaras de gás.[67] Ali, eles podiam ouvir os gritos daqueles que entraram primeiro.[68]

Os procedimentos de Auschwitz evoluíram em etapas. Em abril de 1942, judeus eslovacos eram envenenados com gás no *Krematorium* I, aparentemente vestidos em suas roupas.[69] Posteriormente, os deportados das proximidades de Sosnowiec eram informados de que deviam se despir no pátio. As vítimas, defrontadas com a ordem peremptória para tirarem as roupas, homens diante de mulheres e mulheres diante de homens, ficavam apreensivas. Os homens da ss, gritando, então conduziam homens, mulheres e crianças despidos para a câmara de gás.[70] Durante a terceira etapa, em 1942, o abuso foi substituído pela polidez e os discursos públicos de Aumeier, Grabner e Hössler começaram. As vítimas então eram informadas de que deviam se despir para serem banhadas antes que a sopa, que seria servida em seguida, esfriasse.[71] Para tornar o procedimento mais seguro, os envenenamentos com gás seriam marcados para uma hora antes do amanhecer, quando os prisioneiros do campo ainda estivessem dormindo, ou para o meio da noite, após o toque de recolher.[72]

Em Birkenau, o embuste era regra. Nem sempre era simples ou possível, uma vez que pelo menos alguns dos deportados tinham visto a placa *Auschwitz* quando

---

64 Samuel Rajzman in *Hearings*, House Foreign Affairs Committee, 79th Cong., 1ª sessão, em H.R. 93, 22-26 de março de 1945, pp. 121-125.

65 Rückerl, *NS-Vernichtungslager*, p. 223.

66 *Ibid.*, pp. 224-225. Jankel Wiernik, "One Year in Treblinka", em Donat, *Treblinka*, pp. 147-188, anexo p. 163.

67 Wiernik, *Ibid.*, p. 163.

68 Rückerl, *NS-Vernichtungslager*, p. 226. Declaração de Milgrom, 30 de agosto de 1943, em National Archives, Grupo de registros 226/OSS 58603.

69 Müller, *Eyewitness Auschwitz*, pp. 11-13.

70 *Ibid.*, pp. 31-35.

71 *Ibid.*, pp. 35-39.

72 *Ibid.*, p. 39.

o trem passava através dos pátios ferroviários,[73] ou percebido as chamas sendo expelidas das chaminés, ou sentido o estranho e enjoativo cheiro dos crematórios.[74] A maioria deles, todavia, era enviada para vestiários, onde recebia ordens para dependurar as roupas em cabides e memorizar o número, e anúncios de que haveria comida após o banho e trabalho após a comida, como aconteceu com um grupo vindo de Salônica, na Grécia. Os desprevenidos judeus gregos, agarrando sabonetes e toalhas, corriam para as câmaras de gás.[75] Nada podia perturbar essa sincronização precária. Quando um prisioneiro judeu revelava aos recém-chegados o que os esperava, ele era cremado vivo.[76] Apenas no caso de vítimas trazidas dos guetos próximos da Alta Silésia (Sosnowiec e Będzin) e que tinham recebido intimações de Auschwitz é que o processo se dava com mais rapidez. Essas pessoas eram orientadas a se despirem rapidamente para "seu próprio interesse".[77]

Certa vez, houve um grande incidente diante de uma câmara de gás de Auschwitz. Os prisioneiros de um trem que tinha chegado de Belsen se revoltaram. O incidente ocorreu quando dois terços dos recém-chegados já haviam sido enfiados dentro da câmara de gás. O restante, ainda no vestiário, começou a suspeitar. Quando três ou quatro homens da ss entraram para apressá-los, a briga começou. Os cabos de energia foram cortados e todos foram desarmados. Quando a sala mergulhou na escuridão, uma rajada de tiros começou entre os guardas na porta de saída e os prisioneiros do lado de dentro. Quando Höss chegou à cena, ordenou que as portas fossem trancadas. Meia hora se passou. Em seguida, acompanhado por um guarda, ele entrou na sala carregando uma lanterna e empurrando os prisioneiros para um canto. De lá, eles foram levados um por um para outra sala e fuzilados.[78]

---

73 Elie Wiesel, *Night* (Nova York, 1969), p. 36. Interrogatório de Hilse, Caso Novak, vol. 12, p. 605. Segundo Hilse, os trens passavam direto pela estação. Os pátios de carga, compostos por 44 pistas-paralelas, tinham dois quilômetros de comprimento.

74 Lengyel, *Five Chimneys*, p. 22.

75 Müller, *Eyewitness Auschwitz*, pp. 80-81.

76 *Ibid.*, p. 80.

77 *Ibid.*, pp. 69-71.

78 Depoimento de Höss, 14 de março de 1946, NO-1210. O incidente é descrito mais detalhadamente por Müller, *Eyewitness Auschwitz*, pp. 83-89. Müller dá os créditos a uma mulher judia sedutora e impressionantemente bonita que chamou a atenção de dois homens da ss. Ela atingiu um com um

As seleções eram feitas não apenas na plataforma, com o objetivo de escolher os deportados que seriam capazes de trabalhar, mas também dentro do campo, com o objetivo de eliminar prisioneiros doentes ou muito fracos para aguentar o trabalho por muito mais tempo. A ocasião normal para a escolha de vítimas era a lista de chamada, quando todos estavam presentes;[79] outro lugar era a ala médica;[80] às vezes, ainda, as seleções eram feitas nos blocos.[81] Um ex-prisioneiro, recordando essa segmentação, diz: "Tentei me fazer o mais imperceptível possível, não ficando muito ereto, mas também não me curvando muito; não muito esperto, mas também não tão desleixado; não muito orgulhoso, mas também não muito servil, pois eu sabia que aqueles que eram diferentes morriam em Auschwitz, ao passo que os anônimos, os sem-rosto, sobreviviam".[82] Um jovem intelectual da Itália, que estava em um hospital de Auschwitz por causa de um pé inchado, foi orientado a ser um gentil prisioneiro polonês: "*Du Jude, kaputt. Du schnell Krematorium fertig* [Você, judeu, está acabado. Logo estará pronto para o crematório]".[83] Em Treblinka, ferir-se no rosto era considerado uma calamidade. "Marcado" (*gestempelt*), o ferido era um forte candidato à seleção na próxima chamada.[84]

Em Auschwitz, as vítimas lançavam mão de todos os subterfúgios para escapar. Tentavam se esconder e, ocasionalmente, tentavam argumentar. Uma garota de nove anos pediu a um comandante das mulheres do campo, Hössler, para

---

impressionantemente bonita que chamou a atenção de dois homens da ss. Ela atingiu um com um sapato, sacou a pistola e disparou contra o outro (Schillinger). Outros detalhes, incluindo a data (23 de outubro de 1943), estão em Czech, *Kalendarium der Ereignisse*, pp. 636-638. Tadeusz Borowski, um prisioneiro polonês, descreve o incidente em um relato, "The Death of Schillinger", *This Way for the Gas, Ladies and Gentlemen* (Nova York, 1976), pp. 143-146. Nesta versão, o homem da ss, mortalmente ferido, foi levado para um carro e, gemendo, teria dito: "*O Gott, mein Gott, was hab'ich getan, dass ich so leiden muss?* [Deus, meu Deus, o que eu fiz para ter que sofrer tanto assim?]".

79 Lengyel, *Five Chimneys*, p. 40. Gisella Perl, *I Was a Doctor in Auschwitz* (Nova York, 1948), p. 103.

80 Ella Lingens-Reiner, *Prisoners of Fear* (Londres, 1948), pp. 64-65, 82-83, 85. Perl, *I Was a Doctor in Auschwitz*, pp. 55, 94, 108-109.

81 Perl, *Ibid.*, pp. 128-130.

82 Rudolf Vrba e Alan Bestic, *I Cannot Forgive* (Nova York, 1964), p. 140. Vrba, anônimo, mas não comum, escapou do campo.

83 Primo Levi, *Survival in Auschwitz* (Nova York, 1961), p. 44.

84 Rückerl, *NS-Vernichtungslager*, p. 230.

dispensá-la. Ele respondeu: "Você já viveu o bastante. Venha, criança, venha".[85] Conduzidas a chicotadas entre fileiras de Kapos e guardas, as pessoas nuas que tinham sido escolhidas eram colocadas em caminhões e levadas para a câmara de gás ou para um bloco de condenados. No outono de 1944, 2 mil mulheres judias foram colocadas no Bloco 25, que tinha espaço para acomodar quinhentas, onde foram mantidas por dez dias. Caldeirões de sopa eram enfiados por um guarda através de um buraco na porta. Ao final dos dez dias, setecentas estavam mortas. As demais foram enviadas para a câmara de gás.[86]

O envenenamento por gás começava com uma ordem. Em Treblinka, um alemão gritava para um guarda ucraniano: "Ivan, água!". Esse era o sinal para ligar o motor.[87] O procedimento não era necessariamente rápido. Sem lugar para se mover nas pequenas câmaras, as vítimas ficavam de pé por trinta ou quarenta minutos antes de morrerem. De acordo com um sobrevivente de Treblinka, as pessoas às vezes eram mantidas nas câmaras durante a noite toda sem que o motor fosse ligado.[88] Em Bełżec, onde o *Oberscharführer* Hackenholt era encarregado pelo motor, um visitante alemão, o prof. Pfannenstiel, queria saber o que estava acontecendo lá dentro. Conta-se que ele teria encostado o ouvido na parede para escutar: "Parece uma sinagoga".[89] Em Kulmhof, as portas do ônibus eram fechadas por trabalhadores poloneses. Um foi inadvertidamente preso dentro com os

---

85 Testemunho de Helene Klein in Raymond Phillips, ed., *Trial of Josef Kramer and Forty-Four Others (The Belsen Trial)*, (Londres, 1949), pp. 127-30. A própria testemunha recebeu essa resposta de Hössler, mas conseguiu se esconder. Um sobrevivente, dr. Bertold Epstein, certa vez assistiu a uma seleção de crianças na qual o critério decisivo era a altura. As crianças marchavam até um poste com 1,30 m de altura. Os menores foram assassinados na câmara de gás. Friedman, *Oswiecim*, p. 72.

86 Lingens-Reiner, *Prisoners of Fear*, pp. 85-86.

87 Rückerl, *NS-Vernichtungslager*, p. 224.

88 Wiernik, "One Year", em Donat, *Treblinka*, p. 164.

89 Declaração de Gerstein, 26 de abril de 1945, PS-1553. Pfannenstiel confirma que estava em Bełżec com Gerstein, mas nega ter feito o comentário. Declarações do dr. Wilhelm Pfannenstiel, 6 de junho de 1950 e 9 de novembro de 1952, Caso Bełżec, vol. 1, pp. 41-44, 135-141. A equipe alemã em Bełżec às vezes olhava pelo olho mágico. Declaração de Schluch, 10 de novembro de 1961, Caso Bełżec, vol. 8, pp. 1.503-1.525. Pfannenstiel aponta em sua declaração de 9 de novembro de 1952 que, quando tentou olhar, não conseguiu ver bem, pois os judeus tinham batido no vidro.

judeus e gritava em desespero para sair. Os alemães decidiram que não seria prudente abrir a porta para ele.[90]

Quando as vítimas de Auschwitz chegavam à câmara de gás, descobriam que aquilo que se passava por chuveiros não funcionava.[91] Do lado de fora, um interruptor central era apertado, as luzes se apagavam[92] e um carro da Cruz Vermelha chegava com o Zyklon.[93] Um homem da ss, usando uma máscara de gás equipada com um filtro especial, levantava a janela de vidro e esvaziava uma lata após outra dentro da câmara de gás. Embora a dose letal fosse um miligrama por quilo de peso corporal e o efeito, acreditava-se, fosse rápido, a umidade podia retardar a velocidade com a qual o gás se espalhava.[94] O *untersturmführer* Grabner, funcionário político do campo, permanecia preparado com seu cronômetro nas mãos.[95] Quando os primeiros grãos sublimavam no chão da câmara, as vítimas começavam a gritar. Para escapar do gás que subia, os mais fortes derrubavam os mais fracos, subindo sobre vítimas prostradas para prolongar suas próprias vidas ao alcançarem camadas de ar sem gás. A agonia durava cerca de dois minutos e, quando os gritos estridentes diminuíam, as pessoas caíam mortas. Dentro de quinze minutos (às vezes, cinco), todos dentro da câmara de gás estavam mortos.

O gás era, então, liberado, e após cerca de meia hora, a porta era aberta. Os corpos eram encontrados empilhados, alguns sentados ou agachados, crianças e idosos por baixo. Onde o gás havia sido introduzido, havia uma área vazia, da qual as vítimas tinham se afastado, indo pressionar-se contra a porta que, aterrorizados, os homens tinham tentado arrombar. Os cadáveres ficavam rosados e com pontos verdes. Alguns espumavam pelos lábios, outros sangravam pelas narinas. Fezes e urina cobriam alguns corpos e, em algumas mulheres grávidas, o parto havia se iniciado. As forças de trabalho judias (*Sonderkommandos*), usando máscaras de gás, arrastavam os corpos para perto da porta para abrir espaço e os

---

90 Rückerl, *NS-Vernichtungslager*, pp. 270-271.

91 Sehn, "Oświęcim", *German Crimes in Poland*, vol. i, p. 85.

92 Depoimento do dr. Nikolae Nyiszli (sobrevivente), 8 de outubro de 1947, NI-11710.

93 *Ibid.* Depoimento do dr. Charles Sigismund Bendel (sobrevivente). 21 de outubro de 1945, NI-11390.

94 Höss, *Kommandant*, p. 171. Müller, *Eyewitness Auschwitz*, p. 116.

95 Depoimento de Perry Broad (homem da ss trabalhando sob a supervisão de Grabner), 14 de dezembro de 1945, NI-11397.

lavavam com uma mangueira, ao mesmo tempo eliminando os bolsões de gás remanescente entre os corpos. Em seguida, os *Sonderkommandos* precisavam separar os corpos agarrados.[96]

Em todos os campos, as cavidades dos corpos eram examinadas em busca de objetos de valor escondidos e os dentes de ouro eram arrancados da boca dos mortos. No *Krematorium* II (novo número) em Birkenau, as obturações e os dentes de ouro, às vezes ainda grudados nas mandíbulas, eram limpos com ácido clorídrico para serem derretidos e transformados em barras no campo principal.[97] Em Auschwitz, o cabelo das mulheres era cortado depois que elas estavam mortas. Em seguida, era lavado com cloreto de amônio antes de ser empacotado.[98] Os corpos podiam, então, ser queimados.

Eliminação

Havia três métodos de eliminação de corpos: enterro, cremação em fornos e cremação a céu aberto. Em 1942, os cadáveres eram queimados em covas coletivas em Kulmhof, nos campos do *Generalgouvernement* e em Birkenau. Após algum tempo, esse modo de lidar com os mortos começou a levantar algumas questões. Em Birkenau, próximo às cabanas que constituíam a primeira câmara de gás do campo, o sol do verão teve um efeito. A camada externa de terra se abriu e, a princípio, os corpos tiveram de ser cobertos com gasolina e, posteriormente, com metanol, para serem queimados dia e noite por um período de dois meses.[99] Em Sobibór, durante o mesmo verão, as covas se elevaram com o calor, o fluido dos cadáveres atraiu insetos e odores putrefatos tomaram conta do campo.[100] Além disso, as várias centenas de milhares de prisioneiros já queimados causaram um problema psicológico. O *Ministerialrat* dr. Linden, especialista em esterilização do Ministério do Interior, é citado por um homem da ss como tendo dito em uma visita ao distrito de Lublin que uma geração futura poderia

---

96 Müller, *Eyewitness Auschwitz*, pp. 116-118. Depoimento de Nyiszli, 8 de outubro de 1947, NI-11710. Depoimento de Broad, 14 de dezembro de 1945, NI-11397. Depoimento de Höss, 5 de abril de 1946, PS-3868. Sehn, "Oświęcim", *German Crimes in Poland*, vol. I, pp. 85-87.

97 Müller, *Eyewitness Auschwitz*, pp. 68, 95, 100, 176.

98 *Ibid.*, pp. 65, 95, 100.

99 *Ibid.*, p. 49. Rudolf Höss, *Kommandant in Auschwitz* (Munique, 1963), p. 161.

100 Rückerl, *NS-Vernichtungslager*, p. 173.

não entender aquela situação.[101] A mesma consideração havia incitado o diretor da Gestapo, Müller, a ordenar ao *Standartenführer* Blobel, comandante do 4º *Einsatzkommando*, que destruísse as covas coletivas nos territórios ocupados do leste.[102] Blobel e seu "*Kommando* 1005" também foram a Kulmhof para investigar o que poderia ser feito com as covas de lá. Ele construiu piras funerárias e fornos primitivos e até mesmo experimentou usar explosivos.[103]

Além desses mecanismos, Kulmhof possuía uma máquina de quebrar ossos (*Knochenmühle*). No dia 16 de julho de 1942, o vice-diretor do *Gettoverwaltung*, Ribbe, enviou uma carta ao "mais velho dos judeus", Rumkowski, pedindo uma avaliação do Gueto de Łódź para a instalação de uma máquina de quebrar ossos, "operada manualmente ou por um motor".[104] O gueto aparentemente não possuía tal máquina, pois poucos meses depois Biebow enviou à Gestapo de Łódź os papéis relativos à compra de um moinho da empresa Schriver & Company em Hamburgo. Biebow pediu para a Gestapo guardar os registros da venda. "Por certas razões" ele próprio não queria mantê-los consigo.[105] Quando Höss visitou Kulmhof, Blobel prometeu ao comandante de Auschwitz que poderia lhe enviar um moinho "para substâncias sólidas".[106] Höss, no entanto, preferia destruir seus ossos com martelos.[107]

Nos anos de 1942 e 1943, as exumações estavam acontecendo em todos os centros de extermínio. Em Kulmhof, as frentes de trabalho judias abriam as covas coletivas e carregavam os cadáveres para covas recém-abertas e para um forno primitivo.[108] Em Bełżec, o processo começou no final do outono de 1942 dentro de uma área de queimada do campo capaz de destruir 2 mil corpos por dia. Uma segunda e menor área de queimada foi criada um mês depois e ambas foram usadas

---

101 Declaração de Gerstein, 4 de maio de 1945, *Vierteljahrshefte für Zeitgeschichte* 1 (1953): 189. Também depoimento de Gerstein, 25 de abril de 1945, PS-1553.

102 Depoimento de Blobel, 18 de junho de 1947, NO-3947.

103 Depoimento de Höss, 11 de janeiro de 1947, NO-4498-B.

104 Ribbe para Rumkowski, 26 de julho de 1942, *Dokumenty i materialy*, vol. 3, p. 279.

105 Biebow para Fuchs, 1º de março de 1943, *ibid*.

106 Relatório de *UStuf.* Dejaco (administração de Auschwitz) sobre viagem a Kulmhof, 17 de setembro de 1942, NO-4467.

107 Depoimento de Höss, 14 de março de 1946, NO-1210.

108 Rückerl, *NS-Vernichtungslager*, pp. 273-274.

concomitantemente, dia e noite, até março de 1943.[109] Escavadores apareceram em Sobibór e Treblinka, onde os cadáveres (transportados por ferrovias estreitas em Sobibór e arrastados em Treblinka) eram empilhados e queimados em grelhas construídas com antigos dormentes de ferrovias.[110]

Kulmhof, o campo de Warthegau, parou os envenenamentos com gás após as deportações de 1942, embora os tenha reaberto brevemente em 1944. Bełżec, com 434.508 mortos, fechou suas câmaras no final de 1942. Treblinka, transbordando com corpos, continuou até o verão de 1943, e Sobibór continuou, com interrupções, até o outono de 1943. Posteriormente, todo o fardo da "solução final" foi assumido por Birkenau e seus crematórios. Até a chegada dos trens da Hungria, começando em meados de maio de 1944, a tarefa não era um problema em especial. O fluxo em potencial, todavia, trouxe grandes mudanças. A partir de 11 de maio de 1944, as equipes dos crematórios (*Sonderkommandos*) chegavam a 217.[111] Em 29 de agosto de 1944, 874 homens foram empregados em dois turnos, denominados simplesmente "dia" e "noite".[112] Em teoria, a capacidade diária dos quatro crematórios de Birkenau era algo em torno de 4.400,[113] mas, com falhas e desacelerações, o limite prático era quase sempre menor. Durante os meses de maio e junho, somente os judeus húngaros foram assassinados nas câmaras de gás, a uma taxa de quase 10 mil por dia. Às vezes, números parecidos podiam ser atingidos quando os trens de Łódź chegaram, na segunda metade de agosto. Antecipando esses desenvolvimentos, o especialista de Auschwitz encarregado da eliminação dos corpos, *Hauptscharführer* Moll – um homem descrito como um sádico com incansável energia –[114] orientou a escavação de oito ou nove covas de mais de quaren-

---

109 Ibid., pp. 142-143.

110 *Ibid.*, pp. 173, 205-206. Ver também declaração de Kurt Becker (Ostbahn, Varsóvia), 15 de outubro de 1968, Caso Ganzenmüller, vol. XVII, pp. 119-124.

111 Distribuição de mão de obra de prisioneiros de Auschwitz II de 11 de maio de 1944, *Dokumenty i materialy*, vol. I, pp. 100-105.

112 Estatísticas em Czech, *Kalendarium*, p. 865.

113 Bischoff para Kammler, 28 de junho de 1943, arquivos do Museu Memorial do Holocausto dos EUA, Grupo de registro 11.001 (Centro de Coleções Históricas, Moscou), Rolo 41, Fundo 502, Inscrição 1, Pasta 314. As capacidades de cada crematório eram supostamente as seguintes: I 340, II e III 1.440 cada, e IV e V 768 cada.

114 Müller, *Eyewitness Auschwitz*, p. 125.

ta metros de comprimento, oito metros de largura e seis metros de profundidade cada.[115] No fundo dessas covas, a gordura humana era recolhida e despejada no fogo com baldes para acelerar as cremações.[116] Sobreviventes relatam que crianças eram, às vezes, atiradas vivas nas chamas.[117] Os restos podres eram limpos de tempos em tempos com lança-chamas.[118] Embora os cadáveres queimassem lentamente sob a chuva ou sob a névoa,[119] as covas mostraram-se o método mais barato e eficiente de eliminação de corpos. Em agosto de 1944, quando um grande número de cadáveres precisava ser queimado dentro de alguns dias, as covas abertas acabaram com o gargalo.[120]

Assim, a capacidade para destruição estava se aproximando do ponto de ser ilimitada. Por mais simples que esse sistema se mostrasse, foram necessários anos de aplicação de técnicas administrativas para que ele funcionasse. Foram necessários milênios para o desenvolvimento da cultura ocidental.

FECHAMENTO DOS CENTROS DE EXTERMÍNIO E FIM DO PROCESSO DE DESTRUIÇÃO

Embora os centros de extermínio tenham tido um uso quase constante, sua existência foi comparativamente curta. O primeiro a ser fechado foi Kulmhof. O *Sonderkommando* de Koppe, alto comandante da Polícia e da ss (*Kommando Hauptsturmführer* Bothmann), cessou seus trabalhos no local ao final de março de 1943[1] e transferiu-se para a Croácia.[2] Em fevereiro de 1944, Greiser propôs a volta de Bothmann para "reduzir" o Gueto de Łódź,[3] mas Kulmhof renasceu apenas

---

115 *Ibid.*, pp. 125-133.

116 Depoimento de Höss, 14 de março de 1946, NO-1210.

117 Friedman, *Oswiecim*, p. 72. Perl, *I Was a Doctor in Auschwitz*, pp. 50, 91. Müller, *Eyewitness Auschwitz*, p. 142.

118 Depoimento de Werner Krumme (prisioneiro político), 23 de setembro de 1945, NO-1933.

119 Entre cinco e seis horas. Depoimento de Höss, 14 de março de 1946, NO-1210.

120 Sehn, "Oświęcim", *German Crimes in Poland*, vol. 1, p. 89.

1 Gettoverwaltung Litzmannstadt para Gestapo Litzmannstadt, 4 de agosto de 1943, *Dokumenty i materialy*, vol. 3, pp. 281-282. Gestapo Litzmannstadt para *Oberbürgermeister* lá, 14 de agosto de 1943, *ibid.*

2 Brandt para Jüttner, 29 de março de 1943, T 175, Rolo 60.

3 Greiser para Pohl, 14 de fevereiro de 1944, NO-519.

brevemente durante os meses de junho e julho daquele ano.[4] O campo teve suas atividades finalmente encerradas nos dias 17 e 18 de janeiro de 1945. O *Kommando* de enterro de judeus foi fechado e os prédios foram incendiados.[5]

No *Generalgouvernement*, os campos do rio Bug (Treblinka, Sobibór e Bełżec) foram evacuados no outono de 1943. O *Kommando* de Wirth, que havia construído esses campos, recebeu ordens para destruí-los e não deixar nenhum rastro.[6] Em Treblinka, foi construída uma fazenda e um ucraniano foi convidado para administrar seus rendimentos.[7] Em Bełżec, foram plantados pinheiros, mas um investigador polonês do pós-guerra encontrou o terreno escavado, com mãos, ossos e carne expostos onde a população local procurara por bens de valor.[8] Wirth e seus homens foram transferidos como uma unidade para a Ístria, uma península na Itália, para defender as estradas de guerrilheiros. Lá, Wirth morreu na primavera de 1944, atingido por uma bala nas costas;[9] o *Reichleitner* (de Sobibór) foi morto em uma patrulha.[10]

Lublin foi evacuado de forma mais rápida. No final de junho de 1944, um Exército Vermelho proeminente tomou conta do campo e, juntamente com ele, grandes armazéns da Aktion Reinhardt.[11] As descobertas feitas pelos soviéticos em Lublin foram imediatamente publicadas na imprensa mundial, para grande consternação do *Generalgouverneur* Frank que, assustado, prontamente acusou Koppe, ex-alto comandante da Polícia e da ss em Wartheland que havia substituído Krü-

---

4 Adalbert Rückerl, *NS-Vernichtungslager* (Munique, 1977), pp. 292-293.

5 Juiz Wladyslaw Bednarz (Łódź), "Extermination Camp at Chelmno", Comissão de Investigação de Crimes Alemães na Polônia, *German Crimes in Poland*, vol. I, p. 121. Dois judeus sobreviveram.

6 Depoimento do dr. Konrad Morgen, 19 de julho de 1946, ss(A)-67.

7 Gitta Sereny, *Into That Darkness* (Nova York, 1974), pp. 249-250.

8 Rückerl, *NS-Vernichtungslager*, pp. 143-145, citando o texto de um relatório polonês.

9 Depoimento de Morgen, 19 de julho de 1946, ss(A)-67. Não está claro se algum guerrilheiro ou os próprios homens de Wirthoo o assassinaram. Ver Sereny, *Darkness*, p. 262, e Rückerl, *NS-Vernichtungslager*, p. 46.

10 Sereny, *Darkness*, p. 261.

11 Relato de testemunha ocular do correspondente do *Christian Science Monitor* Alexander Werth, 1º de setembro de 1944, reproduzido em Jewish Black Book Committee, *The Black Book* (Nova York, 1946), pp. 379-381. O acúmulo da Aktion Reinhardt em Lublin já havia sido reportado por Globocnik para Himmler no final de 1943, PS-4024.

ger no *Generalgouvernement*. "Agora sabemos, você não pode negar", disse Frank. Koppe respondeu dizendo que não sabia de absolutamente nada sobre aquelas coisas e que se tratava aparentemente de uma questão entre Heinrich Himmler e as autoridades do campo. "Mas já em 1941 ouvi a respeito desses planos e falei sobre eles", disse Frank. Bem, respondeu o alto comandante da Polícia e da ss, então aquilo era um problema de Frank e não era possível esperar que ele, Koppe, se preocupasse com isso.[12]

Em 1944, apenas um campo ainda estava operando em capacidade total – Auschwitz. De maio a outubro, a redução da maioria dos grupos da população judaica remanescentes estava em curso. Durante esse período, aproximadamente 600 mil judeus foram levados para o centro de extermínio. Com a Bulgária e a Romênia já fora de alcance, a interrupção dos transportes, a necessidade urgente de trabalhadores judeus para a indústria da guerra e a dispensa de judeus em casamentos mistos, o processo de destruição estava beirando o seu fim. Em novembro de 1944, Himmler decidiu que, para fins práticos, a questão dos judeus havia sido resolvida. No dia 25 daquele mês, ele ordenou a desmontagem das instalações de extermínio.[13] Naquele dia, Auschwitz I e II foram unidos no campo de concentração de Auschwitz, e Auschwitz III tornou-se o campo de concentração Monowitz.[14]

A I. G. Farben já havia feito seus preparativos para partir. A partir do dia 4 de abril de 1944, a área industrial foi repetidamente fotografada pela Força Aérea dos Aliados do Mediterrâneo, e, nos dias 20 de agosto, 13 de setembro, 18 e 26 de

---

12 Depoimento de Frank, *Trial of the Major War Criminals*, XII, 198. Ver também o resumo da discussão entre Frank, Bühler e Koppe, 15 de setembro de 1944, Diário de Frank, PS-2233. De acordo com esse resumo da reunião, Frank afirmou que a imprensa mundial estava difamando a Alemanha por conta de Majdanek (Lublin). Bühler afirmou que nada era conhecido sobre esse assunto na administração do *Generalgouvernement*, que esses campos foram estabelecidos pelo alto comandante da ss e da Polícia e estavam sob sua jurisdição, etc. Bühler considerava "inoportuna" a discussão daquele tema em uma reunião dos principais chefes de divisão. Frank concordou e repetiu que a responsabilidade por esses campos pertencia inteiramente ao alto-comando da ss e da Polícia, etc. Não é muito claro se o depoimento de Frank refere-se a essa discussão ou se o assunto foi levantado duas vezes.

13 Depoimento de Kurt Becher, 8 de março de 1946, PS-3762.

14 Czech, *Kalendarium*, p. 933.

dezembro, Monowitz foi sistematicamente bombardeado.[15] Durante o verão, o fronte estabeleceu-se nas margens do Vístula. No entanto, o Exército Vermelho estava em dois pontos do outro lado do rio, Opatów e Baranów, e isso abria espaço suficiente para o dr. Dürrfeld, diretor da I. G. Auschwitz, fazer seus planos de evacuação.[16]

Entre os prisioneiros, havia inquietação. Uma organização de resistência foi finalmente estabelecida em Auschwitz. Ela tinha ligações com o movimento de resistência fora do campo, incluindo os poloneses orientados por Londres e os comunistas. Certa vez, em março de 1944, a ideia de incendiar os crematórios havia surgido entre as equipes de judeus responsáveis pela remoção e cremação de corpos. A ocasião foi o iminente assassinato em câmaras de gás de um grande número de judeus tchecos de Theresienstadt, que tinham sido mantidos presos durante seis meses no chamado campo familiar, dentro de Birkenau. O *Sonderkommando* judeu queria que os judeus no campo familiar incendiassem seus galpões enquanto uma revolta explodiria nos crematórios, mas as famílias não puderam ser convencidas de que suas vidas estavam por ser extintas até estarem dentro do vestiário, confrontadas por cães e homens armados da ss. Lá, deixando de lado todo o fingimento, um *Oberscharführer* lhes disse para entrarem na câmara de gás. O *Sonderkommando*, que assistiu a tudo isso, renovou seus planos vários meses depois, mas agora a organização de resistência no campo pedia uma prorrogação. Por fim, em outubro, não havia dúvidas na cabeça dos trabalhadores dos crematórios de que eles também seriam assassinados, mas a organização de resistência insistia que uma rebelião deveria ser evitada a todo custo. Naquele ponto, ficou claro que as necessidades dos prisioneiros judeus divergiam nitidamente dos interesses dos não judeus. As vítimas judias viam poucas chances de sobrevivência se continuassem concordando, ao passo que os gentis, temendo o efeito das represálias alemãs e esperando a libertação por meio do Exército Vermelho, tinham muito a perder com uma revolta. Na tarde do dia 7 de outubro de 1944, um *Sonderkommando* desesperado, armado com explosivos, três granadas roubadas e alicates para cortar o arame farpado fez sua tentativa sozinho. Quatrocentos e cinquenta prisioneiros e três homens da ss morreram na batalha, e o

---

15 Ver relatórios do Mediterranean Allied Photo Reconnaissance Wing, National Archives Record Group 18 (15th Air Force) e Target Intelligence Information, Oświęcim, Polônia, National Archives Record Group 243, U.S. Strategic Bombing Survey. Os voos de bombardeio eram feitos por 49 a 127 aeronaves.

16 Relatório de Dürrfeld, 7 de fevereiro de 1945, NI-11956.

Krematorium III foi incendiado.[17] A ss rapidamente descobriu que quatro mulheres da fábrica Union haviam fornecido os explosivos ao *Sonderkommando*. As mulheres foram enforcadas publicamente pelo comandante do campo, Hössler.[18]

O que os judeus, com seus parcos recursos, não podiam realizar, a administração do campo precisava fazer por conta própria. O crematório remanescente foi limpo por grupos de trabalho judeus. Uma jovem recorda que, enquanto limpava os fornos, ficou com ossos e cinzas nos cabelos, na boca e nas narinas. Outro grupo de trabalho teve de limpar mais de quarenta centímetros de gordura acumulada nas chaminés.[19] O *Zentralbauleitung*, que supervisionara a construção dos crematórios, ficaria encarregado de sua demolição.[20]

Mas Auschwitz ainda existia, ainda possuía dezenas de milhares de prisioneiros e, por dois meses, o campo esperou a ofensiva soviética. Durante novembro, reforços soviéticos foram vistos se movendo para a ponte de Baranów. Em 12 de janeiro de 1945, colunas de soviéticos armados saíram de Baranów. A ofensiva geral havia começado. Em 16 de janeiro, os soviéticos chegaram às minas de cálcio da I. G. Farben em Kressendorf e, no final daquele mesmo dia, aviões soviéticos atacaram o campo. Durante o dia seguinte, oficiais alemães deixaram rapidamente a cidade de Katowice. Naquela mesma noite, o estrondo do fogo da artilharia foi ouvido em Auschwitz.

Na noite de 17 de janeiro, a última chamada foi feita. A contagem foi de 31.894 em Auschwitz (incluindo Birkenau) e 35.118 em Monowitz, incluindo campos

---

17 Filip Müller, *Eyewitness Auschwitz* (Nova York, 1979), pp. 101-115, 124-125, 128-129, 144-148, 152-160. Ver também relato de Salmen Lewental, escrito em Auschwitz em 10 de outubro de 1944, em Jadwiga Bezwinska, ed., *Amidst a Nightmare of Crime* (Auschwitz Museum, 1973), pp. 125-178, particularmente p. 154 e ss. Lewental, um prisioneiro judeu em Auschwitz a partir de dezembro de 1942, foi um membro do *Sonderkommando* judeu. Fac-símile da primeira parte do Standortbefehl, 12 de outubro de 1944, listando três mortes da ss pelo nome, em Bezwinska, *Amidst a Nightmare of Crime*, p. 66. Em 3 de outubro de 1944, os *Sonderkommandos* possuíam 661 homens. Fac-símile de números alemães de distribuição de prisioneiros em Bezwinska, *Amidst a Nightmare of Crime*, p. 165.

18 Depoimento de Israel Mayer Mandelbaum (sobrevivente), 26 de outubro de 1945, NI-8187.

19 Irene Schwarz (sobrevivente) em Leo W. Schwarz, ed., *The Root and the Bough* (Nova York e Toronto, 1949), pp. 193-196.

20 Resumo da reunião de Baer, Bischoff, Jothann e *Oberscharführer* Hatzinger, 4 de dezembro de 1944, arquivos do Museu Memorial do Holocausto dos EUA, Grupo de registros 11.001 (Centro de Coleções Históricas, Moscou), Rolo 20, Fundo 502, Inscrição 1, Pasta 29.

satélites distantes.[21] Naquele dia, a evacuação dos prisioneiros foi decidida. Conforme as ordens, que mudavam a toda hora, eram recebidas, aqueles capazes de caminhar os quase cinquenta quilômetros eram separados daqueles que conseguiam caminhar apenas até a estação ferroviária de Auschwitz e daqueles que não conseguiam caminhar absolutamente nada.[22] Prisioneiros hospitalizados tentavam decidir se partiam, como ordenado, ou se permaneciam, correndo o risco de serem assassinados pela ss no último momento.[23] Pelos dois dias seguintes, 58 mil prisioneiros foram removidos, quase todos a pé, no tempo congelante. No dia 20 de janeiro, o *Obergruppenführer* Schmauser emitiu instruções para exterminar os prisioneiros deixados para trás. Um grupo da ss fuzilou duzentas mulheres judias e, em seguida, explodiu os prédios que antes alojavam os *Krematoria* I e II.[24]

Os próprios alemães já se preparavam para partir. Enquanto os registros eram destruídos no bloco médico da ss no dia 17 de janeiro, o dr. Mengele apanhou suas anotações de pesquisas com gêmeos para levá-las pessoalmente para Berlim.[25] Dois dias depois, unidades de autodefesa alemãs (as *Volkssturm*) dissiparam-se e aviões soviéticos voltaram a aparecer, dessa vez iniciando grandes incêndios. Até o dia 20, a I. G. Farben já havia destruído seus registros. No dia seguinte, enquanto a artilharia soviética bombardeava Auschwitz, os oficiais do campo fugiam.[26] Três divisões soviéticas, encabeçadas pelo 100º e pelo 60º Exércitos do Primeiro Front Ucraniano, avançavam sobre Auschwitz.[27] O centro de extermínio estava, agora, na linha de frente. Do Wehrmacht ele fora originalmente usurpado e para o Wehrmacht ele era agora devolvido. Uma fila de tropas alemãs

---

21 Czech, *Kalendarium*, pp. 966-968. De 15.317 homens em Auschwitz e em Birkenau, 11.102 eram judeus. Não há motim de mulheres e dos prisioneiros de Monowitz no *Kalendarium*.

22 *Ibid.*, p. 968.

23 Elie Wiesel, *Night* (Nova York, 1969), pp. 90-93.

24 Czech, *Kalendarium*, 979, 981.

25 *Ibid.*, p. 97.

26 Relato de Dürrfeld, 7 de fevereiro de 1945, NI-11956.

27 Czech, *Kalendarium*, pp. 993-994. As divisões listadas por Czech eram 100ª, 148ª (60º Exército) e 322ª (28º Exército) do Primeiro Front Ucraniano (Exército). Ver também declarações do General Vassily Petrenko, que era um oficial da 100ª Divisão na época, em Brewster Chamberlin e Marcia Feldman, eds., *The Liberation of the Nazi Concentration Camps* (Washington, D.C., 1987), pp. 181-183, 188, 189.

ainda cercava o campo e grupos da Polícia de Segurança perambulavam no complexo, ainda assassinando prisioneiros. No dia 23 de janeiro, a ss incendiou galpões cheios de roupas na seção "Canadá". À 1 hora da madrugada do dia 27, a ss explodiu o último crematório (novo número IV), que tinha sido mantido para a eliminação de corpos até o último momento. No meio da tarde daquele dia, em um período de meia hora, tropas soviéticas tomaram Auschwitz e Birkenau.[28]

Quando os soviéticos entraram, 29 de 35 armazéns haviam sido incendiados. Em seis dos remanescentes, os libertadores encontraram parte do legado do campo: 368.820 ternos, 836.255 vestidos e casacos femininos, 5.525 pares de sapatos femininos, 13.964 tapetes, grandes quantidades de roupas infantis, escovas de dente, dentaduras, tachos e panelas. Em vagões abandonados, centenas de milhares de outros itens de vestuário foram encontradas e, na fábrica de curtume, a comissão de investigação soviética encontrou toneladas de cabelo.[29] Mais de 7 mil prisioneiros, ainda vivos, saudaram seus libertadores, enquanto centenas permaneceram mortos onde haviam caído.[30]

Com o desaparecimento dos centros de extermínio, ex-prisioneiros de Auschwitz, deportados húngaros e prisioneiros de campos de trabalho forçado dissolvidos foram despejados nos campos de concentração no *Reich* (ver Tabela 9.18). De Auschwitz e de seus campos periféricos, eles eram carregados em trens e dispersados para Gross Rosen, Sachsenhausen, Ravensbrück, Buchenwald, Dora Mittelbau, Flossenbürg, Mauthausen e Bergen-Bersen. Para muitos, Gross Rosen era um ponto central a partir do qual eles eram enviados para outros campos, e as viagens podiam levar tanto dois dias quanto duas semanas.[31] Em alguns dos trens, os prisioneiros eram comprimidos em vagões baixos e sem teto nos quais comiam neve e dos quais jogavam para fora cadáveres.[32] Buchenwald fora um ponto de recebimento central durante algum tempo: entre maio de 1944 e março de 1945,

---

28 Czech, Kalendarium, pp. 994-995.

29 Relatório sem data da Comissão Extraordinária do Estado Soviético em Auschwitz (Shvernik, Trainin, o Nikolai metropolitano, Lyssenko e Burdenko), USSR-8.

30 Czech, *Kalendarium*, pp. 972-978.

31 *Ibid.*

32 Elmer Luchterhand, "The Gondola-Car Transports", *International Journal of Social Psychiatry* 13 (1966-67): 28-32.

TABELA 9.18 Os principais últimos campos

	PRINCIPAIS ORIGENS DOS PRISIONEIROS JUDEUS	LIBERAÇÃO DO CAMPO PRINCIPAL
Płaszów	Gueto remanescente da Cracóvia Campos de trabalho do *Generalgouvernement*	15 de janeiro de 1945 pelo Exército Vermelho
Gross-Rosen	Prisioneiros detidos nos campos de trabalhos da Organização Schmelt Auschwitz Płaszów	13 de fevereiro de 1945 (alguns subcampos em 8 e 9 de março de 1945) pelo Exército Vermelho
Sachsenhausen	Eslováquia Auschwitz	22 de abril de 1945 pelo Exército Vermelho
Ravensbrück	Auschwitz	30 de abril de 1945 pelo Exército Vermelho
Stutthof	Campos bálticos (da Estônia, de Salaspils e de Kaunas, compreendendo também o remanescente de Vilna) Auschwitz	9 de maio de 1945 pelo Exército Vermelho
Buchenwald	Campos de trabalho do *Generalgouvernement* Auschwitz Gross-Rosen	11 de abril de 1945 pelo Exército Americano
Dachau	Auschwitz Campo das ruínas do gueto de Varsóvia Stutthof Trabalhadores húngaros	29 de abril de 1945 pelo Exército Americano
Mauthausen	Auschwitz Gross-Rosen Trabalhadores húngaros	5 de maio de 1945 pelo Exército Americano
Bergen-Belsen	Holanda Hungria Auschwitz Sachsenhausen Ravensbrück	15 de abril de 1945 pelo Exército Britânico

mais de 20 mil judeus foram descarregados no campo.[33] O fluxo resultou em um novo fornecimento de mão de obra para a indústria bélica.[34]

Enquanto as forças soviéticas avançavam pela Hungria ocidental, o comandante de Mauthausen, próximo a Linz (Áustria), recebeu ordens para recolher milhares de judeus que estavam construindo o *Süd-Ostwall* (Linha de Defesa Sudeste). Esses trabalhadores, vigiados pelo *Volkssturm*, foram transferidos a pé da fronteira da Hungria para os Alpes, onde a *Gendermerie* [Polícia] assumiu no trecho final rumo à Mauthausen. Um sobrevivente recorda que, na cidade de Eisenerz, um grupo de pessoas saindo de um cinema atirou pedras nos caminhantes e que os deportados foram fuzilados na cidade. Outros, subindo a Prebichl, uma montanha próxima, em 7 e 8 de abril, receberam ordens dos guardas para descerem correndo. Enquanto corriam, soldados escondidos atrás de árvores e arbustos abriram fogo sobre eles. Muitos finalmente chegaram a Mauthausen sem sapatos, aos trapos e cheios de piolhos.[35]

Tentou-se desviar o maior número possível de novas remessas de judeus para subcampos remotos. Sob o domínio de Sachsenhausen, tais satélites eram

---

33 Compilado de relatórios dos Aliados, "The Numerical Expansion of the Concentration Camp Buchenwald During the Years 1937-1945", PS-2171.

34 Estatísticas do trabalho em Buchenwald (gráfico aparentemente incompleto), 24 de fevereiro de 1945, NO-1974. Para uma recapitulação estatística dos judeus em Buchenwald durante 1944 e 1945, que também é um tanto quanto incompleta, ver Harry Stein, *Juden em Buchenwald* (Buchenwald, 1992), pp. 133-135. As mortes de judeus em 1944 foram de aproximadamente 2 mil. Em fevereiro de 1945, foram 3.009 homens e sete mulheres e em março 2.673 homens. Stein estima o número de 1945 em aproximadamente 7 mil, sem contar os que morreram nas evacuações no final.

35 Declaração de Benedykt Friedman em Haifa, 19 de junho de 1962, com anexo contendo relatos de sobrevivência, Yad Vashem Oral History, documento 1243/120. Depoimento de Hans Marsalek (preso político), 8 de abril de 1946, PS-3870. Durante a noite de 22-23 maio de 1945, Marsalek interrogou o comandante de Mauthausen, Franz Ziereis, antes de Ziereis morrer vítima dos ferimentos. O número de judeus que chegavam ao complexo de Mauthausen vindos de Südostwall é estimado em aproximadamente 20 mil. Gisela Rabitsch, "Das KL Mauthausen", em Institut für Zeitgeschichte, *Studien zur Geschichte der Konzentrationslager* (Stuttgart, 1970), pp. 50-92, 80-82, 87-89.

Lieberose e Schwarzheide.[36] Na rede de Dachau, as principais estruturas para judeus eram os complexos de Kaufering e Mühldorf.[37] Em Mauthausen, um campo de tendas foi erguido e, de lá, os judeus eram enviados para Gunskirchen, recentemente estabelecido, e Ebensee. O campo de tendas e Gunskirchen, que não fazia uso da mão de obra, ofereciam apenas inanição, doenças e morte.[38]

---

36 Ver declarações de ex-prisioneiros nos Arquivos do Museu Memorial do Holocausto dos EUA, Grupo de registro 11.001 (Center for Historical Documentary Collections, Moscou), Rolo 94, Fundo 1525, Inscrição I, Pasta 340, vol. I.

37 Edith Raim, *Die Dachauer KZ-Aussenlager Kaufering und Mühldorf* (Landsberg, 1992). Sobre Kaufering, ver também dados do Serviço de Rastreamento Internacional em Martin Weinmann, ed., *Das Nationalsozialistische Lagersystem* (Frankfurt am Main, 1990), pp. 195, 554-558. Os documentos de Mühldorf estão em T 580, Rolo 321. Em 24 de abril de 1945, o número total de judeus em Dachau era 22.938. Fac-símile da chamada do campo que mostra uma diminuição de 838 em 25 de abril, em Barbara Distel e Ruth Jakusch, eds., *Concentration Camp Dachau 1933-1945* (Dachau, 1978), pp. 214-215.

38 As estatísticas de Mauthausen de prisioneiros judeus registrados de maio de 1944 até 4 de maio de 1945, mas excluindo o Gunskirchen de 27 de abril (o dia em que se tornou independente), são as seguintes:

Prisioneiros judeus em 31 de dezembro de 1943	2
Transferidos para Mauthausen (a maioria de Auschwtiz), 1944	13.826
Mortos em Mauthausen, 1944	3.437
Transferidos, principalmente para Auschwitz, 1944	858
Transferidos para Mauthausen (a maioria de Auschwitz), 1945	9.116
Mortos em Mauthausen, 1945	8.168
Em Mauthausen, 11 de março de 1945	15.529
Prisioneiros que marcharam a pé, não registrados	Aprox. 20 mil
Em Gunskirchen, 26 de abril de 1945	17.560
Transferidos para Gurskirchen, 28 de abril de 1945	3.108
Em Mauthausen (incluindo Ebensee), 30 de abril de 1945	8.800

Hans Marsalek, *Die Geschichte des Konzentrationslagers Mauthausen* (Viena, 1980), pp. 146, 282-284. Gunskirchen foi estabelecido em 12 de março de 1945. Os números de Gunskirchen para 26 de abril estão em Weinmann, *Das Nationalsozialistische Lagersystem*, p. 378. Ebensee, estabelecido em 1944 e que permaneceu um satélite de Mauthausen até o fim, recebeu 8.078 prisioneiros judeus, dos quais 3.110 estavam mortos em 4 de maio 1945. Florian Freund, *Arbeitslager Zement*

Dos guetos e campos remanescentes na região báltica, evacuados em 1944, judeus chegavam ao campo de concentração de Stutthof, a mais de um quilômetro de distância da costa leste báltica do rio Vístula. Como Auschwitz, Stutthof era dividido em complexos para homens e complexos para mulheres. A maioria dos prisioneiros era composta por mulheres, e a maioria das mulheres era judia. Quando a ofensiva soviética de janeiro de 1945 parou a poucos quilômetros ao sul de Stutthof, grande parte dos prisioneiros foi levada para o interior. Cerca de 3 mil mulheres foram fuziladas na praia e atiradas do gelo nas águas. Os prisioneiros restantes não tiveram de evacuar até a retomada do avanço soviético, em abril. No dia 27 de abril, três barcas foram lotadas em Hela sob bombardeios soviéticos. Uma, com prisioneiros doentes, foi mandada para Kiel, e duas chegaram nas primeiras horas da manhã de 3 de maio a Neustadt, 32 quilômetros ao norte de Lübeck. Conforme as vítimas desembarcavam, eram fuziladas por homens da ss e por equipes da Marinha, enquanto oficiais alemães fotografavam a cena dos jardins de suas casas.[39]

Os velhos e estabelecidos campos não tinham espaço suficiente para o fluxo de novos prisioneiros, de modo que o campo foi expandido para receber o excesso. Tratava-se de Bergen-Belsen, em Celle, próximo a Hannover, no noroeste da Alemanha. Bergen-Belsen era originalmente um campo do Wehrmacht para prisioneiros de guerra feridos. No outono de 1943, Pohl adquiriu metade do terreno para estabelecer um campo de internação. Ele precisava de um lugar onde estrangeiros pudessem ser repatriados – nas palavras de um oficial do Ministério de Relações Exteriores, um campo que não daria lugar para "propaganda sobre atrocidades" (*Greuelpropaganda*).[40] Embora Bergen-Belsen tenha, dessa forma,

---

(Viena, 1989), pp. 161-164. Os números de Ebensee estão incluídos nos totais de Mauthausen. O número de mortos de Gunskirchen de 27 de abril e aqueles do período pós-liberação para Mauthausen chega aos milhares.

39 Relato de Olga M. Pickholz-Barnitsch de 1963, com base em relatos e lembranças de um capitão de navio alemão, Rudolf Strücker, Yad Vashem Oral History, documento 736/54 B. As vítimas de Stutthof estavam no *Adler* e no *Bussard*. Havia outros navios com pessoas evacuadas de campos de concentração no porto de Neuengamme. Ver também relato detalhado de Liuba Daniel, novembro de 1956, Yad Vashem Oral History 2568/74. A sra. Daniel foi transportada para Stutthof de Kaunas.

40 Von Thadden para Eichmann, 24 de julho de 1943, NG-5050. A carta falava dos judeus espanhóis em Salonika que foram mais tarde enviados para Bergen-Belsen.

começado como um campo modelo, ele não podia permitir uma inspeção de um governo estrangeiro, mesmo em seus primeiros dias. Em vez de chamar o campo de *Internierungslager*, uma mente jurídica o havia, portanto, designado como um *Aufenthaltslager*, que significa "um campo onde as pessoas ficam".[41]

No final de 1944, Pohl assumiu a outra metade do campo. Essa transferência foi simples, pois o chefe de prisioneiros de guerra de Wehrmacht era, naquela época, o *Obergruppenführer* Berger, do Escritório Central da ss.[42] Alguns dos ex-oficiais de Auschwitz, então, transferiram-se para Bergen-Belsen. O *Hauptsturmführer* Kramer, antigo comandante de Birkenau (Auschwitz II), ficou com o posto mais alto. O dr. Fritz Klein, um médico do campo de Auschwitz, tornou-se diretor médico do campo de Bergen-Belsen.[43] Kramer imediatamente introduziu a rotina de Auschwitz, incluindo as longas chamadas.[44]

Em Theresienstadt, o *Obersturmführer* Rahm envolveu-se em uma última tentativa de retomar o processo de destruição. No final de fevereiro de 1945, vários engenheiros prisioneiros e oitenta trabalhadores prisioneiros foram enviados para uma fortaleza do século XVIII que ficava nos arredores, com instruções para selarem as aberturas e fecharem as janelas com o objetivo de criar um "armazém de legumes" hermeticamente fechado. Conforme rumores e agitações se espalharam pelo campo, Rahm, gritando para o departamento técnico judeu manter todos calados, repentinamente interrompeu o projeto.[45]

Em fevereiro e março, as linhas do front começaram a se desintegrar. Mais e mais soldados se renderam, grandes cidades cederam e os campos de trabalhos

---

41 O termo *Aufenthaltslager Bergen-Belsen* aparece na lista de distribuição de uma ordem de Liebehenschel datada de 10 de novembro de 1943, NO-1541.

42 A história de Bergen-Belsen é descrita em um depoimento do ex-*Oberst*. Fritz Mauer, 13 de fevereiro de 1947, NO-1980.

43 Testemunho de Kramer e Klein, United Nations War Crimes Commission, *Law Reports of Trials of War Criminals* (Londres, 1947), vol. 2, pp. 39-41.

44 Testemunho de Anita Lasker (sobrevivente), *ibid.*, pp. 21-22.

45 Testemunho de Adolf Engelstein, transcrição do julgamento de Eichmann, 18 de maio de 1961, sessão 45, pp. Qq1, Vv1, Ww1. A testemunha, um engenheiro, era um dos prisioneiros designados para o projeto. Sobre o plano de envenenar os prisioneiros de Dachau que não pertenciam às potências ocidentais, ver interrogatório de Bertus Gerdes (Gaustabsamtsleiter na Alta Bauvera), 20 de novembro de 1945, PS-3462.

forçados e campos de concentração tiveram de ser evacuados. De leste a oeste, trens com trabalhadores forçados e prisioneiros dos campos estavam indo para o interior. Alguns dos vagões eram desviados para vicinais e abandonados aos aviões de bombardeio dos Aliados.[46]

Em Bergen-Belsen, a administração do campo cedeu. Conforme dezenas de milhares de novos prisioneiros eram despejados no campo (apenas na semana de 4 a 13 de abril de 1945, foram 28 mil),[47] o abastecimento de comida foi cortado, as chamadas foram interrompidas e os prisioneiros famintos foram deixados à própria sorte. Houve surtos fora de controle de tifo e diarreia, cadáveres apodreciam nos galpões e em montes de esterco. Os ratos atacavam os vivos e os corpos dos mortos eram comidos pelos prisioneiros famintos.[48]

Enquanto isso, Himmler, que há muito havia perdido a esperança de uma vitória, fez uma das maiores concessões de sua vida: permitiu que vários milhares de prisioneiros fossem para a Suíça e para a Suécia; permitiu que caminhões da Cruz Vermelha distribuíssem comida para alguns campos;[49] por fim, ordenou que a evacuação dos campos de concentração ameaçados parasse e que eles fossem entregues intactos aos Aliados.[50] Durante uma conversa com um representante da Cruz Vermelha Internacional em Praga, em 6 de abril de 1945, Eichmann

---

46 Gisella Perl, *I Was a Doctor in Auschwitz* (Nova York, 1948), p. 166.

47 Testemunho de Kramer, *Law Reports of Trials of War Criminals*, vol. 2, p. 40.

48 Perl, *I Was a Doctor in Auschwitz*, pp. 166-167. O autor também esteve em Bergen-Belsen. Para uma visão global do testemunho, ver Raymond Phillips, ed., *Trial of Josef Kramer and Forty-Four Others (The Belsen Trial)* (Londres, 1949). As estatísticas relativas ao campo são recapituladas em Eberhard Kolb, *Bergen-Belsen* (Hannover, 1962). Kolb cita os seguintes números de mortos em Bergen-Belsen:

1944	2.048
1º de março a 6 de abril de 1945	22.081
19 de abril a 20 de junho de 1945	13.944

O número global foi provavelmente cerca de 53 mil indivíduos, a maioria deles judeus. No final de junho, os judeus sobreviventes podem ter chegado a cerca de 25 mil. Ver Jon Bridgman, *The End of the Holocaust* (Portland, Oregon, 1990), pp. 33-60.

49 Diretor executivo, Comitê de Refugiados de Guerra, Relatório Final, 15 de setembro de 1945, pp. 34, 40, 43, 45, 59.

50 Testemunho de Höss, *Trial of the Major War Criminals*, vol. XI, p. 407.

afirmou que não "concordava inteiramente" com os "métodos humanos" favorecidos naquele momento por Himmler, mas que, é claro, seguiria suas ordens cegamente.[51] Após Buchenwald ser capturado pelo exército americano, Hitler foi informado que os prisioneiros libertados estavam saqueando Weimar. Enfurecido, ele anulou a ordem de Himmler de entregar os campos de concentração.[52] No dia 24 de abril de 1945, o secretário geral da Cruz Vermelha Internacional, dr. Hans Bachmann, visitou Kaltenbrunner em Innsbruck. O diretor do RSHA o convidou a enviar alimentos para os judeus e ofereceu libertar alguns judeus que eram Aliados. Após a reunião, no jantar, Kaltenbrunner dirigiu a conversa à política e tentou dar uma ampla explicação do caráter da *Weltanschauung* [Ideologia] nacional-socialista.[53]

No final de abril, o front estava se dissolvendo. A leste e a oeste, criminosos de guerra em potencial viam os exércitos Aliados se aproximando. O fim os aguardava. Alguns cometeram suicídio. Alguns se renderam. Alguns se esconderam. Em Munique, no dia 30 de abril de 1945, enquanto as tropas americanas avançavam cidade adentro, o ex-diretor do Amtsgruppe A do WVHA, August Frank, foi até o escritório de polícia da presidência e obteve uma carteira de identidade falsa. De qualquer forma, ele foi pego.[54] Na Áustria, Globocnik foi preso e se matou.[55]

De Oranienburg, sede do WVHA, uma carreata de oficiais da SS partiu com suas famílias para Ravensbrück e, de lá, para Flensburg. O *Obersturmbannführer* Höss estava entre eles. Em Flensburg, ele procurou Himmler, que o aconselhou a ir para a Dinamarca como um oficial do Wehrmacht. Höss conseguiu obter

---

51 Texto do resumo da conversa, preparado em 24 de abril de 1945, em Jean-Claude Favez, *Das Internationale Rote Kreuz und das Dritte Reich* (Zurique, 1989), pp. 499-500. O representante da Cruz Vermelha Internacional era Otto Lehner.

52 Testemunho de Höss, *Trial of the Major War Criminals*, XI, p. 407.

53 Depoimento de Bachmann, 11 de abril de 1946, Kaltenbrunner-5. Para outras discussões entre funcionários da Cruz Vermelha Internacional e Kaltenbrunner, ver: depoimento do presidente da Cruz Vermelha Internacional, Carl Burckhardt, 17 de abril de 1946, Kaltenbrunner-3; e depoimento do delegado da Cruz Vermelha Internacional, dr. Hans E. A. Meyer, 11 de abril de 1946, Kaltenbrunner-4.

54 Depoimento de Frank, 19 de março de 1946, NO-1211.

55 Interrogatório de Wied, 21 de julho de 1945, G-215.

documentos falsos com o Capitão zur See Luth – ele era agora Franz Lang, *Boots-maat* (marinheiro). Mas não por muito tempo – ele também foi capturado.[56]

Himmler perambulava pela Alemanha, uma figura solitária e procurada. Foi reconhecido e preso, e, então, envenenou-se.

Mesmo enquanto os exércitos travavam a batalha final, Eichmann reuniu seus homens para lhes dizer que o fim estava próximo. Enquanto Zoepf "chorava como uma criança", Eichmann disse que o sentimento de ter matado 5 milhões de inimigos do Estado dava-lhe tanta satisfação que ele pularia rindo no túmulo.[57] Mas Eichmann não pulou e, após passar meses em cativeiro americano, irreconhecível, fugiu e desapareceu sem deixar rastros. Quinze anos depois, foi reconhecido na Argentina por agentes de Israel.[58]

Na fronteira ítalo-suíça, pouco antes do colapso, o embaixador alemão na Itália, Rudolf Rahn, não conseguiu entrar na Suíça. De pé na neve, ele pensou nos judeus: "Será que vamos ter o mesmo destino dessa nação desafortunada? Seremos dispersados para todos os cantos, entregaremos nossa tenacidade e nossa capacidade à riqueza de outras nações, apenas para provocar sua resistência? Os alemães também serão condenados a estarem em casa em todos os lugares e não serem bem-vindos em nenhum?".[59]

No Protetorado, ainda dominado por tropas alemãs, o último comandante de Theresienstadt, Rahm, recebeu o derradeiro relatório de um diretor da "auto-administração" judia (*Selbstverwaltung*), o rabino Murmelstein, em 5 de maio de 1945. Em seu memorando sobre aquele relatório, que lidava com uma variedade de tópicos, incluindo as estatísticas de tifo, Murmelstein observou que o

---

56 Depoimento de Höss, 14 de março de 1946, NO-1210.

57 Testemunho de Eichmann, transcrição do julgamento de Eichmann, 7 de julho 1961, sessão 88, p. H1. Depoimento de Wisliceny, 29 de novembro de 1945, *Conspiracy and Aggression*, VIII, 610. Wisliceny identifica o incidente em fevereiro, Eichmann, em abril. Wisliceny cita Eichmann como tendo dito "judeus", ao passo que Eichmann afirma ter dito "inimigos do Estado". Cinco milhões era, no entanto, a lembrança mais clara de Eichmann do total de judeus mortos. Ver seu testemunho, transcrição do julgamento de Eichmann, 20 de julho de 1961, sessão 105, p. Lli.

58 "Israelis Confirm Kidnapping Nazi", *The New York Times*, 7 de junho de 1960, pp. 1-2.

59 Rudolf Rahn, *Ruheloses Leben* (Düsseldorf, 1949), pp. 292-293.

Obersturmführer lhe havia prometido trezentos quilos de Zyklon.[60] No mesmo dia, o rabino, elaborando sobre "as consequências políticas corretas no momento correto [*im richtigen Moment die richtigen Konsequenzen*]", apresentou sua demissão a um representante da Cruz Vermelha Internacional.[61] O próprio Rahm demitiu-se naquela noite.[62]

Enquanto isso, conforme os ataques soviéticos se aproximavam de Berlim, o diretor do *Generalbetriebsleitung* Ost (Präsident Ernst Emrich) reuniu sua equipe em um abrigo no dia 23 de abril para aconselhá-los a voltar para casa.[63] Quando os escritórios do *Generalbetriebsleitung* foram invadidos pelos soviéticos, o *Reichsbahnoberinspektor* Bruno Klemm, que presidira várias reuniões sobre o transporte de judeus, foi capturado. Foi visto pela última vez por um colega em Poznan, e desde então nunca mais foi visto.[64]

Em seu próprio abrigo, o arquiteto supremo da destruição dos judeus, Adolf Hitler, ditou um testamento político durante as primeiras horas da manhã do dia 29 de abril de 1945. Nessa herança, ele diz:[65]

Não é verdade que eu ou qualquer outra pessoa na Alemanha queria a guerra em 1939. Ela foi desejada e instigada exclusivamente por aqueles estadistas internacionais que ou eram de ascendência judia, ou trabalhavam para os interesses judeus. Fiz muitas ofertas para controlar e limitar os armamentos – esforços que a posteridade não será capaz de ignorar para sempre, pois a responsabilidade pela eclosão desta guerra será colocada sobre mim. Nunca desejei que, após a fatal Primeira Guerra Mundial, uma segunda contra a Inglaterra, ou mesmo contra a América, devesse acontecer. Séculos se passarão, mas, das ruínas de nossas

---

60 Texto do memorando de Murmelstein em H. G. Adler, *Die verheimlichte Wahrheit* (Tubinga, 1958), pp. 140-141.

61 Murmelstein para Dunant, 5 de maio de 1945, *ibid.*, pp. 142-144.

62 H. G. Adler, *Theresienstadt* (Tubinga, 1961), pp. 216-218. Os soviéticos chegaram no dia 9 de maio.

63 Declaração de Philipp Mangold, Sarter Collection, Nuremberg Verkehrsarchiv, Pasta aa.

64 Declaração de Gerhard Reelitz, 26 de abril de 1967. Landgericht in Düsseldorf, Caso Ganzenmüller, 8 Js 430/67, vol. XIV, pp. 84-90. Declaração de Fritz Tier, 21 de abril de 1967, Caso Ganzenmüller, vol. XIV, pp. 77-83.

65 Testamento político de Hitler, 29 de abril de 1945, PS-3569.

cidades e monumentos, o ódio contra aqueles finalmente responsáveis – a quem temos de agradecer por tudo, uma comunidade judia internacional e seus ajudantes – irá crescer...

Também deixo muito claro que, se as nações da Europa forem mais uma vez consideradas meros escravos a serem comprados e vendidos por esses conspiradores internacionais das áreas monetária e financeira, então essa raça, os judeus, que são os verdadeiros criminosos desta luta assassina, serão confrontados com a responsabilidade. Ademais, não deixei ninguém duvidar de que, desta vez, não apenas milhões de crianças dos povos arianos da Europa morreriam de fome, não apenas milhões de homens adultos morreriam e não apenas centenas de milhares de mulheres e crianças seriam queimadas e bombardeadas até a morte nas cidades, mas que o verdadeiro criminoso também terá de expiar sua culpa, mesmo que por meios mais humanos.

Após seis anos de guerra, que, apesar de todos os contratempos, um dia entrarão para a história como a manifestação mais gloriosa e valente do propósito de vida de uma nação, não posso abandonar a cidade que é a capital deste *Reich*. Como as forças são demasiado pequenas para fazerem qualquer outra oposição ao ataque inimigo a este local e nossa resistência está sendo gradualmente enfraquecida por homens que são tão iludidos quanto desprovidos de iniciativa, eu gostaria, ao permanecer nesta cidade, de compartilhar meu destino com aqueles, os milhões de outros, que também tomaram esse fardo para si. Ademais, eu não gostaria de cair nas mãos de um inimigo que precisa de um novo espetáculo organizado pelos judeus para divertir suas massas histéricas.

Decidi, portanto, permanecer em Berlim e então, de meu próprio livre arbítrio, escolher a morte no momento em que acredito que a posição do *Führer* e do próprio chanceler já não podem ser mantidas.

10

Reflexões

OS PERPETRADORES

OS ALEMÃES ASSASSINARAM 5 MILHÕES DE JUDEUS. O MASSACRE NÃO surgiu do nada, foi levado a cabo porque tinha um significado para os perpetradores. Não foi uma estratégia para a realização de um objetivo oculto, mas um acontecimento experimentado como *Erlebnis* [experiência, vivência], vivido e revivido por seus participantes.

Os burocratas alemães que contribuíram com suas habilidades para a destruição dos judeus compartilharam, todos, essa experiência, alguns no trabalho técnico de esboçar um decreto ou despachar um trem, outros cruamente na porta de uma câmara de gás. Eles eram capazes de sentir a enormidade da operação em seus menores fragmentos. Em cada etapa, exibiram uma impressionante habilidade pioneira na ausência de diretivas, uma congruência de atividades sem orientações sobre as competências, uma compreensão fundamental da tarefa, mesmo quando não havia comunicações explícitas. A sensação é de que, quando Reinhard Heydrich e o *Staatssekretäre* ministerial reuniram-se, no dia 20 de janeiro de 1942, para discutir a "Solução Final da Questão Judaica na Europa", eles compreendiam um ao outro.[1]

---

1 Resumo da reunião "A Solução Final", 20 de janeiro de 1942, ng-2568. Testemunho de Adolf Eichmann, julgamento de Eichmann, transcrição em inglês, sessão 78, 23 de junho de 1961, pp. Z1,

Em retrospectiva, pode ser possível ver o plano completo como um mosaico de pequenas peças, cada uma delas banal e sem brilho por si só. Contudo, essa progressão de atividades cotidianas, essas notas de arquivo, esses memorandos e telegramas incorporados no hábito, na rotina e na tradição foram moldados em um processo massivo de destruição. Homens comuns deviam realizar tarefas extraordinárias. Uma legião de funcionários em gabinetes e escritórios públicos e em empresas privadas tentava fazer o seu melhor.

Com cada escalão havia também barreiras. Problemas econômicos reclamavam seus custos; pensamentos contemplativos preocupavam a mente. E mesmo assim a destruição dos judeus não foi interrompida. A continuidade é uma de suas características mais cruciais. No limiar da fase de extermínio, o fluxo de medidas administrativas não era conferido. Obstáculos tecnológicos e morais eram superados. A marcha sem precedentes de homens, mulheres e crianças rumo às câmaras de gás havia tido início. Como esse ato se desenrolou?

A expansão destrutiva

O esforço destrutivo alemão evoluiu em várias plataformas. Um desenvolvimento foi o alinhamento das organizações em uma máquina destrutiva; outro foi a evolução de procedimentos para a realização de atos destrutivos; um terceiro consistiu na cristalização do processo de destruição; finalmente, múltiplos processos foram colocados em movimento contra outras vítimas na esfera de poder alemã.

Fundamental foi a imersão do aparelho burocrático como tal na atividade destrutiva. Conforme o processo se desdobrava, suas exigências tornavam-se mais complexas e sua realização envolvia um número cada vez maior de agências, escritórios do partido, empresas e comandos militares. A destruição dos judeus foi um processo total, comparável em sua diversidade a uma guerra moderna, uma mobilização ou uma reconstrução nacional.

Um processo administrativo de tal ordem não pode ser executado por uma única agência, mesmo que se trate de um corpo treinado e especializado como a Gestapo ou um comissariado para assuntos judeus, pois quando um processo corta cada fase da vida humana, ele precisa, em última análise, alimentar-se das fontes de toda a comunidade organizada. É por isso que é possível encontrar entre

---

Aa1, Bb1; sessão 79, 26 de junho de 1961, pp. Aa1, B1, C1; sessão 106, 24 de julho de 1961, p. I1; sessão 107, 24 de julho de 1961, pp. E1, F1.

os perpetradores os técnicos altamente diferenciados dos serviços de inspeção de armamentos, os funcionários remotos do Ministério dos Correios e, na importantíssima operação de fornecimento de relatórios para a determinação de descendência, os membros de um indiferente e distante clero cristão. A máquina de destruição, portanto, não era diferente estruturalmente da sociedade alemã organizada como um todo; a diferença era apenas uma de função. A máquina de destruição *era* a comunidade organizada em torno de um de seus papéis especiais.

Agências estabelecidas apoiavam-se em procedimentos existentes. Em seu trabalho diário, o burocrata fazia uso de técnicas experimentadas e de fórmulas testadas com as quais estava familiarizado e as quais sabia que seriam aceitas por seus superiores, colegas e subordinados. As práticas comuns eram aplicadas também em situações incomuns. O Ministério das Finanças passou por processos de condenação para estabelecer o complexo de Auschwitz[2] e as ferrovias alemãs cobravam da Polícia de Segurança pelo transporte dos judeus, calculando a passagem de ida de cada deportado por quilômetro percorrido.[3] Operações rápidas aceleravam obstáculos maiores e necessitavam de ajustes mais elaborados. No decurso do agrupamento dos judeus de Varsóvia durante o verão de 1942, os habitantes do gueto deixaram para trás suas contas de gás e de eletricidade vencidas e, como consequência, os oficiais alemães responsáveis pelos serviços públicos e pelas finanças na cidade precisaram mobilizar todas as suas competências para restabelecer um equilíbrio administrativo.[4]

Embora o aparato se esforçasse para manter o habitual modo de operação para lidar com uma variedade de problemas, havia uma tendência no interior

---

2 Gravações das reuniões de 3 de novembro e 17 e 18 de dezembro presididas pelo *Oberfinanzpräsident* dr. Casdorf do Ministério das Finanças, PS-1643, e outras correspondências no mesmo documento.

3 Eichmann para o Ministério dos Transportes, 20 de fevereiro de 1941, Landgericht em Düsseldorf, Caso Ganzenmüller, 8 Js 430/67, vol. especial 4, pt. 4, p. 105. Ministério dos Transportes E I/16 para Reichbahndirektionen em Karlsruhe, em Colônia, Münster, Saarbrücken, cópias para *Hauptverkehrsdirektionen* em Bruxelas e Paris, Plenipotenciário em Utrecht e *Amtsrat* Stange, 14 de julho de 1942, Caso Ganzenmüller, vol. especial 4, parte 3, p. 56.

4 Dürrfeld (Dezernat 3 da administração municipal alemã em Varsóvia) para Comandante da SS e da Polícia von Sammern, 10 de agosto de 1942, e memorando de Kunze (Dezernat 4), 13 de agosto de 1942, Zentrale Stelle der Landesjustizverwaltungen, Ludwigsburg, Akten Auerswald, Polen 365d, pp. 275-277.

da estrutura burocrática de apagar velhas e estabelecidas fronteiras de liberdade administrativa quando essas inibiam a aceitação de novos desafios ou a exploração de novas oportunidades. O processo de destruição era, em sua própria natureza, ilimitado. É por isso que o poder se tornou mais aberto, as latitudes foram ampliadas e as capacidades, aumentadas. Com o tempo, tornou-se mais fácil escrever uma portaria que regulasse a conduta das vítimas ou agir contra elas de forma direta.

No reino da regulação pública, poucas leis básicas estavam sendo promulgadas, e "decretos implementares" eram cada vez menos pertinentes às leis às quais se referiam.[5] Uma portaria sequer precisava aparecer no diário oficial. Em dezembro de 1938, Heinrich Himmler, omitindo a habitual submissão de regras a um registro oficial, "provisoriamente" colocou direto nos jornais uma regulamentação que anulava as carteiras de motoristas dos judeus. Quando a legalidade da ação de Himmler foi desafiada na corte, o *Reichsgericht* confirmou seu método, alegando que uma proclamação emitida "sob os olhos das mais altas autoridades do *Reich*" sem gerar seu protesto era legal.[6]

A ascensão do governo por anúncio foi acompanhada por uma elevada permissividade na tomada de decisões internas. Ordens eram comandos específicos, mas ao mesmo tempo podiam conter autorizações amplas. O que era compulsório era também uma ordem. Quando Göring permitiu que Heydrich implantasse a "Solução Final", o "ônus" foi uma vasta delegação de poder.[7] Não surpreende o fato de diretivas escritas darem lugar a ordens orais. O próprio Hitler pode nunca ter assinado uma ordem para assassinar os judeus. Por outro lado, há relatos de suas falas na forma de comentários, questionamentos ou "desejos". O que ele, na verdade,

---

5 Ver em particular a discussão de Uwe Dietrich Adam, *Judenpolitik im Dritten Reich* (Düsseldorf, 1972), pp. 110-111, 241-246.

6 O episódio é relatado por Adam, *Judenpolitik*, pp. 213, 224 Ver também correspondência em T 459, Rolos 21 e 22, sobre um anúncio feito pelo *Gebietskommissar* em Riga proibindo contatos entre judeus e não judeus, sob pena de prisão. No gabinete do *Generalkommissar*, *Landrat* Sommerlatte sustentou que ao *Gebietskommissar* faltava todo o poder para fazer tais ameaças e que os tribunais não poderiam aplicá-las. Ver carta de Sommerlatte de 30 de abril de 1942, T 459, Rolo 21.

7 Göring para Heydrich, 31 de julho de 1941, PS-710. A ordem foi dada por Heydrich e seu texto foi rascunhado por Eichmann. Adolf Eichmann, *Ich, Adolf Eichmann* (Leoni am Starnberger See, 1980), p. 479.

queria dizer – ou se de fato queria dizer aquilo – poderia ter sido uma questão de tom, assim como de linguagem. Quando falava "friamente" e em "voz baixa" a respeito de decisões "terríveis" "também à mesa de jantar", então seu público sabia que ele estava falando "sério".[8]

Ordens orais eram emitidas em todos os níveis. Höss recebeu ordens para construir seu campo de extermínio em Auschwitz durante uma conversa com Himmler.[9] Stangl recebeu instruções a respeito de Sobibór de Globocnik em um banco de praça em Lublin.[10] Um funcionário da ferrovia na Cracóvia, responsável pelo agendamento dos trens da morte, recorda que recebeu ordens de seu superior imediato para levar os transportes para onde quer que a ss exigisse.[11]

Em essência, então, havia uma atrofia de leis e uma correspondente multiplicação de medidas para as quais as fontes de autoridade eram mais e mais etéreas. Válvulas estavam sendo abertas para um fluxo de decisão; o funcionário experiente estava por conta própria; um burocrata de nível médio, não menos do que seu superior mais elevado, estava ciente das tendências e das possibilidades. Tanto em pequena quanto em grande escala, ele reconhecia o que era propício para o momento. Na maioria das vezes, era ele quem iniciava a ação.

Milhares de propostas eram introduzidas em memorandos, apresentadas em reuniões e discutidas em cartas. O assunto ia da dissolução de casamentos mistos[12] à deportação dos judeus de Liechtenstein[13] ou à construção de algum instrumento de "funcionamento rápido" para a aniquilação de mulheres e crianças judias em Łódź e nas cidades do entorno de Warthegau.[14] Às vezes, presumia-se

---

8 Testemunho juramentado de Albert Speer, 15 de junho de 1977, fac-símile em Arthur Suzman e Denis Diamond, *Six Million Did Die* (Johannesburgo, 1977), pp. 109-112.

9 Testemunho de Höss, Tribunal Militar Internacional, *Trial of the Major War Criminals* (Nuremberg, 1947), XI, 398.

10 Gitta Sereny, *Into That Darkness* (Nova York, 1974), pp. 101-104.

11 Declaração de Erich Richter, 11 de junho de 1969, Caso Ganzenmüller, vol. 19, pp. 5-12.

12 Resumo da reunião de 6 de março de 1942, NG-2586-H.

13 Suhr (RSHA) para Rademacher (Ministério das Relações Exteriores), 17 de fevereiro de 1942, Israel Police 1188.

14 Höppner (Gabinete do Alto Comando da ss e da Polícia em Warthegau) para Eichmann, 16 de julho de 1941, em *Biuletyn Głównej Komisji Badania Zbrodni Hitlerowskich w Polsce* 12 (1960): 27F-29F.

que o momento havia chegado, mesmo se não houvesse uma palavra definiti-
va vinda de cima. Hans Globke escreveu previsões antissemitas em um decreto
sobre nomes próprios em dezembro de 1932, antes de haver um regime nazista ou um *Führer*.[15] O Gabinete de Administração em Varsóvia começou a apre-
ender propriedades dos judeus "na expectativa" de uma "regulamentação legal",
praticando, enquanto isso, o "indispensável" trabalho preparatório.[16] Nem sempre, contudo, tal espontaneidade foi bem recebida nos gabinetes centrais em Berlim. Quando a Polícia de Segurança na Holanda procurou induzir esterilizações,
mantendo a perspectiva de imunidade de deportação para casais em casamentos
mistos que pudessem provar sua incapacidade de ter filhos, o vice de Eichmann,
Günther, expressou sua desaprovação porque tal regime não tinha sido imple-
mentado para os judeus nem na própria Alemanha. O *Reich*, disse Günther, precisava ser um modelo em tais questões.[17] O próprio Eichmann certa vez extrapolou
uma diretriz, apreendendo judeus húngaros no *Reich* por engano. Comentando
sobre seu ato em um tribunal de Israel, ele disse: "Humanamente, isso é possível e
compreensível".[18]

Em última análise, as leis e os decretos não eram vistos como fontes extremas de poder, mas apenas como uma expressão de vontade. Nessa perspectiva,
um decreto particular podia não englobar tudo o que precisava ser feito; ocasionalmente, podia até mesmo interferir na tarefa que se tinha em mãos. Se uma
portaria fosse entendida como não limitadora, se fosse entendida apenas como
um exemplo do tipo de ações que poderiam ser tomadas, um oficial poderia proceder fora de seus limites, legislando em um plano paralelo. A Lei de Restauração do Serviço Civil Profissional estabelecia que empregados civis judeus deviam
ser dispensados. De modo análogo, ou *"sinngemäss"* [*mutatis mutandis*], bolsistas

---

15 Globke (Ministério do Interior prussiano) para *Regierungspräsidenten* e outras autoridades regionais, 23 de dezembro de 1932, Arquivo Central da República Democrática Alemã, cortesia do
embaixador Stefan Heymann.

16 Escritório de Tutela em Varsóvia, relatório mensal de outubro 1940, 8 de novembro de 1940,
Yad Vashem, microfilme JM 814.

17 Werner (Gabinete do Comandante da Polícia de Segurança nos Países Baixos) para Harster (comandante) e Zoepf (Negócios Judeus no mesmo gabinete), 6 de maio de 1943, Israel Police 1356.

18 Julgamento de Eichmann, sessão 97, 14 de julho de 1961, p. P1.

judeus na Universidade de Freiburg foram privados de seus auxílios.[19] Se as instruções frustravam a ação, elas podiam até mesmo ser desconsideradas por completo. Um exemplo é uma diretiva, emitida no *Generalgouvernement*, para pagar a trabalhadores judeus no mercado "livre" 80% do salário recebido por poloneses. O problema em várias localidades era que os trabalhadores judeus sequer recebiam salários de seus empregadores, uma vez que se esperava que os conselhos judaicos fornecessem uma compensação com seus próprios fundos. No Distrito de Puławy o exército alemão, não querendo começar a realizar pagamentos, prontamente dispensou seus judeus,[20] mas, em Częstochowa, o *Kommissar* alemão da cidade escreveu o seguinte em seu relatório oficial: "Presumo que também essas instruções podem se perder localmente e agi em conformidade".[21]

A máquina da destruição, movendo-se em um caminho de autoasserção, envolveu sua operação múltipla em uma rede cada vez mais complexa de decisões de bloqueio. É possível se perguntar: o que determinava a ordem básica desse processo? Como se explicava a sequência de envolvimento? O que explica os passos da sucessão? A burocracia não tinha um plano diretor, nem um plano fundamental ou uma visão clara de suas ações. Como, então, o processo foi conduzido? Como assumiu uma *Gestalt*?

Um processo de destruição tem um modelo inerente. Há apenas uma forma como um grupo disperso pode ser efetivamente destruído. Três passos são orgânicos à operação:

---

19 Decreto do reitor (Martin Heidegger), *Freiburger Studentenzeitung*, 3 de novembro de 1933, p. 6, como reimpresso em Guido Schneeberger, *Nachlese zu Heidegger* (Berna, 1962), p. 137.

20 Relatório mensal de agosto 1940 por Kreishauptmann em Puławy (assinado por Brandt), 10 de setembro de 1940, Yad Vashem microfilme JM 814.

21 Relatório mensal de *Stadthauptmann* em Częstochowa, 14 de setembro de 1940, Yad Vashem microfilme JM 814.

Esta é a estrutura invariável do processo básico, pois nenhum grupo pode ser assassinado sem uma concentração ou captura das vítimas e nenhuma vítima pode ser segregada antes de o perpetrador saber quem pertence ao grupo.

Existem passos adicionais no empreendimento destrutivo moderno. Essas medidas são necessárias não para a aniquilação da vítima, mas para a preservação da economia. Basicamente, todas elas são expropriações. Na destruição dos judeus, decretos de expropriação eram introduzidos após cada passo orgânico. Demissões e arianizações eram seguidas de medidas de definição, de exploração e de inanição; e o confisco de bens pessoais era incidental à operação de extermínio. Em sua forma completa, o processo de destruição em uma sociedade moderna será, portanto, estruturado como a seguir:

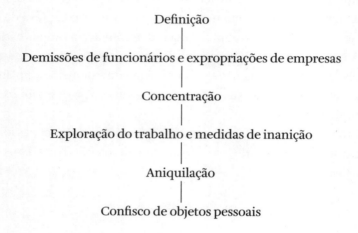

A sequência de passos em um processo de destruição é determinada dessa forma. Se houver uma tentativa de infligir os danos máximos a um grupo de pessoas, é, portanto, inevitável que a burocracia, independentemente de quão descentralizado seja seu aparato ou de quão não planejadas sejam suas atividades, deva empurrar suas vítimas por esses estágios.

A destruição dos judeus não foi um evento isolado, mas embutido em um ambiente de ações contra uma variedade de grupos. Assim como as medidas antissemitas, essas operações não eram estabelecidas visando a eliminação de práticas sociais, tradições ou instituições, mas as privações de propriedade e espaço e, em alguns casos, a imposição da morte. Nessa destruição mais ampla, é possível ver diversos decretos que eram característicos dos processos antissemitas, como a definição-escrita, impostos especiais, marcações ou restrições ao movimento. À medida que o assassinato era direcionado aos não judeus, o ato era realizado antes e durante a aniquilação dos judeus pelos mesmos meios e com frequência pelo mesmo pessoal.

Três amplas categorias de indivíduos foram adotadas nessas atividades destrutivas: (1) pessoas afligidas por doenças ou deficiências; (2) pessoas consideradas ameaçadoras ou perigosas por conta de seu comportamento; e (3) membros de nacionalidades-alvos.

A maioria das vítimas com a saúde prejudicada vivia em hospícios. O programa de eutanásia, que tirou a vida de aproximadamente 100 mil adultos e crianças alemães, é a mais conspícua das ações contra povos institucionalizados. Essencialmente, as pessoas nas enfermarias foram dizimadas e o critério decisivo para a seleção era o grau do problema do interno. Foi nessa operação que a câmara de gás foi empregada pela primeira vez.[22] Nas regiões do leste, especialmente no território polonês ocupado, pacientes alemães e poloneses recebiam o gás em ônibus-protótipos.[23] Mais tarde, o Einsatzgruppen esvaziou hospícios na União Soviética ocupada e fuzilou milhares de russos e ucranianos.[24] Algumas dessas instalações foram subsequentemente usadas por feridos alemães.

Certamente havia problemas, pois as vítimas da eutanásia eram de famílias relativamente comuns. Ademais, a operação causava receios da possibilidade da inclusão de pessoas idosas. No *Reich*, essas ansiedades manifestavam-se em pesquisas privadas e, em uma ocasião, em um sermão público do bispo católico Clemens August Graf von Galen.[25] Em Poltava, Ucrânia, o *Sonderkommando* 4b demonstrou sua sensibilidade relacionada a essas questões ao criar um "acordo" com o principal médico do sanatório local para remover 565 internos incuráveis para a "liquidação" sob o pretexto de transferi-los a uma instituição ainda melhor na Cracóvia e de devolver trezentos dos que tinham deficiências menores às suas famílias.[26]

---

22 Ver Ernst Klee, *"Euthanasie" im NS-Staat* (Frankfurt am Main, 1983).

23 Götz Aly, *"Endlösung"* (Frankfurt am Main, 1995), pp. 114-126.

24 Angelike Ebbinghaus e Gerd Preissler, "Die Ermordung psychisch kranker Menschen in der Sowjetunion", em Götz Aly *et al.*, eds., *Aussonderung und Tod* (Berlim, 1985), pp. 75-107.

25 Grande parte do texto do sermão, 3 de agosto de 1941, em Herbert Michaelis e Ernst Schraepler, eds., *Das Dritte Reich, 26 vols.* (Berlim, 1958), vol. 19, pp. 516-518.

26 RSHA IV-A-1, Relatório da situação e operação na URSS No. 135 (60 cópias), 19 de novembro de 1941, NO-2832.

Crianças deficientes mentais na Alemanha passavam fome até a morte em instalações criadas para esse propósito. Em Shumachi, na Rússia, um médico do exército alemão decidiu que dezesseis crianças russas e judias deficientes mentais e com eczema deveriam ser fuziladas pela Polícia de Segurança.[27] O *Gauleiter* Greiser do *Warthegau* queria usar os membros experientes (*eingearbeiteten*) do *Sonderkommando* em Kulmhof para libertar seu *Gau* de 35 mil poloneses tuberculosos. A sugestão chegou a Hitler. Depois de meses sem uma decisão, Greiser ficou profundamente decepcionado. Afinal, Hitler havia lhe dito que ele podia fazer o que quisesse com os judeus.[28]

Os poloneses tuberculosos foram poupados, mas pensamentos a respeito da ampliação do círculo de vítimas não passaram. Em 16 de novembro de 1944, oficiais do Ministério da Justiça voltaram sua atenção à questão da feiura. O resumo dessa conferência declara:[29]

> Durante várias visitas a penitenciárias, os presos sempre foram observados e alguns, por causa das características físicas, mal poderiam ser chamados de humanos; mais pareciam abortos do inferno. Tais prisioneiros deveriam ser fotografados. Planeja-se que também sejam eliminados. Crime e punição são irrelevantes. Somente essas fotografias, que realmente demonstravam a deformidade, deveriam ser apresentadas.

Diferentemente das vítimas passivas institucionalizadas que foram mortas em silêncio ou em segredo, aquelas cuja conduta era considerada uma ameaça à sociedade alemã eram enfrentadas publicamente. Pessoas perigosas nesse sentido podiam ser comunistas ou outros oponentes políticos, Testemunhas de Jeová, criminosos habituais, "associais" ou indivíduos "preguiçosos", além de homens alemães homossexuais. Foi principalmente para esse aglomerado de pessoas que os campos de concentração foram criados.

---

27 RSHA IV-A-I, Relatório da situação e operação na URSS No. 148 (65 cópias), 19 de dezembro de 1941, NO-2824. Shumachi é uma pequena cidade a sudoeste de Roslavl.

28 Greiser para Himmler, 1º de maio de 1942, NO-246, e Greiser para Himmler, 21 de novembro de 1942, NO-249.

29 *Generalstaatsanwalt* (procurador-chefe) em Bamberg para *Generalstaatsanwalt* Helm em Munique, 29 de novembro de 1944, anexando resumo de conferência realizada sob a presidência do *Ministerialdirektor* Engert em 16 de novembro de 1944, NG-1546.

Ações baseadas em critérios nacionais ou étnicos eram empreendimentos muito maiores. Aqui, o problema não era fazer uma clara distinção entre uma população como um todo e um grupo específico a ser isolado para morte ou encarceramento. Em vez disso, tratava-se de criar uma hierarquia autêntica de nações dentro da Alemanha e de seus territórios ocupados, envolvendo não dezenas ou centenas de milhares de indivíduos, mas milhões e dezenas de milhões. Muitas distinções foram feitas entre esses povos e muitas consequências surgiam dessas distinções.

O grupo mais favorecido era aquele formado por alemães étnicos, ou seja, os povos de fora da Alemanha mas que, culturalmente, eram alemães. Após a eclosão da guerra, os alemães étnicos foram convidados a "retornar", do Báltico e de outras áreas não ocupadas por tropas alemãs, para a Alemanha. Posteriormente, foram privilegiados em territórios ocupados por alemães. Alguns poucos ancestrais e um conhecimento básico da língua alemã significavam uma cidadania alemã revogável.[30] A segunda categoria mais alta era chamada "germânica": povos noruegueses, dinamarqueses, holandeses e flamengos.[31] Para essas nacionalidades, a "germanização" era um objetivo distante.

Um grupo maior, que não era nem publicamente elogiado, nem abertamente ridicularizado, ocupava uma ampla zona intermediária e variava de tchecos a franceses e de valões a gregos e sérvios. O *status* mais baixo desse agregado de nações, que incluiu os italianos após setembro de 1943, revela-se em práticas alemãs

---

30 Ver Diemut Majer, *"Fremdvölkische" im Dritten Reich* (Boppard am Rhein, 1993), pp. 215-222. A cidadania revogável foi oferecida a aproximadamente 3 milhões de pessoas. Relatório do *Stabshauptamt* de Himmler com dados a partir de dezembro de 1942, em Rolf-Dieter Müller, *Hitlers Ostkrieg und die deutsche Siedlungspolitik* (Frankfurt am Main, 1991), pp. 200-204.

31 Um indício do *status* elevado de homens pertencentes a essas nacionalidades era o acesso às mulheres alemãs. Eles eram os únicos a ter esse privilégio. Trabalhadores Tchecos na Alemanha tinham de ter permissão para casar com alemãs. Poloneses, russos, bielorrussos, ucranianos e trabalhadores bálticos eram proibidos de ter relações sexuais com alemães. Instruções da Gestapo (*Staatspolizeileitstelle*) em Dresden, 16 de novembro de 1942, em Jochen August *et al.*, *Herrenmensch und Arbeitsvölker* (Berlim, 1986), pp. 136-138. Mais tarde, essas relações foram explicitamente proibidas também para armênios, georgianos, caucasianos do norte, além de homens de Kalmyk, cossacos, turquestãos e tártaros com "passaportes apátridas". Circular IV-B do RSHA aos escritórios da Polícia de Segurança, 25 de julho de 1944, Staatsarchiv Leipzig, Coleção Polizeipräsident Leipzig V 4000.

como tomada de reféns e represálias. Nos campos de concentração, internos franceses e italianos não recebiam qualquer privilégio comparados aos demais.[32]

Abaixo deles estava a maioria dos europeus orientais. Todavia, mesmo nessa região havia gradações: estonianos acima de letões, letões acima de lituanos, e todos os três acima dos ucranianos. Prisioneiros de guerra soviéticos de nacionalidades ucraniana e báltica eram elegíveis à libertação.[33] Além disso, tanto bálticos quanto ucranianos eram recrutados nos batalhões da polícia com pagamentos em Reichsmark.[34] Os ucranianos, todavia, eram expostos às mesmas privações que os bielorrussos, russos e poloneses em outros aspectos, notavelmente o confisco de suas colheitas e trabalho forçado na Alemanha.[35] A população das cidades ucranianas, em particular, sofreu de fome.[36]

Os poloneses eram separados de formas especiais. Dos territórios incorporados, que incluíam terras que pertenceram à Alemanha Imperial antes de 1919, vários dos habitantes poloneses foram expulsos para o *Generalgouvernement* e grandes partes de suas terras acabaram confiscadas.[37] Depois que as

---

32 Wolfgang Sofsky, *Die Ordnung des Terrors* (Frankfurt am Main, 1993), p. 150.

33 Diretiva da OKW de 8 de setembro de 1941, em Michaelis e Schraepler, eds., *Das Dritte Reich*, vol. 17, pp. 333-337.

34 Ordem de Daluege, 6 de novembro de 1941, T 454, Rolo 100. Bálticos também recebiam salários complementares (o *Baltenzulage*). Ordem de KdS/Ia em Lithuania, *Lithuanian State Archives*, Fundo 659, Inscrição 1, Pasta 1.

35 Sobre o trabalho forçado no *Reich* e diferenciações entre esses trabalhadores por nacionalidade, ver Ulrich Herbert, *Fremdarbeiter* (Berlim, 1986). Para um único documento revelador, observe as instruções do *Staatspolizeileitstelle* de Dresden, 16 de novembro de 1942, em agosto, *Herrenmensch*, pp. 136-138. Trabalhadores poloneses eram marcados com um "P". Decreto de 8 de março de 1940, RGBl I, 555. Trabalhadores da URSS ocupada (incluindo os distritos da Galiza e Białystok) usavam um *patch* com a inscrição *Ost* (leste). Herbert, *Fremdarbeiter*, pp. 154-156.

36 Ver correspondência do prefeito de Kiev para o *Stadtkommissar* alemão, dezembro de 1941, em J. J. Kondufor *et al.*, eds., *Die Geschichte warnt* (Kiev, 1986), p. 77, e professor Siosnovy (município de Carcóvia) para o dr. Martin da administração militar alemã, 28 de setembro de 1942, Kharkov Oblast Archives, Fundo 2982, Inscrição 4, Pasta 390a.

37 Ver as estatísticas a partir do final de 1942 no relatório do *Stabshauptamt* de Himmler, em Müller, *Hitlers Ostkrieg*, pp. 200-204. O número de expulsões compreende 365 mil poloneses a partir de territórios incorporados ao *Generalgouvernement*, 295 mil pessoas a partir de Alsácia-Lorena e Luxemburgo para a França, e 17 mil eslovenos para Sérvia.

expulsões foram descontinuadas, os poloneses que foram deixados na região permaneceram na memória dos nazistas. Uma conferência interministerial sob a presidência do *Staatssekretär* Conti, do Ministério do Interior, definiu as seguintes propostas: (1) nenhum polonês deveria ter o direito de se casar antes de completar 25 anos de idade; (2) nenhuma permissão deveria ser concedida, exceto se o casamento fosse financeiramente saudável; (3) um imposto sobre os nascimentos ilegítimos deveria ser cobrado; (4) esterilização após um nascimento ilegítimo deveria ser realizada; (5) nenhuma isenção de impostos para dependentes seria concedida; e (6) permissão de aborto mediante pedido da grávida seria concedida.[38]

Os planos alemães para o *Generalgouvernement* eram, de certa forma, mais vagos. Em maio de 1943, porém, um oficial da administração do distrito de Varsóvia, Gollert, permitiu-se pensar sobre o futuro. Ele rejeitou as soluções plenárias como a germanização de todos os 15 milhões de poloneses em sua área, sua total expulsão e a "cura radical" de sua "erradicação", uma medida que via como "indigna" de uma nação civilizada. Em vez disso, propôs, de forma "magnânima", a germanização de 7 ou 8 milhões, mais o emprego, em trabalhos manuais, de outros vários milhões, além da "inevitável" aplicação de medidas radicais contra um restante de 2 ou 3 milhões de poloneses fanáticos, associais, doentes ou inúteis.[39]

Em vários momentos, ucranianos, poloneses, bielorrussos e russos acreditaram que seriam mortos. No caso de romanis e sinti, que são comumente chamados de ciganos, essa imersão tornou-se uma realidade. Um pequeno povo espalhado, os ciganos tinham língua e costumes, mas não uma religião própria.[40]

---

38 Memorando da Chancelaria do *Reich*, 27 de maio de 1941, NG-844.

39 Texto em Susanne Heim e Götz Aly, eds., *Bevölkerungsstruktur und Massenmord* (Berlim, 1991), pp. 145-151.

40 Joachim S. Hohmann, *Geschichte der Zigeunerverfolgung in Deutschland* (Frankfurt, 1981), pp. 13-84. A origem dos ciganos, agora determinada ser na Índia, foi objeto de tratados durante centenas de anos. Um escritor do século XVII, Johann Christof Wagenseil, regidiu um ensaio para provar que "os primeiros ciganos eram judeus provindos da Alemanha". Ver a introdução de seu *Der Meister-Singer Holdseligen Kunst* (1697). No século XVIII, os ciganos foram ligados aos judeus, mendigos e vagabundos. Ver um desenho alemão contemporâneo em Wolfgang Ayass *et al.*, *Feinderklärung und Prävention* (Berlim, 1988), p. 10.

Foram vistos com suspeita na Alemanha por algum tempo e, em 1899, a polícia de Munique começou a perseguir ciganos nômades na Baviera. A coleta de impressão digital de ciganos foi introduzida pela Baviera em 1911, e, em 1929, o escritório de informação sobre ciganos da polícia de Munique tornou-se o Escritório Central para o Combate de Judeus sob a Comissão Criminal Alemã.[41]

Durante o período nazista na década de 1930, famílias de ciganos que se deslocavam em caravanas foram concentradas em pequenos campos urbanos[42] e, em 1938, grupos consideráveis foram encarcerados em campos de concentração, onde foram categorizados como "associais".[43] Em 8 de dezembro de 1938, Himmler emitiu uma ordem circular para "combater a praga cigana", autorizando a Polícia Criminal a identificar, com base em investigações de especialistas em raças, todos os ciganos, mestiços de ciganos e pessoas vagando em estilo cigano.[44] O resultado foi que, de uma estimativa de 30 mil pessoas com antepassados ciganos no Antigo

---

41 Hans-Joachim Döring, *Die Zigeuner im nationalsozialistischen Staat* (Hamburgo, 1964), pp. 25-31. O livro de Döring foi publicado em uma série da Deutsche Kriminologische Gesellschaft, uma coleção sobre criminologia. Dois amplos estudos de ações alemãs contra os ciganos são Michael Zimmermann, *Rassenutopie und Genozid – Die nationalsozialistische "Lösung der Zigeunerfrage"* (Hamburgo, 1996) e Guenter Lewy, *The Nazi Persecution of the Gypsies* (Nova York, 2000).

42 Michael Zimmermann, "Von der Diskriminierung zum 'Familienlager' Auschwitz – Die Nationalsozialistische Zigeunerverfolgung", Dachauer Hefte 5 (1994): 87-104, especialmente em pp. 90-94.

43 *Ibid.*, p. 96. Döring, *Die Zigeuner*, pp. 50-58. Romani Rose e Walter Weiss, *Sinti und Roma im Dritten Reich* (Gotinga e Heidelberg, 1991), pp. 16, 28, 40, 172. Ver também a caracterização dos 371 ciganos em Sachsenhausen a partir de 10 de novembro de 1938, em Nationale Mahn- und Gedenkstätte Sachsenhausen Archive R 201, Pasta 3 (Gefangenen-Geld- und Effektenverwalter). Em 11 de novembro de 1939, o RSHA ordenou que as mulheres ciganas que liam a sorte, consideradas figuras perigosas à moral em tempos de guerra, fossem enviadas para campos de concentração. Zimmermann, "Diskriminierung", Dachauer Hefte 5 (1994): 101. Em 18 de junho de 1940, Nebe informou seus escritórios de que os ciganos não seriam mais libertados dos campos de concentração. Staatsarchiv Leipzig, Collection Polizeipräsident Leipzig S 2327.

44 Circular do decreto de Himmler, 8 de dezembro de 1938, *Ministerialblatt des Reichs- und Preussischen Ministeriums des Innern*, 1938, p. 2.105. Estudos sobre a ascendência e as características pessoais foram realizados pelo Rassenhygienische Forschungsstelle do *Gesundheitsamt*. H. Küppers, "Die Beschäftigung von Zigeunern", *Reichsarbeitsblatt*, vol. 5, 25 de março de 1942, p. 177, reimpresso em *Die Judenfrage* (Vertrauliche Beilage), 15 de abril de 1942, pp. 30-31.

Reich e na Áustria, menos de 10% eram ciganos puros.[45] A Polícia Criminal rotulou esses indivíduos com a letra z (*Zigeuner*, "cigano" em alemão). Os mestiços de ciganos com origem predominantemente cigana eram marcados com a inscrição zm+ e aqueles com "partes de sangue" igualmente divididas entre ciganos e alemães (como filhos de meio-ciganos), zm. Qualquer descendente de um cigano puro e de um alemão puro tornava-se zm de primeiro grau. Pessoas que tinham um quarto de sangue cigano eram classificadas como zm de segundo grau. Ciganos descentes com menos de um quarto resultavam na classificação zm–. Alemães itinerantes recebiam as letras nz, de *Nicht Zigeuner*, ou não ciganos.[46] Todos os ciganos puros e mestiços de cigano, com exceção dos zm–, eram sujeitos a salário e regulamentos fiscais especiais.[47]

Em maio de 1940, aproximadamente 2.800 ciganos de uma grande região na Alemanha Ocidental foram deportados para o *Generalgouvernement*, pois havia um receio de que eles se tornassem um perigo como espiões em uma zona de guerra.[48] Alguns dos deportados foram empregados em trabalhos forçados nos arredores do rio Bug.[49] Muitos foram enviados a construções em ruínas que, no passado, haviam abrigado judeus.[50]

---

45 Ver artigo de Robert Ritter (diretor do Rassenhygienische Forschungsstelle), "Die Bestandaufnahme der Zigeuner und Zigeunermischlinge in Deutschland", in *Der öffentliche Gesundheitsdienst*, vol. 6, 5 de fevereiro de 1941, pp. 477-489. Sobre os ciganos austríacos, ver Selma Steinmetz, "Die Verfolgung der burgenländischen Zigeuner", com documentos anexos, em Tilman Zülich, *In Auschwitz vergast, bis heute verfolgt* (Reinbek bei Hamburg, 1979), pp. 112-130.

46 Circular do decreto de Himmler, 7 de agosto de 1941, *Ministerialblatt des Reichs- und Preussischen Ministeriums des Innern*, 1941, p. 1.443.

47 Küppers, "Beschäftigung", *Reichsarbeitsblatt*, vol. 5, p. 177. Döring, *Die Zigeuner*, pp. 135-138.

48 Carta de Heydrich para *Kriminalpolizeileitstellen* em Hamburgo, Bremen, Hannover, Düsseldorf, Colônia, Frankfurt e Stuttgart, 27 de abril de 1940, e sua diretiva para os mesmos cargos na mesma data, T 175, rolo 413. Ciganos em casamentos mistos, aqueles com pais e filhos no exército e algumas outras categorias estavam isentos. Ver também correspondência do Kriminalpolizeistelle Darmstadt de maio de 1940 e as contas da estrada de ferro, *ibid*. A contagem final de 2.800 é tomada a partir de uma compilação preparada pela Polícia de Segurança para o período de 14 maio a 15 novembro de 1940, NO-5150.

49 Registro pessoal de Hermann Dolp, Centro Documental de Berlim.

50 Ursula Körber, "Die Wiedergutmachung und die 'Zigeuner'", em Götz Aly, ed., *Feinderklärung und Prävention* (Berlim, 1988), pp. 167-168, 172-173. Döring, *Die Zigeuner*, pp. 96-106. Philip

Cerca de 8 mil ciganos romani viviam em Burgenland, na Áustria. Metade deles encontrava-se concentrada em um campo em Lackenbach, onde houve um surto de tifo no início de 1942.[51] Em novembro de 1941, 5 mil ciganos de Burgenland, incluindo 2 mil de Lackenbach, foram transportados para o gueto de Łódź, onde, até 1º de janeiro de 1942, 613 sucumbiram ao tifo. A maior parte dos sobreviventes foi para a câmara de gás em Kulmhof logo em seguida.[52]

No Protetorado, o governo da Checoslováquia já havia adotado um Ato dos Ciganos Errantes em 1927 e concedido aos ciganos itinerantes uma carteira de identidade diferente daquela dos cidadãos tchecos.[53] Em 10 de outubro de 1941, Heydrich concluiu que os ciganos da Boêmia e da Morávia deveriam ser "evacuados". Ele estava pensando no comandante do *Einsatzgruppe* A, Stahlecker, como hospedeiro em potencial,[54] mas não foi antes de 1943 que eles foram deportados juntamente com os transportes em massa de ciganos da Alemanha. Nesse meio tempo, os ciganos tchecos deveriam ficar concentrados em dois campos: Lety, na Boêmia, e Hodonin, na Morávia. Em cada um deles, um barracão seria isolado para homens com mais de catorze anos, outro para mulheres com mais de catorze anos e um terceiro para crianças. Futuramente, barracões

---

Friedman, *Roads to Extinction* (Nova York, 1980), p. 385.

51 Steinmetz, "Die Verfolgung der burgenländischen Zigeuner", em Zülich, *In Auschwitz vergast*, pp. 115-117. Zimmermann, *Rassenutopie*, pp. 225-226.

52 Antoni Galinski, "Nazi Camp for Gypsies in Łódź", Comissão Central de Investigação de Crimes Nazistas na Polônia, Seção Científica Internacional sobre Genocídio Nazista na Polônia, Varsóvia, 14-17 de abril de 1983. Estatísticas de mortalidade em Lucjan Dobroszycki, *The Chronicle of the Łódź Ghetto, 1941-1944* (New Haven, 1984), entrada para 1-5 de janeiro de 1942, pp. 107-108. Havia um pedido para 120 metalúrgicos que eram necessários em Poznan. Escritório do Trabalho em Poznan para Gettoverwaltung em Łódź, 22 de novembro de 1941, Arquivos do Museu Memorial dos EUA, grupo de registro 0.7007*01 (ciganos na Áustria).

53 Karl Holomek, "Reflection in Society on the Genocide of the Roma", em International Scientific Conference, *The Holocaust Phenomenon* (Praga-Terezin, 6-8 de outubro de 1999), pp. 23-28.

54 Resumo da reunião, realizada em 10 de outubro de 1941, presidida por Heydrich e da qual participaram Karl Hermann Frank, Eichmann e oficiais da ss postados no Protetorado, Arquivos do Museu Memorial do Holocausto dos EUA, grupo de registro 48.005 (Arquivos Estatais de Praga, documentos selecionados), Rolo 3. O processo de concentração é descrito por Holomek, *The Holocaust Phenomenon*, pp. 25-27.

adicionais e não isolados foram acrescentados e alguns dos internos foram deixados em suas carroças, sem as rodas e os cavalos.[55]

Próximo do fim de 1942, Himmler decidiu que os ciganos sinti do Antigo *Reich* estariam autorizados a ficar, sujeitos às restrições existentes. Também foram privilegiados os "bons mestiços", ciganos ligados pelo casamento, familiares de soldados que ainda estavam servindo no exército e ciganos com endereços permanentes e empregos estáveis. Aqueles que permanecessem no *Reich*, com a exceção dos puros e dos "bons mestiços", deveriam ser esterilizados. Todos os demais mestiços de sinti e romanis deveriam ser deportados para Auschwitz.[56] Os mestiços foram classificados abaixo dos ciganos puros porque se pensava que os antecessores germânicos desses povos vinham de estratos ainda mais baixos da sociedade.

Por fim, entre 22 mil e 23 mil ciganos do Antigo *Reich*, Áustria, Protetorado, Polônia, Bélgica, Norte da França e Holanda chegaram a Birkenau, onde uma seção especial, a chamada Zigeunerlager, fora-lhes reservada. Eles deveriam ser mantidos nesses galpões como famílias indefinidamente. Dois transportes trazendo cerca de 2.700 ciganos do distrito de Bialystok foram enviados diretamente para a câmara de gás logo após a chegada por suspeitas de tifo. Mais de 3 mil foram transferidos para outros campos. Dos restantes, todos, exceto 2.897, morreram. O último grupo foi assassinado em uma câmara de gás em 2 de agosto de 1944, e, em outubro do mesmo ano, oitocentos foram trazidos de volta de Buchenwald para também serem levados para a câmara de gás.[57]

---

55 Ver a ordem do *Generalkommandant* da Polícia Não Uniformizada do Protetorado (checo) (Polícia Criminal), 30 de setembro de 1942, e outros documentos nos Arquivos do Museu Memorial do Holocausto dos EUA, grupo de registro 07.013*01 (Praga, ciganos).

56 Döring, *Die Zigeuner*, pp. 153-155, e texto (sem os formulários em anexo) da circular do RSHA V-A-2 para *Kriminalpolizeileitstellen*, 29 de janeiro de 1943, pp. 214-218. Ver também as memórias de um cigano escondido: Alfred Lessing, *Mein Leben im Versteck* (Düsseldorf, 1993).

57 Um total de 20.943 foram registrados no campo. Ver a lista de nomes nos dois volumes, com páginas contínuas, do State Museum of Auschwitz-Birkenau e do Cultural Centre of German Sintis and Roma em Heidelberg, *Memorial Book – The Gypsies at Auschwitz-Birkenau* (Birkenau, 1993). Também, Danuta Czech, *Kalendarium der Ereignisse im Konzentrationslager Auschwitz Birkenau 1939-1945* (Reinbek bei Hamburg, 1989), entradas de 26 de fevereiro de 1943 até 10 de outubro de 1944, *passim.*

Os ciganos de outros territórios ocupados também se tornaram vítimas. Na Sérvia, centenas foram fuzilados em 1941.[58] Na Polônia, cerca de mil ciganos no distrito de Varsóvia foram enviados do gueto de Varsóvia para Treblinka.[59] Um número similar foi fuzilado nas partes meridionais do *Generalgouvernement*.[60] Na Bielorrússia, os ciganos encontrados por patrulhas militares no interior deveriam ser fuzilados.[61] Em 4 de dezembro de 1941, o *Reichskommissar* de Ostland, Lohse, decidiu que os ciganos itinerantes (*umherirrende*) fossem tratados como judeus.[62] Muitas centenas de ciganos sedentários e refugiados de Riga foram concentrados nos campos dentro do distrito de Daugavpils e fuzilados no final de 1941.[63] Na Estônia, 243 foram mortos em 1942.[64] O Grupo Central do Exército

---

58 RSHA IV-A-I, Relatório de situação e operação na URSS No. 108 (50 cópias), 9 de outubro de 1941, NO-3156. Turner para Feld- und Kreiskommandanturen, 26 de outubro de 1941, NOKW-802.

59 Raul Hilberg, Stanislaw Staron e Josef Kermisz, eds., *The Warsaw Diary of Adam Czerniakow* (Nova York, 1979), pp. 346-347, 351, 364-368, 375.

60 Stanislaw Zabierowski, "Die Ausrottung der Zigeuner in Südostpolen", e Cezary Jablonski, "Extermination of Jews and Gypsies in Western Counties of the Radom District, 1939-1945", Sessão Internacional, Varsóvia, 14-17 de abril de 1983.

61 Ordem do *Generalmajor* von Bechtolsheim, 10 de outubro de 1941, e sua ordem de 24 de novembro de 1941, reiterando o comando de fuzilar os ciganos no interior, Arquivos do Museu Memorial do Holocausto dos EUA, grupo de registro 53.002 (Arquivos Estatais da Bielorrússia), Rolo 2, Fundo 378, Inscrição I, Pasta 698.

62 Trampedach para *Generalkommissar* em Riga, 24 de agosto de 1942, anexando a diretiva de Lohse de 4 de dezembro de 1941, Arquivos Estatais da Letônia, Fundo 69, Inscrição Ia, Pasta 2. Ordem de prisão de KdO Knecht (Letônia) de 27 de janeiro de 1942, afetando os ciganos sem domicílio e desempregados em sua carta para o comandante da SS e da Polícia, 11 de março de 1942, *ibid.*, Fundo 83, Inscrição 119, Pasta I.

63 Petição de Janis Petrovs (um cigano) para o *Gebietskommissar* em Daugavpils, 21 de novembro de 1941, e *Gebietskommissar* em Daugavpils para *Generalkommissar*/IIc, 26 de fevereiro de 1942, reportando a "dissolução" do campo em Ludza no final de dezembro pela Polícia de Segurança. German Federal Archives, R 92/522.

64 Jaan Viik da Polícia de Segurança da Estônia B IV (Polícia Política) para *OStuf.* Bergmann do *Einsatzkommando* Ia, Seção IV A (comunismo), 30 de outubro de 1942, mencionando o fuzilamento em 27 de outubro de 1942, de ciganos em Harku; e acusação anterior e julgamento de uma corte na SSR da Estônia, em 1961, mencionando o assassinato de ciganos pela Polícia de Segurança da Estônia em 1943, em Raul Kruus, *People Be Watchful* (Tallinn, 1962), pp. 102, 106-108, 146, 148.

ordenou que os ciganos que não pudessem provar um domicílio por dois anos fossem entregues à Polícia de Segurança.[65] O Einsatzgruppe D assassinou sistematicamente os ciganos na península da Crimeia.[66]

Os governos de vários países adotaram contra os ciganos medidas similares ao modelo alemão. Vichy, na França, confinou quase 3 mil ciganos nômades em campos.[67] Croácia e Romênia deram início a ações drásticas contra os ciganos de forma muito parecida com a utilizada contra os judeus. Na Croácia, muitos milhares de ciganos fora da região islâmica da Bósnia foram presos em junho de 1942 e enviados a Jasenovac, onde a grande maioria morreu.[68] Em abril de 1941, mais de 200 mil ciganos viviam no pequeno território da Romênia. Dessa população, 11.441 nômades, 13.176 considerados perigosos e 69 ex-prisioneiros foram enviados, entre maio e setembro de 1942, para Transnístria, onde quase todos foram, por fim, concentrados nos distritos de Golta, Berezovka e Oceakov. Com pouca comida e pouca atenção médica, os deportados – que incluíam idosos e muitas crianças, além de homens e mulheres jovens – viram-se expostos à fome e ao tifo, mesmo enquanto mais

---

65 Portarias do Governo Militar (*Militärverwaltungsanordnungen*) pelo Grupo Central de Exército, OQU VII, documento Heeresgruppe Mitte 75858, localizado no Centro Federal de Registros, Alexandria, Va., nos anos do pós-guerra. Ver também as instruções praticamente idênticas de Feldkommandantur 551 em Gomel (assinado tenente-coronel Laub), 1º de novembro de 1941, Arquivos do Museu Memorial do Holocausto dos EUA, grupo de registro 53.005 (Arquivos Estatais da Bielorrússia de Gomel Oblast), Rolo 1, Fundo 1318, Inscrição 1, Pasta 1. Adiante, as instruções para entregar judeus e ciganos para a Polícia de Segurança dadas pela 339ª Divisão/Ic, 2 de novembro de 1941, German Federal Archives em Freiburg, RH 26-339/5; um relatório do Grupo de Polícia Secreta 719 para a Divisão de Segurança 213, 25 de outubro de 1942, sobre o fuzilamento de dois pequenos grupos de ciganos no sudeste da Carcóvia, Zentrale Stelle Ludwigsburg, UdSSR 245a, pp. 437-448, e um relatório da Divisão de Segurança 454/Ic (assinado pelo *Oberleutnant* Gottschalk), 6 de dezembro de 1942, sobre o encarceramento de um grupo de ciganos em um campo judeu, NOKW-2856.

66 Para o assassinato na Crimeia, ver RSHA IV-A-1, Relatório Operacional na URSS n. 150, 2 de janeiro de 1942, NO-2834; Relatório n. 178, 9 de março de 1942, NO-3241; Relatório n. 184, 23 de março de 1942, NO-3235; Relatório n. 190, 8 de abril de 1942, NO-3359. Para *Einsatzgruppe* B, ver Relatório n. 195, 24 de abril de 1942, NO-3277.

67 Denis Peschanski, *Les tsiganes en France, 1939-1946* (Paris, 1994). Em um campo os ciganos recebiam aproximadamente 1.400 calorias por dia. *Ibid.*, p. 64. Os ciganos franceses não foram deportados.

68 Karola Fings, Cordula Lissner e Frank Sparing, "... *einziges Land in dem Judenfrage und Zigeunerfrage gelöst*" (Colônia, sem data, provavelmente 1993), pp. 17-27.

crianças nasciam. Durante esse banimento, as mortes de ciganos foram praticamente proporcionais às dos judeus romenos que os precederam em Transnístria.[69]

No final, contudo, os judeus mantiveram seu lugar especial. A solução mais
abrangente foi reservada para eles, e a expressão "todos os judeus" definiu a natureza de toda a hierarquia racial.

Os obstáculos

Um desenvolvimento destrutivo sem paralelos na história havia surgido na Alemanha nazista. A rede burocrática de toda uma nação estava envolvida nessas
operações e suas capacidades estavam sendo expandidas por uma atmosfera que
facilitava iniciativas em gabinetes de todos os níveis. A destruição era levada à sua
conclusão final lógica e, muito embora esse destino atingisse os judeus, uma verdadeira série de alvos foi estabelecida de modo a incluir também outros grupos.

A burocracia alemã, todavia, nem sempre se movimentava livre de impedimentos. De tempos em tempos, obstáculos surgiam no horizonte e provocavam
pausas momentâneas. A maioria dessas paralisações eram ocasionadas por tais
dificuldades comuns encontradas por toda burocracia em toda operação administrativa: dificuldades de abastecimento, escassez, confusões, mal-entendidos e
todos os outros incômodos do processo burocrático diário. Entretanto, algumas
das hesitações e interrupções eram produtos de obstáculos administrativos e psicológicos extraordinários. Esses bloqueios eram peculiares ao processo de destruição e precisam, portanto, receber atenção especial.

Problemas administrativos

A destruição dos judeus não era uma operação vantajosa. Ela impunha uma
tensão na máquina administrativa e em suas instalações. Em um sentido mais
amplo, tornou-se um fardo sobre a Alemanha como um todo.

---

69 Radu Ioanid, *The Holocaust in Romania* (Chicago, 2000), pp. 225-237. Também devo ao historiador romeno Viorel Achim pelo relato de fatos e *insights* sobre os ciganos expulsos da Velha Romênia. Entretanto, há poucas informações sobre os ciganos deportados da Bessarabia e sobre os
relativamente poucos nativos da Transnístria. Um sobrevivente judeu do campo de Vapniarka relata que levou comida a um campo de ciganos a cerca de meio quilômetro em dezembro de 1942.
Os ciganos estavam descalços e famintos. Ele soube mais tarde que quase todos morreram de tifo.
Nathan Simon, "*... auf allen Vieren werdet ihr hinauskriechen*" (Berlim, 1994), p. 81.

Um dos fatos mais notáveis do aparato alemão era a escassez de pessoal, particularmente nas regiões fora do *Reich* onde a maior parte das vítimas tinha de ser destruída. Ademais, essa mão de obra estava preocupada com uma variedade desconcertante de compromissos administrativos. Examinada de perto, a máquina de destruição não passava de uma organização vaga de trabalhadores em tempo parcial. Existia, no máximo, um pequeno grupo de burocratas que podiam dedicar todo o seu tempo a atividades antissemitas. Esses eram os "especialistas" em questões judaicas nos ministérios, as unidades móveis de extermínio do Gabinete Central de Segurança do *Reich*. Entretanto, até mesmo especialistas como Eichmann tinham dois trabalhos: a deportação dos judeus e o reassentamento de descendentes de alemães. As unidades móveis de extermínio tinham de fuzilar judeus, ciganos, comissários e guerrilheiros, enquanto um comandante de campo como Höss era responsável por um complexo industrial próximo às suas câmaras de gás.

Na totalidade do processo administrativo, a destruição dos judeus apresentou-se como tarefa adicional a uma máquina burocrática que já se esforçava excessivamente para preencher os requisitos das frentes de batalha. Basta pensar nas ferrovias, que serviam como principal meio para transportar tropas, munições, suprimentos e matérias-primas. Todos os dias, o material circulante tinha de ser distribuído e as rotas congestionadas, atribuídas a trens requisitados com urgência por usuários militares e industriais.[70] Não obstante essas prioridades, nenhum judeu era deixado vivo em ocasiões de falta de transporte até um centro de extermínio. A burocracia alemã não era dissuadida por problemas, nunca recorria a fingimentos, como faziam os italianos, ou a medidas simbólicas, como faziam os húngaros, ou à procrastinação, como os búlgaros. Os administradores alemães eram movidos por metas. Diferentemente do que se passava com seus colaboradores, os tomadores de decisão alemães nunca se contentavam com o mínimo, sempre faziam o máximo.

Aliás, houve momentos em que a ansiedade da agência de participar da tomada de decisão levou à competição e à rivalidade burocráticas. Tal competição estava prestes a acontecer quando o *Unterstaatssekretär* Luther concluiu um

---

70 Ver depoimento de Fritz Schelp (encarregado da divisão de tráfego da Reichsbahn), 16 de fevereiro de 1966, Caso Ganzenmüller, vol. VI, pp. 139-142, e carta de Schelp para o promotor Uchmann, 14 de julho de 1967, vol. XVIII, p. 31, inserção pp. 3-17. Para um tratamento exaustivo das ferrovias alemãs nos tempos de guerra, ver Eugen Kreidler, *Die Eisenbahnen im Machtbereich der Achsenmächte während des Zweiten Weltkrieges* (Gotinga, 1975).

acordo com o Gabinete Central de Segurança do *Reich* para preservar o poder do Ministério das Relações Exteriores de negociar com os satélites do Eixo sobre as questões judias.[71] Mais uma vez, dentro da própria ss, uma briga por ciúme foi travada entre dois tecnocratas da destruição, o *Obersturmbannführer* Höss e o *Kriminalkommissar* Wirth, acerca da substituição do monóxido de carbono por Zyklon B nos campos de extermínio.[72] Observamos essa guerra burocrática também na tentativa do judiciário de conservar sua jurisdição nas questões judaicas. Quando essa tentativa foi finalmente deixada de lado, o Ministro da Justiça, Thierack, escreveu a seu amigo Bormann: "Pretendo entregar a jurisdição criminal contra poloneses, russos, judeus e ciganos ao *Reichsführer*-ss. Ao fazer isso, baseio-me no princípio de que a administração da justiça pode fazer apenas uma pequena contribuição ao extermínio desses povos".[73] Essa carta revela um tom quase melancólico. O judiciário tinha feito seu máximo e já não era necessário.

Os burocratas não se poupavam, tampouco podiam poupar a economia. Quão dispendiosa era a destruição dos judeus? Quais eram os efeitos desse custo? A Tabela 10.1 revela os aspectos econômicos da operação. Uma análise revela duas importantes tendências: com o progresso do processo de destruição, os ganhos caíram e as despesas tenderam a aumentar. Olhando horizontalmente para a tabela, é possível descobrir que, na fase preliminar, os ganhos financeiros, públicos ou privados, ultrapassam de longe os custos, mas que, na fase de extermínio, as receitas não equilibravam mais os gastos.

Os confiscos alemães durante a segunda metade do processo eram principalmente restritos a pertences pessoais. Dentro da Alemanha, a maioria dos ativos já tinha sido tomada. Nos territórios ocupados da Polônia e da União Soviética, as vítimas tinham poucas posses desde o início, ao passo que nos países satélites, os pertences judeus abandonados pelos deportados foram exigidos por governos colaboradores. Os custos, por outro lado, eram mais amplos. Entretanto, os gastos visíveis, em particular com deportação e com o extermínio, eram comparativamente menores. Vagões de carga eram usados para transporte. O pessoal alemão era

---

71 Memorando de Luther (divisão interior do Ministério de Relações Exteriores), 2 de agosto de 1942, NG-2586-J.

72 Interrogatório de Höss, 14 de maio de 1946, NI-36. Declaração de Gerstein (escritório de desinfecção, WVHA), 26 de abril de 1945, PS-1553.

73 Thierack para Bormann, 13 de outubro de 1942, NG-558.

TABELA 10.1 O balancete econômico

RECEBIMENTOS, GANHOS, ECONOMIA	GASTOS E PERDAS
FASE PRELIMINAR	
Lucros líquidos de compras e liquidações de empresas judias: aproximadamente um quarto a metade do valor das propriedades de negócios judias na área do Protetorado do Reich. Esses lucros provavelmente somavam bilhões de Reichsmark.	Perda de mercados no exterior em consequência de resistência e boicotes dos compradores.
Impostos sobre lucros obtidos com aquisições de firmas judias (durante os anos fiscais de 1942, 1943, 1944): 49 milhões de Reichsmark.	Perda de força de trabalho científica por conta da emigração.
Imposto de fuga do Reich: 900 milhões Reichsmark	
Imposto de Propriedade do Reich (multa): 1.127.000.000 de Reichsmark	
Diferenças salariais e outras economias na indústria como resultado do emprego do trabalho judeu: provavelmente dezenas de milhões.	
Diferenças salariais, imposto de renda especial e outras economias salariais decorrentes do Reich: provavelmente dezenas de milhões.	
Extorsões dos guetos para a administração alemã e muros	Gastos diretos com pessoal e despesas gerais (antes da fase de extermínio).
FASE DE EXTERMÍNIO	
Confisco sob a 11ª Portaria (títulos e valores): 186 milhões de Reichsmark	Gastos diretos com: Pessoal e gastos gerais (nas operações de extermínio) Transporte Instalações de campos (em centenas de milhões)
Confisco sob a 11ª Portaria (não inclusos títulos e valores): 592 milhões de Reichsmark	Custo extraordinário para a destruição do gueto de Varsóvia: 150 milhões de Reichsmark
Confisco em territórios alemães ocupados	Perda de aluguéis não pagos e outras contas de judeus
Extorsões de comunidades judias no Reich feitas pela Gestapo para transportes	Perda do trabalho judeu
Ganho com espaços de apartamentos para alugar	

Nota: Diferenciações de arianização, imposto de propriedade do Reich e confisco sob a 11ª Portaria são listados em uma carta do *Restverwaltung des ehemaligen Reichsfinanzministeriums* à Comissão Aliada de Controle, em 14 de novembro de 1946, NG-4904. O imposto de fuga do Reich foi extrapolado de números da propriedade registrada de judeus e das estimativas de emigração de judeus.

Reflexões **1251**

empregado parcamente tanto nas unidades de extermínio quanto nos centros de extermínio. Os campos como um todo eram construídos e mantidos com parcimônia, apesar da queixa de Speer de que Himmler estava usando os escassos materiais de construção de forma excessivamente extravagante.[74] As instalações eram erguidas com a mão de obra existente no campo e os internos eram abrigados em enormes galpões sem luz e sem instalações sanitárias modernas. O investimento nas câmaras de gás e em fornos também era modesto. Toda essa economia era possível porque não colocava em risco nem a escala, nem a velocidade do processo.

A economia total, entretanto, não era a consideração decisiva. O objetivo primordial era a conclusão, no sentido pleno da palavra, do processo de destruição. Um caso em questão era a destruição das ruínas do gueto de Varsóvia após a batalha de abril a maio de 1943. Para esse projeto de Himmler, o Ministério das Finanças recebeu uma conta na soma de 150 milhões de Reichsmark.[75] Himmler sentia que um parque deveria apagar o gueto para que os poloneses de Varsóvia não tomassem aquele espaço vazio, fazendo, com isso, a cidade voltar ao seu tamanho pré-guerra.

Uma declaração mais importante da destruição total foi o confisco do trabalho em potencial dos judeus. Himmler nunca fingiu que, para ele, a destruição dos judeus tivesse prioridades acima dos armamentos. Quando funcionários responsáveis por contratação opuseram-se às remoções de trabalhadores judeus, Himmler teve apenas a seguinte resposta: "o argumento da produção de guerra, que hoje em dia na Alemanha é o motivo favorito para se opor a qualquer coisa, eu sequer o reconheço".[76] Na linguagem comedida do Ministério dos Territórios Ocupados do Leste, a prioridade do processo de destruição foi colocada da seguinte forma: "Questões econômicas não devem ser consideradas na solução da questão judaica".[77]

A perda do trabalho judeu foi gerada por sucessivas restrições, deslocamentos e deportações. Desde o início, os judeus foram descartados dos trabalhos. No

---

74 Speer para Himmler, 5 de abril de 1943, Arquivos Himmler, pasta 67.

75 Sobre as operações de limpeza e faturamento do gueto de Varsóvia, ver correspondência (1943-1944), nos documentos de Nuremberg NO-2503, NO-2517, NO-2205, NO-2504, NO-2515 e NG-5561. O projeto, incompleto, foi financiado apenas parcialmente.

76 Himmler para Uebelhoer, 10 de outubro de 1941, Arquivos Himmler, Pasta 94.

77 Bräutigam (Ministro dos Territórios Ocupados do Leste) para *Reichskommissar* de Ostland, 18 de dezembro de 1941, PS-3663.

leste, a população judia em sua totalidade foi amontoada nos guetos. Lá, as comunidades encarceradas envolveram-se com a produção, mas o gueto não era um lugar ideal para grande manufatura. Sua indústria foi subcapitalizada, os residentes subempregados, os trabalhadores subnutridos. Assim que as execuções tiveram início, a própria ss tentou conservar os trabalhadores judeus em seus campos, mas, por fim, os que restaram acabariam também por desaparecer.

A Alemanha estava em guerra. As economias dos países ocupados eram aproveitadas de acordo com as necessidades alemãs. Os bens estrangeiros eram exigidos para o mercado alemão, ao mesmo tempo que trabalhadores estrangeiros eram transportados para fazendas e fábricas alemãs. Na esteira dessas crescentes exigências de produção e diante da crescente carência de trabalho, uma reserva de força de trabalho judia era sacrificada para a "Solução Final". De todos os custos que eram gerados pelo processo de destruição, essa renúncia a uma cada vez mais insubstituível reserva de trabalho foi o maior gasto individual.[78]

Problemas psicológicos

Os problemas mais importantes do processo de destruição não eram administrativos, mas psicológicos. A simples concepção da drástica Solução Final dependeu da habilidade dos perpetradores de lidarem com densos obstáculos e impedimentos psicológicos. Os bloqueios psicológicos diferiam das dificuldades administrativas em um aspecto importante. Um problema administrativo podia ser solucionado e eliminado, mas as dificuldades psicológicas precisavam ser enfrentadas continuamente. Elas eram mantidas sob controle, mas nunca removidas. Os comandantes no campo permaneciam sempre atentos a sinais de desintegração psicológica. No verão de 1941, o alto comandante da Polícia e da ss do Centro Russo, von dem Bach, abalou Himmler com o comentário: "Olhe nos olhos dos

---

78 Em três anos (1941-1943) a produção no *Reich* foi de aproximadamente 400 bilhões de Reichsmark; em países ocupados, aproximadamente 300 bilhões. Cerca de 260 bilhões da produção alemã correspondiam à produção de guerra; 90 bilhões era o valor comparável em áreas ocupadas. Depoimento do Ministro da Economia Funk, *Trial of the Major War Criminals*, XIII, 129-130. No recrutamento de trabalho em escala europeia, ver o resumo de uma conferência realizada em 4 de janeiro de 1944 e uma carta do Plenipotenciário Alemão do Trabalho Sauckel para Lammers no dia seguinte, PS-1292. Para dados específicos sobre trabalhadores estrangeiros no *Reich*, ver Edward Homze, *Foreign Labor in Nazi Germany* (Princeton, NJ, 1967) e Ulrich Herbert, *Fremdarbeiter* (Berlim, 1985).

homens desse *Kommando*, veja o quão profundamente abatidos eles estão. Esses homens estão acabados [*fertig*] para o resto de suas vidas. Que tipo de seguidores estamos treinando aqui? Ou neuróticos, ou selvagens [*Entweder Nervenkranke oder Rohlinge*]!".[79] Von dem Bach não era apenas um formidável participante nas operações de extermínio mas um observador atento. Com esse comentário, apontou o problema psicológico básico da burocracia alemã, ou seja, que a administração alemã precisava fazer determinados esforços para prevenir a transformação de seus homens em "selvagens" ou "neuróticos". Essa era, essencialmente, uma tarefa dupla; parcialmente disciplinar, parcialmente moral.

O problema disciplinar era claramente compreendido. Os burocratas estavam totalmente conscientes dos perigos da pilhagem, da tortura, das orgias e das atrocidades. Tal comportamento era, antes de tudo, um desperdício do ponto de vista administrativo, pois o processo de destruição era uma empreitada organizada, que só tinha espaço para tarefas organizadas. Ademais, "excessos" atraíam a atenção a aspectos do processo de destruição que tinham de ser mantidos em segredo. Tais eram as atividades do *Brigadeführer* Dirlewanger, cujas supostas tentativas de fazer sabão humano atraíram a atenção do público para os centros de extermínio. De fato, as atrocidades podiam levar todo o trabalho "nobre" ao descrédito.

O que era um desperdício do ponto de vista administrativo era também um perigo psicológico. Um comportamento solto provava-se um abuso da máquina, e uma administração libertina podia se desintegrar. Era por isso que a administração alemã tinha certa preferência por ações rápidas, súbitas (*schlagartige*). O máximo efeito destrutivo precisava ser alcançado com o mínimo de esforço destrutivo. O pessoal da máquina de destruição não deveria simplesmente olhar para a direita ou para a esquerda. Eles não eram autorizados a ter nem motivos, nem ganhos pessoais. Uma disciplina elaborada foi introduzida na máquina de destruição.

A primeira e mais importante regra de conduta dessa disciplina era o princípio de que toda propriedade judia pertencia ao *Reich*. Para Himmler, a aplicação dessa regra foi um sucesso. Em 1943, ele declarou a seu *Gruppenführer*:

As riquezas que [os judeus] possuíam nós tiramos. Dei ordens rigorosas, as quais o *Obergruppenführer* Pohl seguiu, para que essa riqueza fosse evidentemente

---

79 Von dem Bach in *Aufbau* (Nova York), 23 de agosto de 1946, pp. 1-2.

[*selbstverständlich*] entregue ao *Reich*. Não tomamos nada. Indivíduos que transgrediram estão sendo punidos de acordo com uma ordem que dei no início e que ameaçava que qualquer um que pegasse um marco seria um homem condenado. Alguns homens da ss, não muitos, transgrediram essa ordem e serão condenados, sem misericórdia, à morte. Tivemos o direito moral com *nosso* povo para aniquilar [*umzubringen*] *esse* povo que queria nos aniquilar. Entretanto, não temos o direito de pegar uma única pele, um único relógio, um único marco, um único cigarro ou qualquer outra coisa. Afinal, não queremos, só porque exterminamos um germe, ser infectados por esse germe e morrer. Não apoiarei a menor forma de infecção. Sempre que um ponto infectado aparecer, nós o queimaremos. Todavia, no geral, podemos dizer que realizamos essa pesada tarefa com o amor por nosso povo e não fomos danificados, no íntimo de nosso ser, de nossa alma, de nosso caráter.[80]

Existem, obviamente, consideráveis evidências de que mais do que alguns indivíduos "transgrediram" a disciplina no processo de destruição. Nenhuma estimativa pode ser formada com relação a quanto o pessoal envolvido com os *Kommandos* de transporte, as unidades de extermínio, o gueto e os centros de aniquilação e até mesmo o *Kommando* 1005 (o *Kommando* de destruição) encheram os bolsos com pertences dos mortos. Ademais, a regra de Himmler estava ligada somente às subtrações *não autorizadas* feitas por participantes no campo; não dizia respeito à distribuição *autorizada* aos participantes.

A essência da corrupção consiste em recompensar pessoas com base em sua proximidade à pilhagem e, no curso do processo de destruição, muitas distribuições foram feitas aos participantes mais próximos. Os exemplos, que são abundantes, incluem a apropriação de móveis de qualidade pelo ministro das Finanças durante a deportação dos judeus da Alemanha; a distribuição de apartamentos melhores a funcionários públicos, os cortes realizados pelas ferrovias, ss, polícia e correios na distribuição de móveis dos judeus holandeses, belgas e franceses; os "presentes" na forma de relógios e os "presentes de Natal" aos homens da ss e suas famílias. O processo de destruição tinha seu próprio sistema embutido de distribuição. Apenas a subtração não autorizada era proibida.

---

80 Discurso de Himmler na reunião de *Gruppenführer* em Poznań, 4 de outubro de 1943, PS-1919.

A segunda forma que os alemães buscaram para evitar danos "à alma" foi a proibição de extermínios não autorizados. Uma linha bem definida foi traçada entre os extermínios em conformidade e as mortes induzidas por desejo. No primeiro caso, acreditava-se que o homem havia vencido a "fraqueza" da "moral cristã";[81] no segundo, ele era tomado por sua própria baixeza. Foi por isso que na União Soviética ocupada o exército e a administração civil buscaram coibir seu pessoal de se reunir às orgias de fuzilamentos nos campos de extermínio.

Talvez a melhor ilustração da atitude oficial possa ser encontrada no parecer consultivo de um juiz da equipe pessoal de Himmler, o *Obersturmbannführer* Bender, que lidava com os procedimentos a serem seguidos no caso de mortes não autorizadas de judeus provocadas por membros da ss. Ele concluiu que, se motivos puramente políticos induzissem a extermínios, o ato era uma expressão de idealismo e nenhuma punição se fazia necessária, exceto se a manutenção da ordem requeresse uma ação ou exercício disciplinar. Todavia, se motivos egoístas, sádicos ou sexuais fossem descobertos, a punição por assassinato ou homicídio culposo deveria ser aplicada, de acordo com os fatos.[82]

Às vezes, o *locus* da autoridade precisava ser destacado. Foi isso que aconteceu em um caso contra um civil alemão diante de uma corte militar alemã em Proskurov. O réu era supervisor de um projeto de construção de estradas que empregava força de trabalho judaica. Em certa ocasião, declarou que os judeus exaustos poderiam ser "assassinados". Quando percebeu duas judias muito fracas apoiando-se regularmente na lateral da estrada, sinalizou para seu capataz polonês afastar as duas mulheres e fazer "o que quisesse" com elas. O polonês, então, instruiu um guarda lituano a fuzilá-las. A corte não viu no comportamento do réu qualquer característica que, sob a lei alemã, garantisse uma determinação de incitamento para matar. Ela não encontrou luxúria ou outro motivo de base, nenhuma tentativa de ocultar um crime matando as testemunhas, nada que fosse perigoso aos transeuntes, nenhuma artimanha, nenhuma crueldade. A corte o considerou culpado, todavia, por usurpação de poder, pois ele poderia ter denunciado as mulheres para a ss, que cuidaria do problema. Em vez disso, agira sozinho. O que dissera às polonesas era uma expressão suficientemente clara de uma

---

81 Ver Himmler para Milch (Força Aérea), 13 de novembro de 1942, PS-1617.

82 Memorando de Bender, 22 de outubro de 1942, NO-1744.

intenção que, na natureza do caso, não podia ser interpretada de nenhuma outra forma. Sendo assim, o réu recebeu uma sentença de três meses.[83]

O sistema disciplinar alemão é o mais discernível no modo de operação de execuções. Na conclusão do processo de destruição, Hitler comentou em seu testamento que os "criminosos" judeus tinham "reparado" sua "culpa" por "meios humanos".[84] A "humanidade" do processo de destruição foi um fator importante em seu sucesso. É preciso enfatizar, obviamente, que essa "humanidade" foi desenvolvida não para benefício das vítimas, mas para o bem-estar dos perpetradores. Repetidas vezes tentou-se reduzir as oportunidades para "excessos" e *Schweinereien* [obscenidades] de todos os tipos. Muitas pesquisas foram feitas para o desenvolvimento de dispositivos e métodos que reprimissem a propensão ao comportamento descontrolado e, ao mesmo tempo, diminuísse o esmagador fardo psicológico sobre os assassinos. A construção de ônibus e câmaras de gás, o emprego de auxiliares ucranianos, lituanos e letões para assassinar mulheres e crianças judias, o uso de judeus no enterro e incineração de corpos – todos esses esforços iam na mesma direção. A eficiência era o verdadeiro objetivo dessa "humanidade".

Para Himmler, sua ss e a polícia haviam resistido ao processo de destruição. Em outubro de 1943, ao falar a seus principais comandantes, disse-lhes:

> A maioria de vocês sabe o que significa quando cem cadáveres ficam aqui, ou quinhentos ali, ou mil acolá. Termos passado por isso e – exceto pelas exceções causadas por fraqueza humana – termos permanecido decentes nos endureceu. Essa é uma página de glória em nossa história que jamais foi e jamais será escrita.[85]

---

83 Linienchef, Organisation Todt Russland Süd/Einsatz Durchgangsstrasse IV para OT Einsatzgruppe Russland Süd/Gruppenstab – Nebenstelle Vinnitsa, 3 de abril de 1943, anexando as opiniões da corte militar do Feldkommandantur 183 no caso de Johann Meisslein, 12 de março de 1943, Instituto de História Militar, Praga, Arquivo OT (EGr VII) Ic/I, Karton I. A corte considerou dois fatores como atenuantes: arrastar as mulheres para o trabalho poderia diminuir a eficiência, e a visão das mulheres descansando na estrada poderia encorajar a dissimulação entre os judeus. O professor Konrad Kwiet encontrou esse documento, usado aqui com sua permissão. O batalhão lituânio 7 Schutzmannschaft foi designado para Vinnitsa.

84 Testamento político de Hitler, 29 de abril de 1945, PS-3569.

85 Discurso de Himmler, 4 de outubro de 1943, PS-1919.

Entretanto, a decadência à selvageria não estava nem perto de ser um fator tão importante no processo de destruição quanto a sensação de crescente desconforto que permeava a burocracia desde os mais baixos até os mais altos estratos. Esse desconforto era o produto de escrúpulos morais que, por sua vez, eram os efeitos prolongados de 2 mil anos de moral e ética ocidentais. Uma burocracia ocidental nunca antes havia encarado tal abismo entre os preceitos morais e a ação administrativa; uma máquina administrativa nunca havia sido sobrecarregada com uma tarefa tão drástica. Em certo sentido, a tarefa de destruir os judeus colocou a burocracia alemã em um teste supremo. Os tecnocratas alemães resolveram também esse problema e seguiram com seu trabalho.

O fato de não terem se contido tem um significado especial, pois tais homens não eram especialmente escolhidos. Em sua composição moral, não podem ser diferenciados do restante da população. O perpetrador alemão não é um tipo diferente de alemão. O que pode ser dito sobre sua moral aplica-se à Alemanha como um todo, no mínimo porque a própria natureza do planejamento administrativo, da estrutura jurisdicional e do sistema orçamentário impediam a seleção ou o treinamento especial de pessoal para propósitos específicos de destruição. Qualquer membro da Polícia de Ordem podia ser guarda em um gueto; qualquer advogado do Gabinete Central de Segurança do Reich era presumivelmente adequado para o serviço em uma unidade móvel de extermínio; qualquer funcionário em posição apropriada das ferrovias e qualquer químico da I. G. Farben poderiam ser facilmente transferidos para Auschwitz. Em outras palavras, todas as operações necessárias eram realizadas com qualquer pessoal que estivesse disponível. Entretanto, pode-se traçar uma linha de participação ativa; a máquina de destruição era um notável corte transversal da população alemã. Todas as profissões, habilidades e *status* sociais estavam nela representados. Em um estado totalitário, a formação de um movimento de oposição fora da burocracia é praticamente impossível; entretanto, se houver uma oposição séria na população, se existirem obstáculos psicológicos intransponíveis a um curso de ação, tais impedimentos revelam-se *dentro* do aparato burocrático. Eles emergiram claramente no Estado fascista italiano. Repetidas vezes, os generais, cônsules, prefeitos e inspetores de polícia italianos recusaram-se a cooperar com a deportação. O processo de destruição na Itália e em áreas controladas pelo país foi realizado contra sua oposição incessante. Nenhuma objeção assim pode ser encontrada na região alemã: nenhuma obstrução conteve a máquina de destruição alemã; nenhum problema moral provou-se intransponível. Quando todo o pessoal participante foi posto à prova, surgiram poucos retardatários e quase nenhum desertor. A antiga ordem moral não se desfez em nenhum ponto ao longo da linha. Esse é um fenômeno de grandiosa magnitude.

Como o burocrata alemão lidava com suas inibições morais? Ele fazia isso em uma luta interna, reconhecendo a verdade básica de que tinha uma escolha. Sabia que, em momentos cruciais, todos os indivíduos se deparavam com decisões e que toda decisão é individual. Reconhecia esse fato enquanto encarava seu próprio envolvimento e enquanto seguia adiante. Ao mesmo tempo, não saía fisicamente ileso. Quando enfrentava a si mesmo, tinha à disposição as mais complexas ferramentas psicológicas forjadas durante séculos de desenvolvimento cultural. Fundamentalmente, esse arsenal de defesas consistia de duas partes: um mecanismo de repressões e um sistema de racionalizações.

Em primeiro lugar, a burocracia queria mascarar seus feitos, escondendo-os não apenas de quem era de fora, mas também dos olhares de censura de sua própria consciência. A repressão passava por cinco estágios.

Conforme se pode esperar, todos os esforços eram realizados com vistas a esconder dos aliados do Eixo e dos judeus o objetivo maior do processo de destruição. Consultas como as do primeiro-ministro húngaro Kállay ao Ministério das Relações Exteriores sobre o desaparecimento dos judeus europeus[86] ou perguntas de jornalistas estrangeiros em Kiev às autoridades do exército sobre assassinatos em massa[87] obviamente não podiam ser respondidas. Rumores, que podiam se espalhar como pólvora, precisavam ser abafados. As comunicações de rádio dos campos contendo "relatos numéricos exatos sobre execuções" deveriam ser substituídos por mensagens de correio.[88] Evidências "plásticas" como fotografias "de lembrança" de assassinatos, das covas coletivas e de judeus feridos que haviam se levantado de túmulos tinham de ser destruídas. Em Theresienstadt, foi feito um filme para o público estrangeiro, mostrando oficinas, palestras e um concerto enquanto escondia a fome e as mortes do gueto.[89]

---

86 Memorando de Luther, 6 de outubro de 1942, NG-5086.

87 Relatório do coronel Stolze (Inteligência das Forças Armadas), 23 de outubro de 1941, NOKW-3147. (Esse relatório é assinado pelo general Lahousen.)

88 Centro de Regimento da Polícia para seus batalhões, 16 de setembro de 1941, Instituto de História Militar, Praga, File SS-Police Regiment A-3-1-7/4, Karton 1.

89 Karel Margry, "'Theresienstadt' (1944-1945): The Nazi Propaganda Film Depicting the Concentration Camp as Paradise", *Historical Journal of Film, Radio, and Television* 12 (1992): 145-162.

Apesar de tais tentativas, a aniquilação dos judeus estava se tornando um segredo aberto. Já em outubro de 1941, uma empresa vienense referiu-se à deportação como causadora de "morte certa e mais ou menos rápida".[90] Em 1942, uma firma de Berlim recusou-se a entregar ao Ministério das Finanças as aposentadorias de empregados judeus que haviam sido "afastados". As remessas não eram um direito de propriedade judeu cuja posse o *Reich* podia alegar; eram pagamentos de assistência para beneficiários e, em um caso em questão, não houve indicações de que os aposentados ainda "estivessem vivos".[91] Muito posteriormente, uma corte vienense, presa a pressupostos e procedimentos legais, não conseguiu ser tão perspicaz. Em maio de 1944, o RSHA queixou-se ao Ministério da Justiça que o Landgericht em Viena estava fazendo perguntas demais para descobrir o paradeiro dos judeus deportados com o objetivo de proferir decisões em procedimentos que envolviam provas de descendência (*Abstammungsverfahren*). O Landgericht recebeu diversas vezes a resposta, dizia a queixa, de que nenhuma informação acerca dos deportados podia ser revelada, mas a corte insistia em fazer esses questionamentos. Para além do fato de que os "judeus" (isto é, as pessoas que buscavam esclarecimento de seu *status*) tinham tido muito tempo para questionar claramente sua descendência, essas pessoas estavam apenas tentando esconder seus ancestrais para se afastarem do efeito de "medidas da Polícia de Segurança" (*sicherheitspolizeiliche Massnahmen*). Por esses motivos e por conta dos trabalhos de guerra mais urgentes, a Polícia de Segurança não podia fornecer respostas.[92]

Assim, o primeiro estágio na repressão consistia em cortar o fornecimento de informações a todos aqueles que não precisavam sabê-las. Quem não participava, não precisava saber. O segundo estágio era assegurar que quem quer que obtivesse informações se tornasse um participante.

Não havia nada tão cansativo quanto a percepção de que alguém estava espreitando, de que alguém estaria livre para falar e acusar porque não

---

90 Gabinete de Armamentos do Exército para Escritório de Forças Armadas, 22 de outubro de 1941, anexando carta de Brunner Verzinkerei/Brüder Boblick (Viena) para o dr. G. von Hirschfeld (Berlim), 14 de outubro de 1941, WI/ID.415. Documento antes no Federal Records Center, Alexandria, Va.

91 Berliner Handels-Gesellschaft (divisão legal) para Grupo Econômico de Bancos Privados/Associação Central de Bancos e Banqueiros Alemães, 20 de julho de 1942, T 83, Rolo 97.

92 RSHA para Ministério da Justiça, 3 de maio de 1944, NG-900.

estava envolvido. Esse medo deu origem ao que Leo Alexander chamou de "kit de sangue",[93] a força irresistível que atraía todos os "observadores" oficiais para dentro do processo de destruição. O "kit de sangue" explica por que tantos oficiais do Gabinete Central de Segurança do *Reich* eram enviados a unidades móveis de extermínio e por que membros das equipes das unidades de extermínio recebiam ordens para participar das operações de destruição.[94] O "kit de sangue" também explica por que o *Unterstaatssekretär* Luther, do Abteilung Deutschland do Ministério das Relações Exteriores, insistia para que a Divisão Policial ratificasse todas as instruções de deportação de judeus a embaixadas e missões diplomáticas.[95] Por fim, o "kit de sangue" explica as palavras significativas faladas pelo *Generalgouverneur* Frank na conclusão de uma conferência de controle na Cracóvia: "Queremos lembrar que estamos, todos nós aqui reunidos, na lista de criminosos de guerra do sr. Roosevelt. Tenho a honra de ocupar o primeiro lugar dessa lista. Somos, portanto, por assim dizer, cúmplices, em um sentido histórico-mundial".[96]

O terceiro estágio no processo de repressão era a proibição das críticas. Protestos públicos realizados por aqueles que estavam de fora eram extremamente raros. Quando expressadas, as críticas permeavam sussurros no circuito dos rumores. Às vezes é difícil até mesmo distinguir entre expressões de sensacionalismo e críticas reais, pois, com frequência, ambas apareceriam misturadas. Um exemplo de tal reação mista pode ser encontrado na circulação de rumores, na Alemanha, sobre as operações móveis de execução na Rússia. A Chancelaria do *Reich*, em instruções confidenciais a sua máquina regional, tentava combater esses rumores. A maioria dos relatos, declarava a Chancelaria, era "distorcida" e "exagerada". "É concebível", continuava a circular, "que nem todo o nosso povo, em especial as pessoas que não têm ideia do terror bolchevique, possa entender suficientemente a necessidade dessas medidas". Por sua própria natureza, "esses problemas", que às vezes eram

---

93 Leo Alexander, "War Crimes and Their Motivation", *Journal of Criminal Law and Criminology* 39 (setembro-outubro 1948): 298-326.

94 Relatório do vice do general Lahousen, coronel Stolze, 23 de outubro de 1941, NOKW-3114. Em um testemunho juramentado de 17 de março de 1948, Lahousen nomeou Stolze como autor do relatório. NOKW-3230.

95 Testemunho juramentado de Karl Klingenfuss (escritório de Luther), 7 de novembro de 1947, NG-3569.

96 Diário de Frank, 25 de janeiro de 1943, PS-2233.

"muito complicados", podiam ser solucionados, "para o interesse da segurança de nosso povo", apenas com "severidade implacável".[97]

Em toda a Alemanha, ninguém se opunha à política de destruição, exceto um padre católico, Bernhard Lichtenberg, que rezava para os judeus em cerimônias abertas na Catedral de Santa Edwiges, em Berlim. Ele orava não apenas por judeus batizados, mas por todas as vítimas judias. Enquanto detido, declarou que a posição do Estado nacional-socialista na questão judaica contradizia o princípio cristão de amar ao próximo. Esse homem, declarou a corte, não aprenderia; se permanecesse livre, poderia até mesmo convocar sua congregação para desobedecer o Estado. Ali, concluiu a corte, havia um perigo que não deveria ser subestimado. Ele foi sentenciado a dois anos de prisão. Após sua libertação, a polícia o recolheu, e Lichtenberg morreu a caminho de um campo de concentração.[98]

Dentro da burocracia havia alguns outros exemplos de críticas, embora, mais uma vez, os exemplos de protestos abertos sejam muito raros. Obviamente, era permitido criticar medidas do ponto de vista do bem-estar alemão. Muita discussão aconteceu acerca dos mestiços e judeus em casamentos mistos, isto é, pessoas contra quem ações não poderiam ser tomadas sem ferir os alemães. Um grande volume de correspondências tratava dos efeitos adversos das medidas antissemíticas envolvidas no esforço de guerra. Também era permitido mencionar os efeitos psicológicos nocivos dos assassinatos nos perpetradores, mas uma linha nítida foi traçada entre tais críticas e a sugestão de que o processo de destruição em si era intrinsicamente errado.

Um diretor do Reichsbank, Wilhelm, extrapolou a linha quando avisou seu chefe, Puhl, para não visitar campos de concentração e ao anunciar sua recusa em participar da distribuição de pertences de judeus com as palavras: "O Reichsbank não é um negociante de bens de segunda mão".[99] O *Generalkommissar* Kube

---

97 Chancelaria do partido, *Vertrauliche Informationen* (para os escritórios do *Gau* e de *Kreis* apenas), 9 de outubro de 1942, PL-49.

98 Texto do julgamento da corte especial em Berlim, 22 de maio de 1942, em Bernd Schimmler, *Recht ohne Gerechtigkeit* (Berlim, 1983), pp. 32-39. *Legationsrat* dr. Haidlen (Ministério de Relações Exteriores, Divisão Política) via Erdmannsdorff e Wörmann para Weizsäcker (*Staatssekretär* do Ministério de Relações Exteriores), 11 de novembro de 1941, NG-4447. Günter Weisenborn, *Der lautlose Aufstand* (Hamburgo, 1953), pp. 52-55.

99 Testemunho juramentado de Wilhelm, 23 de janeiro de 1948, NI-14462.

da Rússia Branca violou a ordem contra condenações morais ao fazer acusações contra o comandante da Polícia de Segurança na Rússia Branca, Strauch. Kube sugeriu que os judeus, pelo menos aqueles que tinham vindo da Alemanha ("de nosso nível cultural"), eram seres humanos e que Strausch e seus assassinos eram maníacos e sádicos que satisfaziam sua luxúria sexual durante os fuzilamentos. Strauch não aceitou bem a crítica. Em uma queixa contra Kube, escreveu que "é lamentável que nós, além de termos de realizar esse trabalho desagradável, também tenhamos nos tornado alvo de ofensas injuriosas".[100] No Ministério do Interior, o especialista em questões judias, *Ministerialrat* Lösener, mostrava-se perturbado por relatos de assassinatos ocorridos em Riga. Ele começou a fazer perguntas a seu chefe, o *Staatssekretär* Stuckart, e pediu para ser transferido. Depois de algum tempo, um colega pediu a Lösener para deixar de incomodar o *Staatssekretär*, pois a posição de Stuckart já era suficientemente difícil.[101]

Na área de Hrodna do semi-incorporado distrito de Białystok, o *Landrat* local foi confrontado com duas expressões de desaprovação. Quando um guarda florestal alemão recebeu uma tarefa emergencial (*Notdienstverpflichtung*) de auxiliar a polícia na deportação dos judeus de Marcinkance, alguma coisa aconteceu. A polícia abriu fogo contra a multidão em pânico, matando 130 pessoas, sobretudo mulheres e crianças. Todos os judeus restantes, aproximadamente trezentos deles, incluindo muitos dos homens jovens, escaparam para a floresta. Durante a fuga, na qual um guarda florestal acabou ferido, o *Forstmeister* Lehmann abandonou o posto após dar dois tiros de sua pistola no ar. Na correspondência gerada pelo incidente, Lehmann apontou que os judeus se permitiriam ser transportados sem resistência antes de o tiroteio sem sentido começar, e que não era seu papel, como guarda florestal, "fuzilar judeus". Frustrado, o *Landrat* de Hrodna respondeu que Lehmann havia sido o único a adotar uma postura contra a tarefa e que notavelmente os membros da administração florestal haviam ajudado desinteressadamente sempre que necessário.[102]

---

100 Kube para Lohse (*Reichskommissar* do Ostland), 16 de dezembro de 1941, Occ E 3-36. Memorando de Strauch, 20 de julho de 1943, NO-4317.

101 Testemunho juramentado de Lösener, 24 de fevereiro de 1948, NG-1944-A.

102 Lehmann para *Kreiskommissar* de Grodno (*Landrat* von Ploetz), reclamando sobre a Gendarmaria (polícia), 2 de novembro de 1942, e correspondência subsequente, Arquivos do Museu Memorial do Holocausto dos EUA, grupo de registro 53.004 (Arquivos Estatais da Bielorrússia de

Embora o *Landrat* precisasse ser um pouco restrito em suas trocas com Lehmann, podia agir mais livremente contra a sra. Dzinuda, uma funcionária alemã em Skidel. Ela foi acusada de "não entender" a ação dos judeus. "A senhora manteve uma judia para realizar as tarefas da sua casa", ele escreveu, "e depois tentou não entregá-la". Ele continuou afirmando: "A senhora chegou a chorar e, desafiando as proibições da polícia, deu-lhe algo para levar". Por tudo isso, a sra. Dzinuda deveria retornar imediatamente ao Reich.[103]

No nível mais alto, a seguinte história foi contada pelo secretário do *Gauleiter* Schirach. Enquanto a esposa de Schirach estava em um hotel em Amsterdã, viu uma reunião de judeus à noite. As mulheres judias "gritavam terrivelmente". Os nervos da sra. Schirach estavam tão irritados que ela decidiu contar ao marido sobre aquilo. O *Gauleiter* aconselhou-a a contar a história ao próprio Hitler, uma vez que o Führer não toleraria tais "abusos" (*Misstände*). Durante a próxima visita do casal a Hitler, a sra. Schirach contou a história. Hitler ouviu "indelicadamente", interrompendo várias vezes e dizendo-lhe que não fosse tão sentimental. Todos os presentes acharam a conversa entre Hitler e a sra. Schirach "muito constrangedora" (*äusserst peinlich*). A conversa chegou ao fim, ninguém disse mais nada, e o sr. e a sra. Schirach saíram da sala. Os Schirach partiram no dia seguinte sem se despedir.[104]

No quarto estágio, o mecanismo repressivo eliminou o processo de destruição como um assunto de conversa social. Entre os participantes mais próximos,

---

Grodno Oblast), Rolo 1, Fundo 1, Inscrição 1, Pasta 59. De acordo com o testemunho pós-guerra de um sobrevivente, Lehmann foi, em seguida, capturado em um descarrilamento de um trem por guerrilheiros judeus, identificado por um fugitivo como um participante no ajuntamento e imediatamente condenado à morte. Ver Christopher Browning, *Nazi Policy, Jewish Workers, German Killers* (Nova York, 2000), p. 166.

103 Ploetz para Gertrud Dzinuda, 14 de novembro de 1942, Grupo de Arquivos 53.004 do Museu Memorial do Holocausto dos EUA (Arquivos do Estado da Bielorrússia de Hrodna), Rolo 3, Fundo 1, Inscrição 1, Pasta 277. Ver também a cópia de uma carta do capitão Ostermann, comandante da Waldlager V, um satélite no complexo Mühldorf de Dachau, que ordenava a prisão de uma mulher, de nome alemão, que havia distribuído frutas para uma coluna de prisioneiros judeus, apesar de um aviso explícito da guarda de que aquele ato era inadmissível. Ostermann para *Landrat* em Mühldorf, 30 de agosto de 1944, T 580, Rolo 32.

104 Testemunho juramentado de Maria Höpken, 19 de janeiro de 1946, Schirach-3. A depoente não fora uma testemunha, mas alega que uma história idêntica lhe fora contada em diferentes ocasiões por Schirach e sua esposa.

era considerado desagradável falar sobre as mortes. Era isso que Himmler tinha a dizer sobre o assunto em seu discurso de 4 de outubro de 1943:

> Quero mencionar aqui, com muita franqueza, um capítulo complicado. Entre nós, deve ser mencionado uma vez e muito abertamente, mas, para o público, jamais falaremos sobre isso. Assim como hesitamos pouco em 30 de junho de 1934 em realizar nossa tarefa e colocar os camaradas transgressores [os camisas-marrom] contra a parede, falamos pouco e falaremos ainda menos sobre isso. Conosco havia, graças a Deus, um dom inato de bom senso, que nunca conversamos sobre esse assunto, nunca falamos sobre ele. Cada um de nós ficou horrorizado e, ainda assim, cada um de nós sabia que faria aquilo outra vez se recebesse ordens e se fosse necessário. Estou me referindo à evacuação dos judeus, à exterminação do povo judeu.[105]

Esse era, então, o motivo pelo qual essa "página da glória" particular jamais seria escrita. Há algumas coisas que podem ser feitas apenas se não forem discutidas – que uma vez debatidas, não podem mais ser realizadas.

Entre aqueles que não eram tão próximos das operações de extermínio, a sensação do processo destrutivo era irresistível. A rede de rumores estava espalhada por toda a Europa do Eixo. Um oficial do Ministério das Relações Exteriores em Roma menciona que discutiu detalhes das execuções com pelo menos trinta de seus colegas.[106] Entretanto, a necessidade de conversar não era tão profunda nos homens que estavam pesadamente envolvidos no processo de destruição. Höss, o comandante de Auschwitz, alega jamais ter falado sobre seu trabalho, nem mesmo com a esposa. Ela descobriu o que ele fazia por meio de um comentário descuidado de um amigo da família, o *Gauleiter* Bracht.[107] O guarda Hirtreiter, de Treblinka, jamais falou sobre suas atividades.[108]

O quinto e final estágio no processo de repressão era omitir menções de "assassinatos" ou "instalações de execução" até mesmo nas correspondências secretas por meio das quais essas operações eram reportadas. O leitor desses relatos imediatamente se vê diante de um vocabulário de camuflagem: *Endlösung der Judenfrage*

---

105 Discurso de Himmler, 4 de outubro de 1943, PS-1919.

106 Testemunho juramentado de Ulrich Dörtenbach, 13 de maio de 1947, NG-1535.

107 Testemunho de Höss, *Trial of the Major War Criminals*, XI, 396-411.

108 "Ein Wachmann von Treblinka", *Frankfurter Zeitung*, 11 de novembro de 1950, p. 3.

("solução final da questão judaica"), *Lösungsmöglichkeiten* ("possibilidades de solução"), *Sonderbehandlung* ou SB ("tratamento especial"), *Evakuierung* ("evacuação"), *Aussiedlung* ("reassentamento"), *Umsiedlung* ("reinstalação"), *Spezialeinrichtungen* ("instalações especiais"), *durchgeschleusst* ("canalizado") e muitos outros.

Existe um relato que contém uma história cruel de acobertamento. Em 1943, o Ministério das Relações Exteriores questionou se seria possível trocar 30 mil judeus do Báltico e da Rússia Branca por alemães do Reich em países aliados. O representante do Ministério das Relações Exteriores em Riga respondeu que havia discutido a questão com o comandante da Polícia de Segurança em atividade. O comandante tinha a impressão de que judeus "internados" não podiam ser mandados embora por "pesados motivos da Polícia de Segurança". Conforme era conhecido (*bekanntlich*), um grande número de judeus havia sido "aniquilado" em "ações espontâneas". Em alguns locais, essas ações haviam resultado em "extermínio quase total" (*fast völlige Ausmerzung*). Uma remoção dos judeus restantes, portanto, daria origem a uma "propaganda de atrocidades contra os alemães".[109]

Um exemplo particularmente revelador de dissociação pode ser encontrado em uma carta particular escrita por um sargento da Polícia Rural a um general de polícia. O sargento, à frente de 23 soldados alemães e quinhentos policiais auxiliares ucranianos, havia assassinado massas de judeus na área de Kamianets-Podilskyi. A seguir estão excertos de sua carta:

> Naturalmente, estamos fazendo limpezas consideráveis, especialmente entre os judeus [...].
>
> Tenho um apartamento confortável em um antigo hospital para crianças. Um quarto e uma sala de estar com todos os acessórios. Não falta praticamente nada. Naturalmente, a esposa e os filhos. Você vai me entender. Meu Dieter e o pequeno Liese escrevem com frequência, de seu jeito. Às vezes se pode chorar. Não é bom ser amigo de crianças, como eu era. Espero que a guerra, e com ela o tempo de serviço no leste, logo termine.[110]

O processo de repressão era contínuo, mas nunca se completava. O extermínio dos judeus não podia ser completamente escondido, nem do mundo exterior,

---

109 Windecker para Ministério das Relações Exteriores, 5 de abril de 1943, NG-2652.

110 Fritz Jacob para Rudolf Querner, 5 de maio de 1942, NO-5654.

nem do interno. Portanto, a burocracia não foi poupada de um encontro aberto com sua consciência. Ela precisou rebater argumentos contra argumentos e filosofia contra filosofia. Laboriosamente e com grande esforço, a burocracia tinha de justificar suas atividades.

A tentativa de racionalizar os feitos era um ato com duas frentes. Uma linha de contenção foi criada para mostrar que todas as ações eram contramedidas, que, em essência, eram defensivas. Esse tipo de explicação, fornecida por um exército de propagandistas, centrava-se inteiramente nos judeus. A outra abordagem, que era interna, oferecia reafirmações àqueles que realizavam atos específicos por virtude de suas posições, lidando apenas com o perpetrador. Todavia, consideradas juntas, as duas estratégias eram complementares e cada uma carregava um conjunto de temas de defesa.

A campanha de propaganda aberta foi formada de modo a transmitir a imagem do judeu como ruim, e essa mensagem foi formulada para efeitos de longo prazo. A afirmação era repetida vezes suficientes para poder ser armazenada nas mentes e acionada de acordo com a necessidade. Assim, a afirmação "O judeu é ruim", tirada desse depósito, podia ser convertida pelo perpetrador em uma racionalização completa. "Extermino judeus porque os judeus são ruins". Entender a função de tais formulações é perceber por que elas estavam sendo construídas até o fim da guerra. A propaganda era necessária para combater dúvidas e sentimentos de culpa onde quer que eles surgissem, dentro ou fora da burocracia, e quando eles surgissem, antes ou depois de um evento.

De fato, descobrimos que, em abril de 1943, depois que as deportações de judeus do *Reich* haviam sido em grande parte concluídas, a imprensa recebeu ordens para falar da questão judaica continuamente, sem tréguas.[111] Para construir um "armazém", a propaganda tinha de ser produzida em larga escala. "Institutos de pesquisa" foram formados,[112] teses de doutorado foram escritas[113] e volumes de literatura de propaganda foram impressos por todas as agências imagináveis. Às vezes, uma pesquisa acadêmica era conduzida de forma excessivamente assídua.

---

111 Instruções do diretor de imprensa do *Reich*, 29 de abril de 1943, NG-4705.

112 Particularmente o Institut zur Erforschung der Judenfrage em Frankfurt, sob direção do dr. Klaus Schickert. Steengracht para Rosenberg, 22 de janeiro de 1944, NG-1689.

113 Dr. Hans Praesent, "Neuere deutsche Doktorarbeiten über das Judentum", *Die Judenfrage*, 15 de novembro de 1943, pp. 351-353.

Um estudo econômico, tomado pelo jargão comum mas incomumente equilibrado no conteúdo, surgiu em Viena, com a notação: "Não comercializado". O autor havia descoberto que o zênite do poder financeiro judeu havia sido alcançado em 1913.[114] Por outro lado, a publicação de uma literatura mais adequada podia até mesmo levar a uma competição burocrática. Assim, o *Unterstaatssekretär* Luther, do Ministério das Relações Exteriores, precisava assegurar ao *Obergruppenführer* Berger, do Gabinete Central de Segurança do *Reich*, que o panfleto *Das russische Tor ist aufgestossen* ("O portão russo está escancarado") do Ministério das Relações Exteriores de forma alguma competiria com a obra-prima de Berger, *Der Untermensch* (*O sub-humano*).[115]

O que toda essa propaganda realizou? Como os judeus eram retratados nesse infinito fluxo de panfletos e folhetos, livros e discursos? Como a imagem dos judeus na propaganda serviu para justificar o processo de destruição?

Em primeiro lugar, os alemães forjaram a imagem de uma judiaria governando o mundo e planejando a destruição da Alemanha e da vida alemã. "Se os judeus nas finanças internacionais, dentro e fora da Europa, obtiverem sucesso em afundar as nações em outra guerra mundial, então o resultado não será a bolcheviquização da terra e, com ela, a vitória dos judeus, mas a aniquilação da raça judia na Europa",[116] declarou Adolf Hitler em 1939. Em 1944, Himmler declarou a seus camaradas: "Essa foi a ordem mais assustadora que uma organização poderia receber, a ordem de solucionar a questão judaica". Contudo, se os judeus ainda estivessem na retaguarda, a linha de frente não poderia ser mantida, e se algum dos comandantes sentisse pena, eles só precisavam pensar no terror do bombardeio, "que, afinal, é organizado, em última análise, pelos judeus".[117]

A teoria do mundo governado por judeus e da incessante conspiração judaica contra o povo alemão invadiu todos os gabinetes. Tornou-se entrelaçada com a política externa e por vezes levou a resultados prósperos. Assim, crescia a convicção de que os estadistas estrangeiros que não eram muito amigáveis com a Alemanha eram judeus, parcialmente judeus, casados com judeus ou, de alguma

---

114 Wolfgang Höfler, *Untersuchungen über die Machtstellung der Juden in der Weltwirtschaft*. Vol. 1, *England und das Vornationalsozialistche Deutschland* (Viena, 1944).

115 Luther para Berger, 22 de junho de 1942, NG-3304.

116 Discurso de Hitler, 30 de janeiro de 1939, imprensa alemã.

117 Discurso de Himmler, 21 de junho de 1944, NG-4977.

forma, dominados por judeus. Streicher não hesitou em declarar publicamente[118] que soubera de confiável fonte italiana que o papa tinha sangue judeu. De forma similar, o *Staatssekretär* Weizsäcker do Ministério das Relações Exteriores certa vez questionou o encarregado britânico de negócios sobre a porcentagem de sangue "ariano" no sr. Rublee, um americano em missão em nome dos refugiados.[119]

Esse tipo de raciocínio também era aplicado ao contrário. Se uma potência era amigável, acreditava-se que ela era livre de um governo judeu. Em março de 1940, após Ribbentrop ter alcançado sucesso em estabelecer relações amigáveis com a Rússia, ele assegurou a Mussolini e Ciano que Stálin havia deixado para trás a ideia de revolução mundial. A administração soviética encontrava-se livre de judeus. Até mesmo Kaganovich (o membro do Politburo judeu) parecia-se muito com um georgiano.[120]

A alegação do governo mundial judeu deveria ser irrefutavelmente estabelecida em uma farsa judicial. Perto do fim de 1941, o Ministério da Propaganda, o Ministério das Relações Exteriores e o Ministério da Justiça fizeram planos para o julgamento de Herschel Grynzpan, o homem que havia assassinado um oficial da embaixada alemã (vom Rath) em Paris em 1938.[121] O julgamento deveria provar que o feito de Grynzpan era parte de um "plano fundamental da judiaria internacional a fim de levar o mundo à guerra com a Alemanha nacional-socialista".[122] Todavia, isso jamais aconteceu porque o Ministério da Justiça, em sua ansiedade,

---

118 Memorando de Ribbentrop, 18 de novembro de 1939, sobre o protesto italiano na questão de Streicher. *Documents on German Foreign Policy, 1918-1945*, Ser. D, IV, 524-525. O pontífice em questão era o "papa temperamental", Pio XI, não o "papa diplomático", Pio XII.

119 Weizsäcker para Wörmann, departamentos jurídico e comercial, Referat Deutschland (Aschmann), 7 de novembro de 1938, NG-4686. O diplomata britânico respondeu dizendo que não achava que Rublee tivesse sangue judeu.

120 Resumo da reunião entre Ribbentrop, Mussolini e Ciano, 10 de maio de 1940, PS-2835.

121 *Ministerialrat* Diewerge (Ministério da Propaganda) para *Gesandter* dr. Krümmer (Ministério de Relações Exteriores), 22 de dezembro de 1941, NG-971. Krümmer para departamento de imprensa do Ministério das Relações Exteriores, 2 de janeiro de 1942, NG-971. Resumo da conferência internacional, 23 de janeiro de 1942, NG-973. Rintelen para Weizsäcker, 5 de abril de 1942, NG-179. Krümmer via Luther para Weizsäcker, 7 de abril de 1942, NG-179. Schlegelberger para Goebbels, 10 abril de 1942, NG-973. Memorando de Diewerge, 11 de abril de 1942, NG-971.

122 Rintelen para Weizsäcker, citando as visões de Ribbentrop, 2 de abril de 1942, NG-179.

havia cometido o erro fatal de acrescentar a homossexualidade à acusação. No último momento, temeu-se que Gynzpan pudesse revelar "as supostas relações homossexuais do *Gesandtschaftsrat* vom Rath". Assim, todo o esquema foi deixado de lado.[123]

Quando a Alemanha começou a perder a guerra em Stalingrado, a máquina de propaganda buscou criar enormes volumes de infinitas repetições como a "prova" que não tinham obtido no malfadado julgamento de Grynzpan. O judeu era agora o principal inimigo, o criador do capitalismo e do comunismo, a força sinistra por trás de todo o esforço de guerra dos Aliados, o organizador dos "ataques terroristas" e, por fim, o todo poderoso inimigo capaz de riscar a Alemanha do mapa. Em 5 de fevereiro de 1943, a imprensa precisou ser advertida para não "superestimar o poder dos judeus".[124] No mesmo dia, entretanto, as seguintes instruções foram emitidas:

> Ênfase: Se perdermos essa guerra, não cairemos nas mãos de outros Estados, mas seremos todos aniquilados pela judiaria mundial. A judiaria firmemente decidiu [*fest entschlossen*] exterminar todos os alemães. A lei e os costumes internacionais não serão uma proteção contra a vontade judia de total aniquilação [*totaler Vernichtungswille der Juden*].[125]

A ideia de uma conspiração judia também foi empregada para justificar operações específicas. Assim, o Ministério das Relações Exteriores insistiu em deportações dos países do Eixo alegando que os judeus eram um risco à segurança.[126] Os judeus eram espiões, agentes inimigos. Não podiam ter autorização para ficar em

---

123 Resumo da conferência de Grynzpan, 23 de janeiro de 1942, NG-973. Louis P. Lochner, ed., *The Goebbels Diaries* (Garden City, N.Y., 1948), entradas de 11 de fevereiro e 5 de abril de 1942, pp. 78, 161. Grynzpan foi mantido desinformado. Em 1957, reportou-se que ele estava vivendo calmamente em Paris. Kurt R. Grossman, "Herschel Gruenspan lebt!" *Aufbau* (Nova York), 10 de maio de 1957, pp. 1, 5-6. Ele não foi encontrado.

124 *Zeitschriften Dienst* (Ministério da Propaganda), 5 de fevereiro de 1943, NG-4715.

125 *Deutscher Wochendienst*, 5 de fevereiro de 1943, NG-4714.

126 Resumo da conferência Mussolini-Ribbentrop, que aconteceu em 25 de fevereiro de 1943, e datada de 27 de fevereiro de 1943, D-734. Veesenmayer (ministro alemão na Hungria) via embaixador Ritter para Ribbentrop, 6 de julho de 1944, NG-5684.

regiões costeiras porque, no evento de pousos aliados, atacariam as tropas de defesa pela retaguarda. Os judeus eram instigadores de revolta; foi por isso que tiveram de ser deportados da Eslováquia em 1944. Os judeus eram os organizadores da guerra de guerrilha, os "intermediários" entre o Exército Vermelho e o comando de campo guerrilheiro; era por isso que não se podia permitir que eles continuassem vivos em áreas ameaçadas pela guerrilha. Os judeus eram sabotadores e assassinos; foi por isso que o exército os escolheu como reféns na Rússia, Sérvia e França.[127] Os judeus estavam tramando a destruição da Alemanha e por isso precisavam ser destruídos. Nas palavras de Himmler: "Tivemos o direito moral com nosso povo para aniquilar esse povo que queria nos aniquilar." Na mente dos perpetradores, portanto, essa teoria podia transformar o processo de destruição em uma espécie de guerra preventiva.

Os judeus eram retratados não apenas como uma conspiração mundial, mas também como um povo criminoso. Essa é a definição de judeus oferecida em instruções à imprensa alemã:

> Ênfase: No caso dos judeus, não há apenas alguns criminosos (como em qualquer povo), mas todos eles vieram de raízes criminosas e sua própria natureza é criminosa. Os judeus não são um povo como outro povo, mas um pseudopovo reunido pela criminalidade hereditária [*eine zu einem Scheinvolk zusammengeschlossene Erbkriminalität*] [...]. A aniquilação dos judeus não é uma perda para a humanidade, mas apenas tão útil quanto a pena capital ou prisão preventiva contra outros criminosos.[128]

E isso foi o que Streicher teve a dizer: "Veja o caminho que o povo judeu atravessou há milênios: em todos os lugares, assassinatos; em todos os cantos, assassinato em massa!".[129]

---

127 Comandante militar em Armyansk para comandante de retaguarda do Exército 533/Intendente em Simferopol, 30 de novembro de 1941, NOKW-1532. *Staatsrat* Turner (Sérvia) para Alto-Comando da ss e da Polícia em Danzig, Hildebrandt, 17 de outubro de 1941, NO-5810. Comandante militar na França (von Stülpnagel) para alto comandante do Exército/Intendente Geral, 5 de dezembro de 1941, NG-3571.

128 *Deutscher Wochendienst*, 2 de abril de 1944, NG-4713.

129 Discurso de Streicher em Nuremberg, setembro de 1939, M-4.

Um pesquisador nazista, Helmut Schramm, reuniu todas as lendas de assassinato ritual judeu.[130] O livro foi um sucesso imediato para Himmler. "Encomendei uma grande quantidade do livro *The Jewish Ritual Murders*", ele escreveu a Kaltenbrunner. "Estou distribuindo-os ao *Standartenführer* [coronel da ss]. Enviarei várias cópias a você para que possa distribuí-las a seus *Einsatzkommandos* e, acima de tudo, aos homens que estão envolvidos com a questão judaica".[131] *The Jewish Ritual Murders* era uma coleção de lendas de supostas torturas de crianças cristãs. Na verdade, centenas de milhares de crianças judias estavam sendo mortas no processo de destruição. Talvez por isso o livro tenha se tornado tão importante. Aliás, Himmler mostrou-se tão entusiasmado com a obra que ordenou que o Kaltenbrunner desse início a investigações de "assassinato sem rituais" na Romênia, Hungria e Bulgária. Também sugeriu que o pessoal da Polícia de Segurança começasse a trabalhar rastreando registros da corte britânica e descrições policiais de crianças desaparecidas "para que possamos reportar em nossas transmissões de rádio à Inglaterra que na cidade XY uma criança está desaparecida e que provavelmente se trata de outro caso de assassinato em ritual judeu".[132]

Como a noção de criminalidade judia era aplicada na prática, isso pode ser visto na escolha de algumas das expressões usadas nos relatos das operações de extermínio, como o termo *execução* (em alemão, *hingerichtet, exekutiert, Vollzugstätigkeit*). Nas correspondências concernentes à administração de pertences pessoais tomados dos judeus, a ss usou a designação disfarçada de "utilização de propriedade de judeus ladrões" [*Verwertung des jüdischen Hehler und Diebesgutes*]".[133]

Um exemplo impressionante de como a teoria invadiu o pensamento alemão é oferecido no formato de porções de dois relatos do exército da Polícia Secreta do Campo na Rússia ocupada:[134]

---

130 Helmut Schramm, *Der jüdische Ritualmord – Eine historische Untersuchung* (Berlim, 1943).

131 Himmler para Kaltenbrunner, 19 de maio de 1943, NG-4589.

132 *Ibid.*

133 August Frank (WVHA) para diretor do Standortverwaltung Lublin e chefe de administração de Auschwitz, 26 de setembro de 1942, NO-724.

134 Grupo 722 da Polícia Secreta de Campo para 207ª Divisão de Segurança/Inteligência, 23 de fevereiro de 1943, NOKW-2210. Grupo 722 para 207ª Divisão de Segurança/Inteligência, 25 de março de 1943, NOKW-2158. A divisão localizava-se no norte da Rússia e na Estônia.

Ofensas passíveis de punição por membros da população

Espionagem	I
Roubo de munição	I
Judeus suspeitos (*Judenverdacht*)	3

Ofensas passíveis de punição por membros da população

Andar com armas (*Freischärlerei*)	II
Roubos	2
Judeus	2

No ápice dessa teoria, ser judeu era uma ofensa digna de punição (*strafbare Handlung*). Assim, era a função da racionalização da criminalidade voltar o processo de destruição a uma espécie de procedimento judicial.

Um terceiro raciocínio que se concentrava nos judeus era a concepção da judiaria como uma forma inferior de vida. O *Generalgouverneur* Frank estava acostumado ao uso de expressões como "judeus e piolhos". Em um discurso feito em 19 de dezembro de 1940, ele apontou que os parentes dos militares certamente se solidarizavam com os homens que estavam na Polônia, um país "tão cheio de piolhos e judeus". Todavia, a situação não era de todo mal, ele continuou, embora obviamente não pudesse livrar o país de piolhos e de judeus em um ano.[135] Em 19 de julho de 1943, o chefe da Divisão de Saúde do *Generalgouvernement* relatou, durante uma reunião, que a epidemia de tifo estava diminuindo. Frank comentou, nessa reunião, que a "remoção" (*Beseitigung*) do "elemento judeu" sem dúvida tinha contribuído para a melhora da saúde (*Gesundung*) na Europa. Ele dizia não apenas no sentido literal, mas também politicamente: o restabelecimento de condições saudáveis de vida (*gesunder Lebensverhältnisse*) no continente europeu.[136] Seguindo a mesma linha, o chefe de imprensa do Ministério das Relações Exteriores, Schmidt, certa vez declarou, durante uma visita à Eslováquia, que "A questão judaica não é uma questão de humanidade, nem uma questão de religião; é apenas uma questão de higiene política [*eine Frage der politischen Hygiene*]".[137]

---

135 Discurso de Frank para os homens do batalhão de guarda, 19 de dezembro de 1940, Diário de Frank, PS-2233.

136 Resumo da conferência do *Generalgouvernement* sobre saúde, 9 de julho de 1943, Diário de Frank, PS-2233.

137 *Donauzeitung* (Belgrado), 3 de julho de 1943, p. 3.

Na terminologia das operações de extermínio, o conceito de judeus como vermes é novamente bastante pronunciado. Dr. Stahlecker, comandante do Einsatzgruppe A, chamou os massacres de lituanos de "ações de autolimpeza" (*Selbstreinigungsaktionen*). Em outro relato, encontramos a expressão "ações de limpeza de judeus" (*Judensäuberungsaktionen*). Himmler falou de "erradicação" (*Ausrottung*). Muitas vezes, a burocracia usou a palavra *Entjudung*. Essa expressão, que não era usada apenas em ligação com os assassinatos, mas também em referência à arianização da propriedade, significa *tirar algo dos judeus*.[138] Um dos termos mais frequentemente aplicados nesse vocabulário era *judenrein*, que significa *limpo de judeus*. Por fim, deve ser notado que, no calor do momento, uma empresa de fumigação alemã, a Deutsche Gesellschaft für Schädlingsbekämpfung, foi atraída para as operações de extermínio ao oferecer um de seus produtos letais para ser usado no extermínio com gás de 1 milhão de judeus. Assim, o processo de destruição também foi transformado em uma "operação de limpeza".

Além das formulações que eram usadas para justificar toda a empreitada como uma guerra contra a "judiaria internacional", como um procedimento judicial contra a "criminalidade judia" ou simplesmente como um "processo higiênico contra vermes judeus", também houve raciocínios formados de modo a permitir que o burocrata individual justificasse sua tarefa específica no processo de destruição. Deve-se ter em mente que a maioria dos participantes não atirou contra crianças judias ou despejou gás nas câmaras. Muitos deles, obviamente, também tinham de realizar essas tarefas bastante "complicadas", mas a maioria dos administradores e dos funcionários não viam a ligação drástica e final nessas medidas de destruição.

A maioria dos burocratas compunha memorandos, elaborava projetos, assinava correspondências, falava ao telefone e participava de conferências. Podiam destruir povos inteiros sentados a suas mesas. Com a exceção das visitas de inspeção, que não eram obrigatórias, nunca tiveram de ver "cem corpos caídos aqui, ou quinhentos, ou 1 mil". Todavia, esses homens não eram ingênuos. Eles percebiam a ligação entre seu trabalho burocrático e as pilhas de cadáveres no leste, e também percebiam as deficiências dos argumentos que depositavam todo o mal nos judeus e todo o bem nos alemães. Era por isso que eles eram compelidos a

---

138 Compare *Entlausung* (erradicação de pilhos) e *Entwesung* (erradicação de vermes ou fumigação).

defender suas atividades individuais. As justificativas contêm a admissão implícita de que o trabalho burocrático tinha de seguir seu curso, independentemente dos verdadeiros planos do judaísmo mundial e independentemente do verdadeiro comportamento dos judeus que estavam prestes a ser mortos. As racionalizações concentradas nos perpetradores podem ser divididas em cinco categorias.

O instrumento mais antigo, mais simples e, portanto, mais eficaz era a doutrina de ordens superiores. Antes de qualquer coisa, havia a disciplina; acima de tudo, estava a obrigação. Independentemente de quais objeções pudessem existir, ordens eram dadas para serem obedecidas. Uma ordem clara era como uma absolvição. Armado com essa ordem, um perpetrador sentia que podia elevar sua responsabilidade e sua consciência. Quando Himmler falou a um grupo de extermínio em Minsk, disse a seus homens que não precisavam se preocupar. Sua consciência não seria de forma alguma prejudicada, pois eram soldados que tinham de levar a cabo incondicionalmente todas as ordens.[139]

A realidade era mais complexa. Mesmo no campo, às vezes era possível recusar a participação em um fuzilamento sem sofrer terríveis consequências, especialmente se a objeção pudesse ser percebida como uma expressão de uma incapacidade psicológica em vez de um desafio sem disfarces. Certa vez, quando membros do Segundo Batalhão Schutzmannschaft da Lituânia, que tinha acabado de chegar à Bielorrússia, receberam ordens para fuzilar judeus na cidade de Rudensk, um jovem disse que não podia matar pessoas. O comandante lituano então sugeriu que todos aqueles que não conseguiam atirar dessem um passo para trás. Entre quinze e dezessete homens aceitaram esse convite e assistiram ao fuzilamento realizado por seus compatriotas de uma distância de vinte a trinta metros.[140] No Distrito de Lublin, o comandante do 101º Batalhão da Polícia de Reserva, o major Trapp, seguiu adiante. Estando ele mesmo cheio de reservas, convidou os guardas mais velhos que não conseguiam fuzilar mulheres e crianças a se retirarem.[141] Em ambos os casos, a escolha havia sido dada a homens sem experiência

---

139 Von dem Bach in *Aufbau* (Nova York), 23 de agosto de 1946, pp. 1-2.

140 Deposição de Martynus Kaciulis, 16 de agosto de 1982, em United States v. Jurgis, Tribunal Distrital dos EUA em Tampa, CA n. 81-1013-CIV-T-H. O depoente foi uma testemunha ocular. O oficial era o primeiro tenente Kristaponis, comandante da 2ª comitiva. O comandante do batalhão era o major Impulevicius.

141 Christopher Browning, *Ordinary Men* (Nova York, 1992), principalmente pp. 1-77, 191.

em tais assassinatos e ambas as unidades se viram envolvidas em fuzilamentos subsequentes com menos hesitação.[142]

Para aqueles que ocupavam mesas de trabalho, a flexibilidade era maior. As oportunidades para escapar das instruções quase sempre aumentavam conforme se subia na hierarquia. Mesmo na Alemanha nazista, as ordens eram desobedecidas – e eram desobedecidas até mesmo em questões judias. Já citamos a declaração do *Reichsbankdirektor* Wilhelm, que não participava na distribuição de "produtos de segunda mão". Nada aconteceu a ele. Um membro do Gabinete Central de Segurança do *Reich*, o *Sturmbannführer* Hartl, simplesmente se recusou a assumir um *Einsatzkommando* na Rússia. Nada aconteceu com ele também.[143] Mesmo o *Generalkommissar* Kube, que havia efetivamente frustrado uma operação de extermínio em Minsk e que havia se expressado em linguagem ofensiva, recebeu apenas uma advertência.

O burocrata agarrava-se às suas ordens não tanto porque temia seu superior (com quem frequentemente se dava bem), mas porque se esquivava de sua própria consciência. Os muitos pedidos de "autorização", fosse por permissão para marcar judeus com uma estrela ou para assassiná-los, demonstra a verdadeira natureza dessas ordens. Quando elas não existiam, os burocratas tinham de inventá-las.

A segunda racionalização era a insistência do administrador de que ele não agia por vingança pessoal. Na mente do burocrata, a obrigação era um caminho atribuído; era seu "destino". O burocrata alemão fazia uma clara distinção entre a obrigação e os sentimentos pessoais. Insistia que não "odiava" judeus e, por vezes, até desviava de seu caminho para realizar "boas ações" para amigos e conhecidos judeus. Quando os julgamentos de crimes de guerra começaram, raramente havia um réu que não pudesse produzir evidências de que havia ajudado algum professor de medicina meio-judeu ou de que havia usado sua influência para que um judeu regente em uma orquestra conduzisse por mais algum tempo, ou de que tivesse intervindo em nome de algum casal misto para arrumarem um apartamento. Embora essas cortesias fossem mesquinhas em comparação aos conceitos destrutivos que aqueles homens implementavam concomitantemente, as "boas ações" tinham uma importante função psicológica. Eles separavam "obrigação"

---

142 Para outros exemplos de recusas, ver David Kitterman, "Those Who Said 'No'", *German Studies Review* II (1988): 243-254.

143 Testemunho juramentado de Albert Hartl, 9 de outubro de 1947, NO-5384.

de sentimentos pessoais, preservavam um senso de "decência". O destruidor dos judeus não era um "antissemita".

O *Staatssekretär* Keppler do Gabinete do Plano Quadrienal foi interrogado após a guerra, conforme exposto:

> PERGUNTA [do dr. Kempner, da equipe dos processos]: Diga-me, sr. Keppler, por que o senhor agiu tão terrivelmente contra os judeus? O senhor conhecia os judeus?
>
> RESPOSTA: Eu não tinha nada contra os judeus.
>
> PERGUNTA: Estou perguntando o motivo. O senhor não era amigo dos judeus?
>
> RESPOSTA: Os judeus vinham até mim. Warburg me convidou. Posteriormente, os judeus me procuraram na Chancelaria do *Reich* e me pediram para que eu me unisse à mesa diretora do Deutsche Bank.
>
> PERGUNTA: Quando o senhor deveria entrar para a mesa diretora?
>
> RESPOSTA: Eu não queria; foi em 1934. Eles queriam me dar uma garantia escrita de que eu seria diretor dentro de meio ano. Se eu odiasse tanto os judeus, eles não teriam me procurado.
>
> PERGUNTA: Mas o senhor transferiu capital das mãos dos judeus para as mãos dos arianos.
>
> RESPOSTA: Não com frequência. Conheço um único caso, o de Simson-Suhl. Também o da Skoda-Wetzler Works, em Viena. Mas descobriu-se que não se tratava de uma empresa judia.

Keppler então foi questionado sobre se não tinha favorecido o "desaparecimento" de judeus da Alemanha. O *Staatssekretär* apoiou-se em Warburg, com quem certa vez tivera uma "conversa interessante". O interrogador interrompeu com o comentário de que "agora não queremos falar sobre o antissemitismo, mas sobre a solução final da questão judaica". Com isso, Keppler foi questionado sobre se tinha ouvido de Lublin. O *Staatssekretär* admitiu hesitantemente que tinha ouvido de Lublin e apresentou sua explicação de que estava "profundamente tocado com essa questão *[dass mich das furchtbar peinlich berührt]*. O que Keppler fazia quando se sentia assim tão tocado? "Era muito desagradável para mim, mas, no fim das contas, não era sequer de minha esfera de jurisdição".[144]

---

144 Interrogatório feito por Kempner de Keppler, 20 de agosto de 1947, NG-3041.

Outro réu em um julgamento de crimes de guerra, o ex-comandante na Noruega, *Generaloberst* von Falkenhorst, ofereceu as explicações a seguir para sua ordem de remover os judeus dos batalhões de prisioneiros de guerra soviéticos em sua área. Von Falkenhorst apontou que, para começo de conversa, não havia judeus entre esses prisioneiros, pois a seleção já havia acontecido na Alemanha (isto é, os prisioneiros judeus já tinham sido fuzilados enquanto eram transportados pelo Reich). A ordem era, por consequência, "inteiramente supérflua e poderia muito bem não ter sido incluída [...] foi impensadamente incluída pelo oficial da minha equipe que trabalhava nisso, desde as instruções a nós enviada, e eu a negligenciei". O general então continuou:

> Quanto ao resto, pode ser deduzido que a questão judaica teve um papel infame na Noruega, assim como em todos os outros lugares, e que eu e o Exército supostamente teríamos sido particularmente antissemitas.
>
> Contra essa suspeita, só posso alegar o seguinte: em primeiro lugar, que nos países escandinavos há apenas alguns poucos judeus. Em geral, esses poucos não estão em evidência. A soma total na Noruega era de apenas aproximadamente 350. [Número verdadeiro: 2 mil.] Um número insignificante entre 2 ou 3 milhões de noruegueses. Esses [judeus] foram reunidos pelo [*Reichskommissar*] Terboven e, de acordo com as ordens, despachados para a Alemanha por navio a vapor. Dessa maneira, o problema dos judeus na Noruega foi praticamente solucionado [isto é, pela deportação para Auschwitz].
>
> No que diz respeito a mim, nessa época preenchi um requerimento a Terboven, a pedido do cônsul sueco, general Westring, em Oslo, que não gostava muito de visitar Terboven, para a soltura de um judeu de nacionalidade sueca e de sua família com a permissão para deixar o país, o que felizmente atendia ao desejo do cônsul de facilitar o retorno daquelas pessoas a Estocolmo.
>
> Se tivesse sido um antissemita fanático, eu poderia, sem mais delongas, ter recusado esse pedido, pois a questão de forma alguma me dizia respeito.
>
> Por um lado, todavia, eu queria ajudar o cônsul sueco e, por outro, não tenho nada contra judeus. Já li e ouvi seus escritos e composições com interesse e as conquistas deles no campo das ciências são dignas do mais alto respeito. Encontrei muitas pessoas bastante boas e honráveis entre eles.[145]

---

145 Testemunho juramentado de von Falkenhorst, 6 de julho de 1946, em *Trial of Nikolaus von Falkenhorst* (Londres, 1949), p. 25.

Quão difundida a prática de "boas ações" deve ter sido pode ser medido pelo seguinte comentário de Heinrich Himmler: "E então eles surgem, nossos 80 milhões de bons alemães e cada um tem seu judeu decente. Está claro, os outros são porcos [*Schweine*], mas esse é um judeu de primeira classe. De todos aqueles que falam assim, ninguém viu, ninguém passou por isso".[146] Todavia, mesmo se Himmler enxergasse essas intervenções como expressões de uma humanidade extraviada, elas eram ferramentas necessárias na tentativa de cristalizar uma das importantes justificativas para ação burocrática: a obrigação. Somente depois que um homem tivesse feito "tudo humanamente possível" ele podia se dedicar à atividade destrutiva em paz.

A terceira justificativa era a racionalização de que a atividade de uma pessoa não era criminosa, que a atividade do próximo era criminosa. O *Ministerialrat*, que estava assinando papéis, podia se consolar com o pensamento de que ele não apertava os gatilhos. Todavia, isso não era suficiente. Ele precisava ter certeza de que, *se* recebesse ordens para atirar, não as seguiria, mas traçaria a linha bem ali e naquela hora.

A conversa seguinte aconteceu durante um julgamento de crimes de guerra. Um oficial do Ministério das Relações Exteriores, Albrecht von Kessel, foi questionado pelo advogado de defesa (dr. Becker) sobre o significado da "Solução Final".

> RESPOSTA: Essa expressão, "solução final", foi usada com vários significados. Em 1936, "solução final" significava apenas que os judeus deveriam deixar a Alemanha. E, obviamente, é verdade que eles deveriam ser roubados; isso não era de bom tom, mas não era criminoso.
>
> JUÍZ MAGUIRE: Essa era uma tradução fiel?
>
> DR. BECKER: Eu não verifiquei a tradução. Por favor, repita a sentença.
>
> RESPOSTA: Eu disse que não era criminoso; não era de bom tom, mas não era criminoso. Foi isso que eu disse. Não se queria tirar a vida deles; apenas se desejava tirar o dinheiro deles. Isso era tudo.[147]

A mais importante característica dessa linha divisória era que ela podia ser *transposta* quando a necessidade surgisse. Para ilustrar: certa vez, havia um pastor

---

146 Discurso de Himmler, 4 de outubro de 1943, PS-1919.

147 Testemunho de Albrecht von Kessel, Caso n. II, tr. pp. 9.514-9.515.

protestante chamado Ernst Biberstein. Após vários anos pregando para sua congregação, ele foi para o Ministério da Igreja. Dessa agência, foi para outro gabinete, que também interessava às questões da igreja: o Gabinete Central de Segurança do *Reich*. Essa agência o colocou para chefiar um gabinete local da Gestapo. Finalmente, ele se tornou chefe do *Einsatzkommando* 6, no sul da Rússia. Como comandante do *Kommando*, Biberstein matou de 2 mil a 3 mil pessoas. Essas pessoas, na opinião dele, haviam perdido o direito de viver de acordo as regras de guerra. Questionado sobre se havia judeus entre as vítimas, ele respondeu: "É muito difícil determinar isso. Ademais, na ocasião me foi passada a informação de que onde havia armênios não existiam tantos judeus".[148] Para Biberstein, a linha moral divisória era como um horizonte se afastando. Ele andava em direção a esse horizonte, mas jamais podia alcançá-lo.

Entre os participantes do processo de destruição, havia pouquíssimos que não "transpunham" a linha quando tinham de atravessar o limite. Um motivo pelo qual a pessoal do *Generalkommissar* Kube é tão importante é o fato de ele ter uma linha firme, além da qual não podia seguir. A linha era arbitrária e muito avançada. Ele sacrificava judeus russos e lutava desesperadamente apenas pelos judeus alemães de sua região. Entretanto, a linha permanecia fixa. Não era móvel, não era imaginária, não era autoilusória. O processo de destruição era autônomo, no sentido de que não podia ser contido internamente. O padrão moral ajustável era uma das principais ferramentas na manutenção dessa autonomia.

Havia uma quarta racionalização que implicitamente conhecia o fato de que todas as linhas modificáveis são irreais. Essa racionalização era construída de acordo com uma simples premissa: nenhum homem sozinho é capaz de construir uma ponte e nenhum homem sozinho é capaz de destruir os judeus. O participante do processo de destruição estava sempre acompanhado. Entre seus superiores, ele sempre podia encontrar aqueles que estavam fazendo mais do que ele; entre seus subordinados, sempre podia encontrar aqueles que estavam prontos para tomar seu lugar. Independentemente do lugar para onde olhasse, ele era um em meio a milhares. Sua importância diminuía e ele sentia que era substituível, talvez até mesmo dispensável.

Em momentos de tamanha reflexão, o perpetrador acalmava sua consciência com o pensamento de que era parte de uma maré e de que havia muito

---

148 Interrogatório de Biberstein, 29 de junho de 1947, NO-4997.

pouco que uma gota de água podia fazer em uma onda assim. Ernst Göx, que serviu na Polícia de Ordem e que guiava trens a Auschwitz era um desses que se sentiam desamparados. "Sempre fui um socialista", ele declarou, "e meu pai pertenceu ao Partido Socialista por cinquenta anos. Quando conversávamos um com o outro – o que acontecia com frequência –, eu sempre dizia que, se ainda existisse justiça, as coisas não poderiam continuar assim por muito tempo".[149] Quando Werner von Tippelskirch, um oficial do Ministério das Relações Exteriores, foi interrogado após a guerra, ele apontou que nunca tinha protestado contra a morte de judeus na Rússia porque era "impotente". Seus superiores, Erdmannsdorff, Wörmann e Weizsäcker, também eram "impotentes". Todos eles esperavam uma "mudança de regime". Questionado pelo procurador Kempner sobre se era certo esperar uma mudança de regime "e, enquanto isso, enviar milhares de pessoas para a morte", von Tippelskirch respondeu: "É uma pergunta difícil".[150] Para o *Staatssekretär* von Weizsäcker, a pergunta sobre o que ele poderia fazer era tautológica. Se tivesse influência, teria contido todas as medidas. Mas o "se" pressupunha uma terra encantada, na qual ele não precisaria usar sua influência.[151]

A quinta racionalização era a mais sofisticada. Também era uma defesa de último esforço psicológico, adequada particularmente àqueles que enxergavam o autoengano das ordens superiores, tarefas impessoais, a alteração dos padrões morais e o argumento da falta de poder. Era uma conclusão também para aqueles cuja atividade drástica ou alta posição os colocava fora do alcance das ordens, obrigação, linhas morais divisórias e impotência. Era a teoria da selva.

Oswald Spengler certa vez explicou esse postulado com as seguintes palavras: "A guerra é a política primordial de todas as criaturas vivas, e isso na medida em que, no mais profundo sentido, combate e vida são idênticos, pois quando a vontade de lutar é extinta, o mesmo acontece com a própria vida".[152] Himmler lembrou-se dessa ideia ao falar com o pessoal de extermínio móvel em Minsk. Ele

---

149 Declaração de Göx, 6 de abril de 1972. Landesgericht, Vienna, Caso Novak, arquivo 1416/16, vol. 18, pp. 330-332.

150 Interrogatório de Tippelskirch por Kempner, 29 de agosto de 1947, NG-2801.

151 Nota de Ernst von Weizsäcker em seu diário, após 23 de maio de 1948, em Leonidas E. Hill, *Die Weizsäcker-Papiere 1933-1950* (Viena e Frankfurt, 1974), p. 425.

152 Oswald Spengler, *Der Untergang des Abendlandes* (Munique, 1923), vol. I, pp. 545-546.

lhes sugeriu que observassem a natureza. Onde quer que olhassem, encontrariam o combate: entre os animais, entre as plantas. Quem se cansava da luta, morria.[153]

Com base nessa filosofia, o próprio Hitler encontrou forças em momentos de meditação. Certa vez, à mesa de jantar, quando pensava na destruição dos judeus, ele comentou com simplicidade assustadora: "Não se deve ter misericórdia das pessoas que estão determinadas pelo destino a morrer [*Man dürfe kein Mitleid mit Leuten haben, denen das Schicksal bestimmt habe, zugrunde zu gehen*]".[154]

AS VÍTIMAS

Os alemães venceram os obstáculos psicológicos e administrativos e superaram os problemas da máquina burocrática, mas os conflitos morais e tecnocráticos internos não oferecem uma explicação completa do que aconteceu. Em um processo de destruição, os perpetradores não desempenham apenas o papel; o processo também é formado pelas vítimas. É a *interação* entre perpetradores e vítimas o que cria o "destino". É possível, portanto, examinar as reações da comunidade judia e analisar o papel dos judeus em sua própria destruição.

Quando confrontado pela força, um grupo pode reagir de uma ou mais das cinco maneiras seguintes: resistindo, tentando amenizar ou anular a ameaça (a reação de anulação), evadindo-se, paralisando-se ou condescendendo. Uma a uma, essas respostas podem ser medidas.

A reação padrão dos judeus caracteriza-se pela quase completa falta de resistência. Em acentuado contraste com a propaganda alemã, a evidência documental da resistência dos judeus, manifesta ou subjacente, é bastante pequena. Numa escala de âmbito europeu os judeus não tinham nenhuma organização de resistência e nenhum plano de ação armada ou para enfrentar a guerra psicológica. Eles estavam completamente despreparados. Nas palavras de von dem Bach, chefe antipartidário e alto comandante da ss e da Polícia da Rússia Central, que vigiava judeus e passou a assassiná-los a partir de 1941:

---

153 Von dem Bach in *Aufbau* (Nova York), 23 de agosto de 1946, pp. 1-2.

154 Henry Picker, ed., *Hitlers Tischgespräche im Führerhauptquartier 1941-1942* (Bonn, 1951), entrada de 2 de abril de 1942, p. 227. As entradas são resumidas por Picker como "declarações de Hitler à mesa de jantar".

Assim, os desafortunados surgiram... Sou a única testemunha viva, mas devo dizer a verdade. Contrariamente à opinião dos nacional-socialistas de que os judeus eram um grupo altamente organizado, o fato terrível era que eles não tinham nenhuma organização. A massa do povo judeu foi apanhada completamente de surpresa. Eles não sabiam o que fazer; não tinham diretivas ou *slogans* sobre a forma como deveriam agir. Essa é a maior mentira do antissemitismo, pois oferece a mentira ao *slogan* de que os judeus estavam conspirando para dominar o mundo e de que eles eram altamente organizados. Na realidade, eles não tinham organização própria alguma, nem mesmo um serviço de informação. Se tivessem tido algum tipo de organização, essas pessoas poderiam ter sido salvas aos milhões; em vez disso, todavia, eles foram apanhados completamente de surpresa. Nunca antes um povo caminhou tão inadvertidamente para sua destruição. Nada estava preparado. Absolutamente nada. Não era, como os antissemitas dizem, que eles fossem simpáticos aos soviéticos. Esse é o conceito mais terrível de todos. Os judeus na antiga Polônia, que nunca foram comunistas, tinham, em toda a área a leste do Bug, mais medo do bolchevismo do que dos nazistas. Isso foi a loucura. Eles poderiam ter se salvado. Havia pessoas entre eles que tinham muito a perder, pessoas de negócios que não queriam partir. Além disso, havia o amor pelo lar e a experiência com pogroms na Rússia. Após as primeiras ações antissemitas dos alemães, eles pensaram que enfim a onda havia terminado e, por esse motivo, caminharam de volta rumo à própria ruína.[1]

Os judeus não eram orientados a resistir. Mesmo aqueles que gozavam de acesso a armas eram freados pelo pensamento de que, para o sucesso limitado de poucos, uma multidão sofreria as consequências.[2] Surtos de resistência eram, consequentemente, ocasionais e quase sempre ocorrências locais que aconteciam no último instante. Comparada às baixas dos alemães, a oposição armada judia é praticamente insignificante. O engajamento mais importante ocorreu no gueto de

---

1 Von dem Bach fez essa declaração a Leo Alexander, que a citou em seu artigo "War Crimes and Their Motivation", *Journal of Criminal Law and Criminology* 39 (setembro-outubro de 1948): 298-326, na p. 315.

2 Diário de Emmanuel Ringelblum (Varsóvia), entrada de 17 de junho de 1942, em *Yad Vashem Studies* 7 (1968): 178.

Varsóvia (catorze mortos e 85 feridos do lado alemão, incluindo colaboradores).[3] Após a fuga do campo de Sobibór, constatou-se que nove homens da ss foram mortos, um estava desaparecido e um fora ferido, além de dois outros mortos de origem alemã.[4] Na Galícia, a resistência esporádica resultou em perdas também para o líder da ss e da Polícia Katzmann (oito mortos, doze feridos).[5] Além disso, houve confrontos entre judeus partidários e forças alemãs em outras partes do Leste e ocasionais atos de resistência realizados por pequenos grupos e indivíduos nos guetos e nos centros de extermínio. É improvável que os alemães e seus colaboradores tenham perdido mais do que cem homens, entre mortos e feridos, durante o processo de destruição. O número de baixas em virtude de doenças, crises nervosas ou processos na corte marcial provavelmente foi maior. Os esforços da resistência judia não podiam, concretamente, impedir ou retardar o progresso das operações de destruição. Os alemães descartavam essa resistência como um obstáculo menor que, na totalidade do processo de destruição, não tinha consequências.

A segunda reação era uma tentativa de evitar a força total das medidas alemãs. Os meios mais comuns de alcançar tal objetivo vinham na forma de apelos orais e escritos. Ao pleitear com o opressor, os judeus procuravam transferir a luta de um plano físico para um plano intelectual e moral. Se pelo menos o destino dos judeus pudesse ser resolvido com argumentos em vez de com medidas e combates físicos, pensava a judiaria, não haveria nada a temer. Uma petição do rabino Kaplan ao comissário francês Xavier Vallat reflete essa mentalidade dos judeus. Entre outras coisas, o rabino apontava que um pagão ou um ateu tinha o direito de difamar o judaísmo; no caso de um cristão, porém, tal atitude não pareceria "espiritualmente tanto ilógico quanto ingrato?" Para provar seu ponto, Kaplan ofereceu várias citações eruditas.[6] A carta não parece ter sido escrita no século xx, mas faz lembrar o período próximo ao final da Idade Média, quando rabinos judeus costumavam disputar com representantes da Igreja méritos relativos às duas religiões.

---

3 Stroop (comandante da Polícia e da ss em Varsóvia) para Krüger (alto comandante da Polícia e da ss no *Generalgouvernement*), 16 de maio de 1943, ps-1061.

4 Relatório da Polícia de Ordem no distrito de Lublin, 15 de outubro de 1943, em Jüdisches Historisches Institut Warschau, *Faschismus-Getto-Massenmord*, 2ª ed. (Berlim Oriental, 1961), p. 565.

5 Katzmann (comandante da Polícia e da ss na Galícia) para Krüger, 30 de junho de 1943, L-18.

6 Kaplan para Vallat, 31 de julho de 1941, *American Jewish Year Book*, 43 (1945-1946): 113- 116.

Ainda assim, em várias formas, algumas mais eloquentes do que outras, os judeus recorriam e pediam em todos os lugares e em todos os momentos que a ameaça de concentração e deportação os assaltava: no Reich, na Polônia, na Rússia, na França, nos países dos Bálcãs e na Hungria.[7] Em todos os lugares os judeus confrontavam os rifles com palavras, a força com a dialética, e em quase todos os lugares eles perdiam.

A solicitação era um tradição estabelecida, familiar em toda casa judia e, em tempos de grande agitação, muitos homens comuns compuseram seu próprio apelo. A guetização cerceou essa atividade independente conforme os judeus deixaram de ter acesso às "autoridades de supervisão". Famílias expostas a privações eram agora dependentes de conselhos ou outras instituições judias para obterem auxílio imediato. Os conselhos, por sua vez, tornaram-se os representantes da comunidade vis-à-vis com o perpetrador. Formulavam cuidadosamente declarações e as enviavam aos departamentos apropriados.

Em países satélites, como a Romênia e a Bulgária, a liderança judaica investigaria os pontos fracos ou a solidariedade nos mais altos níveis do governo, onde os eventuais resultados das representações dos judeus para esses governantes instáveis dependia do desenvolvimento dos destinos da guerra.[8] Na Salônica [atual Tessalônica, Grécia] ocupada pelos alemães, o rabino Koretz, "aos prantos", pediu aos

---

7 Um exemplo de uma petição de um indivíduo é uma carta de uma mulher idosa, Fanny Steiner, ao prefeito de Frankfurt. Kommission zur Erforschung der Geschichte der Frankfurter Juden, *Dokumente zur Geschichte der Frankfurter Juden 1933-1945* (Frankfurt, 1963), pp. 516-517. Uma carta *em nome de* um indivíduo é a de Israelowicz (Gabinete de ligação da Union Générale des Israélites de France) à Polícia de Segurança em Paris, Yad Vashem documento O 9/5-1a. A preocupação dos conselhos judaicos com apelos para as categorias de pessoas ou para toda uma comunidade é, por vezes, refletida nos registros e na correspondência desses conselhos. Ver também a discussão de "intervenções" de Isaiah Trunk, *Judenrat: The Jewish Councils in Eastern Europe under Nazi Occupation* (Nova York, 1972), pp. 388-394.

8 Theodore Lavi (Loewenstein), "Documents on the Struggle of Romanian Jewry for Its Rights during the Second World War", *Yad Vashem Studies* 4 (1960): 261-315; Alexandre Safran (ex-rabino chefe da Romênia), "The Ruler of Fascist Roumania I Had to Deal With", *Yad Vashem Studies* 6 (1967): 175-180. Sobre a falha alemã na Romênia, ver von Killinger (ministro em Bucareste) para Gabinete de Relações Exteriores, 28 de agosto de 1942 e 7 de setembro de 1942, NG-2195. Sobre a Bulgária, ver Frederick B. Chary, *The Bulgarian Jews and the Final Solution, 1940-1944* (Pittsburgh, 1972), pp. 90-100, 131-156.

oficiais gregos para intercederem com os senhores alemães a fim de que a comunidade de 2 mil anos daquela cidade não fosse completamente "liquidada".[9] Mas essa era uma causa perdida. Nos guetos da Polônia, os conselhos judeus tinham poucas oportunidades de se aproximar de qualquer administrador de escalões mais altos. O diretor do Conselho Judeu de Varsóvia, Adam Czerniaków, fazia caminhadas semanais para ver vários funcionários alemães, esboçava-lhes seus problemas e, ocasionalmente, pedia-lhes para transmitir pedidos aos superiores. À noite, derramava suas frustrações em um diário.[10] Os conselhos do gueto em particular precisavam pedir pelo que necessitavam, fosse comida, carvão ou o direito de cobrar impostos. Ao mesmo tempo, também tentavam afastar um perigo (uma prisão de reféns) ou procuravam diminuir uma dificuldade (um toque de recolher precoce). Quando Czerniaków foi obrigado a financiar o muro do gueto, argumentou, com efeito, que um prisioneiro não paga por sua prisão.[11]

De um conjunto de pedidos, apenas poucos eram aprovados, mas um sucesso mínimo tinha um efeito significante nos requerentes. Com a oferta de algumas concessões, o supervisor alemão instantaneamente tornava-se um benfeitor. Ele podia apenas permitir que um pouco de sopa fosse enviado para um gueto por medidas higiênicas,[12] ou permitir a reabertura das escolas para uma normalização temporária,[13] e autorizar a transferência de impostos municipais, sobre a quantia contribuída pelos inquilinos do gueto, para organizações judias de bem-estar.[14] Qualquer manifestação de tal solicitude encorajaria os requerentes, aprisionando-os ainda mais ao curso da ação.

---

9 Wisliceny (Polícia de Segurança em Salônica-Egeu) para dr. Merten (Administração do Exército) e dr. Schönberg, Cônsul Geral em Salônica, 16 de abril de 1943, Alexandria, documento VII-173--b-16-14/26, microfilme T 175, Rolo 409.

10 Raul Hilberg, Stanislaw Staron e Josef Kermisz, eds., *The Warsaw Diary of Adam Czerniakow* (Nova York, 1979).

11 *Ibid.*, entrada para 2 de dezembro de 1941.

12 Relatório do *Kreishauptmann* de Radzyń (Distrito de Lublin) para fevereiro de 1941, (assinatura ilegível, possivelmente do dr. Schmige), em Yad Vashem, microfilme JM-814.

13 Afirmações de *Schulrat* Klünder em uma conferência no distrito de Lublin ocorrida em 5 de dezembro de 1940. Texto do resumo da conferência em JM-814.

14 Ver, por exemplo, relatório datado de 7 de março de 1941, do Kreishauptmann de Petrikau (distrito de Radom) para fevereiro de 1941 (assinatura ilegível), em JM-814.

O maior revés, por outro lado, não colocaria um fim nos apelos. O fracasso dos esforços em nome de um grupo inteiro levaria a manobras para salvá-lo em parte. Lutas internas poderiam, então, acontecer sobre o conteúdo e o calendário de um recurso. A elaboração de uma lista podia se tornar uma questão de vida e morte – não ser incluído era ser abandonado. Um exemplo é o conflito dentro da comunidade judaica de Viena sobre o requerimento de isenção de deportações. No final de 1941, quando a organização da comunidade (*Kultusgemeinde*) fez um "acordo" com a Gestapo sobre as categorias de "isentos", o líder dos veteranos judeus inválidos de guerra, que havia sido deixado de fora das "negociações", acusou o especialista em deportação do Kultusgemeinde de "sacrificar" os veteranos deficientes. Mais tarde, quando os inválidos de guerra foram prensados contra a parede, os líderes da organização dos veteranos discutiu a conveniência de apresentar uma petição independente. Um dos líderes dos inválidos de guerra observou: "fundamentalmente, sou da opinião de que não podemos sustentar uma guerra com o Kultusgemeinde." Outro comentou: "O *Hauptsturmführer* dirá para si mesmo: 'Esses são judeus, e aqueles são judeus. Deixe-os lutar entre si. Por que eu deveria me preocupar com isso?' Ele [o ss-*Hauptsturmführer*] acabará por nos deixar mergulhar nessa questão [*Er wird uns in dieser Frage eventuell fallen lassen*]". Então, o líder dos veteranos de guerra disse: "Minha resposta é que, em tal eventualidade, será hora de dissolver nossa organização".[15]

Em várias situações, os judeus também lançavam mão de subornos. O dinheiro tinha mais eficácia do que submissões verbais, mas os objetivos alcançados por tais pagamentos eram bastante limitados e os benefícios, pouco duradores. Eram típicas as ofertas pela libertação de trabalhadores forçados ou pelo resgate de judeus que seriam fuzilados. Às vezes, o objetivo era mais difuso. Se oficiais-chave pudessem lucrar pessoalmente com a existência continuada da comunidade, eles podiam ajudar a mantê-la viva.[16] Não é surpreendente o fato de que o suborno tenha preocupado Heinrich Himmler. Todavia, tal prática não afetava o progresso de suas operações.

---

15 Memorando de Kolisch (diretor da Organização de Judeus Inválidos de Guerra), 16 de outubro de 1941, Occ E 6a-10; atas da conferência dos inválidos de guerra presidida por Kolisch, 9 de junho de 1942, Occ E 6a-18; atas da conferência presisida por em Kolisch, 5 de agosto de 1942, Occ E 6a-10.

16 Sobre suborno, ver Trunk, *Judenrat*, pp. 394-400.

Havia ainda outra maneira por meio da qual os judeus tentavam evitar o desastre. Eles antecipavam os desejos alemães, ou adivinhavam as ordens alemãs, ou tentavam ser úteis servindo às necessidades alemãs. Um conselho judeu em Kislovodsk (Cáucaso), agindo com completa ciência da ameaça alemã, confiscou todos os bens dos judeus, incluindo ouro, prataria, tapeçaria e roupas e entregou ao comandante alemão.[17]

Mais comum, contudo, era o esforço para buscar a salvação através do trabalho. De fato, os registros de vários guetos revelam uma curva ascendente do emprego e da produção. O zelo com que os judeus aplicavam-se ao esforço de guerra alemão acentuava as diferenças de interesses que emparelhavam os serviços de inspeção da indústria e dos armamentos contra a ss e a polícia, mas os alemães estavam resolvendo seus próprios conflitos em detrimento daqueles dos judeus. No geral, a produção judia não aumentava suficientemente rápido para sustentar a comunidade toda. Na balança de pagamentos de vários guetos do leste europeu, a diferença entre a renda e a subsistência não poderia ser superada com auxílio exterior limitado ou vendas de pertences pessoais. A fome estava aumentando e a taxa de mortalidade começou a subir. O relógio estava correndo mesmo quando especialistas em deportação alemães estavam aparecendo nos portões do gueto. Em última análise, a "produtivização" não salvou os guetos. Os alemães deportaram os desempregados, os doentes, os idosos, as crianças. Em seguida, fizeram distinções entre o trabalho menos essencial e o mais essencial. No cálculo final, toda mão de obra judia ainda era judia.

A dedicação dos judeus ao trabalho era baseada na ideia de que a liberação podia vir com o tempo. Persistir era uma consideração essencial também dos apelos e das várias formas da "autoajuda" judia, desde os elaborados serviços sociais nas comunidades do gueto até a "organização" primitiva nos centros de extermínio.[18] Os judeus não podiam aguentar, não podiam sobreviver suplicando.

As reações básicas à força são fundamentalmente diferentes umas das outras. A resistência é oposição ao perpetrador; a nulificação ou alívio é oposição aos decretos administrativos. Na terceira reação, a evasão, as vítimas tentam se afastar dos efeitos da força fugindo ou se escondendo. O fenômeno da fuga é mais

---

17 Protocolo do Prof. P. A. Ostankov e outros, 5 de julho de 1943, USSR-I A (2-4).

18 "Organizar" em um campo significava pegar um pedaço de comida ou algumas peças de vestuário onde quer que fosse possível encontrá-los.

complexo de analisar. Antes da guerra, a emigração de aproximadamente 350 mil judeus da Alemanha e da Tchecoslováquia ocupada pelos alemães foi forçada. Em vários casos, os emigrantes judeus foram privados de seus estilos de vida e reagiram às consequências das medidas antissemitas em vez de em antecipação do desastre. A fuga de judeus belgas e parisienses em 1940 e a evacuação dos judeus soviéticos um ano antes foi combinada a migrações em massa de não judeus. Novamente, a fuga não era apenas uma reação pura à ameaça do processo de destruição, mas também uma reação à guerra. Posteriormente, apenas alguns milhares judeus escaparam dos guetos da Polônia e da Rússia; apenas alguns milhares esconderam-se nas grandes cidades como Berlim, Viena e Varsóvia; e poucos escaparam dos campos. Von dem Bach menciona que, na Rússia, havia uma rota de fuga desprotegida para os pântanos de Pripet, mas poucos judeus beneficiaram-se daquela oportunidade.[19] A grande maioria daqueles que não escaparam no início não conseguiu jamais escapar.

Havia instâncias em que, na mente da vítima, as dificuldades de resistência, anulação ou evasão eram tão grandes quanto o problema da submissão automática. Em tais instâncias, a futilidade de todas as alternativas tornava-se extremamente clara e a vítima ficava paralisada. A paralisia ocorria apenas em momentos de crise. Durante as operações de limpeza dos guetos, muitas famílias judias eram incapazes de lutar, incapazes de suplicar, incapazes de fugir e incapazes de ir para o campo de concentração e acabar logo com aquilo. Eles esperavam por seus atacantes em suas casas, congelados e indefesos. Às vezes, a mesma reação de paralisia atingia os judeus que caminhavam até algum local de extermínio e, pela primeira vez, olhavam para uma vala comum cheia de corpos daqueles que os precederam.

A quinta reação era a submissão automática. Para acessar o significado administrativo daquela cooperação, é necessário ver o processo de destruição como uma combinação de dois tipos de medidas tomadas pelos alemães: aquelas que perpetravam algo sobre os judeus e envolviam apenas ação de alemães, como o esboço de decretos, a administração de trens de deportação, fuzilamentos ou operação das câmaras de gás, e aquelas que demandavam que os judeus fizessem algo, por exemplo, os decretos ou ordens exigindo que eles registrassem suas propriedades, obtivessem documentos de identificação, apresentassem-se em um local determinado para trabalharem, serem deportados ou fuzilados, entregassem

---

19 Declaração de von dem Bach em *Aufbau* (Nova York), 6 de setembro de 1946, p.40.

listas de pessoas, pagassem multas, entregassem propriedades, publicassem instruções alemãs, cavassem suas próprias covas e assim por diante. Um grande componente de todo o processo dependia da participação dos judeus, desde simples atos individuais até atividades organizadas em conselhos.

Muitas vezes os judeus eram recrutados diretamente pelos alemães. Os termos vinham através de decretos, cartazes ou alto-falantes. Em resposta às intimações, filas se formavam ou procissões marchavam, quase sem fim. Para alguns observadores atentos dessas cenas, as multidões reunidas pareciam ter perdido toda a capacidade de pensamento independente. Na tentativa de reverter tal inércia, organizações de resistência judaicas diziam: "Não seja levado como ovelha para o matadouro".[20] Franz Stangl, que comandava dois campos de extermínio, respondendo a uma pergunta que lhe fora feita em uma prisão da Alemanha ocidental sobre como reagia às vítimas judias, disse que recentemente havia lido um livro sobre toupeiras e que aquilo o fez se lembrar de Treblinka.[21]

Nem toda cooperação judia era pura observação reflexiva das instruções alemãs, tampouco era o resultado do ato derradeiro de pessoas desamparadas e extenuadas. Também havia uma complacência institucional dos conselhos judaicos no emprego de assistentes e atendentes, técnicos e especialistas. Durante o estágio de concentração, os conselhos transmitiam as exigências alemãs para a população judaica e colocavam os recursos judeus nas mãos dos alemães, aumentando assim a influência do agente de maneira significativa. A administração alemã não possuía um orçamento especial para a destruição e não possuía uma equipe abundante nos países ocupados. De modo geral, ela não financiava os muros ou mantinha a ordem nas ruas dos guetos, e não criava listas de deportação. Os supervisores alemães recorriam aos conselhos judeus para informação, dinheiro, mão de obra ou políticas e os conselhos lhes forneciam esses meios todos os dias da semana. A importância desse papel dos judeus não era subestimada pelos órgãos de controle alemães. Em certa ocasião, um oficial alemão pediu

---

20 Proclamação da Organização da Batalha Judaica em Varsóvia, 27 de janeiro de 1943, Jüdisches Historisches Institut, *Faschismus-Getto-Massenmord*, p. 498; proclamação da Organização das Nações Antifascistas em Białystok, 16 de agosto de 1943, *ibid.*, pp. 558- 559 A frase era a abertura de um apelo a população judaica de Vilna durante o inverno de 1941-1942. Depoimento de Abba Kovner, transcrição do julgamento de Eichmann, 4 de maio de 1961, sessão 27, pp. U1-U2.

21 Gitta Sereny, *Into That Darkness* (Nova York, 1974), pp. 232-233.

enfaticamente que "a autoridade do conselho judaico fosse apoiada e fortalecida sob todas as circunstâncias".[22] Embora nem sempre fossem representantes dos judeus, os membros dos conselhos judaicos eram líderes autênticos que se esforçavam para proteger a comunidade judaica das mais severas exigências e imposições e que tentavam normalizar a vida judaica sob as condições mais adversas. Paradoxalmente, esses mesmos atributos estavam sendo explorados pelos alemães contra as vítimas judias.

O fato de tantos membros do conselho terem raízes na comunidade judaica ou serem identificados desde os dias pré-guerra com seus problemas dava-lhes um estatuto duplo. Eles estavam desempenhando um cargo com a autoridade conferida a eles pelos alemães, mas também com a autenticidade derivada da judiaria. Dia após dia, eles eram agentes confiáveis aos olhos dos perpetradores alemães enquanto mantinham a confiança dos judeus. A contradição se tornou mais nítida e mais penetrante mesmo quando eles continuaram pedindo libertação para os alemães e aquiescência para os judeus.

Da forma semelhante, quando os conselhos se esforçavam para obter concessões, faziam um pagamento sutil. Colocando-se em uma situação de ter de esperar por decisões alemãs, eles aumentavam não apenas a própria subserviência, mas também a de toda a comunidade, que forçosamente também estava esperando.

Os conselhos não podiam subverter o processo contínuo de constrição e aniquilação. O gueto como um todo era uma criação alemã. Tudo o que foi projetado para manter sua viabilidade estava simultaneamente promovendo um objetivo alemão. Os alemães foram, consequentemente, ajudados não apenas por agências de aplicação judaicas, mas também por fábricas, ambulatórios e cozinhas de sopa da comunidade. A eficiência judaica na distribuição de espaço ou de rações era uma extensão da eficácia alemã, o rigor judeu na tributação e na utilização de mão de obra era um reforço do rigor alemão – mesmo a incorruptibilidade judaica poderia ser uma ferramenta da administração alemã. Em suma, os conselhos judaicos estavam ajudando os alemães tanto com suas boas qualidades, quanto com suas más qualidades e as melhores realizações de uma burocracia judaica foram finalmente apropriadas pelos alemães para a consumação do processo de destruição em massa.

---

22 Mohns (vice-chefe do departamento de reassentamento, distrito de Varsóvia) para Leist (plenipotenciário da cidade de Varsóvia), 11 de janeiro de 1941, Yad Vashem, microfilme JM-1113.

Olhando para o padrão de reação judaica, seria possível ver suas duas principais características como uma postura de demandas que se alternava com complacência. O que responde por essa combinação? Quais fatores lhe deram origem? Os judeus tentavam domar os alemães como se tenta domar uma fera selvagem. Eles evitavam "provocações" e cumpriam imediatamente os decretos e as portarias; esperavam que de alguma forma a unidade alemã fosse se desgastar. Essa esperança era fundada em uma experiência de 2 mil anos. No exílio, os judeus sempre foram minoria, sempre em perigo, mas tinham aprendido que podiam evitar ou sobreviver à destruição contentando e acalmando seus inimigos. Mesmo na antiga Pérsia um apelo da rainha Ester era mais eficaz do que a mobilização de um exército. A resistência armada diante da força avassaladora apenas poderia terminar em desastre.

Assim, ao longo de séculos os judeus aprenderam que, para sobreviverem, eles precisavam se abster da resistência. Repetidas vezes eles foram atacados; resistiram às Cruzadas, às revoltas dos cossacos e à perseguição czarista. Houve muitas baixas nesses tempos de estresse, mas sempre a comunidade judaica emergiu novamente como uma rocha quando a maré baixa. Os judeus nunca desapareceram da face da terra. Após o levantamento dos danos, os sobreviventes sempre proclamavam em afirmação de sua estratégia o slogan triunfante "O povo judeu vive" [*Am Israel Chai*]". Essa experiência estava tão arraigada na consciência judaica que alcançava a força de uma lei. O povo judeu não poderia ser aniquilado.

Apenas entre 1942 e 1944, a liderança judaica percebeu que, diferente dos massacres ocorridos nos séculos passados, o processo de destruição automático moderno engoliria os judeus europeus. Todavia, essa percepção veio muito tarde. Uma lição de 2 mil anos não podia ser esquecida; os judeus não podiam fazer a transição. Eles estavam desamparados.

Não se deve supor, contudo, que a complacência era algo fácil. Se era difícil para os alemães matar, era ainda mais difícil para os judeus morrer. A complacência é um curso de ação que se torna cada vez mais drástico em um processo de destruição. Uma coisa é cumprir uma ordem de registrar as propriedades, mas outra completamente diferente é obedecer ordens diante de uma cova. As duas ações *são* parte da mesma tendência. Os judeus que registraram suas propriedades também eram aqueles que fizeram fila para serem assassinados; os judeus que fizeram fila em um campo de extermínio eram aqueles que tinham registrado suas propriedades. Mesmo assim, essas duas atividades têm efeitos bastante distintos. A submissão é bem mais onerosa em suas últimas etapas do que nas primeiras, pois, à medida que é seguida, mais e mais é perdido. Por fim, no momento supremo de crise, a primitiva tendência a resistir à agressão emerge. A resistência torna-se um obstáculo à complacência, exatamente como a complacência é um obstáculo à resistência. No caso dos judeus, a reação de cooperação teve mais força até o fim.

Consequentemente, os judeus europeus fizeram tantos esforços para reforçar seu comportamento tradicional quanto os burocratas alemães para impulsioná-los à destruição. Os judeus, como os alemães, desenvolveram mecanismos psíquicos para suprimir verdades insuportáveis e racionalizar decisões extremas. Chama a atenção o fato de que os alemães tenham empregado repetidamente ilusões e artimanhas demasiado brutais. Os judeus eram enganados com "inscrições" e "reassentamentos", com "banhos" e "inalações". Em cada fase do processo de destruição as vítimas pensavam que estavam passando pela última etapa. E assim parece que uma das maiores farsas na história do mundo foi perpetrada em 5 milhões de pessoas conhecidas por sua inteligência. Mas essas pessoas realmente foram enganadas ou deliberadamente enganaram a si mesmas?

Os judeus nem sempre precisaram ser enganados, eles eram capazes de enganar a si mesmos. Nem todos descobriam tudo de uma vez, algo que não teria sido possível. Contudo, tampouco a descoberta da "Solução Final" poderia ser evitada indefinidamente por todos. Mesmo aqueles que foram presos em seus guetos devem ter tomado consciência de um silêncio crescente do lado de fora. As mortes podem ter sido afastadas e envoltas em mistério, mas o desaparecimento das pessoas não podia ser escondido. No gueto de Varsóvia, o isolado Adam Czerniaków anotava as estatísticas de judeus deportados de Lublin e de outras cidades e, conforme fazia isso, não podia afastar os pensamentos sobre as terríveis implicações daquelas ocorrências.[23] Ainda assim, os rumores e os relatos que se infiltravam pelos muros do gueto não reverteram a dinâmica das ações dos judeus. A liderança judaica agarrava-se ao princípio de que as ordens alemãs não podiam ser recusadas na ausência de evidência clara de que as vítimas estavam enfrentando uma morte iminente. Raramente os conselhos se perguntavam se deviam continuar agindo como agiam sem indicações

---

23 Ver as entradas de Czerniaków de 18 de março, 1º de abril, 29 de abril, 3 de maio, 8 de julho, 16 de julho e 18 de julho de 1942. Hilberg, Staron e Kermisz, eds., *The Warsaw Diary*, pp. 335-336, 339-340, 347-348, 349, 375-377, 381-382.

confiáveis de que todos estavam seguros. Às vezes, nomeadamente na Bélgica[24] e na Eslováquia,[25] fatos foram reunidos de forma sistemática e repassados para a Inglaterra ou para a Suíça. Mais frequentemente a notícia não era colocada na mesa e as conclusões inevitáveis não eram alcançadas. Entre dúvidas crescentes e revelações indesejadas, os conselhos perseveravam em seu curso. Em dois casos, o presidente do conselho abordou os *alemães* para obter informações. Em julho de 1942, Czerniaków perguntou repetidamente a oficiais da Polícia de Segurança alemã se as deportações iriam começar. Asseguraram a ele que os rumores eram falsos.[26] O vienense sênior, Löwenherz, entrou no escritório da Gestapo em Viena para perguntar se os deportados estavam realmente mortos. Foi-lhe dito que eles estavam vivos.[27]

No gueto de Łódź, onde as deportações começaram no início de janeiro de 1942 e de onde mais de um quarto dos residentes foi removido até abril daquele ano, um oficial da ss explicou que os deportados estavam alocados em um campo bem equipado, consertando estradas e trabalhando na agricultura. No mês seguinte, caminhões cheios de roupas foram descarregados nos depósitos do gueto. Cartas e documentos de identidade caíam dos bolsos.[28] Nada mais precisava ser descoberto. Após as subsequentes ondas de deportação, os cronistas judeus do gueto traçariam o estado de espírito dos restantes observando os preços flutuantes do produto. A mercadoria era a sacarina.[29]

Na Lituânia, a população judia foi destruída por meio de fuzilamentos desde o início. Um relatório detalhado do *Einsatzkommando* 3 revela como em 71 localidades os judeus estavam sendo dizimados. Catorze dessas comunidades foram

---

24 Relato de Victor Martin (membro cristão da resistência belga) sobre Auschwitz, sem data (inverno de 1942-1943), em Yad Vashem, documento M 26/4.

25 Gisi Fleischmann (Bratislava) para dr. A. Silberschein (Genebra), 27 de julho de 1942, Yad Vashem, documento M 7/2-2 e correspondências subsequentes em M/20.

26 Ver diário de Czerniaków de 20 de julho de 1942. Hilberg, Staron e Kermisz, eds., *The Warsaw Diary*, pp. 382-385.

27 Declaração do dr. Karl Ebner (Gestapo de Viena), 20 de setembro de 1961, Caso Novak, vol. 6, pp. III-116.

28 Danuta Dąbrowska e Lucjan Dobroszycki, eds., *Kronika getta łódźkiego* (Łódź, 1965), vol. I, pp. 457-458, 619-620.

29 *Ibid.*, vol. 2, pp. 460, 466, 483, 488.

atacadas mais de uma vez em intervalos de mais ou menos uma semana.[30] Uma fração residual dos judeus da Lituânia agarrava-se ao que restara. Um sobrevivente do gueto de Kaunas recorda que, em seus dias finais, o *slogan* das vítimas era "a vida por uma hora também é vida [*A sho gelebt is oich gelebt*]".[31]

Por toda a Europa as comunidades judaicas esforçavam-se para continuar: eles tratavam os doentes que não teriam tempo para se recuperar, alimentavam os desempregados que não trabalhariam novamente, educavam as crianças que não teriam permissão para crescer. Para uma liderança de meia-idade não havia alternativa. As pessoas mais jovens também eram apanhadas na teia psicológica. As crianças, no entanto, eram menos propensas a serem iludidas. Quando um transporte de crianças no gueto Theresienstadt foi enviado para chuveiros comuns, elas gritaram: "Gás não!".[32]

O mecanismo repressivo judeu era em grande parte autoadministrado e podia operar automaticamente, sem quaisquer declarações enganosas ou promessas feitas por funcionários alemães ou por seus auxiliares não alemães. Na ata das reuniões realizadas pelos judeus vienenses inválidos de guerra, descobrimos a mesma ausência significativa de referências diretas à morte e aos centros de extermínio que já ressaltamos na correspondência alemã. Os documentos judaicos estão repletos de expressões indiretas como "transporte favorecido" (que significa transporte para Theresienstadt), "Eu vejo escuridão", "tentar a sorte", "ato final do drama", etc.[33] Falta a palavra direta.

A tentativa de reprimir pensamentos insuportáveis era característica não apenas da comunidade do gueto, mas também do próprio centro de extermínio. Em Auschwitz, os presos empregavam uma terminologia especial própria para as operações de assassinato. Um crematório era chamado de "padaria", um homem que não podia mais trabalhar e que estava, portanto, destinado a uma câmara de gás, era designado um "muçulmano", e o depósito onde ficavam os pertences dos

---

30 Relatório de Jäger (comandante do *Einsatzkommando* 3), 1º de dezembro de 1941. Zeutrale Stelle Ludwigsburg, UdSSR 108, filme 3, pp. 27-28.

31 Samuel Gringauz, "The Ghetto as an Experiment in Jewish Social Organization", *Jewish Social Studies* II (1949): 17.

32 H. G. Adler, *Theresienstadt* 1941-1945, 2ª ed. (Tübingen, 1960), p. 154. O transporte havia chegado de Białystok no dia 24 de agosto de 1943.

33 Veja documentos no Instituto YIVO, pastas Occ E 6a-10 e Occ E 6a-18.

mortos nas câmaras de gás era chamado de "Canadá".[34] É importante ressaltar que esses termos não são termos nazistas; são expressões por parte das vítimas, respostas ao vocabulário nacional-socialista que, como os eufemismos alemães, eram projetadas de modo a obliterar as visões da morte.

Obviamente, havia conjunturas em que não se podia evitar a questão, em que o esquecimento não era mais eficaz. Nesses momentos de crise, as vítimas, assim como os perpetradores, recorriam às racionalizações. Os judeus também tinham de justificar suas ações. Havia dois processos básicos de pensamento desse tipo. O primeiro era a caracterização da complacência como uma maneira de preservar vidas.

A Polícia de Segurança na Lituânia informou oralmente os conselhos do país que qualquer reprodução entre os judeus era indesejável, que as mulheres judias grávidas precisavam enfrentar a "liquidação" desse estado e que a Polícia de Segurança não iria perseguir judeus por crimes de aborto.[35] Posteriormente, o conselho em Šiauliai foi inquirido em três ocasiões se algum nascimento havia ocorrido no gueto. Nas três ocasiões a resposta foi negativa. Em um ponto, porém, o conselho foi confrontado com vinte gestações e decidiu usar a persuasão e, se necessário, ameaças para submeter as mulheres a abortos. Uma mulher estava no oitavo mês. O conselho concluiu que, naquele caso, um médico poderia induzir o nascimento prematuro e uma enfermeira mataria a criança. A enfermeira seria instruída a proceder de tal forma que a natureza de seu ato permaneceria desconhecida.[36]

A morte de um para salvar outro era ampliada na racionalização de que o sacrifício de poucos salvaria muitos. Essa psicologia, que frequentemente servia aos alemães especialmente nas bem-sucedidas deportações de judeus por etapas, pode

---

34 Sobre "padaria", ver Olga Lengyel, *Five Chimneys* (Chicago e Nova York, 1947), p. 22. Sobre "muçulmano", ver relatório de um oficial do comando, Auschwitz III, 5 de maio de 1944, NI-11019. Sobre "Canadá", ver Juiz Jan Sehn, "Extermination Camp at Oświęcim", Comissão Central para Investigação de Crimes Alemães na Polônia, *German Crimes in Poland* (Varsóvia, 1946), vol. I, p. 41.

35 Relatório sem data e sem assinatura do *Einsatzkommando* 3 (dezembro de 1941-janeiro de 1942), Arquivos Estatais da Letônia, Fundo 1026, Inscrição 1, pasta 3.

36 Ata da reunião do conselho de 24 de março de 1943, no Comitê Judaico do Livro Negro, *The Black Book* (Nova York, 1946), pp. 331-333. Uma ordem semelhante, ameaçando encarcerar em um campo de concentração as mulheres judias grávidas, foi emitida em Viena. Viktor Frankl, *Was nicht in meinen Büchern steht* (Munique, 1995), pp. 65-66. O autor, um médico, escreveu sobre sua esposa, que fez um aborto.

ser observada na comunidade judaica de Viena, que fez um "acordo" de deportação com a Gestapo na "confiança" de que seis categorias de judeus não seriam deportadas.[37] Novamente, os judeus do gueto de Varsóvia argumentaram em favor de cooperação e contra a resistência com o fundamento de que os alemães poderiam deportar 60 mil judeus, mas não centenas de milhares.[38] O fenômeno de divisão também ocorreu em Salônica, onde a liderança judaica cooperou com as agências de deportação alemãs na certeza de que apenas "comunistas" das classes mais pobres seriam deportados, ao passo que a "classe média" seria deixada em paz.[39] Essa aritmética fatal também foi aplicada em Vilna, onde o diretor do *Judenrat*, Gens, declarou: "Com cem vítimas, salvo mil pessoas. Com mil, salvo 10 mil".[40]

Em situações em que a complacência com ordens de extermínio não podia mais ser racionalizada como uma medida de salvaguarda da vida, havia ainda outra justificativa: o argumento de que com a complacência rígida e instantânea, o sofrimento desnecessário seria eliminado, a dor desnecessária seria evitada e a tortura necessária seria reduzida. Toda a comunidade judaica, e particularmente sua liderança, agora concentrava todos os esforços em uma direção: tornar o calvário suportável; tornar a morte fácil.

Esse esforço reflete-se na carta que o Conselho Judaico em Budapeste enviou ao ministro do Interior húngaro nas vésperas das deportações: "Declaramos enfaticamente que não procuramos essa audiência para apresentar queixas sobre o mérito das medidas adotadas, mas apenas para pedir para que elas sejam realizadas com um espírito humano".[41]

Durante as assembleias, Moritz Henschel, diretor da comunidade judaica de Berlim de 1940 a 1943, defendeu o apoio prestado por sua administração aos alemães com as seguintes palavras:

> Poder-se-ia perguntar: "Como você pode se permitir tomar parte de qualquer forma que seja nesse trabalho?" Não podemos decidir se agíamos para o melhor, mas a ideia que nos guiava era a seguinte: se *nós* fizermos tais coisas, então aquilo

---

37 Memorando de Kolisch, 14 de outubro de 1941, Occ E 6a-10.

38 Ver material em Philip Friedman, ed., *Martyrs and Fighters* (Nova York, 1954), pp. 193-195, 199.

39 Cecil Roth, "The Last Days of Jewish Salônica", *Commentary*, julho de 1955, p. 53.

40 Philip Friedman, "Two 'Saviors' Who Failed", *Commentary*, dezembro de 1958, p. 487.

41 Eugene Levai, *Black Book on the Martyrdom of Hungarian Jewry* (Zurique e Viena, 1948), p. 134.

sempre seria realizado de uma forma melhor e mais gentil do que se outros fossem encarregados – e isso estava certo. Os transportes diretos realizados pelos nazistas sempre eram grosseiros, terrivelmente grosseiros.[42]

E estas são as palavras do rabino Leo Baeck, diretor da Associação de Judeus do *Reich* na Alemanha:

Criei um princípio de não aceitar nomeações dos nazistas e de não fazer nada que pudesse ajudá-los. Depois, porém, quando foi questionado se os assistentes judeus deviam ajudar a apanhar judeus para a deportação, tomei a posição de que seria melhor para eles fazê-lo, pois eles poderiam, pelo menos, ser mais gentis e atenciosos do que a Gestapo e tornar o calvário mais fácil. Estava praticamente fora de nosso poder fazer oposição à ordem de forma efetiva.[43]

Quando Baeck estava em Theresienstadt, um engenheiro que havia escapado de Auschwitz o informou sobre os assassinatos nas câmaras de gás. Baeck decidiu não repassar essa informação para ninguém no gueto porque "viver na expectativa da morte em câmaras de gás apenas seria mais difícil".[44]

O teste supremo da reação de complacência vinha diante do túmulo. Ali ainda, também, os judeus conseguiam encontrar consolo. A seguinte passagem típica vem do relato de uma das várias testemunhas oculares alemãs:

O pai segurava a mão de um garoto com cerca de dez anos e falava-lhe gentilmente; o garoto lutava contra as lágrimas. O pai apontou o céu, acariciou a cabeça do garoto e aparentemente explicou-lhe algo... Lembro-me de uma garota, magra e com os cabelos negros, que passou perto de mim, apontou para si mesma e disse: "Vinte e três"... As pessoas, completamente nuas, desciam alguns degraus que haviam sido cortados na parede de terra da cova e subiam nas cabeças das pessoas que já se encontravam lá, indo para o lugar onde o homem da ss as havia mandado ir. Depois, deitavam-se diante dos mortos e feridos; alguns afagavam aqueles que ainda estavam vivos e conversavam com eles em voz baixa. Em seguida, ouvi uma série de tiros.[45]

---

42 Declaração de Mortiz Henschel feita antes de ele morrer na Palestina em 1947 e apresentada na transcrição do julgamento de Eichmann, 11 de maio de 1961, sessão 37, p. Nn1.

43 Leo Baeck em Eric H. Boehm, ed., *We Survived* (New Haven, 1949), p. 288.

44 *Ibid.*, pp. 292-293.

45 Testemunho juramentado de Hermann Friedrich Graebe, 10 de novembro de 1945, PS-2992.

A aniquilação alemã dos judeus europeus foi o primeiro processo de destruição completo do mundo. Pela primeira vez na história da civilização ocidental, os perpetradores haviam superado todos os obstáculos administrativos e morais a uma operação de extermínio; pela primeira vez, também, as vítimas judias, capturadas na camisa de força de sua história, mergulharam física e psicologicamente em catástrofe. A destruição dos judeus, portanto, não foi um acidente. Quando nos primeiros dias do ano de 1933 o primeiro funcionário civil escreveu a primeira definição de "não ariano" em uma ordem da administração pública, o destino dos judeus europeus foi selado.

OS VIZINHOS

Os judeus tinham muitos vizinhos. Durante a catástrofe, esses espectadores tinham a tendência de permanecer de fora. O não envolvimento pareceu ser a principal razão – por vezes, praticamente uma doutrina. A passividade solidificada estava firmemente enraizada em um pano de fundo situacional e em uma postura calculada.

Em grande parte da Europa, antes da ascensão de Hitler ao poder, as relações entre judeus e gentis eram fortemente limitadas a interações e transações necessárias. As velhas barreiras legais tinham praticamente desaparecido, mas um padrão complexo de isolamento mútuo permanecia. Um fato fundamental nessa divisão contínua era a natureza da distribuição geográfica dos judeus.

As comunidades judaicas eram espacialmente concisas. Os judeus viviam em cidades em um grau bem maior do que os não judeus e eram um componente relativamente grande de populações urbanas. Na Polônia, constituíam aproximadamente 40% de todos os habitantes nas cidades com mais de 10 mil moradores: mais ou menos 33% em Varsóvia, Łódź e Lvov; 40% em Lublin e Radom; e perto de 50% em Białystok e Hrodna.[1] Além disso, várias cidades europeias possuíam bairros judeus. Berlim, que era dividida em vinte distritos administrativos, hospedava 70% de sua população judia em cinco deles.[2] Viena era organizada em 25 distritos no regime nazista e, na época da eclosão da guerra, aproximadamente 46% de seus ju-

---

1 Dados do censo de 1931 em Evyatar Friesel, ed., *Atlas of Modern Jewish History* (Nova York, 1990), p. 93.

2 Dados de junho de 1933, em Esra Bennathan, "Die demographische und wirtschaftliche Struktur der Juden", em Werner Mosse, ed., Entscheidungsjahr 1932 (Tubinga, 1966), p. 92.

deus possuíam residência no Distrito II.[3] Em Varsóvia, três distritos adjacentes, que mais tarde se tornaram o coração do gueto, continham um pouco mais da metade dos judeus da cidade.[4] Em Belgrado, aproximadamente dois terços dos judeus viviam no âmbito da curva do rio Danúbio.[5] A Antuérpia possuía uma concentração de judeus em um único distrito nas proximidades da estação ferroviária central.[6] Em Roma, muitos dos judeus mais pobres podiam ser encontrados na área do Velho Gueto.[7] Em Marselha, mais de 60% dos judeus situavam-se em um raio de aproximadamente 1,5 quilômetro do Porto Velho.[8] Em Paris, de onde vários judeus fugiram no início da ocupação, cerca de 52% da população judia remanescente viviam em cinco dos vinte *arrondissements* nos anos de 1940 e 1941.[9]

Somada a essa segmentação residencial havia uma diferenciação entre judeus e não judeus também na economia. Os judeus tinham ocupações urbanas não apenas nas metrópoles, mas também em cidades pequenas e vilas. Ademais, dentro das metrópoles, judeus e gentis envolviam-se em diferentes atividades econômicas. Na Polônia, mais da metade dos judeus era autônoma e um número bastante reduzido fazia parte da polícia e da administração municipal.[10] No total, lugares onde ju-

---

3 O número no Distrito II (Leopoldstadt) era 45.653 em 1º de outubro de 1939, dos 99.353 judeus identificados na cidade. Cerca de 13 mil judeus estrangeiros não possuíam identificação. Gerhard Botz, *Wohnungspolitik und Judendeportation in Wien 1938 bis 1945* (Viena-Salzburgo, 1975), pp. 73, 169.

4 Dados de 1938, em Friesel, *Atlas*, p. 94.

5 Dados de 1921, *ibid.*, p. 100.

6 Dados de 1936, conforme estimativas de R. van Doorslaer, em Lieven Saerens, "Antwerp's Prewar Attitude toward the Jews", em Dan Michman, ed., *Belgium and the Holocaust* (Jerusalém, 1998), pp. 160-161.

7 Robert Katz, *Black Sabbath* (Nova York, 1969), pp. 173-198. Esses judeus eram particularmente vulneráveis a prisões rápidas em outubro de 1943.

8 Donna F. Ryan, *The Holocaust and the Jews of Marseille* (Urbana, Ill., 1996), pp. 16-18. Uma porção substancial foi pega em controles de identificação e arrastões durante 1943. *Ibid.*, passim.

9 Dados em Jacques Adler, *The Jews of Paris and the Final Solution* (Nova York, 1987), pp. 10, 12. Aproximadamente 58% dos judeus parisienses alvos das batidas de julho de 1942 residiam nos mesmos cinco distritos. Ver circular de Hennequin da Polícia Municipal de Paris, 13 de julho de 1942, com projeções do número de prisões, em Serge Klarsfeld, *Vichy-Auschwitz 1942* (Paris, 1983), pp. 250-256.

10 Ver Joseph Marcus, *Social and Political History of the Jews of Poland* (Berlim, 1983), em especial as tabelas estatísticas no apêndice.

deus e não judeus trabalhavam lado a lado eram exceções, como no caso de lojas de departamentos judias no Ocidente e parques industriais estatais na União Soviética.

Em algumas cidades europeias, havia também uma separação linguística entre os judeus e os não judeus. O exemplo mais claro é Salônica, que era parte do Império Otomano até a Primeira Guerra dos Bálcãs, em 1912. Em 1913 os habitantes incluíam 61.439 judeus, 45.867 turcos, 39.957 gregos e 10.626 de outras nacionalidades.[11] Após a troca da população greco-turca na década de 1920, os gregos tornaram-se predominantes e a minoria judia ainda falava ladino, uma língua derivada do espanhol do século XV, após uma residência de quatro séculos e meio. Na primavera de 1943, esses judeus não encontraram refúgio na comunidade grega.[12] Uma história similarmente complexa ocorrera em Riga, que fora parte do Império Russo até 1918, quando – após uma transição sob a ocupação alemã – se tornou a capital da Letônia independente. Ali, também, os judeus estiveram presentes durante séculos e, do mesmo modo, falavam sua própria língua, iídiche. Até a década de 1930, as crianças judias ainda frequentavam escolas primárias cujo ensino era oferecido em iídiche e hebraico.[13] Cerca de 90% dos judeus de Riga foram fuzilados dentro de meses após a chegada do exército alemão em 1941. Uma pequena parte restante foi enclausurada no gueto. Novamente, em Varsóvia e em várias outras cidades polonesas, o iídiche era a primeira língua nas casas judias, apesar do progresso da assimilação, que levou mais e mais crianças judias a escolas polonesas e a um melhor domínio do polonês.

A vida dos judeus entre seus vizinhos era, consequentemente, marcada por fronteiras definíveis. Algumas eram territoriais; outras, marcadas em atividades econômicas, que tinham a tendência de serem complementares entre os dois grupos em vez de integradas em um nível pessoal; outras, ainda, eram definidas pelas diferenças de religião, cultura, instituições sociais ou língua. Em resumo, a emancipação ainda não havia evoluído para um abundante entrecruzamento.

---

11 Ver entrada para "Salonicco", *Enciclopedia italiana* (1949).

12 Erika Kounio Amariglio, *From Thessaloniki to Auschwitz and Back* (Londres, 2000), pp. 47-48.

13 Mendel Bobe, "Four Hundred Years of the Jews in Latvia", em Association of Latvian and Estonian Jews in Israel, *The Jews in Latvia* (Tel Aviv, 1971), pp. 21-77, e Z. Michaeli (Michelson), "Jewish Cultural Autonomy and the Jewish School System", em *ibid.*, pp. 186-216. A língua da elite judia em Riga, Chernivtsi e Bratislava era o alemão. Sobre a Bratislava, ver Yehuda Bauer, *Rethinking the Holocaust* (New Haven, 2001), p. 172.

Quaisquer fusões, desde atividades comerciais conjuntas até casamentos mistos, ainda eram coisas novas e, em diversas regiões, esparsas.

Embora as duas comunidades tenham permanecido separadas uma da outra, a população em geral estava ciente do dilema judeu desde o início da legislação antijudaica e muitas vezes essa consciência aumentava à medida que contatos existentes com judeus eram sucessivamente cortados. Em sua própria natureza, a agitação não poderia simplesmente ser ignorada. Boicotes, demissões, arianizações, estrelas de Davi e guetos eram passos altamente visíveis e o desaparecimento de judeus era, em si, um fato notável.

A ascensão da neutralidade como uma reação padrão predominante não era, portanto, questão de ignorância. Em vez disso, tratava-se do resultado de uma estratégia que para a grande maioria das pessoas era a mais fácil de seguir e justificar, um caminho seguro, sem os riscos e custos que oferecer ajuda a alguém trazia e sem o fardo moral de se posicionar ao lado do perpetrador na imposição face à face do sofrimento. A resposta estática era também segura na medida em que não era necessariamente afetada pela visão do risco de extinção ou do sofrimento dos judeus. Embora houvesse conjunturas críticas quando a consciência de um espectador inerte era momentaneamente perturbada ou quando sentimentos de desaprovação ou consternação eram expressos em correspondências particulares, como foi o caso em uma região do sul da França,[14] a falha em protestar de maneira aberta contra as prisões ou em fazer algo por uma vítima ameaçada sempre podia ser racionalizada. Afinal de contas, era preciso temer pela segurança da própria família e cuidar de si mesmo em primeiro lugar. O bispo francês de Nîmes, Jean Girbeau, já havia escrito em outubro de 1941 que, embora aos olhos de Deus não houvesse nem judeu, nem gentil, o homem era capaz de viver com uma "hierarquia de afeições".[15]

Em termos práticos, a mera capacidade de ajudar não era ilimitada. Na Polônia pré-guerra, a densidade por apartamento já era de aproximadamente quatro por cômodo. Sob a ocupação alemã, a fome rapidamente tomou conta das cidades ucranianas. Conforme a guerra seguia, a comida e o combustível diminuíram na Polônia e na Grécia e, durante o último inverno, na Holanda. No geral, aquilo ao que as pessoas estavam acostumadas tornou-se cada vez mais escasso. Além

---

14 Robert Zaretsky, *Nîmes at War* (University Park, Pa., 1995), pp. 107-112. As cartas foram escritas no *département* de Gard após a batida de agosto de 1942.

15 *Ibid.*, p. 113.

disso, nos territórios ocupados o estatuto de uma nação aos olhos da Alemanha era particularmente relevante quando surgiram questões relativas à oposição aos alemães ou à ajuda aos judeus. Onde quer que os alemães operavam suas represálias de forma irrestrita, os potenciais colaboradores tinham um problema. Para poloneses e ucranianos, a ameaça de retaliação grave era aguda[16] e até mesmo os lituanos poderiam ser mortos por abrigarem fugitivos judeus.[17] O maior inibidor, contudo, era a mera auto-absorção, notável na maioria dos países. Vários relatórios de escritórios militares alemães ou da Polícia de Segurança apontam uma massa de indivíduos preocupados com questões pessoais. Mesmo sofrendo angústias e traumas, eles agarravam-se a uma aparência de vida normal. As crianças iam para a escola e os estudantes buscavam diplomas. Os intelectuais de Paris podiam ser encontrados nos habituais cafés. Naquela cidade, Pablo Picasso continuava pintando e Jean-Paul Sartre continuava escrevendo suas peças.[18] Aqueles com aspirações menos sublimes procuravam refúgio em filmes, esportes ou no álcool. Por todos os lugares, as rotinas cotidianas eram mantidas e, se necessário, reconstituídas. A busca era uma necessidade, perseguida dia após dia.

Imersos em sua própria existência, os vizinhos dos judeus apenas precisavam olhar para uma comunidade judaica em sua angústia para se assegurarem

---

16 Ver texto das duas decisões de tribunais especiais contra poloneses que abrigavam judeus em Waclaw Bielawski e Czeslaw Pilichowski, *Zbrodnie na Polakach dokonane przez hitlerowzow za pomoz udzielna Żydom* (Varsóvia, 1981), pp. XLI-XLV. Em um caso, datado de 23 de junho de 1943, o tribunal em Piotrkow Trybunalski impôs a pena de morte ao agricultor Władysław Rutkowski e sua esposa, Genowefa Rutkowska, por abrigar dois judeus em dezembro de 1942, ainda que não houvesse nenhuma evidência de que a esposa estivera presente quando os dois fugitivos, um dos quais era conhecido de seu marido, pediu para se refugiar. Os judeus conseguiram escapar durante uma busca na casa. Outro caso foi decidido por um tribunal de Rzsezów em 19 de abril de 1944. O réu, uma mulher de 25 anos, Stanislawa Korzecka, havia escondido seu noivo judeu em 1943. Apesar de o Tribunal de Contas manifestar o entendimento da motivação, concluiu-se que a lei permitia apenas a pena de morte para aquela ação.

17 Decisão de um tribunal alemão (Standgericht) em Białystok, 20 de setembro de 1943, condenando dois descendente de lituanos, Hipolit Jaskielewicz e Maria Jaskielewicz, à morte por abrigar judeus. Arquivos do Museu Memorial do Holocausto dos EUA, Grupo de Registro 53.004 (Arquivos Estatais da Bielorrússia de Grodno Oblast), Rolo 2, Fundo 1, Inscrição 1, Pasta 167, e adendo observando que a sentença foi executada em 16 de outubro de 1943, *ibid.*

18 Ver fotografias em Gilles Perrault e Pierre Azema, *Paris under the Occupation* (Nova York, 1989).

de que não compartilhavam do destino dos judeus. Essa era a situação na maior parte das vezes em quase toda a Europa. Não ser judeu, portanto, tornou-se um *status* em si. Esse era um pensamento inescapável, além de um fator forte, em quaisquer relações com judeus; e, às vezes, manifestava-se nos olhares dos espectadores quando eles viam as vítimas marchando sob guarda, fosse na Polônia, na Hungria ou em Corfu, na Grécia. Um judeu que era transportado em um vagão carvoeiro de Auschwitz para Nordhausen no início do ano de 1945 relata que, na Alemanha, "muitas pessoas ficam nas pontes; ao longo do caminho, elas nos viam, elas sabiam o que estava acontecendo. Nenhuma reação, nenhum movimento humano. Estávamos sozinhos, abandonados pelas pessoas às quais um dia havíamos pertencido".[19] E a observação seguinte foi oferecida por Aldo Coradello, ex vice-cônsul italiano em Danzig, sobre um grupo de cinquenta judeus que pareciam "esqueletos" ao retornarem a Stutthof depois de um mês de trabalho em Königsberg: "Será que a população de Königsberg não via aqueles seres, praticamente mortos, caminhando para a estação ferroviária ou para o trabalho todos os dias? Será que a população de Königsberg apenas dava de ombros e expressava a opinião repetida de que, no fim das contas, aquelas pessoas eram apenas prisioneiros estrangeiros ou judeus, de modo que se estava desobrigado do dever de pensar neles e no destino que teriam?".[20]

Claramente, todas as divisões pré-guerra entre judeus e não judeus foram aprofundadas conforme os vizinhos não judeus voltaram suas preocupações para si pelo bem da estabilidade material e mental. Era nesse ponto que as testemunhas se distanciavam das vítimas, de modo que a proximidade física não significava mais intimidade pessoal.

Qual, então, foi a extensão da ajuda dada aos judeus? Caso se questione em que porcentagem uma comunidade judaica foi salva, então Copenhague é a líder, uma vez que 99% de sua população judia sobreviveu. Pelo mesmo raciocínio, Varsóvia é quase o exato oposto, tendo perdido próximo a 99% de seus judeus. De uma perspectiva que leva em consideração apenas um objetivo alemão ou uma

---

19 Heinz Galinski em uma transmissão de 1987, citada por Gerhard Hoch, *Von Auschwitz nach Holstein* (Hamburgo, 1990), pp. 79-80.

20 Anotações sem data de Aldo Coradello sobre o campo de concentração de Stutthof, em Jüdisches Historisches Institut Warschau, *Faschismus–Getto–Massenmord* (Berlim Oriental, 1961), pp. 465-466.

carência judia, o problema não pode ser colocado de outra forma. Os resultados precisam ser avaliados em uma faixa de tais frações. Se, entretanto, o ponto for a capacidade ou a disposição de uma população não judia fazer algo pelos judeus ameaçados, a principal questão precisa ser colocada em termos de uma razão entre os potenciais salvadores e o número de pessoas salvas. Nessa equação, o número de habitantes não judeus de uma cidade deve ser colocado de um lado da contabilidade e o número de sobreviventes "ilegais" do outro. Uma vez que esse cálculo simples tenha sido feito, os resultados serão bastante diferentes. Apenas em Paris o número daqueles que sobreviveram ilegalmente pode ter constituído o valor máximo de 3% da maioridade não judia.[21] Tanto em Copenhague quanto em Varsóvia, assim como em Roma e em Amsterdã, o número é de aproximadamente 1%. Nas cidades alemãs, é ainda mais baixo. Em toda a Boêmia e a Morávia, reporta-se que os judeus que sobreviveram se escondendo tenham somado apenas 424.[22]

A ajuda que era oferecida vinha em parte de instituições especialmente escolhidas ou criadas para esse propósito por um submundo, como na Holanda e na Polônia. Não é surpreendente o fato de que boa parte da ajuda tenha sido direcionada a categorias especiais de vítimas. Os favorecidos eram crianças que, tendo idade suficiente, falavam a língua dos anfitriões sem sotaques reveladores de origens judias, ou cuja presença, no evento de uma descoberta, poderia ser explicado bem mais facilmente. Entre os adultos, meio-judeus e convertidos há tempos ao cristianismo tinham uma vantagem.

Em vários lugares, havia indivíduos excepcionais como Marion Pritchard, que acolheu crianças judias e assassinou um policial holandês para impedir que

---

21 A população de Paris em setembro de 1940 chegou ao mínimo de 1,7 milhão antes de aumentar novamente. Adler, *The Jews of Paris*, p. 6. Em outubro de 1940, 149.734 judeus foram registrados no departamento de Seine, que incluía Paris, e, no início de 1941, a fuga de judeus para o sul reduziu esse número para 139.979. Serge Klarsfeld, *Vichy- Auschwitz* (Hamburgo, 1989), p. 26. De maio de 1941, quando judeus começaram a ser presos e enviados para os campos, a julho de 1944, cerca de 40 mil judeus foram capturados em Paris. Klarsfeld, *ibid.*, pp. 25, 31, 35, 101, 287, 305-317. Durante esse período, houve outro exôdo judeu, porém de volume indeterminado, de Paris. Cerca de 30 mil a 40 mil judeus ainda estavam vivendo abertamente em seus apartamentos quando a cidade foi libertada. Adler, *The Jews of Paris*, p. 245, n. 7, e Klarsfeld, *Vichy-Auschwitz*, p. 306. Isso deixa um resto de algumas dezenas de milhares vivendo na clandestinidade.

22 H. G. Adler, *Theresienstadt*, 2ª ed. (Tubinga, 1960), p. 15.

elas fossem presas.[23] Havia também momentos únicos, quando alguém dava avisos oportunos, como as secretárias no caso da Clermont-Ferrand.[24] Por fim, havia circunstâncias excepcionais, particularmente aquelas atribuíveis a um laço entre pessoas, como exemplificado na demonstração das mulheres alemãs em Berlim que resgataram seus esposos judeus da custódia na Rosenstrasse.[25]

Mas e quanto ao reverso da ajuda? O que pode ser observado nesse comportamento? O oposto da disponibilidade para ajudar e dos sacrifícios concomitantes dos salvadores era uma disponibilidade para se beneficiar da desgraça dos judeus e, no caso de muitos jovens, para se juntar aos perpetradores no processo de execução.[26] As formas mais fáceis de se beneficiar da situação era usando as oportunidades resultadas das demissões ou das arianizações, adquirindo artigos já confiscados ou ocupando um apartamento deixado vago por deportados. Tais benefícios indiretos eram aceitos em larga escala, mesmo quando – como aconteceu em Berlim, Viena, Bratislava e Sofia – os judeus tinham sido despejados precisamente para aliviar o déficit habitacional.

Muitas vezes, a exaltação passiva beirava formas ativas. Um pequeno, mas significativo exemplo é a história de uma família judia em Sighet que confiou dinheiro e joias à esposa de um oficial do exército húngaro. Quando a família ficou sem dinheiro e enviou uma filha para pegar um pouco, a mulher húngara fingiu não saber do que se tratava, perguntando: "Que dinheiro?".[27] Maneiras mais abertas de usurpação eram observadas por oficiais que, ao conquistar territórios, reportavam

---

23 Marion Pritchard, "It came to pass in those days", *Sh'ma*, 27 de abril de 1984, pp. 97-102.

24 John Sweets, *Choices in Vichy France* (Oxford, 1986), p. 132.

25 Ver Nathan Stolzfus, *Resistance of the Heart* (Nova York, 1996). No geral, os esposos e esposas não judeus permaneciam parceiros estáveis em casamentos mistos. Ver, entretanto, o rascunho de uma carta do prefeito de Mogilev (Felicin) para o *Feldkommandantur*, 19 de março de 1942, a respeito dos pedidos de divórcio, Museu Memorial do Holocausto dos EUA, Grupo de Registro 53.006 (Arquivos Estatais da Bielorrússia de Mogilev Oblast), Rolo 1, Fundo 259, Inscrição 1, Pasta 22.

26 Para a composição social do *Schutzmannschaft* bielorrusso e ucraniano, ver Martin Dean, *Collaboration in the Holocaust* (Nova York, 2000), pp. 60-77.

27 Hedi Fried, *Fragments of a Life* (Londres, 1990), pp. 59, 60, 62. Quando bens pessoais eram entregues a conhecidos cristãos nas vésperas das deportações, a reação de quem os recebia era, por vezes, complexa. Ver um relato desses momentos de adeus em Marburg de John K. Dickinson, *German and Jew* (Chicago, 2001), pp. 293-309.

apartamentos judeus saqueados e vazios ou bens de judeus abandonados pelos vizinhos locais em Radom, Lvov, Riga, Chernivtsi e Salônica, entre outros lugares. Um médico polonês na cidade de Szczebrzeszyn registrou em seu diário que camponeses, esperando uma batida policial iminente, tinham vindo com suas carroças e aguardado o dia todo pelo momento em que poderiam começar os saques.[28]

Ainda mais ativos eram os voluntários que se aliavam aos alemães. Como uma porcentagem da população de seus países, eles eram mais numerosos na região báltica, onde foram agrupados em *Schutzmannschafts* fixos e móveis e assassinaram os judeus locais antes seguirem para mais matança – tanto de judeus deportados para o Báltico quanto de judeus fora da região. Em Paris, Roma e outras cidades, milícias e bandos faziam prisões de judeus ou os vigiavam, esperando pelo transporte. Poucas eram as áreas sem tais colaboradores.

No conjunto, os espectadores locais formavam uma parede humana em torno dos judeus aprisionados em leis e em guetos. Durante muito tempo, os judeus hesitaram antes de tentarem se deixar dominar por completo, fugir ou se dispersar na população em geral. A linha de guardas era estreita. O duplo gueto de Hrodna era guardado em sua "maior parte" por uma comitiva policial.[29] Para o recém-selado gueto de Łódź, com seus 164 mil habitantes, um contingente diário de aproximadamente duzentos policiais era suficiente,[30] e ao longo dos anos de existência do gueto, os supervisores alemães não tiveram uma lista de seus habitantes.[31] Contudo, em quase todos os lugares as barreiras eram grandes. Escapar significava o risco de ser denunciado e extorquido. Qualquer um podia ser perigoso e a ajuda era incerta. Quando as deportações engoliram os judeus da Galícia no outono de 1942, a Polícia de Ordem Alemã observou que vários judeus haviam

---

28 Jan Thomas Gross, "Two Memoirs from the Edge of Destruction", em Robert Moses Shapiro, ed., *Holocaust Chronicles* (Nova York, 1999), pp. 226-227. Gross cita a partir do diário do dr. Zygmunt Klukowski, entrada de 13 de abril de 1942.

29 Relatório do Batalhão 91 da Polícia de Reserva para 10 de janeiro a 9 de fevereiro de 1942, referindo-se à implantação de sua 1ª Companhia, Museu Memorial do Holocausto dos EUA, Grupo de Registro 53.004 (Arquivos Estatais da Bielorrússia de Grodno Oblast), Rolo 6, Fundo 12, Inscrição 1, Pasta 5.

30 Chefe da Polícia de Ordem (assinado por von Bomhard), Relatório da situação, 31 de maio de 1940, T 501, Rolo 37.

31 Relatório do dr. Horn (contador do WVHA) para Pohl, 24 de janeiro de 1944, NO-519.

Reflexões **1307**

fugido dos guetos de Drohobycz, Borysław, Sambor e Stry às vésperas das iminentes batidas policiais. Os judeus de Stry estavam se escondendo em apartamentos poloneses e ucranianos. Uma semana depois, porém, um número significativo de fugitivos dos quatro guetos, que aparentemente não haviam encontrado refúgio, já estavam retornando, apenas para descobrir que havia caído em uma armadilha e que a polícia estava à espera.[32]

Em uma Europa que incluía alemães e lituanos, além de italianos e dinamarqueses, havia uma variedade de nações, cada uma com uma diversidade de pessoas, mas o padrão dominante na maioria dessas regiões era inconfundível. A comunidade judaica havia sido escolhida e, uma vez demarcada, a linha de separação era indelével.

---

32 Relatórios do comandante da 5ª Companhia, Regimento Policial 24 (capitão Lederer) para o comandante da Polícia de Ordem na Galícia (ten. cor. Soosten), 19 e 25 de outubro de 1942, Museu Memorial do Holocausto dos EUA, Grupo de Registros 11.001 (Centro para Preservação de Coleções de Documentos Históricos, Moscou), Rolo 82, Fundo 1323, Inscrição 2, Pasta 292b. Repatriados, sem recursos e enfrentando a fome, não eram raros também em Szczebrzeszyn. Aqueles que aderiram ou formavam bandos para roubar os camponeses despertavam a ira da população polonesa. Zygmunt Klukowski, *Diary from the Years of Occupation, 1939-1944* (Urbana, Ill., 1993), entradas de 18, 20 e 22 de novembro de 1942, pp. 225-227. A edição americana dos diários é um tanto quanto abreviada.

11

Consequências

A DESTRUIÇÃO DOS JUDEUS EUROPEUS FOI UMA GRANDE TRAGÉDIA E seu impacto foi sentido em primeiro lugar pela comunidade judaica, em segundo lugar pela Alemanha e, por fim, também por aqueles que estavam fora da arena destrutiva e que viram a destruição acontecer.

Para os judeus, as consequências foram universais. Fisicamente, as dimensões da população judaica, sua distribuição e até mesmo suas características sofreram uma mudança permanente. As estatísticas mostradas na Tabela 11.1 revelam um resumo aproximado do que aconteceu: a comunidade judaica mundial perdeu um terço de sua população, caindo do ponto máximo histórico de 16 milhões de pessoas para aproximadamente 11 milhões. A concentração geográfica da perda populacional alterou a distribuição dos judeus. Antes da ascensão do regime nazista, a maior parte da população, riqueza e poder judaicos concentrava-se na Europa. Quando a Alemanha foi despedaçada, aproximadamente metade dos judeus do mundo vivia nos Estados Unidos e a maior parte da riqueza deles também estava lá. Além disso, passariam a habitar aquele país muitas das vozes decisivas nos assuntos judaicos mundiais. Por fim, o número relativamente grande de judeus no mundo muçulmano, inerte e esquecido por séculos, foi deslocado para o centro da vida judaica. A elevada taxa de natalidade que ali existia foi

1309

TABELA 11.1 Perda da população judaica, 1939-1945

	1939	1945
Áustria	60 mil	7 mil
Bélgica	65 mil	40 mil
Bulgária	50 mil	47 mil
Tchecoslováquia	315 mil	44 mil
Dinamarca	6.500	5.500
França	270 mil	200 mil
Alemanha	240 mil	80 mil
Grécia	74 mil	12 mil
Hungria	400 mil	200 mil
Itália	50 mil	33 mil
Luxemburgo	3 mil	1 mil
Holanda	140 mil	20 mil
Noruega	2 mil	1 mil
Polônia	3,35 milhões	50 mil
Romênia	750 mil	430 mil
URSS	3,2 milhões	2,5 milhões
Estônia	4.500	
Letônia	95 mil	
Lituânia	145 mil	
Iugoslávia	75 mil	12 mil

Nota: As estatísticas do ano de 1939 referem-se às fronteiras pré-guerra; as fronteiras pós-guerra foram usadas para o ano de 1945. O número de 80 mil para a Alemanha inclui 60 mil deslocados. A estimativa de 2,5 milhões para a URSS compreende cerca de 300 mil refugiados, deportados e sobreviventes dos territórios recém-adquiridos.

Para outra compilação, ver Report of the Anglo-American Committee of Enquiry Regarding the Problems of European Jewry and Palestine (Londres, 1946), Cmd. 6808, pp. 58-59; Institute of Jewish Affairs, "Statistics of Jewish Casualties during Axis Domination" (mimeografado; Nova York, 1945); American Jewish Committee, American Jewish Year Book (Nova York), 48 (1946-1947): 606-609; 50 (1948-1949): 697; 51 (1950): 246-247.

um fator importante no aumento da população judaica no pós-guerra. Contudo, essa comunidade não conseguiu compensar a perda. Cinquenta anos após o fim da catástrofe, os judeus no mundo, enfrentando o fim de seu crescimento, somavam 13 milhões de pessoas.[1]

---

1 U. O. Schmelz e Sergio DellaPergola em *American Jewish Year Book*, 1996, p. 437.

Visto que a destruição dos judeus foi realizada de forma sanguinária, a alteração nas características gerais da comunidade judaica foi sua consequência mais impressionante. Ironicamente, a catástrofe se abateu sobre uma população que já estava em declínio, não apenas na Europa Ocidental e na Alemanha, mas também na Polônia e na URSS. A queda da taxa de natalidade dos judeus, que na Alemanha era perceptível já no início do século XX,[2] e o aumento da taxa de casamentos mistos que acompanhava essa tendência continuou sem mudanças significativas nos Estados Unidos e na União Soviética após 1945.[3]

Se a extensão da perda dos judeus foi sentida imediatamente, a maneira como ela ocorreu, por sua vez, teria efeitos perturbadores ao longo de anos. Os judeus não estavam preparados para os acontecimentos de 1933 a 1945. Quando aquilo que menos se esperava se tornou uma verdade avassaladora, houve uma grande transformação nas atitudes e pensamentos dos judeus.

Ao longo da Segunda Guerra Mundial, o povo judeu adotou a causa dos Aliados como se fosse a própria, calando muitos pensamentos sobre seu desastre e ajudando na obtenção da vitória final. As potências aliadas, porém, não pensaram nos judeus. As nações aliadas em guerra contra a Alemanha não saíram em socorro às vítimas alemãs. Os judeus da Europa não tinham aliados. Em seu momento mais grave, a comunidade judaica permaneceu sozinha e a percepção daquela deserção foi um choque para os líderes judeus por todo o mundo.

Nos Estados Unidos, as principais organizações judaicas juntaram-se em 1943 para formar a Conferência Judaica Americana, que logo se tornou um fórum para muitas vozes desapontadas. Na segunda sessão, que ocorreu em Nova York entre os dias 3 e 5 de dezembro de 1944, o dr. Joseph Tenenbaum, do Congresso Judaico Americano, fez as seguintes observações:

----

2 Felix A. Theilhaber, *Der Untergang der deutschen Juden* (Munique, 1911).

3 Fred Masarik e Alvin Chenkin, "United States National Jewish Population Study: A First Report", *American Jewish Year Book* 74 (1973): 264-306, em particular pp. 271, 295-298. Sobre a URSS, ver Alec Nove e J. A. Newth, "The Jewish Population: Demographic Trends and Occupational Patterns", em Lionel Kochan, ed., *The Jews in Soviet Russia since 1917* (Londres, 1970), pp. 125-158, em particular pp. 143-145. Ver também Zvi Griliches, "Erosion in the Soviet Union", *Near East Report* 17 (25 de julho de 1973): 118; Roberto Bachi, "Population Trends of World Jewry", Instituto de Judaísmo Contemporâneo, Universidade Hebraica de Jerusalém, Jerusalém, 1976.

Não dependamos dos outros para defender nossos interesses. Quando o Japão foi acusado de usar gás contra os chineses, o presidente dos Estados Unidos fez uma advertência solene, ameaçando retaliar com uma guerra de gás os japoneses. Milhões de judeus foram asfixiados em câmaras com gás letal, mas ninguém sequer ameaçou os alemães de retaliação – não houve qualquer ameaça de bombardear suas cidades com gás. Os judeus precisam parar de ser descartáveis entre as nações.[4]

A terceira sessão da Conferência Judaica foi permeada pelo tema da decepção. Palestrante após palestrante tentava explicar que os judeus haviam sido abandonados, esquecidos, isolados, traídos. O professor Hayim Fineman, da coligação sionista trabalhista, disse o seguinte:

Comparando-se as estatísticas, o número de judeus destruídos no que foi a Europa de Hitler chega a um total de 22 vezes o número de americanos que sucumbiram em batalha. O que torna a situação tão terrível é o fato de que essa tragédia não era inevitável. Muitos daqueles que estão mortos podiam estar vivos não fosse pela recusa e pela demora de nosso próprio Departamento de Estado, da Cruz Vermelha Internacional, do Conselho de Refugiados de Guerra e de outras agências em tomar medidas imediatas.[5]

Da Alemanha, um sobrevivente, o presidente dos judeus libertados na zona americana, dr. Zalman Grinberg, participou da conferência para acrescentar as seguintes observações:

Senhoras e senhores, noto que estamos vivendo em um mundo cínico. Estou ciente do fato de que a humanidade está acostumada à brutalidade. [No entanto] eu mesmo jamais teria acreditado que o mundo civilizado do século xx poderia ser tão inerte diante da dizimação do povo judeu na Europa. Sou forçado a acreditar que é apenas porque tais coisas aconteceram ao povo judeu e não a outro povo.[6]

---

4 Declarações textuais de Tenenbaum em Alexander S. Kohanski, ed., *The American Jewish Conference, Proceedings of the Second Session, December 3-5, 1944* (Nova York, 1945), p. 71.
5 Declarações textuais de Fineman em Ruth Hershman, ed., *The American Jewish Conference, Proceedings of the Third Session, February 17-19, 1946* (Nova York, 1946), p. 47.
6 Declarações textuais de Grinberg, *ibid.*, p. 148.

Assim, discurso após discurso, é possível discernir a ideia de que os líderes aliados não tinham apenas sido indiferentes, mas de que tinham reservado sua indiferença aos judeus. Essa acusação refletia uma profunda angústia entre os judeus. Era o medo não verbalizado de que os Aliados secretamente aprovavam o que os alemães haviam feito e de que, em circunstâncias apropriadas, podiam até mesmo repetir a experiência.[7]

Se havia um problema sutil para definir a relação da comunidade judaica com os países aliados na esteira do abandono total das vítimas à sua própria sorte, havia dificuldades ainda maiores de enfrentar a agora despedaçada Alemanha, responsável pelo desastre em primeiro lugar. Todos da comunidade judaica sabiam a verdade nua e crua: o que acontecera não fora meramente uma aniquilação de 5 milhões de pessoas que, por acaso, eram judias, mas sim o extermínio da comunidade judaica que totalizara 5 milhões de pessoas. Os sobreviventes sabiam que os judeus da Europa foram levados deliberadamente para a morte, que mulheres, garotas e crianças pequenas tinham morrido como gado.

Apesar de ter sido um evento sem precedentes na história, não houve demanda para vingança em massa. Vozes isoladas como o secretário do Tesouro Mogenthau, o conselheiro presidencial Bernard Baruch ou o colunista Walter Winchell lutavam uma batalha perdida contra o iminente *rapprochement*,[8] mas estavam sozinhos. O padrão dominante baseava-se na antiga máxima de que os judeus, para estarem seguros, não podiam agir como se a "boa vontade" dos países nos quais viviam fosse ilimitada. Em 1945, organizações judaicas e personalidades públicas lutavam para encontrar representação das sociedades das quais faziam parte. Como americanos, era preciso olhar a Alemanha através de "lentes

---

7 Observe a hipótese de Edwin M. Sears em seu artigo "Was Hitler Right?", *Jewish Forum* 24 (abril--maio 1951): 69, 71, 87-90, e o cenário do romancista britânico Frederick Raphael, *Lindmann* (Nova York, 1964), pp. 307-309.

8 Ver o livro de Morgenthau, *Germany Is Our Problem* (Nova York e Londres, 1945). Sobre Baruch, ver seu testemunho diante do Comitê de Assuntos Militares do Senado em audiências sobre a eliminação dos recursos bélicos alemães, 79º Cong., 1ª sess., 1945, pt. 1, pp. 1-28. Além disso, algumas se envolveram em atividades de preservação da memória e de alertar para o futuro. A principal delas era a Sociedade para a Prevenção da 3ª Guerra Mundial. Os veteranos de guerra judeus, o Congresso Judaico Americano e a Liga Anti-difamação limitaram-se, no geral, a protestar contra a chegada de artistas alemães, etc.

americanas", rejeitar quaisquer imputações de culpa coletiva aos alemães, enfatizar que existiam alemães bons e alemães maus,[9] evitar considerações sobre os "horrores nazistas"[10] e até mesmo explicar o nazismo como um fenômeno psiquiátrico.[11] Na recém-comunista Hungria, o órgão da comunidade judaica de Budapeste, *Uj Elet*, advertiu que na sociedade moderna não existiam nações culpadas, apenas classes culpadas e classes dominantes.[12]

A desconfiança com que a comunidade judaica via a Alemanha foi substituída, pelo menos entre os judeus do mundo ocidental, por atos de militância em prol de Israel. Hostilidade mal dirigida não é uma reação incomum nos anais do comportamento individual e em massa. Nesse caso, era praticamente inevitável. Israel é a grande consolidação da comunidade judaica, uma vasta conquista "perdida", uma das maiores da história. Mesmo enquanto os judeus da Europa estavam sendo massacrados, os delegados das primeiras sessões da Conferência Judaica Americana voltavam suas atenções para o futuro Estado. Seus pensamentos foram expressos em certa medida em um discurso feito pelo dr. Israel Goldstein, dos General Sionists, durante a conferência de salvamento: "Por todos os rios de lágrimas e oceanos de sangue, por todas as vidas interrompidas e lares devastados, por todas as nossas sinagogas destruídas e pergaminhos profanados, por todos os nossos jovens assassinados e moças violentadas, por toda a nossa agonia e por todo o martírio daqueles anos negros, devemos ser consolados quando, na Terra de Israel, restabelecida como uma Nação Judaica, terra de nosso despertar, e em toda terra habitada pelos dispersos de Israel, o sol da liberdade surgir", etc., etc .[13] Disso resultou a grande concentração de fúria reservada

---

9 Joseph Dunner, "Appeal to Reason", *Congress Weekly*, 28 de janeiro de 1952, pp. 5-7. Ver também uma descrição de David Riesman para judeus bons e maus em "The 'Militant' Fight against Anti-Semitism", *Commentary*, janeiro de 1951, pp. 12-13.

10 Introdução de Samuel Flowerman em Paul Massing, *Rehearsal for Destruction* (Nova York, 1949).

11 Conferência Nacional de Cristãos e Judeus, *Conference*, primavera de 1949, p. 5, citando o dr. David Levy, professor de Clínica Psiquiátrica na Universidade Columbia.

12 Editorial do *Uj Elet* (Budapeste), 20 de outubro de 1949, como citado por Eugene Duschinsky, "Hungary", em Peter Meyer *et al.*, *The Jews in the Soviet Satellites* (Siracusa, NY, 1953), pp. 468-469.

13 Alexander S. Kohanski, ed., *The American Jewish Conference – Its Organization and Proceedings of the First Session, August 29 to September 2, 1943* (Nova York, 1944), pp. 80-81.

à Inglaterra no pós-guerra e, em menor extensão, aos países árabes. Entre os anos de 1945 e 1949, a Inglaterra foi o inimigo número um da comunidade judaica. Os ingleses e os árabes foram colocados nessa posição porque, ao tentar impedir o estabelecimento de uma pátria judaica, reabriram feridas que apenas Israel podia curar.

Significativamente, a criação do Estado de Israel desenvolveu as condições sob as quais os judeus pudessem se expressar em grande escala e em termos bem mais fortes como inimigos da Alemanha. Pelo menos durante algum tempo, Israel manteve distância da Alemanha: não houve troca de representantes diplomáticos,[14] os alemães não podiam visitar Israel com facilidade e o uso do idioma alemão, assim como a execução de música alemã, foram banidos.[15]

Desde o início, surgiram dentro da comunidade judaica questões sobre as reações dos judeus nos países ocidentais às vítimas aniquiladas nas câmaras de gás. Durante séculos, a dispersão dos judeus teve uma utilidade funcional: onde quer que uma parte da comunidade judaica estivesse sob ataque, ela dependia da ajuda de outros judeus. No período do regime nazista, essa ajuda não veio. Dali em diante, um membro da comunidade não tinha como refletir profundamente sobre seu destino sem chegar à conclusão de que algum membro da comunidade, em outro lugar, não havia feito seu máximo. "Eles estavam do lado de fora, nós estávamos do lado de dentro", escreveu o dr. Rezsö Kasztner. "Eles não foram afetados imediatamente; nós fomos as vítimas; eles interpretavam aquilo moralmente, nós temíamos a morte; eles tinham simpatia por nós e acreditavam ser impotentes, nós queríamos viver e acreditávamos que um resgate tinha de ser possível."[16] A catástrofe dos judeus contou com a participação de

---

14 Uma missão israelense foi enviada à Alemanha Ocidental com o objetivo de selecionar produtos para envio como compensação a Israel, mas Israel em si não recebeu nenhuma missão alemã. A postura de Israel em relação à Alemanha em organizações internacionais foi resumida por um grupo de estudos da Universidade Hebraica de Jerusalém, em *Israel and the United Nations* (Nova York, 1956), pp. 176, 198.

15 "Israel Backs Ban on Use of the German Language", *The New York Times*, 2 de janeiro de 1951, p. 4; "Israel Philharmonic Drops 'Eulenspiegel'", *ibid.*, 9 de dezembro de 1952, p. 42.

16 Dr. Rezsö Kasztner (Rudolf Kastner), "Der Bericht des jüdischen Rettungskomitees aus Budapest 1942-1945" (mimeografado), pp. 88-89. Em março de 1957, Kastner foi assassinado em Tel Aviv por conta de suas atividades em Budapeste. Gershon Swet, "Rudolph Kastners Ermordung",

uma paralisia *dupla*: os judeus do lado de dentro não podiam escapar, os judeus do lado de fora não podiam entrar.

Com o passar do tempo, a resposta de toda a comunidade judaica à sua enorme perda tornou-se um problema onipresente. No início, houve poucas homenagens. Nenhuma formalidade foi realizada, nenhum grande monumento foi erguido e nenhum grande esforço foi feito para registrar o significado de Auschwitz e Treblinka. Aos poucos, alguns documentos foram reunidos e livros escritos e, após duas décadas, a aniquilação dos judeus foi nomeada: Holocausto.[17]

Nos Estados Unidos, esses inícios esparsos tornaram-se uma verdadeira torrente de atividades a partir da segunda metade da década de 1970. Programas televisivos eram exibidos, conferências realizadas, orações compostas e cursos ministrados. Por ordem executiva, a Comissão Presidencial sobre o Holocausto foi estabelecida em 1978 e sua assessoria foi transformada, por uma lei do Congresso, no Conselho do Memorial do Holocausto dos EUA, cuja função era criar um museu e elaborar pesquisas e programas educacionais.[18] Um dos principais ímpetos para o surgimento da memória vinha dos sobreviventes, para quem a preservação e disseminação do conhecimento sobre o evento tornaram-se um interesse profundo. Encorajando aqueles que queriam relatar estavam aqueles que queriam ouvir, especialmente os membros de uma nova geração, dos quais a maioria havia nascido após a guerra. Esse desenvolvimento foi sem dúvida acompanhado por muitas reservas naqueles seguimentos da comunidade judaica que sentiam que a preocupação com o Holocausto e os estudos sobre

---

Aufbau (Nova York), 22 de março de 1957, pp. 1, 4. Raras eram as críticas aos líderes sobreviventes, que dirá atitudes violentas.

17 Ver Gerd Korman, "The Holocaust in American Historical Writing", *Societas* 2 (1972): 251-270, 259-262. Sem demora, vários institutos dedicaram atenção ao assunto, em especial o Instituto YIVO, na cidade de Nova York, o Centre de Documentation Juive Contemporaine, em Paris, e o Yad Vashem em Jerusalém. Esse último é uma entidade memorial oficial. Ver Martyrs' and Heroes' Remembrance (Yad Vashem) Law, 1953, *Sefer Ha-Chukkim*, n. 132, 28 de agosto de 1953, p. 144.

18 Ordem Executiva 12093 de 1º de novembro de 1978, *Federal Register*, vol. 43, p. 51377. Ordem Executiva 12169 de 26 de outubro de 1979, *Federal Register*, vol. 44, p. 62277. Lei Pública 96-388, 7 de outubro de 1980, 94 Stat 1549, 36 USC 1401-8.

ele estavam substituindo e, às vezes, obliterando o foco tradicional em 3 mil anos de história judaica.[19]

Sob a superfície dos projetos de homenagem e memória, o Holocausto passou a ocupar o centro da consciência judaica, formando e definindo o judeu pós-Holocausto. A velha comunidade religiosa, ainda presente com seus rabinatos e sinagogas, estava sendo transformada em uma comunidade de destino na qual um judeu era qualquer um que, tendo vivido em 1942, tivesse sido elegível para a morte em uma câmara de gás. De qualquer forma, se o princípio de linhagem de Nuremberg pôde, portanto, subsistir em uma autodefinição não religiosa, ele havia também minado a postura assimiladora pré-guerra. O judeu pós-1945 raramente tornou-se um marrano* politico ou social. Ele não se desculparia por sua existência, como Walter Rathenau fizera quando convocou os judeus da Alemanha a apagarem suas peculiaridades remanescentes,[20] e se ele tivesse filhos meio-judeus, provavelmente não os destinaria à fé cristã pelo bem de suas perspectivas seculares ou pela preocupação com sua segurança física.[21]

Uma vez que o ato estava concretizado, as reações alemãs ao processo de destruição, raramente eram menos complexas. De certa maneira, observou-se o exato oposto da tendência judaica de identificação com o Holocausto – o objetivo alemão era a dissociação. De todos os termos usados nos anos pós-guerra para descrever as ações do regime nazista, o mais significativo é a abrangente referência ao "passado" (*Vergangenheit*),[22] que engloba a ocorrência, o fato, porém desconectado do presente.

---

19 Robert Alter, "Deformations of the Holocaust", *Commentary*, fevereiro de 1981, pp. 48-54. Jacob Neusner, *Stranger at Home* (Chicago, 1981), pp. 61-96, particularmente p. 81.

*O termo "marrano", supostamente vindo de um vocábulo espanhol que remonta ao início da Idade Média cujo significado era "suíno", refere-se aos judeus recém-convertidos (em geral, de modo forçado) ao cristianismo que, contudo, continuam observando, em segredo, a fé judaica. (N.T.)

20 Walther Rathenau, *Zur Kritik der Zeit*, 4ª ed. (Berlim, 1912), p. 220.

21 Masarik e Chenkin, "United States National Jewish Population Study", *American Jewish Year Book* 74 (1973): 298.

22 A onipresença do termo é ilustrada por seu uso nas manchetes de dois artigos em uma única edição do *Die Zeit*, de 15 de maio de 1981 (edição internacional), pp. 6, 16. Note também a manchete do *Der Spiegel*, n. 5, 1979, p. 17: "'Holocaust': Die Vergangenheit kommt zurück."

Consequências   1317

Por várias décadas, evidências da presença judaica na Alemanha praticamente não existiam. O observador comum poderia facilmente presumir que os judeus não viveram na Alemanha por séculos. Terrenos sobre os quais, no passado, ergueram-se sinagogas haviam sido tomados das comunidades judaicas nos tempos nazistas e, no decorrer das construções posteriores, foram visualmente germanizados. Em Viena, onde placas proclamam a importância histórica de diversas construções, duas pequenas casas nas quais alguns judeus ficaram concentrados antes de serem deportados não foram identificadas. Na Alemanha, cemitérios judaicos foram repetidamente vandalizados nos anos imediatamente posteriores à guerra.[23]

É certo que era impossível apagar a destruição dos judeus por completo; consequentemente, houve diversas reações na imprensa. Algumas dessas palavras eram expiatórias, desde canhestras tentativas de criar leituras históricas que vissem o evento como uma mentira[24] até a ressurreição de velhas ideias sobre o domínio mundial dos judeus, a criminalidade e o parasitismo.[25] Dessa maneira, a ação era negada ou justificada; no geral, porém, ela era repudiada.

---

23 Jack Raymond, "Germans Defacing Jewish Cemeteries", *The New York Times*, 14 de maio de 1950, p. 6. Ver também *Aufbau* (Nova York), 30 de junho de 1950, p. 3; 14 de julho de 1950, pp. 20, 22; 1º de setembro de 1950, p. 3; 2 de novembro de 1951, p. 32; 2 de maio de 1954, p. 26. Havia 1.700 cemitérios judaicos na Alemanha Ocidental. A comunidade judaica sobrevivente não estava em condições para cuidar deles. O Ministério do Interior foi persuadido a assumir a responsabilidade financeira pela manutenção dos cemitérios. No entanto, o exercício dessa responsabilidade exigia uma nova lei, uma vez que a fiscalização de questões "culturais" é, normalmente, uma prerrogativa das províncias. Um relatório divulgado em 1956 afirmava que "a lei está sendo preparada em silêncio, a fim de evitar o debate público desnecessário". Hans Wallenberg, *Report on Democratic Institutions in Germany* (Nova York, 1956), p. 52. Bem mais tarde, a menção a judeus mortos apareceu em piadas a respeito de Auschwitz e cinzas. Ver Alan Dundes e Thomas Hauschild, "Auschwitz Jokes", *Western Folklore* 42 (1983): 249-260.

24 "Wie viele Juden wurden wirklich ermordet? 6-Millionen-Lüge endgültig zusammengebrochen", *Deutsche National-Zeitung und Soldaten-Zeitung*, 3 de março de 1967, p. 1.

25 Jack Raymond, "Bonn Delay Seen on Claim Payment", *The New York Times*, 14 de outubro de 1951, p. 29. Na Áustria, acreditava-se que representantes de campo dos judeus estavam à espreita em todos os escritórios de ocupação americana. Quando Donnelly, o alto comissário dos EUA no Conselho de Controle Aliado, em Viena, recusou-se a aprovar incondicionalmente uma medida de anistia austríaca para o benefício de nazistas do tempo de guerra, alegando que o governo austríaco se

Distribuir a culpa era um compromisso fundamental, especialmente enquanto os homens que estiveram profundamente envolvidos no processo ainda possuíam saúde física e intelectual e antes que se pudesse dizer que "aquela foi outra geração". As palavras a seguir foram trocadas no dia 18 de abril de 1946, diante de uma corte internacional, entre um conselheiro de defesa alemão e o ex--*Generalgouverneur* Frank:

DR. SEIDL: O senhor teve alguma participação na aniquilação dos judeus?

FRANK: Minha resposta é "sim", e o motivo pelo qual ela é "sim" é que, tendo sobrevivido a cinco meses deste julgamento e particularmente após ouvir o depoimento da testemunha Höss, minha consciência não me permite jogar a responsabilidade apenas naquele povo inferior. Eu mesmo nunca instalei um campo de extermínio de judeus ou promovi a existência de tais campos, mas Adolf Hitler colocou pessoalmente essa responsabilidade terrível sobre seu povo, de modo que é também minha responsabilidade, pois lutamos contra a judiaria por anos e nos entregamos às mais terríveis expressões – meu diário pessoal testemunha

---

propunha a indenizar ex-nazistas antes de dar atenção às vítimas do nazismo, o presidente do Partido Popular e, mais tarde, chanceler da Áustria, Julius Raab, recorreu a um ataque a "certos emigrantes" no gabinete do Alto Comissariado. John MacCormac, "Vienna Is Critical of U.S. 'Emigrants'", *The New York Times*, 8 de junho de 1952, p. 14. Nenhum "emigrante" estava trabalhando no gabinete do Alto Comissariado. "Es geht schon wieder los in Wien", *Aufbau* (Nova York), 13 de junho de 1952, p. 4; "Die Wiener Hetze gegen 'US- Emigranten'", *ibid.*, 20 de junho de 1952, p. 9.

Sobre alegações de assassinatos em rituais, ver "Ritualmordschwindel in Memmingen", *ibid.*, 1º de abril de 1949, p. 3; "Ritualmordschwindel in München", *ibid.*, 9 de setembro de 1949, p. 7; S. Wiesenthal, "Tiroler Ritualmord-Märchen – und die Kirche ändert nichts daran", *ibid.*, 11 de maio de 1950, p. 40; "Tiroler Ritualmord-Spiele – Neue Kontroverse um den Bischof Rusch", *ibid.*, junho de 1955, p. 5.

Sobre as lendas dos assassinatos rituais na Hungria, ver Ferenc Nagy, *The Struggle behind the Iron Curtain* (Nova York, 1948), pp. 246-248; Eugene Duschinsky, "Hungary", em Meyer *et al.*, *The Jews in the Soviet Satellites*, pp. 419-420, 425.

Sobre as acusações de parasitismo, ver "Der Skandal von München: Antisemitismus wird erlaubt – Auf Juden wird geschossen", *Aufbau* (Nova York), 19 de agosto de 1949, pp. 1-2. A acusação foi expressa também pelo dramaturgo Rainer Werner Fassbinder em "Der Müll, die Stadt und der Tod" (uma reformulação dos antigos temas de *Jud Süss* em um cenário moderno), *Stücke 3* (Frankfurt, 1976), pp. 91-128. A editora desse trabalho foi a Suhrkamp Verlag.

contra mim. Portanto, não é mais do que meu dever responder à sua pergunta com um "sim". Mil anos se passarão e essa culpa da Alemanha ainda não terá sido apagada.[26]

Para Frank, a destruição dos judeus era um ato de proporções histórico-mundiais e ele claramente se via como um ator importante desse ato. Entretanto, se ele fosse chamado para responder por aquela participação, a Alemanha como um todo tinha de compartilhar a culpa.

O desafio que Frank lançara no tribunal ainda poderia ser ampliado. De fato, um teólogo alemão faria essa tentativa. No final de 1945, vários religiosos luteranos encontraram-se em Stuttgart e publicaram uma declaração na qual, em certa parte, lemos:

O conselho da Igreja evangélica na Alemanha recebe em sua reunião de 18 e 19 de outubro de 1945 representantes do Conselho Ecumênico de Igrejas.

Estamos extremamente gratos por essa visita, pois pensamos estar ligados a nosso povo não apenas por uma comunidade de sofrimento, mas também por uma solidariedade de culpa. Com grande dor dizemos: por meio de nós, infindáveis desgraças foram levadas a vários países e a várias nações.

Entre as assinaturas, nomes de personalidades da Igreja como Wurm, Niemöller e Asmussen. Quando a Igreja católica opôs-se a essa formulação de culpa, Asmussen explicou que era capaz de compreender a objeção na medida em que

ninguém pode sustentar que a culpa que Adolf Hitler e seus tributos depositaram sobre os próprios ombros pudesse sopesar sobre todo o povo alemão. Nenhum tribunal internacional tem o direito perante Deus e perante os homens de fazer algo assim. No que diz respeito a isso, não é possível falar em culpa coletiva.

Com grande ênfase devemos, contudo, salientar o direito de Deus de procurar aquelas ligações secretas que unem a culpa de Hitler à minha. Se o perigo de equívoco não fosse tão grande, devo acrescentar que Deus está em uma posição de – e, em minha opinião, disposto a – lançar luz sobre aquelas ligações que unem os assassinatos de Heinrich Himmler à atitude de um cidadão americano comum.

---

26 Testemunho de Frank, *Trial of the Major War Criminals*, XII, 13.

Pois não pode haver dúvidas sobre o seguinte: embora todo homem seja responsável por seus próprios atos, tão certo é o fato de a humanidade ser assim quanto é certo o fato de que essa culpa está ancorada para sempre em toda a humanidade. Em Adão, todos morremos.[27] O teólogo Asmussem transformou uma culpa coletiva em uma culpa universal. Em sua pena interpretativa, a culpa tornou-se indistinta da própria vida.

Ampliar a imputação da responsabilidade não tinha tanto êxito quanto reconcentrar a responsabilidade em Frank e seus colegas. Para a frustração dos ex-funcionários do partido nazista e dos homens da ss, que sentiam estar sendo apontados como responsáveis por uma ação que exigira a participação de vários burocratas, empresários, diplomatas e oficiais do exército respeitados, uma escola de historiadores alemães que surgira nos primeiros anos pós-guerra concebia o fenômeno nazista como uma usurpação de poder imposta sobre o povo alemão. A literatura desses historiadores concentrava-se em análises de casualidade, particularmente as eleições de 1932, enfatizava a repressão da oposição política alemã e retratava o ponto alto do movimento antissemita em novembro de 1938, a "noite dos cristais".

Nas décadas de 1960 e 1970, os alemães eram economicamente prósperos, mas faltava brilho em suas vidas. Ocasionalmente, tensões sutis emergiam entre alemães e não alemães e uma atmosfera sufocante separava os pais alemães de seus filhos. Então, em 1985, o chanceler Kohl fez uma tentativa de guiar os alemães para fora do deserto psicológico em que viviam. Seu objetivo seria alcançado com um ato simbólico: a visita do presidente dos Estados Unidos a um típico cemitério militar alemão em 8 de maio, exatamente quarenta anos após o fim da guerra. O cemitério escolhido ficava em Bitburg e continha o túmulo de aproximadamente 2 mil homens, incluindo 47 homens da ss.[28]

A visita sugerida foi um problema para os judeus americanos e, consequentemente, também para o secretário de Estado americano, Shultz. Se o presidente fosse a Bitburg, pensou Shultz, ele estaria "atingindo as pessoas mais sensíveis na época mais sensível, na nação com a qual eles tinham uma relação mais sensível". O secretário tentou mudar o itinerário do presidente Reagan, mas o chanceler Kohl

---

27 Dr. Hans Asmussen, "Die Stuttgarter Erklärung", *Die Wandlung* (Heidelberg), 1948, pp. 17-27.

28 Sobre Bitburg, ver Geoffrey Hartman, ed., *Bitburg in Moral and Political Perspective* (Bloomington, Ind., 1986).

insistiu, primeiro escrevendo, depois, telefonando para Reagan. No telefonema, Kohl disse que seu governo fracassaria se o presidente não fizesse aquela visita. Naquele dia, Elie Wiesel, sobrevivente que ocupava o cargo de presidente do Conselho Memorial do Holocausto dos EUA, pediu publicamente para que o presidente não fosse àquele lugar. Kohl venceu, mas pagou um preço por isso.[29] Para o mundo, o "passado" foi momentaneamente revelado de forma mais pungente do que antes. Na própria Alemanha, o episódio trouxe consternação e confusão públicas, mas apenas por um tempo.

A geração dos perpetradores estava morrendo. Enquanto os contemporâneos da era nazista ocupassem posições de influência, enquanto estivessem andando pelas ruas, a discussão permaneceria emudecida. Contudo, a velha mentalidade, com todas as racionalizações do regime nazista, saía de cena.[30] Chegava a hora de enfrentar os velhos tabus, realizar pesquisas, escrever, publicar e refletir.[31] Cinquenta anos após o fim da guerra, os alemães estavam se libertando.

A coalizão dos Aliados lutou na Segunda Guerra Mundial porque fora desafiada e impelida a uma retirada pelos poderes do Eixo. O principal objetivo dos Aliados era reconquistar o terreno perdido e vencer a batalha. Todo o resto era secundário. Seus esforços para saírem vitoriosos não incluíam nenhum objetivo de destruir quaisquer segmentos da população alemã, nem um plano de salvar quaisquer frações das vítimas da Alemanha. A punição pós-guerra dos perpetradores foi amplamente uma consequência de reflexões posteriores. A libertação dos sobreviventes foi quase inteiramente um subproduto da vitória. Os Aliados podiam conciliar com seus esforços de guerra todos os tipos de denúncias dos alemães, mas não havia disposição para se desviar dos objetivos militares para ir ao resgate dos judeus. Naquele caso, a destruição dos judeus apresentava-se como um problema com o qual os Aliados não podiam, efetivamente, lidar.

Durante a guerra, o resgate de judeus moribundos mexia com a doutrina da vitória em primeiro lugar. Após a guerra, as ratificações em favor da comunidade

---

29 George P. Shultz, *Turmoil and Triumph* (Nova York, 1993), pp. 539-560.

30 Ver Gerda Lederer, "Wie antisemitisch sind die Deutschen?", em Christine Kulke e Gerda Lederer, eds., *Der gewöhnliche Antisemitismus* (Paffenweile, 1994), pp. 19-39, particularmente os dados da pesquisa indicando as respostas antissemitas correlacionadas à idade, na p. 29.

31 Ver Walter H. Pehle, "Verschweigen oder publizieren?", *Magazin für Literatur und Politik*, abril de 1995, pp. 21-36.

judaica entravam em conflito com as tentativas que tanto o Oriente quanto o Ocidente estavam realizando para conquistar a esfera de poder da Alemanha ocupada. Desse modo, desenvolveu-se desde o início uma ambiguidade na posição dos Aliados. As condenações de perseguição, a propaganda livre e as expressões de simpatia pelos oprimidos eram limitadas por reservas que preservavam os principais interesses dos Aliados. Essas reservas foram responsáveis pela cegueira funcional que afligiu os Aliados durante momentos decisivos da catástrofe dos judeus.

O padrão repressivo manifestava-se primeiramente em uma recusa em reconhecer tanto o caráter especial da ação alemã quanto a identidade especial das vítimas judias. Exemplos do obscurecimento do processo alemão de destruição são os períodos de silêncio total que se estendem particularmente de 1941 a 1942; a subsequente generalidade da linguagem usada, como o profuso, mas exclusivo emprego, na Declaração de Moscou das três potências, de termos descritivos do tipo "brutalidades", "atrocidades", "massacres", "execuções em massa" e "crimes monstruosos";[32] a constante ênfase na literatura e nos discursos nos "campos de concentração", frequentemente incluindo a exemplificação de Dachau e Buchenwald, mas raramente envolvendo quaisquer menções a Auschwitz, quiçá os campos longínquos de Treblinka, Sobibór e Bełżec; a tendência de, em declarações públicas, ligar o destino dos judeus ao destino de outros povos, como a referência em uma declaração do presidente Roosevelt à "deportação de judeus para serem mortos na Polônia ou noruegueses e franceses para serem mortos na Alemanha";[33] e, por fim, a invocação dos advogados da doutrina do "ato de Estado" para mostrar que pelo menos algumas das medidas dos alemães contra a comunidade judaica não eram especiais, mas "atos de governo" realizados por "autoridades do Estado alemão"[34] ou, no pior dos casos, "perseguição governamental... sob a lei municipal de outro Estado".[35]

---

32 Declaração assinada por Roosevelt, Churchill e Stálin, divulgada para a imprensa pelo Departamento de Estado, 1º de novembro de 1943, em relatório do juiz Jackson para o presidente em *International Conference on Military Trials*, Department of State Publication 3080, 1949, pp. 11-12.

33 Declaração do presidente divulgada para a imprensa pela Casa Branca, 24 de março de 1944, *ibid.*, pp. 12-13.

34 Juiz Jackson em *International Conference on Military Trials*, p. 333.

35 Juiz Learned Hand em Bernstein vs. Van Heygen Freres Societe Anonyme (1947), 163 F 2d 246. Em particular, o juiz Learned Hand expressava reservas também com relação aos julgamentos de

Intimamente ligado à obliteração do processo alemão de destruição está o desaparecimento da vítima judia. No primeiro caso, a fase de aniquilação não é completamente reconhecida; no segundo, ela recai sobre um grupo amorfo de pessoas. A Declaração de Moscou citada, que carrega a marca forte da mão de Churchill, além das assinaturas de Roosevelt e Stálin, conseguiu omitir quaisquer referências ao desastre dos judeus. Esse documento, esboçado em outubro de 1943, contém a advertência pública de que "os alemães que participaram dos indiscriminados fuzilamentos de oficiais italianos ou da execução de reféns franceses, holandeses, belgas ou norueguesos ou de camponeses de Creta, ou que participaram de massacres impostos sobre a população da Polônia ou nos territórios da União Soviética que agora estão sendo expurgados do inimigo, saberão que serão trazidos de volta à cena de seus crimes e julgados no próprio local pelas pessoas que eles tão violentamente injuriaram".[36]

Nessa declaração, os judeus estão entre os "reféns franceses", são um componente da "população da Polônia" e estão perdidos nos "territórios da União Soviética". De modo similar, os governos ocidentais e soviéticos foram capazes de usurpar dos judeus sua identidade especial por meio do simples mecanismo de troca de classificações. Assim, os judeus de nacionalidade alemã tornaram-se alemães, os judeus de nacionalidade polonesa foram convertidos em poloneses, os judeus de nacionalidade húngara em húngaros, e assim por diante.[37]

Algumas das consequências legais mais fantásticas fluíram desse efeito legalista. Por exemplo, no ano de 1942, o ministro do Interior, Morrison, respondeu a uma sindicância de um membro do Parlamento dizendo que os judeus na Inglaterra que haviam sido declarados apátridas por um decreto alemão ainda seriam tratados como cidadãos alemães porque o governo do Reino Unido não reconhecia a jurisdição de um Estado inimigo em tempo de guerra para revogar

---

Nuremberg. Gerald Gunther, *Learned Hand* (Nova York, 1994), p. 547.

36 Declaração de Roosevelt, Churchill e Stálin, *International Conference on Military Trials*, pp. 11-12.

37 Nos Estados Unidos, o Gabinete de Informação sobre a Guerra (OWI na sigla em inglês), como uma questão de política, absteve-se de mencionar os judeus como um grupo especial de vítimas. Declaração integral do dr. Leon A. Kubowitsky (Congresso Judaico Mundial) em Kohanski, ed., *American Jewish Congress, First Session*, p. 119. O OWI era encabeçado por Elmer Davis. A filial nacional estava sob comando de Gardner Cowles; política e desenvolvimento, sob comando de Archibald MacLeish, e a filial no exterior, sob comando Robert Sherwood.

a nacionalidade de seus cidadãos. Em Berlim, Albrecht, especialista do Ministério das Relações Exteriores, leu a respeito disso em um relatório da agência de notícias Transocean e escreveu: "Bom".[38] Em 1944, autoridades do exército britânico na Bélgica internaram cerca de 2 mil judeus como "inimigos estrangeiros". Quando Sidney Silverman, membro do parlamento, interveio junto ao conde de Halifax em Washington, foi-lhe dito que a medida fora ditada por "necessidades militares".[39] Na União Soviética, judeus importantes prestes a serem expurgados tiveram de esperar até serem acusados de "espionar" para os alemães.[40] Aproximadamente 15 mil judeus húngaros que faziam trabalhos forçados e foram pegos pelo Exército Vermelho na frente oriental não voltaram para casa, mas permaneceram cativos como "prisioneiros de guerra".[41]

---

38 Relatório da Transocean, datado de 31 de julho de 1942, com anotação de Albrecht, NG-2111.

39 Dr. Maurice L. Perlzweig (diretor, seção britânica do Congresso Judaico Mundial) em Kohanski, ed., *American Jewish Conference, Second Session*, p. 214. O tratamento de judeus apátridas nas cortes britânica, sul-africana, americana, francesa e suíça é discutido por H. Lauterpacht em "The Nationality of Denationalized Persons", *Jewish Year Book of International Law*, 1948, pp. 164-185. O Artigo 44 da Convenção de Genebra de 1949 sobre civis na guerra declara que um beligerante em seu próprio território não deverá considerar como inimigos estrangeiros "refugiados que, de fato, não gozam da proteção de qualquer governo". Departamento de Publicação do Estado 3938, 1950.

40 Ver, por exemplo, o caso dos generais do Exército Vermelho em W. G. Krivitsky, *In Stálin's Secret Service* (Nova York e Londres, 1939), p. 212. O autor foi chefe de inteligência do Exército Vermelho na Europa Ocidental. Ver também o caso de Wiktor Alter e H. Ehrlich, socialistas judeus da Polônia baleados na URSS após organizarem um comitê judaico internacional antifascista com o argumento de que tinham apelado para o exército soviético "para concluir uma paz imediata com a Alemanha". Bogomolov (embaixador soviético em Londres) para Raziński (ministro das Relações Exteriores polonês), 31 de março de 1943, em Governo da Polônia/Embaixada Polonesa em Londres, *Polish-Soviet Relations, 1918-1943*, p. 180, e correspondência precedente nas pp. 178-179. Durante o período de 1940-1941, os soviéticos também praticavam a deportação dos judeus indesejados de nacionalidade alemã para o território alemão ou ocupado pelos alemães. Victor Kravchenko, *I Chose Freedom* (Nova York, 1946), pp. 210, 217, 264; Alexander Weissberg, *The Accused* (Nova York, 1951), pp. 501-505. Sobre a abordagem de um tribunal americano para a extradição de um judeu para a Alemanha, ver In re Normano, 1934, 7 F. Supp. 329.

41 O número é dado pela Comissão Anglo-Americana de Inquérito em seu relatório de abril de 1946, Cmd. 6808, p. 59. Uma estimativa um pouco mais elevada é oferecida por Duschinsky, "Hungary", em Meyer *et al.*, *The Jews in the Soviet Satellites*, pp. 392-395.

A inclinação geral para o obscurecimento manteve-se por décadas. A fatalidade dos judeus foi omitida dos livros didáticos, das enciclopédias, da historiografia, das peças de teatro e do cinema.[42] Uma grande mudança nessa postura foi assinalada pelo presidente Carter em 1978 quando ele estabeleceu uma comissão para preservar a memória do Holocausto. Havia um elemento de ratificação nesse ato, um aceno aos milhões de mortos cuja verdadeira identidade como judeus não havia sido corretamente reconhecida no momento em que eles estavam sendo submetidos ao processo de destruição.[43] Todavia, assim que a comissão se reuniu, observadores começaram a questionar o fato de a preservação da memória ser apenas das vítimas judias. O Holocausto, argumentava-se, havia atingido uma ampla variedade de grupos, particularmente os eslavos, mas também outros prisioneiros dos campos de concentração, como homossexuais.[44] Uma crítica, por fim, caracterizava a insistência dos judeus em sua catástrofe especial como um "curioso elitismo".[45] Como tantas vezes antes em sua história, os judeus haviam recebido um privilégio que estava se tornando um fardo.

---

42 As omissões em livros didáticos são discutidas por Henry Friedlander, "Publications on the Holocaust", em Franklin Littell e Hubert Locke, eds., *The German Church Struggle and the Holocaust* (Detroit, 1974), pp. 69-94, 296-303. Ver também Gerd Korman, "Silence in the American Textbooks", *Yad Vashem Studies* 8 (1970): 183-202. As principais enciclopédias gerais publicadas por três décadas e meia depois de 1945 não contêm entradas sobre Auschwitz, Treblinka ou o tema do Holocausto. Note também a ausência da própria palavra "judeu" na peça sobre o julgamento dos perpetradores de Auschwitz em Frankfurt, de Peter Weiss (*Die Ermittlung*, Hamburgo, 1969), e no documentário sobre Auschwitz e outros campos de concentração, *Noite e neblina*, realizado na França em 1955 e dirigido por Alain Resnais.

43 Ver o texto do pronunciamento do presidente Carter, 27 de setembro de 1979, Gabinete do Secretário de Imprensa da Casa Branca.

44 Observe particularmente a carta do cardeal John Krol (arcebispo da Filadélfia) para dr. Irving Greenberg, diretor da Comissão Presidencial sobre o Holocausto, 2 de abril de 1979, nos arquivos da Comissão. Sobre o argumento para a inclusão de homossexuais, ver Frank Rector, *The Nazi Extermination of Homosexuals* (New York, 1981).

45 Theodore Ziolkowski, "Versions of the Holocaust", *Sewanee Review* (outono de 1979): 676-685, na p. 683.

OS JULGAMENTOS

Os líderes Aliados começaram a pensar no tratamento pós-guerra de seus opositores do Eixo no outono de 1943. Naquele momento, a discussão restringia-se aos possíveis procedimentos contra os altos escalões do Eixo. Aqueles homens, alvos centrais do rancor dos Aliados, deviam morrer. A única questão a ser considerada era o método de implementação: execução sumária ou execução após um julgamento.

Durante a Conferência de Moscou sobre os Criminosos de Guerra, ocorrida em outubro de 1943, o secretário de Estado americano Hull declarou-se a favor de uma "corte marcial sumária". Ele não via razão para os "fora da lei" do Eixo terem o benefício de um "julgamento extravagante". A delegação soviética concordou com "brados ruidosos de aprovação". O secretário de Relações Exteriores britânico, Eden, discordou: ele achava que "todas as formas legais" deveriam ser observadas.[1]

Bem mais tarde, um movimento de lei e ordem começou no Departamento de Guerra dos Estados Unidos sob o controle do secretário Stimson e seu vice-secretário, McCloy. Embora o presidente Roosevelt pessoalmente preferisse o fuzilamento, ele nomeou um de seus assistentes, o juiz Samuel Rosenman, "para estudar a questão para ele". Em 18 de janeiro de 1945, Stimson, Rosenman e o advogado-geral Biddle concordaram que uma medida legal devia ser tomada.[2]

Nesse ínterim, os soviéticos também se desviavam para uma política de julgamento. Um Churchill surpreso relatou a Roosevelt no dia 22 de outubro de 1944 que Stálin subitamente adotara uma "linha ultrarrespeitável". O ditador soviético sentia que o mundo podia tirar conclusões erradas de um procedimento sumário.[3]

Quando tanto os americanos quanto os russos trocaram de posição, os britânicos também mudaram: agora, eles eram *contra* um julgamento. Em um extenso memorando entregue por *Sir* Alexander Cadogan ao juiz Rosenman em 23 de abril de 1945, o oficial britânico relatava sua preocupação com a possibilidade de o procedimento como um todo ser considerado um "negócio maquinado",

---

1 Cordell Hull, *The Memoirs of Cordell Hull* (Nova York, 1948), vol. 2, pp. 1.289-1.291.

2 Henry Stimson e McGeorge Bundy, *On Active Service in Peace and War* (Nova York, 1948), pp. 584-586. O movimento de Stimson foi a resposta a uma proposta de Morgenthau de fuzilamento sumário. O texto completo do Plano de Morgenthau não foi publicado. Em seu livro *Germany Is Our Problem*, Morgenthau nem mesmo faz referência ao tratamento dos perpetradores alemães.

3 Churchill para Roosevelt, 22 de outubro de 1944, em Winston S. Churchill, *The Second World War*, vol. 6, *Triumph and Tragedy* (Boston, 1953), p. 240.

que ele seria "excessivamente longo" e que, na confusão em atender um amálgama de ideias russas, americanas e britânicas, a defesa podia até mesmo tocar em algum "ponto inesperado".[4]

A relutância britânica em julgar os potenciais réus antes de executá-los foi rapidamente superada por argumentos americanos.[5] Nos meses do verão seguinte, representantes dos Estados Unidos, Grã-Bretanha e Rússia encontraram-se em Londres para elaborar uma carta para um tribunal militar internacional que iria julgar esses "grandes criminosos" cujos crimes não tinham localização geográfica específica e que, nas palavras da Declaração de Moscou, deviam ser "punidos por decisão conjunta dos governos dos Aliados".[6] O principal problema agora era definir o que se entendia por "crimes". Os potenciais "grandes criminosos" eram responsáveis por muitas ações por toda a Europa. Como, naquele contexto, as quatro delegações iriam lidar com a destruição dos judeus europeus?

Por um período de dois anos após a reunião da Carta de Londres, a liderança judaica nos Estados Unidos preocupou-se, precisamente, com aquela questão. Para os judeus, o problema de definição era fundamental. Uma comissão interina estabelecida durante a primeira sessão da Conferência Judaica Americana em 1943 estabelecia sucintamente que os julgamentos "não fossem uma questão de vingança ou de punição do culpado no sentido comum"; eles eram uma questão de importância "prática". A não punição dos alemães por seus crimes contra todo um povo "significaria a aceitação por parte das nações democráticas do extermínio dos judeus". Já existiam relatórios inquietantes dos territórios ocupados pelos alemães que davam conta da "infecção" pelo "vírus" do antissemitismo. Aquela "infecção" precisava ser expurgada e um "aviso" teria de ser enviado a "outros países, em outros continentes, que estão tentando introduzir as teorias e os métodos raciais nazistas na vida pública". A comissão, portanto, recomendava ao Departamento de Estado que a aniquilação de um povo, incluindo todos os atos por meio dos quais se procurou alcançar esse objetivo antes e durante a guerra, nos territórios do Eixo e nas regiões ocupadas, fossem tornados um crime passível de punição.[7]

---

4 Cadogan para Rosenman, 23 de abril de 1945, em *International Conference on Military Trials*, pp. 18-20. Cadogan era subsecretário permanente no Ministério das Relações Exteriores.

5 Ver memorando americano de 30 de abril de 1945, em *ibid.*, pp. 28-38, 39n.

6 *Ibid.*, p. 22n.

7 Relatório da Comissão sobre o pós-guerra na Conferência Judaica Americana, *Report of Interim Committee* (Nova York, 1944), pp. 90-91, 98-99, 106, 123-125.

Para os Aliados, o conceito de judeus assassinados como judeus colocava dificuldades intransponíveis. McCloy, buscando soluções para o problema, admitia somente a ideia de que as perseguições aos judeus fossem consideradas como uma medida "militar" criada para realizar os objetivos de guerra da Alemanha. Ele conseguia, assim, acomodar a reinvidicação dos judeus.[8] Os soviéticos ficaram ainda mais distantes da questão. Seu interesse nos fatos em si era limitado e eles não haviam se aprofundado muito para revelar informações acerca da estrutura e da natureza do aparato alemão. Desse modo, uma lista de potenciais criminosos de guerra preparada na URSS durante o ano de 1944 carecia de profundidade tanto territorial quanto conceitual. Ela incluía nomes de oficiais militares no front leste e identificava alguns oficiais civis que serviam no leste. Também reconhecia alguns poucos membros dos *Einsatzkommandos* e fazia uma menção especial ao *Kommando* 1005. Entretanto, nenhum figurão nos campos de extermínio era mencionado, menos ainda tomadores de decisões burocráticas em Berlim. Nos memorandos soviéticos, não havia nenhuma palavra sobre assuntos distantes como ações contra judeus na Alemanha ou mais ao ocidente. Para os soviéticos, não havia um padrão de atividades antissemitas que demandasse consideração especial.[9]

Quando os participantes da reunião se encontraram em Londres durante o verão de 1945, eles discutiram três tipos de crimes. O primeiro dizia respeito aos "crimes contra a paz". Para as delegações americana e britânica, essa era a essência de suas queixas.[10] O desembargador americano, juiz Jackson, estava

---

8 McCloy para coronel William Chanler, 5 de dezembro de 1944, citado por Bradley Smith, *The Road to Nuremberg* (Nova York, 1981), p. 94. Ver também uma linha de pensamento similar no memorando de Edmund M. Morgan (reitor, Harvard Law School) em resposta às questões do major-general John M. Weir (vice-chefe, juiz da Defensoria Geral), 12 de janeiro de 1945, em Bradley Smith, ed., *The American Road to Nuremberg: The Documentary Record, 1944-1945* (Stanford, 1982), pp. 105-107.

9 Relatório do Escritório de Serviços Estratégicos/Pesquisa e Análise, n. 1988. 1, 30 de abril de 1945, Harry S. Truman Library, Acervo Samuel I. Rosenman. A lista de 657 nomes (43 dos quais Finns) está entre as páginas pp. 66-100 do relatório. É notável o julgamento na Carcóvia de dezembro de 1943, no qual a promotoria mencionou as vans-câmaras de gás. As vítimas era descritas como "soviéticos pacíficos". Pp. 39-41 do relatório.

10 Declaração de *Sir* David Maxwell Fyfe nas atas da Conferência de Londres, *International Conference on Military Trials*, p. 305.

Consequências 1329

particularmente preocupado com essa acusação. Como procurador-geral dos Estados Unidos em 1940, Jackson havia advertido o presidente Roosevelt de que os Estados Unidos não estariam violando seus deveres como nação neutra ao estender a ajuda aos Aliados. Agora, Jackson estava determinado a mostrar que os Estados Unidos não haviam feito algo ilegal. Ele queria justificar a ação americana com o argumento de que a agressão alemã havia violado os direitos de todos. Em Londres, ele queria estabelecer a responsabilidade alemã da única maneira que, a seu ver, permanecia aberta: declarando os planejadores da agressão pessoalmente culpados por seus atos.[11] Nenhuma acusação concebível poderia ser mais remotamente aplicável aos atos antissemitas e, de certo modo, nenhuma acusação poderia ter feito mais para ofuscá-los e obscurecê-los.

A segunda acusação interessava primordialmente aos russos e aos franceses, pois lidava com crimes de guerra. Em sua forma final, essa categoria de crimes era definida de modo a

> incluir, mas não se limitar a, assassinato, maltrato ou deportação para trabalho escravo ou para quaisquer outros propósitos de *população civil dos ou nos territórios ocupados*, assassinato ou maltrato de prisioneiros de guerra ou pessoas em águas internacionais, assassinato de reféns, saques de propriedades públicas ou privadas, destruição deliberada de cidades, vilas e aldeias ou devastação não justificada por necessidade militar.[12]

Os crimes de guerra eram reconhecidos há tempos como passíveis de punição na lei internacional e quaisquer definições que tivessem cobririam a grande maioria das ações dos alemães contra os judeus. A própria extensão do processo de destruição, sua distribuição geográfica e rigor administrativo, havia atado os perpetradores a essa lei. O assassinato dos judeus disfarçado sob o pretexto de operações antipartidárias era um crime de guerra. Sob a lei de guerra tradicional, quase todo o processo de destruição ocorrido entre os anos de 1939 e 1945 consistia em atos pelos quais os perpetradores podiam ser condenados. E, para muitos desses atos, eles podiam ser condenados à morte. Mas ainda restavam

---

11 Jackson para o presidente Truman, 6 de junho de 1945, *ibid.*, pp. 42-52. Jackson nas atas da Conferência de Londres, *ibid.*, pp. 299, 383-385.

12 Texto do alvará, 8 de agosto de 1945, *ibid.*, p. 423. Os itálicos são meus.

importantes seguimentos da atividade alemã aos quais a lei de guerra não podia ser aplicada. Por exemplo: ela não abrangia completamente as medidas antijudias realizadas dentro dos territórios do Eixo, tampouco alcançava os decretos pré-guerra.

As quatro delegações, embora estivessem satisfeitas, ainda não haviam resolvido o problema para os judeus. Duas categorias de crimes não abarcavam tudo o que os alemães haviam feito. Possivelmente, alguns dos "principais criminosos" podiam até mesmo escapar da condenação por seus atos. Ademais, nenhum impedimento especial havia sido criado para impedir que "outros países, em outros continentes", introduzissem um regime de destruição em sua vida pública. A destruição de uma minoria em território local ainda era legal, mesmo quando levada ao extremo. Confrontando essa situação, os delegados anglo-americanos depararam-se com um dilema: eles queriam remover a limitação sobre a jurisdição do tribunal proposto,[13] queriam pegar Streicher,[14] mas não queriam criar uma nova lei *nessa* esfera de atividade humana.

Na tentativa de resolver a questão, os representantes anglo-americanos estabeleceram uma série de atos que podiam ser reconhecidos como criminosos se fossem parte ou produto da "conspiração" para cometer uma agressão ou um crime de guerra. Em resumo, não se tratava de uma categoria independente de crimes, mas precisava ter ligação ou com a preparação de uma guerra ilegal, ou com a luta ilegal de uma guerra. O diretor da delegação britânica, *Sir* David Maxwell Fyfe, explicou a questão da seguinte forma:

> A meu ver, a preparação incluiria tais atos como a intimidação e assassinato de sua própria população judaica com o objetivo de se preparar para a guerra. Em outras palavras, atos preparatórios dentro do Reich cujo objetivo era disciplinar o Estado para a agressão e a arregimentação. Isso teria uma importância política para nós pois o maltrato dos judeus chocou a consciência de nosso povo e, tenho certeza, das outras Nações Unidas. Contudo, devemos considerá-lo em algum momento, e acredito que, por essa razão, ele foi encoberto na preparação de seus contornos. Apenas quero deixar claro que temos esse maltrato em mente porque tenho sido abordado por várias organizações judaicas e gostaria de atendê-las, se possível.

---

13 Ver nota apresentada por Jackson a outras delegações, *ibid.*, p. 394.

14 Declaração de *Sir* David Maxwell Fyfe, *ibid.*, p. 301.

Tal tratamento geral dos judeus como demonstrado me parece apenas parte de um plano geral de agressão.[15]

O juiz Jackson, concordando com esse ponto de vista, apontou com linguagem clara por que não podia haver outra base para jurisdição:

Tem sido um princípio geral desde tempos imemoriais que os problemas internos de outro governo não são ordinariamente assuntos nossos; isto é, a forma como a Alemanha trata seus habitantes, ou como qualquer outro país trata seus habitantes, não é problema nosso mais do que é papel de algum outro governo interpor-se em nossos problemas [...]. Temos algumas circunstâncias lamentáveis às vezes em nosso próprio país, circunstâncias nas quais minorias são tratadas injustamente. Pensamos que é justificável interferirmos ou tentarmos retribuir a indivíduos ou Estados apenas porque os campos de concentração e as deportações almejavam uma iniciativa ou plano comum de fazer uma guerra injusta na qual acabamos nos envolvendo. Não vemos outro fundamento sobre o qual justificamo-nos para alcançar as atrocidades que eram cometidas dentro da Alemanha, sob a lei alemã, ou até mesmo em violação da lei alemã, por autoridades do Estado alemão.[16]

Após quinze rascunhos, o tribunal foi, assim, investido com o poder de julgar réus por

---

15 Declaração de *Sir* David Maxwell Fyfe em atas da Conferência de Londres, *ibid.*, p. 329. Ver também sua declaração na p. 361. *Sir* David foi procurador-geral no governo conservador.

16 Juiz Jackson em atas, *ibid.*, pp. 331, 333. Ver também Jackson para Truman, 6 de junho de 1945, *ibid.*, pp. 48, 50-51. O primeiro projeto americano, preparado por representantes dos Departamentos de Estado, Guerra e Justiça em reunião com o juiz Jackson, referia-se especificamente aos atos que não tinham relação com qualquer outro crime, mas que "violavam a lei nacional de qualquer potência aliada". Interpretado de forma restritiva, apenas "excessos" teriam sido abrangidos por tal disposição. Mais polêmica teria sido a afirmação de que no direito constitucional alemão o regime de Hitler repousava inteiramente sobre bases ilegais. Para uma discussão sobre este último ponto, ver o testemunho do prof. Herman Jahrreis, Caso n. 3, tr. p. 4253 ss. Jahrreis faz uma distinção entre "ilegalidade'" e "ilegitimidade'". Primordial era o ponto de vista expresso pelo secretário de Guerra Stimson, em um memorando de 9 de setembro de 1944, que nem mesmo "excessos" poderiam ser tratados por um "tribunal externo". Stimson e Bundy, *On Active Service*, p. 585.

CRIMES CONTRA A HUMANIDADE: a saber, assassinato, extermínio, escravidão, deportação e outros atos inumanos cometidos contra qualquer população civil, antes ou durante a guerra, ou perseguições por motivos políticos, raciais ou religiosos para a execução de ou em conexão com qualquer crime da jurisdição do Tribunal, mesmo em violação da legislação nacional do país onde cometidos.[17]

Os delegados de Londres relutavam em reconhecer a destruição da comunidade judaica europeia como um crime *sui generis*. No fim, eles sequer foram capazes de incluir os decretos antijudeus pré-guerra entre as agressões. Durante o julgamento, a promotoria falhou completamente em estabelecer quaisquer relações entre esses decretos e a "conspiração" para fazer a guerra.[18] Os "crimes contra a humanidade" eram improdutivos.

---

17 Texto do acordo do alvará, 8 de agosto de 1945, assinado pelo juiz Robert Jackson para os Estados Unidos, pelo juiz Robert Falco para a França, pelo lorde chanceler Jowitt para a Grã-Bretanha e pelo major-general Nikitchenko e prof. A. Trainin para a URSS, com o protocolo que contém a correção, datado de 6 de outubro de 1945, *International Conference on Military Trials*, pp. 423, 429.
18 Acórdão do Tribunal Militar Internacional de Nuremberg, *Trial of Major War Criminals*, XXII, p. 498. A delegação francesa havia sugerido que perseguições fossem definidos como um crime independente. Ver proposta francesa e explicação do prof. André Gros em *International Conference on Military Trials*, pp. 293, 360. Durante o extermínio de armênios na Primeira Guerra Mundial, o governo francês já havia proposto que, na visão destes "crimes da Turquia contra humanidade", os governos aliados deviam anunciar publicamente que todos os membros do governo otomano e seus agentes envolvidos nos massacres seriam pessoalmente responsabilizados por seus atos. Ver embaixador americano na França (Sharp) para secretário de Estado, 28 de maio de 1915, encerrando nota francesa de 24 de maio, *Foreign Relations of the United States, 1915, Suppl.*, p. 981. A advertência foi devidamente entregue pelo embaixador americano na Constantinopla. Morgenthau para o secretário de Estado, 18 de junho de 1915, *ibid.*, p. 982. O delegado francês Gros não achava que a acusação seria capaz de provar que as perseguições antijudaicas tinham sido infligidas com o intuito de agressão. Declaração de Gros, *International Conference on Military Trials*, p. 361. Os delegados soviéticos ficaram indiferentes a toda aquela questão. Eles estavam mais preocupados com problemas processuais, como a localização do tribunal proposto, etc. O principal representante soviético, major-general Nikitchenko, considerou que os "principais criminosos de guerra" já haviam sido condenados e que sua "condenação" já tinha sido "anunciada" pela declaração de Moscou. Ver declaração nas atas, *ibid.*, pp. 104-105.

Cerca de três meses após a conclusão do acordo, teve início em Nuremberg o julgamento diante de um tribunal militar internacional.[19] Muitos dos acusados, muitas das provas e muitas das testemunhas eram produto do trabalho dos americanos.[20] O principal réu era Göring. Do partido, a acusação havia escolhido Hess, Ley e Streicher. Os ministros incluíam Schacht, Funk, Frick, Ribbentrop e von Papen. Havia dois funcionários do alto escalão da burocracia central: Kaltenbrunner, da RSHA, e o *Ministerialdirektor* Fritzsche, do Ministério da Propaganda. O mecanismo de armamento e de mobilização de trabalho era representado por Speer e Sauckel. Nas forças armadas, a escolha havia caído sobre Keitel e Jodl, bem como Raeder e Doenitz. Além disso, havia cinco diretores territoriais: von Schirach (Viena), von Neurath (Protetorado), Frank (*Generalgouvernement*), Rosenberg (territórios do Leste) e Seyss-Inquart (Holanda).[21]

Embora a seleção de réus traísse uma ênfase definida na acusação de agressão, grande parte deles tinha estado profundamente implicada em ações contra os judeus. Não havia mais nenhuma maneira de esconder tais ações. Haviam sido feitas muitas cópias de muitos relatórios e, no fim da guerra, elas não puderam ser destruídas a tempo. Agora, aquela correspondência secreta era apresentada, item por item, aos juízes.[22] "Meu próprio diário testemunha contra mim", disse Frank conforme avaliava a situação e via que estava condenado.[23] A esmagadora

---

19 Os juízes, assim como os promotores, foram indicados pelas quatro potências. Nikitchenko, agora, sentava-se no banco.

20 Declaração de Jackson, *International Conference on Military Trial*, p. 343. Sobre o despreparo soviético, ver declaração de Nikitchenko, *ibid.*, P. 213.

21 Indiciamento em *Trial of the Major War Criminals*, I, 68-79. A indústria seria representada por Gustav Krupp von Bohlen e Halbach. Avaliou-se que ele estava muito doente para ser julgado.

22 A promotoria havia reunido para o tribunal a seguinte série de documentos: CE, L, M, PS, R, RF, UK e USSR.

23 Testemunho de Frank, *Trial of the Major War Criminals*, XII, 13. Rudolf Hess reclamou que todo mundo estava olhando para ele com "estranhos olhos vidrados". Testemunho de Hess, *ibid.*, XXII, 370-371. O líder da Frente de Trabalho Alemã, Ley, cometeu suicídio. Deixou um bilhete no qual explicou que tinha uma nova solução para o problema judaico. Para afastar a suspeita de que estava antecipando a solução, por motivos pessoais, havia decidido se matar. Os nazistas, disse Ley, tinham ido longe demais. "Isso não é uma crítica ao meu Führer morto", continuou ele, pois "o Führer é grande demais e nobre demais para ser manchado por um erro passageiro". Ley afirmou preocupar-se que, por sua vez, os judeus triunfantes tivessem ido longe

evidência escrita era reforçada por testemunhos orais de ex-subordinados dos réus, como os *Staatssekretäre* Bühler e Steengracht e os homens da ss Ohlendorf, Wisliceny, Höttl, Höss e Pohl. A visão desses homens provocou consternação na defesa. Quando o general favorito de Himmler, *Obergruppenführer* von dem Bach-Zelewski, testemunhou pela acusação, os prisioneiros foram unânimes em chamá-lo de *Schwein* [porco].[24]

A defesa não podia esperar muito. Seus argumentos eram desesperados. Apesar de suas altas posições no mecanismo de destruição, os acusados alegavam ignorância: eles não sabiam que a comunidade judaica estava sendo aniquilada. Von Schirach não sabia de nada.[25] Funk não sabia de nada.[26] Keitel não sabia de nada.[27] Jodl não sabia de nada.[28] Kaltenbrunner não sabia de nada.[29] Na medida em que nenhum deles tinha ciência do processo de destruição, seriam todos inocentes. Ninguém, com exceção de Streicher, continuou a culpar os judeus. (Streicher, após discutir com o próprio advogado de defesa, manteve a afirmação de que os judeus estavam praticando assassinatos em rituais.)[30] Assim, todos os réus tinham uma desculpa para seus comportamentos: eles agiram de acordo com ordens e o homem que dava as ordens era Adolf Hitler.

Como era possível que um único homem desse ordens para tantas pessoas? "O Führer tinha um poder hipnótico de sugestão que fazia todo o povo acreditar nele", explicou Streicher.[31] Por que motivo, então, ninguém podia fazer uma pe-

---

demais. Trataria-se do mesmo erro, segundo ele. Seu plano consistia em uma "conciliação" em que os judeus que retornaram e os antigos antissemitas formariam uma comissão para selar a paz. Bilhete de suicídio do dr. Ley encontrado em sua cela, 25 de outubro de 1945, após a descoberta do corpo, em *Nazi Conspiracy and Aggression*, VII, 740-748.

24 Comentários em *off* registrados pelo psicólogo da prisão G. M. Gilbert em seu *Nuremberg Diary* (Nova York, 1947), pp. 113-114.

25 Testemunho de von Schirach, *Trial of the Major War Criminals*, XIV, 487.

26 Testemunho de Funk, *ibid.*, XXII, 387.

27 Testemunho de Keitel, *ibid.*, XI, 594.

28 Testemunho de Jodl, *ibid.*, XV, 295, 331-333.

29 Testemunho de Kaltenbrunner, *ibid.*, XI, 275. Além disso, comentários de Doenitz, Keitel e Ribbentrop na prisão, Gilbert, *Nuremberg Diary*, pp. 45-46.

30 Testemunho de Streicher, *Trial of the Major War Criminals*, XII, 306-307, 336-337.

31 Testemunho de Streicher, *ibid.*, p. 322.

tição legal a Hitler? Resposta: "O Führer não podia ser influenciado".[32] A defesa de Streicher apoiava-se em termos psicológicos. Speer elaborou a teoria no jargão da engenharia. Para ele, o Estado totalitário era como uma central telefônica: podia ser servido e dominado por uma simples determinação. Ditadores prévios haviam dependido de assistentes altamente qualificados, mas a tecnologia moderna os havia dispensado. O sistema de comunicação havia "mecanizado" a liderança subordinada e a transformado em uma "recebedora acrítica de ordens".[33]

Os réus não queriam prejudicar os judeus. Schacht estava tentando ajudá-los a emigrar.[34] Streicher era um sionista.[35] Von Schirach acreditava que as deportações da Viena para a Polônia fossem "realmente em prol da comunidade judaica".[36]

Acima de tudo, os réus não fizeram nada sozinhos: a participação deles havia sido apenas evidenciada. Fritzsche sentia que estava sendo responsabilizado pelos atos de Goebbels.[37] Kaltenbrunner afirmou que estava sendo acusado no lugar do *Reichsführer*-ss. Ele era completamente inocente. Os culpados eram Himmler (morto), Heydrich (assassinado) e Müller (desaparecido). A linha de comando era realmente Himmler-Müller-Eichmann. Kaltenbrunner não tinha nada a ver com os judeus.[38] Von Schirach, de certa forma como Kaltenbrunner, estava propenso a atribuir toda a responsabilidade a subordinados.[39] Hess lembrou ao tribunal que os nazistas não foram os primeiros a estabelecer campos de concentração; os britânicos os haviam criado durante a Guerra dos Bôeres.[40] Quando perguntaram a Streicher se alguma publicação além de seu *Stümer* havia tratado a questão judia de forma antissemita, ele respondeu:

---

32 Testemunho de Streicher, *Trial of the Major War Criminals*, XII, p. 324.

33 Testemunho de Speer, *ibid.*, XXII, 406.

34 Testemunho de Schacht, *ibid.*, p. 389.

35 Testemunho de Streicher, *ibid.*, XII, 384.

36 Testemunho de von Schirach, *ibid.*, XIV, 431, 508-510.

37 Último apelo do advogado de defesa do dr. Fritz, *ibid.*, XIX, 350.

38 Testemunho de Kaltenbrunner, *ibid.*, XXII, 378-381. Argumentação do dr. Gawlik (advogado de defesa do Serviço de Segurança), *ibid.*, pp. 36-40, especialmente p. 39.

39 Testemunho de von Schirach sobre as deportações em 1941 e a chegada de judeus húngaros em 1944, *ibid.*, XIV, 416-417, 511. Os subordinados envolvidos eram o dr. Dellbrügge e o dr. Fischer.

40 Testemunho de Hess, *ibid.*, XXII, 371.

Publicações antissemitas existem na Alemanha há séculos. Tenho um livro, escrito pelo dr. Martinho Lutero, que foi confiscado, por exemplo. O dr. Martinho Lutero provavelmente estaria sentado no banco dos réus hoje se esse livro fosse levado em consideração pela acusação. No livro *The Jews and Their Lies* [Os judeus e suas mentiras], o dr. Martinho Lutero escreve que os judeus são um covil de serpentes e que era preciso destruí-los e incendiar suas sinagogas.[41]

Na elaboração de suas defesas, os acusados dirigiam-se, evidentemente, não apenas ao tribunal, mas ao mundo todo. Mesmo assim, sabiam que não podiam remediar o fim.

O julgamento terminou no dia 1º de outubro de 1946. Pode-se observar na Tabela 11.2 as sentenças impostas pelos juízes e até que ponto a destruição dos judeus pesou no julgamento. O padrão de sentenças continha algumas excepcionalidades. Schacht não pôde ser condenado por crimes contra a humanidade porque sua administração dos controles cambiais de expropriação aconteceu inteiramente antes da guerra. Von Neurath, por outro lado, não escapou da punição pela execução de medidas antijudeus em Praga porque o tribunal adotou a hipótese de que o Protetorado, como um território com personalidade internacional (ou seja, autonomia), estivera sob ocupação militar.[42]

Ainda mais estranho é o contraste entre a condenação de Streicher e a absolvição de Fritzsche. Streicher foi enforcado por causa de sua "incitação ao assassinato e extermínio no período em que os judeus no leste estavam sendo mortos";[43] Fritzsche foi libertado porque ele "não incitou a perseguição ou o extermínio de judeus". Embora essa sutil distribuição de justificativas tenha difundido que a guerra fora causada pelos judeus e que seu destino havia se tornado "tão desagradável quanto o Führer previra", o tribunal ainda sentia que Fritzshe não estivera "ciente" do que vinha acontecendo a eles.[44] Mesmo em Nuremberg, o Tribunal salvaguardou a liberdade de exercer propaganda declaratória.[45]

---

41 Testemunho de Streicher, *ibid.*, XII, 318.

42 Acórdão, *ibid.*, p. 581.

43 Acórdão, *ibid.*, p. 549.

44 Acórdão, *ibid.*, p. 584.

45 No que se refere às outras sentenças, deve-se notar que os juizes não estavam de posse do registro completo de Speer. Eles não sabiam, por exemplo, de sua ligação com a "construção primitiva'"

TABELA 11.2 Julgamentos do Tribunal Militar Internacional

RÉU	SENTENÇA	CONDENADO POR CRIMES CONTRA A HUMANIDADE	ATOS ANTIJUDEUS SÃO UM APARENTE FATOR NA CONDENAÇÃO
Göring	Morte	X	X
Hess	Prisão perpétua		
Streicher	Morte	X	X
Schacht	Liberdade		
Funk	Prisão perpétua	X	X
Frick	Morte	X	X
Ribbentrop	Morte	X	X
Von Papen	Liberdade		
Kaltenbrunner	Morte	X	X
Fritzsche	Liberdade		
Speer	Vinte anos	X	
Sauckel	Morte	X	
Keitel	Morte	X	
Jodl	Morte	X	
Raeder	Prisão perpétua		
Doenitz	Dez anos		
Von Schirach	Vinte anos	X	X
Von Neurath	Quinze anos	X	X
Frank	Morte	X	X
Rosenberg	Morte	X	X
Seyss-Inquart	Morte	X	X

Nota: Trial of the Major War Criminals, XXII, 524-589. O juiz soviético, Nikitchenko, era da opinião de que Schacht, von Papen e Fritzsche deveriam ter sido condenados e de que Hess deveria ter sido sentenciado à morte. Ele não discordou das outras sentenças. Ibid., p. 589.

Antes do estabelecimento do primeiro tribunal em Nuremberg, a principal dificuldade era a formulação de uma acusação que explicitasse *por que* os acusados estavam sendo julgados. Quando a acusação de personalidades "menores" foi colocada em foco, a primeira consideração tornou-se definir *quem* deveria ser responsabilizado. Enquanto a questão qualitativa era debatida principalmente pelos

em Auschwitz e em outros campos de concentração. *Ibid.*, pp. 597-598. No caso de Göring, Funk, Frick, Ribbentrop, von Neurath, Rosenberg e Seyss-Inquart, a prova era quase indiscutível. No entanto, todos esses réus também haviam sido acusados de agressão e não se conseguia mais ver com clareza qual acusação tinha sido mais decisiva na determinação da sentença.

Aliados, o problema quantitativo preocupava também um grande número de alemães que esperavam incertos por seu destino.

O auge da demanda dos Aliados por punições exemplares foi atingido na primavera de 1945 com a publicação generalizada de relatos detalhados de atividades alemãs durante a guerra. Assim, em maio de 1945, o editor do *St. Louis Post-Dispatch*, Joseph Pulitzer, dirigindo-se à Sociedade para a Prevenção da Terceira Guerra Mundial no Carnegie Hall, pediu o fuzilamento de 1 milhão e meio de nazistas. Ele foi acompanhado pelo deputado Dewey Jackson Short, do Missouri, que pediu execuções em massa de homens da ss e do okw [Alto Comando da Wehrmacht ou Alto Comando das Forças Armadas].[46]

Contudo, as contracorrentes e contrapressões avessas a esse programa nasceram mesmo antes de ele ter início. No dia 15 de junho de 1944, uma comissão do Conselho Federal de Igrejas de Cristo nos Estados Unidos declarou que, embora a punição "daqueles principais responsáveis" pelo "extermínio sistemático dos judeus da Europa" fosse uma "demanda elementar por justiça", tal punição tinha de ser limitada aos homens cuja responsabilidade era "central" e não podia se estender, por exemplo, aos "soldados que se envolveram porque estavam cumprindo ordens".[47] Entre os próprios judeus havia pouco afã por julgamentos em massa. Em todas as sessões da Conferência Judaica Americana e em seus comitês interinos, não foi apresentada nenhuma proposta para o julgamento de quaisquer indivíduos ou categorias de indivíduos em específico, salvo uma: o ex-Mufti de Jerusalém.[48] As influências restritivas podiam, portanto, prevalecer. Nenhum grupo significante no mundo Aliado se propôs a efetuar uma vingança em larga escala.

A acusação dos criminosos "menores" tornou-se essencialmente um processo de eliminação, no qual, atitudes básicas de cada um dos Aliados vieram à tona

---

46 "Urges Execution of 1,500,000 Nazis", *The New York Times*, 23 de maio de 1945, p. 11.

47 Declaração do Conselho Federal de Igrejas, citado na Conferência Judaica Americana, *Report of the Interim Commitee*, pp. 104-105.

48 Ruth Hershman, ed., *The American Jewish Conference, Proceedings of the Third Session, February 17-19, 1946* (Nova York, 1946), p. 236. Durante a primeira conferência, o dr. DeSola Pool dos Sionistas Gerais chegou a se opor à prisão de alemães que haviam agido por "compulsão". Ele preferia uma resolução que pedisse a detenção apenas daqueles que tivessem dado ordens ou cometido atos por vontade própria. Alexander S. Kohanski, ed., *The American Jewish Conference – Its Organization and Proceedings of the First Session, August 29-September 2, 1943* (Nova York, 1944), pp. 198-199, 203-204.

mais uma vez. Os americanos insistiam em alcançar os estratos mais baixos da liderança alemã; os britânicos os acompanhavam sem ânimo; e, para os russos, o espetáculo já havia praticamente terminado.

No dia 26 de abril de 1945, o Estado-Maior Conjunto dos Estados Unidos enviou uma diretiva ao comando americano, submetendo os dez grupos a seguir à detenção automática:[49]

1. Funcionários do partido até o *Ortsgruppenleiter*
2. Gestapo e Serviço de Segurança (SD)
3. *Waffen*-ss até o mais baixo escalão não comissionado (*USchaf.*)
4. Oficiais do Estado-Maior Geral Alemão
5. Oficiais da polícia até o *Oberleutnant*
6. SA até o mais baixo escalão comissionado (*Stuf.*)
7. Ministros e principais funcionários públicos, além de oficiais territoriais até o *Bürgermeister* no Reich e comandantes militares e civis das cidades nos territórios ocupados
8. Nazistas e simpatizantes do nazismo na indústria e no comércio
9. Juízes e promotores de tribunais especiais
10. Aliados traidores

Os detidos se tornaram automaticamente os principais suspeitos, e os mais importantes entre eles foram julgados pelos tribunais militares dos Aliados. Os alemães e seus colaboradores estrangeiros cujas atividades haviam se restringido a um território ocupado podiam esperar serem responsabilizados no país onde haviam cometido seus crimes. O resto devia ser enviado aos tribunais alemães.

O julgamento dessas massas apresentava desafios específicos, uma vez que não existiam provas suficientes para formar uma imagem completa do que cada indivíduo havia feito. Vários documentos alemães tinham sido destruídos e poucos mencionavam especificamente pessoas dos escalões mais baixos. Assim, a delegação americana na conferência de Londres decidiu acusar, juntamente com os principais réus, as organizações que eles dirigiam. Se, após comprovação, uma organização fosse declarada criminosa pelo tribunal, todos os procedimentos

---

49 Diretiva J. C. S., 1067/6 para comandante-chefe das Forças de Ocupação Americanas, 26 de abril de 1945, em *Report of U.S. Military Governor, Denazification, 1948*, pp. 14-16.

subsequentes em casos individuais poderiam ser limitados unicamente à questão da associação.[50] É interessante o fato de a delegação soviética não ver a necessidade do procedimento em duas etapas. "A questão do que é, de fato, a Gestapo é perfeitamente bem conhecida em todos os países", assinalou o professor Trainin. A isso, Jackson respondeu o seguinte: "Os senhores não querem depender dos juízes americanos para saber tudo sobre a Gestapo".[51]

A acusação registrou denúncia contra seis organizações. O tribunal aceitou apenas três e, ao fazer isso, estabeleceu limites em condenações posteriores ao torná-las aplicáveis apenas àqueles acusados que haviam servido em determinadas posições, em determinados momentos, sob determinadas condições (ver Tabela 11.3). O posicionamento do tribunal ao escolher tais limites não é sem interesse. A falta de plena abrangência baseava-se na noção de que "punições em massa deviam ser evitadas". A data de associação de a partir 1º de setembro de 1939 foi decisiva, pois fundava-se na resolução de que os crimes contra a humanidade não podiam ter sido cometidos antes da guerra. As condições de participação foram incluídas obedecendo o princípio de que a "culpabilidade é pessoal".[52] Três organizações não foram declaradas criminosas: a SA, pois suas atividades após a eclosão da guerra foram muito insignificantes; o Gabinete, pois era muito pequeno; e o "Alto Comando e Estado-Maior", pois a definição dada pela acusação a esse grupo compreendia vários generais. A acusação falhou completamente em alcançar a administração pública e os corpos gestores.[53]

---

50 Memorando americano, 30 de abril de 1945, apresentado em São Francisco e em Londres, *International Conference on Military Trials*, pp. 32-33. Jackson para Truman, 6 de junho de 1945, *ibid.*, pp. 47-48. Compare essa proposta com a Lei Smith, 54 Stat. 671, promulgada em 1940, quando Jackson foi procurador-geral.

51 *International Conference on Military Trials*, pp. 241-242.

52 *Trial of the Major War Criminals*, XXII, p. 500. Não explicitada era a questão de quem tinha o ônus da prova no que dizia respeito ao conhecimento dos réus. Em processos subsequentes a carga foi dividida, em que o conhecimento se presumia após a promotoria ter estabelecido certos fatos. O tribunal determinou que todos os membros da Gestapo e da SD haviam se juntado a essas organizações voluntariamente. *Ibid.*, p. 503. No caso do partido e da SS, o caráter voluntário da adesão foi deixado para ser estabelecido caso a caso.

53 *Ibid.*, pp. 517-523. Com relação a isso, note que a RSHA coinsistia apenas nos Escritórios III, IV, VI e VII. A Kripo, por causa de suas funções regulares de aplicação da lei, sequer foi acusada.

TABELA 11.3 Associação criminosa em organizações

	POSIÇÃO	PERÍODO	CONDIÇÃO	PENA MÁXIMA RECOMENDADA (SOB A LEI DE DESNAZIFICAÇÃO DA ZONA AMERICANA)
Partido	Apenas escalões superiores	1º de setembro de 1939 ou posteriormente	Associação voluntária com o conhecimento dos propósitos criminosos do partido	Dez anos
Gestapo e Serviço de Segurança	Todos os escalões, exceto balconistas, estenógrafos, zeladores, etc.	1º de setembro de 1939 ou posteriormente	Conhecimento dos propósitos criminosos da Gestapo e do Serviço de Segurança	Dez anos
SS	Todos os escalões	1º de setembro de 1939 ou posteriormente	Associação voluntária com o conhecimento dos propósitos criminosos da SS	Oficiais da Waffen-SS até o Sturmbannführer, dez anos. Waffen-SS abaixo daqueles escalões, cinco anos

Nota: Trial of the Major War Criminals, XXII, 498-517.

Os escalões superiores foram julgados pelos tribunais militares dos Aliados, especialmente nas regiões britânicas e americanas. Em agosto de 1945, a Divisão Americana de Procedimentos Posteriores, dirigida pelo brigadeiro-general Telford Taylor, havia compilado uma lista de julgamento de quase 5 mil nomes. A lista precisava ser cortada em virtude de "tempo, equipe e dinheiro" No processo de redução, buscou-se alcançar um "equilíbrio" no que dizia respeito aos tipos de crimes e ocupações dos criminosos. No final, a decisão era tomada, às vezes, de acordo com o "tamanho do banco dos réus no tribunal que seria usado". Menos de duzentos homens foram levados aos tribunais.[54] No entanto, esses réus não ha-

---

54 Brigadeiro-general Telford Taylor (chefe do conselho de crimes de guerra), *Final Report to the Secretary of the Army on the Nuremberg War Crimes Trials under Control Council Law No. 10*

viam sido engrenagens menores na máquina de destruição; eles eram seu ponto central e as provas reunidas contra eles eram tantas que, para o julgamento da maioria deles, havia pouca necessidade de invocar a associação em organizações criminosas para assegurar a condenação.[55]

Os 185 acusados foram divididos em doze grupos de acusação. O primeiro caso foi contra os médicos; no segundo, o único réu era o *Generalfeldmarschall* Milch; o terceiro grupo era composto por Schlegelberger e seus associados no judiciário; o quarto dizia respeito a Pohl e a burocracia dos campos de concentração; no quinto caso, os réus eram os empresários da liga de Flick; no sexto, a I. G. Farben; o sétimo caso envolvia os generais do sudeste; o oitavo, a RUSHA; o nono dizia respeito a Ohlendorf e outros oficiais dos *Einsatzgruppen*; o décimo era dirigido contra Krupp; no décimo primeiro, os principais réus eram Weizsäcker, Wörmann, Hencke, Lammers, Stuckart, von Krosigk, Berger, Schellenberg e Rasche; o décimo segundo englobava os generais que haviam invadido a Rússia.

À medida que a condenação se aproximava, os burocratas da destruição eram tomados pela angústia e pela depressão, pela autotortura e por visões de morte. Havia alguns que se sentiam amaldiçoados porque sabiam que eram culpados; outros acreditavam-se culpados apenas porque pensavam estar amaldiçoados. Entre os que se autoacusavam, o ministro do Interior Conti não esperou por um julgamento. Ele deixou um bilhete explicando que tiraria a própria vida porque, para encobrir seu conhecimento das experiências médicas, havia mentido em um interrogatório sob juramento.[56] Um ex-oficial responsável pelos alimentos, pensando em sua cela sobre os efeitos que seus decretos de racionamento durante a guerra tiveram sobre a vida das pessoas nos campos de concentração, desculpou-se dizendo que desconhecia aquilo, que estava sobrecarregado e que uma doen-

---

(Washington, D.C., 1949), pp. 50-51, 54-55, 73, 85, 91. O conselho de controle, como o órgão de gestão das quatro potências da Alemanha situado em Berlim, autorizou que os testes fossem realizados em quatro zonas. Embora a nacionalidade dos juízes nos processos subsequentes em Nuremberg fosse americana, os tribunais eram, portanto, internacionais.

55 Havia dez vezes o número de réus no processo posterior do que no julgamento original, e havia dez vezes mais provas. Os documentos recolhidos pela acusação americana para tais julgamentos foram divididos em quatro categorias: NG (governamental, ou seja, materiais ministeriais), NI (indústria), NO (organizações nazistas, particularmente a SS) e NOKW (Forças Armadas).

56 Dr. Leonardo Conti para interrogador, sem data, NO-3061.

ça nos olhos o impedira de ler todos os papéis que assinava. Escreveu, então, para um jornalista alemão e ex-prisioneiro de Buchenwald, Eugen Kogon, e pediu perdão. Em seguida, suicidou-se.[57]

Edmund Veesenmayer também pensava que não havia escapatória. Ele, na verdade, havia se entregado "voluntariamente". Contudo, seus motivos não implicam nenhum vacilo ou dúvida. Ele não se acusava. "Se eu não estiver aqui, outros serão responsabilizados",[58] disse. Quando o promotor Kempner lhe perguntou o que ele pensava a respeito do julgamento, Veesenmayer respondeu: "Como principal réu, sou seu inimigo, o tipo que deve ser eliminado. Não entendo de outra maneira: sou um criminoso que deve ser exterminado". A isso, o promotor judeu respondeu: "O que você é será esclarecido diante do Tribunal Americano".[59]

A despeito da densa sensação de falta de esperança na prisão de Nuremberg, uma força de 206 advogados de defesa preparou-se para uma batalha completa. Cento e trinta e seis desses advogados tinham sido membros do partido. Dez tinham pertencido à ss. Um, dr. Rudolf Dix, era um ex-presidente da Ordem Alemã dos Advogados [Deutscher Anwaltverein]. Outro, dr. Ernst Achenbach, fora um especialista em deportação na embaixada de Paris.[60] Não havia nesse grupo nenhum acanhamento em usar todo argumento possível. O velho arsenal foi exaurido. Todos os réus eram ignorantes; apenas haviam cumprido ordens. Todos estavam sendo discriminados ao serem escolhidos como um réu. Ninguém era criminoso. Até mesmo Blobel, do massacre de Kiev, tinha um "coração decente".[61]

Os acusados apresentam, sem exceção, uma disposição tão amigável em relação às vítimas que o advogado de Weizsäcker, dr. Becker, começou a se sentir desconfortável. Em um momento de irritação, ele foi levado a declarar: "Todos

---

57 Texto da carta em Eugen Kogon, "Politik der Versöhnung", *Frankfurter Hefte*, abril de 1948, pp. 323-324. Kogon não identificou o homem, que pode ter sido Moritz. Ele o perdoou. Os generais Blaskowitz e Böhme, enfrentando julgamento nos subsequentes processos de Nuremberg contra os comandantes de campo, também cometeram suicídio. Taylor, *Final Report*, p. 91.

58 Interrogatório de Veesenmayer, realizado por Kempner, 20 de agosto de 1947, NG-2905.

59 Interrogatório de Veesenmayer, realizado por Kempner, 1º de novembro de 1947, NG-3691.

60 Taylor, *Final Report*, pp. 47-48. Os advogados de defesa eram pagos pelo governo americano, recebiam refeições baratas, cigarros de graça, etc. *Ibid.*, p. 49.

61 Declaração do advogado de Blobel, dr. Heim, caso n. 9, tr. pp. 339-341.

salvaram alguns sobreviventes, ninguém matou tantas pessoas [*Jeder hat die wenigen Geretteten gerettet, keiner hat die vielen Toten umgebracht*]".[62] A culpa era passada para cima, para baixo, para os lados. E para o extrator de dentes Pook, que havia recuperado o ouro da boca das pessoas assassinadas nas câmaras de gás, o advogado dr. Ratz teve uma única defesa: "O cadáver não tem mais nenhum tipo de direito, mas também ninguém tem nenhum direito sobre o cadáver. O corpo, por assim dizer, de um ponto de vista legal, oscila entre o céu e a terra".[63]

O elemento mais significativo no conjunto de defesas era o retorno ao crime. Isso foi pronunciado de forma extremamente clara no processo *Estados Unidos contra Ohlendorf* pelo próprio réu. Ohlendorf sustentava que os judeus *tinham* de ser destruídos. Mesmo que eles não tivessem, de fato, começado a guerra, eles tinham de ser atacados e após tal assalto, era possível esperar deles apenas as reações mais perigosas. Perguntado pelo promotor Heath sobre o que tinha acontecido com as crianças judias, Ohlendorf respondeu: "Elas seriam mortas exatamente como os pais". Questionado sobre o motivo de tal implacabilidade, ele disse: "Acredito que é muito simples explicar caso se comece pelo fato de que essa ordem não procurava alcançar apenas segurança, mas a segurança permanente, porque as crianças cresceriam e, certamente, sendo filhos cujos pais haviam sido assassinados, constituiriam um perigo não menor do que aquele que seus pais representavam". Em seguida, acrescentou: "Vi muitas crianças mortas nessa guerra por ataques aéreos realizados em nome da segurança de outras nações".[64]

Os juízes de Nuremberg eram advogados americanos renomados. Não foram chamados para absolver ou condenar. Ficaram impressionados com a tarefa e a abordaram com muita experiência na lei e pouca antecipação dos fatos. Isso não significa que fossem imunes às pressões externas. No primeiro dia do julgamento da I. G. Farben, o juiz James Morris comentou com o promotor Josiah DuBois durante o almoço: "Temos de nos preocupar com os russos agora; não me

---

62 Declaração de Becker, processo n. II, tr. alemão. p. 26789.

63 Declaração de Ratz, caso n. 4, tr. p. 7902.

64 Testemunho de Ohlendorf, caso n. 9, *Trials of War Criminals*, IV, 356-358. Ver também o parecer jurídico do dr. Reinhard Maurach, Ohlendorf-38. Bombas de fósforo, bombas arrasa-quarteirão [*blockbusters*] e bombas atômicas eram constantemente mencionadas pela defesa nos tribunais.

surpreenderia se eles assumissem o controle da corte antes de terminarmos".[65] De fato, foi solicitado que o promotor-chefe Taylor observasse em seu relatório final que, no total, "as sentenças tornaram-se mais leves com o passar do tempo".[66]

Havia variações de caso para caso que refletiam influências mais fundamentais. As sentenças mais severas foram dadas em casos da ss, em que os juízes perceberam o assassinato em sua forma mais direta e completa. Três desses casos – os julgamentos dos médicos, dos líderes dos *Einsatzgruppen* e dos administradores dos campos de concentração – foram os únicos que resultaram em penas de morte.[67] Vários réus no judiciário foram sentenciados à prisão perpétua.[68] Um sentimento de nojo tomou conta do tribunal quando ele encarou réus que haviam sido juízes, e a corte ventilou esse sentimento ao declarar que "a prostituição de um sistema judiciário para a realização de fins criminosos envolve o Estado em um mal não encontrado em atrocidades outras que não macularam a toga judicial".[69] Nos casos militares, também, vários réus foram sentenciados à prisão perpétua.[70] Os burocratas se saíram melhor, com penas de no máximo vinte anos.[71] Entre os empresários, apenas Alfred Krupp e dois de seus sócios foram condenados a doze anos de prisão. No caso da I. G. Farben, cinco réus foram condenados pela participação na I. G. Auschwitz. Dois deles, Dürrfeldt e Ambross, pegaram oito anos; Ter Meer pegou sete; Krauch e Bütedisch, seis.[72] No caso de Flick, nenhum réu foi condenado por atos antissemitas – as arianizações de Petschek não eram crime contra a humanidade.[73]

---

65 Josiah DuBois, *The Devil's Chemists* (Boston, 1952), p. 95.

66 Taylor, *Final Report*, p. 92.

67 Originalmente, sete no caso dos médicos, quatro no caso de Pohl e quatorze no caso Ohlendorf.

68 Klemm, Oeschey, Rothaug e Schlegelberger.

69 Sentença, Caso n. 3, tr. pp. 10.793-10.794.

70 Milch, List, Kuntze, Warlimont e Reinecke.

71 Lammers e Veesenmayer.

72 O juiz Hebert em um parecer contrário disse que outros três réus deveriam ter sido culpados por Auschwitz. Nenhum réu foi considerado culpado pelo fornecimento de gás venenoso para o campo. As penas de oito anos foram o máximo pronunciado no caso. Um juiz havia comentado em particular durante o processo que havia "muitos judeus na promotoria". DuBois, *The Devil's Chemists*, pp. 182-193. Dois judeus atuaram na equipe do julgamento da I. G. Farben. *Ibid.*

73 Sentença, caso n. 5, *Trials of War Criminals*, VI, 1212-1216.

Quando foram proferidas as sentenças desses doze casos, 35 réus foram declarados inocentes, 97 receberam sentenças de prisão variando da pena cumprida a 25 anos, vinte foram condenados à prisão perpétua e 25 à morte. Mesmo com as dificuldades, o sucesso da promotoria americana não foi insignificante. No entanto, assim que as sentenças foram proferidas, o processo de redução começou.

No caso dos campos de concentração, o próprio tribunal reduziu quatro sentenças.[74] Em seguida, o administrador militar, general Clay, reduziu outra.[75] Por fim, um conselho especial de anistia chegou dos Estados Unidos para revisar todas as decisões para o alto comissário.[76] O conselho de anistia era formado por três oficiais: David W. Peck, juiz em exercício do Departamento de Recursos e presidente do Supremo Tribunal de Nova York; Frederick A. Moran, presidente do Conselho de Liberdade Condicional de Nova York; e o brigadeiro-general Conrad E. Snow, consultor jurídico adjunto do Departamento de Estado. O conselho começou seus trabalhos em abril de 1950. Embora seus membros se sentissem "atados" pelos fatos nas sentenças, a defesa obteve permissão para exibir "novas provas" e apresentar velhos argumentos.[77] O conselho, então, fez quatro coisas. Primeiro, recomendou uma revisão decrescente das sentenças individuais com base nos testemunhos recém-prestados.[78] Em seguida, insistiu para que as variações nas sentenças para crimes similares fossem resolvidas em favor do

---

74 Georg Lörner, Kiefer, Fanslau, Bobermin.

75 Sommer.

76 Um alto comissário responsável pelo Departamento de Estado substituiu o administrador militar e assumiu por ele a responsabilidade e o controle sobre os criminosos de guerra condenados. Ordem Executiva 10062 de 6 de junho de 1949, e Ordem Executiva 10144 de 21 de julho de 1950, em *Trials of War Criminals*, xv, 1154-1156.

77 Nenhum desses materiais foi publicado, mas seu impacto pode ser medido amplamente pelo parágrafo seguinte, em que a diretoria oferecia sua descrição do processo de destruição dos judeus: "A eliminação dos judeus era, ocasionalmente, realizada por deportação, mas geralmente por abate imediato. Esse assassinato organizado centrava-se em grupos da ss que acompanhavam o exército com o objetivo de eliminar os judeus, ciganos e todos os suspeitos de serem partidários. Nada menos do que 2 milhões de seres humanos indefesos foram mortos nessa operação". Relatório do Conselho Consultivo para a Indulto de Criminosos de Guerra (assinado por Peck, Moran e Neve) para o alto comissário McCloy, 28 de agosto de 1950, *ibid.*, P. 1159.

78 Basicamente, parece que esses recursos alemães conseguiram convencer o conselho de que a posição dos réus tinha sido mais "remota" e também mais difícil do que os tribunais haviam

tratamento mais brando.[79] Visto que a prisão antes e durante o julgamento não havia sido contada, tal confinamento devia ser deduzido agora.[80] O conselho pediu, por fim, que o tempo creditado aos prisioneiros por "bom comportamento" fosse aumentado de cinco para dez dias por mês, provocando, assim, um corte de um terço nas sentenças.[81]

O alto comissário McCloy estava sob considerável pressão não apenas para aceitar essas recomendações, mas para ir além delas.[82] "Com dificuldade", ele reviu várias outras sentenças de morte por conta própria.[83] Quando anunciou suas decisões no dia 31 de janeiro de 1951, os 142 réus condenados haviam diminuído em mais da metade suas penas: 77 foram libertados, cinquenta ainda continuavam presos, um foi enviado para a Bélgica,[84] sete condenados no caso dos médicos já haviam sido enforcados e cinco permaneceram sentenciados à morte. Entre os libertados estavam *todos* os empresários condenados. Enquanto saía da prisão, Ter Meer, da I. G., comentou com sua comitiva: "Agora que têm a Coreia nas mãos, os americanos são bem mais amigáveis".[85]

Na prisão ainda havia vários generais que não haviam tido suas penas reduzidas, e os conselheiros militares do chanceler Adenauer não perderam tempo

------

concluído. *Ibid.*, pp. 1.163-1.164. Declaração e anúncio das decisões de McCloy, 31 de janeiro de 1951, *ibid.*, pp. 1.176-1.191, *passim*. As recomendações individuais do conselho não foram publicadas.

79 Ver em especial as sentenças dadas da noite para o dia nos casos dos industriais para livrar os réus da Krupp. Decisões de McCloy, 31 de janeiro de 1951, *ibid.*, pp. 1.187-1.188.

80 *Ibid.*, p. 1.180. Essa recomendação afetaria as sentenças de prisão dos casos da ss.

81 *Ibid.*, p. 1.180.

82 Ver resumo de Arthur Krock da ata da reunião realizada em 9 de janeiro de 1951 entre McCloy e uma delegação alemã composta por Hermann Ehlers (presidente do Bundestag), Heinrich Höfler (livre-democrata), Carlo Schmid (social-democrata), Jakob Altmeier (um judeu), Hans von Merkatz (partido alemão) e Franz Josef Strauss (democrata-cristão, ala bávara), "In the Nation", *The New York Times*, 26 de abril de 1951, p. 28. Um jornal alemão explicou que muitos réus conquistaram simpatias por causa da "composição" do Ministério Público. "Die Juden", *Die Gegenwart*, 1º de setembro de 1949, pp. 5-6.

83 Decisões de McCloy no caso *Einsatzgruppen*, *Trials of War Criminals*, XV, 1.185–1.187.

84 Strauch.

85 "Flick, Dietrich, among 19 Nazi Criminals Freed from Jail after Serving 5 Years" (Flick e Dietrich entre os 19 criminosos nazistas soltos após cumprirem 5 anos), *The New York Times*, 26 de agosto de 1950, p. 7.

em apontar que essa falta de clemência restava como um "pesado fardo psicológico sobre o esforço da Alemanha em se rearmar [*eine schwere psychologische Belastung des Wiederbewaffnungsproblems*]".[86] Os cinco condenados à morte incluíam agora a solitária figura de Pohl e quatro líderes dos *Einsatzgruppen*: Blobel, Braune, Naumann e Ohlendorf. Embora as sentenças desses homens tivessem sido revistas várias vezes, as pressões para substituição da pena não diminuíram. O bispo Johannes Neuhäusler declarou que teria sido mais "humano" ter decido e executado a sentença rapidamente.[87] Em sua cela, o próprio Ohlendorf ditou uma declaração na qual afirmava inocência, declarando que havia tentado anular a ordem de Himmler, que havia comandado o *Einsatzgruppe* menor, que, dos milhares de membros da equipe do *Einsatz*, apenas 33 haviam sido julgados e somente catorze foram condenados à morte e que, portanto, ele era um mártir.[88] O alto comissário McCloy não cedeu mais. Como um dos comandantes do movimento de lei e ordem de 1944, ele não podia anular os julgamentos em 1951. Acompanhados pelos protestos do vice-chanceler Franz Blücher e de um coro de vozes na imprensa alemã, os cinco foram enforcados no dia 7 de junho.[89]

O que acontecia em Nuremberg era observado em escala menor na zona britânica. Entre os acusados nos julgamentos britânicos, havia vários homens da ss do grupo Auschwitz-Belsen, três membros da empresa TESTA, que havia

----

86 "Von 28 Todeskandidaten wurden 21 begnadigt", *Süddeutsche Zeitung* (Munique), 1º de fevereiro de 1952, pp. 1-2.

87 "Um die Landsberger Entscheidung", *ibid.*, 2 de fevereiro de 1951, p. 1. Em apelações aos tribunais federais norte-americanos, a defesa argumentou que a constituição alemã de 1949 havia abolido a pena de morte e que, em vista do reconhecimento dos Aliados da nova independência da Alemanha, em 1951, as sentenças não poderiam mais ser executadas. Os recursos falharam, não porque os tribunais militares dos Estados Unidos haviam derivado seus poderes de um acordo internacional e não porque a jurisdição sobre crimes de guerra era reservada aos Aliados, mas pelo fato de o juiz do distrito não ter recebido nenhuma certificação oficial de que o estado de guerra havia terminado e, desde que a guerra continuava, os inimigos estrangeiros não residentes não poderiam obter alívio em um tribunal federal. Memorando do Tribunal do Distrito de Columbia, 29 de maio de 1951, e da negação do Supremo Tribunal, *Trials of War Criminals*, xv, 1.192-1.198.

88 Texto da declaração Ohlendorf, 19 de janeiro de 1951, em *Neues Abendland* (Augsburg), março de 1951, pp. 133-134.

89 Drew Middleton, "Germans Condemn U.S. on Executions", *The New York Times*, 8 de junho de 1951, p. 5. Os demais prisioneiros foram libertados em 1958.

Consequências   1349

fornecido gás venenoso a Auschwitz e uma variedade de generais de vários palcos de guerra. As cortes militares britânicas, ao contrário dos tribunais americanos, eram compostas por militares e a defesa também era formada por oficiais britânicos. Os procedimentos eram conduzidos com certa rapidez. Do grupo da ss, onze foram enviados para a forca. Entre os condenados estavam os famosos Kramer, Klein, Hössler e Irma Grese.[90] O fornecedor de Zyklon B, dr. Bruno Tesch, também foi enforcado.[91] Os generais, por outro lado, não foram julgados imediatamente e esse atraso levou a diferentes resultados. Von Rundstedt e Strauss foram libertados, considerados incapazes de serem julgados.[92] Von Brauchitsch morreu antes de ser condenado.[93] Kasselring foi condenado à morte, mas sua sentença foi mudada e, então, reduzida a 21 anos. Como se esperava que ele morresse logo, Kasselring recebeu liberdade condicional médica e foi anistiado, mas retomou uma vida bastante ativa em 1952.[94] Em dezembro de 1949, von Manstein foi sentenciado a dezoito anos. Dois meses depois, sua sentença foi reduzida para doze anos e, em 1952, ele também estava livre.[95]

Os britânicos que haviam se unido a seus parceiros americanos para ir aos tribunais agora seguiam os americanos na abertura das portas das cadeias. Em fevereiro de 1952, as duas potências concordaram com a nova Alemanha para estabelecer um conselho de anistia tripartite para revisar mais uma vez as sentenças dos prisioneiros criminosos de guerra.[96] Quando o conselho começou seus trabalhos em 1955,

---

90 *Law Reports of Trials of War Criminals* (Londres, 1947), vol. 2, pp. 153-154. O mandado real em que os juízes se baseavam limitava sua jurisdição a crimes contra cidadãos aliados. Em um dos depoimentos contra um guarda da ss, foi alegado que ele tinha atirado em uma menina deportada da Hungria para Bergen-Belsen. A defesa opôs por motivos de jurisdição. O procurador respondeu que, naquela época, os húngaros tinham "ido para o lado dos Aliados" e que, portanto, eles eram "em certo sentido, Aliados", embora ele não soubesse "em que medida". O réu, Karl Egersdorf, foi declarado inocente. *Ibid.*, pp. 150, 153. Os julgamentos britânicos não foram acompanhados de discursos.

91 *Ibid.*, vol. I, p. 102. Seu *Prokurist*, Karl Weinbacher, teve o mesmo destino.

92 "British to Free von Rundstedt and Strauss", *The New York Times*, 6 de maio de 1949, p. 4; "Poles Question Britain on Nazis", *ibid.*, 20 de maio de 1949, p. 14.

93 "Brauchitsch Dies of Heart Attack", *ibid.*, 20 de outubro de 1948, p. 7.

94 Alistair Horne, *Return to Power* (Nova York, 1956), p. 52.

95 *Ibid.*

96 "Adenauer Explains Board", *The New York Times*, 21 de fevereiro de 1952, p. 6.

o número de perpetradores antissemitas que ainda enchiam as prisões americanas e britânicas havia diminuído para aproximadamente duas dúzias.[97]

Embora os processos diante dos tribunais militares das zonas britânica e americana estivessem no centro das atenções mundiais, poucos participantes de peso do processo de destruição dos judeus encontraram seus destinos fora da Alemanha em países estrangeiros. Aqui, é preciso distinguir entre os colaboradores estrangeiros, que precisavam responder não apenas por assassinato, como também por traição, e os alemães que, sob a Declaração de Moscou, foram enviados de volta para os países "em que seus atos abomináveis foram realizados". Entre os colaboradores que morreram pelas mãos do executor estavam Laval, da França, presidente Tiso, da Eslováquia, Bagrianov, da Bulgária, o casal Antonescu, da Romênia, e Sztójay, da Hungria. Os alemães capturados e extraditados depararam-se com tratamentos variados, dependendo não apenas do que haviam feito, mas também de quando e onde. A Tabela 11.4 revela alguns dos contrastes na disposição desses casos até 1955.

TABELA 11.4 Julgamentos nacionais, no Ocidente e no Leste

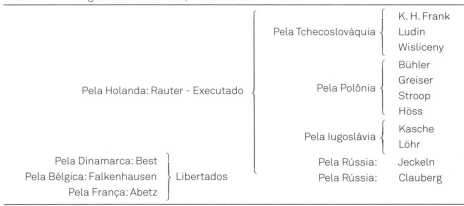

Quando Clauberg voltou da Rússia para a Alemanha em outubro de 1951, ele teve a primeira oportunidade em dez anos de contar a repórteres que pouco antes de ser capturado, havia finalmente aperfeiçoado o método de esterilização. O

---

97 Em março de 1954, os Estados Unidos decidiram interromper os anúncios de libertação. "War Criminals Policy Is Changed by U.S.", *ibid.*, 26 de março de 1954, p. 5.

novo método consistia em uma simples injeção e ele esperava agora ansiosamente por sua aplicação, embora apenas em "casos especiais".[98]

Aqueles alemães que não foram julgados como criminosos de guerra por um aliado ou por um tribunal estrangeiro não tinham muito a temer. Eles foram entregues à jurisdição alemã. Dois tipos de processos envolviam a esfera alemã: um, a desnazificação, era prescrito pelas autoridades da ocupação Aliada; o outro, o julgamento na justiça penal comum, dependia da iniciativa alemã. As leis de desnazificação baseavam-se no princípio de condenação automática. O projeto de lei aprovado pelos países alemães na zona americana fornecia a classificação dos acusados em cinco categorias: principais criminosos, criminosos, criminosos menores, seguidores e o grupo exonerado. A inclusão nas duas primeiras categorias devia ser determinada na primeira instância pela antiga posição do acusado. As posições enumeradas na lei foram retiradas da Diretiva 24 do Conselho de Controle, que era vinculado às autoridades alemãs (ver excertos na Tabela 11.5).

No que dizia respeito à possível classificação como criminosos menores, a lei previa "cuidadosa investigação especial" de pessoas que haviam se envolvido em arianizações e de oficiais que haviam servido em cargos militares ou civis nas áreas ocupadas. Por outro lado deveria ser dada especial apreciação a *todos* os réus por exoneração do partido, "resistência", frequência à igreja, boas ações, sujeição à "perseguição" e, no caso dos nascidos após 1º de janeiro, de 1919), "juventude".[99] O significado dessas apreciações especiais é claramente visível na divergência entre as acusações que os promotores deviam fazer com base na antiga posição dos acusados e a decisão dos juízes. Os números apresentados na Tabela 11.6 são cumulativos para a zona americana (com exceção de Bremen e Berlim) até 31 de março de 1947. As punições fornecidas pela lei para os quatro primeiros grupos podem ser resumidas da seguinte maneira:[100]

---

98 "Nazi Camp Doctor Back in Germany", *ibid.*, 18 de outubro de 1955, p. 10; "Doctor Who Sterilized Women for Nazis Still Proud of His Work", *New York Post*, 18 de outubro 1955, p. 3.

99 Lei para a Libertação do Nacional-Socialismo e do Militarismo dos governos da Baviera, Grande Hesse e Württemberg-Baden, 5 de março de 1946, com anotações do governo militar dos Estados Unidos em Relatório do Governo Militar, *Denazification* (avaliação cumulativa), abril de 1948, pp. 52-97.

100 *Ibid.*, pp. 59-63.

TABELA 11.5 Classificação dos criminosos e secundários

GRUPO I (SUPOSTOS PRINCIPAIS CRIMINOSOS)	GRUPO II (SUPOSTOS CRIMINOSOS)
Oficiais da RSHA	Outros funcionários da RSHA
GFP (Polícia Secreta de Campo) para *Feldpolizeidirektoren*	Outros GFP e todos Abwehr
Toda a Gestapo, além de oficiais da Kripo(leit) stellen	Outros funcionários da Kripo até o *Kriminalkommissar*
Generais e coronéis da polícia	Todos os oficiais da *polícia* com *Einsatzgruppen* e *Einsatzkommandos*, além de outros oficiais da polícia promovidos após 30 de janeiro de 1933, ou no cargo após 31 de dezembro de 1937
Oficiais da NSDAP até o *Amtsleiter* do Kreisleitungen	Membros do Institut zur Erforschung der Judenfrage
Waffen-SS até *Sturmbannführer*	Todos os outros funcionários da Waffen-SS
Ministros e burocratas até *Oberpräsidenten*; *Generalkommissare* e *Ministerialdirektionen*, além do *Ministerialräte* nos escritórios recém-criados	*Regierungspräsidenten*, *Oberfinanzpräsidenten*, fideicomissários do trabalho e oficiais do Ministério das Relações Exteriores até o cônsul
Oficiais do Estado-Maior Geral no OKW, OKH, OKM ou OKL em ou após 4 de fevereiro de 1938	Outros oficiais do Estado-Maior Geral em ou após 4 de fevereiro de 1938
Chefes da administração militar ou civil nos territórios ocupados	Comandantes das cidades
Diretores, presidentes e adjuntos das Câmaras de Comércio do Reich e do *Gau*, de Grupos do Reich e de Associações do Reich	Executivos de Câmaras do Comércio menores, principais círculos, círculos secundários, comitês principais, comitês especiais e executivos de Grupos e Associações do Reich, além de gerentes que pertenciam ao Partido
Juízes e promotores de tribunais especiais, cortes do partido e da SS; presidentes de tribunais administrativos; presidentes do *Oberlandesgerichte* apontados após 31 de dezembro de 1938 e promotores do *Oberlandesgerichte* apontados após 31 de março de 1933	Presidentes e promotores do Landgerichte

Nota: Lei de Liberação do Social-Nacionalismo e do Militarismo dos Governos da Baviera, Grande Hesse e Württemberg-Baden, 5 de março de 1946, com anotações do governo militar dos Estados Unidos em Relatório do Governo Militar, Denazification (avaliação cumulativa), abril de 1948, pp. 52-92.

Consequências **1353**

TABELA 11.6 Estatísticas de desnazificação na zona americana

	ACUSAÇÕES COMPULSÓRIAS	RESULTADOS EM PRIMEIRA INSTÂNCIA					
		PRINCIPAIS CRIMINOSOS	CRIMINOSOS	CRIMINOSOS MENORES	SEGUIDORES	EXONERADOS	PROCESSOS ANULADOS
Principais criminosos	2.548	447	1.139	714	170	50	28
Criminosos	59.192	54	4.268	14.402	29.761	1.989	8.718
Criminosos menores	41.554	0	131	6.795	26.521	2.494	5.613

Nota: Relatório do Governador Militar, Denazification (análise crítica), abril de 1948, p. 5. As estatísticas não mostram classificações descendentes pela revisão dos tribunais.

Principais criminosos (sanções obrigatórias):

– Dois a dez anos em um campo de trabalho, com possibilidade de crédito para internação após 8 de maio de 1945, e desconto por invalidez
– Confisco de toda propriedade, exceto o indispensável
– Dez anos de proibição do exercício de quaisquer atividades, exceto trabalho comum
– Proibição de manter cargo público
– Perda do direito de pedidos de pensões
– Restrições de habitação e domicílio

Criminosos:

– Até cinco anos em um campo de trabalho ou transferência legal para trabalho especial
– Confisco de propriedade, no total ou em parte
– Cinco anos de proibição do exercício de quaisquer atividades, exceto trabalho comum
– Proibição de manter cargo público
– Perda do direito de pedidos de pensões
– Restrições de habitação e domicílio

Criminosos menores:

– Multas
– Confisco de propriedades adquiridas por meios políticos, especialmente arianização e bloqueio de outros bens
– Proibição probatória do exercício de quaisquer atividades, exceto trabalho comum

Seguidores:

– Multas de 2 mil Reichsmark

Estatisticamente, as sanções impostas em meados de 1949 revelaram os seguintes números:[101]

---

101 Relatório do administrador militar, julho de 1949, *Statistical Annex* (edição final), p. 280. Em muitos casos, mais de uma sanção era imposta ao mesmo indivíduo. As anistias foram decretadas porque o governo militar tinha pressa para concluir o programa. Ver *Denazification* (análise crítica) e John H. Herz, "'The Fiasco of Denazification in Germany", *Political Science Quarterly* 63 (1948): 569-594.

Inscritos	13.199.800
Condenados	3.445.100
Anistiados sem julgamento	2.489.700
Multas	569.600
Restrições de emprego	124.400
Inelegibilidade para cargos públicos	23.100
Confiscos de propriedades	25.900
Trabalho especial em liberdade	30.500
Transferências legais para campos de trabalho	9.600
Transferidos ainda cumprindo sentenças	300

De certo modo, o número mais significante nessa tabela é o último. Após quatro anos, apenas trezentas pessoas ainda estavam em campos de trabalho cumprindo sentenças impostas pelos tribunais de desnazificação.

A desnazificação em todas as zonas ocupadas não fez muito àqueles que certa vez fizeram parte do mecanismo de destruição.[102] Hinrich Lohse, antes *Reichskommissar* de Ostland, recebeu uma pena máxima de dez anos. Libertado em 1951 por motivos de saúde, ganhou uma pensão.[103] O ex-chefe do Escritório Central de Tutela no Leste, dr. Max Winkler, foi exonerado.[104] O ex-*Staatssekretär* do Ministério do Interior, gravemente doente, foi sentenciado no décimo primeiro caso a tempo de serviço, sob a alegação de que qualquer confinamento seria equivalente à pena de morte. Levado diante de uma corte de desnazificação após ser

---

102 Em termos de plano administrativo, os decretos britânicos de desnazificação distinguiam-se do americano em apenas dois aspectos principais: não havia registro total (as acusações restringiam-se às 27 mil pessoas presas automaticamente), e o programa foi interrompido em janeiro 1948, exceto para os membros de organizações criminosas. Relatório do Administrador do Exército Americano, *Denazification* (análise crítica) pp. 12-13, 138-155.

A desnazificação austríaca era basicamente um procedimento em três frentes: prisões e indiciamentos, demissões de cargos privados e públicos, e uma multa com base no rendimento de janeiro de 1944. As detenções, num total de 53.520, foram conduzidas pelas ocupações das potências e, a partir de abril de 1946, pelo governo austríaco. A partir de 1º de maio de 1947, 16.509 pessoas ainda estavam detidas. Demissões somaram mais de 100 mil até julho de 1946. A multa finalmente chegou a aproximadamente 300 milhões de xelins. Uma particularidade na Áustria eram os julgamentos perante tribunais populares. Ver Dieter Stiefel, *Entnazifizierung in Österreich* (Viena, 1981).

103 Gerald Reitlinger, *The Final Solution* (Nova York, 1953), p. 512.

104 "Ein grosser Hehler des Nazi-Regimes entlastet", *Aufbau* (Nova York), 26 de agosto de 1949, p. 5.

libertado, ele foi classificado como seguidor e multado em quinhentos marcos, pagáveis após o recebimento de uma pensão. Pouco tempo depois, ele morreu em um acidente de carro.[105] O *Obergruppenführer* Wolff, que havia comandado a assessoria pessoal de Himmler, foi extraditado pelos americanos para a zona britânica para ser julgado lá por seus crimes.[106] Em vez disso, levado a um tribunal de desnazificação, foi sentenciado a quatro anos, com crédito pela prisão prévia. Informado pelo juiz de que podia sair "limpo e imaculado [*mit reinem und fleckenlosem Kleid*]", ele deixou a corte com o rosto radiante, enquanto seu advogado furiosamente pedia exoneração.[107] Em 1964, após um julgamento em uma corte de Munique, ele foi sentenciado a quinze anos.[108]

Havia um obstáculo ainda que os ex-perpetradores precisavam enfrentar: os Aliados também haviam dado às cortes alemãs comuns poderes para julgar casos envolvendo crimes de guerra. Todavia, a julgar pelos resultados, aquele despacho punitivo assumiu apenas proporções sutis. O ex-especialista em judeus do Ministério das Relações Exteriores, *Legationsrat* Rademacher, foi sentenciado a três anos e cinco meses. Após sua condenação, ele fugiu e não voltou por treze anos. Foi sentenciado novamente, mas, em vista de sua saúde fraca, permaneceu solto até sua morte.[109] Gerhard Peters, da DEGESCH, cujo gás Zyklon B havia assassinado quase 1 milhão de judeus em Auschwitz, foi condenado a cinco anos. A defesa conseguiu outro julgamento, mas a sentença, dessa vez, foi de seis anos. Sendo julgado novamente em 1955 por outro tribunal, Peters foi declarado inocente. Dessa vez, a acusação havia deixado as provas em casa.[110] Processos iniciados contra Leibbrandt, do Ministério do Leste, e o *Generalkommissar* Frauenfeld (Melitopol) foram

---

105 "Himmlers Stellvertreter tödlich verunglückt", *ibid.*, 11 de dezembro de 1953, p. 4.

106 Taylor, *Final Report*, p. 78.

107 "Sie gehen mit fleckenlosem Kleid", *Aufbau* (Nova York), 1º de julho de 1949, p. 4. Todos os casos citados acima foram julgados na zona britânica.

108 Julgamento de Landgericht München II, 1 Ks 1/64.

109 Christopher Browning, *The Final Solution and the German Foreign Office* (Nova York, 1978), pp. 187-206.

110 "Gemütliches Deutschland", *Aufbau* (Nova York), 30 de março de 1951, p. 10. Kurt R. Grossmann, "Kronzeuge aus dem Grabe", *ibid.*, 6 de maio de 1955, pp. 1-2, e Kurt R. Grossmann, "Der Freispruch im Blausäureprozess", *ibid.*, 10 de junho de 1955, p. 3.

arquivados.[111] O *Oberstrumbannführer* dr. Schäfer (BdS na Sérvia) fora sentenciado a 21 meses por um tribunal de desnazificação. Julgado em seguida por suas atividades na Sérvia, foi descrito como um "homem decente e basicamente inocente", e sentenciado a outros seis anos e meio.[112] O *Obergruppenführer* von dem Bach, que havia servido como alto comandante da polícia e da ss na Rússia Central, além de diretor de unidades antipartidárias, foi uma testemunha da acusação em Nuremberg. Escapando da extradição na Rússia, foi sentenciado por uma corte de desnazificação a dez anos de prisão domiciliar.[113] Atormentado em casa, von dem Bach confessou ser um assassino em massa.[114] Em 1964, foi sentenciado a prisão perpétua pelo papel desempenhado na morte de seis comunistas. Sete anos depois foi encontrado, dispensado da prisão, descansando em uma confortável clínica particular em Nuremberg. Preso novamente, morreu em 1972.[115]

Em 1958, o *Länder* da República Federal da Alemanha estabeleceu uma Zentrale Stelle em Ludwigsburg para investigar pessoas que podiam ter cometido os chamados crimes-NS (nacional-socialistas), uma categoria que incluía atos contra judeus, perseguidos políticos e vítimas de eutanásia. As descobertas da Zentrale Stelle der Landesjustizverwaltungen deviam ser entregues a procuradores, que decidiriam se os processos poderiam ser levados adiante. O estatuto das limitações já havia eliminado a jurisdição em todos os casos, exceto naqueles de homicídio culposo e assassinato a partir de 8 de maio de 1955. Consequentemente, as atividades que envolviam o confisco de bens ou a guetificação não eram mais julgáveis. Os homicídios culposos desapareceram em 8 de maio de 1965, deixando apenas assassinato, que incluía atos voluntários que levam à morte. A distinção entre homicídio culposo e assassinato não era simples. Assassino era alguém que tinha prazer incomum em assassinar ou cujos motivos eram tão básicos quanto desprezíveis. Básicos eram o desejo sexual, a cobiça, a aversão racial ou o desejo de arbitrar sobre a vida e a morte. Também definido como assassinato era o ato

---

111 "Judenmörder laufen frei herum", *ibid.*, 8 de dezembro de 1950, p. 3. "Haftentlassung Frauenfelds", *ibid.*, 27 de fevereiro de 1953, p. 3.

112 "Gestapo-Leiter der Judenvernichtung angeklagt", *ibid.*, 19 de setembro de 1952, p. 3. Horne, *Return to Power*, pp. 55-56.

113 Reitlinger, *The Final Solution*, p. 505.

114 "Selbstanzeige wegen Massenmordes", *Aufbau* (Nova York), 18 de abril de 1952, p. 11.

115 *The New York Times*, 21 de março de 1972, p. 40.

de tirar uma vida com destreza, como na exploração do desconhecimento das vítimas das operações de extermínio, ou com crueldade, por exemplo, o alinhamento de pessoas prestes a serem fuziladas de tal maneira que elas pudessem observar a morte daqueles que as precediam. Por mais de vinte anos, a Zentrale Stelle, sob a direção de Erwin Schüle e, a partir de 1966, de seu sucessor, dr. Adalbert Rückerl, colecionou grandes quantidades de provas que permitiriam aos promotores nos tribunais elaborar denúncias dentro dessas limitações legais. A documentação, incluindo muitos dos testemunhos originais organizados em declarações e interrogatórios, continua sendo uma fonte vital de informação sobre a destruição dos judeus, mas não foi suficiente para levar muitos potenciais acusados a julgamento. Frequentemente, todavia, um perpetrador já idoso e com saúde comprometida recebia, para todos os fins práticos, anistia. Nenhum membro das ferrovias alemãs foi julgado e poucas sentenças foram dadas em casos envolvendo o Ministério das Relações Exteriores. Até mesmo generais como Bechtolsheim, em Minsk durante os massacres de outubro de 1941, e Rossum, em Varsóvia durante a batalha do gueto em 1943, não foram tocados. Os acusados estavam entre os principais veteranos notáveis da polícia e da ss: membros do Einsatzgruppen, guardas do campo ou policiais envolvidos em mortes diretas. De 1958 até 1977, a maioria dos acusados era oriunda das classes mais baixas, ou seja, sargentos e praças ou equivalentes civis. O que se segue é uma tabela dos resultados para esses vinte anos:[116]

Acusados	816
Sentenciados à prisão perpétua	118
Outros tipos de penas	398
Nenhuma condenação	300

116 Adalbert Rückerl, *Die Strafverfolgung von NS-Verbrechen 1945-1978* (Heidelberg e Karlsruhe, 1979). Ver discussão de problemas jurídicos ao longo do texto, as estatísticas para 1957-1977 nas pp. 127-128. Estatísticas anteriores juntam crimes do partido social-nacionalista e crimes de guerra. A prisão perpétua é a pena máxima para assassinato. Ver também relatos detalhados dos julgamentos em Adalbert Rückerl, ed., *NS-Prozesse* (Karlsruhe, 1971). O Zentrale Stelle não tinha jurisdição em casos do RSHA, que foram tratados diretamente pelos tribunais em Berlim. Para os processos de desnazificação austríacos e julgamentos de crimes de guerra, acumulados em tribunais populares, ver relatório do alto comissário dos Estados Unidos (o tenente-general Geoffrey Keyes) para a Junta de Estado-Maior, *Military Government in Austria*, de novembro de 1947, pp 145-146. Mais tarde, os julgamentos foram realizados em tribunais regulares austríacos.

Na Áustria, julgamentos em tribunais populares resultaram em 23.495 condenações. As sentenças de morte foram 43, das quais trinta foram executadas, e as sentenças de prisão chegaram a 13.625, das quais 695 tinham pena de cinco anos ou mais.[117] O governo polonês foi autorizado a julgar perpetradores altamente implicados, entre os quais membros do escalão do regime de ocupação, quando 1.817 pessoas de quatros regiões da Alemanha foram extraditadas para a Polônia. As condenações polonesas incluíam 193 sentenças de morte e 69 de prisão perpétua.[118]

Nos Estados Unidos, também, havia um esforço organizado para revelar os homens que ajudaram na destruição dos judeus e que não haviam divulgado suas atividades comprometedoras quando pediram para entrar no país. Muitas dessas pessoas não eram alemãs, mas ex-membros dos *Schutzmannschaften* dos Bálcãs e da Ucrânia, responsáveis pela guarda, apropriações e fuzilamentos. Poucos, como o prefeito Kazys Palčiauskas, de Kaunas, cujo nome aparece em uma ordem de estabelecimento de um gueto em sua cidade, haviam sido oficiais de escalão. A maioria havia se exilado nos Estados Unidos e viviam em suas casas quase sem perturbações. Eles foram deixados em paz porque crimes de guerra não eram uma prioridade no Departamento de Justiça durante os anos da Guerra Fria. Além disso, cooperação com oficiais soviéticos para a obtenção de informações necessárias pelo Departamento de Estado era desestimulada, principalmente se um propósito soviético fosse favorecido em tal empenho.

Com o arrefecimento das tensões da Guerra Fria e o interesse renovado nos acontecimentos do Holocausto, a busca pelos ex-perpetradores tornou-se um programa especial. Em 1973, o Departamento de Justiça criou o Gabinete de Controle de Projetos na cidade de Nova York e, em 1977, a Unidade de Acompanhamento Especial foi estabelecida no Serviço de Imigração e Naturalização do departamento. Pouco depois, o Escritório de Investigações Especiais foi criado na Divisão Criminal do departamento. Dirigido por Allan Ryan, o escritório contava com uma equipe de advogados e historiadores. Eles acompanhavam dezenas

---

117 Dados de 1972, em Stiefel, *Entnazifizierung in Österreich*, pp. 255-257. Para o ambiente político dos julgamentos na Bélgica, França, Grécia, Tchecoslováquia e Hungria, ver Istvan Deák, Jan T. Gross e Tony Judt, eds., *The Politics of Retribution in Europe* (Princeton, 2000).

118 Bogdan Musial, "NS-Kriegsverbrecher vor polnischen Gerichten", *Vierteljahreshefte für Zeitgeschichte* 47 (1999): 25-56.

de casos, tanto envolvimento desnaturalização de indivíduos que haviam obtido a cidadania como deportação daqueles que não haviam se tornado ou não eram mais cidadãos [americanos]. Assim, o Holocausto era revivido nos tribunais federais quarenta anos depois.[119]

Assim, bem antes das investigações e julgamentos na Alemanha e em outros países terem substancialmente terminado, muitos dos homens que haviam feito parte da máquina de destruição estavam retomando suas carreiras. Os empresários foram os mais ligeiros em se desprender do passado. Friedrich Flick estabeleceu uma nova holding com investimentos na França e na Bélgica.[120] Krupp retomou o controle de um império industrial.[121] Os ex-diretores da I. G. Farben e da I. G. Auschwitz – Ambros, Bütefisch, Dürrfeld e Ter Meer – foram todos eleitos para diretorias de novos empreendimentos.[122] Ambros, por exemplo, acabou atuando como diretor de seis corporações alemãs e como presidente da Knoll, uma subsidiária da BASF. Além dessas, ele foi consultor da Distillers Ltd. na Inglaterra, da Pechiney na França, da Dow Europe na Suíça e do Departamento de Energia dos Estados Unidos. Até o final do ano de 1981, Ambros também fazia parte da folha de pagamento da W. R. Grace & Co., nos Estados Unidos.[123] Quando um correspondente americano lhe perguntou sobre suas atividades nos tempos de guerra, numa entrevista em sua casa em Mannheim

---

119 Relatório da Controladoria-Geral dos Estados Unidos (Elmer Staats), GGD- 78-73, 15 de maio de 1978. As audiências perante o Subcomitê de Imigração, Cidadania e Direito Internacional do Comitê Judiciário da Câmara, 3 de agosto de 1977, 95 Cong., 2ª sessão e 19-21 de julho de 1978, 96º Cong., primeira sessão. Allan A. Ryan, Jr., *Quiet Neighbors – Prosecuting Nazi War Criminals in America* (San Diego, 1984). Estados Unidos *vs.* Palciauskas, 559 F. Supp. 1284 (1983). No Canadá, para onde um grande número de perpetradores havia migrado, um caso foi levado a um processo de extradição contra um ex-membro alemão da Gestapo em Kaunas envolvido em fuzilamentos em massa de judeus no gueto. Acórdão do Supremo Tribunal de Ontário (do desembargador Evans) no caso entre a República Federal da Alemanha e Helmut Rauca, julgado em 12-13 outubro de 1982. Cortesia de Christopher A. Amerasinghe da Promotoria Criminal do Departamento de Justiça do Canadá.

120 "Ex-Nazi Invests in Belgian Steel", *The New York Times*, 12 de abril de 1956, p. 5.

121 "Allies Decontrol Krupp Industries", *ibid.*, 5 de março de 1953, p. 5.

122 "Strafentlassene machen Karriere", *Aufbau* (Nova York), 29 de julho de 1955, p. 23.

123 Almirante James W. Nance, diretor do Comissão Presidencial de Pesquisa de Preços do Setor Privado ("Grace Commission"/Casa Branca), para o congresista Tom Lantos, 16 de março de 1982. Com a cortesia do sr. Lantos.

em 1981, Ambros respondeu: "Isso aconteceu há muito tempo. Envolvia judeus. Não pensamos mais a respeito disso".[124]

Fora do mundo dos negócios, os ex-perpetradores também registravam progressos: muitos se aposentaram com pensões;[125] alguns, como Achenbach e Best, entraram para a política em setores da direita.[126] O ex-vice de Leibbrandt, Bräutigam, conseguiu um cargo na nova Divisão do Leste do Ministério das Relações Exteriores.[127] O antigo especialista no norte do Ministério das Relações Exteriores, von Grundherr, tornou-se embaixador na Grécia.[128] Gustav Hilger, um experiente membro do gabinete do ministro das Relações Exteriores do *Reich* e especialista em questões soviéticas foi levado para os Estados Unidos para compartilhar seus conhecimentos com agências governamentais em Washington.[129] O ministro do Interior, Hans Globke, que havia atribuído a todos os judeus do Reich os nomes do meio de "Israel" e "Sara", encontrou na Alemanha pós-guerra oportunidades únicas para começar uma nova vida oficial. Começando como Tesoureiro Municipal de Aachen, ele foi posteriormente apontado como *Ministerialdirektor* do gabinete do chanceler e, a partir de 1953, permaneceu como *Staatssekretär* ao lado de Adenauer.[130]

---

124 *San Francisco Chronicle*, 6 de março de 1982, p. 12.

125 Em 1958 foram pagas pensões a cerca de 1.550 generais ou suas viúvas, e a 2 mil funcionários públicos (do *Ministerialräte*) ou suas viúvas. Konrad Wille, "Pension eines Generalfeldmarschalls: 2500 D-Mark", *Aufbau* (Nova York), 7 de março de 1958, pp. 1-2.

126 "German Quits Unit Wooing Ex-Nazis", *The New York Times*, 29 de novembro de 1952, p. 5; "Free Democrats in Adenauer Bloc Begin a Purge of Nazi Members", *ibid.*, 27 de abril de 1953, p. 13.

127 Arnold Künzli, "Renazifizierung der Bundesrepublik", *Aufbau* (Nova York), 1º de junho de 1956, p. 3.

128 "Ribbentrop-Mann nach Athen", *ibid.*, 22 de dezembro de 1950, p. 7. Von Grundherr entrou com pedido de aposentadoria em maio de 1952. "Säuberung in Bonn", *ibid.*, 25 de julho de 1952, pp. 1, 26.

129 "Barbie Called One of Many Ex-Nazis Aided by U.S.", *The New York Times*, 20 de fevereiro de 1983, p. 4. A notícia cita George F. Kennan sobre Hilger. Ver também o relatório da Controladoria-Geral de 15 de maio de 1978, p. 33; e Frank Carlucci, vice-diretor da Agência Central de Inteligência, para J. K. Fasick, diretor da Divisão Internacional, Escritório de Contabilidade Geral, 18 de maio de 1978. Cópia da carta cedida gentilmente por John Tipton, gerente de Auditoria, Divisão de Administração Pública, Escritório de Contabilidade Geral. Durante o início da década de 1950, o nome de Hilger apareceu na lista telefônica de Washington.

130 Erwin Holst, "Von Globke und Genossen", *Aufbau* (Nova York), 29 de dezembro de 1950, p. 5. "Adenauer Names New Aide", *The New York Times*, 28 de outubro de 1953, p. 15.

Uma lista abrangente de perpetradores preencheria vários volumes. A lista a seguir, um resumo desse catálogo, contém o nome de alguns, seguido de informações sobre o que aconteceu com eles.[131] Entretanto, para a grande maioria não há relatório posterior à guerra. Alguns fugiram para a América do Sul, Austrália e para a parte árabe do Oriente Médio; alguns mantiveram silêncio completo e passaram despercebidos. A maioria foi simplesmente ignorada. Na lei, eles não tinham vivido; na lei, eles não morreram.

Abetz, Otto (embaixador em Paris): Sentenciado na França a vinte anos. Libertado em 1954. Morreu carbonizado em um acidente automobilístico em 1958.

Achenbach, Ernst (Embaixada da Alemanha em Paris): Tornou-se membro do *Bundestag* em 1957 e do Parlamento Europeu em 1964.

Allers, Hans Dietrich (Chancelaria do *Führer*): foi preso por autoridades britânicas e americanas na década de 1940. Praticou advocacia em Hamburgo. Foi condenado por um tribunal da Alemanha Ocidental em 1968 a oito anos, com redução da pena por prisões anteriores.

Altenburg, Günther (Ministério das Relações Exteriores): Secretaria Geral da delegação da Alemanha, Câmara de Comércio Internacional.

Altstötter, Josef (Ministério da Justiça): condenado por um tribunal militar americano a cinco anos de prisão por participação em organização criminosa.

Ambros, Otto (I. G. Farben): condenado por um tribunal militar americano a oito anos. *Aufsichtsrat*, Bergwerkgesellschaft Hibernia; *Aufsichtsrat*, Süddeutsche Kalkstickstoffwerke; *Aufsichtsrat*, Grünzweig und Hartmann, 1955.

Antonescu, Ion (marechal): executado na Romênia em 1946.

Antonescu, Mihai: executado na Romênia em 1946.

Artuković, Andrija (ministro do Interior croata): entrou nos Estados Unidos como "turista" em 1948. Deportação concedida em 1959, revogada em 1981. Preso em 1984.

---

131 Compilado a partir da Comissão de Crimes de Guerra das Nações Unidas, *History of the United Nations War Crimes Commission* (Londres, 1948); *Trials of War Criminals*; *Law Reports of Trials of War Criminals*; relatório de um alto comissário sobre o destino dos ministros e líderes partidários nazistas; GenSt-8; *Aufbau* (*passim*); *The New York Times* (*passim*); Nationalrat der Nationalen Front des Demokratischen Deutschland/Dokumentationszentrum der Staatlichen Archivverwaltung, *Braunbuch* (Berlim Oriental, 1968); Tom Bower, *The Pledge Betrayed* (Garden City, NY, 1982).

Asche, Kurt (Polícia de Segurança, Bélgica): condenado pela corte de Kiel a sete anos de prisão, 1981.

Auerswald, Heinz (*Kommissar* do gueto de Varsóvia): investigado por promotores da Alemanha Ocidental em meados da década de 1960. Não foi levado a julgamento. Morreu pouco depois.

Bach, Erich von dem (alto comandante da ss e da polícia na Rússia Central e Chefe de Unidades Antipartidárias): sentenciado a dez anos de prisão domiciliar por um tribunal de desnazificação. Confessou-se assassino em massa em 1952. Sentenciado por um tribunal em Nuremberg em fevereiro de 1961 a três anos e meio de prisão pela participação no expurgo de 1934. Sentenciado à prisão perpétua em 1962.

Backe, Herbert (ministo da Alimentação em exercício): morto em 1947.

Baer, Richard (comandante de Auschwitz I): preso próximo a Hamburgo em dezembro de 1960 após a divulgação de uma recompensa por sua captura. Morreu antes do julgamento, em 1963.

Baier, Hans (WVHA): sentenciado pelo tribunal militar internacional a dez anos de prisão.

Baky, László (Ministério do Interior, Hungria): executado na Hungria em 1946.

Bárdossy, László (Ministério do Interior, Hungria): executado na Hungria em 1946.

Bargen, Werner von (representante do Ministério das Relações Exteriores na Bélgica): ministro para Assuntos Especiais no novo Ministério das Relações Exteriores, março de 1952. Declarado pelo comitê de Bundestag inapropriado para o serviço em virtude de suas atividades passadas em julho de 1952. Embaixador no Iraque, novembro de 1960. Aposentado em 1963.

Baur, Friedrich vom (Ostbahn): *Bundesbahndirektor.*

Beckerle, Adolf Heinz (chefe da polícia de Frankfurt e ministro alemão na Bulgária): voltou da prisão soviética para a Alemanha Ocidental em 1955. Preso em 1960. Não foi levado a julgamento por razões de saúde fraca.

Bender, Horst (jurista da ss): membro do *Bar* em Stuttgart, 1973.

Bene, Otto (representante do Ministério das Relações Exteriores na Holanda): Rumores de que participava do novo Ministério das Relações Exteriores em 1952.

Berger, Gottlob (Escritório Central da ss): sentenciado pelo tribunal militar dos Estados Unidos a 25 anos. Sentença reduzida pelo Conselho de Indulto a dez anos. Libertado em 1951.

Best, Werner (plenipotenciário na Dinamarca): condenado à morte na Dinamarca. Sentença revertida para cinco anos. Libertado em 1951. Trabalhou na empresa Hugo Stinnes. Morreu em 1989.

Biberstein, Ernst (*Einsatzgruppe* C): condenado à morte pelo tribunal militar dos Estados Unidos. Sentença revertida para prisão perpétua pelo Conselho de Indulto.

Biebow, Hans (administração do gueto de Łódź): condenado à morte na Polônia e executado em 1947.

Bierkamp, Walter (comandante da Polícia de Segurança, *Generalgouvernement*): acredita-se que tenha se suicidado em 1945.

Bilfinger, Rudolf (RSHA): juiz em Mannheim em 1964.

Blankenburg, Werner (Chancelaria do Führer): desnazificado. Morreu em Stuttgart em 1957.

Blobel, Paul (*Einsatzgruppe* C): condenado à morte pelo tribunal militar dos Estados Unidos e executado em 1951.

Blome, Kurt (principal centro de saúde do partido): inocentado pelo tribunal militar dos Estados Unidos.

Blume, Walter (*Einsatzgruppe* B): condenado à morte pelo tribunal militar dos Estados Unidos. Sentença revertida para prisão perpétua pelo Conselho de Indulto.

Bobermin, Hans (WVHA): condenado à morte pelo tribunal militar dos Estados Unidos. Sentença reduzida pelo tribunal para quinze anos. Libertado pelo Conselho de Indulto em 1951.

Bock, Fedor von (comandante, Grupo Central do Exército): aposentado em 1942. Rumores de que tenha morrido em um ataque aéreo em 1945.

Böhme, Franz (comandante militar, Sérvia): cometeu suicídio após ser acusado formalmente pela promotoria americana em Nuremberg.

Bormann, Martin (Chancelaria do Partido): acredita-se que tenha morrido na Batalha de Berlim em 1945.

Bothmann, Hans (comandante de Kulmhof): suicidou-se enquanto estava sob custódia britânica em 1946.

Böttcher, Herbert (comandante da ss e da polícia, Radom): condenado à morte em Radom em 1948 e executado em 1952.

Bouhler, Philipp (Chanchelaria do Führer): suicídio em 1945.

Bousquet, René (Secretaria Geral de Polícia, França): Secretaria Geral do Bank of Indochina, Paris, 1952. Acusado em 1991. Assassinado antes do julgamento em 1993.

Bracht, Fritz (*Gauleiter*, Alta Silésia): Desaparecido.

Brack, Viktor (Chancelaria do Führer): condenado à morte pelo tribunal militar americano e executado em 1948.

Bradfisch, Otto (*Einsatzgruppe* B, Gestapo em Łódź): vendedor de seguros. Sentenciado a dez anos de prisão por atividades no *Einsatzgruppe* em Straubing, 1961 e por Łódź a treze anos em Hannover, 1963. A segunda sentença foi concomitante à primeira. Condicional em 1965.

Brandt, Karl (plenipotenciário da Saúde): condenado à morte pelo tribunal militar americano e executado em 1948.

Brandt, Rudolf (secretário de Heinrich Himmler): condenado à morte pelo tribunal militar americano e executado em 1948.

Brauchitsch, Walter von (comandante-chefe do Exército): morreu em um hospital do exército britânico esperando pelo julgamento em 1948.

Braune, Werner (*Einsatzgruppe* D): condenado à morte pelo tribunal militar americano e executado em 1951.

Bräutigam, Otto (Ministério do Leste): Ministério das Relações Exteriores, 1956.

Brizgys, Vincent (bispo auxiliar de Kaunas): nos Estados Unidos.

Brunner, Alois (especialista em deportação da ss em Viena, Berlim, Salônica, França e Eslováquia): rumores de que tenha fugido para o Oriente Médio através de Roma. Acredita-se que tenha estado em Damasco em 1982.

Brunner, Anton (Gestapo, Viena): condenado à morte pela corte popular em Viena e enforcado em 1946.

Bühler, Josef (*Generalgouvernement*): condenado à morte na Polônia e executado em 1948.

Burger, Anton (comandante do Theresienstadt e especialista em deportação da ss na Grécia): escapou de uma prisão próxima a Salzburgo, Áustria, em 1947. Recapturado em 1951 e mantido em uma prisão de Viena, fugiu duas semanas depois. Rumores de que tenha morrido na Alemanha em 1991.

Bütefisch, Heinrich (I. G. Farben): sentenciado pelo tribunal militar americano a seis anos. *Aufsichtsrat*, Deutsche Gasolin A. G., Berlin; *Aufsichtsrat*, Feldmühle, Papier- und Zellstoffwerke, Düsseldorf; diretor, Comitê Técnico de Especialistas, Convenção Internacional da Indústria de Nitrogênio, 1955.

Calotescu, Corneliu (governador, Bucovina): condenado à morte na Romênia. Permanência indeterminada concedida pelo rei Mihai segundo petição do primeiro-ministro, Groza, e do ministro da Justiça, Pătrășcanu.

Canaris, Konstantin (inspetor da Polícia de Segurança da Prússia do Leste, incluindo Białystok, e plenipotenciário da Polícia de Segurança na Bélgica):

sentenciado pela corte belga a vinte anos em 1951. Solto em 1952. Contratado pelas fábricas Henkel em Düsseldorf. Acusado em uma corte da Alemanha Ocidental, 1980, e declarado incapaz de ser julgado.

Canaris, Wilhelm (almirante, OKW): expurgado em 1944. Executado em abril 1945.

Čatloš František (ministro da Guerra, Eslováquia): desertou para território rebelde, 1944. Preso pelos soviéticos e libertado. Morto em 1972.

Clauberg, Carl (pesquisador médico, Auschwitz): libertado pelos soviéticos em 1955. Morreu de derrame enquanto esperava julgamento em Kiel em 1957.

Conti, Leonardo (Ministério do Interior): suicidou-se em Nuremberg em 1945.

Daluege, Kurt (ORPO e Protetorado): executado na Tchecoslováquia em 1946.

Dannecker, Theodor (RSHA): acredita-se que tenha morrido sob custódia americana em 1945.

Darquier de Pellepoix, Louis (*Commissariat* de Assuntos Judaicos em Vichy): morou na Espanha até morrer, em 1980.

Dejaco, Walter (Auschwitz): arquiteto na Áustria, 1962. Exonerado pela corte austríaca em 1972.

Dirlewanger, Oskar (Brigada Dirlewanger): rumores de que morreu sob custódia francesa em 1945.

Dorpmüller, Julius (ministro dos Transportes): mantido pelas forças de ocupação. Morreu em julho de 1945.

Dorsch, Xaver (Organização Todt): sócio, Dorsch-Gehrmann, Wiesbaden, Hamburgo e Munique, 1964. Morreu em 1986.

Dürrfeld, Ernst (Administração Municipal de Varsóvia): teria morrido na revolta de Varsóvia em agosto de 1944.

Dürrfeld, Walter (I. G. Auschwitz): sentenciado pelo tribunal militar americano a oito anos. Vorstand, Scholven-Chemie A. G. Gelsenkirchen, 1955.

Eberl, Irmfried (comandante de Treblinka): preso por autoridades americanas em Blaubeuren, próximo a Ulm, em 1948. Cometeu suicídio em sua cela.

Ehlers, Ernst (*Einsatzgruppe* B, comandante da Polícia de Segurança, Bélgica): *Verwaltungsgerichtsrat* em Schleswig-Holstein. Acusado em 1980. Suicidou-se antes do julgamento.

Ehrlinger, Erich (*Einsatzgruppe* A): sentenciado em Karlsruhe a doze anos em 1961. Um recurso reenviou o caso aos tribunais. Processo interrompido em 1969 em virtude da invalidez permanente do réu.

Eichmann, Adolf (RSHA): fugiu do campo de internamento militar na zona americana em 1946. Preso por agente israelense na Argentina e enviado para Israel para julgamento em maio de 1960. Condenado à morte em 1961 e enforcado em 1962.

Eirenschmalz, Franz (WVHA): condenado à morte pelo tribunal militar americano. Sentença revertida pelo Conselho de Indulto para nove anos.

Eisfeld, Kurt (I. G. Auschwitz): *Vorstand*, Dynamit Nobel, Troisdorf, 1967.

Endre, László (Ministério do Interior, Hungria): executado na Hungria em 1946.

Falkenhausen, Alexander von (comandante militar, Bélgica): sentenciado na Bélgica a doze anos. Libertado em 1951. Morreu em 1966.

Fanslau, Heinz (WVHA): sentenciado pelo tribunal militar americano a 25 anos. Pena reduzida pelo tribunal para vinte anos e, posteriormente, para quinze anos pelo Conselho de Indulto.

Fellgiebel, Erich (OKW): expurgado e executado, 1944.

Felmy, Helmut (LXVIII Corpo de Exército, Sul da Grécia): sentenciado pelo tribunal militar americano a quinze anos, mas não por atos antissemitas. Sentença reduzida pelo Conselho de Indulto para dez anos. Libertado em 1952.

Fendler, Lothar (*Einsatzgruppe* C): sentenciado pelo tribunal militar americano a dez anos. Sentença reduzida pelo Conselho de Indulto para oito anos.

Ferenczy, László (Gendarmaria da Hungria): executado na Hungria em 1946.

Filov, Bogdan (primeiro-ministro búlgaro): executado na Bulgária em 1945.

Fischer, Ludwig (governador, Varsóvia): executado na Polônia em 1947.

Flick, Friedrich (Mitteldeutsche Stahlwerke): condenado pelo tribunal militar americano a sete anos, mas não por crimes antissemitas.

Forster, Albert (*Gauleiter*, Danzig-Prússia do Leste): executado na Polônia em 1948.

Frank, August (WVHA): sentenciado pelo tribunal militar americano à prisão perpétua. Sentença reduzida pelo Conselho de Indulto para quinze anos.

Frank, Hans (*Generalgouverneur*): condenado à morte pelo Tribunal Militar Internacional e enforcado em 1946.

Frank, Karl-Hermann (Protetorado): executado na Tchecoslováquia em 1947.

Frauendorfer, Max (*Generalgouvernement*): atuações na Allianz Seguros e na política, 1963.

Frauenfeld, Alfred (*Generalkommissar*, Melitopol): preso por atividades neo-nazistas e libertado após investigação da corte alemã em 1953.

Freisler, Roland (Ministério da Justiça): assassinado em um ataque aéreo, 1945.

Frick, Wilhelm (ministro do Interior e *Reichsprotektor*): condenado à morte pelo Tribunal Militar Internacional e enforcado em 1946.

Fuchs, Wilhelm (Einsatzgruppe na Sérvia): julgado em Belgrado e executado em 1946.

Funk, Walter (ministro da Economia): condenado à prisão perpétua pelo Tribunal Militar Internacional. Libertado por motivos de saúde em 1957. Morto em 1960.

Fünten, Ferdinand aus der (Escritório Central de Emigração de Judeus na Holanda): condenado à morte na Holanda. Sentença trocada para prisão perpétua após suposta intervenção de Adenauer, 1951.

Ganzenmüller, Albert (Staatssekretär, Reichsbahn): consultor das Ferrovias Estatais Argentinas, 1947-1955. Especialista em transporte, Höchst A. G., 1955-1968. Acusado em Düsseldorf, 1973. Não julgado em razão da saúde fraca.

Gebhardt, Joseph (Ministério das Finanças): juiz, Tribunal Federal das Finanças (*Bundesfinanzhof*).

Gebhardt, Karl (clínico-chefe, SS): condenado à morte pelo tribunal militar americano e executado em 1948.

Geitmann, Hans (Reichsbahndirektion Oppeln): presidente, Generalbetriebsleitung Süd, Stuttgart, Bundesbahn. A partir de 1957, membro do *Vorstand*, Bundesbahn.

Gemmeker, Albert Konrad (comandante de Westerbork): rumores de que vivia em Düsseldorf, fevereiro 1960.

Genzken, Karl (serviços médicos, SS): condenado à prisão perpétua pelo tribunal militar americano. Sentença reduzida pelo Conselho de Indulto para vinte anos. Multado pela corte de desnazificação de Berlim Ocidental em 1955.

Glas, Alfons (Ostbahn): *Bundesbahninspektor.*

Globke, Hans (Ministério do Interior): *Ministerialdirektor,* Gabinete do Chanceler, 1950. *Staatssekretär,* 1953.

Globocnik, Odilo (comandante da SS e da polícia, Lublin): suicidou-se em 1945.

Glücks, Richard (WVHA): Höss relata que ele foi entregue, "quase morto", ao hospital naval em Flensburg um pouco antes da rendição. Suposta tentativa de suicídio, resultando em morte.

Goebbels, Paul Josef (ministro da Propaganda e *Gauleiter* de Berlim): suicidou-se em Berlim em 1945.

Goldschmidt, Theo (DEGESCH): *Aufsichtsrat,* Farbenfabriken Bayer A. G., Leverkusen, 1951.

Göring, Hermann: condenado à morte pelo Tribunal Militar Internacional. Suicidou-se antes da execução da pena em 1946.

Grabner, Max (administração de Auschwitz): condenado à morte na Polônia em 1947.

Grawitz, Ernst (medico do Reich, ss): suicídio em 1945.

Greifelt, Ulrich (escritório principal do Estado-Maior): condenado à prisão perpétua pelo tribunal militar americano. Morto em 1949.

Greiser, Artur (*Gauleiter*, Wartheland): executado na Polônia, 1946.

Grell, Theo (Ministério das Relações Exteriores): em Berchtesgaden, 1961.

Grese, Irma (administração de Auschwitz): condenado à morte pela corte britânica e executado em 1945.

Grundherr, Werner von (Ministério das Relações Exteriores): embaixador na Grécia, 1952. Forçado à afastar-se por uma investigação do comitê Bundestag durante o mesmo ano.

Guderian, Heinz (comandante do Grupo Panzer 3, Rússia Central, e chefe do Estado-Maior): aposentado.

Günther, Rolf (RSHA): desaparecido, supostamente morto.

Haberland, Ulrich (I. G. Farben): Conselho Administrativo, Farbenfabriken Bayer A. G., Leverkusen, 1951.

Haensch, Walter (*Einsatzgruppe* C): condenado à morte pelo tribunal militar internacional. Sentença reduzida para quinze anos pelo Conselho de Indulto.

Hagen, Herbert (Polícia de Segurança, França): atividades no comércio na Alemanha Ocidental. Condenado em Colônia a doze anos, 1980.

Hahn, Ludwig (comandante da Polícia de Segurança, Distrito de Varsóvia): em seguros e de investimento. Preso de 1960. Condenado em Hamburgo por atos envolvendo a prisão de Pawiak (Varsóvia) a doze anos em 1973 e por atos contra judeus a quinze anos em 1975.

Halder, Franz (chefe do Estado-Maior): indiciado como criminoso principal diante da corte de desnazificação bávara. Exonerado em 1948.

Handloser, Siegfried (diretor, Serviços Médicos das Forças Armadas): condenado à prisão perpétua pelo tribunal militar americano. Sentença reduzida pelo Conselho de Indulto para vinte anos.

Harster, Wilhelm (comandante da Polícia de Segurança na Holanda e na Itália): condenado pela corte holandesa a doze anos em 1949. Libertado em 1955. Posteriormente, na Baviera como *Regierungsrat*, 1956; *Oberregierungsrat*, 1958. Aposentado em 1963.

Hartjenstein, Fritz (administração de Auschwitz): condenado pela corte britânica à prisão perpétua. A acusação não envolvia atos em Auschwitz.

Heinburg, Kurt (Ministério das Relações Exteriores): comitê Bundestag de registro contra a retenção de novo Ministério das Relações Exteriores, 1952.

Hellenthal, Walter von (Ministério das Relações Exteriores): embaixador no Líbano. Aposentado em 1968.

Hering, Gottlieb (comandante de Bełżec e Poniatowa): morto em 1945 em decorrência de complicações de uma doença.

Heydrich, Reinhard (RSHA e *Reichsprotektor*): assassinado em Praga, 1942.

Hildebrandt, Richard (comandante da polícia e da Alta SS, Danzig, e diretor da RUSHA): condenado pelo tribunal militar americano a 25 anos. Extraditado para a Polônia e executado em 1952.

Hilger, Gustav (Ministério das Relações Exteriores): nos Estados Unidos.

Himmler, Heinrich: cometeu suicídio assim que foi capturado, 1945.

Hindenburg, Oskar von (comandante dos campos de prisioneiros de guerra, Prússia do Leste): multado por uma corte de desnazificação. Morreu em 1960.

Hitler, Adolf: Suicidou-se no dia 30 de abril de 1945.

Hoepner, Erich (comandante do Quarto Exército Panzer, grupo do norte): expurgado e executado em 1944.

Höfle, Hermann (diretor do Escritório da SS e da Polícia, Lublin): preso em Salzburgo, Áustria, janeiro de 1961. Suicidou-se em 1962.

Höfle, Hermann (comandante da polícia e da Alta SS, Eslováquia): condenado à morte na Tchecoslováquia, 1948.

Hofmann, Otto (RUSHA): condenado pelo tribunal militar americano a 25 anos. Sentença reduzida para quinze anos pelo Conselho de Indulto.

Hohberg, Hans (WVHA): condenado pelo tribunal militar americano a dez anos. Sentença reduzida para tempo cumprido pelo Conselho de Indulto, 1951.

Höss, Rudolf (comandante de Auschwitz): condenado à morte na Polônia e executado em 1947.

Hössler, Franz (administração de Auschwitz): condenado à morte pela corte britânica e executado em 1945.

Hoth, Hermann (comandante do Grupo Panzer 3, grupo central do exército, e comandante do 7º Exército, grupo sul do exército): condenado pelo tribunal militar americano a quinze anos.

Höttl, Wilhelm (RSHA): em uma reunião com o chanceler Raab sobre o voto dos nazistas na Áustria, 1949. Preso em Viena pelo exército americano por ligação com espionagem comunista em 1953.

Houdremont, Eduard (Krupp Essen): condenado pelo tribunal militar americano a dez anos. Sentença reduzida pelo Conselho de Indulto para o tempo cumprido, 1951.

Hoven, Waldemar (médico do campo, Buchenwald): condenado à morte pelo tribunal militar americano e executado em 1948.

Hummel, Herbert (distrito de Varsóvia): assassinado em agosto de 1944 em uma revolta na Polônia.

Hunsche, Otto (RSHA): praticando advocacia. Condenado por uma corte de Frankfurt a cinco anos em 1962. Julgado novamente e absolvido em 1965. Julgado uma terceira vez e condenado a doze anos em 1969.

Ihn, Max Otto (equipe de Krupp): condenado pelo tribunal militar americano a nove anos. Sentença reduzida pelo Conselho de Indulto ao tempo cumprido, 1951.

Ilgner, Max (I. G. Farben): condenado pelo tribunal militar americano a três anos, mas não por atos antissemitas. Vorsitz, Vorstand des Freundeskreises der internationalen Gesellschaft für christlichen Aufbau, 1955.

Imrédy, Bela (ministro da Economia, Hungria): executado na Hungria em 1946.

Isopescu, Modest (Prefeitura de Golta, Transnístria): condenado à morte na Romênia. Permanência por tempo indeterminado concedida pelo rei Mihai a partir da petição do primeiro-ministro Groza e do ministro da Justiça Pătrăşcanu.

Jacobi, Karl (*Reichsbahn*): supostamente preso e levado de Berlim por autoridades soviéticas em 1945. Desaparecido.

Jäger, Karl (*Einsatzkommando* 3, Lituânia): suicidou-se na prisão, em 1959, esperando para ser julgado na Alemanha Ocidental.

Jaross, Andor (ministro do Interior, Hungria): executado na Hungria em 1946.

Jeckeln, Friedrich (comandante da polícia e da Alta SS, *Ostland*): executado na URSS em 1946.

Jodl, Alfred (OKW): condenado à morte pelo Tribunal Militar Internacional e enforcado em 1946.

Jost, Heinz (comandante do *Einsatzgruppe* A): condenado a prisão perpétua pelo tribunal militar americano. Sentença reduzida pelo Conselho de Indulto para dez anos. Multado em 15 mil marcos pelo tribunal de desnazificação em Berlim Ocidental em 1959.

Jüttner, Hans (diretor do Escritório Central de Operações da SS): supostamente sob custódia de um sanatório em Bad Tölz, em 1961.

1372   A destruição dos judeus europeus

Kallmeyer, Helmut (Chancelaria do Führer): *Oberregierungsrat*, Statistisches Landesamt em Kiel, na Organização de Alimento e Agricultura em Cuba.

Kaltenbrunner, Ernst (RSHA): condenado à morte pelo Tribunal Militar Internacional e enforcado em 1946.

Kammler, Hans (WVHA): provavelmente foi assassinado ou cometeu suicídio, maio de 1945.

Kappler, Herbert (Polícia de Segurança, Roma): condenado à prisão perpétua em 1948. Fugiu de um hospital militar de Roma em 1977. Morreu na Alemanha Oriental, 1978.

Kasche, Siegfried (ministro da Croácia): executado na Iugoslávia, 1947.

Katzmann, Fritz (comandante da ss e da polícia, Galícia): Morto em Darmstadt, 1957.

Kehrl, Hans (Ministério da Economia e Ministério dos Armamentos): condenado pelo tribunal militar americano a quinze anos. Sentença reduzida pelo Conselho de Indulto para o tempo cumprido, 1951.

Keitel, Wilhelm (OKW): condenado à morte pelo Tribunal Militar Internacional e enforcado em 1946.

Keppler, Wilhelm (Ministério das Relações Exteriores): condenado pelo tribunal militar americano a dez anos. Sentença reduzida a tempo cumprido pelo Conselho de Indulto em 1951.

Kesselring, Albert (comandante-chefe, Sul): condenado à morte pela corte britânica. Comutação de pena para prisão perpétua e, em seguida, redução para 21 anos. Libertado em 1952.

Kiefer, Max (WVHA): condenado pelo tribunal militar americano a prisão perpétua. Pena reduzida para vinte anos pelo tribunal e, depois, para pena cumprida pelo Conselho de Indulto em 1951.

Killinger, Manfred von (ministro romeno): Suicidou-se em Bucareste em 1944.

Klein, Fritz (médico do campo em Auschwitz): condenado à morte pela corte britânica e executado em 1945.

Kleist, Ewald von (Grupo Panzer 1, grupo sul do Exército): extraditado da Iugoslávia para a URSS em 1949, onde supostamente morreu em 1954.

Klemm, Bruno (*Reichsbahn*): Supostamente preso em Berlim por autoridades soviéticas e deportado em 1945. Desaparecido. Declarado morto em 1952.

Klemm, Herbert (Ministério da Justiça): condenado pelo tribunal militar americano à prisão perpétua. Sentença reduzida pelo Conselho de Indulto para vinte anos.

Klingelhöfer, Woldemar (*Vorkommando Moskau*): condenado à morte pelo tribunal militar americano. Comutação de pena para prisão perpétua outorgada pelo Conselho de Indulto. Libertado em 1956.

Klingenfuss, Karl Otto (Ministério das Relações Exteriores): procurado na zona americana, mas não foi extraditado de Constança em 1949. Na Argentina a partir de 1950. Testemunhou no julgamento de Rademacher em Bamberg, 1968.

Klopfer, Gerhard (Chancelaria do Partido): praticando advocacia. Morreu em 1987 em Ulm.

Kluge, Günther von (comandante do Grupo Central do Exército): suicídio em 1944.

Knochen, Helmut (comandante da Polícia de Segurança, França): condenado à morte em Paris em 1954. Comutação de pena em 1958. Libertado em 1962. Posteriormente, ativo vendedor de seguros, Offenbach, Main.

Koch, Erich (*Reichskommisar*, Ucrânia): Apreendido pelo Reino Unido em 1949. Extraditado para a Polônia em 1950. Levado a julgamento em 1958 e condenado à morte em 1959. Execução adiada indefinidamente por motivos de saúde.

Kohl, Otto (ETRA Ocidente): vivendo em Munique, 1958.

Koppe, Wilhelm (comandante da polícia e da Alta SS, Wartheland e *Generalgouvernement*): Supostamente preso em Bonn em 1961. Solto após pagamento de fiança em 1962. Indiciado em Bonn em 1964. Julgamento não aconteceu por causa de seu estado de saúde. Morreu em 1975.

Körner, Paul (Gabinete do Plano Quadrienal): condenado pelo tribunal militar americano a quinze anos. Comutação de pena para tempo cumprido pelo Conselho de Indulto em 1951. Aposentado.

Korschan, Heinrich Leo (Markstädt de Krupp): condenado pelo tribunal militar americano a seis anos. Pena reduzida pelo Conselho de Indulto para período cumprido em 1951.

Kramer, Josef (comandante de Auschwitz II e comandante de Bergen-Belsen): condenado à morte pela corte britânica e executado em 1945.

Krauch, Carl (plenipotenciário-geral da Indústria Química): condenado pelo tribunal militar americano a seis anos. Libertado em 1950.

Krebs, Friedrich (*Oberbürgermeister* de Frankfurt): eleito para a Câmara Municipal pelo Partido Alemão em 1952.

Kritzinger, Friedrich Wilhelm (Chancelaria do Reich): morreu em liberdade após grave doença em 1947.

Krosigk, Schwerin von (ministro das Finanças): condenado pelo tribunal militar americano a dez anos. Sentença reduzida pelo Conselho de Indulto para período cumprido, 1951.

Krüger, Friedrich (comandante da polícia e da Alta ss, *Generalgouvernement*): provavelmente morto ou suicidou-se, maio de 1945.

Krumey, Hermann (*Einsatzkommando* de Eichmann): proclamado criminoso menor pelo tribunal de desnazificação em 1948. Preso novamente em Waldeck, próximo a Frankfurt, mediante alegação austríaca de extorsão contra os judeus húngaros em abril de 1957. Libertado sem fiança. Ativo na política de direita e dono de drogarias, em novembro de 1957. Preso novamente em abril de 1958. Condenado a cinco anos em 1965. Julgado em 1969 e condenado a 12 anos.

Krupp, Alfried: condenado pelo tribunal militar americano a doze anos e à privação de bens. Redução de pena pelo Conselho de Indulto para tempo cumprido e restauração de bens.

Kube, Wilhelm (*Generalkommissar*, Bielorrússia): assassinado em 1943.

Küchler, Georg von (comandante do 18º Exército e comandante do Grupo Norte do Exército): condenado pelo tribunal militar americano a vinte anos. Pena reduzida pelo Conselho de Indulto para doze anos em virtude da idade do réu.

Kuntze, Walter (comandante-chefe, Sudeste): condenado pelo tribunal militar americano à prisão perpétua.

Kvaternik, Eugen (Ministério do Interior, Croácia): supostamente na Argentina em 1950.

Kvaternik, Slavko (Ministério da Defesa, Croácia): executado na Iugoslávia em 1946.

Lages, Willy (Polícia de Segurança e Serviço de Segurança, Amsterdã): condenado à morte na Holanda em 1949. Sentença comutada para prisão perpétua em 1952.

Lammers, Hans Heinrich (Chancelaria do Reich): condenado pelo tribunal militar americano a vinte anos. Pena reduzida para dez anos pelo Conselho de Indulto. Libertado em 1952. Morto em 1962.

Landfried, Friedrich (Ministério da Economia): libertado da custódia por causa de problemas mentais. Aposentado. Morto em 1953.

Lange, Rudolf (*Einsatzkommando* 2, Letônia): supostamente morto na batalha de Poznań em 1945.

Lanz, Hubert (Corpo Militar XXII, Grécia e Hungria): condenado pelo tribunal militar americano a doze anos, mas não por atos antissemitas. Sentença reduzida para tempo cumprido pelo Conselho de Indulto em 1951.

Lasch, Karl (governador do distrito de Radom): condenado por corrupção. Supostamente fuzilado sem julgamento em 1942.

Laval, Pierre (primeiro-ministro da França): executado na França em 1945.

Lechthaler, Franz (major da Polícia de Ordem): condenado pela corte de Kassel a três anos e seis meses em 1961. Julgado novamente em 1963. Pena reduzida para dois anos.

Leeb, Wilhelm von (comandante, Grupo Norte do Exército): condenado pelo tribunal militar americano a três anos, mas não por atos antissemitas.

Leguay, Jean (delegado da Polícia de Vichy na zona ocupada): presidente, Warner Lambert Inc., Londres, e presidente, Substantia Laboratories, Paris. Morto em 1989.

Leibbrandt, Georg (Ministério do Leste): processos na corte alemã em Nuremberg interrompidos em 1950. Escreveu uma monografia sobre os descendentes de alemães no Mar Negro. Morto em 1982.

Leist, Ludwig (comandante alemão civil da Cidade de Varsóvia): Condenado na Polônia a oito anos, em 1947.

Liebehenschel, Arthur (comandante de Auschwitz): condenado à morte na Polônia e executado em 1948.

Lindow, Kurt (RSHA): Levado a julgamento em uma corte de Frankfurt e absolvido em 1950.

Lischka, Kurt (diretor da *Reichszentrale* para Imigração de Judeus, 1939. Posteriormente, na Polícia de Segurança, França): condenado *in absentia* à prisão perpétua, França, 1950. Executivo (*Prokurist*) na empresa Krücken, em Colônia. Condenado por uma corte de Colônia a dez anos em 1980.

List, Wilhelm (comandante do *Wehrmacht*, Sudeste): condenado pelo tribunal militar americano à prisão perpétua. Libertado mediante laudo médico em 1951.

Löhr, Alexander (Grupo E do Exército, Sudeste): executado na Iugoslávia em 1945.

Lohse, Hinrich (*Reichskommissar*, Ostland): condenado pela corte de desnazificação a dez anos. Libertado por causa de problemas de saúde em 1951. Pensão anulada em 1955. Morto em 1964.

Lorenz, Werner (VOMI): condenado pelo tribunal militar americano a vinte anos. Sentença reduzida para quinze anos pelo Conselho de Indulto.

Lorković, Mladen (ministro das Relações Exteiores, Croácia): expurgado e executado pelo governo croata em 1944.

Lörner, Georg (WVHA): condenado à morte pelo tribunal militar americano. Comutação de pena concedida pelo tribunal para prisão perpétua, posteriormente reduzida pelo Conselho de Indulto para quinze anos. Após ser solto, absolvido pela corte de desnazificação da Baviera em 1954.

Lörner, Hans (WVHA): condenado pelo tribunal militar americano a dez anos. Sentença reduzida pelo Conselho de Indulto para tempo cumprido em 1951.

Losacker, Ludwig (Generalgouvernement): presidente da Diretoria, Deutsches Industrie Institut, Colônia.

Lösener, Bernhard (Ministério do Interior): testemunha de acusação. Libertado em 1949. *Oberfinanzdirektor*, Colônia. Morto em 1952.

Löser, Ewald (Krupp): condenado pelo tribunal militar americano a sete anos. Sentença reduzida para tempo cumprido pelo Conselho de Indultos em 1951.

Ludin, Hanns Elard (ministro na Eslováquia): condenado à morte na Tchecoslováquia em 1946.

Luther, Martin (Ministério das Relações Exteriores): expurgado. Morto em um campo de concentração.

Mach, Šaňo (ministro do Interior, Eslováquia): condenado na Tchecoslováquia a trinta anos.

Mackensen, Eberhard von (comandante em Roma): condenado à morte pela corte britânica. Libertado em 1952.

Manstein, Erich von (comandante, 11° Exército): condenado pela corte britânica a dezoito anos. Sentença reduzida para doze anos. Libertado em 1952. Consultor informal do Ministério da Defesa da Alemanha Ocidental durante os anos seguintes.

Markl, Hermann (promotor do caso Katzenberger sobre poluição racial): Voltou ao judiciário da Baviera em 1951; *Oberlandesgerichtsrat* em 1955.

Massute, Erwin (Ostbahn): Professor, colégio técnico de Hannover, 1949.

Meisinger, Josef (comandante da Polícia de Segurança, Distrito de Varsóvia): condenado à morte na Polônia em 1947 e executado.

Mengele, Josef (médico em Auschwitz): Fugiu para a Argentina. Pedido de extradição da Alemanha Ocidental é negado pelo governo argentino. Foi para o Paraguai em 1959 e, em seguida, para o Brasil. Um corpo exumado em 1985 no Brasil foi identificado como o de Mengele. Acredita-se que a morte tenha ocorrido em 1979.

Merten, Max (chefe da administração militar, Salônica): advogado ativo após a guerra. Retornou para a Grécia como representante de uma agência de viagens; ali foi preso e condenado a 25 anos em 1959. Libertado antes da celebração do acordo de indenização entre Alemanha Ocidental e Grécia no mesmo ano.

Meyer, Alfred (Ministério do Leste): suicídio em 1945.

Meyszner, August (comandante da polícia e da Alta ss, Sérvia): executado na Iugoslávia em 1947.

Michel, Elmar (administração militar, França): *Ministerialdirektor*, Ministério da Economia. Diretor do Conselho, Salamander A. G.

Milch, Erhard (Aeronáutica e Jägerstab): condenado pelo tribunal militar americano à prisão perpétua. Pena reduzida pelo Conselho de Indulto para quinze anos. Libertado em 1954. Aposentado.

Möckel, Karl (administração de Auschwitz): condenado à morte na Polônia em 1947.

Mrugowsky, Joachim (diretor, Instituto de Higiene, ss): condenado à morte pelo tribunal militar americano e executado em 1948.

Müller, Erich (Construção de artilharia de Krupp): condenado pelo tribunal militar americano a doze anos. Sentença reduzida pelo Conselho de Indulto para tempo cumprido, 1951.

Müller, Heinrich (rsha): desaparecido.

Müller, Johannes (comandante da Polícia de Segurança, distritos de Varsóvia e Lublin): Morreu na prisão enquanto aguardava julgamento em 1961.

Mummenthey, Karl (wvha): condenado pelo tribunal militar americano à prisão perpétua. Pena reduzida pelo Conselho de Indulto para doze anos

Naumann, Erich (comandante do *Einsatzgruppe* B): condenado à morte pelo tribunal militar americano e executado em 1951.

Naumann, Karl (*Generalgouvernement*): *Landrat* em Holzminden, 1952-1958. Presidente, Liga das Grandes Famílias da Alemanha.

Nebe, Artur (rsha): supostamente expurgado e executado, 1944-1945.

Nedić, Milan (chefe do governo sérvio): suicídio.

Neubacher, Hermann (prefeito de Viena e plenipotenciário da Economia, Sudeste): Condenado na Iugoslávia a doze anos de trabalhos pesados. Anistiado após sete anos. Empregado na Austrian Airlines, 1958. Morto em 1960.

Neurath, Konstantin von (ministro das Relações Exteriores e *Reichsprotektor*): condenado pelo Tribunal Militar Internacional a quinze anos. Libertado em 1954.

Nosske, Gustav (*Einsatzgruppe* D): condenado pelo tribunal militar americano à prisão perpétua. Pena reduzida pelo Conselho de Indulto para dez anos.

Novak, Franz (rsha): condenado em Viena a oito anos em 1964. Novo julgamento em 1966 terminou em absolvição. Julgado novamente em 1969 e condenado a nove anos. Quarto julgamento ocorreu em 1972 e a sentença final foi de sete anos.

Oberg, Karl (comandante da ss e da polícia, Radom, comandante da Alta ss e da polícia, França): condenado à morte na França em 1954. Comutação em 1958. Libertado em 1962. Morto na Alemanha Ocidental em 1965.

Oberhauser, Josef (Bełżec): condenado por uma corte de Munique a quatro anos e seis meses em 1965.

Ohlendorf, Otto (comandante do *Einsatzgruppe* D): condenado à morte pelo tribunal militar americano e executado em 1951.

Ott, Adolf (*Einsatzgruppe* B): condenado à morte pelo tribunal militar americano. Comutação de pena pelo Conselho de Indulto para prisão perpétua. Libertado em 1958.

Paersch, Fritz (*Generalgouvernement*): Landeszentralbank von Hessen, Frankfurt, 1961.

Panzinger, Friedrich (RSHA): libertado de cativeiro soviético em 1955. Teve um colapso e morreu em um apartamento em Munique quando foi preso pela polícia alemã em 1959.

Pavelić, Ante (chefe do Estado croata): na Argentina até 1957. Morreu em Madrid em 1959.

Pemsel, Max Joseph (chefe do gabinete do comandante geral da Sérvia): comandante, Distrito Militar IV, Exército da Alemanha Ocidental durante a década de 1950. Comandante, 2º Corpo do Exército, 1961.

Pfannenstiel, Wilhelm (professor, Marburg an der Lahn): Autoridades alemãs começaram as investigações em Marburg em 1950. Aparentemente não julgado.

Pfundtner, Hans (*Staatssekretär*, Ministério do Interior): suicídio em 1945.

Pleiger, Paul (Fábricas Hermann Göring): condenado pelo tribunal militar americano a quinze anos. Pena reduzida pelo Conselho de Indulto para nove anos.

Pohl, Oswald (WVHA): condenado à morte pelo tribunal militar americano e executado em 1951.

Pokorny, Adolf (autor do plano de esterilização): absolvido pelo tribunal militar americano.

Pook, Hermann (WVHA): condenado pelo tribunal militar americano a cinco anos. Sentença reduzida pelo Conselho de Indulto a tempo cumprido em 1951.

Pradel, Johannes (RSHA): oficial de polícia em Hannover, onde foi preso em janeiro de 1961.

Prützmann, Hans (comandante da polícia e da Alta ss, Ucrânia): suicídio em 1945.

Puhl, Emil (Reichsbank): Condenado pelo tribunal militar americano a cinco anos. *Vorstand*, Hamburger Kreditbank A. G., 1961.

Rademacher, Franz (Ministério das Relações Exteriores): na firma de cigarros Reemtsma. Condenado pela corte alemã em Nuremberg a três anos e cinco meses em 1952. Pagou fiança e fugiu para a Síria no mesmo ano. Preso na Síria por atos envolvendo assuntos árabes, em 1963. Retornou voluntariamente para a Alemanha em 1966. Condenado a cinco anos pela corte de Bamberg, em 1968, mas libertado em virtude da saúde fraca. Morreu em 1973.

Radetzky, Waldemar von (*Einsatzgruppe* B): condenado pelo tribunal militar americano a vinte anos. Pena reduzida pelo Conselho de Indulto a tempo cumprido em 1951.

Rahm, Karl (comandante de Theresienstadt): julgado em Leitmeritz, Tchecoslováquia, em 1947. Condenado à morte e executado.

Rahn, Rudolf (em missão do Ministério das Relações Exteriores na França, representante do Ministério das Relações Exteriores na África do Norte, embaixador na Itália): desnazificado em 1950. Secretaria-geral, Coca-Cola Company, Essen.

Rapp, Albert (*Einsatzgruppe* B): condenado pela corte de Essen à prisão perpétua em 1965.

Rasch, Otto (comandante do *Einsatzgruppe* C): indiciado pelo tribunal militar americano. Muito doente para ser julgado.

Rasche, Karl (Dresdner Bank): condenado pelo tribunal militar americano a sete anos. Libertado em 1950.

Rascher, Sigmund (médico pesquisador, Dachau): expurgado. Supostamente fuzilado em Dachau, em 1945.

Rauff, Walter (RSHA): supostamente no Chile em 1963, onde morreu em 1984.

Rauter, Hanns Albin (comandante da polícia e da Alta SS, Holanda): condenado à morte na Holanda e executado em 1949.

Reeder, Eggert (chefe da Administração Pública, Bélgica): condenado em Bruxelas a vinte anos, 1951. Libertado no mesmo ano.

Reichenau, Walter von (comandante do 6º Exército e comandante do Grupo Sul do Exército): Morto em 1942.

Reinecke, Hermann (OKW): condenado pelo tribunal militar americano à prisão perpétua. Libertado em 1954. Morto em 1963.

Reinhardt, Hans (comandante, Grupo Panzer 3, Grupo Central do Exército): condenado pelo tribunal militar americano a quinze anos.

Rendulic, Lothar (comandante, 52ª Divisão de Infantaria, front russo): condenado pelo tribunal militar americano a vinte anos. Pena reduzida pelo Conselho de Indulto para dez anos. Libertado em 1952.

Ribbentrop, Joachim von (ministro das Relações Exteriores): condenado à morte pelo Tribunal Militar Internacional e enforcado em 1946.

Richter, Erich (Ostbahn): Bundesbahnoberrat, Nuremberg, 1964.

Richter, Gustav (especialista da ss em deportação na Romênia): em Stuttgart, 1959.

Rintelen, Emil von (Ministério das Relações Exteriores): ativo na escola de diplomacia em Speyer.

Ritter, Karl (Ministério das Relações Exteriores): condenado pelo tribunal militar americano a quatro anos, mas não por atos antissemitas.

Roques, Karl von (comandante, Retaguarda do Grupo Sul do Exército): condenado pelo tribunal militar americano a vinte anos. Morto em 1949.

Rose, Gerhard (Robert Koch Institute/Divisão de Medicina Tropical): condenado pelo tribunal militar americano à prisão perpétua. Pena reduzida pelo Conselho de Indulto a quinze anos.

Rosenberg, Alfred (ministro do Leste): condenado à morte pelo Tribunal Militar Internacional e enforcado em 1946.

Rossum, Fritz (Oberfeldkommandant, Varsóvia): aposentado em Düsseldorf.

Rothaug, Oswald (Judiciário): condenado pelo tribunal militar americano à prisão perpétua. Pena reduzida pelo Conselho de Indulto a vinte anos. Aposentado.

Rothenberger, Curt (Ministério da Justiça): condenado pelo tribunal militar americano a sete anos. Aposentado.

Röthke, Heinz (Polícia de Segurança, França): Trabalhos jurídicos em Wolfsburg. Morto em 1968.

Ruehl, Felix (Einsatzgruppe D): condenado pelo tribunal militar americano a dez anos. Sentença reduzida pelo Conselho de Indulto a tempo cumprido.

Rundstedt, Karl von (comandante, Grupo Sul do Exército): mantido na zona britânica para julgamento em 1948. Proclamado muito doente para ser julgado, 1949. Libertado em seguida e aposentado com uma pensão de aproximadamente 2 mil marcos alemães por mês, em 1951. Morreu em 1953.

Rust, Bernard (ministro da Educação): suicídio em 1945.

Salmuth, Hans von (comandante do XXX Corpo do Exército, 11º Exército, e comandante do 2º Exército, Grupo Central do Exército): condenado pelo tribunal militar americano a vinte anos. Pena reduzida pelo Conselho de Indulto para doze anos. Libertado, 1953. Morto em 1962.

Sammern-Frankenegg, Ferdinand von (comandante da polícia e da Alta ss, Varsóvia): assassinado na Iugoslávia em 1944.

Sandberger, Martin (*Einsatzgruppe* A): condenado à morte pelo tribunal militar americano. Comutação da sentença pelo Conselho de Indulto para prisão perpétua. Libertado em 1953.

Sauckel, Fritz (plenipotenciário do Trabalho): condenado à morte pelo Tribunal Militar Internacional e enforcado em 1946.

Schacht, Hjalmar (Reichsbank): absolvido pelo Tribunal Militar Internacional em 1946. Parado em um voo internacional em Lod, Israel, mas caminhou para o terminal sem ser perturbado, 1951.

Schäfer, Emanuel (BdS, Sérvia): condenado pela corte de desnazificação a um ano e nove meses. Em seguida, condenado pelo tribunal penal alemão a mais seis anos e seis meses.

Scheide, Rudolf (WVHA): absolvido pelo tribunal militar americano.

Schellenberg, Walter (RSHA): condenado pelo tribunal militar americano a seis anos, mas não por atos antissemitas. Libertado após cumprimento da pena. Morreu na Itália em 1952.

Schelp, Fritz (Reichsbahn): presidente, Bundesbahndirektion Hamburg, 1950. Membro do *Vorstand*, Bundesbahn, 1952.

Schimana, Walter (comandante da polícia e da Alta ss, Atenas): Morto em 1948.

Schirach, Baldur von (*Reichsstatthalter* de Viena): condenado pelo Tribunal Militar Internacional a vinte anos.

Schlegelberger, Franz (Ministério da Justiça): condenado pelo tribunal militar americano à prisão perpétua. Obteve liberdade condicional médica após recomendação do Conselho de Indulto, 1951.

Schmelter, Fritz (Ministérios de Armamentos): Deutsche Industriefinanzierungs–A. G. Frankfurt, 1964.

Schmid, Theodor (*Ostbahn*): *Bundesbahnoberrat.*

Schmidt, Paul Karl (diretor de Imprensa do Ministério das Relações Exteriores): autor de best-sellers sobre a Segunda Guerra Mundial sob o pseudônimo Paul Carell.

Schmitz, Hermann (I. G. Farben): condenado pelo tribunal militar americano a quatro anos, mas não por atos antissemitas. Presidente da *Aufsichtsrat*, Rheinische Stahlwerke, 1955.

Schnitzler, Georg von (I. G. Farben): condenado pelo tribunal militar americano a cinco anos.

Schobert, Ritter von (comandante, 11º Exército): morto em ação, 1941.

Schöngarth, Karl (BDS no *Generalgouvernement* e BDS na Holanda): condenado à morte pela corte britânica em 1946.

Schreiber, Walter (Serviços Médicos do Exército): em contrato de 180 dias na Escola de Medicina de Aviação da Força Aérea em Randolph Field, San Antonio, Texas. Quando o contrato terminou, foi demitido pelo secretário Thomas K. Finletter em virtude de acusações relacionadas a experimentos médicos feitos por grupo de médicos de Boston, em 1952.

Schröder, Oskar (Serviço Médico da Força Aérea): condenado pelo tribunal militar americano à prisão perpétua. Sentença reduzida pelo Conselho de Indulto para quinze anos.

Schubert, Heinz Hermann (*Einsatzgruppe* D): condenado à morte pelo tribunal militar americano. Comutação de pena requerida pelo Conselho de Indulto para dez anos. Libertado em 1951.

Schulz, Erwin (*Einsatzgruppe* C): condenado pelo tribunal militar americano a vinte anos. Comutação de pena requerida pelo Conselho de Indulto para quinze anos. Libertado em 1954. Aposentado. Morto em 1981.

Schumann, Horst (médico em Auschwitz): exercendo a profissão em clínica particular. Fugiu da Alemanha em 1951. No Sudão, 1955-1959, e, em seguida, em Gana. Extraditado para a Alemanha Ocidental em 1966. Julgado em 1970-1971, mas não houve condenação por causa da saúde fraca. Libertado em 1972. Morreu em 1983.

Schweinoch, Werner (*Ostbahn*): *Bundesbahnoberinspektor*, 1964.

Seibert, Willi (*Einsatzgruppe* D): condenado à morte pelo tribunal militar americano. Comutação de pena requerida pelo Conselho de Indulto para quinze anos.

Seidl, Siegfried (comandante de Theresienstadt): condenado à morte pela corte austríaca em 1946.

Seyss-Inquart, Artur (*Reichskommissar*, Holanda): condenado à morte pelo Tribunal Militar Internacional e enforcado em 1946.

Siebert, Friedrich Wilhelm (*Generalgouvernement*): condenado na Polônia a doze anos.

Sievers, Wolfram (Ahnenerbe): condenado à morte pelo tribunal militar americano e executado em 1948.

Sima, Horia (comandante da Guarda de Ferro): na Espanha em 1964.

Simon, Gustav (chefe de Administração Pública, Luxemburgo): preso em 1945. Suicidou-se.

Six, Franz (*Vorkommando* Moskau): condenado pelo tribunal militar americano a vinte anos. Comutação de pena requerida pelo Conselho de Indulto para dez anos. Libertado em 1952. Em seguida, diretor de promoção de vendas na Porsche-Diesel-Motoren GmbH. Morto em 1975.

Sollmann, Max (Lebensborn): condenando pelo tribunal militar americano à pena cumprida por ter feito parte de uma organização criminosa.

Sommer, Karl (WVHA): condenado à morte pelo tribunal militar americano. Comutação de pena requerida pelo governador militar; em seguida, reduzida para vinte anos pelo Conselho de Indulto.

Speer, Albert (Ministro de Armamentos): condenado pelo Tribunal Militar Internacional a vinte anos em 1946.

Speidel, Hans (chefe da Casa Civil, comandante militar, França, 1940-1942): comandante das forças terrestes da OTAN, Europa Central, meados da década de 1950.

Speidel, Wilhelm (comandante militar, Grécia): condenado pelo tribunal militar americano a vinte anos, mas não por atos antissemitas. Comutação de pena para tempo cumprido requerida pelo Conselho de Indulto, em 1951.

Sporrenberg, Jakob (comandante da ss e da polícia, Lublin): condenado à morte na Polônia em 1950. Executado.

Stahlecker, Franz Walter (comandante do *Einsatzgruppe* A): morto em ação em 1942.

Stangl, Franz (comandante de Treblinka): fugiu para a Itália e, com a ajuda do bispo Hudal, para Damasco, em 1948. No Brasil, 1951-1967. Extraditado e condenado em Düsseldorf à prisão perpétua, em 1970. Morreu em 1971.

Steengracht van Moyland, Adolf (Ministério das Relações Exteriores): condenado pelo tribunal militar americano a sete anos. Pena reduzida pelo tribunal para cinco anos pela retirada da acusação de agressão. Libertado em 1950.

Steimle, Eugen (*Einsatzgruppe* B): Condenado à morte pelo tribunal militar americano. Comutação de pena para vinte anos requerida pelo Conselho de Indulto. Libertado em 1954.

Steinbrinck, Otto (Mitteldeutsche Stahlwerke): condenado pelo tribunal militar americano a cinco anos, mas não por atos antissemitas.

Stier, Walther (*Ostbahn*): *Amtsrat*. Administração Central do Bundesbahn, Frankfurt, 1963. Em seguida, *Bundesbahndirektor*.

Strauch, Eduard (*Einsatzgruppe* A): condenado à morte pelo tribunal militar americano. Extraditado para a Bélgica e novamente condenado à morte. Execução adiada em virtude da insanidade do acusado.

Strauss, Adolf (comandante, 9° Exército, Grupo Central do Exército): mantido na zona britânica para julgamento, em 1948. Proclamado muito doente para ser julgado, em 1949.

Streckenbach, Bruno (RSHA): condenado na URSS a 25 anos. Libertado em 1955. Investigado em Hamburgo. Morto em 1977.

Streicher, Julius (editor, *Der Stürmer*): Condenado à morte pelo Tribunal Militar Internacional e enforcado em 1946.

Stroop, Jürgen (comandante da ss e da polícia, Varsóvia): condenado à morte na Polônia e executado em 1951.

Stuckart, Wilhelm (Ministério do Interior): condenado pelo tribunal militar americano a tempo cumprido em virtude do estado de saúde. Multado em 500 marcos alemães pela corte de desnazificação. Tesoureiro municipal de Helmstedt, depois diretor do Instituto para a Promoção da Economia da baixa Saxônia. Morto em um acidente automobilístico em 1953.

Stülpnagel, Heinrich von (comandante, 7º Exército e comandante militar na França): expurgado e executado em 1944.

Stülpnagel, Otto von (comandante militar, França): suicidou-se em uma prisão na França em 1948.

Szálasi, Ferenc (chefe de Estado da Hungria): executado na Hungria, 1946.

Sztójay, Döme (primeiro-ministro da Hungria): executado na Hungria, 1946.

Ter Meer, Fritz (I. G. Farben): condenado pelo tribunal militar americano a sete anos. Libertado em 1950. Vice-presidente, T. G. Goldschmidt A. G., Essen; *Aufsichtsrat*, Bankverein Westdeutschland A. G., Düsseldorf; *Aufsichtsrat*, Düsseldorfer Waggonfabrik, 1955.

Thadden, Eberhard von (Ministério das Relações Exteriores): indiciado pela corte alemã em Nuremberg em 1948. Fugiu para Colônia, onde o procurador do Estado recusou a extradição, 1949 e 1950. Ainda em Colônia em 1953. Morreu em um acidente de carro em 1964 enquanto ainda estava sendo investigado.

Thierack, Otto (ministro da Justiça): suicídio em 1946.

Thomas, Georg (OKW/WI RÜ): expurgado e preso em Buchenwald. "Liberado" lá pelos Aliados em 1945. Morreu em 1946.

Thomas, Max (BDS Ucrânia): provavelmente se suicidou em 1945.

Tiso, Jozef (presidente da Eslováquia): protegido pelo cardeal Faulhaber em um monastério na Baviera, maio de 1945. Pego pelos americanos e extraditado para a Tchecoslováquia em novembro de 1945, onde foi executado em 1947.

Tschentscher, Erwin (WVHA): condenado pelo tribunal militar americano a dez anos. A pedido do Conselho de Indulto, teve a pena reduzida para tempo cumprido, 1951.

Tuka, Vojtech (primeiro-ministro da Eslováquia): condenado à morte na Tchecoslováquia em 1946.

Turner, Harald (gabinete do governador militar, Sérvia): condenado à morte na Iugoslávia em 1947.

Vallat, Xavier (Comissário francês/judeus): pena de dez anos na França em 1947. Libertado pelo ministro da Justiça René Mayer em 1950. Morreu em 1972.

Veesenmayer, Edmund (ministro na Hungria): condenado pelo tribunal militar americano a vinte anos. A pedido do Conselho de Indultos, teve a pena reduzida para dez anos. Comercialmente ativo em Darmstadt em 1961.

Verbeck, Franz Heinrich (*Ostbahn*): *Bundesbahndirektor.*

Vialon, Friedrich (Ostland): ministro das Finanças, 1950-1958; gabinete do chanceler, 1958-1962; *Staatssekretär*, ministro da Cooperação Econômica (*Wirtschaftliche Zusammenarbeit*), 1962-1966.

Volk, Leo (wvha): condenado pelo tribunal militar americano a dez anos. Pena reduzida para oito anos a pedido do Conselho de Indulto.

Wächter, Otto (governador da Galícia): morreu em Roma no Hospital Santo Spirito sob proteção do bispo Alois Hudal em 1949.

Wagner, Eduard (*Generalquartiermeister* do Exército): suicídio em julho de 1944.

Wagner, Horst (Ministério das Relações Exteriores): mandato de prisão expedido pelas autoridades alemãs em 1949. Fugiu para a Espanha e depois para a Itália. Processos de extradição da Itália começaram em 1953, mas fracassaram. Posteriormente, retornou à Alemanha. Preso após entrar com um pedido de aposentadoria e solto mediante o pagamento de uma fiança de 80 mil marcos, abril de 1960. Não julgado. Morreu em 1977.

Wagner, Robert (*Reichsstatthalter* de Baden e chefe da Administração Pública na Alsácia): executado na França, 1946.

Walbaum, Jost (*Generalgouvernement*): extradição para a Polônia negada pelas autoridades da ocupação britânica, 1948-1949. Praticando medicina. Investigação na Alemanha Ocidental concluída em 1963 em julgamento.

Warlimont, Walter (okw): condenado pelo tribunal militar americano à prisão perpétua. Pena reduzida para dezoito anos mediante pedido do Conselho de Indulto.

Weichs, Maximilian von (comandante, 2º Exército, Grupo Central do Exército e comandante-chefe, Sudeste): indiciado no tribunal militar americano, mas foi considerado muito doente para ser julgado.

Weizsäcker, Ernst von (Ministério das Relações Exteriores): condenado pelo tribunal militar americano a sete anos. Pena reduzida pelo tribunal para cinco anos após retirada da acusação de agressão. Libertado em 1950. Morreu em 1951.

Wendler, Richard (governador do distrito da Cracóvia): advogado em Munique.

Werkmeister, Karl (Ministério das Relações Exteriores): embaixador na Suécia, 1963.

Westerkamp, Eberhard (Generalgouvernement): Secretaria do Estado, Ministério do Interior da Baixa Saxônia, 1956-1959. Prática de advocacia, 1960. Presidente, Cruz Vermelha Alemã da Baixa Saxônia.

Wetzel, Erhard (Ministério do Leste): Preso pelos soviéticos. Libertado em 1955. Ministerialrat na Baixa Saxônia. Aposentado em 1958. Posterior investigação da Alemanha Ocidental foi concluída sem julgamento.

Winkelmann, Otto (comandante da polícia e da Alta ss na Hungria): vereador em Kiel. Recorreu à sentença de revogação da aposentadoria em Schleswig-Holstein, em 1974.

Winkler, Max (Escritório Central de Tutela do Leste): exonerado pela corte de desnazificação em 1949.

Wisliceny, Dieter (especialista da ss em deportação na Eslováquia, Grécia e Hungria): executado na Tchecoslováquia em 1948.

Wöhler, Otto (11º Exército): condenado pelo tribunal militar americano a oito anos.

Wohlthat, Helmut (Gabinete do Plano Quadrienal): *Aufsichtsrat*, Farbenfabriken Bayer A. G., 1951.

Wolff, Karl (chefe da Assessoria Pessoal de Himmler): condenado pelo corte de desnazificação a tempo cumprido em 1949. Condenado pela corte penal em Munique a quinze anos em 1964. Libertado em 1971. Morreu em 1984.

Wörmann, Ernst (Ministério das Relações Exteriores): condenado pelo tribunal militar americano a sete anos. Pena reduzida pelo tribunal para cinco anos após retirada da acusação de agressão. Libertado em 1950. Morto em 1979.

Wurster, Karl (I. G. Farben): Absolvido pelo tribunal militar americano. Presidente, Badische Anilin e Sodafabrik, Ludwigshafen, 1951.

Zabel, Martin (Ostbahn): *Vizepräsident*, Bundesbahndirektion Kassel, 1964.

Zahn, Albrecht (Ostbahn): *Bundesbahndirektor* em Stuttgart.

Zimmermann, Herbert (kds, Białystok): suicídio em 1966.

Zirpins, Walter (Polícia Criminal, Łódź): *Polizeidirektor* em Hannover, onde foi preso em novembro de 1960. Processo interrompido em 1961.

Zöpf, Wilhelm (Polícia de Segurança, Holanda): condenado por uma corte de Munique a nove anos, 1967.

RESGATE

O resgate mais eficaz é aquele realizado antes de o ponto crítico ser alcançado. No caso dos judeus, isso significava a emigração antes da eclosão da guerra, mas essa migração foi limitada por dois fatores decisivos: o primeiro era a incapacidade dos judeus europeus de prever o futuro; o segundo, a limitação de instalações para receber os possíveis emigrantes. A maior parte do mundo não oferecia base econômica para uma vida nova e produtiva e os dois países que historicamente haviam sido os destinos mais viáveis para o deslocamento judeu, Estados Unidos e Palestina, encontravam-se sobrecarregados com restrições à entrada.[1]

Nos Estados Unidos, o número máximo de imigrantes a serem aceitos anualmente era fixado de acordo com a seguinte fórmula:

$$\frac{\text{Cota anual de pessoas admissíveis nascidas em um determinado país}}{150.000} = \frac{\text{População dos EUA em 1920 cuja "origem nacional" era traçada de modo a chegar a esse país}}{\text{População total de descendentes europeus nos EUA em 1920}}$$

Consequentemente, em 28 de abril de 1938, as "cotas de imigração de origem nacional" foram distribuídas conforme exposto a seguir:[2]

---

1 Ver carta de Albrecht (Ministério das Relações Exteriores, Divisão Jurídica) para Himmler sobre as leis de imigração nos Estados Unidos, Canadá, Brasil, Guatemala, El Salvador, Equador, Bolívia, África do Sul e Palestina, 10 de novembro de 1937, NG-3236. Para a política britânica de imigração, ver Louise London, *Whitehall and the Jew*, 1933-1948 (Cambridge, Inglaterra, 2000). Para a Austrália, ver Colin Golvan, *The Distant Holocaust* (Crows Nest, New South Wales, 1990).

2 Proclamação do presidente, 28 de abril de 1938, 8 USCA 211. No caso de cotas superiores a 300, não mais do que 10% da cota devia se esgotar em um mês. *Ibid.* O grupo dos não afetados pelo sistema de cotas incluía todos os imigrantes nascidos nos países da América, cônjuges ou filhos solteiros de cidadãos norte-americanos, residentes em retorno de visitas temporárias no exterior,

Grã-Bretanha	65.721
Alemanha (incluindo a Áustria)	27.370
Irlanda	17.853
Polônia	6.524
Itália	5.802
Suécia	3.314
Holanda	3.153
França	3.086
Tchecoslováquia	2.874
União Soviética	2.712
Noruega	2.377
Suíça	1.707
Bélgica	1.304
Dinamarca	1.181
Hungria	869
Iugoslávia	845
Finlândia	569
Portugal	440
Lituânia	386
Romênia	377
Todos os outros Estados sob o sistema de cotas	Menos de 300

Até 1939, os Estados Unidos representavam um refúgio disponível para judeus nascidos na Alemanha e na Áustria que quisessem emigrar e que tivessem como arcar com os custos de seu deslocamento (trem e navio). Naquele ano, a cota alemã recebeu um excesso de candidatos,[3] e muitos dos judeus nascidos na

---

ministros da Igreja (incluindo rabinos), professores, estudantes e mulheres que tinham perdido cidadania dos EUA por motivo de casamento, 8 USCA 204.

3 David S. Wyman, *Paper Walls* (Amherst, Mass., 1968), pp. 220-222. Ver também a discussão de Wyman sobre a recusa do Congresso em 1939 em aprovar uma lei para admitir 20 mil crianças, *ibid.*, pp. 67-98, e sua descrição de outros obstáculos da imigração dos Estados Unidos durante a crise 1938-1941, no mesmo volume. Para mais detalhes sobre a política dos EUA em relação aos judeus em situação de risco, ver Henry Feingold, *The Politics of Rescue* (New Brunswick, NJ, 1970) e David S. Wyman, *The Abandonment of the Jews* (Nova York, 1984).

Polônia, na área do Protetorado do Reich, e designados à cota muito menor da Polônia enfrentaram uma longa lista de espera.

Assim, os judeus dependiam também da Palestina. Aqui, todavia, deparavam-se com todas as dificuldades criadas pela política britânica no Oriente Médio. Os britânicos pensavam não apenas nos judeus, mas também nos árabes. Em caso de guerra, o apoio da comunidade judaica mundial estava assegurado, de uma forma ou de outra. Os judeus não podiam escolher lados; os árabes, sim. Essa consideração foi decisiva.

A ordem que o governo britânico havia recebido da Liga das Nações declarava, no Artigo 6, que "a Administração da Palestina, enquanto assegura que os direitos e posições de outros setores da população não sejam prejudicados, deve facilitar a imigração judia sob condições adequadas". Essas palavras permitiam interpretações diversas. Em 1922, o secretário colonial (Winston Churchill) interpretou a disposição ao considerar que

> Essa imigração não pode ter volume tão grande a ponto de exceder a capacidade econômica do país no momento da absorção dos recém-chegados. É essencial assegurar que os imigrantes não sejam um fardo para o povo da Palestina como um todo, e que eles não privem qualquer seção da população atual de seus empregos.[4]

Em conformidade com essa política, os britânicos permitiram a entrada irrestrita dos chamados capitalistas, isto é, judeus que possuíam certa quantidade de dinheiro em libra esterlina. Os trabalhadores, por outro lado, já não estavam livres para imigrar em números ilimitados.[5] Em maio de 1939, o Escritório Colonial agiu de modo a levar a migração de refugiados judeus à Palestina a uma conclusão. Em uma declaração de políticas que passou a ser conhecida como "Livro Branco", os britânicos declaravam que "O governo de Sua Majestade não entende [as declarações anteriores] como indicando uma obrigação, sempre e em todas as circunstâncias, a facilitar a imigração de judeus para a Palestina com base apenas na consideração da capacidade econômica do país". Havia chegado a hora de levar em conta também a situação política. A população árabe demonstrava "medo [...] generalizado da imigração judia ilimitada". Assim, a imigração judia deveria

---

4 Cmd. 1700.

5 Ver Albrecht para Himmler, 10 de novembro de 1937, NG-3236.

1390   A destruição dos judeus europeus

ser permitida a uma taxa de 10 mil por ano por apenas mais cinco anos. Ademais, "como contribuição à solução do problema dos refugiados judeus", 25 mil refugiados seriam aceitos assim que o Alto Comissariado estivesse satisfeito no sentido de que a provisão adequada para sua manutenção estivesse assegurada.[6]

O ano de 1939 foi, portanto, um ano de crise. O número de judeus implorando para fugir era maior do que o número que o mundo estava disposto a receber. No ano anterior à guerra, os judeus da área do Protetorado do Reich buscavam locais de refúgio em áreas que ofereciam pouca esperança de trabalho e subsistência. Cinquenta mil deles encontraram refúgio, pelo menos interinamente, na Grã-Bretanha. Milhares de famílias procuraram passagens para Cuba para esperar a cota de entrada nos Estados Unidos; outros milhares lotaram navios a caminho de Xangai, então ocupada pelos japoneses. Dezenas de milhares só conseguiram chegar à França, Bélgica e Holanda, onde a maioria foi alcançada pelos exércitos alemães em 1940. O quadro completo já não pode ser reconstruído com exatidão, pois os judeus passavam de um país ao outro, mas a tabela a seguir é uma lista aproximada, por área inicial de partida e destino final;

Origem[7]

Antigo Reich e Sudetos	320.000
Áustria	130.000
Boêmia-Morávia	25.000

---

6 Apresentação de políticas palestinas pelo secretário de Estado das Colônias ao Parlamento em maio de 1939, Cmd. 6019. A Comissão Permanente de Mandatos da Liga das Nações, por unanimidade, absteve-se de endossar o Livro Branco. Quatro membros da comissão consideraram que o documento era incompatível com o mandato. Três achavam que ele não estava de acordo com a interpretação prévia que a comissão tinha do mandato e que, dadas as circunstâncias, o Conselho devia ser consultado sobre a possibilidade de uma nova interpretação. O Conselho da Liga nunca se reuniu para analisar a questão.

7 Todas as estatísticas de emigração emanam de uma forma ou de outra da *Reichsvereinigung* em Berlim, do *Kultusgemeinde* em Viena e do *Gemeinde* em Praga. Ver o relatório consolidado dessas organizações para Eichmann, 14 de novembro de 1941, Instituto Leo Baeck, microfilme 66. O número total de emigrantes relatados até 31 de outubro de 1941 era de 539 mil. Este número é muito grande em virtude de (a) elevadas estimativas iniciais de populações judaicas sob a definição de Nuremberg; (b) a contagem dupla (retorno de emigrantes, idas do Antigo Reich para a Áustria e

Destino[8]

Estados Unidos	155.000
Palestina	70.000
Outros países fora do alcance alemão	Até 150.000
Países com ocupação alemã	Mais de 100.000

Com o início da guerra e da "solução final da questão judaica" na Europa, o problema da migração foi fundamentalmente alterado. Antes da guerra, os judeus faziam todas as tentativas para aguentar a situação, e os alemães aplicavam

---

Tchecoslováquia e da Áustria para a Tchecoslováquia) e (c) inclusão de deportações para a Polônia. Os dados não ajustados deste relatório foram, no entanto, utilizados por Heydrich na conferência de 20 de janeiro de 1942, NG-2586. Ver também Korherr para Himmler, 30 de abril de 1943, NO-5193; Comitê Judaico-Americano de Distribuição Conjunta, relatórios de 1939, 1940 e 1941; *American Jewish Yearbook*, 1950, p. 75; e Hans Lamm, "Über die Innere e Äussere Entwicklung des Deutschen Judentums im Dritten Reich" (Erlangen, 1951), mimeografado, pp. 209-245.

8 Ver as fontes na nota anterior. O relatório da *Reichsvereinigung*, de 14 de novembro de 1941, lista apenas destinos iniciais, e, para algumas áreas, os números parecem ser muito altos. Sobre a Grã-Bretanha como um refúgio, ver Bernard Wasserstein, *Britain and the Jews of Europe, 1939-1945* (Londres, 1979), pp. 9-11, 81-120. Sobre Xangai, ver David Kranzler, *Japanese, Nazis and Jews* (Nova York, 1976). No início, não havia restrições legais para chegadas na região de Xangai que compreendia o assentamento internacional, a Concessão Francesa e Hongkew (ex-parte japonesa do assentamento). Condições financeiras, elaboradas pelo Conselho Municipal do assentamento internacional, foram implementadas pela marinha japonesa em agosto de 1939. Cerca de 14 mil judeus do Protetorado do Reich e mais de mil judeus poloneses chegaram a Xangai. Após a 11ª Portaria de Cidadania do Reich e a entrada japonesa na guerra contra os Estados Unidos e a Grã-Bretanha, a inflamada conferência de ligação imperial japonesa decidiu sobre a "vigilância rigorosa" dos judeus na esfera de poder do Japão, mas somente em fevereiro 1943 um gueto foi estabelecido em Hongkew. Refugiados judeus que já não residiam ali tiveram de se mudar, mas os chineses e outros não precisaram sair. *Ibid.*, particularmente pp 90-91, 114-117, 232-239, 267-274, 480-483, 488-493, 605-609, 620-624. Sobre a reação alemã a sentimentos anteriores pró-judeus pelos japoneses, ver correspondência do partido em abril de 1939, documento YIVO G-231. Relatórios alemães de movimentos antissemitas japoneses em *Die Judenfrage*, 1º de julho e 1º de outubro de 1942, pp. 144, 202-205. O contínuo interesse do Ministério das Relações Exteriores da Alemanha, na correspondência de agosto-novembro 1944, NG-3002. Para relatos de ex-detentos do gueto de Xangai, ver o dr. Felix Gruenberger (psiquiatra), "The Jews Refugees in Shanghai", *Jewish Social Studies* 12 (1950): 329-348, e declaração do dr. Emanuel Bergglas de 1962, *Yad Vashem Oral History*, 3226/216.

todas as pressões para induzir uma partida em massa dos judeus. Em 1941, todos os judeus da Europa dominada por alemães queriam migrar, mas a máquina de destruição alemã os mantinha cativos.

No exterior, o impasse entre a comunidade judaica mundial e os governos aliados havia se intensificado. Antes da guerra, os judeus podiam apenas argumentar que a emigração se fazia necessária para aliviar a miséria e a posição dos Aliados, por sua vez, baseava-se em "capacidades de absorção" e em "considerações políticas". Agora, o resgate havia se tornado para os judeus uma questão de vida ou morte. Se o círculo nazista não se abrisse e os judeus não fossem levados a um destino seguro, eles morreriam em números estarrecedores conforme a catástrofe se tornasse mais acelerada. O governo britânico e seus auxiliares não se moveram a ponto de adotar uma posição drástica acerca desse cenário. Os velhos motivos para barrar a entrada de judeus na Palestina se tornaram ainda mais fortes e o velho argumento relacionado à situação política havia sido reforçado pela guerra. Todavia, é sugestivo que a dicotomia entre as posições dos judeus e dos Aliados não houvesse sido clara desde o início. Os judeus foram muito lentos em reagir ao desafio. Quando o aparato de suas organizações foi finalmente acionado em prol das vítimas na Europa, a liderança judaica, já confrontada com milhões de mortos, estava preparada para fazer pouco mais do que salvar aqueles que já estavam salvos.

Os judeus não previram, de forma alguma, a "solução final". Quando se deram conta dos fatos, o desastre já caíra sobre eles. No verão de 1942, todavia, o volume de deportações e assassinatos havia superado, de longe, os limites dentro dos quais uma operação podia ser mantida secreta ao mundo. Sinais, rumores e relatos começavam a se acumular em agências de informações em lugares bastante distantes uns dos outros.

Mesmo assim, esses sinais não foram plenamente considerados. Quando as mensagens chegavam a organizações judias na Palestina, Grã-Bretanha ou Estados Unidos, elas caíam em mãos incertas. Os judeus não haviam criado um aparelho central de inteligência próprio. Como recebedores passivos de dados, não acumulavam conhecimentos ou estudavam documentos em busca de pistas sobre o cenário mais amplo. Assim, cada nova comunicação lhes chegava como uma surpresa, mesmo em 1944. As agências de inteligência dos Aliados estavam em posição melhor para reunir e avaliar informações; por outro lado, não tinham disposição e o senso de urgência necessário para lidar com o destino dos judeus. Consequentemente, ou eram muito lentas em avaliar e disseminar o material que tinham em mãos, ou simplesmente não faziam nada.

Um diagnóstico corrente do desastre não sirgiria a tempo sem um efetivo esforço de inteligência *a priori* voltado à aquisição de evidências precisas das principais ações alemãs contra os judeus. Não foram feitas relações críticas entre os fatos, e implicações foram ignoradas. O processo de destruição era observável principalmente em partes: fuzilamentos, deportações e campos. Pelo menos no início, as operações de fuzilamento eram percebidas como incidentes de chacinas e massacres. As deportações eram consideradas desaparecimentos; os campos, uma forma violenta de utilização de trabalho. Somente no final a verdadeira natureza desses fenômenos se tornou evidente.

A seguir estão alguns dos relatos mais significativos recebidos pela imprensa, por organizações judaicas e por governos aliados, em conjunto com as reações que eles causaram. Em todo o processo é possível notar que as descobertas, quando publicadas, raramente eram consideradas dignas de primeira página.

Durante o verão de 1941 e intermitentemente após ele, a Code and Cypher School do governo britânico interceptou e decifrou mensagens de rádio em que constavam relatórios de fuzilamentos da Polícia de Ordem na União Soviética ocupada. Entre essas mensagens, que frequentemente mencionavam judeus, estavam as seguintes:

Um relatório da Brigada da Cavalaria da ss, de 17 de agosto de 1941, de 7.819 "execuções" na área de Minsk;
Um relatório resumido, no mesmo dia, enviado por von dem Bach, apontando 30 mil fuzilamentos;
Dezessete relatos, entre 23 e 31 de agosto de 1941, de fuzilamentos de judeus em grupos que variavam de 61 a 4.200 no setor sul;
Um relato de 12 de setembro de 1941, do Regimento Sul da polícia, do fuzilamento de 1.255 judeus em Ovruch.

Interceptações de mensagens da polícia alemã eram regularmente enviadas à seção de Inteligência Militar sobre a Alemanha (MI 14) e resumos semanais eram apresentados ao primeiro-ministro.[9]

---

9 F. H. Hinsley, *British Intelligence in the Second World War*, vol. 2 (Nova York, 1981), pp. 669-673. A escola também interceptou uma ordem de Daluege de 13 de setembro de 1941, alertando os comandantes de campo para usar os correios, em vez do rádio, para tais relatórios. *Ibid*.

Em 1º de março de 1942, o dr. Henry Shoskes (Chaim Szoszkies), líder judeu que havia deixado Varsóvia no início da ocupação alemã, apresentou números detalhados das mortes nos guetos da Polônia. A média mensal, ele afirmava, era de 10 mil.[10]

De Lisboa, o Escritório de Serviços Estratégicos recebeu um relato datado de 20 de junho de 1942 que começava com as seguintes palavras: "A Alemanha não está mais perseguindo os judeus. Ela os está exterminando sistematicamente". A informação vinha de um oficial britânico que havia escapado do cativeiro ao se esconder no gueto de Varsóvia no início de junho. O oficial falava de sujeira e desnutrição. "As crianças morrem de fraqueza". Também menciona uma "milícia judia de vermes humanos". Então fala que Himmler havia visitado Frank em abril para lhe dizer que os judeus não estavam desaparecendo de forma suficientemente rápida para agradar o Führer e que as ordens eram de "incisivo extermínio" de todos os judeus até uma data especificada. Um experimento acelerado havia sido encomendado em Lublin, "onde, por algum tempo, trens lotados eram levados diariamente à estação de Sobibór, nos subúrbios, e dali a uma área isolada, onde eram fuzilados". Camponeses deixaram as fazendas nos arredores por conta do mal cheiro que emanava dos cadáveres mal enterrados.[11]

Durante julho do mesmo ano, logo após os bastante públicos assentamentos de judeus em Paris e Varsóvia durante julho, notícias de grande importância foram recebidas na Suíça. Três alemães sem contato um com o outro disseminaram a informação entre seus conhecidos. Um dos visitantes era Ernst Lemmer, correspondente de um jornal. Lemmer falou sobre as câmaras de gás, tanto fixas quanto móveis, mas ele não era considerado digno de confiança.[12]

O segundo, Artur Sommer, era um economista e vice-diretor da Seção de Estados Aliados e Neutros no Ministério da Economia do OKW/WI RÜ. Ele enviou uma nota a Edgar Salin, professor da Universidade de Basel, declarando que campos estavam sendo construídos no Leste para instalação de câmaras de gás, e insistiu para que a BBC transmitisse avisos diários. Salin entrou em contato com o presidente americano do Banco para Assentamentos Internacionais, Thomas

---

10 "Extinction Feared by Jews in Poland", *The New York Times*, 1º de março de 1942, p. 28.

11 Carta de Lisboa, 20 de junho de 1942, em National Archives, Record Group 226, Escritório de Serviços Estratégicos 26896.

12 Walter Laqueur, *The Terrible Secret* (Boston e Toronto, 1980), pp. 211-212.

McKittrick, que respondeu ter repassado a mensagem ao ministro americano em Berna, e que o ministro havia enviado, por telegrama, a mensagem a "Roosevelt". Tal mensagem não foi encontrada nos arquivos, mas Salin também discutiu a questão, sem mencionar o nome de Sommer, com Chaim Pozner, representante da Agência Judaica da Palestina na Suíça. Pozner informou Chaim Barlas, o representante da Agência Judaica em Istambul, de onde Pozner não recebeu notícia de qualquer outra transmissão.[13]

O terceiro informante era Eduard Schulte, de Breslau, Silésia, que comandava a companhia de mineração Bergwerksgesellschaft Georg von Giesche's Erben. Em 30 de julho de 1943, ele abordou um parceiro de negócios judeu, Isidor Koppelmann, que informou o assessor de imprensa da Comunidade Judaica, Benjamin Sagalowitz. Esse homem procurou o chefe de gabinete do Congresso Judaico Mundial em Genebra, Gerhart Riegner. Na ocasião, Riegner não teve acesso ao nome de Schulte. Conforme resumido por Riegner em um telegrama, o relato fazia referência a um plano discutido e estudado no quartel do Führer para a deportação de judeus europeus para o Leste, onde eles deveriam ser "exterminados com um único golpe" para resolver de uma vez por todas a questão judaica na Europa. Entre os métodos "em discussão" para uma ação planejada no outono estava o ácido cianídrico. Riegner acrescentou que estava transmitindo essa informação, "com todas as reservas necessárias, já que a exatidão não pode ser confirmada", mas que seu informante tinha ligações próximas com as mais altas autoridades alemãs e que seus relatos eram, em geral, confiáveis.[14] Sua mensagem foi

---

13 Edgar Salin, "Über Artur Sommer, den Menschen und List-Forscher", *Mitteilungen der List Gesellschaft*, vol. 6 (1967), pp. 81-90. Martin Gilbert, *Auschwitz and the Allies* (Nova York, 1981), pp. 42-44, 46, 56. Monty Penkower, *The Jews Were Expendable* (Urbana e Chicago, 1983), pp. 59-62, 66-67, 317, 319. Walter Laqueur em Laqueur e Richard Breitman, *Breaking the Silence* (Nova York, 1986), p. 264.

14 Ver memorando do vice-cônsul dos Estados Unidos em Genebra, Howard Elting, 8 de agosto de 1942, com o telegrama de Riegner anexado. Arquivos Nacionais dos Estados Unidos, grupo de registro 84, Missão diplomática americana em Berna, Arquivo confidencial 1942, Caixa 7, 840.1 J. Sobre a transmissão da mensagem de Schulte a Riegner, ver Richard Breitman e Alan M. Kraut, *American Refugee Policy and European Jewry, 1933-1945* (Bloomington, Ind., 1987), pp. 148-157, 279-281, e Gerhart Riegner, "Riegner Telegram", em Walter Laqueur, ed., *The Holocaust Encyclopedia* (New Haven, 2001), pp. 562-567.

enviada por telegrama, por meio dos consulados americano e britânico, ao rabino dr. Stephen Wise, nos Estados Unidos, e ao membro do Parlamento Sidney Silverman na Inglaterra. Silverman recebeu a informação; Wise, não. Silverman então a transmitiu ao rabino Wise, que, como líder mais proeminente dos judeus nos Estados Unidos, decidiu levá-la ao subsecretário de Estado, Sumner Welles. O subsecretário pediu-lhe para não divulgar a história antes de uma tentativa de confirmá-la.[15]

Enquanto o Departamento de Estado tentava verificar o conteúdo do telegrama de Riegner, relatos da catástrofe judaica multiplicavam-se na imprensa. A *Newsweek* apontou em 10 de agosto de 1942 que trens lotados de judeus de Varsóvia desapareciam em um "limbo negro".[16] Em 20 de agosto, o *The New York Times* citou o jornal francês *Paris Soir* do dia anterior para dizer que judeus da França estavam sendo deportados para a "Silésia Polonesa".[17] Em 5 de outubro de 1942, a *Jewish Telegraphic Agency* relatou deportações sistemáticas de judeus de Łódź que, segundo a agência, "são envenenados por gás".[18] A edição de novembro de 1942 da *Jewish Frontier*, publicada em Nova York, trazia uma descrição excepcionalmen-

---

15 Stephen Wise, *Challenging Years* (Nova York, 1949), pp. 274-275. Henry Morgenthau, Jr., "The Morgenthau Diaries VI – The Refugee Run-Around", *Collier's*, 1º de novembro de 1947, pp. 22-23, 62, 65. Morgenthau era então secretário do Tesouro dos Estados Unidos. Em 1942, o Departamento do Tesouro ainda não tinha sido informado de nada. Gilbert, *Auschwitz and the Allies*, pp 58-61.; Wasserstein, *Britain and the Jews of Europe*, pp. 168-169. Por outro lado, o FBI tinha a informação e a compartilhou em um telegrama para várias agências. Ver J. Edgar Hoover para o secretário de Estado adjunto Adolf Berle A., Jr., com cópia para o diretor da Inteligência Naval e para o general-brigadeiro Hayes P. Kroner, Inteligência Militar, 9 de setembro de 1942, Arquivos Nacionais, Grupo 165.77, Caixa 1191-Alemanha, Arquivo 3500. Na carta, Hoover afirma que também informou Elmer Davis, do Escritório de Informação da Guerra. Documentos obtidos com o gentil auxílio de John Ferrell, arquivista, Conselho do Memorial do Holocausto dos EUA.

16 *Newsweek*, 10 de agosto de 1942, p. 40.

17 *The New York Times*, 20 de agosto de 1942, p. 11. Ainda mais específica foi uma carta de Gisi Fleischmann, do Conselho Judaico de Bratislava, datada de 27 de julho de 1942, para o dr. Adolf Silberschein, chefe de uma organização judaica de resgate (Relico), em Genebra. Na carta, ela afirma que 60 mil judeus eslovacos, incluindo mulheres, crianças e bebês, haviam sido deportados, muitos deles para a parte oriental da Alta Silésia: Auschwitz. A carta foi subsequentemente entregue à Cruz Vermelha Internacional. Yad Vashem M 7/2-2.

18 Jewish Telegraphic Agency, *Daily News Bulletin*, Nova York, 6 de outubro de 1942, p. 4, NI-12321.

te detalhada do tratamento dos judeus em Chełmno (Kulmhof), incluindo dados sobre os ônibus de gás.[19] Em 23 de novembro, jornais hebraicos na Palestina, reagindo a relatos, apareceram com as bordas pretas.[20]

Foi nessa época que Wise, não mais restringido pelo Departamento de Estado, fez suas revelações.[21] Nos dias que se seguiram, novos artigos apareceram no *The New York Times,* embora nas páginas internas. Em 25 de novembro, o jornal trouxe um relato, com base em informações do governo polonês no exílio, que mencionava Bełżec, Sobibór e Treblinka. Além desse artigo, havia outro, publicado em Jerusalém, com detalhes sobre os prédios de concreto na antiga fronteira russa, usados como câmara de gás e sobre os crematórios em Oświęcim (Auschwitz). A mesma página continha também o número, apresentado pelo dr. Wise, de 2 milhões de judeus mortos.[22] No dia seguinte, o *The New York Times* citou o dr. Ignacy Szwarcbart, membro judeu do Conselho Nacional Polonês em Londres, afirmando que os judeus se tornavam vítimas do gás e que, em Bełżec, estavam sendo eletrocutados. A mesma edição do jornal citou o dr. Wise com números de "antes" e "depois" por país. O ácido cianídrico foi mencionado por Wise como tendo sido abandonado em favor de bolhas de ar, e os corpos, ele afirmava, estavam sendo usados para produção de gordura, sabão e lubrificante.[23]

Claramente, a divulgação dos fatos tinham levou vários meses. Um milhão de judeus foi vítima de câmaras de gás ou de fuzilamentos apenas durante esse período. No final, declarações precisas sobre aqueles eventos se misturaram a rumores de pessoas eletrocutadas e à produção de sabão.[24] Por mais impreciso e in-

---

19 "The Extermination Center", *Jewish Frontier*, novembro de 1942, pp. 15-16. A edição toda foi dedicada ao destino dos judeus. Sou grato a Marie Syrkin por chamar minha atenção para a publicação e por me enviar uma cópia.

20 *The New York Times*, 24 de novembro de 1942, p. 10.

21 Morgenthau, "The Morgenthau Diaries", *Collier's*, 1º de novembro de 1947.

22 *The New York Times*, 25 de novembro de 1942, p. 10. Tal número já havia sido divulgado no mesmo jornal no dia 3 de setembro de 1942, p. 5.

23 *Ibid.*, 26 de novembro de 1942, p. 16.

24 O rumor de choque elétrico se originou na área da Bełżec. Ver o depoimento de Wladislawa Göbel (uma descendente alemã que ali residia), 17 de dezembro de 1959, em Zentrale Stelle Ludwigsburg 8 AR-Z 256/59, 1 Js 278/60 (caso Bełżec), vol. 3, pp. 402-407. Rumores sobre a produção de sabão foram recebidos por Wise, no início de setembro de 1942. Feingold, *Politics of Rescue*, p. 170. O

completo que esse quadro fosse, ele constituía um esboço da aniquilação. Enfraquecidas, todavia, as organizações judaicas não conseguiam encontrar uma forma de lidar diretamente com aquilo. Qualquer ação independente contra os alemães era totalmente inconcebível. Assim a liderança judaica nos EUA se limitou a mobilizar apoio no governo e em sua própria comunidade de mesquitas. Dentro desse horizonte doméstico, grande parte da energia foi dedicada a uma campanha de alerta, que incluía protestos, passeatas, transmissões de rádio e propaganda. O ápice do esforço seria um encontro com Roosevelt. Depois de um mês de lobby, uma delegação de cinco homens foi recebida na Casa Branca em 8 de dezembro de 1942. Os líderes judaicos levaram dois memorandos: um deles, um resumo descritivo de vinte páginas similar aos conteúdos das matérias de jornais publicadas na época; o outro, um pequeno apelo pedindo ao presidente para advertir os nazistas e criar uma comissão que pudesse receber evidências para serem submetidas à "opinião pública". Roosevelt foi "cordial" e assegurou aos delegados que os memorandos receberiam "total consideração".[25]

---

assunto é mencionado também em nota (atribuída a uma carta do escritório da Agência Judaica em Genebra para o governo dos EUA, datada de 30 de agosto de 1942), pelo representante dos EUA no Vaticano, Myron C. Taylor, para o secretário de Estado, cardeal Maglione, 26 de setembro de 1942, *Foreign Relations 1942*, III, 775-776. Curiosamente, os rumores sobre a utilização dos corpos para fins comerciais fez o caminho inverso e voltou para a mesa de Himmler. Em 20 de novembro de 1942, o *Reichsführer*-ss anexou um relatório sobre um memorando de setembro discorrendo, justamente, sobre o assunto de Wise, em uma carta ao chefe da Gestapo, Müller. "Ambos sabemos (*Wir Wissen beide*)", disse Himmler, "que no decorrer do trabalho aumentou a mortalidade dos judeus. Müller devia se certificar de que todos esses judeus mortos (*verstorbene Juden*) fossem enterrados ou queimados. Qualquer uso indevido (*Missbrauch*) dos corpos devia ser relatado a Himmler imediatamente. Himmler para Müller, 20 de novembro de 1942, T 175, Rolo 68.

25 Textos de memorandos, 8 de dezembro de 1942; resumo da reunião do conselho diretivo do Congresso Judaico Americano, sob presidência de Maldwin Fertig, 12 de novembro de 1942; e resumo do conselho diretivo, presidido por Louis Lipsky, 10 de dezembro de 1942, todos obtidos no arquivo do conselho diretivo do Congresso Judaico Americano, através da cortesia do sr. Will Maslow, Congresso Judaico Americano. Foi prometido à delegação quinze minutos e ela recebeu 29, mas 23 foram usados pelo presidente para falar sobre temas diversos, incluindo a situação em regiões recém-liberadas do Norte da África. Relatório de Adolph Held, delegado da Comissão do Trabalho Judaica [8 de dezembro de 1942], em David Wyman, ed., *America and the Holocaust*

Tendo dado esse meio passo, os líderes judeus receberam parte do que pediam. Em 17 de dezembro de 1942, os governos aliados emitiram uma declaração intitulada "Política Alemã de Exterminação da Raça Judia", declarando que os perpetradores responsáveis "não deveriam escapar de retaliação".[26]

Quando o encarregado de negócios americanos no Vaticano, Harold H. Tittmann, perguntou a Maglione, cardeal secretário de Estado, se havia algo que a Santa Sé pudesse fazer "no mesmo sentido", a resposta foi que o papado era "incapaz de denunciar publicamente atrocidades particulares", mas só podia condenar atrocidades em geral. Fora isso, "todo o possível estava sendo feito em privado para aliviar a angústia dos judeus".[27] O papa pronunciou algumas palavras em público durante sua longa mensagem de Natal no final de 1942. Enquanto falava sobre os mortos de guerra, suas viúvas e órfãos, as vítimas dos ataques aéreos e os refugiados, incluiu um adágio sobre as "centenas de milhares" que, sem qualquer culpa e "às vezes apenas por conta de sua nacionalidade ou raça", eram "destinados à morte ou ao lento declínio".[28] A generalidade dessa linguagem tornou-se assunto de uma discussão específica entre o pontífice e Tittmann. Na ocasião, Pio XII alegou ter falado "de forma suficientemente clara" e ficado surpreso quando o americano lhe disse que havia pessoas que não compartilhavam da mesma convicção. Reiterando sua política, o papa então disse a Tittmann que, ao se referir às atrocidades, não podia mencionar os nazistas sem, ao mesmo tempo, citar os bolcheviques.[29]

(Nova York, 1990), vol. 2, pp. 72-74. Por outro lado, os delegados judeus, intimidados, não tiveram muito a dizer.

26 Release do Departamento de Estado, 17 de dezembro de 1942, em *International Conference on Military Trials*, pp. 9-10. Para o rascunho original da declaração britânica, com alterações feitas pelos Estados Unidos e pela União Soviética, consultar correspondência datada de 7 a 17 de dezembro de 1942, em *Foreign Relations 1942*, I, 66-70. A Câmara dos Comuns britânica ficou em silêncio em apoio à declaração. 385 H.C. DEB. 5s., 17 de dezembro de 1942, pp. 2081-2088.

27 Relatório de Tittmann em um telegrama de Harrison (ministro americano na Suíça) para Hull, 26 de dezembro de 1942, *Foreign Relations 1942*, I, 70-71.

28 Texto da mensagem em *The New York Times*, 25 de dezembro de 1942, p. 10.

29 Harrison (Suíça) para Hull, 5 de janeiro de 1943, anexando a mensagem de Tittmann de 30 de dezembro de 1942, *Foreign Relations 1943*, II, 911-913. Escrevendo para o bispo Preysing, de Berlim, em 30 de abril de 1943, o Papa afirmou que seus comentários na mensagem de Natal foram

Com os gestos agora esgotados, não se esperava nenhuma outra ação no futuro próximo. Para a liderança judaica, todavia, havia surgido uma questão que não desapareceria. O que esses líderes propunham fazer naquela situação? Em 6 de janeiro de 1943, Henry Monsky, presidente da B'nai B'rith, convocou um encontro preliminar da Conferência Judaica Americana. Em sua carta-convite, enviada a 34 organizações judaicas, escreveu:

> O judaísmo americano, que será levado, em grande medida, a assumir a responsabilidade de representar os interesses de nosso povo na Conferência de Paz da Vitória, deve estar pronto para expressar o julgamento dos judeus americanos em conjunto com o de outras comunidades judaicas de países livres no que diz respeito ao *status* pós-guerra dos judeus e a arquitetura de uma Palestina Judaica.

Nessa carta, não é feito nenhum alerta aos alemães, não se sugere nenhum plano para colocar um ponto final ao processo de extermínio; a destruição dos judeus da Europa sequer é mencionada.[30] Os judeus europeus já haviam sido deixados de lado e todos os pensamentos se voltavam à salvação pós-guerra. Claramente, a máquina de ação judaica pelo mundo, a rede de grupos de pressão judeus, estava parada. O orçamento era baixo. O Holocausto não recebia oposição. A paralisia era completa.

Em 21 de janeiro de 1943, o subsecretário de Estado Welles recebeu o telegrama 482 da missão diplomática em Berna. A nota continha uma mensagem de Riegner, que relatava que os judeus estavam sendo assassinados a uma taxa de 6 mil por dia na Polônia e que os judeus na Alemanha e na Romênia morriam de fome. Welles passou o telegrama a Wise e instruiu o ministro Harrison a continuar enviando relatos completos da Suíça. As organizações judaicas ficaram abaladas. Um encontro de massa aconteceu no Madison Square Garden, as agências humanitárias dobraram seus esforços e planos de resgate chegaram a Washington.[31]

"curtos, mas bem compreendidos". Secrétaire d'État de Sa Sainteté, *Actes et Documents du Saint Siège relatifs à la Seconde Guerre Mondiale* (Vaticano, 1967), vol. 2, pp. 318-327, na p. 322. Ver também Saul Friedländer, *Pius XII and the Third Reich* (Nova York, 1966), pp. 130-135.

30 Kohanski, ed., *The American Jewish Conference – Its Organization and Proceedings of the First Session*, 29 de agosto a 2 de setembro de 1943 (Nova York, 1944), pp. 15, 319.

31 Morgenthau, "The Morgenthau Diaries", *Collier's*, 1º de novembro de 1947. DuBois, *The Devil's Chemists*, pp. 184, 187. DuBois estava, na época, na Divisão de Controle de Fundos Estrangeiros do Departamento do Tesouro.

O incômodo judeu aparentemente deixou o Departamento de Estado inquieto, levando-o a tomar a posição de que a questão precisava ser "explorada". Alguns dos especialistas políticos do departamento decidiram então suprimir o fluxo de informação. Um telegrama (354) foi despachado com a assinatura do subsecretário Welles a Harrison, em Berna. Havia referência ao "telegrama 482, 21 de janeiro". O texto então prosseguia:

Sugerimos que, no futuro, não aceite relatórios que lhe sejam enviados para serem transmitidos a pessoas particulares nos Estados Unidos, exceto se essa ação for aconselhável por conta de circunstâncias extraordinárias. Essas mensagens particulares burlam a censura de países neutros e geram a sensação de que, ao enviá-las, corremos o risco de que passos sejam dados por países neutros no sentido de restringir ou proibir nossos meios de comunicação para trocas oficiais e confidenciais.[32]

O telegrama foi rubricado por quatro oficiais do Departamento de Relações Exteriores. A mensagem foi analisada apenas pela Divisão Europeia e o conselheiro político do Departamento de Estado; acredita-se que o subsecretário tenha assinado o documento sem conhecer totalmente o conteúdo.[33] Pode-se concluir que os burocratas tentavam omitir informações não apenas da comunidade judaica, mas também dos dirigentes do governo dos Estados Unidos.

---

32 Texto do telegrama 354, datado de 10 de fevereiro de 1943, em Morgenthau, "The Morgenthau Diaries", *Collier's*, 1º de novembro de 1947.

33 Josiah DuBois relata que "'os caras da política' haviam ordenado que o Tesouro não mantivesse cópia sob nenhuma circunstância". DuBois, *The Devil's Chemists*, p. 187. Nem Morgenthau nem DuBois acreditava que Welles assinara a mensagem com a intenção de suprimir informações sobre a catástrofe judaica. Há registros dessa posição da Divisão Europeia sobre Assuntos Judaicos anteriores ao final de 1941, após o recebimento de uma sugestão do ministro turco em Bucareste de que os judeus romenos fossem levados da Turquia para a Palestina. Cavendish Cannon escreveu naquela época para o chefe interino da divisão (Atherton) e para o consultor de relações políticas (Dunn) dizendo que nenhuma nota formal deveria ser enviada para os britânicos. Os argumentos contra a resolução do problema incluem, entre outros, "navios", a "questão árabe", a possibilidade de "pressão para um asilo no hemisfério ocidental" e um possível pedido de tratamento semelhante dos judeus na Hungria "e, por extensão, em todos os países onde houve intensa perseguição". Memorando de Cannon, 12 de novembro de 1941, *Foreign Relations 1941*, II, 875-876.

Em 15 de março, as principais organizações judaicas nos Estados Unidos formaram um Comitê Conjunto de Emergência para a Questão dos Judeus Europeus[34] e não demorou para seus líderes terem outra oportunidade de serem ouvidos. Eden, secretário das Relações Exteriores britânico, havia chegado a Washington para conferências com oficiais americanos. Em 27 de março, ao meio-dia, Stephen Wise, do Congresso Judaico Americano, e o juiz Joseph Proskauer, do Comitê Judaico Americano, encontraram-se com Eden na embaixada Britânica. Invocando uma antiga fórmula judia, eles sugeriram que os Aliados "emitissem uma declaração pública a Hitler, pedindo-lhe para conceder permissão aos judeus para deixar a Europa ocupada". Em resposta, Eden caracterizou o esquema como "fantasticamente impossível". Os representantes judaicos então pediram a ajuda da Inglaterra para tirar os judeus da Bulgária. A resposta de Eden a esse apelo foi que "a Turquia não quer mais gente do seu povo". Wise e Proskauer então foram ao Departamento de Estado para conversar com o subsecretário Welles, que prometeu apoiá-los em uma conferência com Eden naquela tarde.[35]

Durante esse encontro, Hull, secretário de Estado americano, abordou – na presença do presidente Roosevelt, de Harry Hopkins, do subsecretário Welles, do embaixador britânico Halifax e do subsecretário assistente de Estado do Ministério das Relações Exteriores britânico William Strang – o problema do resgate dos judeus. Hopkins resumiu o intercâmbio:

Hull levantou a questão dos 60 ou 70 mil judeus que se encontram na Bulgária, ameaçados de extermínio a não ser que consigamos tirá-los de lá e, muito urgentemente, pressionou Eden por uma resposta à questão. Eden respondeu que todo o problema dos judeus na Europa é muito complicado e que deveríamos tentar nos mover muito cuidadosamente quanto a nos oferecermos para tirar todos os judeus de um país como a Bulgária. Se fizermos isso, os judeus ao redor do mundo vão querer que façamos ofertas similares na Polônia e na Alemanha. Hitler

---

34 Memorando apócrifo de 28 de setembro de 1943, Arquivos do Comitê Judaico Americano, EXO-29, arquivos Morris D. Waldman (Comitê Conjunto de Emergência).

35 Ata de 29 de março de 1943, reunião do Comitê Conjunto de Emergência, presidida por Stephen Wise, Arquivos do Comitê Judaico Americano, EXO-29, arquivos Waldman (Comitê Conjunto de Emergência).

Consequências 1403

pode nos pegar em algum desses esforços, e simplesmente não há navios e meios de transporte suficientes no mundo para lidar com isso.

Eden disse que os britânicos estavam prontos para levar outros 60 mil judeus à Palestina, mas o problema do transporte, mesmo da Bulgária à Palestina, é extremamente complicado. Ademais, qualquer movimento de massa desse tipo seria muito perigoso para a segurança, pois os alemães certamente tentariam infiltrar no grupo uma porção de seus agentes. Eles vêm se mostrando bastante bem-sucedidos com essa técnica ao levar seus agentes tanto para a América do Norte quanto para a América do Sul.

Eden disse que as futuras conferências em Bermuda sobre o problema dos refugiados deveria vir a enfrentar problemas por conta dessa situação complicada.

Eden afirmou esperar que, de nossa parte, não fizéssemos promessas extravagantes demais, as quais não pudéssemos cumprir por falta de navios.[36]

A conferência dos Estados Unidos nas Bermudas, à qual Eden se referia, era um fórum para discussões fúteis.[37] Quando grupos judeus nos Estados Unidos tentaram extrair alguns compromissos dos governos aliados, um oficial americano sênior, o secretário-assistente para Problemas Especiais Breckenridge Long, expressou uma ansiedade secreta em seu diário particular. Um risco nessas atividades, escreveu, era que elas podiam "dar cores às acusações de Hitler de que estamos enfrentando essa guerra por causa e por instigação e direção de nossos cidadãos judeus".[38] Considerando esse raciocínio, uma iniciativa de não ajudar os judeus podia ser uma garantia psicológica da pureza da causa aliada.

Durante os meses seguintes, dois planos de resgate (que acabaram abortados) foram considerados em Londres e Washington. O governo britânico, por meio da legação suíça em Berlim, ofereceu-se para aceitar na Palestina 5 mil crianças judias do *Generalgouvernement* e dos territórios orientais ocupados. O Ministério das Relações Exteriores Alemão concordou em entregar as crianças à Grã--Bretanha em troca de prisioneiros de guerra alemães. Os britânicos se recusaram

---

36 Memorando de Hopkins em reunião com Roosevelt, Hull, Welles, Eden, Halifax e Strang, 27 de março de 1943, em Robert E. Sherwood, *Roosevelt and Hopkins* (Nova York, 1948), p. 717.

37 Ver Feingold, *Politics of Rescue*, pp. 190-214.

38 Entrada de 30 de abril de 1943, em Fred Israel, ed., *The War Diary of Breckenridge Long* (Lincoln, Neb., 1966), p. 307.

a soltar os alemães, afirmando que as crianças não tinham nacionalidade britânica. Foi nesse ponto que a negociação emperrou.[39]

O segundo plano de resgate foi elaborado quando o subsecretário de Estado Welles enviou um telegrama a Berna pedindo mais informações acerca da destruição dos judeus europeus. Em resposta, recebeu o que parece ser o plano de Antonescu para a libertação de aproximadamente 60 mil judeus em troca de dinheiro. Os especialistas do Departamento de Estado não se mostraram entusiasmados com uma tentativa de resgate. Eles precisaram ser convencidos pelo conselheiro do departamento econômico, dr. Herbert Feis, além de sofrer a intervenção pesada de recursos estrangeiros da Divisão de Controle do Departamento do Tesouro, sob responsabilidade de John Pehle, e de enviar um apelo do rabino Wise ao próprio presidente Roosevelt. Após oito meses, o Departamento de Estado emitiu uma licença permitindo às organizações judaicas depositar dinheiro para crédito de oficiais do Eixo em contas bloqueadas na Suíça. A licença foi emitida com a oposição do Ministério das Relações Exteriores britânico, que – nas palavras de uma nota entregue à embaixada americana em Londres pelo ministro da Economia de Guerra britânico – estava preocupado com as "dificuldades em se livrar de qualquer quantidade considerável de judeus" caso eles fossem libertados da Europa do Eixo.[40]

O esforço de resgate falhava. Dentro do Departamento de Estado, havia resistências a uma ação de larga escala; dentro do Ministério das Relações Exteriores, existia o medo do sucesso em larga escala; e, dentro da Europa do Eixo, restavam cada vez menos judeus. A frustração inerente por fim resultou no estabelecimento de uma máquina especial de resgate da comunidade judaica americana e do próprio governo dos Estados Unidos.

De 29 de agosto a 2 de setembro de 1943, a primeira sessão da Conferência Judaica Americana, que havia sido convocada sete meses antes, reuniu-se para deliberações. A destruição dos judeus na Europa ainda não estava na agenda. Em reuniões preliminares, apenas dois pontos substanciais haviam sido elaborados para discussão: "os direitos e o *status* dos judeus no mundo pós-guerra" e "os direitos dos judeus com respeito à Palestina". Nas palavras do delegado da B'nai B'rith, David

---

39 Wagner para Müller (RSHA), 13 de julho de 1943, NG-4747. Wagner via *Staatssekretär* para Ribbentrop, 21 de julho de 1943, NG-4786. Von Thadden para Wagner, 29 de abril de 1944, NG-1794.

40 Morgenthau, "The Morgenthau Diaries", *Collier's*, 1º de novembro de 1947. DuBois, *The Devil's Chemists*, pp. 185-188.

Blumbert, o propósito da conferência era a formulação de um programa a ser gerido "pelas autoridades adequadas após o fim da guerra". O rabino dr. Stephen Wise, como delegado do Congresso Judaico Americano, então declarou que a conferência teria de lidar imediatamente com o problema do resgate dos judeus europeus.

Um observador, o presidente da seção britânica do Congresso Judaico Mundial, dr. Maurice L. Perlzweig, propôs que a conferência estimulasse as nações aliadas a exigir do Eixo a libertação das vítimas judias e proclamar o direito de asilo a qualquer judeu que conseguisse escapar. Como consequência, a conferência adotou uma resolução pedindo um "aviso solene" ao Eixo e a criação de um "asilo temporário" para os judeus.[41] Os delegados então suspenderam a sessão e deixaram as questões da conferência nas mãos de um comitê interino que, em 24 de outubro de 1943, criou uma comissão de resgate.[42]

Mas já era tarde. Mais de um ano havia se passado desde o recebimento do telegrama de Riegner, e muito do que os líderes judeus haviam feito desde então, incluindo suas várias pressões e atividades de propaganda, constituía um processo muito lento. Em certo momento, o vice-presidente executivo do Comitê Judaico Americano, Morris Waldman, ao escrever a Proskauer, presidente do comitê, declarou abertamente: "Nada irá conter os nazistas senão sua destruição. Os judeus da Europa estão fadados, independentemente do que façamos".[43] Ademais, mesmo quando as organizações judaicas faziam algo conjunto diante de uma emergência, elas permaneciam divididas acerca do futuro de longo prazo. Em 27 de outubro de 1943, quatro dias após a criação da comissão de resgate pela Conferência Judaica Americana, o inflexivelmente não sionista Comitê Judaico Americano retirou-se da Conferência.[44] Um resumo da posição adotada pelo Comitê Judaica Americano, datado de 8 de novembro de 1943, contém pontos como: "Existe uma nítida divisão entre os judeus americanos acerca da questão sionista [...].

---

41 Kohanski, ed., *American Jewish Conference, First Session*, especialmente pp. 15, 18-19, 25-26, 33, 73, 115-117, 127-130.

42 Conferência Judaica Americana, *Report of Interim Committee*, 1º de novembro de 1944, p. 13 e ss.

43 Waldman para Proskauer, 19 de maio de 1943, Arquivos do Comitê Judaico Americano, EXO-29, Arquivos Waldman (Comitê Conjunto de Emergência). O Comitê Conjunto de Emergência existiu até novembro de 1943.

44 Declaração de revogação (mimeografada), 27 de outubro de 1943, Arquivos do Comitê Judaico Americano, EXO-29, Arquivos Waldman (Conferência Judaica Americana).

Devemos nos concentrar em vencer a guerra [...]. Temos demandas atuais opostas para o controle de imigração judaica para a Palestina".[45] Proskauer comunicou esse texto ao secretário de Estado Hull. A resposta de Hull, em uma carta assinada de duas páginas, referiu-se diretamente à fissura na comunidade judia: "Conforme você indica", escreveu Hull, "há uma considerável divergência de opinião entre o povo judeu quanto às políticas que devem ser perseguidas no que diz respeito ao resgate e à assistência desse povo desafortunado, e nenhum curso de ação vai agradar todas as pessoas interessadas nesse problema".[46]

Ainda em funcionamento, a comissão de resgate planejou suas ações do modo antigo. Um de seus esforços foi direcionado à criação de uma agência paralela no governo. Fora da Conferência Judaica Americana, um Comitê de emergência para salvar o povo judeu da europa, recém-criado e liderado pelo jovem Peter Bergson também exercia pressão. O grupo de Bergson entrou em choque com o nada cooperativo secretário-assistente Long e apelou por ação diretamente ao recém-apontado subsecretário de Estado Stetinius e ao Congresso.[47] Um passo decisivo foi dado quando Morgenthau fez um "relato pessoal" a Roosevelt sobre a conduta do Departamento de Estado na questão dos refugiados. Reagindo a essa intervenção, Roosevelt criou um Conselho para Refugiados de Guerra por por meio de um decreto de 22 de janeiro de 1944, e nomeou os secretários de Estado, Tesouro e Guerra (Hull, Morgenthau e Stimson) como membros. O diretor executivo era John Pehle do Departamento do Tesouro. O conselho mantinha sua própria rede de representantes especiais no exterior.[48]

---

45 Arquivos do Comitê Judaico Americano, EXO-16, arquivos Proskauer (Comitê Conjunto de Emergência).

46 Hull para Proskauer, sem data, Arquivos do Comitê Judaico Americano, EXO-16, arquivos de Proskauer (Comitê Conjunto de Emergência). A carta, original, tem um selo do dia 2 de dezembro de 1943.

47 Feingold, *Politics of Rescue*, pp. 221-222, 237-239. De orientação sionista-revisionista, o Comitê Bergson, de acordo com Feingold, "priorizava o resgate". Bergson pediu a Proskauer apoio político, mas seu pedido foi recusado. Ver as correspondências entre Bergson e Proskauer em Arquivos do Comitê Judaico Americano, EXO-16, arquivos de Proskauer (Comitê Conjunto de Emergência).

48 O que se segue é uma lista dos postos:

Reino Unido: Josias E. DuBois, Jr., conselheiro geral do conselho do Departamento do Tesouro

Turquia: Ira A. Hirschmann, executivo de lojas de departamento

Desse modo, o programa de resgate passou a ser centralizado. Uma agência específica fora criada para a tarefa, tendo centros para recebimento de informação, meios de comunicação e poderes de negociação. Ademais, podia convocar organizações judaicas privadas em busca de conhecimentos detalhados, experiência secular e – na possibilidade de resgate – "fundos prontamente disponíveis". O desafio veio logo, afinal, na primavera de 1944, os judeus húngaros foram ameaçados de destruição.

Em 19 de março de 1944, o governo húngaro foi derrubado, e o caminho para Auschwitz foi aberto. Para os alemães, não restavam barreiras; para os judeus, não havia mais proteção. Entre os judeus e as câmaras de gás, restava apenas uma série de degraus burocráticos pré-determinados. Contudo, a ativação desses degraus requeria certo preparo, e os alemães não tinham muito tempo, pois estavam perdendo a guerra. A cada dia, a posição alemã se tornava mais complicada. O crescimento constante da operação destrutiva era o trabalho de uma máquina administrativa na qual os parafusos já começavam a se soltar. Portanto, tudo dependia da capacidade das forças exteriores de reconhecer essas fraquezas e de imobilizar a máquina antes de ela desferir seu golpe, mas o tempo era um fator primordial.

Dessa vez o governo americano tinha muita informação em mãos. Relatórios haviam sido obtidos com descrições de Varsóvia, Rawa Ruska, Majdanek e Treblinka.[49] O documento de maior destaque, todavia, era sobre Auschwitz. O rela-

---

Portugal: dr. Robert C. Dexter, Comissão de Serviço Unitária

Suécia: Iver C. Olsen, Tesouro

Suíça: Roswell McClelland, American Friends Service Committee

Itália: Leonard Ackerman, Tesouro

Outro posto foi estabelecido no norte da África. *Ibid.*, pp. 19-22; Diretor Executivo, Comitê de Refugiados de Guerra (William O'Dwyer), Resumo do relatório final (Washington, D.C., 1945), pp. 1-6. Morgenthau, "The Morgenthau Diaries", *Collier's*, 1º de novembro de 1947. DuBois, *The Devil's Chemists*, pp. 15, 31, 188, 198.

49 Ver declaração de um estudante de medicina que escapou da Polônia em 15 de abril de 1943, em Genebra, datada de 1º de novembro de 1943, no Arquivo Nacional, Grupo 226, Escritório de Serviços Estratégicos (OSS) 95436; um relatório do Comitê Internacional da Cruz Vermelha sobre a liberação do gueto na Galícia (incluindo o massacre de dezembro 1942 em Rawa Ruska), 25 de setembro de 1943, OSS 61701; relatório sobre os tiroteios Majdanek datado de 24 de fevereiro de 1944, OSS 89494; declaração de um fugitivo de Treblinka, David Milgrom, 30 de agosto de 1943 (enviado por Melbourne, vice-cônsul americano em Istambul, em 13 de janeiro de 1944), OSS 58603.

tório em duas partes, preparado por uma fonte polonesa, foi escrito em 10 e 12 de agosto de 1943 e recebido em Londres pelo Escritório de Serviços Estratégicos [*Office of Strategic Services*] (ou OSS). Na sede da OSS em Washington, esse documento foi entregue por F. L. Belin ao dr. William Langer (chefe de pesquisa e análise) com uma nota declarando que a fonte polonesa havia pedido que o assunto recebesse publicidade. A carta de apresentação de Belin, datada de 10 de abril de 1944, foi marcada como "secreta". O relato continha as informações a seguir. O número de prisioneiros até o momento da escrita era de 137 mil. Até setembro de 1942, 468 mil judeus não registrados haviam sido vítimas do gás. Entre setembro de 1942 e o início de junho de 1943, o campo recebeu aproximadamente 60 mil judeus da Grécia, 50 mil da Eslováquia e do Protetorado, 60 mil da Holanda, Bélgica e França e 16 mil das cidades polonesas. No início de agosto, 15 mil judeus chegaram de Sosnowiec e Będzin. Dois por cento de todas essas pessoas ainda estavam vivas. Ao chegar, os homens eram separados das mulheres e levados de caminhão para as câmaras de gás de Birkenau. O relatório acrescentava que, antes de entrar na câmara de gás, os condenados eram banhados. Havia três crematórios em Birkenau capazes de incinerar 10 mil pessoas diariamente. As jovens judias passavam por experimentos envolvendo inseminação artificial e esterilização. No inverno, os prisioneiros trabalhavam com sapatos de madeira. Dos mais de 14 mil ciganos, 90% morrera nas câmaras de gás. Os poloneses chegavam em grandes quantidades; os trabalhadores entre eles haviam sido executados, e as mulheres eram sujeitas ao sadismo. "A história não conhece paralelo de tamanha destruição da vida humana", declarava o documento. Até 30 mil pessoas haviam morrido por conta do gás em um único dia. O relato divulgava nomes. O comandante era o *Obersturmbannführer* Höss. O *Hauptsturmführer* Schwarz era "um dos mais mortais inimigos da Polônia". Afirmava-se que o *Hauptsturmführer* Aumeier estava no comando dos enforcamentos e fuzilamentos. Uma carcereira, Mandel, era definida como a personificação do mal. O Departamento Político estava sob o *Untersturmführer* Grabner. O *Oberscharführer* Boger e vários outros eram listados como torturadores. Embora os fatos no relatório tivessem manifestadamente sido reunidos por poloneses escondidos dentro do próprio campo, Belin, o oficial da OSS, que transmitiu o documento a Langer, apontou que não havia qualquer indicação quanto à confiabilidade da fonte. "Este relatório", disse, "é para sua informação e memória".[50]

---

50 Arquivos Nacionais, Grupo 266, OSS 66059. Ferdinand Lammot Belin, um funcionário aposentado do departamento de Relações Exteriores do Escritório de Serviços Estratégicos, foi embaixador

Ainda enquanto a oss arquivava o mais detalhado retrato de Auschwitz já levado à sua atenção, dois jovens judeus eslovacos, Rudolf Vrba (mudaria o nome para Walter Rosenberg) e Alfred Wetzler, escaparam do campo e fizeram longas declarações acerca de suas observações ao Conselho Judeu da Eslováquia em Žilina. Eles haviam fugido em 10 de abril e andado durante a noite até chegarem, com a ajuda de *partisans* poloneses simpatizantes, à fronteira da Eslováquia. Em 25 de abril, foram recebidos em Žilina, onde sua identidade foi verificada por líderes judeus em listas de deportação de dois anos antes. Os líderes então ouviram, aterrorizados, a descrição do campo. No dia 27, um texto eslovaco foi preparado. Uma versão alemã foi concluída às pressas e entregue a Geza Boos, membro dissidente do Ministério das Relações Exteriores Húngaro em Budapeste. Lá, o relatório de quarenta páginas foi traduzido para o húngaro durante a primeira semana de maio e distribuído em cópias de carbono a dignitários da Igreja, líderes judeus e pessoas próximas a Horthy. O documento também foi levado, de forma resumida, mas com todos os detalhes, à Suíça, onde o representante do Governo da

---

na Polônia entre 1932 e 1933. Langer, professor de história na Universidade de Harvard, também foi, posteriormente, presidente da Associação Americana de História. O relatório, compilado originalmente por uma agente polonesa em dezembro de 1943, foi recebido pela sede do Estado-Maior Polonês em Londres, em 28 de janeiro de 1944, com seu pedido de que fosse publicado. O Escritório de Serviços Estratégicos não era seu único destinatário: o relatório foi traduzido para o inglês e passado para um adido militar norte-americano em 13 de março de 1944, que transmitiu uma cópia à Inteligência Militar do Departamento de Guerra em 17 de março de 1944. Lá, ele foi arquivado como *Europa-África/Europa Central* 2. Outra cópia foi enviada para o membro norte-americano da Comissão de Crimes de Guerra das Nações Unidas, Herbert Pell. Ver major Langenfeld (Estado-Maior Polonês, Londres) para capitão Paul M. Birkeland (adido militar dos Estados Unidos, Londres), relatório anexado, 13 de março de 1944, e Birkeland para o Departamento de Inteligência Militar do Departamento de Guerra, indicando que uma cópia havia sido enviada para Pell, 17 de março de 1944, em Arquivo Nacional, Grupo 165 (Departamento Geral de Guerra e Equipes Técnicas Especiais), Caixa 3138, Polônia 6950. A linguagem e a ortografia britânicas do relatório no arquivo do Escritório de Serviços Estratégicos são reproduzidas no documento do Departamento de Guerra, mas a datilografia é diferente. O relatório do adido do Departamento de Guerra traz a classificação de alta confiabilidade A-2. Destaques do relatório com as condições no campo atribuídas a dezembro de 1943 foram transmitidos a partir de Londres pela estação de rádio polonesa "Swit" em 16 de março de 1944. kds Lublin, "Spiegel der illegalen Polenpropaganda", n. 13, 22 de março de 1944, Arquivos do Museu Memorial do Holocausto dos EUA, Grupo 15.034 (kds Lublin), Rolo 6.

Tchecoslováquia no Exílio, Jaromir Kopecki, recebeu-o por volta de 10 de junho. Após consultar conselheiros judeus, Kopecki repassou o relatório ao representante do Conselho de Refugiados de Guerra, Roswell McClelland, que o despachou ao diretor executivo Pehle em 16 de junho. O líder do grupo de jovens judeus (Hechalutz) na Suíça, Nathan Schwalb, queixou-se com Kopecki em 22 de junho por ter sido deixado desinformado quando Kopecki não conseguira encontrá-lo. Afinal, o relatório da Eslováquia havia sido endereçado a Schwalb.[51]

No entanto, outro evento pouco notado ocorreu em 4 de abril de 1944: um avião de reconhecimento aliado sobrevoou Auschwitz. O voo foi a primeira de várias missões de inteligência fotográfica lançadas para o propósito específico de aquisição de informações sobre "Atividade em I. G. Farbenindustrie/Serviços com óleo e borracha sintéticos em Oswiecim". Das bases aéreas aliadas na Itália, Auschwitz agora estava no alcance, e, conforme os industrialistas alemães criavam posições nas porções a leste do Grande Reich, os bombardeiros americanos da 15ª Força Aérea atacariam esses novos alvos. As indústrias de Auschwitz, de acordo com interpretações de fotografias, ainda encontravam-se parcialmente em construção, e a produção de óleo no local não havia aumentado a níveis significativos. Assim, a crescente atividade estava sendo observada para determinar o momento ótimo para um ataque. Por consequência, todas as fotografias eram centradas em Auschwitz III (Monowitz). Na época, ninguém analisou essas imagens para descobrir o que era revelado nas bordas: as câmaras de gás.[52] O bombardeio de Aus-

---

51 Rudolf Vrba e Alan Bestic, *I Cannot Forgive* (Nova York, 1964), pp. 244-246. Vrba, "Die missachtete Warnung", *Vierteljahrshefte für Zeitgeschichte* 44 (1996): 1-24. Oskar Neumann (presidente do Conselho Judaico na Eslováquia na época), *Im Schatten des Todes* (Tel Aviv, 1956), pp. 178-181. John Conway, "Frühe Augenzeugenberichte aus Auschwitz", *Vierteljahrshefte für Zeitgeschichte* 27 (1979): 260-284. Sandor Szenes e Frank Baron, *Von Ungarn nach Auschwitz* (Münster, 1994). Miroslav Karny, "The History of the Vrba and Wetzler Auschwitz Report", e Erich Kulka, "The Efforts of Jewish Fighters to Stop the Shoah in Auschwitz", em Dezider Toth, ed., *The Tragedy of Slovak Jewry* (Banka Bystrica, Eslováquia, 1992), pp. 175-204, 281-298. Memorando de Richard Lichtheim (representante de Genebra da Agência Judaica) sobre a reunião com Kopecki e Schwalb, 23 de junho de 1944, Arquivos do Museu Memorial do Holocausto dos EUA, Grupo 48.004 (Instituto Histórico Militar, Praga), Rolo 3, Arquivo 117 (Kopecky Papers).

52 Ver relatórios de interpretação de fotografias de reconhecimento tiradas pelos Aliados do Mediterrâneo pela missão do 60º Esquadrão de Fotografias de Reconhecimento em 4 de abril de

chwitz III, com projéteis de 225 quilos, teve início em agosto e foi repetido três vezes em setembro e dezembro:[53]

Data	Número de bombardeiros	Bombas lançadas
20 de agosto de 1944	127 B-17	1.336
13 de setembro de 1944	96 B-24	943
18 de dezembro de 1944	2 B-17 e 47 B-24	436
26 de dezembro de 1944	95 B-24	679

Os quatro ataques sobre Monowitz miraram uma refinaria de óleo em uma área de 1 por 1,1 quilômetro e uma fábrica de borracha que ocupava uma área de 1,6 por 1,1 quilômetro. Várias instalações foram derrubadas, mas os alemães

---

1944 e em 26 de junho de 1944 (60 PR/288 e 60 PR/522), datadas de 18 de abril de 1944 e 1º de julho de 1944, respectivamente, e com referência ao relatório de 1º de julho sobre a missão em 31 de maio de 1944 (60 PR/462). Arquivo Nacional, Grupo 18, 15º Esquadrão de Combate, 1º de julho de 1944. Ver também Ficha de Informação sobre o Alvo de 18 de julho de 1944, incluindo a fotografia de 4 de abril e detalhamento de que a produção de petróleo e borracha estava em andamento. A fotografia de 4 de abril inclui Monowitz inteiro e porções de Auschwitz I, mas não Birkenau. Grupo 18, Forças Aéreas do Exército, 15º Esquadrão de Combate, 18 de julho de 1944. (Os arquivos são marcados como 15th Squadron, apesar de não incluir as fotografias de Auschwitz feitas pelo 60º Esquadrão até setembro.) As fotografias de abril de 1944 a janeiro de 1945 foram reexaminadas após mais de trinta anos por Dino Brugioni e Robert Poirier (ambos da CIA, Agência Central de Inteligência dos Estados Unidos), utilizando os mais modernos equipamentos e técnicas disponíveis. Ver o artigo dos agentes, "The Holocaust Revisited: Analysis of the Auschwitz-Birkenau Extermination Complex", ST-79/20001, fevereiro de 1979, distribuído pelo Serviço Nacional de Informação Técnica, NTISUB/E/280-002. Ver também a fotografia da missão 60 PR/522, 26 de junho de 1944, mostrando câmaras de gás e um trem, Grupo 373 Con. C 1172 exp. 5022, e fotografia da missão 60 PR/694, 25 de agosto de 1944, Grupo 373 Con. F 5367 exp. 3185. Além disso, ver Brugioni, "Auschwitz-Birkenau – Why the World War II Photo Interpreters Failed to Identify the Extermination Complex", Military Intelligence, janeiro-março de 1983, pp. 50-55.

53 Folha de informações sobre o alvo, 18 de julho de 1944, relatório intitulado "Fábrica de óleo sintético da I. G. Farben em Oswiecim, perto da Cracóvia, na Polônia", com "Resumo da fábrica de borracha e óleo sintético da I. G. F. em Oswiecim, Polônia, Seção de Óleo Sintético", a partir de janeiro de 1945, todos no Grupo 18, Forças Aéreas do Exército, 15º Esquadrão de Combate, 18 de julho de 1944.

conseguiram reparar os telhados das construções, e os danos foram insuficientes para afogar o movimento.[54] Não se podia esperar que bombardeios conduzidos em formação em altitudes consideravelmente elevadas fossem tão precisos, e tentativas repetidas de destruir um alvo não eram uma ocorrência incomum. Esse era o cenário no qual qualquer proposta de acabar, por meio do uso de aviões, com as operações de assassinatos seria pesada pelos governos aliados.

Estimulados pelas invasões alemãs da Hungria e os relatos de Vrba-Wetzler do sobre uso de gás em Auschwitz, vários grupos judeus em Bratislava e Budapeste pediram que as câmaras de gás em Auschwitz e as linhas férreas que levavam ao campo de extermínio fossem bombardeadas. As mensagens, transmitidas a Jerusalém e à Suíça, chegaram aos governos britânico e americano durante a segunda metade de junho. Na Grã-Bretanha, a sugestão de bombardear Auschwitz foi feita por Chaim Weizmann (presidente da Organização Sionista Mundial) e por Moshe Shertok (diretor do Departamento Político da Agência Judaica na Palestina) em uma reunião em 30 de junho com o subsecretário parlamentar de Relações Exteriores G. H. Hall. Eles não foram muito enfáticos.[55] Uma semana mais tarde, em 6 de julho, os dois representantes judeus se encontraram com Eden, o secretário das Relações Exteriores britânico, e, ao final de uma longa lista de propostas, acrescentaram o pedido de um bombardeio às ferrovias. Eden respondeu que já havia remetido a sugestão de bombardeio das câmaras de gás ao Ministé-

---

54 *Ibid.* Além disso, relatórios de interpretação de fotografias tiradas pelo 60º Esquadrão em 23 e 25 de agosto de 1944 (60 PR/686 e 60 PR/694), Grupo 18, Forças Aéreas do Exército, 15º Esquadrão de Missão de Combate, 30 de agosto de 1944. Outros relatórios no Grupo 18, Força Aérea do Exército, 15º Esquadrão de Missão de Combate, 13 de setembro de 1944, e no Grupo 18, 15º Esquadão de Missão de Combate, 26 de dezembro de 1944. Ver também o relatório do chefe da Administração Central da ss, Möckel, do campo de Auschwitz, para Inspetorado de Construção da ss na Silésia, 18 de setembro de 1944, sobre o ataque de 13 de setembro, afirmando que a *Reichsbahn* foi capaz de reparar os danos em suas instalações ferroviárias imediatamente e que outros danos foram causados principalmente nas janelas e em alguns telhados. Arquivos do Museu Memorial fo Holocausto dos EUA, RG 11.001 (Centro de Preservação de Acervos Documentais Históricos, Moscou), Rolo 20, Fundo 502, Inscrição 1, Pastas 28.

55 A solicitação de bombardeio, uma entre várias propostas para o resgate dos judeus restantes, é observada no registro britânico. Wasserstein, *Britain and the Jews of Europe*, p. 309. Não é mencionado no relatório de Shertok a reunião com o chefe da Agência Judaica Ben-Gurion, 30 de junho de 1944, Arquivos Weizmann, Rehovoth, Israel.

Consequências   1413

rio da Aeronáutica e que agora complementaria o pedido acrescentando as ferrovias.[56] Os líderes judeus emitiram uma nota explicativa em 11 de julho afirmando que o bombardeio das instalações de extermínio "dificilmente causaria a salvação das vítimas na proporção desejada", mas que o gesto transmitiria uma mensagem aos alemães.[57] Em 13 de agosto, o comodoro da Aeronáutica Grant não conseguiu encontrar Birkenau. Antes que qualquer coisa pudesse ser realizada, ele escreveu a Victor Cavendish-Bentinck do Comitê de Inteligência Conjunta, comunicando que precisaria de algumas fotografias aéreas do lugar.[58] Por fim, em 1º de setembro de 1944, Richard Law, ministro de Estado no Ministério das Relações Exteriores, enviou uma resposta oficial a Weizmann. Conforme prometido, comentava Law, Eden passou a proposta imediatamente para o secretário de Estado da Aeronáutica. A questão havia recebido a mais cuidadosa consideração da Aeronáutica, mas, por conta da "enorme dificuldade técnica envolvida", o Ministério das Relações Exteriores "não tinha opção senão abster-se de buscar a proposta nas presentes circunstâncias". Law afirmava ter percebido que a decisão se provaria um "desapontamento" para Weizmann, mas, acrescentava: "pode ficar totalmente assegurado de que a questão foi investigada por completo".[59]

Nesse meio tempo, pedidos paralelos foram recebidos pelo Conselho para Refugiados de Guerra em Washington.[60] Por sugestão do diretor executivo Pehle, o presidente Morgenthau enviou uma paráfrase por telégrafo, ordenando o bombardeio de entroncamentos ferroviários em Kashau (*sic*), e Pressov pediu um bombardeio ao Departamento de Guerra, onde o secretário assistente McCloy repassou a mensagem à Divisão de Assuntos Civis, que, por sua vez, encaminhou a

---

56 Nota da reunião de Weizmann e Shertok com Eden e Walker (Departamento de Refugiados), 6 de julho de 1944, Arquivos Weizmann.

57 Nota de 11 de julho de 1944, Arquivos Weizmann.

58 Wasserstein, *Britain and the Jews of Europe*, pp. 314-315.

59 Law para Weizmann, 1º de setembro de 1944, Arquivos Weizmann.

60 Aparentemente, eles se originaram na Bratislava no momento em que as deportações começaram. Um dos pedidos foi repassado para o Comitê para Refugiados de Guerra por Jacob Rosenheim (chefe da Organização Israelita Mundial Agudath, representando os judeus ortodoxos) em 18 de junho de 1944, e alguns dias depois por Riegner em Genebra. Martin Gilbert, *Auschwitz and the Allies* (Nova York, 1981), p. 236, e David S. Wyman, "Why Auschwitz Was Never Bombed", *Commentary*, maio de 1978, pp. 37-46.

proposta à Divisão de Operações para entrar em ação.[61] A Divisão de Operações sentiu que, como McCloy havia direcionado o pedido à Divisão de Assuntos Civis, a resposta deveria vir de lá. As operações consideravam que as ações apropriadas de sua parte consistiriam em esboçar a resposta que a Divisão de Assuntos Civis poderia enviar ao secretário Morgenthau. A redação sugerida, assinada pelo major general J. E. Hull (chefe do grupo da Divisão de Operações para teatros de guerra) em 26 de junho, era de que ataques aéreos seriam "impraticáveis" porque exigiriam "desvio de apoio aéreo essencial considerável para o sucesso de nossas forças agora envolvidas em operações decisivas".[62] Pehle então recebeu um telegrama de seu representante na Suíça (McClelland) com outra proposta para o bombardeio de ferrovias e prontamente renovou seu pedido em 29 de junho.[63] Em 3 de julho de 1944, o coronel Harrison Gerhardt, assistente de McCloy, escreveu o seguinte memorando a McCloy: "Sei que você me disse para 'matar', mas, depois dessas instruções, recebemos a carta anexa do sr. Pehle. Sugiro que a resposta anexa seja enviada". A resposta sugerida continha, quase palavra por palavra, a formulação da Divisão de Operações.[64]

---

61 Major-general J. H. Hilldring (diretor, Divisão de Assuntos Civis) para Divisão de Operações, 23 de junho de 1944, anexando paráfrase do telegrama, Arquivos Nacionais, grupo 163, Departamento Geral de Guerra e Equipes Técnicas Especiais, OPD 383.7 (sec. II). A paráfrase nos arquivos do Departamento de Guerra não é datada, mas a mesma mensagem com redação diferente encontra-se nos arquivos do Comitê Judaico Americano e tem a data de 12 de junho de 1944. É identificada como tendo sido transmitida por representantes de organizações judaicas na Suíça depois de terem abordado as missões diplomáticas americanas e britânicas em Berna "sem resultado". Moses Jung para M. Gottschalk (ambos do Comitê Judaico Americano), 20 de junho de 1944, Arquivos do Comitê Judaico Americano, EXO-29, Arquivos Waldman (Hungria).

62 Hull para diretor, Divisão de Assuntos Civis, cópias para Comando Geral/Forças Aéreas do Exército e departamentos em operação, 26 de junho de 1944, grupo 163, Departamento Geral de Guerra e Equipes Técnicas Especiais, OPD 383.7 (sec. II).

63 Pehle para McCloy, 29 de junho de 1944, em National Record Group 107, Secretaria de Guerra/ Ass. Sec. Guerra, ASW 400.38 Judeus.

64 Gerhardt para McCloy, 3 de julho de 1944, com esboço da resposta de McCloy para Pehle datado de 4 de julho de 1944, *ibid.* Após a renovação dos pedidos de bombardeio, um conjunto mais elaborado de razões para não aceitar a sugestão, incluindo estimativas de abrangências e perdas, foi preparado por Hull. Ver Pehle para McCloy, 8 de novembro de 1944, transmitindo o testemunho ocular de Auschwitz, e Hull para McCloy, 14 de novembro de 1944, citando as dificuldades, no Arquivo

Meio milhão de judeus foram dizimados em Auschwitz entre maio e novembro de 1944. A decisão de não bombardear as câmaras de gás durante essa época foi, em primeira instância, produto de deficiências evidentes: aos judeus, faltava conhecimento; aos Aliados, motivação. As propostas judias, apresentadas de forma descordenada ou de última hora, mostravam-se incompletas, ou não ofereciam detalhes específicos sobre os alvos. As respostas dos Aliados, expressadas na linguagem pronta da diplomacia ou da burocracia, foram esboçadas sem reflexões sérias ou preocupações de longo prazo sobre o desastre judeu.[65] Mais fundamentalmente, o bombardeiro era uma ideia cujo tempo ainda não havia chegado. Nem as tradições judaicas, nem as doutrinas dos Aliados conseguiam torná-lo imperativo. Os líderes judeus não estavam acostumados a pensar no resgate em termos de força física, e os estrategistas aliados não conseguiam conceber a força com o propósito de resgate.[66]

Nacional, Grupo 319, Equipe do Exército, ABC 383.6, 8 de novembro de 1944, Sec. 1A. Ver também Wyman, "Why Auschwitz Was Never Bombed", *Commentary*, maio de 1978, pp. 37-46, carta de Herbert Loebel, sobrevivente do chamado campo de ciganos em Auschwitz e piloto experiente, sugerindo que uma invasão à noite teria sido eficaz devido às chamas dos crematórios, e carta de Milt Groban, piloto de bombardeiro no ataque a Auschwitz de 20 de agosto e em outros ataques a alvos de petróleo, incluindo Ploiesti, posteriormente, também oficial da equipe de operações, 15ª Força Aérea, enfatizando a improbabilidade de atingir os alvos, as perdas causadas por bombardeios, as consequências do bombardeio (bombas caindo em intervalos de 400 pés) e da possível carga psicológica colocada sobre aqueles que bombardeariam o campo, *Commentary*, julho de 1978, pp. 7-11, com a resposta de Wyman em pp. 11-12. Para uma revisão abrangente do problema, ver os ensaios e documentos em Michael Neufeld e Michael Berenbaum, eds., *The Bombing of Auschwitz* (Nova York, 2000).

65 Ver os comentários do general Telford Taylor em "Why The World Did Not Listen" (sua resenha do livro de Walter Laqueur, *The Terrible Secret*), *The New York Times Book Review*, 1º de fevereiro de 1981, pp. 1, 18. Sintomáticas eram as aspas colocadas nas palavras de *campo de morte* e *campo de extermínio* nos documentos do Escritório de Serviços Estratégicos processados em 1944. Grupo 226, OSS 61701 e OSS 80227. Um comandante soviético, avançando sobre Auschwitz em janeiro de 1945, dissera que teria entrado nos campos de concentração, incluindo Auschwitz, mas o que ele vira lá ia além de sua imaginação. Discurso do tenente-general Petrenko em Brewster Chamberlain, ed., *The Liberation of Nazi Concentration Campo 1945* (Washington, D.C., 1987), pp. 188-189.

66 A ideia de subornar o governo da Hungria com a promessa de imunidade de bombardeamento para as cidades húngaras em troca de segurança judaica para a deportação não foi levantada. Bombardeiros aliados rugiram sobre o país à vontade, matando tanto húngaros quanto judeus.

Se qualquer parcela significativa do restante da comunidade judia pudesse ser salva, essa ação teria de ser realizada por meios não físicos. Alguns preparativos haviam sido feitos nesse sentido. O Conselho para Refugiados de Guerra e as organizações judaicas haviam atualizado seus representantes no perímetro da área de destruição. Esses libertadores esperavam brechas, oportunidades e ofertas. Por mais incrível que pareça, uma oferta seria feita.

Em 6 e 7 de abril, quando o ímpeto alemão na Hungria chegava a seu clímax, o Ministério dos Armamentos recebeu de Hitler uma autorização para remover 100 mil dos futuros deportados judeus de Auschwitz para projetos de construção que estavam sendo planejados pela Equipe de Aviões de Caças. Duas semanas e meia após esse desvio nos planos ser autorizado, o *Obersturmbannführer* Eichmann chamou a seu escritório no Budapest Hotel Majestic um líder do comitê de resgate judeu na Hungria, Joel Brand.[67] Eichmann recebeu Brand da seguinte maneira:

> Você sabe quem eu sou? Fui responsável pelas *Aktionen* no Reich, na Polônia, na Tchecoslováquia. Agora chegou a vez da Hungria. Deixo-o vir aqui para conversarmos sobre negócios. Antes disso, eu o investiguei – e investiguei seu povo. Aqueles da Junta e aqueles da Agência.[68] E cheguei à conclusão de que vocês ainda têm recursos. Então, estou pronto para lhe vender um milhão de judeus. Não venderia todos eles. Você não tem tanto dinheiro ou tantos bens. Mas 1 milhão, isso vou vender. Bens por sangue, sangue por bens. Você pode reunir esse milhão em países que ainda têm judeus. Pode conseguir algo assim na Hungria. Na Polônia. Na Áustria. Em Theresienstadt. Em Auschwitz. Onde quiser. O que você disse que queria salvar? Homens viris? Mulheres adultas? Idosos? Crianças? Sente-se – e fale.

Brand era um negociante cauteloso. Como, perguntou ele, conseguiria bens que os alemães não pudessem confiscar? Eichmann tinha a resposta. Brand

---

67 Exceto quando indicado o contrário, todo o relato da missão de Brand é extraído de Alexander Weissberg, *Die Geschichte von Joel Brand* (Colônia-Berlim, 1956). Sobre Brand, consulte também os comentários de Andreas Biss (um industrial que tinha empregado Brand por um tempo), *Der Stopp der Endlösung* (Stuttgart, 1966), pp. 40-49.

68 A referência aqui é ao Comitê Judaico-Americano de Distribuição Conjunta e à Agência Judaica na Palestina.

deveria ir ao exterior. Deveria negociar com os Aliados e trazer uma oferta concreta. Com essas palavras, Eichmann dispensou Brand, avisando-o, ao partir, que a discussão era um segredo do Reich, e que nenhum húngaro deveria sequer suspeitar.

Por volta do início de maio, seguindo a conferência da ferrovia em Viena (a qual determinou a rota dos transportes), Eichmann procurou Brand novamente. "Você quer 1 milhão de judeus?" Se quisesse, Brand deveria partir imediatamente para Istambul e voltar com uma oferta de caminhões de carga. "Você entrega um caminhão para cada cem judeus. Não é muito". O total seria de 10 mil veículos. Os caminhões deveriam ser novos e adequados para dirigir durante o inverno. "Pode garantir aos Aliados que esses caminhões nunca serão usados no Oeste. Serão empregados com exclusividade na frente oriental." Ademais, os alemães ficariam muito satisfeitos se os Aliados acrescentassem alguns milhares de toneladas de chá, café, sabão e outros itens úteis.

Com cuidado, Brand respondeu: "Sr. *Obersturmbannführer*, pessoalmente, posso acreditar que vá manter sua palavra, mas não possuo 10 mil caminhões. As pessoas com quem negociarei em Istambul exigirão garantias. Ninguém vai entregar 10 mil caminhões antecipadamente. Quais garantias pode oferecer de que esse 1 milhão de judeus realmente será libertado?"

Eichmann então apresentou a resposta decisiva: "Vocês acham que somos todos bandidos. Vocês nos julgam pelo que *vocês* são. Agora, vou provar que confio mais em você do que você em mim. Quando voltar de Istambul e me disser que a oferta foi aceita, vou dissolver Auschwitz e levar 10% do 1 milhão prometido até a fronteira. Você recebe 100 mil judeus e depois entrega, por eles, 1 mil caminhões. E então o acordo procederá, passo a passo. Para cada 100 mil judeus, 1 mil caminhões. Você está pagando barato".

Brand teve de esconder sua animação. Pela primeira vez, via uma saída. Se a garantia verbal pudesse ser dada em tempo, os judeus talvez conseguissem um enorme avanço sem entregar um único veículo. Os alemães certamente poderiam mudar suas condições. Até agora, não tinham feito concessões. Mas, se Brand pudesse voltar com uma promessa, os alemães não poderiam matar enquanto esperassem os caminhões. Sem sangue, sem mercadoria.[69]

---

69 Brand não sabia do plano alemão para utilizar até 100 mil judeus para o trabalho forçado de qualquer forma.

A iniciativa de Eichmann, de acordo com seu testemunho em Jerusalém, havia sido bastante influenciada pela propensão de facções rivais da ss a negociar com os judeus. Ele restringiria a oferta à libertação de 100 mil judeus, mas pensou que apenas um gesto maior, envolvendo 1 milhão, teria algum impacto. Quando Himmler aprovou o esquema, Eichmann ficou surpreso. Himmler, acreditando que os judeus pudessem trazer vantagens, vinha pensando em motorizar a 8ª Divisão da Cavalaria da ss *Florian Geyer* e a 22ª Divisão de Cavalaria Voluntária da ss *Maria Theresia*, ambas alocadas na Hungria.[70]

O comitê de resgate então enviou a Istambul, por telégrafo, uma mensagem avisando que Brand chegaria. A resposta veio rapidamente: "Joel deveria vir, Chaim estará lá". Para o comitê, isso só podia significar que o próprio Chaim Weizmann estaria à disposição.

Em 15 de maio, Brand viu Eichmann pela última vez. Foi o dia em que as deportações começaram. Eichmann avisou Brand para retornar rapidamente. Se a oferta chegasse em tempo, Auschwitz seria "explodido" (*dann sprenge ich Auschwitz in die Luft*), e os deportados que agora deixavam a Hungria seriam os primeiros enviados à fronteira.[71]

No dia seguinte, Brand recebeu "plenos poderes" do *Zentralrat der Ungarischen Juden*; e também recebeu companhia: Bandi Grosz, judeu que havia servido no Abwehr. Os dois foram a Viena e, pagando suas despesas em dólares, partiram em um avião especial rumo a Istambul.

Quando Brand pousou no aeroporto, fez uma descoberta perturbadora. A Agência Judaica não tinha preparado seu visto de entrada, e "Chaim" não estava lá. O homem a quem Jerusalém havia se referido não era o diretor-presidente da agência, Chaim Weizmann, mas o diretor do escritório de Istambul, Chaim Barlasz, que, no momento em que o avião chegou, dirigia pela cidade para conseguir um visto para Brand. Felizmente, o companheiro de contraespionagem de Brand, Grosz, tinha muitos contatos em Istambul. Após alguns telefonemas feitos por Grosz, os dois receberam autorização para irem a um hotel. Lá, representantes da Agência Judaica esperavam os emissários.

---

70 Testemunho de Eichmann, 5 de julho de 1961, julgamento de Eichmann, sessão 86, pp. O1, P1.

71 Eichmann, em seu julgamento, negou ter falado em destruir Auschwitz, já que ele não tinha autoridade para fazê-lo. Ver seu testemunho, 5 de julho de 1961, julgamento de Eichmann, sessão 86, p. R1.

Brand ficou nervoso e animado. "Camaradas, vocês se dão conta do que está envolvido? [...] Temos de negociar [...]. Com quem posso negociar? Vocês têm o poder de fazer acordos? [...] Doze mil pessoas são arrastadas para longe todos os dias [...], o que dá quinhentas pessoas por hora [...]. Elas precisam morrer porque não há ninguém do Executivo aqui? Quero telegrafar amanhã dizendo que consegui um acordo. [...] Vocês sabem o que está envolvido, camaradas? Os alemães querem negociar. O chão está queimando sob seus pés. Eles sentem a chegada da catástrofe. Eichmann nos prometeu adiantar 100 mil judeus. Sabem o que isso significa? [...] Eu insisto, camaradas, que aqui veio um homem que todo o mundo conhece. Os alemães estão nos observando. Eles saberão de uma vez por todas que Weizmann está aqui, ou [Moshe] Shertok. Mesmo se não conseguirem realizar nada concreto com os Aliados enquanto estou aqui, posso retornar e dizer a Eichmann que a Agência aceitou. Então Auschwitz pode explodir".

Para os representantes da Agência Judaica, a questão não era tão simples. Eles afirmavam não poder ter certeza de que um telegrama enviado a Jerusalém chegaria sem mutilações. Ninguém tinha influência suficiente para obter um avião. Nenhum representante do Conselho de Refugiados de Guerra estava em cena. Brand queria fazer contato com Steinhardt, o embaixador americano em Ancara. "Steinhardt", disse ele, "deve ser um bom judeu. E, além disso, um bom homem". Mas era impossível conseguir uma passagem de avião rumo a Ancara. As horas – e também os dias – começavam a passar. Brand, ainda esperando que alguém chegasse a Istambul, entregou aos representantes da Agência Judaica alguns dados importantes. "Entreguei aos camaradas um mapa correto do campo de concentração de Auschwitz. Ordenei o bombardeio das câmaras de gás e dos crematórios, o quanto era tecnicamente possível. Exigi desvios e ataques aéreos contra as junções de ferrovias que levavam a Auschwitz. Repassei a nossos camaradas informações exatas sobre locais onde as tropas de paraquedas podiam pousar e uma lista de documentos e outras coisas que eles precisavam levar. Entreguei uma lista de endereços de ajudantes de confiança nas estradas rumo a Budapeste."

Brand havia exaurido sua missão, que, por sua vez, o deixara exausto. Em repetidas discussões com representantes da Agência Judaica, teve a clara impressão de que eles não percebiam o que estava em jogo. "Diferentemente do que fazíamos em Budapeste, eles não olhavam as mortes diárias."

Enquanto Brand esperava resposta, uma série de eventos inesperados começou a acontecer. Durante os dias seguintes, ele se viu sob o risco de ser deportado.

As autoridades turcas haviam ordenado sua captura, junto com Bandi Grosz, embora este último fosse um "diretor" de uma corporação de transporte húngara envolvida na discussão com o diretor de uma companhia de transporte estatal turca. Por que a deportação de Grosz? Brand já suspeitava que os britânicos estivessem controlando a "chave principal", mas ele deixou esse pensamento de lado. "Eu não conseguia acreditar", declarou, "que a Inglaterra – essa terra que, sozinha, lutou enquanto todos os outros países da Europa rendiam-se ao despotismo –, que essa Inglaterra, que admirávamos como um combatente inflexível pela liberdade, simplesmente queria nos sacrificar, os mais pobres e mais fracos de todos os oprimidos."

No entanto, outra situação curiosa logo surgiu. Moshe Shertok não conseguiu um visto para a Turquia. A agência decidiu levar Brand a Alepo, na Síria ocupada pela Grã-Bretanha, onde Shertok deveria encontrá-lo. Em 5 de junho de 1944, após quinze dias infrutíferos em Istambul, Brand, com um visto britânico em seu passaporte alemão, embarcou no trem expresso Taurus. Quando a locomotiva passou por Ancara, um representante dos Revisionistas Judeus (Irgun), acompanhado por um ortodoxo, entrou no trem para avisá-lo de que estava se deslocando rumo a uma "armadilha". Shertok não tinha obtido um visto porque os britânicos queriam atrair Brand para um território controlado por eles, onde poderiam prendê-lo. Nessa questão, a Grã-Bretanha não era nenhum "aliado" (*Die Engländer sind in dieser Frage nicht unsere Verbündeten*). Eles não queriam que a missão alcançasse sucesso. Se ele continuasse naquela jornada, jamais seria capaz de retornar; ele seria preso.

Brand ficou confuso. O trem estava prestes a partir, e ele decidiu permanecer a bordo. Em 7 de junho de 1944, chegou a Alepo. Um portador entrou no compartimento e recolheu a bagagem de Brand, que, por sua vez, queria segui-lo quando um inglês a paisana bloqueou seu caminho.

"Senhor Brand?"

"Ah, sim."

"Por aqui, por favor."

Antes que ele se desse conta do que estava acontecendo, dois policiais à paisana o tinham empurrado para dentro de um jipe, que esperava com o motor já ligado. Brand tentou resistir, mas era tarde demais.

Seus relatos em Istambul foram transmitidos a Londres e Washington. Na capital britânica, o Comitê do Gabinete para Refugiados, que incluía o secretário das Relações Exteriores Eden e o secretário colonial Oliver Stanley, reuniu-se em 31 de maio e adotou uma postura negativa.[72] Seis dias depois, enquanto Brand embarcava no trem rumo a Alepo, o embaixador britânico em Washington enviou um memorando ao Departamento de Estado. Se a sugestão tivesse vindo da Gestapo, dizia a nota britânica, trataria-se claramente de um caso de chantagem. Dez mil caminhões fortaleceriam o inimigo. Deixar grupos de pessoas para troca nas mãos de Hitler sem cuidar das necessidades de internos e prisioneiros aliados abriria espaço para sérios protestos dos governos. Weizmann soubera da proposta, mas nenhuma outra notícia chegara a ele além de uma declaração de que os Estados Unidos haviam sido informados. Ele apenas tinha observado que aquilo parecia mais uma tentativa de constranger os Aliados, mas que queria refletir sobre o assunto.[73] Em 6 de junho, escreveu a Eden dizendo que a história o havia "chocado" e solicitando uma reunião com o secretário das Relações Exteriores.[74]

Somente em 11 de junho Shertok teve autorização para entrevistar Brand em Alepo. Respondendo as perguntas durante seis horas em duas sessões, Brand declarou, em certo ponto, que 6 milhões de judeus haviam sido mortos. Em suas notas, Shertok escreveu: "Devo ter parecido um pouco incrédulo, pois ele disse: 'Por favor, acredite em mim. Eles mataram 6 milhões de judeus. Restam 2 milhões vivos'".[75] Quando a sessão chegou ao fim, Shertok entrou em uma confusão com os representantes britânicos. Então, virou-se para Brand: "Querido Joel, tenho de lhe contar algo amargo agora. Você precisa ir para o sul. Os britânicos exigem.

---

72 Wasserstein, *Britain and the Jews of Europe*, pp. 249-253. Um membro temia que as negociações pudessem "levar a uma oferta para descarregar um número ainda maior de judeus em nossas mãos", *ibid.*, p. 252.

73 Embaixada Britânica para Departamento de Estado, 5 de junho de 1944, *Foreign Relations of the United States*, 1944, I, 1056-1058. O subsecretário municipal do Ministério das Relações Exteriores se reuniu com Weizmann em 2 de junho. Ver Hall para Weizmann, 5 de junho de 1944, Arquivos Weizmann. No Departamento de Estado, o assunto estava nas mãos do subsecretário Stettinius, que se consultou também com McCloy. Stettinius para McCloy, 14 de junho de 1944, agradecendo-lhe, sem elaboração de seus comentários de 10 de junho. Arquivos Nacionais, Grupo 107, secretário adjunto de Guerra, 291.2 Judeus. Mediante a cortesia do sr. Mark Beribeau.

74 Weizmann para Eden, 6 de junho de 1944, Arquivos Weizmann.

75 "Relatório preliminar" de Shertok, 27 de junho de 1944, Arquivos Weizmann.

Fiz tudo para alterar essa decisão, mas trata-se de uma deliberação das mais altas autoridades. Não consegui alterá-la".

Por um instante, Brand não entendeu o que ouvira. Quando por fim se deu conta, gritou: "Vocês sabem o que estão fazendo? Isso é simplesmente assassinato! É assassinato em massa. Se não devolverem nosso pessoal, será um massacre! Minha esposa! Minha mãe! Meus filhos serão os primeiros! Vocês precisam me deixar ir! Vim até aqui com uma bandeira de trégua. Trouxe uma mensagem para vocês. Podem aceitar ou rejeitar, mas não têm direito de prender o mensageiro [...]. Estou aqui como mensageiro de 1 milhão de pessoas condenadas à morte [...]. O que vocês querem de nós? O que querem de mim?"

Brand foi levado ao Cairo para exaustivos interrogatórios da inteligência. Portanto, era um prisioneiro. Shertok retornou a Jerusalém, de onde se reportou à Agência Judaica em 14 de junho e, no dia seguinte, com David Ben-Gurion, ao Alto Comissário Britânico. Ele queria voar para Londres, mas precisava de uma autorização. No dia 21, o cônsul geral americano em Jerusalém lhe disse que Ira Hirschmann, representante do Conselho para Refugiados de Guerra, que havia perdido o encontro com Brand na Turquia, iria ao Cairo e queria encontrá-lo lá também. Shertok então voou para a cidade, onde Hirschmann havia encontrado Brand. No dia 23, a autorização saiu, mas Shertok atrasou a viagem em dois dias para acertar algumas questões em Jerusalém. Chegou a Londres no dia 27 e, com Weizmann, foi visitar o subsecretário Hall no dia 30 e o ministro das Relações Exteriores Eden em 6 de julho.[76] No encontro de 6 de julho, os dois líderes judeus reiteraram o desejo de que "uma intimação fosse entregue à Alemanha para que o corpo apropriado esteja pronto para se reunir com o objetivo de discutir o resgate dos judeus". Eden expressou sua "profunda solidariedade", mas tinha de agir em consonância com os Estados Unidos e precisava da concordância do governo soviético. O subsecretário das Relações Exteriores "duvidava" de que o resgate fosse um curso possível. Não podia existir "nada que parecesse uma negociação com o inimigo.[77]

---

76 *Ibid*. Ver também Ira A. Hirschmann, *Lifeline to a Promised Land* (Nova York, 1946), pp. 109-132.

77 Ver documento da entrevista com Eden, 6 de julho de 1944, anotação entregue por Weizmann e Shertok a Eden durante a reunião, e Shertok para Ben-Gurion e Nahum Goldmann, 6 de julho de 1944, Arquivos Weizmann.

Não haveria negociações, assim como não haveria bombardeio. Apenas paraquedistas foram lançados, mas esses voluntários judeus da Palestina foram libertados sobre alvos militares, onde a maioria deles poderia morrer pela Inglaterra.[78]

No início de julho, a maioria dos judeus húngaros estava morta. Os judeus de Budapeste esperavam sua vez. Foram salvos no último instante, quando o regente Horthy e o governo Sztójay, desgastados pelos protestos dos Estados neutros e da Igreja e amedrontados pelas mensagens de teletipo anglo-americanas com, entre outras informações, os pedidos judeus de bombardeios de gabinetes do governo húngaro, além do nome de setenta oficiais proeminentes, decidiram cessar as operações. Dois dias após as deportações cessarem fora da capital húngara, o primeiro-ministro Churchill escreveu a seguinte carta a Eden:

> Não há dúvida de que este provavelmente seja o maior e mais horrível crime já cometido na história mundial, e foi realizado por uma máquina científica operada por homens nominalmente civilizados em nome de um grande Estado e de uma das principais raças da Europa. Fica bastante claro que todos os envolvidos neste crime que caírem em nossas mãos, incluindo aqueles que obedeceram a ordens ao realizarem carnificinas, serão mortos após sua ligação com os assassinatos ser provada [...]. Portanto, na minha opinião, não deve haver qualquer tipo de negociação quanto a isso. As declarações devem ser feitas em público, para que todos aqueles ligados a elas sejam caçados e mortos.[79]

Essa carta revela muito sobre os pensamentos do primeiro-ministro britânico. Nas instruções, Churchill não se mostra imediatamente preocupado com a segurança dos judeus, mas preocupado com a reputação da Alemanha. Os culpados haviam envergonhado a própria raça.

Os judeus continuavam sendo vítimas do gás. Fora da Hungria, a operação não havia terminado. Os judeus continuavam sendo deportados da Itália, embarcados em navios partindo das ilhas da Grécia, retirados do gueto de Łódź, de

---

78 Marie Syrkin, *Blessed Is the Match – The Story of Jewish Resistance* (Filadélfia, 1947), pp. 19-35. Michael R. D. Foot e James M. Langley, *MI 9* (Boston, 1980), pp. 179-181. Veesenmayer para Ritter, 8 de julho de 1944, NG-5616.

79 Churchill para Eden, 11 de julho de 1944, em Winston S. Churchill, *The Second World War*, vol. 6, *Triumph and Tragedy* (Boston, 1953), p. 693.

Theresienstadt, dos campos de trabalho na Polônia. No outono, chegava a vez do que ainda restava dos judeus eslovacos.

A Alemanha voltou a propor pagamento de resgate. Para tanto, Kastner, presidente associado da Organização Sionista na Hungria, acompanhado pelo *Standartenführer* Becher, foram à Suíça. Eles também procuraram o grupo errado. Do outro lado da mesa estava o presidente da comunidade judaica da Suíça, Saly Mayer, que não via as negociações com bons olhos e se recusava a prometer qualquer coisa aos alemães.[80] Se Saly Mayer chegou a refletir sobre suas táticas após a guerra, seu único consolo deve ter sido o fato de que a ss e a Polícia estavam decididas a destruir os judeus eslovacos de qualquer maneira. Os negociantes do lado alemão também não tinham como entregar o que prometiam.

No Cairo, Joel Brand continuava sob custódia. Sua missão havia falhado, e sua esposa e seus filhos em Budapeste quase haviam sido penalizados por essa falha. Brand sentia um medo constante por eles. Todavia, os britânicos não o deixavam ir embora. Ele agora era convidado a clubes e hotéis – mais como objeto de curiosidade do que como fonte de informação. Certo dia, no British-Egyptian Club, Brand se envolveu em uma conversa com um homem que não havia se apresentado. O inglês perguntou uma vez mais sobre a oferta de Eichmann e sobre quantos judeus estavam envolvidos. Brand respondeu que a oferta englobava 1 milhão de pessoas. "Mas, sr. Brand", questionou o anfitrião britânico, "o que posso fazer com esse 1 milhão de judeus? Onde posso colocá-los?"[81] Já não havia 1 milhão. Toda a rede de organizações de apoio havia se tornado uma vasta organização de espectadores.

Até o início de 1945, 5 milhões de judeus foram mortos. As câmaras de gás deixaram de ser usada. Auschwitz havia sido abandonada. Contudo, dezenas de milhares de judeus ainda viriam a morrer. Em 15 de outubro de 1944, o juiz

---

80 Dr. Rezsö Kasztner (Rudolf Kastner), "Der Bericht des jüdischen Rettungskomitees aus Budapest" (mimeografado, Biblioteca do Congresso), pp. 91-99.

81 Weissberg, *Brand*, pp. 214-215. Um funcionário do Ministério das Relações Exteriores britânico, Alec Randall, teria feito essa declaração a Shertok em 28 de junho. Shlomo Aronson, *Hitler, the Allies, and the Jews* (Cambridge, Inglaterra, 2004), pp. 252-254. Aronson acredita que Brand teria ouvido isso de Shertok. Tempos depois, Eichmann disse: "O simples fato era que não havia nenhum lugar na terra que estaria preparado para aceitar os judeus, nem mesmo esse milhão". *Life*, 5 de dezembro de 1960, p. 148.

Proskauer, do Comitê Judaico Americano, enviou uma mensagem por telégrafo a McCloy pedindo que os internos em campos de concentração fossem reconhecidos pelo governo americano como prisioneiros de guerra.[82] Porém, o secretário assistente de Guerra expressou dúvida no sentido de que esse passo seria "legalmente justificado" ou de que "realmente ajudaria" as pessoas que deveria auxiliar.[83] Durante os meses sombrios do regime nazista, Roswell McClelland, do Conselho de Refugiados de Guerra, negociou em Berna com o *Standartenführer* Becher da ss e com a Polícia em busca de melhorias das condições do campo. Nas semanas finais, a Cruz Vermelha Internacional também se fez sentir. Os alemães começaram a libertar milhares de judeus. Os exércitos aliados encontraram os restantes vivos, morrendo ou mortos nos campos.[84] Muitos dos sobreviventes tinham perdido tanto peso a ponto de parecerem cadáveres ambulantes.[85]

Até 8 de maio de 1945, massas de judeus deixaram de ser resgatadas da catástrofe. No entanto, os sobreviventes ainda tinham de ser salvos das consequências dessa catástrofe. No território conquistado do antigo Reich alemão, algumas dezenas de milhares de judeus se amontoavam em volta dos campos de concentração fechados: Bergen-Belsen na zona britânica, o complexo de Dachau na zona americana, Mauthausen na Áustria.[86] Milhares de sobreviventes nas piores condições foram levados a hospitais da Alemanha, Suíça e Suécia. Outros milhares começaram a retornar à Hungria e à Polônia em busca de famílias perdidas. A sul e a

---

82 Proskauer para McCloy, 15 de outubro de 1944, Arquivos do Comitê Judaico Americano, EXO-16, Arquivos Proskauer (Comitê Conjunto de Emergência).

83 McCloy para Proskauer, 17 de outubro de 1944, Arquivos do Comitê Judaico Americano, EXO-16, arquivos Proskauer (Comitê Conjunto de Emergência).

84 Kasztner, "Bericht", pp. 112-113. Conselho para Refugiados de Guerra, *Relatório Final*, pp. 34, 43-45, 59. Jean-Claude Favez, *Das Internationale Rote Kreuz und das Dritte Reich* (Zurique, 1989), pp. 468-506.

85 Em uma amostra estratificada de sobreviventes estudados por Leo Eitinger em Israel, a porcentagem de sobreviventes de campos de judeus que tinham sido encontrados em estado cadavérico era de quase um terço. L. Eitinger, "Concentration Camp Survivors in Norway and Israel", *Israel Journal of Medical Sciences* I (1965): 883-895, especialmente p. 889. Ver também o seu "The Concentration Camp Syndrome and Its Late Sequelae" em Joel Dimsdale, ed., *Survivors, Victims, and Perpetrators* (Washington, 1980), pp. 127-162. Eitinger, um médico, era um judeu deportado da Noruega em Auschwitz.

86 A maioria destes prisioneiros de campos eram judeus húngaros. Outros grupos importantes foram deportados da Polônia, Holanda, Eslováquia e Lituânia.

leste, o que restava das comunidades judaicas formava um cinturão de inquietude, estendendo-se desde os Bálcãs, atravessando a Polônia e chegando às profundezas da Rússia. A área húngaro-romena ainda continha 500 mil judeus. Muitos estavam dispersos, a maioria passando necessidades, e todos correndo riscos.[87]

Na Polônia, os sobreviventes dispersos encontraram posses e casas em outras mãos. Depois de saírem dos campos de concentração e dos esconderijos, não foram poucos os judeus poloneses recebidos com a pergunta: "Ainda está vivo?"[88] Esses judeus também queriam ir embora, mas não havia portas abertas a eles. Os Estados Unidos ainda tinham suas cotas de imigração (o total de cotas atribuídas a todas as pessoas nascidas na metade oriental da Europa não podia exceder 1.500 pessoas por mês). Na Palestina, o Livro Branco de 1939 tinha estabelecido um total permitido para imigração de 75 mil judeus por um período de cinco anos. Quando, no outono de 1943, descobriu-se que apenas 44 mil desses certificados haviam sido usados, o governo britânico concordou com a utilização de 31 mil entradas após 1944.[89] Ao final de 1945, a cota havia sido esgotada. Por isso, a partir de 1º de janeiro de 1946, o governo trabalhista britânico, sob a mais severa pressão, permitiu que a migração para a Palestina continuasse a uma taxa de 1.500 por mês.[90] Em suma, juntos, Estados Unidos e Palestina ofereciam acomodações aos judeus em um ritmo lento de pouco mais de alguns milhares de vagas mês após mês. Para as centenas de milhares de sobreviventes agora sem raízes, o único prospecto era uma espera de anos.

Na Polônia, Tchecoslováquia e Hungria, muitos judeus escolheram não esperar; decidiram embarcar em suas jornadas, mesmo que ainda não pudessem viajar mais que metade do planejado. Da Polônia, o êxodo teve início com a travessia da Tchecoslováquia até a zona americana na Alemanha.[91] Os judeus começaram a chegar à Áustria, vindo da Hungria e da Romênia.[92] Em novembro de

---

87 Duschinsky, "Hungary", em Meyer *et al.*, *The Jews in the Soviet Satellites*, pp. 373-489; Nicolas Sylvain, "Rumania", *ibid.*, pp. 491-556.

88 Weinryb, "Poland", *ibid.*, p. 244.

89 *Report of the Anglo-American Committee of Enquiry Regarding the Problems of European Jewry and Palestine* (Londres, 1946), Cmd. 6808, pp. 65-66.

90 *Ibid.*

91 Weinryb, "Poland", em Meyer, *et al.*, *The Jews in the Soviet Satellites*, pp. 254-257.

92 *Report of the Anglo-American Committee*, 1946, Cmd. 6808, pp. 48-49.

1945, o fluxo começou a aumentar, e milhares de refugiados se espalharam pela Itália.[93] Essas infiltrações eram apenas o começo. Sob um acordo soviético-polonês, todos os judeus e poloneses na Rússia Soviética que haviam sido cidadãos poloneses antes de 19 de setembro de 1929 receberam autorização para retornar à Polônia.[94] Mais de 150 mil judeus na Ásia Soviética foram afetados por esse acordo. De seus exílios no Uzbequistão, Turcomenistão, Tajiquistão e Cazaquistão, eles passaram a se movimentar rumo ao oeste, a caminho da nova fronteira com a Polônia. Passando pelos guetos esvaziados, eram enviados aos recém--anexados territórios poloneses a oeste, onde podiam se apoderar de terras e casas alemãs abandonadas. Contudo, os migrantes da Ásia Soviética não pararam na região da Polmerânia-Silésia. Unindo-se aos sobreviventes da Polônia, espalharam-se pelas regiões ocidentais ocupadas da Alemanha.[95]

As autoridades britânicas na Alemanha enxergavam a convergência de judeus como uma grande conspiração para estourar as barreiras de imigração para a Palestina. O tenente-general *sir* Frederick Morgan, que serviu como chefe de operações de refugiados na Alemanha para a Administração das Nações Unidas para Assistência e Reabilitação (UNRRA), declarou em uma coletiva de imprensa que uma organização secreta judaica estrava por trás da infiltração vinda do leste rumo à Alemanha, que aqueles judeus eram "bem-vestidos, bem alimentados, com bochechas coradas" e que tinham "muito dinheiro". "Eles certamente não parecem pessoas perseguidas", observou. Então, avisando que os judeus europeus estavam "crescendo e se tornando uma força mundial", confessou que todos planejavam deixar a Europa.[96]

Esses sentimentos expressados pelo general guiaram as ações dos britânicos. A Brigada Judaica foi retirada da Áustria, e os controles de fronteira se tornaram mais intensos.[97] Ao norte, na Alemanha, os britânicos negaram a entrada em sua zona a todos aqueles retirados dos campos que chegassem após 30 de junho de 1946. Os protestos do diretor geral da UNRRA La Guardia ao primeiro-ministro At-

---

93 O trânsito para a Itália foi facilitado pela Brigada Judaica da Palestina, então estacionada no zona britânica da Áustria, escoltando a rota de Viena à fronteira italiana. *Ibid.*

94 Weinryb, "Poland", em Meyer *et al.*, *The Jews in the Soviet Satellites*, pp. 361-362.

95 *Ibid.*, pp. 362, 366-368.

96 "UNRRA Aide Scents Jews' Exodus Plot", *The New York Times*, 3 de janeiro de 1946, pp. 1, 3.

97 *Report of Anglo-American Committee*, 1946, Cmd. 6808, p. 48.

tlee não mudaram a decisão britânica nesse sentido.[98] Ao final de 1946, o governo britânico decidiu adotar uma lei de trabalho compulsório para residentes dos campos de refugiados na zona britânica da Alemanha. Os protestos da UNRRA sobre o fato de a lei não conter salvaguardas a judeus e outros ex-internos dos campos de concentração nazistas foram em vão.[99]

Bloqueados pelos britânicos, os judeus se espalharam pelas zonas americanas. De janeiro a abril de 1946, a taxa de entrada nessas áreas da Alemanha era de 3 mil por mês e de quase 2 mil na Áustria ocupada por americanos, incluindo a região de Viena.[100] Em abril, a população de pessoas deslocadas na Alemanha Ocidental ocupada era de 3 mil em Berlim, 1.600 na zona francesa, 15.600 na zona britânica e 54 mil na zona americana. Os números na Áustria, para fins de comparação, eram de 1 mil na zona britânica e 6.500 na zona americana.[101] Ao final de 1946, o número de refugiados judeus nas zonas ocidentais da Alemanha e da Áustria havia crescido para aproximadamente 204 mil. A área americana continha 183.600, ou 90% deles.[102]

A concentração de tantos desabrigados em áreas americanas levou o senador Conolly a expressar a opinião de que os Estados Unidos eram "o maior absorvedor

---

98 George Woodbridge (historiador chefe da UNRRA), UNRRA – *The History of the United Nations Relief and Rehabilitation Administration* (Nova York, 1950), vol. 2, p. 512.

99 *Ibid.*, p. 520.

100 Estatísticas alemãs de Jay B. Krane, chefe, relatórios e análise da filial da Sede Central da UNRRA na Alemanha, para Ira Hirschmann, representante especial para o diretor-geral da UNRRA, 26 de junho de 1946. Cópia em carbono datilografada da carta original na Sede Central da UNRRA na Alemanha, Documentos Diversos, 1945-1947, Columbia Law Library. Para as estatísticas mensais de chegadas e partidas de judeus no território americano da capital da Áustria a partir de novembro de 1945 a agosto de 1949, ver Alto Comissariado dos Estados Unidos, *Civil Affairs Austria – Statistical Annex*, agosto de 1949, p. II.

101 *Report of Anglo-American Committee*, 1946, Cmd. 6808, pp. 47-48. Na Itália, havia aproximadamente 16 mil. *Ibid.*, p. 58.

102 Depoimento do secretário de Estado adjunto John H. Hilldring, Audiências perante o Subcomitê de Imigração e Naturalização da Comissão do Judiciário, Câmara dos Deputados, 80º Cong., Primeira sessão, junho-julho de 1947, pp. 124-125. A divisão entre as duas zonas dos Estados Unidos era: Alemanha, 152.803; Áustria, 30.797. O número austríaco é 6.200 superior ao indicado no anexo estatístico do relatório do Alto Comissariado (agosto de 1949, II p.). O valor de Hilldring para o número de judeus deslocados na Itália em 31 de dezembro de 1946 era de 21.288.

do mundo" e que, na Alemanha, os americanos estavam "aceitando pessoas de todas as outras zonas e as alimentando".[103] O comentário do senador Conolly indicava que, enquanto a questão da Palestina ditava as ações britânicas, o custo de manutenção se tornaria o principal problema nas zonas americanas. Sob a Lei n. 2 do Conselho de Controle, o custo do pessoal desabrigado em solo americano era de responsabilidade da Alemanha. De 1946 em diante, todavia, os Estados Unidos garantiram aos alemães um padrão mínimo de vida. Para assegurar essa garantia, o exército americano estava gastando, na Alemanha, mais de 500 milhões de dólares por ano sob a rubrica orçamentária: "Governo e Alívio em Áreas Ocupadas" (GARIOA). Enquanto a economia alemã não suprisse as necessidades dos refugiados (e ela supria, de modo geral, apenas serviços secundários de caráter administrativo), as vestimentas e a alimentação desses indivíduos tinham de ser financiadas pelo GARIOA. E, enquanto os refugiados não judeus deixavam a zona americana para retornar às suas casas, mais e mais judeus apareciam.[104]

Em busca de uma solução para esse problema, oficiais do Departamento de Guerra pensaram em eles mesmos se livrarem de 70% dos deslocados por meio do fechamento dos campos a todos, com a exceção dos perseguidos. O plano falhou quando fortes grupos católicos e protestantes se queixaram ao presidente Truman, afirmando que a medida era um ato de discriminação que favoreceria

---

103 Relatório confidencial de George Meader, diretor jurídico, Comitê Especial de Estado para a Investigação do Programa de Defesa Nacional, 22 de novembro de 1946, mimeografado, p. 8. O relatório foi liberado posteriormente.

104 No final da guerra, os judeus constituíam um percentual insignificante entre milhões de refugiados. Até o final de 1946, 30% de todos os refugiados em campos da zona americana eram judeus. O orçamento anual para a manutenção dos refugiados nessa zona foi calculado em 109 milhões de dólares. Para cada deslocado, o custo era o seguinte: comida, 12 dólares mensais (13,20 dólares para perseguidos, incluindo os judeus); manutenção, 5 dólares mensais; conjunto inicial de vestuário, 49 dólares. Relatório de Meader, p. 47. O custo de manter os judeus era, assim, próximo a 33 milhões de dólares por ano.

Diferente da Alemanha, a Áustria foi beneficiária de um auxílio da UNRRA e de 1º abril a 1º de dezembro de 1946, a UNRRA assumiu a responsabilidade pela manutenção dos refugiados. De 1º de janeiro a 18 de agosto de 1947, o exército americano arcou com as despesas. O Exército, no entanto, gastava apenas 10 dólares por mês. Quartel-general, Forças dos Estados Unidos na Áustria, *A Review of Military Government*, 1º de setembro de 1947, p. 166. A essa taxa, o custo do sustento dos refugiados judeus na Áustria para o Exército americano foi de aproximadamente 2,5 milhões de dólares.

apenas os judeus.[105] As autoridades militares então consideraram uma solução menos inovadora: reduzir os padrões de manutenção, tanto no que dizia respeito a abrigo quanto a alimentação.

O problema do alojamento foi complicado pela chegada de comboios de alemães expulsos da Tchecoslováquia e da Hungria. Embora por uma antiga diretiva militar os desalojados recebessem prioridade sobre a população alemã em termos de habitação,[106] na prática a situação era, com frequência, bastante diferente. Assim, um grupo de trezentos judeus que viviam em casas no centro para deslocados em Fürth foram desabrigados pela polícia militar para abrir espaço para um comboio de alemães que esperavam para viver ali.[107]

Em junho de 1946, o Terceiro Exército instruiu suas três divisões, afirmando que, sob nenhuma circunstância, acomodações padrões deveriam ser oferecidas a perseguidos.[108] Mesmo assim, um grande volume de judeus foi forçado a permanecer nos campos, que, com frequência, viviam superlotados. Alguns careciam de instalações básicas para aquecimento, cozinha e sanitários. Cobertores dependurados em cordas davam conta de garantir a privacidade das famílias nos galpões.[109] Igualmente improvisada, a provisão de roupas se dava com uma distribuição anual de um conjunto completo de peças – às vezes um pouco "estranhas e gastas".[110] O subsídio para alimentação era fixado em calorias, dois terços das quais vinham de pão e batatas.[111] Woodbridge, historiador da UNRRA, afirma que "como as po-

---

105 Krane para Hirschmann, 26 de junho de 1946, Documentos diversos da UNRRA. Relatório de Meader, p. 43.

106 Louise W. Holborn, *The International Refugee Organization* (Londres, Nova York e Toronto, 1956), p. 131, citando o memorando de SHAEF de 16 de abril de 1945.

107 Leo W. Schwarz, *The Redeemers* (Nova York, 1953), pp. 104-106.

108 Krane para Hirschmann, 26 de junho de 1946, em documentos diversos do UNRRA.

109 Holborn, *The International Refugee Organization*, vol. 2, p. 583, pp. 218-219. Woodbridge, UNRRA, vol. 2, p. 503.

110 Woodbridge, UNRRA, vol. 2, p. 503.

111 *Ibid.*, pp. 503-504. De outubro de 1945 a agosto 1946 o número de calorias por deslocado judeu na Alemanha caiu de 2.500 para 2.200 na zona dos Estados Unidos e de 2.170 para 1.550 na zona britânica. Na zona americana da Áustria, a queda foi de 2.400 (Exército dos EUA) para 1.200 (UNRRA). *Ibid.*, p. 503; *Report of Anglo-American Committee*, Cmd. 6808, p. 49. O Exército dos Estados Unidos oferecia uma provisão adicional para pessoas perseguidas (em sua maioria judeus).

pulações nativas se ressentiam com a entrega de comida aos refugiados" e que "como as autoridades militares frequentemente se solidarizavam com as populações nativas, [...] foram necessários esforços incessantes dos oficiais da UNRRA para evitar a fome".[112]

Diferentemente dos britânicos, os americanos não pediam aos refugiados judeus que pagassem por sua sobrevivência por meio da doação de trabalho à economia alemã.[113] "É compreensível", declarou o secretário assistente de Estado, Hilldring, afirmando que os judeus "não têm qualquer desejo de trabalhar para os alemães".[114] Todavia, nem todos os americanos eram tão compreensivos. George Meader, diretor executivo de uma espécie de comitê do Senado que investigava o programa de defesa, comparou os judeus aos bálticos. Em contraste com os industriosos bálticos, comentou, os judeus "não querem trabalhar, mas esperam receber os cuidados necessários, e reclamam quando as coisas não são feitas da forma como acham que devem ser feitas". E acrescentou: "É de se duvidar que qualquer país do mundo queira esse povo como imigrante".[115]

Em abril de 1947, o Departamento de Guerra seguiu o exemplo britânico ao fechar os portões dos campos. Após 21 de abril, nenhum recém-chegado estaria autorizado a receber refúgio nesses campos.[116]

É preciso lembrar que as autoridades militares em todas as zonas de ocupação aceitaram responsabilidades apenas pelos cuidados essenciais, e que, ocasionalmente, ocorreram falhas no cumprimento até mesmo dessas responsabilidades básicas. Para preencher algumas lacunas e oferecer todos os "suplementos" de

---

Na Alemanha, esse subsídio era de duzentas calorias (incluídas nos números acima). Os britânicos classificavam os judeus por "nacionalidade".

112 Woodbridge, UNRRA, vol. 2, p. 504.

113 Os salários provenientes do emprego alemão poderiam ser pagos apenas em Reichsmark, que não tinha valor cambial e não podia sequer ser usado para a compra no mercado alemão racionado. Os norte-americanos não poderiam se beneficiar também. A renda dos refugiados era sujeita à tributação alemã e as poupanças estavam se desvalorizando.

114 Testemunho do major-general Hilldring em audiências perante a Subcomissão de Imigração, Comitê Judiciário da Câmara, 80º Cong., 1ª sessão, junho-julho de 1947, pp. 126-127.

115 Relatório de Meader, pp. 45, 52.

116 Quartel-general, Forças Armadas Americanas na Áustria, *A Review of Military Government*, 1º de setembro de 1947, p. 165; Woodbridge, UNRRA, vol. 2, p. 512.

rações alimentares adicionais à educação de crianças e ao treinamento de adultos, os recursos de organizações internacionais e sociedades privadas tinham de ser colocados em operação. Até 30 de junho de 1947, a agência internacional dedicada à questão dos refugiados era a UNRRA. Como ela havia sido criada para o alívio e a reabilitação apenas das nações aliadas, imediatamente se passou a questionar se os judeus apátridas ou que tinham a nacionalidade de um Estado inimigo ou ex--inimigo deveriam receber alguma ajuda.

O governo britânico definiu que esses judeus não teriam direito à assistência. Em uma carta de *sir* George Rendel à divisão de deslocados da UNRRA, o delegado britânico declarava: "O fato de os judeus poderem, como uma raça, ser identificados por certas características, e de os desenvolvimentos políticos, em particular o da doutrina racial nacional-socialista, terem lhes gerado problemas particulares de importância na política internacional não é razão suficiente para tratar os "judeus" como uma categoria nacional separada".[117] A objeção britânica foi superada por uma resolução patrocinada pelos americanos, que estendia a ajuda da UNRRA a todas as pessoas "que foram obrigadas a deixar seus países ou locais de origem ou antigas residências e que foram de lá deportadas por ações do inimigo, por conta de raça, religião ou atividades em favor das Nações Unidas".[118]

O tipo de assistência prestada pela UNRRA envolvia basicamente os cuidados essenciais. A Tabela 11.7 mostra as responsabilidades da UNRRA antes de sua

---

117 Texto do memorando britânico em Subcomissão Técnica Permanente sobre Refugiados para a Europa da UNRRA, 9ª reunião, 11 de agosto de 1944, TDP/E(44)38. Além disso, projeto de resolução britânico sobre as operações da UNRRA em áreas inimigas ou ex-inimigas 12 de setembro de 1944, do Conselho UNRRA, 2ª sessão, Documento 32.

118 Resolução do conselho nº 57, 2ª sessão, setembro de 1944, em Woodbridge, *UNRRA*, vol. 1 p. 135. O texto da resolução era tal que a ajuda não poderia ser dada facilmente aos refugiados. A administração da UNRRA resolveu esse problema adotando a doutrina do "deslocamento interno"; ou seja, abrangia-se os "infiltrados", pois eles haviam sido deslocados desde o momento em que foram forçados a deixar suas casas pelos alemães. *Ibid.*, vol. 2 pp. 509-510. A restrição britânica com relação à "nacionalidade" teria privado mais de 20 mil judeus dos benefícios da UNRRA. Ver a tabela de judeus que recebiam assistência da Organização Internacional de Refugiados (por nacionalidade), 31 de julho de 1947 a partir de relatório da Subcomissão Especial para Refugiados e da Organização Internacional de Refugiados, Comitê de Assuntos Estrangeiros, 80º Cong., 1ª sessão, 1947, p. 8, em Holborn, *The International Refugee Organization*, p. 199. A Organização Internacional de Refugiados assumiu a função da UNRRA sobre as questões dos refugiados em 1º de julho de 1947.

TABELA 11.7 Ajuda da UNRRA a pessoas deslocadas

PAÍS		SUPERVISÃO DOS CAMPOS	OFERTA DO ESSENCIAL: ALIMENTO, COMBUSTÍVEL E ROUPAS
Alemanha	Zona americana	Todos os campos	2.427.000 dólares para
	Zona britânica	Maioria dos campos	comida
Áustria		Menos de metade dos campos	Completa entre abril e dezembro de 1946
Itália		Alguns campos	Completa

Nota: Woodbridge, UNRRA, vol. 2, pp. 491-492, 500ff. Compilações de campos sob supervisão da UNRRA em Holborn, *The International Refugee Organization*, p. 236. Em 31 de dezembro de 1946, a divisão de judeus na Áustria era a seguinte:

Campos da UNRRA	9.833
Campos militares	20.213

Testemunho de Hilldring, Subcomitê de Imigração, Comitê Judiciário da Câmara, 80th Cong., 1st sess., junho-julho de 1947, p. 125. A UNRRA tinha uma operação de 4 bilhões de dólares com até 70% financiados pelos Estados Unidos. Os gastos com deslocados eram de aproximadamente 60 milhões. A parte dos judeus era de aproximadamente 15 milhões. Ver estatísticas em Woodbridge, UNRRA, vol. 3, pp. 423, 428, 500, 506. A Alemanha não tinha direito à ajuda da UNRRA. Áustria e Itália receberam, respectivamente, 135.513.200 e 418.222.100 dólares. Ibid., p. 428.

dissolução. Quando assumiu as funções de cuidado da UNRRA, em 1º de julho de 1947, a Organização Internacional de Refugiados tentou melhorar as acomodações, as vestimentas e a alimentação dos refugiados.[119] Mesmo assim, a combinação dos gastos militares e internacionais foi suficiente para garantir aos sobreviventes apenas a subsistência, e tornou-se papel das organizações judaicas investir somas mais substanciais para as inumeráveis necessidades de uma comunidade completamente desarraigada.[120]

---

119 Holborn, *The International Refugee Organization*, pp. 218-238. Ao contrário da UNRRA, a Organização Internacional de Refugiados era inteiramente dedicada aos refugiados. Operando até o final do ano de 1951, ela gastou 400 milhões de dólares. Os gastos, incluindo despesas gerais com atendimentos aos refugiados foram de cerca de 175 milhões de dólares. Cuidar dos refugiados judeus pode ter custado aproximadamente 30 milhões de dólares. *Ibid.*, pp. 124, 199-200, 238.

120 A participação judaica nos gastos militares internacionais provavelmente ultrapassou 150 milhões de dólares. Durante a vida da Organização Internacional de Refugiados, a principal organização de ajuda judaica (o Comitê de Distribuição Conjunta) contribuiu com cerca de 26 milhões

Entre 1945 e 1948, 250 mil judeus tinham se tornado refugiados. A Alemanha tinha criado essa situação, mas o mundo todo foi responsável por prolongar seu deslocamento ao longo de anos. Os judeus eram represados: chegavam em fluxos enormes, mas só conseguiam sair em gotas. Uma das pequenas aberturas era uma ordem do presidente Truman, datada de 22 de dezembro de 1945, declarando que vistos dentro dos limites da cota fossem distribuídos o máximo possível aos refugiados "de todas as fés, credos e nacionalidades" nas zonas de ocupação americanas.[121] A maioria das outras aberturas eram ainda menores. Os países arrasados pela guerra na Europa estavam, em grande parte, fechados, e os domínios britânicos não se mostravam ansiosos por receber massas de judeus. Os próprios judeus mostravam-se cada vez mais decididos a partir para seu lar nacional. Em 1946, a migração autorizada à Palestina começava a ser complementada por pequenos navios lotados que tentavam derrubar o bloqueio britânico. Vários milhares de judeus conseguiram desembarcar. Dezesseis mil foram interceptados e internados na ilha do Chipre. Um navio, o *Exodus*, foi abordado e seus passageiros enviados de volta à Alemanha. Contudo, em 1948, os britânicos estavam prestes a desistir. Quando, em 15 de maio, o Estado judeu foi criado na Palestina, o impasse finalmente se desfez.

Um mês após o movimento de massa dos judeus a Israel começar, os Estados Unidos também abriram suas portas. Fez-se necessária uma legislação

---

de dólares para a manutenção dos deslocados judeus. *Ibid.*, pp. 148-149. A contribuição judaica global é consideravelmente maior.

121 Ver declaração de Truman, 22 de dezembro de 1945, e sua carta com a mesma data para os secretários de Estado e de Guerra, o procurador geral, o cirurgião geral e o diretor geral da UNRRA, no *The New York Times*, 23 de dezembro de 1945, p. 10. Com relação à disposição da lei de imigração que exigia que os imigrantes pagassem sua própria passagem, o presidente dos Estados Unidos autorizou a admissão de refugiados cuja passagem fosse paga por organizações de bem-estar particulares e autorizadas. *Ibid.*

O ministro do Trabalho britânico, George Isaacs, tentou facilitar a entrada de refugiados das zonas britânicas para a Inglaterra, mas não teve sucesso. O governo britânico queria apenas jovens solteiros, que pudessem ficar em alojamentos e que não complicassem a situação da habitação. Testemunho do rabino Philip S. Bernstein (consultor sobre judeus refugiados para o general Clay), Subcomissão de Imigração, Comitê Judiciário, 80º Cong., 1ª sessão, junho-julho de 1947, p. 241.

especial para a admissão em larga escala dos refugiados, e um Congresso cético havia debatido a legislação por um ano. O ceticismo dos legisladores se refletia no pensamento de Gossett, representante do Texas no Subcomitê de Imigração da Câmara. Se os Estados Unidos fossem seguir motivos humanitários, ele argumentava, por que não aceitar chineses, indianos e todos os outros grupos ilimitados que tanto sofriam? Por outro lado, se considerações econômicas seriam decisivas, os Estados Unidos poderiam conseguir pessoas em condições melhores que a dos refugiados. Com relação aos judeus poloneses, ele estava certo de uma coisa: o lugar adequado para eles era atrás da Cortina de Ferro. Gossett dizia: "Alguém precisa combater o comunismo naqueles países. Não estariam, algumas dessas pessoas, preparadas para isso?". Quando soube dos massacres, perguntou ao secretário de Estado Marshall: "Mas o que me intriga é por que haveria alguma perseguição de judeus na Polônia quando metade do governo polonês é judeu".[122]

O resultado final das dúvidas e da oposição foi a aprovação de uma lei de compromisso ao final de um longo dia legislativo, às duas horas da madrugada. O ato excluía, com algumas exceções, todos os refugiados que tivessem chegado à Alemanha, Áustria ou Itália após 22 de dezembro de 1945. Um total de 202 mil admissões foram autorizadas para o período entre 1º de julho de 1948 e 30 de junho de 1950. As cotas de origem nacional anuais foram expandidas de modo a permitir aos oficiais consulares aumentar em 50% a cota no ano seguinte. Um mínimo de 40% de todos os vistos disponíveis foram alocados aos bálticos e um mínimo de 30% foram reservados para aqueles de qualquer nacionalidade envolvidos em atividades agrícolas. Várias preferências ocupacionais sem especificações numéricas foram criadas para refugiados com qualificações profissionais ou industriais, incluindo aqueles do setor de roupa e vestuário.[123] Além dessa provisão, os judeus só tinham uma vantagem: suas organizações estavam bem preparadas. Elas podiam empregar importantes recursos para acelerar o processamento dos refugiados e oferecer segurança de apoio para o período de integração. Essa preparação

---

122 Observações de Gossett em audiências da Subcomissão de Imigração, Comitê Judiciário da Câmara, 80º Cong., 1ª sessão, junho-julho de 1947, pp. 237, 511.

123 Decreto dos Refugiados, aprovado pelo presidente (dos Estados Unidos) em 25 de junho de 1948, 62 Stat. 1009.

valeu a pena. Durante um período de dois anos, aproximadamente 40 mil refugiados judeus deslocados foram recebidos nos Estados Unidos.[124]

No inverno de 1949-1950, as audiências foram retomadas tendo em vista a expansão da Lei de refugiados [*Displaced Persons Act*]. Os judeus estavam interessados em três emendas: queriam a remoção da data limite de 22 de dezembro de 1945, para que os ingressos posteriormente pudessem chegar aos Estados Unidos; pediam que a elegibilidade fosse concedida aos judeus de Xangai; e desejavam que os trabalhadores da agricultura e da indústria têxtil fossem colocados em pé de igualdade com as categorias preferenciais.

Os judeus não eram os únicos peticionários. Os interesses de poloneses, gregos e italianos também exerciam pressões. Acima de tudo, as organizações teuto-americanas exigiam grandes concessões. Embora o senador Langer, da Dakota do Norte, tivesse assegurado metade das cotas teuto-austríacas de julho de 1948 a junho de 1950 para refugiados de etnia alemã, os teuto-americanos decididamente não estavam satisfeitos. Testemunhando diante de um subcomitê do Comitê Judiciário do Senado, Otto Hauser, da American Relief for Germany, Inc., declarou: "33 milhões de origem alemã requerem os mesmos direitos sob as leis de imigração dos Estados Unidos que são desfrutadas por americanos de qualquer outra origem".[125] Otto Durholz, do Comitê de Ação Cristã na Europa Central, argumentava que uma exclusão das etnias alemãs seria "racismo".[126] J. H. Meyer, da Sociedade Steuben, assegurou aos senadores que os "corraciais" dos possíveis imigrantes nos Estados Unidos eram fazendeiros trabalhadores e bons.[127]

O congressista Celler então testemunhou diante do Comitê do Senado. Como diretor do Comitê Judiciário, sua influência era considerável. Agora ele se

---

124 Declaração de Lewis Neikrug, diretor geral da Sociedade de Auxílio ao Imigrante Judeu (HIAS), citado no relatório da subcomissão especial do Comitê Judiciário da Câmara para Refugiados na Europa e sua reinstalação nos Estados Unidos, 81º Cong., 2ª sessão, 20 de janeiro de 1950, pp. 76, 80-81. Além disso, Relatório do Senado nº 1237, 25 de janeiro de 1950, Código de Serviço do Congresso dos Estados Unidos, 81º Cong., 2ª sessão, nº 5, pp. 1337-1343.

125 Depoimento de Hauser, em audiências no Comitê Judiciário do Senado/Subcomissão de Emendas à Lei dos Refugiados, 81º Cong., 1º e 2º sess., 25 de março de 1949 a 16 de março de 1950, p. 187.

126 Depoimento de Durholz, *ibid.*, p. 77.

127 Depoimento de Meyer, *ibid.*, p. 161.

via em uma posição complicada, pois era judeu. Tinha motivos para suspeitar que os alemães étnicos tivessem tido grande participação na destruição dos judeus; mesmo assim, ele não queria pôr em risco a extensão da lei. Resignando-se a uma sessão sagaz, ele declarou: "Existem alguns bons *Volksdeutsche*, existem alguns maus *Volksdeutsche*".[128] Os judeus conseguiram suas revisões. Outros 22 mil refugiados judeus foram levados ao país. As organizações teuro-americanas asseguraram autorização para a admissão de outros 54.744 alemães étnicos refugiados.[129]

No registro final, os 250 mil refugiados judeus encontraram habitação nos seguintes lugares:[130]

Israel	142 mil
Estados Unidos	72 mil
Canadá	16 mil
Bélgica	8 mil
França	2 mil
Outros	10 mil

---

128 Depoimento de *ibid.*, pp. 192-193.

129 A data limite foi estendida de 22 de dezembro de 1945 para 1º de janeiro de 1949, beneficiando igualmente tanto refugiados judeus quanto alemães expulsos. Um total de 4 mil vistos foram autorizados para refugiados na China. Trabalhadores do campo e da indústria do vestuário receberam prioridade, sem números ou percentagens especificadas. As organizações teuto-americanas obtiveram sucesso. Apenas os primeiros 7 mil imigrantes descendentes de alemães tiveram de pagar taxas teuto-austríacas; o restante foi levado de volta para os respectivos países de nascimento. Uma vez que a Organização Internacional de Refugiados estava pagando apenas pelo transporte dos refugiados, o governo dos Estados Unidos transportou os refugiados alemães étnicos. Ver Emenda à Lei dos Refugiados, aprovada em 16 de junho de 1950, 64 Stat. 219. Um total de cerca de 64 mil judeus chegaram aos Estados Unidos sob a Lei dos Refugiados e suas alterações a partir de julho 1948 até junho de 1952. Durante o mesmo período, 53.448 alemães étnicos foram admitidos no país. Relatório Final da Comissão de Refugiados, *The DP Story* (Washington, D.C., 1952), pp. 248, 366.

130 Para o período de 1º de julho de 1947 a 31 de dezembro de 1951, as estatísticas dos movimentos dos refugiados judeus totalizam 231.548 e podem ser encontradas em Holborn, *The International Refugee Organization*, p. 440. Ajustes para as operações da Organização Internacional de Refugiados nos dois anos anteriores são aproximações. A Organização Internacional de Refugiados contribuiu para as despesas gerais com mais de 20 milhões dólares para o transporte de refugiados judeus delocados. Organizações judaicas cobriram os custos restantes.

É importante notar que, antes da guerra, os Estados Unidos recebiam mais do que o dobro de refugiados se comparado à Palestina. Depois da guerra, apesar da Lei de Refugiados, essa relação foi invertida.

Mas isso não era tudo. Nos países orientais, as comunidades judaicas não conseguiam mais se manter. A catástrofe havia levado os judeus a extremas privações físicas. Nos anos imediatamente após a guerra, a principal organização de alívio aos judeus americanos, o Comitê de Distribuição Conjunta, ajudou mais de 300 mil somente na Romênia e na Hungria.[131] Dezenas de milhões tiveram de ser gastos para evitar doenças, fome e mortes. A área da Romênia e da Hungria em particular foi afetada por outro flagelo: as deportações.

Em 1º de setembro de 1949, formou-se um ajuntamento dos judeus da Transnístria. Essas pessoas vieram originalmente da região da Bucovina-Bessarábia. Tinham sido deportadas para o leste quando a Romênia se expandiu e transportadas para o oeste quando a fronteira romena retrocedeu. Muitos chegaram à Antiga Romênia e começaram a se instalar ali. Todavia, as províncias da Bucovina-Bessarábia tinham se tornado território soviético e os perseguidos da Transnístria eram considerados cidadãos soviéticos pela União Soviética. Eles desapareciam, por navio e trem, atrás da fronteira soviética.[132]

Em fevereiro de 1952, a polícia romena lançou uma ação para aliviar a "superpopulação de Bucareste": deportou da cidade uma quantidade considerável de antigos donos de lojas e outras pessoas "improdutivas". Os deportados, que incluíam muitos judeus, foram enviados ao projeto de construção do canal Danúbio-Mar Negro e a outros destinos dentro da União Soviética.[133] Pouco depois, oficiais húngaros decidiram solucionar o problema da escassez de habitação em Budapeste de forma idêntica.[134] Assim, os judeus atrás da Cortina de Ferro se viram em uma posição impossível. O Partido Comunista os via como expoentes do cosmopolitismo capitalista. A população tendia a identificá-los com o governo comu-

---

131 Sylvain, "Rumania", em Meyer, *et al.*, *The Jews in the Soviet Satellites*, pp. 520-523, 543; Duschinsky, "Hungary", *ibid.*, pp. 407-408, 434, 464-466.

132 *American Jewish Year Book* 52 (1951): 351-352, do relatório no *Jewish Daily Forward* (Nova York), 4 de outubro de 1949.

133 Wolfgang Bretholz, "Tragödie in Bukarest", *Aufbau* (Nova York), 18 de abril de 1952, pp. 1, 12. Sylvain, "Rumania", em Meyer *et al.*, *The Jews in the Soviet Satellites*, p. 550.

134 Duschinsky, "Hungary", em Meyer *et al.*, *The Jews in the Soviet Satellites*, pp. 471-482.

nista. Os judeus nos satélites soviéticos não tinham um futuro viável, e, ainda assim, simplesmente não conseguiam sair de lá.

A emigração em massa da Europa Oriental era mais fácil na Grécia não comunista e nos Estados vizinhos da Iugoslávia e Bulgária. Era assolada por obstáculos, interrupções e restrições nos países ao norte, particularmente na Romênia e na Hungria. Isso para não mencionar a Rússia. As dificuldades eram introduzidas por considerações econômicas. Os judeus "necessários" tinham de ficar para trás; os outros precisavam deixar pelo menos parte de suas posses. Os judeus emigrantes encontravam-se sujeitos a pesadas tarifas com passaportes na Tchecoslováquia.[135] A passagem tinha de ser comprada por um valor exorbitante em navios do governo na Romênia.[136] Resgates em dólares foram pagos para 3 mil judeus que deixaram a Hungria.[137]

Apesar de todos os obstáculos, a migração continuou. A Revolução Húngara de 1956 ocasionou a partida imediata de aproximadamente 18 mil judeus. E um expurgo de judeus, lançado pelo governo polonês entre 1967 e 1968, após a Guerra dos Seis Dias no Oriente Médio, levou ao exílio quase todos os 20 mil judeus que ainda viviam na Polônia naquela época. A emigração da União Soviética passou por altos e baixos. Antes de 1971, a migração total ainda era de poucos milhares. Ao final de 1981, passava de um quarto de milhão. Entre 1982 e 1988, período em que as portas quase se fecharam novamente, os números de emigração não foram maiores que 30 mil. Então veio o abandono às restrições e o colapso da União Soviética, o que facilitou um fluxo, entre 1989 e 1999, de aproximadamente 950 mil. Contabilizando o êxodo judeu de toda a Europa Oriental e a redução natural resultante do envelhecimento da população, o declínio nessa região foi de aproximadamente 2,7 milhões. No início do ano 2000, restavam aproximadamente 550 mil (ver Tabela 11.8).

No centro da Europa, os judeus da Alemanha e da Áustria correspondiam, na década de 1950, a 5% da população que ali vivia em 1933. A Alemanha ainda tinha 25 mil judeus; a Áustria, por volta de 10 mil. Essas pessoas já não constituíam

---

135 Meyer, "Czechoslovakia", *ibid.*, pp. 145-152; A. Nissim, "Falls Dr. Fischl auftauchen sollte", *Aufbau* (Nova York), 11 de maio de 1951, p. 7.

136 Sylvain, "Rumania", em Meyer *et al.*, *The Jews in the Soviet Satellites*, pp. 548-550.

137 "Last Jews to Quit Red Hungary Sail", *The New York Times*, 18 de novembro de 1953, p. 5. O preço foi de 3 milhões de dólares.

TABELA 11.8 Mudanças na população judaica pós-guerra na Europa Oriental

PAÍS	SOBREVIVENTES E REGRESSADOS, 1945-1946	MIGRAÇÃO DE DESLOCADOS, 1945-1948	NOVA MIGRAÇÃO, 1948-1999	RESTANTES, 2000
Tchecoslováquia	40 mil	5 mil	30 mil	6 mil
Polônia	225 mil	150 mil	65 mil	4 mil
Romênia	430 mil	40 mil	320 mil	12 mil
Hungria	200 mil	25 mil	90 mil	52 mil
Bulgária	50 mil	–	49 mil	2 mil
Iugoslávia	12 mil	–	8 mil	3 mil
Grécia	12 mil	–	6 mil	5 mil
União Soviética	2.300.000	–	1.130.000	470 mil

Nota: Estatísticas na maior parte dos volumes do *American Jewish Year Book*, 1945-2000. Para Tchecoslováquia, Iugoslávia e União Soviética, os números também compreendem seus Estados sucessores. Dados brutos da emigração judia da União Soviética e Estados sucessores, que incluem membros de famílias não judias, foram ajustados nessa tabela para incluir apenas o número provável de judeus declarados. Ver Sergio Della Pergola em ibid. (1999), pp. 464-470. Os números do censo de janeiro de 1989 eram de 1.451.000. A estimativa de aproximadamente 470 mil judeus restantes na antiga União Soviética no início de 2000 reflete, além da emigração, uma diminuição natural substancial.

Os 200 mil sobreviventes e regressados à Hungria incluem "Judeus" sob a definição dos tempos de guerra, ao passo que o número de 1995 exclui convertidos ou cristãos de ascendência judia. No censo húngaro de 1946, apenas 144 mil pessoas se identificaram como judias. Sua idade média era de aproximadamente 41 anos e, na faixa etária entre vinte e quarenta anos, as mulheres superavam os homens em 4:3. Ver Randolph Braham, *The Politics of Genocide* (Nova York, 1981), pp. 1143-1147.

De acordo com o *American Jewish Year Book*, volumes 194719-48, 428.312 judeus foram registrados pelo World Jewish Congress na Romênia. Esse número provavelmente inclui algumas contabilizações duplas. O fluxo de emigração para Israel entre 15 de maio de 1948 e o fim de 1970, conforme relatado na *Encyclopedia Judaica*, vol. 9, pp. 535 e 541, envolveu 229.779 pessoas.

uma comunidade viável. Eram um conjunto de sobreviventes em casamento mistos, idosos de Theresienstadt, refugiados que não haviam seguido adiante e indivíduos que retornaram da emigração pré-guerra. Em 1950, 13% dos judeus na Alemanha tinham menos de 18 anos.[138] A economia dessa população era parcial-

---

138 *American Jewish Year Book* 52 (1951): 316. Trinta anos depois, a população judaica da Alemanha Ocidental e da Áustria, com novos imigrantes da Europa de Leste, ainda era de cerca de 35 mil. *American Jewish Yearbook* 84 (1984): 205-211, 225. *This Week in Germany*, 22 de junho de 1984, p. 5. A adesão total da Alemanha Ocidental em congregações judaicas em 1984 foi de 27.791 e na Áustria, de cerca de 7.500.

mente marginal, parcialmente terminal. Aproximadamente um terço deles conquistava a renda por meio de negócios próprios, honorários profissionais ou trabalho assalariado. O setor de negócios era composto por aproximadamente 1.800 lojistas e cem proprietários de pequenas fábricas. A maioria desses homens de negócios era composta por refugiados. Os profissionais que trabalhavam por conta própria também somavam aproximadamente cem, sendo, na maioria, advogados. Havia por volta de 3 mil empregados, incluindo assalariados em estabelecimentos judeus e o pessoal na máquina da comunidade judaica. O restante dos judeus dependia de pensões e indenizações, aluguel de propriedades restituídas, assistência judaica e auxílios do governo.[139]

Por quase quarenta anos, essa comunidade da Alemanha Ocidental continuou numericamente estável, embora com transformações internas. A emigração e a maior taxa de mortalidade se comparada à de natalidade acabavam sendo compensadas por pequenas infusões de imigrantes, alguns dos quais eram nativos regressos que chegaram tardiamente, outros, recém-chegados da vizinha Tchecoslováquia e de países mais distantes. Em 1989, 695 judeus soviéticos foram recebidos, uma vanguarda de números muito maiores. Diante das diferenças entre os judeus alemães, que optavam por esse aumento, e Israel, que a ele se opunha, o governo alemão decidiu oferecer status permanente a dezenas de milhares de imigrantes. Eles foram recebidos, durante os cinco anos seguintes, aos vários milhares todos os anos. Em 2000, a comunidade judaica na Alemanha unificada foi contabilizada em 92 mil, tendo dobrado em dez anos principalmente por conta da chegada de membros que anteriormente viviam nas repúblicas da antiga União Soviética.[140] Estimulada por esse desenvolvimento, teve início a construção de novas sinagogas, algumas das quais com entrada única e vidros à prova de balas.[141]

Mais do que em qualquer outro lugar, os judeus da Europa Ocidental restabeleceram seu modo normal de existência. Contudo, um problema é peculiar a essa

---

139 Kurt R. Grossman, "Die Wirtschaftslage der Juden in Deutschland", *Aufbau* (Nova York), 31 de agosto de 1956, pp. 25, 37. Para um estudo anterior, ver Jack Hain, *Status of Jewish Workers and Employers in Post-War Germany*, Gabinete do governo militar/Manpower Division, Visiting Expert Series nº 10, agosto de 1949.

140 Ver os volumes pós-guerra do *American Jewish Year Book* até o ano 2000.

141 Dagmar Aalund and David Wessel, "New Synagogues for Germany", *The Wall Street Journal*, 21 de junho de 2000, pp. B1, B12.

região. Milhares de crianças que haviam sido abrigadas em conventos e casas tinham se tornado órfãs judias sob custódia cristã, e o retorno dessas crianças à comunidade judaica foi um processo lento e demorado. Algumas simplesmente não foram devolvidas. "Assim, parece que o povo judeu, após ter perdido 6 mil almas por meio da selvageria e do sadismo do paganismo nazista, terá de se resignar com a perda de outros milhares à mercê do cristianismo",[142] comentou um escritor judeu. Em 1983, um desses milhares de orfãos foi nomeado cardeal.[143]

SOCORRO

Os danos causados aos judeus europeus pela Alemanha nazista são imensuráveis. Somos forçados a pensar no sofrimento e no assassinato das vítimas, no impacto de suas mortes naqueles que lhes eram mais próximos e nos efeitos de longo prazo dessa catástrofe na comunidade judaica como um todo. A tudo isso, soma-se uma perda imensa e quase impossível de avaliar. O que, então, acontece após tamanho dano ser realizado? Quando a justiça comum prevalece, há uma expectativa de compensação por cada erro, e, quanto maior o dano, maior será o pedido de ressarcimento. No entanto, a situação pós-guerra que os judeus enfrentaram estava longe de ser comum. Eles se viram no meio da Guerra Fria e nenhum lado dependia de seu apoio. Muito do que os judeus queriam tinha de ser obtido na Alemanha, e a própria Alemanha era o campo de batalha.

Em 1945, a linha demarcatória que atravessava a Alemanha dividiu a Europa em duas. Leste e Oeste realizavam suas políticas separadas, cada um em seu território. A política soviética era direcionada para a exploração máxima da zona recentemente conquistada, e, durante essa etapa, os judeus não eram reconhecidos como um grupo especial com problemas especiais. Quando a Alemanha Oriental

---

142 Israel Cohen, *Contemporary Jewry* (Londres, 1950), pp. 263-264. Ver também Hildegard Level, "Return to Holland", *Congress Weekly*, 2 de janeiro de 1950, pp. 9-11. Três casos de conversão e de sequestro ganharam publicidade na Europa Ocidental e nos Estados Unidos. Os casos envolviam os irmãos Finaly na França, Rebecca Melhado e Anneke H. Beekman na Holanda. Anneke desapareceu. Ver *The New York Times Index* e outros documentos, 1953-1954.

143 Jean-Marie Lustiger, nascido em Paris em 1926, acolhido por uma família católica em Orléans e convertido com quinze anos, foi nomeado arcebispo de Paris em 1981. *The New York Times*, 3 de fevereiro de 1981, p. A5. Sua nomeação para cardeal aconteceu dois anos depois. *Ibid.*, 6 de janeiro de 1983, pp. A1, A10.

ganhou o status de satélite, os judeus, com a benção de Moscou, continuaram a ser ignorados. Agora que os soviéticos estavam satisfeitos, era hora de os alemães se saciarem. Para a comunidade judaica, não restou nada além dos princípios da igualdade socialista.

O objetivo do Ocidente na Alemanha era completamente diferente daquele dos soviéticos. Embora inicialmente preocupado em privar a Alemanha de suas indústrias bélicas e ativos externos, a coalisão ocidental logo começou a ver o complexo industrial da Alemanha Ocidental como um potencial bastião contra a União Soviética. Essa consideração ditou a preservação e, em última análise, até mesmo a expansão da capacidade produtiva da Alemanha. Durante a formação que se seguiu, os Estados Unidos e a Inglaterra ofereceram grande ajuda aos alemães. Ao mesmo tempo, nenhum item de que a Alemanha precisasse para se recuperar deveria ser exportado. Na medida em que havia algumas exportações significativas de itens menos essenciais, o acúmulo de créditos estrangeiros devia ser utilizado apenas para as importações mais essenciais. Assim, os reclamantes fora das fronteiras da Alemanha não poderiam ser pagos nem com bens nem com dinheiro. No entanto, os controles dos Aliados, em sua própria natureza, foram projetados para garantir uma eventual capacidade alemã de fazer alguns pagamentos no exterior. Consequentemente, as autoridades aliadas não desconsideraram sumariamente a questão de admitir reivindicações apresentadas pelos judeus.

Desde o início, os judeus tinham três objetivos: eles insistiam na restituição de toda a propriedade judaica confiscada e "arianizada", indenização apropriada aos sobreviventes que haviam sofrido danos, prejuízos e lesões, e indenizações para a reabilitação dos refugiados.[1] Em todas essas exigências, os judeus restringiam-se às necessidades das vítimas que ainda estavam vivas. Para aqueles que

---

1 Dr. Chaim Weizmann (Agência Judaica na Palestina) para os governos do Reino Unido, dos Estados Unidos, da União Soviética e da França, em 20 de setembro de 1945, no Governo de Israel/Ministério de Relações Exteriores, *Documents Relating to the Agreement between the Government of Israel and the Government of the Federal Republic of Germany* (Jerusalém, 1953), pp. 9-12. Declaração da Conferência Judaica Americana sobre o Tratado de Paz Alemão, juntamente com as propostas para inclusão no tratado, aprovado pelo comitê provisório, da conferência em 22 de janeiro de 1947, e assinada por Henry Monsky, presidente da comissão provisória, e Louis Lipsky, presidente da comissão executiva, em *American Jewish Conference, Nazi Germany's War against the Jews* (Nova York, 1947), pp. iii-xv. As propostas das conferências são diferentes das da agência, principalmente em sua ênfase

haviam sucumbido juntamente com tudo o que possuíam, não havia novos pedidos. Embora a comunidade judaica europeia tivesse sido por séculos o manancial de tudo o que dizia respeito à vida judaica, os judeus do mundo avançavam agora como seus herdeiros de direito. É possível dizer que as organizações judaicas estavam invertendo a proporcionalidade inerente entre imposição e adaptação: seu pedido era como uma operação de socorro na qual a recuperação é inversamente proporcional à profundidade da perda. Em certo sentido, os perpetradores deviam pagar pelo caráter incompleto de seus trabalhos. Ainda assim, mesmo essa conta não foi completamente paga.[2]

Os judeus não podiam esperar um rápido sucesso na batalha por reparação. Entretanto, esse debate tornou-se logo no início uma luta por dois objetivos: a devolução de valores das propriedades para sobreviventes individuais e a recuperação de bens que não tinham herdeiros. O primeiro objetivo era muito mais fácil de ser alcançado do que o segundo. Afinal, as dificuldades no que dizia respeito às restituições individuais já eram enormes por demais. Alguns desses obstáculos eram produtos de fatores intrínsecos; outros eram o resultado de causas alheias.

As limitações inerentes do procedimento individual eram triplas. Em primeiro lugar, a restituição de um direito à propriedade era possível apenas na medida em que o objeto fosse identificável, ou seja, era preciso que fosse algo que pudesse ser identificado em posse de um detentor ilícito. Pouco podia ser feito, por exemplo, para efetuar a restituição de bens móveis que estivessem há tempos em casas de não judeus. Em segundo lugar, as leis de restituição não se prestavam à recriação de um bem que havia desaparecido, como um negócio fechado ou um emprego que não existisse mais. Uma terceira limitação era geralmente a reintegração de posse de algo que apenas havia sido alugado, como um apartamento. Claramente, havia limites naturais. A própria ideia de um processo de restituição não englobava a solução de tais problemas. Todavia, os judeus também se defrontavam com complicações que não tinham raízes nas características administrativas da operação, mas eram o resultado de forças externas. Esses fatores, que efetivamente bloqueavam ou impediam a restituição

---

na restituição e na indenização. Enquanto Weizmann exigia contribuições alemãs para o reassentamento na Palestina, a conferência falava apenas de "reparações" simbólicas.

2 Na terminologia judaica, os pedidos eram "reivindicações materiais". Os alemães chamavam seus pagamentos de "reparações" (*Wiedergutmachung*).

de propriedades tangíveis, podiam ser encontrados principalmente na Europa Oriental e na Alemanha ocupada.

Por causa do processo de nacionalização do Leste, os judeus não podiam mais contar com a restituição permanente de terras de cultivo ou empreendimentos industriais. Nos antigos Estados do Eixo (Bulgária, Romênia e Hungria), a propriedade judaica que havia sido adquirida pelos alemães era tratada pelos soviéticos como bens alemães, isto é, estava agora sujeita à aquisição soviética como parte das indenizações alemãs.[3] O governo da Tchecoslováquia considerava todos os judeus que tiveram nacionalidade alemã ou húngara em 1930 como inimigos estrangeiros que não tinham o direito de receber seus antigos pertences.[4] No total, pouco foi restituído aos judeus no Leste. A pobreza dos resultados deixou mais e mais judeus a ponto de partir dali, e a emigração que se seguiu anulou grande parte do que já havia sido concedido.

Na Alemanha, o principal problema surgiu do fato de que a maioria dos requerentes já estava fora do país. Aqueles refugiados do pré-guerra não apenas queriam que suas propriedades lhes fossem restituídas, como também queriam vendê-las e gozar dos recursos. O objetivo não seria atingido sem antes haver uma luta árdua.

A âncora das esperanças dos judeus repousava em um antigo compromisso com o Ocidente: o sistema de leis ocidental não podia reconhecer *ipso facto* mudanças provocadas por contratos que não haviam sido livremente negociados. Os Estados Unidos em particular tomou aquela posição desde o início. Na primeira diretiva do Estado-Maior Conjunto dos Estados Unidos, o comandante da zona americana foi instruído a "embargar e bloquear" toda "propriedade que tivesse

---

3 Sylvain, "Rumania", em Meyer *et al.*, *The Jews in the Soviet Satellites*, p. 515. Em Paris, durante a conferência de paz do mês de junho de 1946, a organização judaica havia conseguido inserir nos tratados, juntamente com Romênia e Hungria, disposições para a restauração dos direitos de propriedade. A comunidade judaica búlgara não desejava a inserção de tal cláusula no tratado de paz com a Bulgária. Israel Cohen, "Jewish Interests in the Peace Treaties", *Jewish Social Studies*, II (1949): III-II2. A URSS não se intimidou com essas disposições do Tratado, embora fosse uma parte neles. O suporte soviético no que dizia respeito a propriedades arianizadas em mãos alemãs foi repetido na Áustria. Ver o relatório de um incidente na Viena Soviética do Alto Comissariado dos Estados Unidos, *Civil Affair Austria*, em agosto de 1949, pp. 54-55.

4 Meyer, "Czechoslovakia", em Meyer *et al.*, *The Jews in the Soviet Satellites*, pp. 78-84.

sido objeto de transferência sob coação".[5] Um longo tempo se passou, no entanto, entre o bloqueio inicial das "propriedades objeto de coação" e sua restituição final.

A elaboração de uma lei de restituição foi proposta no final do ano de 1946, e a lei foi proclamada em 10 de novembro de 1947.[6] Suas disposições básicas, que em essência foram repetidas nas legislações britânica e francesa, bem como por uma aprovação conjunta para os três setores ocidentais de Berlim, tratava de "propriedade identificável" (isto é, sobretudo, empresas comerciais e imóveis).[7] O

---

5 Parágrado 48*e* da Diretiva do Estado-Maior Conjunto dos Estados Unidos 1067/6, 26 de abril de 1946, em Special Report of Military Governor, *Property Control in the U.S.-Occupied Area of Germany, 1945-1949*, julho de 1949, pp. 46-47. Ver também *American Military Government Law* nº 52 (texto revisado, julho de 1945), *ibid.* p. 39. Ainda, Parágrafo 42*b* da Proclamação do Conselho de Controle nº 2 em "Certain Additional Requirements Imposed on Germany", 20 de setembro de 1945, *ibid.*, p. 38.

6 American Military Government Law nº 59 sobre a Restituição de Propriedades Identificáveis, 10 de novembro de 1947, em conjunto com os regulamentos para implementação. *Ibid.*, pp. 72-83. Durante o período de elaboração, os Estados Unidos tentaram duas abordagens alternativas: (1) realizar um acordo entre as quatro potências sobre uma lei de restituição para toda a Alemanha ocupada, e (2) persuadir os governos provinciais alemães recém-constituídos a promulgar uma medida aceitável na zona dos Estados Unidos. Ambas as tentativas falharam. *Ibid.*, pp. 40-41, 44.As seguintes leis foram promulgadas nas outras zonas: Decreto francês nº 120, 10 de novembro de 1947, *Amtsblatt des französischen Oberkommandos in Deutschland*, 1947, p. 1219. Lei Britânica nº 59, 12 de maio de 1949, *Amtsblatt der Militärregierung Deutschland / Britisches Kontrollgebiet*, 1949, p. 1196. Portaria de Berlim Ocidental BK/O(49)180 (pelas três potências ocidentais em conjunto), 26 de julho de 1949, *Verordnungsblatt für Gross-Berlin*, vol. I, p. 221. Na zona soviética, a promulgação das leis de restituição foi atribuída às autoridades regionais alemãs, que (com exceção no caso da Turíngia) nem sequer admitiam reclamações de proprietários ausentes. Em 1953, Berlim Oriental declarou que toda a propriedade judaica não reclamada que estivesse no controle do Estado se tornasse "propriedade do povo". "Ost-Berlin macht Jüdisches Eigentum zu Volkseigentum", *Aufbau* (Nova York), 16 de janeiro de 1953, p. 1.

7 De modo geral, três tipos de propriedade não eram recuperáveis nos termos das disposições da lei: (1) todos os bens pessoais tangíveis cujo valor não excedia 1 mil Reichsmark no momento da perda, (2) certificados de ações, a menos que representassem propriedade em uma empresa judaica e (3) taxas discriminatórias, incluindo "multas", impostos de emigração e a *Sozialausgleichsabgabe*. (No caso de imóveis onerados por esse tipo de tributação, a oneração cabia ao perseguido.)

titular de tais propriedades precisava informá-las às autoridades da ocupação e o proprietário original precisava apresentar uma reclamação em conjunto. A recuperação poderia ser efetuada por acordo entre reclamante e possuidor ou por decisão de um agente de restituição alemão a partir do qual seria possível registrar recursos via tribunais alemães e enviá-los a um conselho americano de revisão.

Na medida em que qualquer ativo era objeto de restituição, a transferência original era considerada incompleta e o reclamante tinha a opção de finalizar a transação ou anulá-la. No primeiro caso, o vendedor poderia tratar o adquirente como devedor e exigir a diferença entre o preço de compra original e valor justo de mercado, acrescido de juros. No segundo caso, o proprietário intitulado poderia ver o titular como um administrador e recuperar a propriedade perdida, bem como os lucros acumulados, através do reembolso do preço de compra original, acrescido dos custos razoáveis de manutenção.[8]

Como a maioria dos reclamantes não morava mais na Alemanha, poder-se-ia esperar que um grande número deles preferiria ter escolhido o dinheiro direto em vez do tortuoso caminho que, através do reembolso, da reintegração de posse e da eventual venda, teoricamente poderia conduzir ao mesmo resultado. Porém, mesmo supondo que o dinheiro do restituidor estivesse disponível, um fator adicional foi introduzido no cenário: a reforma monetária de 1948. Nos termos da lei, os velhos Reichsmark foram convertidos em novos marcos alemães em taxas drásticas de 10:1. Na medida em que qualquer julgamento permitia ao titular cumprir sua obrigação a essa taxa (e tal era a decisão do conselho americano de revisão),[9] o caminho simples para a restituição foi praticamente extinto.

Para sorte dos reclamantes, a conversão de 10:1 também se aplicava aos reembolsos pagos ao arianizador.[10] No entanto, essa não foi uma mudança decisiva,

---

8 Os custos de gestão em geral não poderiam ser superiores a 50% dos lucros líquidos, e o restituidor era responsável pelos lucros que deveriam ter sido feitos a despeito de sua falha intencional ou negligência. A depreciação era subtraída da restituição; os custos de melhorias eram adicionados a ela.

9 Decisão nº 147 do Tribunal de Apelações de Restituições dos Estados Unidos, relatada pela Federação Judaica Americana da Europa Central. "Umstellung des Anspruches auf Nachzahlung", *Aufbau* (Nova York), 22 de fevereiro de 1952, p. 8.

10 Decisão nº 15 do Tribunal de Apelações de Restituições dos Estados Unidos, 26 de abril de 1950, relatado por Herman Muller da Federação Judaica da Europa Central em "Wichtige Entscheidung

pois, nesse caso, os lucros recuperáveis também foram reduzidos a 10%. Se os lucros fossem maiores, a redução também seria maior; se fossem menores, menores também eram as probabilidades de uma venda futura. Nesse mecanismo intrincado, as oportunidades de obter uma recuperação completa rápida eram poucas.[11]

Um requerente que finalmente recebia uma quantia em dinheiro ainda era confrontado com outra dificuldade: trocar aquele dinheiro pela moeda do país onde os recursos seriam gastos. No início, essa transação simples era impossível. Depois de um curto período as autoridades aliadas permitiram a venda de contas bloqueadas para investidores não alemães,[12] mas tais propostas implicavam perdas de cerca de 40%.[13] Com a melhoria da situação do comércio

---

des amerikanischen Rückerstattungsberufungsgerichts", *ibid.*, 18 de abril de 1950, p. 22. Decisão da Câmara de Restituição do Tribunal da Chancelaria de Berlim Ocidental (3 W.1376/50), relatado por Lyonel J. Meyer em "Eine Entscheidung des Kammergerichts", *ibid.*, 3 de agosto de 1951, p. 6. Decisão da British Board of Review (51/66), 30 de maio de 1951, relatado pela Federação Judaica da Europa Central em "Rückgewähr des Kaufpreises", *ibid.*

11 Os interesses industriais alemães, entretanto, lutavam por mudanças na seguinte ordem: (*a*) nenhuma restituição de bens adquiridos antes de 9 de novembro de 1938; (*b*) admissibilidade da alegação de "boa fé"; (*c*) taxas de conversão favoráveis ao restituidor; (*d*) nenhum pagamento de juros sobre diferenciais; (*e*) nenhuma restituição dos lucros; (*f*) nenhuma responsabilidade por diminuição de valor, exceto em casos de negligência bruta; (*g*) competência exclusiva dos tribunais alemães. Os industriais estavam baseando suas esperanças no suposto desgaste dos britânicos e dos franceses e em um declínio da "influência de círculos judaicos na América". Resumo da reunião no Comitê Jurídico da Associações Industriais/Comissão de Assuntos Indenizatórios, realizada em 2 de março de 1950, em Bonn, reeditado com o título "Neues Attentat auf die Wiedergutmachung", em *Aufbau* (Nova York), 21 de abril de 1950, pp. 1-2. A tentativa alemã não teve êxito.A propriedade judaica "devolvida ou compensada" na zona dos Estados Unidos foi estimada em 906 milhões de marcos alemães para o período de maio de 1954. Até então, o programa havia sido 75% concluído. Ver Margaret Rupli Woodward, "Germany Makes Amends", *Department of State Bulletin*, 31 (26 de julho de 1954): 128-29.

12 Inicialmente, foram reconhecidos quatro tipos de investimentos: (*a*) compra de valores mobiliários; (*b*) aquisição de bens imóveis, (*c*) construção e reconstrução; (*d*) créditos e participação empresarial. Anúncio para o Sperrmark da Hamburg-Bremen Steamship Agency, *Aufbau* (Nova York), 18 de maio de 1951, p. 5. A *Aufbau* realizou dezenas de anúncios para o alemão Sperrmark e para o austríaco Sperrschillinge.

13 A partir de meados de 1951 a meados de 1953, o Sperrmark subiu de dez centavos para cerca de catorze centavos de dólar. O marco alemão no mercado livre subiu de cerca de dezenove centavos para 23 centavos.

alemão, a permissão da utilização dos fundos aumentou e o valor do Sperrmark rapidamente começou a se aproximar daquele do marco alemão. Até o final de 1954 não havia mais problemas para efetuar transferências.[14] Nesse intervalo, aqueles que menos podiam esperar acabaram sofrendo forçadamente as maiores perdas.

Para grande parte das propriedades judaicas que haviam permanecido em solo europeu não havia donos ou herdeiros vivos. Normalmente, propriedades sem herdeiros são transmitidas para o Estado e, de fato, poucos desses bens foram disponibilizados para comunidades judaicas. No Leste, sua restituição era praticamente insignificante. A Hungria entregou alguns móveis e várias centenas de prédios; a Romênia forneceu à Federação de Comunidades Judaicas velhas peles e objetos de valor; a Tchecoslováquia entregou para a comunidade judaica da Boêmia-Morávia os restos de Theresienstadt, totalizando aproximadamente 60 milhões de coroas ou 1,2 milhões de dólares.[15] Fora da esfera comunista, as leis de propriedades sem herdeiros foram decretadas durante os primeiros anos pós-guerra na Grécia, Itália e na zona ocidental de Trieste. Na Alemanha Ocidental, os aliados encontraram dois tipos de espólios: restos de objetos de valor que os alemães haviam transportado dos centros de extermínio poloneses e os investimentos de capital que haviam pertencido a judeus deportados do Reich. No que dizia respeito aos bens, os Aliados prontamente decidiram vendê-los em moeda não alemã e entregar mais de 90% das receitas para organizações judaicas para reabilitação.[16]

---

14 Quando o Sperrmark foi abolido em setembro do mesmo ano, o marco alemão foi negociado por 23,5 centavos. "Keine Sperrmark mehr", *Aufbau* (Nova York), 17 de setembro de 1954, p. 1.

15 Cohen, *Contemporary Jewry*, pp. 259-260.

16 Acordo de Reparações de Paris, Parte I, artigo 8-B (a chamada cláusula de ouro não monetária), 14 de janeiro de 1946, *U.S. Treaties and Other International Acts Series*, No. 1655. Acordo de execução entre os Estados Unidos, Grã-Bretanha, França, Tchecoslováquia e Iugoslávia, 14 de junho de 1946, *ibid.*, n° 1657. Relatório do H. W. Emerson, diretor, Comitê Intergovernamental de Refugiados, Comissão Preparatória da Organização Internacional dos Refugiados, PREP/6, Genebra, 13 de fevereiro de 1947. A maioria do ouro foi convertida em barras para venda aos governos. Obras de arte, incluindo porcelana, tapetes, etc., foram vendidas em leilão em Nova York. IRO/Public Information Office/Monthly Digest n° 3, novembro de 1947, pp. 7-8, 26-27.

As vendas foram realizadas com a devida rapidez, mas foi uma operação pequena que rendeu pouco dinheiro.[17]

Na Alemanha, a venda de imóveis que haviam sido propriedade de judeus agora mortos prometia um lucro maior. Mas a operação, de qualquer forma, também seria mais complicada. Os Aliados de fato reconheciam que a comunidade judaica na Alemanha não era mais grande o suficiente para fazer uso daquelas propriedades. Sob leis de restrição, o direito sobre os bens foi, portanto, conferido a organizações judaicas para o benefício de vítimas sobreviventes espalhadas por todo o mundo.[18] Não havia tempo, todavia, para o longo processo de efetivar a restituição dez mil vezes maior. Pressionadas pelas necessidades dos sobreviventes, as organizações venderam suas petições para as autoridades provinciais alemãs.[19] Uma vez que os procedimentos tinham de ser utilidades em todo o planeta, as organizações herdeiras depararam-se, então, com o problema de transferência. Uma vez que aquele obstáculo foi superado, uma luta ainda mais amarga eclodiu sobre os direitos de judeus refugiados da Alemanha de receberem uma indenização especial.[20]

---

17 No início de 1949, as receitas chegaram a 2.171.874 dólares e o valor final era estimado em um total de aproximadamente 3,5 milhões de dólares. IRO/Conselho Geral, 2ª sessão, Relatório do diretor-geral sobre as atividades da organização a partir de 1º de julho de 1948, GC/60, 22 de março de 1949, pp. 79-87.

18 A Jewish Restitution Successor Organization na zona americana, a Jewish Trust Corporation nas zonas britânicas e francesas, e ambas as organizações em Berlim Ocidental.

19 Créditos de cerca de 150 milhões de marcos alemães na zona americana foram, assim, reduzidos a menos da metade. Jack Raymond, "Jews' Claims Cut to Aid Restitution", *The New York Times*, 13 de fevereiro de 1951, p. 11. Raymond, "Restitution Pact Made in Bavaria", *Ibid.*, 16 de março de 1952, p. 12. "Eigentum Erbloses Judisches in Berlin", *Aufbau* (Nova York), 6 de janeiro de 1956, p. 9.

20 Rabino dr. Leo Baeck (presidente do Conselho de Defesa dos Direitos e Interesses dos Judeus da Alemanha) para Monroe Goldwater (presidente da Jewish Restitution Successor Organization), 24 de março de 1954, *Aufbau* (Nova York), 2 de abril, 1954, p. 2; Goldwater para Baeck, *ibid.*, 23 de abril de 1954, p. 7. As organizações sucessoras também estavam envolvidas em outras duas operações: a recuperação de propriedades da comunidade e a recuperação de itens individuais em nome de proprietários que tinham cumprido o prazo para a apresentação de suas alegações.

As leis austríacas de restituição não tratavam de propriedade sem herdeiros. As quatro potências ocupantes, consequentemente, inseriram uma disposição no artigo 26 do Tratado do Estado Austríaco a fim de que esses bens fossem disponibilizados para o alívio e reabilitação dos

As leis de restituição tinham sido criadas para a classe média alta e cobriam o tipo de propriedade substancial o suficiente para ser preservada em uma forma identificável. Para aqueles que nunca haviam possuído tais bens, não havia nenhum recurso. As massas de judeus pobres que haviam perdido os parentes, a

---

perseguidos, com a qualificação de que a Áustria não era obrigada a "fazer pagamentos em moeda estrangeira ou outras transferências para países estrangeiros". O Tratado do Estado para o Restabelecimento de uma Áustria Independente e Democrática foi assinado em 15 de maio de 1955 e entrou em vigor em 27 de julho de 1955, *U.S. Treaties and Other International Acts Series*, nº 3298. Após a assinatura do tratado, o governo austríaco concordou em abrir mão de seu controle sobre os ativos para o benefício de vítimas sobreviventes *que residiam* na Áustria. "Entschädigung in Österreich geregelt", *Aufbau* (Nova York), 15 de julho de 1955, p. 1.

Sob o acordo de reparações de Paris, cada poder signatário recebeu a propriedade de bens alemães dentro de suas fronteiras. Os Estados Unidos posteriormente liberaram a parte da sua cota que tinha pertencido a judeus que não deixaram herdeiros. A parte, que era de 3 milhões de dólares, deveria ser usado para o trabalho de reabilitação nos Estados Unidos. Alteração ao Ato do Comércio com o Inimigo, 23 de agosto de 1954, 68 Stat. 767. O beneficiário dos fundos foi a Jewish Restitution Successor Organization. "JRSO empfängt Jüdisches erbloses Eigentum in U.S.A.", *Aufbau* (Nova York), 21 de janeiro de 1955, p. 9.

O acordo de reparações de Paris também previa que os ativos sem herdeiros em países neutros fossem disponibilizados aos perseguidos. No entanto, no acordo de execução entre os Estados Unidos, Grã-Bretanha, França, Tchecoslováquia e Iugoslávia, os dois signatários do Leste declararam que não haviam desistido de seu pedido por próximas heranças, "que, de acordo com as disposições do direito internacional, pertenciam a seus respectivos Estados". Ver Eli Ginzberg, "Reparation for non-Repatriables", *Department of State Bulletin*, 15 (14 de julho de 1946): 56, 76. A Suíça posteriormente reconheceu as reivindicações polonesas e húngaras às propriedades de judeus poloneses e húngaros sem herdeiros e utilizou esses ativos em conformidade com os acordos com a Polônia e com a Hungria para compensar proprietários suíços de bens nacionalizados nos dois países comunistas. "Herrenloses Vermögen in der Schweiz", *Aufbau* (Nova York), 3 de março de 1950, p. 10. Alan Cowell, "Swiss Used Victims' Money for War Payments, Files Reveal", *The New York Times*, 24 de outubro de 1996, pp. A1, A10. William Slany Z. et al. (coordenado por Stuart E. Eizenstat), *U.S. and Allied Efforts to Recover and Restore Gold and Other Assets Stolen or Hidden by Germany during World War II* (Washington, D.C.), maio de 1997, pp. 193-194, 199-200, 203-205. Para textos dos acordos suíços de 1947-1973 com a Bulgária, Tchecoslováquia, Hungria, Polônia, Romênia e Iugoslávia, consulte audiência do Congresso dos EUA, Comitê de Assuntos bancários, "The Disposition of Assets Deposited in Swiss Banks by Missing Nazi Victims", 104º Cong., 2ª sessão, 11 de dezembro de 1996, pp. 285-321.

saúde, a liberdade e as perspectivas econômicas não podiam fazer uso das leis de restituição. Esses judeus podiam apenas se servir de um subsídio e tal pagamento precisava ser obtido dos fundos públicos do país responsável por sua miséria: a Alemanha. Essa era uma posição bem mais difícil.

A potência ocupante que prometera tomar a iniciativa nessa matéria foi, mais uma vez, os Estados Unidos. Quando a lei de restituição foi esboçada na zona americana, o governo militar dos Estados Unidos adotou a perspectiva de que "aquelas pessoas que tinham sofrido danos ou ferimentos pessoais por meio da perseguição nacional-socialista deveriam receber uma indenização em moeda alemã".[21] Durante os dois anos seguintes, o longo processo de pressão e redação foi realizado. A pressão vinha das organizações judaicas; a redação foi realizada pelos governos dos *Länder* alemães no território ocupado pelos americanos. Perto do final desse desenvolvimento, as forças armadas se cansaram, o Departamento de Estado parecia hesitante e o Ministério das Relações Exteriores britânico manifestou sua oposição. No último momento o representante do Alto Comissariado, John J. McCloy, lançou a sorte para os judeus. Como resultado, uma lei geral de reivindicações entrou em vigor para a zona dos Estados Unidos.[22]

O projeto de lei servia para permitir que todo perseguido que residisse na zona americana em 1º de janeiro de 1947 ou tivesse imigrado de lá depois dessa data pudesse entrar com um processo. Desse modo, os reclamantes beneficiados compreendiam tanto refugiados do pós-guerra quanto do pré-guerra. As perdas para as quais um reclamante podia ser ressarcido incluíam o assassinato de parentes que tivessem contribuído para sustentar a vítima, danos à saúde, privação de liberdade, confisco ou destruição de propriedade e capital, exigência de taxas discriminatórias, o comprometimento do crescimento profissional ou econômico e a redução de pagamentos de seguros e pensões. Com exceção das perdas de propriedade, a lei reconhecia ferimentos e danos sem levar em conta o local onde

---

21 Regulamento do Governo Militar 23 2050/diretiva relativa aos objetivos dos Estados Unidos e à Política Básica na Alemanha, em 15 de julho de 1947, em Gabinete do Governo Militar, *Property Control*, novembro de 1948, p. 21.

22 Jack Raymond, "McCloy, Reversing U.S. Position, Orders Payment to Nazis' Victims", *The New York Times*, 10 de agosto de 1949, pp. 1, 14.

tinham sido infligidos desde que fossem produto de uma ação discriminatória por parte do Estado alemão.[23]

A lei geral de reivindicações patrocinada pelos Estados Unidos serviu de modelo para a legislação semelhante na zona francesa e na Berlim Ocidental.[24] Os britânicos, no entanto, divergiram do princípio americano. Em sua zona, uma vítima era impedida de apresentar uma queixa se ela já não fosse residente no momento da promulgação da lei. Em suma, uma compensação era concedida, com algumas exceções, apenas aos perseguidos alemães.[25]

Depois de um tempo, começaram a surgir dificuldades na zona americana no que dizia respeito à administração da lei. Os administradores eram autoridades provinciais alemãs, e na Baviera aquela autoridade foi utilizada na tentativa de subverter e perturbar o processo de indenização. A primeira tentativa foi a implementação de um decreto que simplesmente eliminava os refugiados.[26] Com relação aos refugiados, os bávaros pareciam ter outro plano. No caso das indenizações acima de 600 dólares, a lei determinava que metade do valor fosse pago em dinheiro e que o resto fosse pago em 1954. Os refugiados, que passavam por grande necessidade, frequentemente vendiam a metade não remunerada do pedido por cerca de 45% do valor nominal. As notas promissórias eram recolhidas pelos

---

23 Para uma análise sumária, ver Herman Muller, "Das Entschädigungsgesetz in der amerikanischen Zone", *Aufbau* (Nova York), 19 de agosto de 1949, pp 5-6.; 26 de agosto de 1949, p. 11; 2 de setembro de 1949, p. 16.

24 Na zona francesa, cada província decretou sua própria lei: Baden em 10 de janeiro de 1950; Württemberg-Hohenzollern em 14 de fevereiro de 1950 e Rheinland-Pfalz em 22 de maio de 1950. Para uma análise das leis, que eram substancialmente iguais, ver Federation of Jews from Central Europe/United *Restitution* Office/Indemnification Section, "Entschädigungsgesetz in der französischen Zone", *ibid.*, 23 de junho de 1950, p. 5. Uma lei municipal de Berlim Ocidental foi aprovada em 26 de outubro de 1950. Walter Braun, "Berlins Entschädigungsgesetz für Naziopfer", *ibid.*, 24 de novembro de 1950, p. 9; 1º de dezembro de 1950, p. 8.

25 "Protest gegen ein böswilliges Gesetz", *ibid.* A lei criticada era uma medida recentemente aprovada em Nordrheinland-Westfalen.

26 Para a correspondência entre o editor de *Aufbau* (Manfred George), o Comissário de Indenização da Baviera Philip Auerbach (sobrevivente judeu) e o escritório do Alto Comissariado, consulte *Aufbau* (Nova York), 30 de dezembro de 1949, pp. 2, 26.; 10 de fevereiro de 1950, pp. 1-2. O decreto, de 26 de novembro de 1949, removeu a admissibilidade das vítimas que haviam deixado a Baviera antes de 1º de janeiro de 1947.

bancos, como o Bayrische Staatsbank, o Hypotheken- und Wechselbank, o Gemeindebank, o Vereinsbank e o Seiler & Company. Supostamente, esses bancos da Baviera tinham feito um acordo com o *Staatssekretär* bávaro das Finanças, dr. Richard Ringelmann, para revender as notas para o governo por entre 62 e 65% do valor em 1952.[27]

Em 9 de março de 1951, a administração bávara deu outro pequeno golpe. O presidente judeu do Gabinete de Indenização, Philip Auerbach (um sobrevivente de Auschwitz), foi demitido do cargo e preso sob várias acusações, incluindo o uso fraudulento do título de "doutor", o oferecimento de crédito sem as garantias adequadas, o depósito de dinheiro particular como receita de uma organização para obter uma taxa de conversão mais favorável, o recebimento de propinas de um empreiteiro encarregado da reforma de um cemitério judeu e o processamento de III pedidos de pessoas supostamente fantasmas. Durante semanas o Gabinete de Indenização ficou fechado enquanto a polícia de Munique procurava por provas.

No julgamento, Auerbach admitiu ter usado o título de "doutor" (ele fora chamado daquela forma há tanto tempo que, por fim, acabou adotando o título). A corte o absolveu da principal acusação, a de fazer pagamentos a "almas mortas". Sua culpa sobre as demais acusações levou a uma sentença de dois anos e meio de prisão e o pagamento de uma multa de 643 dólares. Chocado, Auerbach declarou sua inocência em uma cama de hospital. Em seguida, suicidou-se.[28]

As organizações judaicas eram agora motivadas por uma necessidade dupla de pressionar por uma lei de indenização na Alemanha Ocidental. Elas tinham de resolver o problema da desigualdade entre as zonas e tinham de ter um seguro contra a abdicação do poder dos Aliados. Apenas uma medida poderia dar aos judeus tanto uniformidade quanto continuidade: uma lei de indenização decretada, por ordem dos Aliados, pelo novo parlamento da Alemanha Ocidental.

---

27 "Rings um den Fall Auerbach", *ibid.*, 6 de abril de 1951, pp. 1-2.

28 "SPD drängt auf Klärung der Massnahmen gegen das Entschädigungsamt", *Süddeutsche Zeitung* (Munique), 3-4 de fevereiro de 1951, p. 2. "Bis jetzt 200 Fälschungen aufgedeckt" *ibid.*, 5 de fevereiro de 1951, p. 2; "Jewish Aides Guilty in Nazi Victim Fraud", *The New York Times*, 15 de agosto de 1952, pp. 1, 3; Manfred George, "Exit Auerbach", *Aufbau* (Nova York), 22 de agosto de 1952, pp. 1-2; "Das grosse Echo auf Auerbachs Selbstmord", *ibid.*, 29 de agosto de 1952, pp. 7-8. Ver também os relatos nesses artigos, 1951-1952.

Os porta-vozes das organizações apresentaram suas observações ao Departamento de Estado em 27 de setembro de 1951.[29] Durante os meses seguintes, os Aliados ocidentais conduziram as negociações com o governo da Alemanha Ocidental para a substituição do regime de ocupação por uma relação contratual. O pedido dos judeus foi inserido como uma das seções do acordo proposto. Os alemães aceitaram a oferta. Eles ainda não tinham sua liberdade, precisavam de boa vontade e não poderiam continuar indenizando muito bem os perseguidos alemães, muito menos arcando com a aposentadoria dos criminosos nazistas, sem também reconhecer a reivindicação dos judeus.[30]

A Lei Federal de Indenização foi promulgada em 19 de setembro de 1953. Sua estrutura básica foi retirada da lei de reivindicações da zona americana e substituiu todas as leis dos *Länder*. No entanto, nenhuma vítima poderia receber o pagamento para a mesma coisa duas vezes e os 730 milhões de marcos alemães que já tinham sido pagos já não eram uma acusação contra a Alemanha Ocidental.[31] O dinheiro seria apropriado pelo governo federal, mas a lei exigia que o conjunto dos *Länder* combinasse essas apropriações, cada *Land* fazendo sua contribui-

---

29 A conferência contou com a presença das seguintes autoridades:

Departamento de Estado: Henry A. Byrode, Geoffrey Lewis, George Baker

Congresso (representando um distrito de refugiados): Jacob K. Javits

Federação Americana de Judeus da Europa Central: Rudolf Callmann, Hermann Muller, Alfred Prager

Liga das Vítimas do Eixo: Bruno Weil, Fremont A. Higgins

Associação Americana de Ex-Juristas Europeus: Julius B. Weigert

"Mindestforderungen für die Durchführung der Wiedergutmachung-Eine Konferenz im Department of State", *Aufbau* (Nova York), 5 de outubro de 1951, p. 28.

30 Ver o Capítulo 4 da Convenção sobre a Resolução de Questões Decorrentes da Guerra e da Ocupação, assinada pelos Estados Unidos, Grã-Bretanha, França e Alemanha em 26 de maio de 1952, *U.S. Treaties and Other International Agreements* VI, pt. 4, pp. 4474-4476. A descrição pormenorizada da lei federal proposta foi acordada no Protocolo nº 1, assinado pelo chanceler Adenauer para a Alemanha e pelo dr. Nahum Goldman para a Conferência de Reivindicações Materiais Judaicas contra a Alemanha, em 10 de setembro de 1952, em Governo de Israel, *Documents Relating to the Agreement*, pp. 152-157.

31 O valor de 730 milhões de marcos alemães é retirado de "Wiedergutmachungs-Statistik 1957", *Aufbau* (Nova York), 18 de abril de 1958, p. 17

ção na proporção de sua população.[32] Essa divisão da responsabilidade tornava qualquer revisão em favor das vítimas uma proposição difícil politicamente.[33] O seguinte esquema foi concebido para mostrar como a lei em sua forma alterada categorizava os requerentes elegíveis e as perdas para as quais uma queixa poderia ser feita.[34]

I. REQUERENTES ELEGÍVEIS (cobertura geral)

Moradores da Alemanha Ocidental e Berlim Ocidental em 31 de dezembro de 1952 (principalmente perseguidos políticos alemães).

Pessoas que emigraram (ou foram deportadas) de uma área que era alemã em 31 de dezembro de 1937 (em sua maioria refugiados judeus).

Refugiados não repatriáveis que estavam alojados em um campo na Alemanha Ocidental e em Berlim Ocidental em 1º de janeiro de 1947 (a maioria dos judeus sobreviventes).

Reivindicações admissíveis para

Perda de vida causada pela perseguição, se o requerente fosse esposa ou filho do falecido, ou se o requerente, como marido dependente, pai, avô ou neto órfão, tivesse sido privado do apoio do falecido.

Pagamentos mensais para os reclamantes iguais à pensão que teria sido concedida se o falecido tivesse participado de um posto de serviço civil alemão compatível com seu status econômico ou social antes de sua perseguição, e se ele tivesse por isso sofrido morte acidental em

---

32 No caso de Berlim Ocidental, o custo deveria ser arcado pelo governo federal (60%), pelos nove *Länder* (25%) e pela própria cidade (15%).

33 Ver uma análise da reação de Rheinland-Pfalz feita por Konrad Wille, "Es geht schon wieder los: Dunkle Machenschaften gegen Wiedergutmachung", *Aufbau* (Nova York), 21 de fevereiro de 1958, p. 17.

34 Lei de Indenização, 18 de setembro de 1953, BGBl I, 1387. Segunda Lei (alteração), 10 de agosto de 1955, BGBl I, 506. Terceira Lei (alteração), 29 de junho de 1956, BGBl I, 559. Para o texto da lei com as alterações introduzidas em 1956, ver *Bundesentschädigungsgesetz*, com introdução do dr. H. G. van Dam (Düsseldorf-Benrath, 1956). Ver também Lei Final (*Schlussgesetz*), de 14 de setembro de 1965, BGBl I, 1315. Um texto codificado com comentário estendido foi preparado por Walter Brunn e Richard Hebenstreit, *BEG-Bundesentschädigungsgesetz* (Berlim, 1965), com *Nachtrag* (1967).

trabalho. Pagamentos rescindíveis mediante realização de autossustento razoável, ou depois de um novo casamento, no caso de um viúvo ou viúva, ou aos dezessete anos de idade, no caso de uma criança. Montante fixo para o período a partir da data da morte de 1º de novembro de 1953, com base na taxa paga em novembro de 1953.

Danos ao corpo e à *saúde*, incluindo

Despesas médicas: de acordo com as taxas estabelecidas pelo governo alemão para seus funcionários públicos em caso de acidentes.

Redução de renda: desde que a renda tenha sido reduzida em pelo menos 25%. A renda presumida seria igual àquela que o requerente, com base em seu estatuto econômico e social antes de sua perseguição, teria recebido no serviço público alemão em 1º de maio de 1949.

A compensação de 15% do salário no serviço público (no caso de 25% de incapacidade) e 70% (no caso de incapacidade total). Pagamentos mensais, de acordo com as taxas de salário vigentes, no período da duração da deficiência. Montante fixo para incapacidade até 1º de novembro de 1953, com salários em Reichsmark convertidos em marcos alemães à taxa de 10:2.

Reeducação: à medida em que essa formação fosse propícia a um aumento da renda.

Perda da liberdade, incluindo

Usar a estrela de Davi fora de um gueto ou campo (Reich, Protetorado, *Generalgouvernement*, Holanda, Bélgica, Luxemburgo, França, Sérvia e Croácia).

Viver na "ilegalidade em condições degradantes" (esconderijos).

Encarceramento em um gueto (incluindo Xangai).

Encarceramento em um campo.

Prisão individual.

Montante fixo à taxa de 150 marcos alemães para cada mês de privação de liberdade.

Perdas de propriedade envolvendo pertences que, na área do Reich (fronteiras de 31 de dezembro de 1937), foram

Destruídos

Estragados

Perdidos, ou

Abandonados por conta da emigração, deportação ou esconderijo.

Pagamento de quantia única de valor de substituição até um máximo de 75 mil marcos alemães por todas as perdas de propriedade desde que, pela perda de pertences pessoais, um perseguido pudesse exigir o pagamento de 150% de sua renda anual de 1932, convertida à taxa de 1:1, até um valor máximo de 5 mil marcos alemães. Conforme alteração, a Lei Federal de Restituição de 1957 reconhecia queixas sem um valor máximo para propriedades identificáveis confiscadas pelo Reich ou qualquer de suas subdivisões em uma área delimitada pela Alemanha Ocidental, Berlim Ocidental e Berlim Oriental ou para bens confiscados identificáveis em outros lugares se estes tivessem sido levados para esse território pelos confiscadores alemães durante a guerra (como no caso dos móveis no Ocidente e das joias em todas as áreas ocupadas). De acordo com as disposições de uma lei promulgada em 1969, a perda de propriedade de negócios identificável (como empresas, terrenos ou licenças) também era passível de indenização se tivesse sido confiscada em uma área delimitada pela Alemanha Oriental, desde que o requerente fosse um cidadão alemão no momento da privação.

Perdas de capital que envolvessem capital que, na área do Reich (fronteiras de 31 de dezembro de 1937), foi diminuído em pelo menos 500 Reichsmark em virtude de Boicote.

Liquidação.

Transferência de Reichsmark para moeda estrangeira com uma perda de mais de 20%.

Despesas com emigração.

Montante fixo, através da conversão da perda em Reichsmark em marcos alemães, à taxa de 10:2, até um máximo de 75 mil marcos alemães por todas as perdas de capital, desde que as despesas de emigração fossem compensadas até um máximo de 5 mil marcos alemães.

Impostos discriminatórios para o Reich ou qualquer uma de suas subdivisões, desde que a restituição não tenha sido realizada por meio de leis de restituição.

Montante fixo à taxa de 10:2, sem valor máximo, exceto para o caso de um perseguido que, no decurso de um processo de restituição, tenha pago a um arianizador à taxa de 10:1 para a remoção dos obstáculos fiscais discriminatórios. Nesse caso, seria, agora, restituído à mesma taxa. Muitos requerentes não foram capazes de recuperar os impostos nos termos da Lei Federal de Indenização porque tais processos foram considerados ações para a recuperação de ativos suficientemente "identificáveis" para serem abrangidos pelas leis de restituição. A dificuldade foi removida pela Lei de Restituição Federal, que previa, no entanto, uma taxa de conversão de 10:1.

Comprometimento de avanço profissional ou econômico, no caso de empreendedores: desde que a renda tenha sido reduzida em pelo menos 25%.

Pagamento em uma das duas formas seguintes:

Montante fixo, equivalente a período que terminasse com a conquista de um "padrão de vida adequado" (em termos de uma carreira do serviço público alemão) ou aos setenta anos, essa quantia consistindo em um diferencial entre o salário real e 75% do salário auferido pelo servidor público equivalente ao final desse período, mais 20% daquele diferencial, com possíveis ajustes em favor dos requerentes em países onde o poder de compra da moeda local pudesse estar fora de sintonia com as taxas de câmbio oficiais, até um máximo de 40 mil marcos alemães,

ou:

na eleição de um requerente que não tivesse expectativa razoável de alcançar um nível de vida adequado, taxas mensais pelo resto da vida combinando um diferencial entre os ganhos reais (se houver) e dois terços da tal pensão como o requerente teria recebido se fosse um funcionário civil, no momento da entrada em vigor da lei, além de doze pagamentos mensais para o período que antecede 1º de novembro de 1953, o pagamento máximo mensal não podendo ser superior a 600 marcos alemães.

Funcionários privados

Pagamento em um único montante fixo, calculado como no parágrafo anterior, exceto que os funcionários abrangidos pela segurança social ou aposentadoria não poderiam receber a adição de 20% de sua diferença.

Funcionários públicos (incluindo professores universitários e funcionários da comunidade judaica que estavam no cargo antes de 1933).

Pagamento fixo constituído por uma diferença entre a pensão recebida (se houver) e três quartos do último salário integral, para o período a partir da data de demissão ou aposentadoria forçada até 1º de abril de 1950, convertidos à taxa de 10:2.

Alunos ou estagiários

Pagamento único até um máximo de 10 mil marcos alemães.

Um perseguido que, além de um pedido de comprometimento de avanço, tivesse reconhecidas quaisquer reivindicações de morte ou pedidos de danos à saúde poderia receber a indenização maior de uma vez e 25% da menor.

Perda dos pagamentos de seguro de vida e da previdência privada (desde que nenhuma indenização tenha sido recebida sob as leis de restituição).

No caso dos detentores de seguros de vida

Pagamento em parcela única ou anuidades – dependendo das disposições da política – convertidas de acordo com a taxa aplicável à política sob as leis de conversão. Se houvesse prêmios não pagos, o requerente tinha a opção de ter esses prêmios deduzidos da indenização a uma taxa de 10:1, ou de reclamar os montantes que teria recebido nos termos da política para o dinheiro que ele já tinha pagado. (A indenização em parcela única, nesses casos, era feita a uma taxa de 10:2.)

Pagamento máximo ao requerente: 25 mil marcos alemães.

No caso dos pensionistas

Pagamento em parcela única ou anuidades, conforme previsto na pensão, convertidos à taxa de 10:2. No entanto, não eram atribuídas anuidades para o período anterior a 1º de novembro de 1952 e os pagamentos máximos aos requerentes e a seus sobreviventes não podiam exceder 25 mil marcos alemães.

II. REQUERENTES ESPECIAIS (cobertura limitada)

A. Pessoas jurídicas (ou seus sucessores) que tinham suas sedes na Alemanha Ocidental e em Berlim Ocidental em 31 de dezembro de 1952, ou que tenham transferido sua sede de uma área que era alemã em 31 de dezembro de 1937 por causa da perseguição.

   Reivindicações admissíveis para

   Perdas de propriedade e capital: pagamentos, como os citados anteriormente, exceto que, no caso de organizações religiosas ou seus sucessores, o máximo poderia ser excedido.

B. Pessoas que, por conta da perseguição, perderam imóveis na área da Alemanha Ocidental e em Berlim Ocidental.

   Reivindicações admissíveis para

   Perdas de propriedade: pagamentos como os citados.

C. Pessoas que, por causa de sua nacionalidade, sofreram danos permanentes em sua saúde (principalmente como resultado de experiências médicas).

   Reivindicações admissíveis para

Danos à Saúde: pagamentos mensais, dependendo da deficiência, de cem a duzentos marcos alemães.

D. Herdeiros de pessoas que morreram como resultado da perseguição antes de 31 de dezembro de 1952 e cuja última residência foi na Alemanha Ocidental e em Berlim Ocidental.

Reivindicações admissíveis para

Morte dos perseguidos: pagamentos, como os citados anteriormente, desde que os requisitos do pedido fossem cumpridos, como mencionado.

E. Pessoas que viviam em uma área da qual os alemães foram expulsos após a guerra (principalmente a Tchecoslováquia e a Polônia ocidental) e que poderiam ser consideradas alemãs por causa da língua ou cultura.

Reivindicações admissíveis para

Morte de outra pessoa na mesma categoria: condições e pagamentos como citado anteriormente, mas o pagamento não era concedido por períodos até 1º de janeiro de 1949.

Danos à saúde: Pagamentos, como os citados.

Privação da liberdade: Pagamentos como os citados.

Impostos discriminatórios: montante fixo à taxa de 100:6,5 até um máximo de 9.750 marcos alemães.

Comprometimento do avanço: pagamentos, como os citados anteriormente, exceto que o máximo do montante fixo era fixado em apenas 10 mil marcos alemães e os pagamentos máximos mensais eram limitados a duzentos marcos alemães.

F. Pessoas que tinham perdido sua nacionalidade (com exceção da Áustria) e que residiam em algum país que não fosse Israel a partir de 1º de outubro de 1953.

Reivindicações admissíveis (somente em casos de não apoio de qualquer órgão público) para

Morte de outra pessoa na mesma categoria: condições e pagamentos como os citados anteriormente, mas o pagamento não era concedido para períodos até 1º de janeiro de 1949.

Danos à saúde: pagamentos substancialmente como os citados anteriormente, exceto que o pagamento não era concedido para os períodos de deficiência anteriores a 1º de janeiro de 1949 ou para requalificação.

Privação da liberdade: pagamentos como os citados anteriormente.

G. Pessoas que tinham perdido sua nacionalidade (com exceção da Áustria) e que eram residentes em Israel a partir de 1º de outubro de 1953. Reivindicações admissíveis (somente em casos de não apoio de qualquer órgão público) para

Morte de outra pessoa na mesma categoria: condições e pagamentos mensais como os citados anteriormente, exceto que não nenhum pagamento de montante fixo foi concedido.

Privação da liberdade: pagamentos como os citados anteriormente.

H. Pessoas que não fossem elegíveis à indenização por outras disposições da lei, que eram residentes em um país não comunista em 31 de dezembro de 1965 e que não possuíssem a nacionalidade de um Estado comunista naquela data, desde que não estivessem cobertos por um país europeu no âmbito dos programas definidos com fundos da Alemanha Ocidental.

Reivindicações admissíveis (somente em casos de não apoio de qualquer órgão público) para

Morte de um cônjuge por causa da perseguição, sujeito à condição de que o requerente não tivesse se casado novamente: o pagamento da quantia única de 2 mil marcos alemães ou 2.500 se o reclamante tivesse pelo menos 65 anos de idade.

Deficiência por causa da perseguição, se fosse de pelo menos 80%: pagamento como o da morte de um dos cônjuges.

Privação da liberdade, se pelo menos durante seis meses: para encarceramento em um campo ou gueto, o pagamento da quantia única de pelo menos 3 mil marcos alemães, com somas maiores previstas para aqueles que foram privados de liberdade por um ano ou mais. Para aqueles que usavam a estrela ou mantiveram-se escondidos, mas que não poderiam prestar nenhuma outra queixa, pagamento de um montante fixo de 1 mil marcos alemães.

A Lei Federal de Indenização era duplamente falha: (1) não cobria todas as vítimas sobreviventes e (2) não oferecia indenização total àqueles que cobria.

Omitidos dessa lei estavam todos os sobreviventes do Leste Europeu que não tinham emigrado para um país não comunista até o final de 1965. A cobertura oferecida em 1965 para aqueles que eram parte da migração do Leste Europeu durante os últimos doze anos foi limitada e tardia, e os 977 milhões de marcos alemães disponibilizados pela Alemanha Ocidental para doze países europeus para a indenização de vítimas tanto judias como não judias era um valor relativamente baixo.[35] Um desses países era a Áustria.[36]

Os alemães ocidentais sentiam que os austríacos haviam sido parceiros suficientemente ativos no processo de destruição nazista para dividir a indenização de seus efeitos. Os austríacos, por sua vez, alegavam que, como uma "nação ocupada", eles não eram responsáveis pelas ações do Reich. Desde o início, o direito a indenização foi concedido apenas para alguns poucos resistentes – os perseguidos "ativos" – ou para seus descendentes que haviam sobrevivido. Para o grupo bem maior de vítimas "passivas" que, para todos os efeitos práticos incluía os judeus e os ciganos, a legislação era, a princípio, um programa assistencialista restrito a beneficiários domésticos.[37] Em 1956, após longos debates, foi aprovada uma lei que reconhecia vítimas que não viviam mais na Áustria. Os pagamentos, em uma quantia fixa, deveriam ser feitos às vítimas que tinham sido cidadãs austríacas ou que tinham residido na Áustria durante toda a década de 1928 a 1938. Um total de 550 milhões de xelins, ou 21 milhões de dólares,

---

35 Entre 1959 e 1964, foram celebrados acordos com Luxemburgo, Noruega, Dinamarca, Grécia, Holanda, França, Bélgica, Itália, Suíça, Áustria, Grã-Bretanha e Suécia. A França recebeu 400 milhões de marcos alemães, a Holanda 125 milhões, a Grécia 115 milhões e a Áustria 101 milhões (valores em marcos alemães). Rolf Vogel, *Deutschlands Weg nach Israel* (Stuttgart, 1967), p. 112. Sobre os acordos grego e francês, ver *Aufbau* (Nova York), 29 de setembro de 1961, p. 25, e 13 de outubro de 1961, p. 19, respectivamente.

36 O acordo foi ratificado em 1962. Anúncio da embaixada da Áustria em Washington, *Aufbau* (Nova York), 23 de novembro de 1962, p. 29. A Alemanha Oriental estava por conta própria. Os sobreviventes que viviam ali poderiam receber indenização apenas com sessenta anos de idade, no caso dos homens, e 55 anos, no caso das mulheres. Os pagamentos máximos eram de 480 marcos (orientais) por mês. Bruno Weil, "Verneinung der Wiedergutmachung", *ibid.*, 21 de outubro de 1955, p. 11.

37 Brigitte Bailer, *Wiedergutmachung kein mote* (Viena, 1993), pp. 11-62.

foi apropriado para compensar indivíduos que haviam sofrido (a) perda de capacidade de lucro devido ao comprometimento da saúde (10 mil xelins até um máximo de 30 mil xelins, ou entre 385 e 1.155 dólares); (b) incapacidade total causada pela perseguição (30 mil xelins acrescidos de outros 10 mil caso a incapacidade fosse resultado de pelo menos seis meses de prisão severa); e (c) perseguição em geral, na medida em que os fundos permitissem, com prioridade às vítimas idosas carentes (até 20 mil xelins).[38]

De acordo com o Artigo 26 do Tratado do Estado Austríaco de 1955, o governo austríaco era obrigado a indenizar os perseguidos por perdas de propriedade incorridas na Áustria. Após a troca oficial de cartas com a Grã-Bretanha e com os Estados Unidos em 1959, o parlamento austríaco autorizou a liberação de 6 milhões de dólares para esse fim. A lei, passada em março de 1961, abrangia apenas depósitos bancários, ordens de pagamento, dinheiro, pagamentos de hipotecas confiscados e taxas discriminatórias, com reajustes cambiais e disposições sobre pagamentos máximos. Ao mesmo tempo, a Áustria previa uma medida separada prevendo indenizações pelo uso da estrela de Davi, pela redução da capacidade e pela interrupção da educação. Tais indenizações estavam sujeitas a um contrato de financiamento com a Alemanha Ocidental.[39] Em 1962, com uma subvenção alemã, 600 milhões de xelins foram colocados à disposição para as despesas.[40]

Em 1990, a Áustria deu outro passo, estendendo os pagamentos de seguro social periódicos aos perseguidos que viviam fora do país, caso eles tivessem estado lá em 13 de março de 1938 e tivessem nascido entre 12 de março de 1923 e 9 de maio de 1930. Os candidatos qualificados tinham de efetuar um pagamento único no sistema.[41]

Em 1995, foi passada uma lei para indenizar todas as vítimas, incluindo judeus, homossexuais e "associais", caso eles tivessem sido cidadãos e residentes da

---

38 "Das Wiener Entschädigungs-Abkommen", *Aufbau* (Nova York), 22 de julho de 1955, pp. 1, 4. "Österreichischer Hilfsfonds", *ibid.*, 2 de novembro de 1956, p. 6.

39 "Zwei Gesetze", *ibid.*, 31 de março de 1961, p. 25.

40 Bailer, *Wiedergutmachung*, pp. 86-108.

41 *Ibid.*, 243.

Áustria em 13 de março de 1938 ou tivessem residido ininterruptamente ou nascido no país durante os dez anos anteriores a essa data. O fundo começava com 600 milhões de xelins e os pedidos eram processados de modo a dar prioridade aos requerentes mais idosos.[42] Em última análise, o pagamento único foi fixado, com exceção de casos especiais, em 70 mil xelins (em seu mais alto valor em dólares, cerca de US$ 5.800) e até 25 de abril de 1999 25.881 pessoas tinham recebido o pagamento.[43]

A Áustria se cansara de conceder indenizações às vítimas já em 1949, quando procurava pôr um fim no cumprimento de suas obrigações, e mesmo depois de se apropriar de fundos para os desembolsos ao longo das décadas até 1995, o país não tinha qualquer ambição de acompanhar os alemães.

No início, e por muitos anos depois disso, a própria lei alemã não foi abrangente. Mesmo aqueles que eram plenamente elegíveis para exigir uma indenização encontravam limitações e mais limitações. Não apenas a cobertura de perdas e danos era limitada, como também haviam sido impostas condições para concedê-la, que por sua vez eram modificadas por restrições aos pagamentos.

Para começar, a lei não reconhecia todo tipo de perda. Não havia reconhecimento do sofrimento absoluto – nenhuma disposição da lei autorizava pagamentos por conta de tais aflições. Para o sofrimento absoluto infligido pelo Estado alemão não havia nenhuma reparação. A reparação da dor poderia ser efetuada apenas nos tribunais regulares de réus particulares. Da mesma forma, a lei não autorizava nenhuma indenização para o trabalho forçado e não levava em conta ninguém que tivesse sido obrigado a trabalhar para uma agência pública. Aqueles, porém, que haviam sido destacados para as empresas particulares poderiam processar essas empresas de acordo com o código civil nos tribunais competentes. Um ex-operário da I. G. Auschwitz ganhou, dessa forma, 10 mil marcos alemães em um processo. Os liquidatários dos interesses da I. G. Farben, temendo uma avalanche de tais ações, agiram rapidamente para fechar um acordo de 27 milhões de marcos alemães com a Conferência de Reivindicações

---

42 Murray Gordon, entrada "Austria", *American Jewish Year Book* (1996), p. 303, *ibid.* (1998), pp. 335-336, *ibid.* (1999), p. 362.

43 *Austrian Information*, agosto de 1999, p. 3.

Judaicas. Várias outras empresas, encontrando-se em situação semelhante, fizeram negociações do mesmo tipo.[44] Na década de 1960, foram feitos cinco acordos, com os seguintes resultados:[45]

——

44 Acordo assinado pelo dr. Fritz Brinckmann e pelo dr. Walter Schmidt (liquidatários da I. G.) e pelo dr. Ernst Katzenstein (da Conferência de Reivindicações Materiais Judaicas contra a Alemanha, Inc.), 6 de fevereiro de 1957. Ver também a carta de Brinckmann e Schmidt aos acionistas, fevereiro 1957. Cópias obtidas com a cortesia do sr. Frank Petschek. O acordo cobria a Buna IV, Heydebreck, Fürstengrube e Janinagrube. O número de reclamantes judeus foi estimado em 3.400. Um adicional de 3 milhões de marcos alemães foi disponibilizado para trabalhadores escravos não judeus que se qualificaram como "perseguidos".

Na sequência da aprovação de uma lei federal que colocou um limite de tempo às reivindicações dos tempos de guerra contra empresas privadas alemãs, os ex-detentos que haviam sido escravizados pelas empresas AEG, Brabag, Heinkel, Holzmann, Krupp, Moll, Rheinmetall Borsig, Siemens-Schuckert, Telefunken e outras formaram uma comissão de ex-trabalhadores escravos judeus na Alemanha para acelerar o processo. "Ein Komitee früherer jüdischer Zwangsarbeiter", *Aufbau* (Nova York), 13 de dezembro de 1957, p. 2. Em 1959, a conferência de reivindicações fez um acordo com a Krupp no valor de entre 6 milhões e 10 milhões de marcos alemães, atendendo de 1.200 a 2.000 reclamantes. "Friedrich Krupp will Sklavenarbeiter entschädigen", *ibid.*, 1º de janeiro de 1960, p. 1.

45 Benjamin B. Ferencz, *Less Than Slaves* (Cambridge, Mass., 1979), pp. 210-211. Ferencz descreve as negociações em detalhe. Em 1963, Dynamit Nobel A. G. foi abordada pela Conferência de Reivindicações em nome de cerca de 1 mil requerentes que pediam 5 milhões de marcos alemães. A empresa, então controlada por Friedrich Flick, em última análise, recusou o pagamento. *Ibid.*, pp. 158-170. Após a empresa (rebatizada como Feldmühle Nobel A.G.) ser adquirida pelo Deutsche Bank, a soma foi paga em 1986. James Markham, "Company Linked to Nazi Slave Labor Pays $2,000,000", *The New York Times*, 6 de janeiro de 1986, p. A3.

Daimler-Benz juntou-se aos pagantes de indenização em 1988, dividindo 20 milhões de marcos alemães igualmente entre asilos judeus e instituições não judaicas (10,5 milhões de dólares). Clemens Staudinger, "Rüstung mit dem Stern", *Volksstimme* (Viena), 15 de julho de 1988, página Wochenende Panorama I.

Em 1997, a fabricação de armas e peças automotivas da Karl Diehl de Nuremberg criou um fundo para pagar indenizações de entre 10 mil e 15 mil marcos alemães a 180 mulheres judias. Hans-Werner Loose, "Gutachten entlastet Seniorchef des Rüstungskonzerns Diehl", *Die Welt*, 17 de agosto, 1999, p. 2.

Empresa	Número de reclamantes pagos	Total em marcos alemães
I. G.	5.855	27.841.500,00
Krupp	3.090	10.050.900,00
AEG	2.223	4.312.500,00
Siemens	2.203	7.184.100,00
Rheinmetall	1.504	2.546.095,00

Embora a lei de indenização de fato reconhecesse uma grande variedade de perdas, ela tornava o reconhecimento de muitas delas condicional. Vimos a condição de um mínimo: as perdas de propriedade deveriam ser iguais a pelo menos quinhentos Reichsmark; as perdas de transferência tinham de atingir pelo menos 20%; a redução da renda tinha de ser de pelo menos 25%. Havia também uma condição em relação ao local do dano. Perdas de propriedades e de capitais, independentemente do tamanho, não eram indenizáveis se tivessem ocorrido fora das fronteiras de 1937. Uma série de condições adicionais eram introduzidas no curso de interpretação com o efeito de bloquear as indenizações até a última instância. Exemplos de tais complicações: tratava-se de um gueto se o lugar não tinha paredes?[46] Um reclamante podia ser considerado perseguido se seus captores não eram alemães?[47] Quais eram as condições para indenizar uma doença se essa doença fosse uma neurose?[48]

---

46 Kurt R. Grossmann, "Sabotage der Wiedergutmachung-Der Fall des 'nicht abgeriegelten Ghettos'" (Przemyslany), *Aufbau* (Nova York), 30 de setembro de 1955, p. 5. Finalmente, os guetos do *Generalgouvernement* foram considerados fechados após 15 de outubro de 1941. Brunn e Hebenstreit, *BEG*, p. 191. A residência forçada (como na França) não foi considerada guetização. *Ibid.*, p. 172. O trabalho forçado não era considerado privação de liberdade, a não ser que as restrições de movimento fossem maiores do que aquelas que teriam sido impostas apenas para a extração do trabalho. *Ibid.*, p. 172

47 As primeiras dificuldades foram encontradas pelos requerentes da Romênia. Ver R. M. W. Kempner, "Entschädigung für Juden aus Rumänien vorläufig gestoppt", *Aufbau* (Nova York), 19 de julho de 1957, pp. 5-6. Herman Muller, "Entschädigung für Juden aus Rumänien", *ibid.*, 9 de agosto de 1957, p. 13. Bukowiner Freunde, "Entschädigungs-Ansprüche der Bukowinaer Juden", *ibid.*, 7 de março de 1958, p. 6.

48 Richard Dyck, "Die Neurosen in der Wiedergutmachung", *ibid.*, 7 de março de 1958, p. 15; 21 de março de 1958, pp. 19-20.; 4 de abril de 1958, p. 16; comentários de dr. Hans Strauss na edição de 18 de abril de 1958, p. 18.

Em última análise, prazos foram estabelecidos para fixar a responsabilidade alemã para ações de Estados satélites. Assim, considerou-se que a Eslováquia e a Croácia não tiveram nenhum poder próprio desde o início de sua existência e todas as suas atividades persecutórias foram tratadas como alemãs. Também se considerou que a França de Vichy perdeu sua independência somente após 12 de agosto de 1942; a Itália, depois de 8 de setembro de 1943 e a Hungria após 18 de março de 1944. A lei de 1965, no entanto, especificava que a Alemanha devia ser responsabilizada pelas medidas tomadas pela Romênia, Bulgária e Hungria já em 6 de abril de 1941, caso essas ações tenham privado as vítimas de toda e qualquer liberdade. A privação era total apenas se tivesse sido causada por tais medidas relativamente drásticas como a guetização, o encarceramento em um campo de concentração ou serviço em uma empresa de trabalho húngara. A ordem para usar a estrela não bastava.[49]

Por fim, existiam as limitações de pagamento. Essas limitações se manifestavam por meio da (1) inserção de limites máximos de valores; (2) conversão arbitrária; (3) falha na compensação dos atrasos; e (4) disposições para a eventualidade da morte do requerente. No caso das reduções de renda, os montantes máximos foram fixados por "assimilação" ao serviço público alemão;[50] no caso de perdas de propriedade, por valores absolutos.[51] Conversões arbitrárias eram aplicadas em muitas reivindicações baseadas em danos medidos em Reichsmark (reclamações de deficiência, menos-valias, impostos discriminatórios e pensões per-

---

49 Brunn e Hebenstreit, *BEG*, pp. 166-171. O gueto de Xangai (até 8 de maio de 1945) qualificava-se para indenização. *Ibid.*, P. 171.

50 A situação econômica e social do pré-guerra deveria ser considerada no processo de assimilação. No entanto, no caso de processos por morte e saúde debilitada, o status social não deveria ser usado em prejuízo do reclamante. Ver Par. 11 do 1º Decreto de Implementação (reivindicações de morte) e Par. 14 do 2º Decreto de Implementação (alegações de saúde) em H. G. van Dam, *Durchführungsverordnungen zum Bundesentschädigungsgesetz* (Düsseldorf, 1957), pp. 27, 39.

51 A Lei Federal de Restituição de 1957 não permitia ações sem um teto máximo. A lei previa, no entanto, uma despesa total de não mais de 1,5 bilhão de marcos alemães. Na medida em que permitia-se que as reivindicações excedessem esse montante, as disposições de segurança embutidas na lei previam que os prêmios nos valores de 10 mil marcos alemães fossem pagos integralmente, que determinações entre esse valor e 100 mil marcos alemães fossem em grande medida satisfeitas e que quantidades maiores fossem reduzidas em proporção aproximada para os fundos restantes. A conclusão do programa foi estimada para o início dos anos 1960.

didos). Para o pagamento do montante fixo, a quantia em Reichsmark em tais casos era convertida em marcos alemães à taxa de 10:2 ou menos (ou seja, para uma perda de 100 mil Reichsmark, 20 mil marcos alemães).

Durante muito tempo, essa situação foi agravada para os requerentes nos Estados Unidos. Para cada 4,2 marcos alemães, eles poderiam receber um dólar; no entanto, o dólar na época do recebimento não tinha o poder de compra equivalente de 4,2 marcos alemães na Alemanha. Somente depois de 1960 os tribunais alemães adotaram taxas de câmbio realistas para requerentes americanos.[52]

Havia, ainda, o problema do atraso. A correção básica para atraso no pagamento são juros, mas a legislação de indenização não previa pagamentos de juros além dos subsídios limitados no caso de artigos confiscados pelo Reich. Mais grave ainda era a disposição para o caso de o requerente ter morrido. Em meados da década de 1950, os refugiados mais velhos e os sobreviventes estavam visivelmente morrendo.[53] Com a morte de um requerente, todos os pagamentos mensais caducavam. Para a eventualidade de um montante fixo ainda não ter sido concedido, havia um regulamento triplo:[54]

1. A lei admitia como requerentes todos os herdeiros de vítimas cuja última residência tinha sido a Alemanha Ocidental e Berlim Ocidental e que haviam morrido em qualquer momento antes de 31 de dezembro de 1952.
2. Na medida em que um requerente de outro modo plenamente elegível tivesse morrido antes da adjudicação, os pagamentos de bens, capital e prejuízos fiscais podiam ser requeridos por qualquer herdeiro; a concessão de pagamentos para outras perdas era restrita aos herdeiros na família imediata.

---

52 Robert Held, "Zweierlei Mass", *Aufbau* (Nova York), 18 de outubro de 1957, p. 18. Robert Kempner, "Neuer Wiedergutmachungs-Entscheid", *ibid.*, 11 de março de 1960, p. 1. Walter Peters, "Zum Streit um die Kaufkraft", *ibid.*, 18 de março de 1960, p. 33. Robert O. Held, "Lösung des Kaufkraft-Problems?", *ibid.*, 31 de março de 1961, p. 25.

53 Kurt Grossmann, "Pläne zur Finanzierung des Lastenausgleichs", *ibid.*, 21 de fevereiro de 1958, p. 17.

54 Se não houvesse vontade, não seriam excluídos herdeiros de lei, mas em nenhum caso o pagamento foi feito a um Estado estrangeiro. A vítima ausente após a guerra era presumida morta no dia 8 de maio de 1945, a menos que houvesse evidências que apontassem para uma data anterior.

3. No caso em que um requerente especial de uma área afastada tivesse morrido antes de uma decisão ser tomada, os pagamentos de taxas discriminatórias eram concedidos apenas aos herdeiros na família imediata; no caso em que um requerente especial na categoria de nacionalidade tivesse morrido antes de receber uma indenização, os pagamentos por morte eram rejeitados por completo.

As disposições da Lei de Indenização refletiam a complexidade e ultrapassavam a duração do processo de destruição que tinha dado origem a elas. Até o final de 1985, os pagamentos acumulados sob as leis dos governos dos *Länder* antes e fora da Lei Federal de Indenização foram de 1.835.000.000 de marcos alemães. As despesas decorrentes da própria Lei Federal de Indenização haviam alcançado 59.878.000.000 de marcos alemães, e aquelas sob os termos da Lei Federal de Restituição tinha subido para 3.923.000.000 de marcos alemães.[55] Todas essas somas excediam as estimativas originais.

Por décadas, os gastos anuais em conformidade com a Lei de Indenização permaneceram estáveis.[56] Pagamentos de montantes fixos concluídos e remessas mensais encerradas eram contrabalanceadas por novas obrigações que abrangiam as reivindicações ampliadas com base em alterações ou decisões judiciais, os requerentes adicionados da Europa Oriental e os aumentos automáticos para danos à saúde ou renda. Até o final de 2002, os desembolsos acumulados de 43.100.000.000 de euros (aproximadamente 12.500.000.000 a partir de 1985), ou 45.200.000.000 de dólares, incluíam 17.700.000.000 de dólares americanos para Israel e 13.700.000.000 de dólares para os Estados Unidos. Naquele ano, 83.843 pessoas ainda estavam sendo pagas.[57] Antes, quando os residentes alemães eram um quinto dos reclamantes compensados, eles receberam um terço do dinheiro.[58] Finalmente, todos os beneficiários em todo o mundo eram idosos que recebiam somas mensais.

---

55 Christian Pross, *Paying for the Past* (Baltimore, 1998), apêndice B, tabela 8.

56 Dados do Ministério das Finanças alemão em *Aufbau* (Nova York), *passim*.

57 Declaração de Judah Gribetz, juiz especial, In re Holocaust Victims Assets Litigation, Tribunal Distrital dos EUA/Distrito Leste de Nova York, CV 96-4849, em 16 de abril de 2004, Apêndice F.

58 German Information Center, "Making up for the Past: Facts and Figures on Restitution in Germany" (informe de imprensa, Nova York, agosto 1971). A partir de 17 setembro de 1965, as maiores categorias nas distribuições cumulativas de pagamentos externos por tipo de reivindicação eram,

Consequências   1471

Uma parte importante dos custos de reabilitação repousavam sobre a comunidade judaica e sobre o próprio sobrevivente individual. A parcela suportada pela comunidade em Israel e em outros lugares tornou-se a causa de um pedido especial: as "reparações". Os judeus tinham de obter suas reparações por meio de dois canais distintos: (1) atribuição de uma parcela dos espólios dos Aliados cobrada após a guerra e (2) negociações diretas com os próprios alemães ocidentais. A primeira operação não rendeu muito.

O plano de reparações dos Aliados previa uma ampla divisão entre Oriente e Ocidente e uma subdivisão entre os países ocidentais. A Rússia devia satisfazer suas próprias necessidades, além daquelas da Polônia, a partir de três fontes: mudanças em seu território ocupado, fornecimentos provenientes das zonas ocidentais e aquisição de ativos externos alemães nos antigos satélites do Eixo (Hungria, Romênia e Bulgária). Uma vez que os soviéticos estavam interessados principalmente em um grande ganho econômico, é praticamente desnecessário acrescentar que a comunidade judaica não recebeu nada na região leste.[59]

A política ocidental de reparações era baseada mais em uma retenção do potencial bélico alemão do que em uma exploração dos espólios disponíveis. Sendo assim, as potências ocidentais concentraram sua atenção em transportes, indústria pesada e ativos externos alemães em Estados aliados e neutros. Na Conferência de Reparações de Paris, os Estados Unidos propuseram que uma pequena parte dos ativos inimigos em países neutros fossem atribuídos aos refugiados repatriáveis. A soma acordada foi de 25 milhões de dólares. Sob um acordo posterior, o dinheiro devia ser disponibilizado pelos governos aliados como uma prioridade sobre as receitas provenientes da liquidação da propriedade alemã nos países neutros e 90% dos fundos deviam ser dedicados à reabilitação judaica.[60]

---

de longe, para a interrupção do avanço profissional e pelo comprometimento da saúde. Pross, *Paying for the Past*, Apêndice B. Duas posições no material das tabelas estão invertidas.

59 Uma exceção era a propriedade alemã abandonada disponibilizada pelos poloneses para repatriados judeus da Sibéria. Os judeus logo partiram. Deve-se salientar que as necessidades judaicas que agora não eram reconhecidas resultavam de perdas judaicas que os soviéticos não tinham esquecido de contabilizar em sua justificativa de reclamações de indenização. Os judeus mortos em territórios delimitados pela URSS no pós-guerra e na Polônia chegaram a 4 milhões.

60 Ver Ginzberg, "Reparation for Non-Repatriables", *Department of State Bulletin* 15 (14 de julho de 1946): 56, 76. O autor, professor de economia na Universidade de Columbia, foi o representante dos Estados Unidos na conferência das cinco potências de 14 de junho de 1946.

A autoridade administradora dos 25 milhões de dólares devia ser a Organização Internacional de Refugiados (IRO). Quando a Comissão Preparatória da Organização Internacional de Refugiados discutiu o uso do dinheiro em fevereiro de 1947, o representante do Reino Unido, *sir* George Rendel, questionou a destinação de 90% dos lucros para organizações judaicas. Os judeus, disse ele, agora constituíam menos de 10% dos refugiados. Nenhuma classe de refugiados, continuou *sir* George, devia ser excluída da máxima ajuda que a ação internacional pudesse oferecer.[61]

Nesse meio tempo, ainda não havia nenhum fundo. O primeiro pagamento foi feito pela Suécia e não a partir de bens alemães, mas de seu próprio tesouro. Esse montante chegou a 50 milhões de coroas.[62] A Suíça seguiu com 20 milhões de francos suíços. O equivalente em dólares dos dois valores era de aproximadamente US$ 18.500.000,[63] Os pagamentos restantes foram feitos posteriormente: US$ 3 milhões em fundos suíços em 1953 e US$ 3,5 milhões em fundos suíços em nome de Portugal em 1955 e 1956.[64]

Anos depois, o novo Estado de Israel, cambaleando sob o influxo dos sobreviventes, voltou sua atenção para a questão das reparações.[65] Em 12 de março de

---

61 Resumos de registros (mimeografados), PREP/SR/6, 15 fevereiro de 1947.

62 O acordo entre Estados Unidos, França, Reino Unido e Suécia, assinado em 18 de julho de 1946, entrou em vigor em 28 março de 1947, 61 Stat, Parte 3, 3191.; *Treaties and Other International Acts Series*, nº 1657. IRO/Escritório de Informação Pública, *Monthly Digest nº 3*, novembro de 1947, pp. 26-27. O acordo especificava que os bens alemães fossem utilizados exclusivamente para satisfazer créditos suecos e para a compra de matérias-primas essenciais para a economia alemã, que os proprietários alemães fossem indenizados em moeda alemã e que a Alemanha fosse obrigada a confirmar as transferências.

63 IRO/Conselho Geral, 2ª sessão, relatório do diretor-geral, GC/60, 22 de março de 1949, pp. 79-87. Os desembolsos em 30 de dezembro de 1948 totalizaram 13.867.359 dólares, incluindo 4.636.344 dólares para o Comitê de Distribuição Conjunta, 9.019.392 dólares para a Agência Judaica e 211.623 dólares para organizações não judaicas. *Ibid*. Na Inglaterra 250 mil libras esterlinas (ou 700 mil dólares) de bens alemães confiscados foram distribuídos às vítimas de lá através de um "Fundo de Auxílio às Vítimas do Nazismo". "Britischer Hilfsfond für Naziopfer", *Aufbau* (Nova York), 15 de novembro de 1957, p. 19.

64 Slany et al., *U.S. and Allied Efforts*, pp. 99-101.

65 Em 1950, os investimentos alemães em Israel foram apreendidos como garantia do pagamento de indenizações futuras. Os ativos, que não incluíam determinadas propriedades da Igreja, valiam

1951, o governo israelense expediu cartas idênticas para Washington, Londres, Paris e Moscou pedindo a ajuda das quatro potências de ocupação na obtenção de reparações das duas repúblicas alemãs equivalentes ao custo da absorção e reabilitação de 500 mil vítimas em Israel. Esse custo era de 1,5 bilhão de dólares.[66] Os três governos ocidentais responderam que estavam impedidos pelos termos do acordo de reparações de Paris de declarar, tanto em seu próprio nome quanto em nome de outros estados, outros pedidos de reparações exigidos à Alemanha.[67] A União Soviética sequer se deu ao trabalho de responder.

O palco estava agora pronto para um gesto do governo em Bonn. Os alemães ocidentais já não podiam contornar o problema. Eles haviam ganhado a liberdade de ação, mas era justamente essa liberdade que lhes obrigava a agir. Muito do que havia sido deixado para trás vinha agora para o primeiro plano. Naquele momento, particularmente, o distúrbio interno não podia ser removido sem uma decisão externa. Além disso, os alemães preocupavam-se com uma possível oposição judaica para o restabelecimento da Alemanha como uma potência no mundo. Também se percebeu que o número de judeus, reduzido em seu total e muito espalhado ao longo dos anos não constituiria o fardo mais pesado da Alemanha. Assim, em 27 de setembro de 1951, o chanceler Adenauer declarou perante o Parlamento alemão que, em vista dos terríveis crimes que, em outra época, haviam sido cometidos em nome do povo alemão, o governo federal estava pronto para resolver com os representantes da comunidade judaica e de Israel o problema das indenizações materiais.[68]

Os representantes da comunidade judaica foram rápidos em aceitar o convite do chanceler. Em outubro de 1951, vinte organizações judaicas formaram a

---

cerca de 9 milhões de dólares. A maioria dos proprietários havia sido deportado pelos britânicos para a Austrália durante a guerra. *Congress Weekly* (Nova York), em 30 de janeiro de 1950, p. 2. Haim Cohn (procurador-geral de Israel), "The New Law in the Country of the Law", *United Nations World*, setembro de 1950, pp. 62-63.

66 Memorando de Israel para as quatro potências ocupantes, 21 de março de 1951, Governo de Israel, *Documents Relating to the Agreement*, pp. 20-24. O número de 500 mil incluía refugiados pré-guerra, bem como chegadas antecipadas.

67 Memorandos dos Estados Unidos, Reino Unido e da França para Israel, 5 de julho de 1951, *ibid.*, pp. 34-41.

68 Declaração de Adenauer perante o Parlamento, 27 de setembro de 1951, *ibid.*, pp. 42-43.

Conferência de Reivindicações Materiais Judaicas contra a Alemanha a fim de solicitar o pagamento de 500 milhões de dólares para a reabilitação das vítimas judias fora de Israel.[69]

Em Israel, a decisão de enviar representantes do Estado judeu a uma conferência com oficiais alemães não era tão fácil de ser tomada. Após Adenauer indicar uma disposição para aceitar os valores de Israel como base na discussão, o primeiro-ministro Ben-Gurion apresentou a questão ao Parlamento,[70] e o legislativo consentiu por uma pequena margem.[71] O valor da reivindicação de Israel contra a Alemanha Ocidental foi de 1 bilhão de dólares.

As negociações começaram em Haia, na Holanda, em 21 de março de 1952. As delegações foram chefiadas pelos seguintes nomes especialmente escolhidos:

Alemanha Ocidental: prof. Franz Josef Böhm, reitor da Universidade de Frankfurt; dr. Otto Küster, advogado

Conferência das Reivindicações: Moses A. Leavitt

Israel: dr. F. E. Shinnar, Ministério das Relações Exteriores; dr. Giora Josephthal, Agência Judaica

A língua oficial das reuniões era o inglês.[72]

O valor de 500 milhões de dólares proposto pela Conferência das Reivindicações foi reduzido pelos alemães para 500 milhões de marcos alemães. Dez por

---

69 Resolução da Conferência de Reivindicações Materiais Judaicas, 26 de outubro de 1951, *ibid.*, pp. 46-47.

70 Adenauer para dr. Nahum Goldmann (presidente da Conferência de Reivindicações), 6 de dezembro de 1951, *ibid.*, p. 57; declaração de Ben-Gurion no Knesset (Poder Legislativo de Israel), 7 de janeiro de 1952, *ibid.*, pp. 57-60.

71 A votação foi de 61 a 50, com cinco abstenções e quatro ausências. À direita do centro, o partido Herut e os Sionistas Gerais estavam na oposição básica. A esquerda (que consistia no Mapam pró-soviético e nos comunistas) votou contra as negociações, em reflexo da atitude da URSS. A maioria no centro incluía alguns votos de deputados árabes. Ver Dana Adams Schmidt, "Foes of Bonn Talks Lose Israeli Vote", *The New York Times*, 10 de janeiro de 1952, p. 14. Ver também a propaganda dos sionistas-revisionistas da América (Herut), *ibid.*, 6 de janeiro de 1952, p. 15.

72 Michael Hoffan, "Bonn Assures Jews on Reparation Aim", *ibid.*, 22 de março de 1952, p. 5. Sobre Bonn, ver "Der Unterhändler", *Aufbau* (Nova York), 8 de fevereiro de 1952, p. 5. Sobre Küster (ex-comissário de indenização em Württemberg-Baden), ver Albion Ross, "Slave Laborers Find a Champion", *The New York Times*, 6 de março de 1955, p. 9.

cento desse montante deveria ser disponibilizado pelo governo federal para ajuda aos embargados; os outros 450 milhões de marcos alemães (107 milhões de dólares) deviam ser recebidos pela Conferência de Reivindicações ao longo de um período de dez anos, para ajuda, reabilitação e reassentamento de vítimas judias em todas as partes do mundo.[73]

Quando os israelenses apresentaram seu total de 1 bilhão de dólares (representando a contribuição esperada da Alemanha Ocidental ao 1,5 bilhão de dólares gastos por Israel com a absorção dos judeus), os delegados alemães fizeram cerca de 25 perguntas sobre a origem do pedido. Entre outras coisas, eles queriam saber se a emigração de fugitivos da Europa Oriental não era o resultado do crescimento dos comunistas em vez de medidas nazistas e questionaram a estimativa de 3 mil dólares para o custo de reassentamento por pessoa.[74] Após o interrogatório, apresentaram seu próprio número aproximado. Aquele 1 bilhão de dólares – ou 4,3 bilhões de marcos alemães – foram reduzidos para 3 bilhões de marcos alemães – ou 715 milhões de dólares. Em seguida, os alemães declararam que, devido à atual situação econômica e financeira de seu país, eles não poderiam sequer garantir o pagamento daquela quantia.[75]

O fator complicador na situação foi uma reunião que ocorria simultaneamente em Londres entre trinta Estados (representando os detentores privados de títulos públicos pré-guerra alemães) e o governo da Alemanha Ocidental para decidir a respeito do estabelecimento das dívidas externas da Alemanha. O líder da

---

73 "Bonn Makes Jews $107,000,000 Offer", *The New York Times*, 17 de junho de 1952, p. 3; Protocolo nº 2 entre a Alemanha Ocidental e a Conferência de Reivindicações, assinado em Luxemburgo em 10 de setembro de 1952 por Adenauer e Goldmann, em Governo de Israel, *Documents Relating to the Agreement*, pp. 161-163. Sob o acordo, os marcos alemães acrescidos para a Conferência de Reivindicações foram pagos para Israel, que devia disponibilizar os fundos nas moedas pedidas. Durante o primeiro ano de suas operações, a Conferência de Reivindicações gastou 8.705.000 dólares em quinze países. Desse montante, mais de 7 milhões de dólares foram gastos para alívio direto, 900 mil foram destinados para "reconstrução cultural" (subsídios para os estudiosos, com ênfase na pesquisa da catástrofe) e 800 mil foram doados para o Escritório de Restituição Unificado, uma agência legal que processava pedidos de indenização de vítimas judias elegíveis. "100.000 Naziopfer profitieren von den deutschen Reparationen", *Aufbau* (Nova York), 15 de outubro de 1954, p. 17.

74 "Bonn and Israelis Push Claims Talks", *The New York Times*, 1º de abril de 1952, p. 13.

75 Declaração da delegação alemã, 5 de abril de 1952, em Governo de Israel, *Documents Relating to the Agreement*, p. 82.

delegação alemã em Londres, Hermann J. Abs (Deutsche Bank), concordou com o professor Böhm da delegação de Haia que nenhum compromisso devia ser estabelecido até que fosse possível avaliar as obrigações totais de Bonn.[76] Quando os israelenses foram confrontados com esse impasse, o Parlamento de Israel votou para interromper as negociações.[77]

Após a ação dos israelenses, Böhm reformulou seu acordo com Abs a fim de poder retomar as negociações, mas encontrou um adversário implacável no ministro das Finanças Schäffer. A teoria de que havia apenas um fundo do qual torrar o dinheiro para pagar as indenizações se tornou uma condição fundamental em Bonn e, naquele momento, a boa reputação externa da Alemanha era considerada mais importante do que a dívida moral da Alemanha. Em uma reunião de gabinete em meados de maio, Adenauer ficou aparentemente do lado de Schäffer. Böhm e Küster, então, desferiram um golpe inesperado: eles se demitiram. Em suas cartas de demissão, esses homens independentes acusaram seu governo de falsidade.[78]

Diante da necessidade de recuperar sua posição, o governo federal passou a tentar outra ação. Hermann Abs abordou informalmente os assessores israelenses em Londres e sugeriu um adiantamento de fornecimentos no montante de 1 bilhão de marcos alemães (aproximadamente 250 milhões de dólares) ao longo de um período de três anos. Nesse caso, o saldo seria liquidado posteriormente. A proposta foi recusada.[79] Os alemães, em seguida, fizeram sua "proposta contratual" de 715 milhões de dólares.[80] Essa oferta foi aceita.

Sob os termos do acordo, a obrigação devia ser paga no decorrer dos dez anos seguintes e seguida de troca de ratificações. O governo federal deveria depositar o dinheiro em parcelas acordadas no Bank Deutscher Länder. Uma missão israelense

---

76 "Bonn-Jewish Talk at Crucial Stage", *The New York Times*, 3 de abril de 1952, p. 5.

77 Decisão do Knesset, 6 de maio de 1952, em Governo de Israel, *Documents Relating to the Agreement*, p. 90.

78 "Top Germans Quit in Israel Fund Lag", *The New York Times*, 20 de maio de 1952, pp. I, II.

79 "New Bonn Feeler to Israel Spurned", *ibid.*, 1º de junho de 1952, p. 9.

80 "Bonn, Jews Reach New Parley Basis", *ibid.*, 11 de junho de 1952, p. 7.

com estatuto diplomático foi estabelecida para ter acesso à conta a fim de comprar aço, maquinário, produtos químicos e uma variedade de outros bens de capital.[81]

Depois de o documento ter sido assinado, os israelenses esperaram a aprovação de Bonn antes de fazer qualquer ação. O parlamento alemão não tinha pressa. Vários industriais alemães estavam preocupados com a perda do mercado árabe,[82] ao passo que os interesses marítimos alemães protestavam contra a falta de uma estipulação que protegesse alguns de seus negócios.[83] Por fim, a aprovação veio, apesar da oposição de uma coalizão de vários membros tanto da extrema direita

---

81 Texto do acordo (com troca de cartas) assinado em Luxemburgo em 10 de setembro de 1952 por Sharett (Shertok) e Adenauer, em Governo de Israel, *Documents Relating to the Agreement*, pp. 125-151. Certos itens (como o petróleo) poderiam ser comprados com saldos alemães de capital aberto no mercado externo e uma atenção especial deveria ser dada por Israel a indústrias de Berlim Ocidental. Nenhuma discriminação deveria ser exercida pelo governo federal contra Israel em caso de quaisquer restrições sobre as exportações e nenhuma mercadoria obtida por Israel deveria ser reexportada para qualquer Estado terceiro. Cláusulas pedindo renegociação foram incluídas para prever a possibilidade de incapacidade econômica para pagar ou a inflação. Israel concordou em não incluir nenhuma outra reclamação contra a Alemanha Ocidental e, após a entrada em vigor do tratado, as negociações foram iniciadas em Roma entre Israel, Alemanha Ocidental e Austrália para devolver aos alemães da Palestina o dinheiro obtido por Israel com a venda de seus ativos. "Templer fordern Wiedergutmachung von Israel", *Aufbau* (Nova York), 22 de janeiro de 1954, p. 17. Interessante, também, foi a oferta imediata de Israel para liberar aproximadamente 15 milhões de dólares em depósitos bancários pertencentes a refugiados árabes. "Israel Will Free Arabs' Bank Funds", *The New York Times*, 10 de outubro de 1952, pp. 1, 3.

82 O governo de Bonn ofereceu aos árabes 95 milhões de dólares em créditos, mas o Cairo queria dez vezes mais. M. S. Handler, "Bundesrat in Bonn Gets Israeli Pact", *The New York Times*, 14 de fevereiro de 1953, p. 3. Os Democratas Livres sugeriram que as reparações fossem administradas pelas Nações Unidas e que uma parte dos recursos fossem desviados para os refugiados árabes. "German-Arab Plan Drawn", *ibid.*, 14 de novembro de 1952, p. 8. Por um tempo, alguns dos industriais também falaram sobre uma "greve de fornecedores", ou seja, uma recusa de fazer entregas para Israel. "Israel Will Press Bonn on Payments", *ibid.*, 6 de janeiro de 1953, p. 12.

83 "Vertrag Bonn-Tel Aviv vor dem deutschen Parlament", *Aufbau* (Nova York), 27 de fevereiro de 1953, p. 1. Por conta disso, o governo de Israel suspendeu a proibição de navegação alemã em seus portos. "Die Israel-Regierung Hebt den Boykott der deutschen Flagge auf ", *ibid.*, 6 de março de 1953, p. 1.

quanto da extrema esquerda.[84] O Gabinete de Israel, então, ratificou o instrumento sem submetê-lo ao Legislativo para outra votação.[85]

O acordo foi realizado em sua totalidade entre os anos de 1953 e 1966. As principais categorias de fornecimentos, expressas em percentagem do valor total das indenizações, foram as seguintes:[86]

Petróleo (comprado no Reino Unido)	29,1
Navios	17,0
Ferro e aço para construção	11,3
Maquinário (guindastes, bombas, etc.)	9,2
Produtos elétricos (geradores, etc.)	6,5
Produtos químicos	4,7
Equipamentos ferroviários, tubos, etc.	3,8
Outros itens, incluindo produtos têxteis, de couro, de madeira, veículos especiais, instrumentos óticos, impressoras de moedas e produtos agrícolas	11,0
Serviços, incluindo obrigações assumidas pela Alemanha Ocidental para a indenização de alemães donos de bens sequestrados em Israel e transferidos para Israel.	7,4

Para a economia da Alemanha Ocidental, cuja produção estava aumentando de forma constante, a carga dos pagamentos declinava de forma correspondente. Elas somavam 0,22% do produto nacional bruto da Alemanha Ocidental em 1954 e 0,06% em 1963. O programa de compensação, como um todo – reparações, indenizações e restituições oficiais –, representava uma parte cada vez menor da produção nacional. O total de pagamentos externos no âmbito dos três títulos era

---

84 Para uma análise da votação na Bundestag (câmara baixa), ver Kurt R. Grossmann, "Ratifiziert!", *ibid.*, 27 de março de 1953, pp. 1-2.

85 Dana Adams Schmidt, "Tel Aviv Ratifies Reparations Pact", *The New York Times*, 23 de março de 1953, p. 12. As ratificações foram trocadas em 27 de março de 1953, em Nova York.

86 Para a história do acordo e de sua implementação, ver Nicholas Balabkins, *West German Reparations to Israel* (New Brunswick, N.J., 1971). Para discussão detalhada das entregas, ver *ibid.*, pp. 155-188.

de 0,84% do produto nacional bruto em 1961 e de 0,30% em 1966.[87] Por esse preço, a Alemanha estava em paz consigo mesma.

Esse aspecto do acordo produziria algumas repercussões psicológicas inesperadas. Depois de um tempo, ficou claro que os alemães estavam criando um comportamento estranho: eles estavam elogiando os judeus. Em inúmeros artigos e editoriais, em manifestações de massa em Bergen-Belsen, no grande e silencioso público na apresentação de uma peça cujas falas haviam sido retiradas do diário de uma garota judia morta, os alemães estavam prestando homenagens aos judeus massacrados e à vida dos judeus em toda parte. O contraste entre esse espetáculo e tudo o que o havia precedido era tão forte que os observadores foram atingidos por algo estranho naquela demonstração.[88] Parecia quase como se os alemães estivessem endeusando os mortos.

A decisão da Alemanha Ocidental de fazer as pazes com Israel colocou os alemães orientais em uma posição desconfortável. Em um ponto, de fato, um porta-voz da Alemanha Oriental, participando de uma coletiva de imprensa na Alemanha Ocidental, pegou-se falando sobre a possibilidade de negociações com Israel.[89] Essa disposição, todavia, foi logo retirada. No final do ano de 1953, Albert Norden, do governo da Alemanha Oriental, declarou antes de uma coletiva de imprensa em território controlado pelos soviéticos que Israel não tinha direito às reparações, já que era uma base militar dos Estados Unidos e não o sucessor legal de milhões de judeus vítimas da tirania nazista. No caso de uma conferência de paz, a Alemanha Oriental não reconheceria o compromisso da Alemanha Ocidental.[90]

Para a comunidade judaica, a satisfação das suas reivindicações significou o abandono de uma série de reservas que ela tinha até então acumulado em suas relações com a Alemanha. Fora de Israel, canais de comércio foram abertos quase

---

87 *Ibid.*, pp. 192-193.

88 Ver Alfred Werner, "Germany's New Flagellants", *American Scholar*, primavera de 1958, pp. 169-178. Ver também William S. Schlamm, *Die Grenzen des Wunders* (Zurique, 1959), pp. 62-73, em especial pp. 63-65.

89 "Israelis Welcome East German Bid", *The New York Times*, 22 de setembro de 1952, p. 5. O palestrante era Goldenbaum, ministro da Agricultura da Alemanha Oriental.

90 "Ostdeutschland lehnt offiziell Wiedergutmachung ab", *Aufbau* (Nova York), 1º de janeiro de 1955, p. 11.

que imediatamente;[91] mesmo em Israel, as restrições foram deixadas de lado, uma por uma. Mesmo enquanto as negociações ainda estavam em andamento, a Câmara de Comércio de Tel Aviv-Jaffa foi confrontada com a questão de o que fazer com os membros das firmas que, em violação ao boicote, assumiam a representação de empresas alemãs.[92] Em 1953, o governo de Israel suspendeu a proibição do registro de patentes e marcas alemãs.[93] Alguns anos mais tarde, agências de viagens alemãs estavam fazendo reservas para turistas visitarem Israel e uma delegação de cinco industriais alemães partiu para Israel para examinar as oportunidades de investimentos que haviam lá.[94] Em 1957, o ministro das Relações Exteriores da Alemanha Ocidental, Heinrich von Brentano, em resposta a uma pergunta sobre se havia sido abordado para motivar o estabelecimento de relações diplomáticas entre Alemanha e Israel, declarou:

> Não foram tomadas medidas para estabelecer relações diplomáticas com Israel em um futuro próximo. Quando chegarmos a uma tal decisão, não haverá necessidade de uma terceira potência como intermediária. Nossas relações com Israel são tão inequívocas e boas que, em minha opinião, apenas conversas diretas entre Israel e a República Federativa serão necessárias a fim de colocar esses dois países em um quadro formal tão logo ambos considerem ser o momento apropriado.[95]

Depois de muitos anos de normalização, a Alemanha fez pagamentos adicionais para preencher várias lacunas nos fornecimentos para restituição, indenização e reparação. O distribuidor dessas contribuições suplementares foi a Conferência

---

91 Ver o comentário sobre o impulso das exportações de diamantes alemães em "Diamond Industry in Germany Grows", *The New York Times*, 21 de fevereiro de 1952, p. 43. Sobre o curioso fato de especialistas em relações públicas judaicas terem sido alistados na unidade para recuperação dos ativos alemães nos Estados Unidos, ver William Harlan Hale e Charles Clift, "Enemy Assets – The $500,000,000 Question", *Reporter*, 14 de junho de 1956, pp. 8-15.

92 "Um die Vertretung deutscher Firmen in Israel", *Aufbau* (Nova York), 25 de abril de 1952, p. 8.

93 "Wieder deutsche Patente in Israel", *ibid.*, 26 de junho 1953, p. 31.

94 Kurt R. Grossmann, "Deutsch-israelische Annäherung wächst", *ibid.*, 21 de junho de 1957, p. 1.

95 *News from the German Embassy* (Washington, D.C.), 24 de junho de 1957, p. 3. Embaixadores foram trocados no ano de 1965. Vogel, *Deutschlands Weg*, pp. 175-194.

das Reivindicações. O primeiro dos novos acordos entre a Alemanha e a Conferência realizado em 1980 resultou no estabelecimento de um fundo de dificuldades para os emigrantes de países do bloco soviético que tinham perdido os prazos estendidos até 1965 pela Lei de Indenização. O fundo foi aumentado pelo governo alemão ao longo do tempo e a Conferência das Reivindicações distribuiu um total de 1 bilhão de marcos alemães no ano de 1999. Os prêmios eram doações únicas de 5 mil marcos alemães cada. Os reclamantes aprovados somaram 202.271.

Um segundo fundo financiado pelo governo alemão foi criado pela Conferência das Reivindicações nos termos do artigo 2 do Acordo de Implementação do Tratado da Unificação Alemã de 3 de outubro de 1990. Os candidatos eram elegíveis para receber os benefícios se cumprissem alguma das seguintes condições:

- seis meses em um campo
- dezoito meses em um gueto
- dezoito meses escondendo-se com a idade inferior a dezoito anos e separado dos pais
- seis meses de prisão, na Áustria ou na fronteira húngaro-austríaca, em campos especiais para os judeus
- seis meses nas minas de cobre de Bor
- seis meses em um batalhão de trabalho húngaro no front ucraniano.

Não eram elegíveis se qualquer das seguintes condições fossem aplicáveis a eles:

- não fossem perseguidos como definido na Lei de Indenização
- no momento da perseguição, fossem cidadãos de um país que não se tornou comunista depois da guerra
- ainda residiam em um antigo país comunista
- já tivessem recebido uma indenização de 35 mil marcos alemães
- não estavam necessitados. (Nos Estados Unidos, as pessoas ultrapassavam o limite se fossem solteiras e tivessem uma renda de mais de 16 mil dólares ou fossem casadas e tivessem uma renda de mais de 21 mil dólares, sem contar, a partir de 1º de janeiro de 1999, a receita da Segurança Social dos que tivessem pelo menos setenta anos.)

Para os anos de 1993 a 1999, o governo alemão comprometeu 1.167.000.000 de marcos alemães para o artigo 2 do Fundo, como era chamado, e para os anos de

2000 a 2003, outros 1.360.000.000 de marcos alemães foram adicionados. Os pagamentos aos beneficiários foram fixados em uma quantia mensal de quinhentos marcos alemães. Desde 31 de dezembro de 1999, a Conferência das Reivindicações tinha aprovado 48.948 solicitações.

Em janeiro de 1998, a Conferência das Reivindicações chegou a um acordo com o governo alemão para um terceiro fundo que permitiria que as vítimas residentes nos territórios dos antigos países do bloco comunista da Europa Central e da Europa Oriental, incluindo as áreas da antiga União Soviética, obtivessem uma indenização pela primeira vez. O compromisso do governo alemão para o período de quatro anos a partir de 1º de janeiro de 1999 totalizava 200 milhões de marcos alemães. Os requisitos de elegibilidade no que diz respeito a experiências de guerra eram os mesmos do artigo 2 do Fundo. Considerando que a população judaica da Hungria ainda era de aproximadamente 52 mil pessoas e que vários milhares de outros judeus estavam vivendo em áreas adjacentes que fizeram parte da Grande Hungria durante a guerra, as estipulações de elegibilidade no que concerne à Hungria eram de grande importância. Os pagamentos aos beneficiários deviam ser de um valor mensal de 250 marcos alemães. Em 31 de maio de 2000, a Conferência das Reivindicações tinha aprovado 13.479 solicitações.

A Conferência das Reivindicações também assumiu propriedades judaicas que haviam sido vendidas sob coação ou confiscadas na Alemanha Oriental durante o regime nazista e que não tinham sido reclamadas por seus antigos proprietários em 31 de dezembro de 1992. Tais ativos eram vendidos pela Organização de Restituição da Conferência das Reivindicações. Além disso, indenizações eram oferecidas àquelas propriedades que não poderiam ser restituídas. Em 1999, os resultados dessas operações ultrapassaram 1 bilhão de marcos alemães. As distribuições foram feitas principalmente para programas sociais e outros projetos em trinta países.[96]

Essas melhorias, vagas como fossem, afinal forneceram algum alívio, especialmente para aqueles que eram pobres e que tinham recebido muito pouco ou nada. No entanto, não se obteve um sentimento de conclusão. A perda não havia sido superada. Muito desgosto ainda estava reprimido na comunidade judaica,

---

96 Conferência de Reivindicações, *Annual Report 1999 with 2000 Highlights*, pp. 17-22, 27. O valor de 1.167.000.000 de marcos alemães para a injeção inicial no Artigo 2 do Fundo é calculado a partir de outros dados no relatório.

enquanto Israel ainda estava em perigo e enquanto a Guerra Fria ainda não tinha terminado. Somente após o colapso da União Soviética todas as restrições poderiam ser abandonadas. Com o recém-desenvolvido poder econômico e político, os judeus encontraram as palavras que nunca haviam manifestado antes e revelaram sua raiva em declarações veementes. Uma explosão de reivindicações caiu sobre empresas e governos de vários países que enriqueceram à custa dos bens e do valor do trabalho forçado dos judeus. Chegava a hora de cobrar tudo, com juros e correção, o que era devido.

Em 1992, as seguintes organizações judaicas criaram uma Organização Judaica Mundial de Indenização (WJRO, na sigla em inglês): a Agudath Israel (judeus ortodoxos), a União/Federação Americana de Judeus Sobreviventes do Holocausto, o Comitê Judaico-Americano de Distribuição Conjunta, a B'nai B'rith International, o Centro de Organizações de Sobreviventes do Holocausto em Israel, a Associação de Reivindicações Materiais Judaicas contra a Alemanha, a Agência Judaica em Israel, o Congresso Judaico Mundial e a Organização Sionista Mundial.[97] Os primeiros principais alvos dessa coalizão foram os bancos suíços que mantinham contas judaicas que datavam da época da Segunda Guerra Mundial ou antes. De acordo com a lei suíça, essas contas não tinham sido confiscadas pelo governo suíço e havia casos conhecidos de herdeiros que não tinham informações precisas o suficiente para reivindicar qualquer dinheiro. O principal porta-voz desse grupo era Edgar M. Bronfman, presidente do Congresso Judaico Mundial e da WJRO. Bronfman, um membro da família que construiu a Seagram Ltd., uma empresa de uísque, já havia se acostumado a representar os judeus durante a década de 1980. Quando Bronfman chegou à Suíça em 12 de setembro de 1995 para se reunir com a Associação Suíça de Banqueiros, ele e sua comitiva tiveram de esperar em um quarto de hóspedes até Georg Krayer, presidente da associação, finalmente chegar e informar-lhes que as buscas haviam encontrado contas que somavam um total de 32 milhões de francos suíços. Bronfman considerou aquele montante "um suborno" e exigiu um procedimento para encontrar todas as contas.[98]

---

97 A lista é anexada a uma declaração de Edgar M. Bronfman em audiência perante o Comitê de Assuntos Bancários do Senado, "Swiss Banks and the Status of Assets of Holocaust Survivors or Heirs", 104º Cong., 2ª sessão, 23 de abril de 1996, p. 42.

98 Edgar M. Bronfman, *Good Spirits* (Nova York, 1998), pp. 241-242.

O Comitê do Senado para Assuntos Bancários do Congresso dos Estados Unidos realizou audiências sobre os bancos suíços em 23 de abril de 1996. Na ocasião, Bronfman apresentou-se com as seguintes palavras: "Espero que isso não soe presunçoso, sr. presidente, mas falo com o senhor hoje em nome do povo judeu. Com respeito, falo também em nome daqueles 6 milhões que não podem falar por si".

Ele enfatizou que não discutiria números, fossem eles 32 milhões de dólares "ou, como poderia ser algo mais próximo da verdade, vários bilhões". Os bancos suíços, disse ele, haviam perdido sua integridade e uma auditoria teria de ser conduzida desde que não fosse controlada por eles.[99]

Bronfman tinha seu próprio modo de agir. Um "Comitê Independente de Pessoas Eminentes" foi criado em 2 de maio de 1996 pela Organização Judaica Mundial de Indenização em conjunto com o Congresso Mundial Judaico, por um lado, e com a Associação Suíça de Banqueiros, por outro. A comissão escolheu como seu presidente o ex-presidente do Conselho do Federal Reserve, Paul Volcker, que era qualificado por sua experiência e que não era nem suíço nem judeu. O orçamento do comitê deveria ser financiado pela Associação Suíça de Banqueiros.[100] Em novembro de 1996, o comitê havia contratado seis grandes empresas de contabilidade,[101] o que empregava aproximadamente 650 auditores. Aquele foi

---

99 Declaração de Bronfman em audiência perante o Comitê de Assuntos Bancários do Senado, "Swiss Banks and the Status of Assets of Holocaust Survivors or Heirs", 104º Cong., 2ª sessão, 23 de abril de 1996, pp. 40-42.

100 Protocolo de acordo entre a Organização Mundial Judaica de Restituição e do Congresso Mundial Judaico (representando também a Agência Judaica e organizações aliadas) do lado judeu, e a Associação Suíça de Banqueiros, 2 de maio de 1996. O acordo foi assinado por Bronfman, Avraham Burg (Estado de Israel), Zvi Barak (também de Israel), Israel Singer (secretário-geral, o Congresso Mundial Judaico) e os negociadores suíços Georg Krayer, Joseph Ackermann e Hans J. Baer ([Bär], presidente do Banco Julius Baer [Bär], um grande banco privado nas mãos dos judeus). Bronfman Krayer não integrava a comissão. Singer e Baer se tornaram membros suplentes. Texto na Casa do Comitê dos Representantes de Bancos, "The Disposition of Assets Deposited in Swiss Banks by Missing Nazi Victims", 104º Cong., 2ª sessão, 11 de dezembro de 1996, pp. 190-193. Depoimento de Volcker em *ibid.*, pp. 40, 42.

101 Memorando do Comitê Independente de Pessoas Eminentes (Comitê de Volcker) de 19 de novembro de 1996, em *ibid.*, p. 195.

um trabalho de anos e custou aos bancos 310 milhões de francos suíços, ou cerca de 200 milhões de dólares.[102]

Não houve trégua para os suíços. Declarações eram emitidas, audiências no Congresso eram realizadas, correspondências em massa eram enviadas. No Poder Executivo do governo dos Estados Unidos, Stuart Eizenstat, que fora escolhido pelo Departamento de Estado como enviado especial para reivindicações de propriedade na Europa Oriental e Central no início de 1995, continuou nessa atividade pelos cinco anos seguintes, enquanto servindo, sucessivamente, como subsecretário de Comércio para o Comércio Internacional, subsecretário de Estado para Assuntos Econômicos e secretário adjunto do Tesouro.[103] Reagindo em outubro de 1996, o governo suíço nomeou Thomas Borer, vice-secretário-geral do Ministério das Relações Exteriores da Suíça, como presidente de uma força-tarefa para lidar com a crise emergente. Em fevereiro de 1997, os bancos suíços criaram um fundo humanitário para ajudar as vítimas carentes. Três grandes bancos, o Credit Suisse, o Swiss Bank Corporation e o Union Bank of Switzerland (UBS) prometeram para o fundo 100 milhões de francos suíços, instituições menores prometeram mais 80 milhões e o Banco Nacional da Suíça outros 100 milhões.[104]

Mesmo enquanto tentavam acalmar a situação, os suíços enfrentaram um novo desafio quando um advogado particular, Edward D. Fagan, seguido por outros colegas, abriu ações coletivas contra os bancos suíços em tribunais dos Estados Unidos. Esses advogados queriam muito mais do que as quantias depositadas

---

102 Comitê Independente de Pessoas Eminentes, *Report on Dormant Accounts of Victims of Nazi Persecution in Swiss Banks* (Berna, 1999), pp. 4, 5, 53-54. A Associação Suíça de Banqueiros contribuiu com uma pequena parte desse total. A maior parte era constituída pelos bancos individuais. Seus custos indiretos (assistência administrativa nas buscas) não estão incluídos.

103 Ver seu depoimento perante o Comitê de Assuntos Bancários do Senado, em 23 de abril de 1996, e perante vários outros comitês ao longo de 2000. Durante a administração de Carter, Eizenstat era um oficial na Casa Branca que lidava com assuntos judaicos.

104 Ver o anúncio da Associação Suíça de Banqueiros no *The New York Times*, 14 de outubro, 1997, p. A15. O fundo foi colocado sob um conselho presidido por Rolf Bloch, um empresário do ramo de chocolates que chefiava a Comunidade Judaica Suíça. Declaração de Bloch em audiência perante o Comitê da Casa Banca, "The Eizenstat Report and Related Issues", 105° Cong., 2ª sessão, 25 de junho de 1997, pp. 262-265. Para uma extensa cronologia para o início de 1999, ver Luzi Stamm, *Der Kniefall der Schweiz* (Zofingen, Suíça, 1999), pp. 235-252.

no fundo humanitário e podiam levar os processos para os tribunais dos Estados Unidos, pois os bancos realizaram atividades comerciais substanciais nesse país. Os advogados, no entanto, consideraram a possibilidade de não encontrar nas contas dinheiro suficiente para justificar as exigências de bilhões de dólares. Por conta disso, eles incluíram em suas reivindicações a recuperação do ganho que os bancos tinham derivado de depósitos alemães de bens judeus roubados, bem como a recuperação do lucro que os bancos tinham tido a partir de tais depósitos alemães que fossem atribuídos ao uso de trabalho escravo judeu.[105]

O surgimento daqueles advogados criou perguntas para o Congresso Judaico Mundial e para a Organização Judaica Mundial de Indenização. Aqueles advogados tinham tomado a iniciativa? Será que as organizações perderiam o controle? Quem iria falar em nome dos judeus agora? Só havia uma solução para o problema: como Israel Singer, do Congresso Mundial Judaico, expressou em depoimento perante o Comitê Bancário do Senado: "Todos nós concordamos em agir em parceria com os advogados da ação coletiva, porque a maioria dessas pessoas com que estamos associados estão trabalhando *pro bono* neste caso".[106]

Com essa disposição em vigor, os requerentes poderiam contar com o apoio não apenas de organizações judaicas, mas também daqueles funcionários públicos em cargos estaduais e federais que poderiam facilmente ser mobilizados para a causa.

As dificuldades que os bancos enfrentavam tornaram-se manifestas quando o Credit Suisse e o UBS, dois dos maiores bancos suíços, prepararam uma fusão.

---

105 Richard Capone e Robert O'Brien (ambos oficiais americanos de bancos suíços), "What's Right with the Swiss Banks' Offer", *The New York Times*, 30 de junho de 1999, página de opinião/editorial.

106 Testemunho de Israel Singer em audiência perante o Comitê de Assuntos Bancários do Senado, "Current Developments in Holocaust Assets Restitution", 105º Cong., 2ª sessão, 22 de julho de 1998, p. 17. Quando os casos foram consolidados em um tribunal federal de Nova York, dois dos advogados dos requerentes eram Burt Neuborne e Michael Hausfeld. Sobre Neuborne, professor da New York University Law School, ver Andy Newman, "Lawyer Has Voice in Many Rights Cases", *The New York Times*, 10 de fevereiro de 2000, p. A28. Sobre Hausfeld, sócio de um escritório de advocacia, ver Paul M. Barrett, "Why Americans Look to the Courts to Cure the Nation's Social Ills", *The Wall Street Journal*, 4 de janeiro de 2000, pp. A1, A10. Sobre Edward Fagan, que iniciou a sua própria pequena empresa em 1994, ver Barry Meier, "Lawyer in Holocaust Case Faces Litany of Complaints", *The New York Times*, 8 de setembro de 2000, pp. A1, A24. Fagan queria ser pago por seus serviços.

Ambas as instituições tinham sucursais e filiais no estado de Nova York e a superintendente dos bancos do estado de Nova York, Elizabeth McCall, estava em posição de frustrar esses planos. À luz desse obstáculo, os bancos indicaram que fariam uma oferta substancial e diante dessa "mudança radical de atitude", receberam a aprovação para a fusão.[107] A oferta foi de 600 milhões de dólares, incluindo os 70 milhões de dólares com os quais os três grandes bancos já haviam contribuído para o fundo humanitário. A soma foi imediatamente condenada por Avraham Burg, um membro israelense do Comitê Independente de Pessoas Eminentes, como "humilhante",[108] e por Burt Neuborne, um dos principais advogados dos reclamantes, como "um insulto". Neuborne explicou que 90% do montante eram constituídos por juros, reduzindo a quantidade para 60 milhões de dólares na cotação do ano de 1945.[109] Para Roger Witten, um advogado dos bancos suíços, a questão era diferente. "Acreditamos que não há nenhuma objeção regulamentar legítima à fusão e queríamos ter certeza de que estávamos livres de esforços para usar esse processo para extorquir um resultado em outra frente", disse ele.[110]

Em 22 de julho de 1998, Eizenstat, que tinha tentado agir como um "facilitador" nas negociações, testemunhou perante o Comitê de Assuntos Bancários do Senado que "Há uma percepção entre muitos suíços que estão próximos de subscreverem a uma convicção irreversível de que não importa o que ou o quanto eles façam, nunca será o suficiente para satisfazer os críticos". No mesmo depoimento, Eizenstat opôs sanções por autoridades locais e estaduais. Elas reforçariam a inflexibilidade suíça, disse ele, e contrariariam o interesse americano em um mercado financeiro aberto.[111] Um advogado dos reclamantes discordou. Os bancos suíços, testemunhou ele, precisavam de algum "estímulo".[112]

No mesmo dia, o auditor público do estado de Nova York, H. Carl McCall, fez sua própria declaração perante a comissão. Agradecendo Edgar Bronfman e o

---

107 David S. Sanger, "Swiss Banks Said to Offer Holocaust Payment", *The New York Times*, 5 de junho de 1998, p. A9.

108 Sanger, "Swiss Banks Make Offer on Nazi Loot", *ibid.*, 20 de junho de 1998, p. A4.

109 Burt Neuborne, "Totaling the Sum of Swiss Guilt", *ibid.*, 24 de junho de 1998, editorial.

110 Sanger, "How Gold Deal Eluded Mediator", *ibid.*, 12 de julho de 1998, p. 6.

111 Testemunho de Eizenstat perante o Comitê de Assuntos Bancários, "Current Developments in Holocaust Assets Restitution", 105º Cong., 2ª sessão, 22 de julho de 1998, pp. 10, 12.

112 Testemunho de Eizenstat, *ibid.*, p. 54.

Congresso Judaico Mundial "por trazer essa questão à minha atenção", ele apontou que havia trabalhado no assunto durante dois anos. Em dezembro de 1997, juntou-se ao controlador da cidade de Nova York, Alan Hevesi, em uma moratória contra as sanções, mas até o início de julho de 1998 ficou claro para ele que nenhum progresso foi realizado. Ele e Hevesi tinham, portanto, anunciado uma série de quatro sanções graduais, com início em 1º de setembro de 1998. A última etapa, em 1º de julho de 1999, seria a consideração de uma alienação, por parte do Estado, de 107 bilhões de dólares do fundo de pensão de seus negócios com todas as empresas suíças. Ele apreciou a posição do Departamento de Estado, mas descobriu que as sanções impostas por governos estaduais e locais contra a África do Sul tinham sido fundamentais para o desmantelamento do apartheid. Sua declaração foi seguida pela de Steven Newman, primeiro vice-controlador da cidade de Nova York, anunciando a mesma programação de sanções da cidade. Newman observou que o fundo de pensão da cidade de 84 bilhões de dólares incluía propriedade de 735 milhões de dólares em ações de empresas suíças, dos quais 137,6 milhões de dólares eram ações de bancos suíços.[113]

Uma ameaça de *dumping* de todas as ações suíças aumentava a pressão, abrangendo também as grandes empresas farmacêuticas suíças. Cinco dias depois da audiência no Senado, em 27 de julho de 1998, os advogados judeus, cujas ações tinham sido consolidadas em um único processo em um tribunal distrital federal no Brooklyn, exigiram 1,5 bilhão de dólares. Os bancos rejeitaram esse montante. O juiz federal Edward R. Korman, então, convidou as partes envolvidas para um encontro em um restaurante no Brooklyn no dia 10 de agosto. Após o jantar daquela noite, Korman propôs que as partes aceitassem uma das duas opções:

> 1.050.000.000 de dólares, além de uma quantia acima desse valor – se justificada por conclusões da comissão de Volcker – de até 450 milhões de dólares,
>
> ou
>
> um total de 1.250.000.000 de dólares.

---

113 Declarações de McCall e Newman, *ibid.*, pp. 70-75. McCall, um afro-americano eleito para o cargo de auditor, candidatou-se à nomeação democrata para governador de Nova York, em 2001. Richard Pérez-Peña, "A Pair of Contrasting Rivals Start Bids for Governor Early", *The New York Times*, 1º de fevereiro de 2001, pp. B1, B2. Hevesi candidatou-se à nomeação democrata para prefeito de Nova York, em 2001. Adam Nagourney, "Hevesi Counters Quiet Image", *The New York Times*, 23 de abril de 2001, pp. B1, B3.

Os réus, completamente surpresos, perceberam pela primeira vez o ponto de vista do juiz e eles precisaram pesar o risco de publicidade hostil e boicotes. Os requerentes, por sua vez, precisavam considerar que uma quantia muito maior era improvável. No final, a cifra de 1.250.000.000 de dólares foi aceita por ambos.[114]

Mais de cinco meses se passaram até que um acordo fosse assinado pelas partes em conflito em 26 de janeiro de 1999. As seguintes classes de credores foram estabelecidas:

1. depositantes que foram vítimas ou alvos da perseguição nazista e tenham aberto contas antes de 9 de maio de 1945, e seus herdeiros e sucessores (classe "Depósitos");
2. titulares ou cotitulares de contas que foram camufladas sob outro nome ou que foram arianizadas ou confiscadas sob os auspícios do regime nazista, e seus herdeiros e sucessores (classe "Ativos saqueados"),
3. trabalhadores escravos que "efetiva ou supostamente" realizaram um trabalho para as empresas ou entidades que depositavam as receitas ou produtos de tal trabalho, e os herdeiros desses trabalhadores,
4. trabalhadores escravos que "efetiva ou supostamente" realizaram trabalho para as empresas com sede na Suíça ou suas afiliadas em outros lugares, e os herdeiros desses trabalhadores, e
5. refugiados procurando evitar a perseguição nazista e que foram impedidos de entrar na Suíça, ou, após terem dado entrada, terem sido deportados ou maltratados, e seus herdeiros.[115]

O juiz Korman, então, nomeou um advogado experiente, Judah Gribetz, como presidente do Tribunal de Justiça para desenvolver um plano para a

---

114 Daniel Ammann e Erik Nolmans, "Showdown im Fischrestaurant", *Facts* (Zurique), 20 de agosto de 1998, pp. 22-24. O relato é baseado principalmente em uma entrevista com um advogado dos bancos, Peter Widmer. A reunião durou mais de seis horas.

115 Texto do Acordo de Compensação, assinado por Joseph T. McLaughlin para o Credit Suisse, Robert C. Dinerstein para UBS AG, Michael Hausfeld, Robert Swift e Melvin I. Weiss para os demandantes, e Israel Singer e Avraham Burg da Organização Mundial Judaica de Restituição, 26 de janeiro de 1999. In Re Holocaust Victims Assets Litigation, United States District Court, Eastern District of New York, CV-96-4849. O acordo abrangia outros bancos suíços listados.

distribuição do dinheiro para as várias classes estabelecidas. Para esse efeito, Gribetz aguardava os resultados da comissão de Volcker – eles foram publicados em dezembro de 1999, mas sem uma cifra rígida.

Em um processo de eliminação, os examinadores concentraram-se em quatro categorias de contas, tal como mostrado na Tabela 11.9. Os valores contábeis estimados foram então convertidos em valores atuais, adicionando-se as taxas de retorno que tinha sido deduzidas, subtraindo-se o juro que havia sido pago e multiplicando os novos números por dez para incluir juros cumulativos iguais ao de títulos suíços de longo prazo. Nesse cálculo, o total para as categorias I e II pode ter alcançado um máximo de 411 milhões de francos suíços, ou aproximadamente 260 milhões dólares à taxa de câmbio de 1999. A categoria III não foi computada, pois a amostra de 11% continha títulos que tiveram um valor médio muito maior do que as contas mais representativas das categorias I e II. Na categoria IV, concluiu-se que relativamente poucas contas tenham pertencido a vítimas.[116] Quando Volcker testemunhou perante o Comitê de Assuntos Bancários da Câmara em fevereiro de 2000, ele mencionou uma quantia de 25 mil contas ao todo como tendo a maior probabilidade de relevância. Questionado pelo presidente do Comitê, James Leach, como "a matemática" se aplicaria a essas 25 mil contas, Volcker recusou-se a fazer uma estimativa de seu valor agregado e contentou-se com a conclusão de que o acordado de 1,25 bilhão de dólares era mais do que suficiente para satisfazer todos os reclamantes plausíveis na classe de depósitos.[117]

A "probabilidade" de relevância sugeria que algumas das contas destacadas não teriam relação com o Holocausto. Um deslocamento poderia ser suposto porque alguns bancos não tinham sido consultados ou porque as vítimas tinham confiado seu dinheiro a titulares nominais suíços. No entanto, não havia nenhum ajuste pronto pelo simples fato de que a comissão de Volcker havia marcado 30.692 contas na Categoria III, incluindo as 14.716 que tinham "correspondência", como "fechadas por desconhecido". Elas tinham existido, mas não existiam mais. A suposição mais simples era de que uma grande parte delas deve ter sido esvaziada por seus titulares após a guerra. As pessoas que poderiam fazer aquilo eram refugiados

---

116 Comitê Independente de Pessoas Eminentes, *Report on Dormant Accounts of Victims of Nazi Persecution in Swiss Banks*, em particular pp. 72, 75.

117 Testemunho de Volcker em audiência perante o Comitê de Assuntos Bancários, "Restitution of Holocaust Assets", 106º Cong., 2ª sessão, 9 e 10 de fevereiro de 2000, p. 40 ss.

TABELA 11-9 As contas nos bancos suíços

CATEGORIA		NÚMERO TOTAL DE CONTAS	PORCENTAGEM DE CONTAS COM UM VALOR PATRIMONIAL INDICADO	VALOR PATRIMONIAL MÉDIO EM FRANCOS SUÍÇOS	VALOR PATRIMONIAL ESTIMADO DE TODA A CATEGORIA EM FRANCOS SUÍÇOS
I	Correspondências exatas ou quase exatas de nomes com outros registros	3.191	70	3.027	9.659.157
II	Contas sem correspondência, mas inativas ou identificadas pelos bancos como pertencentes a vítimas	7.280	80	3.008	21.898.240
III	Correspondência de 14.716 contas, mas todas as 30.692 foram fechadas por desconhecidos e faltavam evidências de inatividade	30.692	11	20.101	Não estimado
IV	Contas sem correspondência, mas possivelmente relevantes	12.723	98	330	4.195.246

do pré-guerra da área do Protetorado do Reich, bem como os residentes dos tempos de guerra da França, da Hungria e da Romênia que nunca haviam sido deportados – dois grupos cujos números, nesse contexto, devem ter sido significativos.

Com tais estatísticas e complicações, Gribetz precisava propor suas distribuições. Ele considerou que o acordo de solução tinha de ser interpretado como concedendo prioridade a contas de depósito. Assim sendo, recomendou e o juiz concordou que 800 milhões de dólares fossem reservados para os requerentes válidos (em sua maioria, herdeiros) para esses depósitos. Para a eventualidade de essa reserva não ser esgotada após desembolsos justificáveis, o caminho ficava aberto para redistribuir o saldo para as outras classes reclamantes.[118]

O juiz Korman nomeou dois presidentes especiais, Paul Volcker e Michael Bradfield, para supervisionar a resolução das reivindicações aos depósitos. Para ajudar os requerentes na identificação de uma conta na qual eles pudessem ter direito a juros, toda a lista dessas contas identificadas como "provavelmente ou possivelmente" posses de vítimas deveria ser publicada em fevereiro de 2001. As indenizações deviam ser feitas por um Tribunal de Resolução de Reivindicações.[119]

Antes da virada do século, foram lançados dois outros golpes altamente visíveis, um contra as companhias de seguros e outro contra os empregadores de vítimas afetadas positivamente pelo trabalho. O setor de seguros, como a cena bancária suíça, foi identificado com algumas empresas muito importantes, e essas empresas, como os seus correspondentes suíços, sentiram-se ameaçadas. Ao contrário dos grandes bancos suíços, que se juntaram no acordo com uma série

---

118 Ver as decisões do juiz Korman de 6 de julho de 2000 e 8 de dezembro de 2000 e outros documentos nos arquivos do tribunal em Master Docket CV 96-4849. O acordo cobria, além de judeus, ciganos, testemunhas de Jeová, e – independentemente da sua origem étnica e religião – vítimas homossexuais e deficientes físicos ou mentais. Apenas uma pequena parte dos pagamentos deveria ser feito a grupos não judeus. O "regime nazista" foi definido de modo a incluir os países do Eixo. Uma ação liderada por Fagan e outros advogados em um tribunal federal de Nova York contra dois grandes bancos austríacos (Bank Austria e Creditanstalt) chegou a um acordo de 40 milhões de dólares. Ver a notícia publicada em Nationalfonds der Republik Österreich für Opfer des Nationalsozialismus, Viena, agosto de 1999, e o artigo de Anton Legerer, "Lösung Ungewiss", *Neue Welt* (Viena), agosto-setembro, p. 14.

119 Ver anúncio publicado por Volcker e Bradfield no *The New York Times*, 5 de fevereiro de 2001, p. A9.

de instituições menores, as importantes operadoras de seguros não tinham seguidores. Elas nem sequer apresentavam uma frente unida, pois não pensavam em si mesmas como tendo tido um passado em comum. Sete seguradoras europeias que tinham subsidiárias nos Estados Unidos, no entanto, foram submetidas a uma única ação judicial perante um tribunal distrital federal em março 1997.[120]

Naquela situação, a gigante alemã Allianz Versicherungsgesellschaft adotou uma posição defensiva, admitindo abertamente que tinha vendido seguros contra incêndio para empresas da ss nos campos de concentração,[121] mas que se representava como uma nova corporação ressurgida dos escombros do pós-guerra e que quase nada restara intacto a não ser o nome. A empresa e seus corréus no processo enfrentavam uma reivindicação de 7 bilhões de dólares. O diretor da Allianz, Henning Schulte-Noelle, considerou essa quantia "completamente irrealista".[122] Como um executivo da Allianz afirmou, um grande número de apólices de seguro de vida com um valor de resgate em dinheiro foram liquidadas quando emigrantes potenciais precisaram do dinheiro. Outras foram creditadas por seus titulares quando estavam em grandes dificuldades financeiras antes da deportação. Para um número menor, mas ainda significativo, o Reich entrou em cena posteriormente e exigiu a quantia que a empresa teria de pagar aos titulares judeus para a liberação de seu seguro obrigatório. Relativamente poucas apólices, que não foram detectadas, ainda estavam na posse da empresa, sobre as quais a Allianz havia entrado em contato com o Congresso Judaico Mundial e procurado os serviços da empresa de auditoria Arthur Andersen para esclarecer as coisas o mais rapidamente possível.[123]

---

120 Martha Drucker Cornell *et al.* v. Assicurazioni Generali *et al.*, Ação Civil nº 97 CIV 2262, Tribunal Distrital dos Estados Unidos do Distrito Sul de Nova York, apresentada em 31 de março de 1997. O advogado principal foi Fagan. Ver *Insurance Forum*, vol. 25, setembro de 1998, p. 1.

121 Entrevista do conselheiro da Allianz (Vorstand) Herbert Hansmeyer em *Der Spiegel*, 2 junho de 1997, p. 54. Um fac-símile de uma apólice de seguro de incêndio da Allianz comprado pela DAW em Auschwitz para 15 de outubro de 1942 a 15 de outubro de 1943, em *ibid.*, p. 54.

122 *Ibid.*, p. 62.

123 Declaração Hansmeyer em audiência perante o Comitê de Assuntos Bancários da Câmara, "The Restitution of Art Objects Seized by the Nazis from Holocaust Victims and Insurance Claims of Certain Holocaust Victims and Their Heirs", 105º Cong., 2ª sessão, 12 de fevereiro de 1998, pp. 330-332. Para uma discussão detalhada de apólices de seguro de vida judaica na *Reich* e

A gigante italiana Assicurazioni Generali argumentou que era uma empresa estabelecida em 1831 por judeus em Trieste, então um porto do Império Austro-Húngaro, e que seu atual presidente era um judeu sobrevivente de Auschwitz. A empresa havia sido forçada a abandonar a sua participação majoritária na austríaca Fenix; suas filiais no Eixo eram inteiramente cativas do inimigo, e aquelas em áreas posteriormente ocupadas pelos comunistas foram nacionalizadas após a guerra. Além disso, a empresa havia pagado "várias" indenizações sobre as apólices de vítimas em países ocidentais.[124]

A despeito de seus protestos, as companhias de seguros, fossem alemãs, italiano-judaicas, francesas, suíças ou holandesas eram questionáveis e possíveis reclamantes eram inúmeros. Por outro lado, o segurado tinha sido mais pobre do que os depositantes, e uma apólice típica valia menos do que a própria conta bancária. O valor médio do seguro de vida de um indivíduo, como estimado por um porta-voz da Allianz, era de 2.500 Reichsmark (pouco mais de 1 mil dólares) e um titular ou herdeiro que liquidasse com a empresa após a reforma monetária teria recebido 250 marcos alemães.[125] Se as apólices tivessem sido confiscadas pelo regime nazista, a indenização poderia ser pedida pelos requerentes elegíveis sob a lei alemã de Restituição Federal, mas os requisitos de prova eram, frequentemente, pesados, demorados e frustrantes. Isso abria caminho para ações coletivas nos Estados Unidos, onde oficiais do governo poderiam forçar as empresas a arcar com o ônus de encontrar as apólices não pagas e pagar a indenização adequada.

Um poder coercitivo direto era acionado pelos reguladores de seguros de um governo estadual, contanto que a empresa tivesse sucursais ou filiais dentro de suas fronteiras. Uma vez que vários estados poderiam reivindicar tal jurisdição, a Associação Nacional dos Comissários de Seguros (NAIC, na sigla em inglês) estabeleceu um grupo de trabalho e realizou audiências para obter o depoimento das

---

de reivindicações do pós-guerra, ver Gerald Feldman, *Allianz and the German Insurance Business, 1933-1945* (Cambridge e Nova York, 2002), pp. 236-277, 523-538.

124 Declaração de Scott Vayer, advogado principal da Generali nos Estados Unidos, audiência perante o Comitê de Assuntos Bancários da Câmara, pp. 333-343.

125 Alan Cowell, "German Group to Investigate Claims of Nazi Victims", *The New York Times*, 18 de abril de 1997, p. A3.

firmas.[126] Além disso, um projeto de lei foi apresentado na Câmara dos Representantes do Congresso dos Estados Unidos para proibir dezessete companhias de seguros estrangeiras de participar de qualquer sistema de pagamento, inclusive transferências eletrônicas, dentro dos Estados Unidos, ou de realizarem qualquer negócio com uma instituição de depósito segurado federal, a menos que divulgassem para o procurador-geral dos Estados Unidos o nome das vítimas a quem haviam vendido apólices de seguro.[127]

Como resultado dessa pressão, uma Comissão Internacional sobre as Reivindicações de Seguros Referentes à Época do Holocausto foi formada em abril de 1998, com membros oriundos dos órgãos estaduais reguladores de seguros dos Estados Unidos, o Estado de Israel, o Congresso Mundial Judaico e companhias de seguros europeias, incluindo a Allianz, a Generali, o grupo francês AXA, o suíço Winterthur Versicherungs-Gesellschaft, a Zurich Seguros e a Associação de Seguros dos Países Baixos, representando todas as seguradoras holandesas. O ex-secretário de Estado americano, Lawrence Eagleburger, foi nomeado presidente. O pagamento deveria ser feito pela empresa que devesse dinheiro a um requerente, com base no valor que a apólice teria tido no evento segurado (a data da morte ou a data do vencimento), com ajustes para a inflação e juros acumulados e com reduções se um empréstimo tivesse sido tomado pelo segurado durante a vigência da apólice e não pago, ou se o titular da apólice não pudesse pagar os prêmios e o convertesse ao status de integralizado para um benefício menor na data da morte ou maturidade. Um fundo especial deveria ser criado para as alegações que não pudessem ser atribuídas a uma companhia de seguros em particular, ou que se referissem a empresas que já não existissem, ou que dissesse respeito a apólices emitidas pelas empresas associadas em países onde a propriedade privada tenha sido nacionalizada depois da guerra por regimes comunistas, ou que pertencesse

---

126 Associação Nacional dos Comissários de Seguro, "Holocaust Insurance Claims", em audiência perante o Comitê de Assuntos Bancários da Câmara, Insurance Claims, 12 de fevereiro de 1998, pp. 266-269. Christopher Wren, "Panel Weighs Testimony on Insurers of Nazi Era", *The New York Times*, 19 de maio de 1998, p. A3. Insurance Forum, vol. 25, september de 1998, pp. 82-100.
127 Testemunho do representante Mark Foley, copatrocinador da resolução 3143 da Câmara, que ele fechou, perante o Comitê de Assuntos Bancários da Câmara, "Insurance Claims", 12 de fevereiro de 1998, pp. 134-147.

a essas políticas para as quais o valor em dinheiro tivesse sido confiscado pelo Reich alemão. Um segundo fundo deveria servir as vítimas necessitadas do Holocausto, além de outros fins humanitários decorrentes do Holocausto.

Em um acordo entre a Comissão e Israel, a Generali prometeu o pagamento de 100 milhões de dólares. A Áustria prometeu 25 milhões de dólares. Em 17 de julho de 2000, o governo alemão concordou com os Estados Unidos em criar uma fundação para a qual as companhias de seguros alemãs deveriam fazer contribuições. O valor, chegando a 500 milhões de marcos alemães, com juros previstos de até 50 milhões de marcos alemães, devia ser dividido em pagamentos de entre 150 e 200 milhões de marcos alemães em compensação por perdas de apólices e o restante para necessidades humanitárias. Nenhum requerimento deveria ser agraciado se uma indenização já tivesse sido paga sob a Lei Federal de Restituição.

As dificuldades decorrentes das reivindicações de seguros eram excepcionais. Orientações para o cálculo do valor atual de uma apólice tiveram de ser desenvolvidas para cada país de emissão, e os resultados preliminares indicam que em mais de 80% dos formulários preenchidos os requerentes não tinham sequer especificado uma empresa. Em matéria de propriedade, no entanto, as apólices de seguro espelhavam as contas bancárias. O pobre não possuía nenhum dos dois. Em seu discurso perante um comitê do Congresso, Eagleburger observou que, em 1938, apenas 270 mil apólices de seguros de vida estavam em vigor em toda a Polônia, que tinha uma população de mais de 30 milhões na época.[128]

Enquanto as ofensivas contra os bancos e companhias de seguros estavam em andamento, uma terceira frente foi aberta contra os patrões alemães de ex-trabalhadores escravos durante a guerra. Mais uma vez, uma artilharia foi disparada pelos advogados da ação conjunta que procuravam grandes somas de dinheiro, desta vez de empresas industriais que exportaram seus produtos para os Estados Unidos.[129] As empresas alemãs não ofereceram muita resistência. Elas ten-

---

128 Com base no depoimento de Eagleburger e outras testemunhas em audiência perante o Comitê de Reforma do Governo sobre "Questões de seguro na era do Holocausto", 8 de novembro de 2001, em Federal News Service, Inc. (site da Lexis-Nexis.com/congcomp/docu), e sobre a declaração sem data da comissão, "Valuation of Unpaid Policies" (site www.icheic.org).

129 Fagan e associados entraram com uma ação coletiva contra a Daimler-Benz, Volkswagen, BMW, Audi, e cinco preocupações não automotivas no final de agosto de 1998, um tribunal distrital

taram evitar a má publicidade e a ameaça de boicotes e também sabiam que seu problema era ampliado pela necessidade iminente de atender às reivindicações não apenas de judeus sobreviventes, mas também de um número muito maior de ex-trabalhadores poloneses, bielorrussos e ucranianos que ainda estavam vivos. Para tanto, elas se aproximaram do governo em busca de assistência financeira. O chanceler recém-eleito, Gerhard Schröder, queria iniciar seu governo do zero[130] e considerou o fato de que os campos de concentração, que tinham estado envolvidos na economia do trabalho escravo, eram agências do Reich. Em fevereiro de 1999, Schröder anunciou que doze grandes empresas – Daimler-Chrysler, Volkswagen, BMW, Krupp, Höchst, Bayer, BASF, Degussa, Siemens, Allianz, Dresdner Bank e Deutsche Bank – haviam concordado em criar um fundo global para "acabar com a campanha que estava sendo conduzida contra a indústria alemã e nosso país". O tamanho do fundo proposto, de acordo com informações não oficiais, era estimado em 3 bilhões de marcos alemães, ou 1,7 bilhão de dólares, além de uma contribuição adicional do governo.[131] Longas negociações, de que Eizenstat participou, foram conduzidas a respeito de questões como o reconhecimento dos herdeiros como requerentes e das responsabilidades das empresas pequenas, a maioria das quais dissolvidas quando da entrada soviética na parte oriental do *Reich*.[132] Então, algo aconteceu.

Um juiz do tribunal distrital federal em Nova Jersey, Dickinson R. Debevoise, indeferiu quatro ações coletivas consolidadas contra a Degussa e a Siemens. Os requerentes, disse ele, haviam caracterizado seu caso como uma ação ordinária de indivíduos contra entidades privadas, análoga a um pedido de assalto ou agressão, mas a seu ver o presente caso não era simplesmente uma controvérsia entre

---

federal, insinuando que eles iriam exigir 75 mil dólares por trabalhador. Edward L. Andrews, "53 Years Later, Lawsuit Is Filed on Behalf of Hitler's Slave Labor", *The New York Times*, 1º de setembro de 1998, p. A9. Eric Peters, "Don't Blame VW for Nazi Crimes", *The Wall Street Journal*, 14 de setembro de 1998, p. A32.

130 Edmund L. Andrews, "Schröder Acts to Explore Compensating Slave Workers", *The New York Times*, 20 de outubro de 1998, p. A3.

131 Roger Cohen, "German Companies Set Up Fund for Slave Laborers under Nazis", *ibid.*, 17 de fevereiro de 1999, pp. AI, A7.

132 Ver Guido Heinen, "NS-Zwangsarbeiter: Neue Forderungen", *Die Welt*, 24 de agosto de 1999, p. 4.

partes privadas. As atividades das empresas constituíram uma "parte integrante do esforço de guerra da Alemanha" e pelo direito internacional apenas os governos em suas relações uns com os outros poderiam resolver quaisquer questões sobre recursos apropriados. Acordos, observou ele, já haviam sido feitos para definir os limites das indenizações alemãs. Os requerentes teriam pedido para que ele "remodelasse" essas cláusulas, mas elas não estavam ao alcance judicial. Naquele dia, um processo contra a Ford também foi indeferido.[133]

Grupos judaicos imediatamente reconheceram as implicações desses resultados para outras decisões judiciais ainda pendentes. Em seu longo parecer, o próprio Debevoise havia chamado a atenção para processos movidos nos Estados Unidos contra 41 grandes empresas alemãs, as quais ele nomeou. Aquele caminho estava agora em perigo e decidiu-se abordar o público geral. Dentro de semanas, dois anúncios de página inteira foram publicados no *The New York Times* pela B'nai B'rith International, pelo Congresso Judaico Americano e por outras organizações judaicas contra a Mercedes-Benz e a Ford Motor Company.[134] O grupo de grandes empresas alemãs, expandido para dezessete, que tentava evitar um confronto, juntou-se ao governo alemão, aumentando o compromisso para 3,85 bilhões de dólares em novembro de 1999 e, em dezembro daquele ano, para cerca de 5 bilhões de dólares (ou, mais precisamente, 10 bilhões de marcos alemães, moeda que tinha se desvalorizado em relação ao dólar).[135] Os trabalhadores

---

133 Burger-Fischer v. Degussa A. G., 65 F.Supp. 2d 248. A ação contra a Ford Motor Company e a alemã Ford Werke foi indeferida por outro juiz do tribunal distrital federal em Nova Jersey. Iwanowa v. Ford, 67 F.Supp. 2d 424. Elsa Iwanowa tinha sido submetida como russa a trabalhos forçados na Alemanha. O juiz Joseph A. Greenaway concluiu no caso Ford que o pedido havia prescrito e não era justificável. Os dois pareceres eram versões impressas das decisões iniciais proferidas em 13 de setembro de 1999. Sobre reverberações das decisões revistas, ver Ronald Smothers, "Legal Setbacks Could Complicate U.S.-German Talks on Forced Labor, Officials Say", *The New York Times*, 15 de setembro de 1999, p. A28.

134 As datas eram 4 outubro de 1999, p. A23 e 6 de outubro, 1999, p. A13. No anúncio sobre a Ford, não se apresentou qualquer prova foi de que o trabalho escravo judeu foi contratado por sua filial alemã.

135 Roger Cohen, "Nazi Slave Labor Talks Halt over Payments", *The New York Times*, 4 de novembro de 1999, p. A12. Edmund Andrews, "Germans to Set Up 5.1 Billion Fund for Nazi Slaves", *ibid.*, 15 de dezembro de 1999, pp. A1, A7. Andrews, "German Parliament Backs Fund for Nazis' Slave Workers", *ibid.*, 7 de julho de 2000, p. A8.

escravos, definidos como tendo sido mantidos em campos de concentração, deveriam receber até 15 mil marcos alemães; outros trabalhadores forçados, até 7.500 marcos alemães. Herdeiros não deveriam ser pagos.[136]

Em março de 2000, Eizenstat negociou com os alemães a questão das distribuições. A fórmula resultante repousava sobre uma presunção de que, dos 240 mil trabalhadores escravos ainda vivos, metade eram judeus, e de que, dos mais de 1 milhão de trabalhadores forçados, o número de judeus era insignificante. Com base nisso, a Conferência Judaica das Reivindicações deveria receber 1.812.000.000 de marcos alemães (15 mil marcos alemães multiplicados por 120 mil), que equivaliam a cerca de 900 mil dólares à taxa de câmbio vigente na época.[137] Pagamentos provenientes do acordo dos bancos suíços com os trabalhadores foram considerados complementares. O número de trabalhadores escravos judeus anteriormente em confinamento alemão e ainda vivos em 1999 não chegava a 120 mil, mas a fundação operando sob a lei alemã posteriormente decidiu incluir os serviços de trabalho que tinham sido formados e desenvolvidos pelos governos de satélites para fins próprios, à sombra de uma presença alemã adjacente.

Enquanto isso, os advogados, organizações civis e funcionários públicos continuavam sua marcha. Em 2000, a Áustria foi induzida a promulgar uma lei de compensação aos escravos e trabalhadores forçados que tinham sido explorados em seu solo. A soma apropriada para essas indenizações era de 6 bilhões de xelins ou pouco mais de 400 milhões de dólares.[138] Em outubro de 2000, as

---

136 Testemunho do conde Otto Lambsdorff, ex-ministro da Economia alemão nomeado em agosto de 1999 como representante especial do governo para a Fundação Alemã, na audiência perante o Comitê de Assuntos Bancários da Câmara, "Restitution of Holocaust Assets", 106º Cong., 2ª sessão, 9 e 10 de fevereiro de 2000, pp. 11-16.

137 Testemunho de Eizenstat em audiência perante o Comitê de Relações Exteriores do Senado, "Legados do Holocausto", 106º Cong., 2ª sessão, 5 de abril de 2000, pp. 13-16, 20-22. O acordo de distribuição foi concluído no dia 24 de março.

138 O número do documento austríaco da lei assinado é BGBL/OS/2000808/I/74. No caso das despesas, a lei estabelecia um "fundo de conciliação" para o qual se esperava que as empresas privadas contribuíssem. Os pagamentos foram fixados em 105 mil dólares para trabalhadores escravos, 35 mil dólares para trabalhadores forçados na indústria e obras públicas e 20 mil dólares para pessoas empregadas na agricultura e serviços.

negociações com os austríacos para indenização adicional de seus próprios cidadãos e residentes do pré-guerra foram iniciadas por Eizenstat em Viena e concluídas em 16 e 17 janeiro de 2001 em Washington, D.C. Duas leis austríacas passaram logo em seguida, uma para pagar 150 milhões de dólares (7 mil dólares por beneficiário) para apartamentos e locais comerciais quebrados, bem como bens de consumo; a outra disponibilizando 210 milhões de dólares para as empresas liquidadas e propriedade de negócios, contas bancárias e apólices de seguro, mas não para as perdas que já haviam sido suficientemente indenizadas. Nesses decretos austríacos legislativos, os pagamentos obrigatórios eram, na verdade, denominados em dólares, e o pagamento do 210 milhões é explicitamente baseado na cessação de todas as ações contra a Áustria e contra as empresas austríacas até 30 de junho de 2001.[139] Tanto a Alemanha quanto a Áustria buscavam apenas *Rechtssicherheit*, ou a "paz legal", e em todo esse processo a única pergunta era: Quando isso vai acabar? Isso é tudo?

Nada foi esquecido. Museus tinham de procurar suas coleções de arte saqueadas. Propriedades da comunidade judaica foram recuperadas nos antigos países comunistas.[140] Por fim, o momento tragou cinco bancos israelenses e

---

139 Materiais do Parlamento austríaco em referência à Lei de 150 milhões de dólares, 350/A-XXI GP, incluindo textos e explicações, e a Lei de 210 milhões de dólares, 476-XXI GP, cortesia de Martin Weiss, Serviço Austríaco de Imprensa e Informação em Washington, D.C.

140 Ver o depoimento de Eizenstat na audiência do Comitê de Assuntos Bancários da Câmara, "Questões de propriedade do Holocausto sem herdeiros", 105º Cong, 2ª sessão, 6 de agosto de 1998, pp 4-22.; várias declarações em audiência do Comitê de Assuntos Bancários da Câmara, "Ativos de vítimas do Holocausto da Segunda Guerra Mundial", 106º Cong, 1ª sessão, 12 de setembro de 1999; e testemunho de Eizenstat em audiência perante o Comitê de Relações Exteriores do Senado, "Legados do Holocausto", 106º Cong, 1ª sessão, 5 de abril de 2000, pp. 13-37. Nos próprios Estados Unidos, o Congresso aprovou a Lei de Restituição às Vítimas do Holocausto em 13 de fevereiro de 1998, abrangendo principalmente os ativos sem herdeiros e os objetos de arte não previamente restituídos. Direito Público 105-158, 112 Stat. 15. Ver também as conclusões e o relatório detalhado da Comissão Consultiva Presidencial sobre Ativos do Holocausto nos Estados Unidos, *Plunder and Restitution* (Washington, D.C., em dezembro de 2000). O presidente da comissão foi Edgar Bronfman. Em um apêndice com os resultados, há uma lista de comissões em 24 países e uma lista de outros 22 países que realizam pesquisa de ativos, pp. 53-54.

do próprio Estado de Israel.[141] No meio dessa ofensiva, Israel Singer, do Congresso Mundial Judaico, vislumbrou a vitória. Em depoimento perante o Comitê de Assuntos Bancários da Câmara, ele atribuiu o sucesso do esforço à comissão, ao trabalho de Eizenstat e "às vozes estridentes vindas de Nova York, frequentemente a minha própria".[142]

---

141 "Report of the Knesset Inquiry Committee on the Location and Restitution of Assets (in Israel) of Victims of the Holocaust", Jerusalém, dezembro de 2004.

142 Testemunho de Singer na audiência perante a Comissão de Assuntos Bancários da Câmara, "O Relatório Eizenstat e questões conexas", 105º Cong., 1ª sessão, 25 de junho, 1997, p. 90.

12

Repercussões

A DESTRUIÇÃO DOS JUDEUS TERMINOU EM 1945. APESAR DISSO, MESMO que os perpetradores tenham sido eliminados, o fenômeno permaneceu. O mundo pós-guerra tinha consciência do que havia acontecido e da necessidade de criar mecanismos na forma de tratados, leis e ações públicas que, no mínimo, registrassem em todas as nações o reconhecimento da possibilidade de um retorno e o compromisso de fazer algo para enfrentar esse perigo. A palavra de ordem dos prisioneiros dos campos de concentração recém-libertados era "nunca mais". Eles tinham em mente principalmente uma retomada da Alemanha nazista ou a possibilidade de um país europeu aprender com os alemães, mais ou menos como o regime nazista havia feito ao usar precedentes acumulados desde a Idade Média. Para os governos a tarefa era mais ampla. Eles precisavam ter certeza de que o destino judaico não se abateria sobre qualquer povo e em qualquer lugar nas mãos de qualquer poder sobre a Terra. Desde o início, esse desafio convocava a uma formulação inequívoca com força da lei e uma inabalável determinação de agir com base no que havia sido decidido.

No cenário internacional, o principal instrumento para a prevenção de outra "solução final" era a Convenção para a Prevenção e a Repressão do Crime de Genocídio. A própria palavra "genocídio" fora cunhada por Raphael Lemkin em um livro publicado enquanto a guerra ainda estava em andamento.[1] A convenção dirigia-se a pessoas que cometem atos com intenção de destruir, no todo ou em parte, um grupo nacional, racial, religioso ou étnico. Nos termos do acordo, cada Estado-membro que venha a ser palco desses atos é obrigado a julgar essas pessoas por seus crimes. Se não existisse um julgamento, ou se o próprio governo estivesse envolvido, qualquer parte poderia submeter o caso ao Tribunal Internacional de Justiça.[2]

À primeira vista, o texto entende todos os Estados signatários como agressores em potencial. No entanto, nenhum país admitiria que seu próprio governo poderia destruir um grupo minoritário. Essa possibilidade era atribuída apenas a outros países. Os Estados Unidos, por exemplo, tentaram inserir uma disposição contra a destruição de "grupos econômicos", e a União Soviética propôs a inclusão no preâmbulo de uma declaração de que o "genocídio está ligado organicamente ao nazi--fascismo e a outras teorias de raça similares".[3] Por muito tempo os Estados Unidos nem mesmo ratificaram o tratado, pois havia o medo de que, nos termos do artigo 6º da Constituição do país, a convenção como "lei suprema do país" pudesse ser invocada por grupos minoritários para derrubar várias leis e ações de várias jurisdições locais e estaduais.[4] Os soviéticos aceitaram a convenção apenas com a ressalva de que eles não responderiam por seus atos ao Tribunal Internacional.[5]

---

1 Raphael Lemkin, *Axis Rule in Occupied Europe* (Washington, d.c., 1944), pp. 79-95.

2 Texto da Convenção adotado pela Assembleia Geral em 9 de dezembro de 1948 e aberto à assinatura e ratificação ou adesão em U.N. Press Release PGA/100, pp. 12-16. Bem mais tarde, as Nações Unidas desenvolveram uma "lei humanitária internacional" por atos análogos ao genocídio, como "limpeza étnica", e estabeleceram um tribunal para julgar os indivíduos acusados de violações a esse direito na Bósnia-Herzegovina. A base jurídica do presente processo derivava de uma disposição na Carta das Nações Unidas que habilita a organização a determinar e agir de acordo com "ameaças à segurança internacional". Ver o texto da Resolução do Conselho de Segurança 827 de 23 de março de 1993, 23 ILM 1203 (1993).

3 Alteração americana de 4 de outubro de 1948, U.N. Doc. A/C.6/273. Alteração soviética de 18 de novembro de 1948, U.N. Doc. A/C.6/273. Nenhuma delas foi aprovada.

4 Ver o depoimento de George A. Finch (American Bar Association) em audiência perante a Subcomissão da Comissão de Relações Exteriores do Senado sobre a Convenção para a Prevenção e a Repressão do Crime de Genocídio, 81º Cong., 2ª sessão, 23 janeiro-9 fevereiro de 1950, p. 217. Ver também as respostas e explicações de Adrian Fisher (consultor jurídico do Departamento de Estado), *ibid.*, pp. 263-264.

5 Texto da ressalva soviética em *American Journal of International Law* 45, suplemento, pp. 11-14.

A Convenção para a Prevenção e a Repressão do Crime de Genocídio não proibia o tipo de agressão verbal a um grupo de vítimas que, na Europa, antecedera medidas físicas de destruição. Durante a elaboração da convenção, o representante soviético havia convidado todos as potenciais Altas Partes Contratantes para promulgar as "medidas legislativas" que pretendiam proibir "todas as formas de propaganda pública (imprensa, rádio, cinema, etc.) que viessem a incitar inimizades raciais, nacionais ou religiosas".[6] O representante americano expressou seu temor de que tal legislação pudesse infringir a liberdade da imprensa.[7] A liberdade de expressão, nos Estados Unidos, era sagrada.

O governo americano, em particular, não toleraria qualquer regulamentação internacional sobre seus assuntos internos, fosse no âmbito de práticas discriminatórias, fosse na defesa da discriminação. Além disso, a demolição das desigualdades prescritas não era uma paixão nacional. No entanto, mesmo antes da Segunda Guerra Mundial, o Novo Mundo foi confrontado com a incompatibilidade de suas reivindicações de igualdade de tratamento com os fatos da discriminação.[8] Agora um catalisador era introduzido em cena. Nas palavras do presidente Truman, "a perseguição dos judeus por Hitler fez muito para despertar os americanos para os extremos perigos que poderiam ser acarretados pelo preconceito se fosse permitido o controle das ações do governo".[9] Com percepção incomum, o presidente percebeu que manter, em meados do século, barreiras discriminatórias significou a manutenção de um estopim para a destruição, bem como a manutenção de seus alvos. Para remover essa possibilidade, o objetivo tinha de ser a integração completa de todas as minorias na sociedade americana. Inerentemente, o caminho para

---

6 Proposta de alteração da União Soviética em 9 de outubro de 1948, U.N. Doc. A/C.6/215/Rev. 1. Os russos tiveram o apoio da França. A alteração foi rejeitada. O preconceito na União Soviética contra os judeus não desapareceu. As pesquisas de opinião realizadas lá durante os anos 1988-1994 revelaram percentuais significativos de antissemitismo em resposta a questões sobre os judeus. Ver Robert J. Brym, *The Jews of Moscow, Kiev, and Minsk* (Nova York, 1994), pp. 46-47, e seu "Russian Attitudes Towards Jews: An Update", *East European Jewish Affairs* 26 (1996): 55-64.

7 Resumo das observações feitas por John Maktos na Assembleia Geral/Comitê Jurídico, Registros oficiais, outubro/dezembro de 1948, pp. 213-214, 224-226. Maktos tinha o apoio da Grã-Bretanha. Compare com a decisão da Suprema Corte dos EUA em Terminiello vs. Chicago, 337 US 1 (1949).

8 Ver Gunnar Myrdal, *An American Dilemma* (Nova York, 1944), vol. 1, pp. xli-lv.

9 Harry S. Truman, *Memoirs* (Garden City, N.Y., 1956), vol. 2, p. 184.

a absorção é exatamente o contrário do processo de destruição que os alemães tinham levado à perfeição. As mesmas etapas deviam ser percorridas, mas em sentido contrário (ver Tabela 12.1). O problema é que a absorção é mais lenta do que a destruição e mais difícil de ser alcançada. No decorrer da experiência americana atalhos foram experimentados, o que alongou a tarefa e impediu seu sucesso.

O desmantelamento das restrições tornou-se um objeto de medidas por todos os níveis de governo. Criou-se uma ação federal para dar fim à discriminação exercida por parte do próprio governo: assim, a legislação do Congresso garantia a todas as pessoas o direito de voto, a ordem executiva desagregava as forças armadas, as ordens executivas obrigavam as empresas sob contrato com o governo a absterem-se de discriminação no emprego e uma decisão da Suprema Corte estabelecia que nenhum tribunal de qualquer estado poderia impor uma cláusula de um contrato que proibisse o comprador de uma casa a revender o imóvel a um membro de um grupo minoritário.

Em níveis estaduais e locais, as leis eram destinadas principalmente à discriminação no setor privado. As mais significativas foram as práticas de emprego justo (ou proibições de discriminação no emprego privado), leis contra exclusões

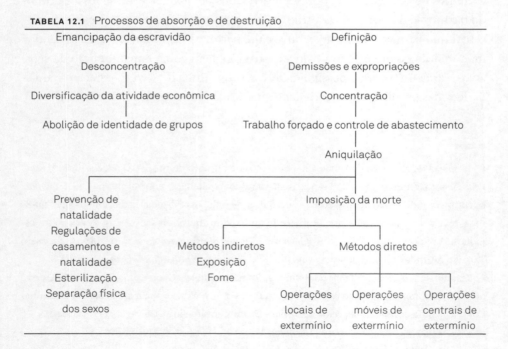

TABELA 12.1 Processos de absorção e de destruição

em escolas particulares, leis que proibiam restrições na locação de apartamentos e leis de acomodação públicas que tornavam crime a recusa a servir clientes em hotéis, restaurantes e similares, em virtude de raça ou credo.

As medidas de proibição que foram posteriormente complementadas pelo governo federal com regimes obrigatórios mais elaborados, nomeadamente um transporte escolar de crianças negras (afro-americanas) para integrarem as escolas, o redesenho dos distritos do Congresso para facilitar a eleição de afro-americanos para a Câmara e as regras de ação afirmativa (incluindo metas, cronogramas, retirada de terras e preferências) para beneficiar determinadas minorias em atividades de emprego e de negócios. Inevitavelmente, no entanto, essas leis e regulamentos específicos enfatizavam a identidade de grupo e, para melhor ou para pior, perpetuavam uma diferença de status e de tratamento com base na raça.

Aos compromissos no âmbito de acordos internacionais e às garantias de leis nacionais foram somadas medidas de recuperação de falhas diplomáticas e legislativas que estabelecem direitos de fuga e asilo. Daí o seguinte artigo da Declaração Universal dos Direitos Humanos:[10]

> Todas as pessoas têm o direito de deixar qualquer país, inclusive o próprio [...]. Todas as pessoas têm o direito de procurar e de gozar de asilo em outros países em virtude de perseguição.

A União Soviética levou décadas para abrir as portas de saída,[11] e a concessão de asilo na legislação dos Estados Unidos e em países da Europa Ocidental foi um empreendimento igualmente lento.[12]

---

10 Declaração Universal dos Direitos Humanos, adotada pela Assembleia Geral em 10 de dezembro de 1948. U.N. Press Release PGA/100, pt. 4, pp. 11-16. A Organização das Nações Unidas estabeleceu uma Comissão de Direitos Humanos no âmbito do Conselho Econômico e Social. Esta comissão possuía uma subcomissão para a Prevenção da Discriminação e Proteção das Minorias.

11 Sobre as políticas de emigração judaica da União Soviética, ver Henry Kissinger, *Years of Upheaval* (Boston, 1982), pp. 249-255, 430, 463, 469, 986-998, 1022, 1030, e Robert G. Kaufman, *Henry M. Jackson* (Seattle, 2000), pp. 268-283, 401-402.

12 Sobre as disposições dos EUA em permitir a entrada de perseguidos, consulte Lei Pública 87-510 de 28 de junho de 1962, 76 Stat. 121, e sua extensão aos refugiados da Indochina em Lei Pública 94-23 de 23 de maio de 1975, o 89 Stat. 87.

Mais tarde, toda a rede de proteção, um esforço do mundo desenvolvido, foi submetida a testes em países que ainda não eram independentes nos anos do pós-guerra. Tais erupções, como a destruição dos judeus, foram inesperadas e pegaram os europeus e os americanos de surpresa. No rescaldo da descolonização, alguns episódios de mortes em massa foram considerados consequências de guerras civis. No Camboja, era difícil separar um "autogenocídio" de um regime que assassinava seu próprio povo baseado em "classe" do abate simultâneo de minorias, principalmente a vietnamita, pelo governo comunista. Os Estados Unidos, que tinham acabado de sair da guerra do Vietnã e lavado suas mãos por conta de uma resolução legislativa que se abstinha de novas intervenções na área, estavam presentes. A União Soviética, muito longe da cena, protestou, impotente. Finalmente, os comunistas vietnamitas invadiram o Camboja como libertadores e colocaram um ponto final nos massacres.[13] Mas o genocídio mais puro reapareceu em Ruanda, um país sem litoral, situado no coração da África, em 7 de abril de 1994. Ali, o desafio ao cuidadoso trabalho pós-guerra foi inequívoco.

Ruanda era uma colônia alemã até a Primeira Guerra Mundial e esteve sob mandato belga sob a Liga das Nações, que continuou como uma tutela no âmbito das Nações Unidas até 1962, quando se tornou independente. Sua área de pouco mais de 10 mil quilômetros quadrados e uma população de mais de 7 milhões eram quase idênticos às estatísticas da Bélgica. Como os belgas, o povo de Ruanda era em grande parte católico e dividia-se, também como os belgas, em dois grupos distintos, os tutsis e os hutus. Um se parecia com os nilóticos africanos do leste, o outro, com os Bantu da África Central, mas os membros individuais das duas comunidades nem sempre podiam ser diferenciados por sua aparência e o número de casamentos entre os dois grupos estava aumentando. Sob o governo belga em 1930, um sistema de registo foi introduzido no qual todos receberam uma ou outra identidade. Para os descendentes de uma união mista, a afiliação do pai era usada automaticamente.

Ao contrário dos Flandres e dos Valônia belgas, os tutsis e os hutus não tinham conseguido viver em completa harmonia, mesmo que falassem uma língua comum, o Kinyarwanda, e vivessem misturados como vizinhos. Os tutsis,

---

13 Para uma breve análise do desastre cambojano, ver Kenneth Quinn, "Explaining the Terror", em Karl D. Jackson, ed., *Rendezvous with Death* (Princeton, 1989), pp. 215-240. A reação do Vietnã ocorreu entre 25 de dezembro de 1978 e 7 de janeiro de 1979.

possivelmente cerca de 14% da população, eram historicamente dominantes nas esferas econômica e social, mas o país como um todo, com sua alta taxa de natalidade e baixa expectativa de vida, era pobre. No entanto, a maioria era alfabetizada e havia um rádio para cada dúzia de pessoas. Uma burocracia eficiente tinha sido construída, com prefeitos e burgomestres, e os registros foram mantidos atualizados regionalmente.

A tensão e a violência entre os hutus e os tutsis tomou a Ruanda independente. Em 1993, o governo local, predominantemente hutu, tomou algumas medidas nefastas. Uma vez que seu exército de cerca de 7 mil homens, incluindo guardas presidenciais e guardas civis, não poderia comprar um estoque de armas para uma força muito expandida, o governo dobrou as importações de facões. Duas milícias hutus, que consistiam em alas da juventude de dois partidos políticos, foram mobilizadas: a Interahamwe e a Impuzamugambi. Para que não se confundissem com qualquer tutsi, eles usavam identificações com cores, trajes azuis e amarelos e lenços amarelos e vermelhos, respectivamente. Quando iam para as comunidades-alvo, também se adornavam com uma folha distintiva indicando a planta que crescia em seu lugar de origem.

Os preparativos chamaram a atenção do general canadense Dallaire, que comandou as forças de paz das Nações Unidas responsáveis pela manutenção de uma trégua entre os armados hutus e as facções tutsis. Em janeiro de 1994 ele ficou sabendo por meio de um informante que haveria um registro de tutsis na capital, Kigali, que um contingente belga das forças das Nações Unidas seria atacado para induzir sua partida e que as massas de tutsi poderiam ser mortas. Quando a violência foi desencadeada, Dallaire solicitou reforços para tomar medidas preventivas, mas foi instruído pela sede das Nações Unidas em Nova York a permanecer imparcial e agir para além do seu mandato apenas para assegurar a evacuação dos estrangeiros.[14]

A investida sobre os tutsis começou em 7 de abril de 1994, um dia depois de o presidente de Ruanda e de o presidente da vizinha Burundi morrerem em um acidente de avião. O fuzilamento de tutsis começou na região da capital Kigali. Poucos dias depois a operação já cobria grande parte do país. As distâncias eram pequenas, e as forças armadas e as milícias, suficientemente itinerantes para se deslocarem de um lugar para outro; ainda assim, muito se esperava dos hutus

---

14 Samantha Power, *"A Problem from Hell"* (Nova York, 2002), pp. 343-353.

locais, que foram convocados a participar dos ataques, e dos "intelectuais" alfabetizados, responsáveis por verificar a passagem de pessoas nas estradas. Artimanhas e truques foram empregados para atrair os tutsis às armadilhas: protestos pela segurança no transporte, garantias de santuário em igrejas, promessas de proteção das unidades de manutenção da paz estrangeira nas proximidades. Internamente, eufemismos primitivos foram rapidamente desenvolvidos: os tutsis eram "invenzi" (baratas), matar era "trabalho" e os facões eram "ferramentas".

Dois obstáculos possíveis colocavam-se diante da máquina de matar. Tropas de paz nas proximidades poderiam intervir e os refugiados tutsis armados unidos por dissidentes hutus em uma Frente Patriótica Ruandense ocupavam uma faixa de cerca de 10 milhas de profundidade abaixo da fronteira norte. Os países europeus e os Estados Unidos, no entanto, relutavam em usar a força, no mínimo porque eles não admitiam baixas em suas próprias fileiras.

Depois que dez belgas foram mortos, os quatrocentos soldados belgas partiram e até 25 de abril 2 mil soldados das tropas de Dallaire haviam recuado.[15] As unidades da Frente Patriótica Ruandense começaram a recuar quase imediatamente, mas seu objetivo primordial de assumir o controle ditava movimentos em regiões escassamente habitadas por tutsis. Eles argumentaram que o abate das vítimas era tão rápido que o resgate em grande escala não seria possível.

Os tutsis tomaram Kigali em 4 de julho e completaram seu avanço até 21 de agosto de 1994. Eles haviam obtido uma vitória completa, fuzilando apenas alguns hutus ao longo do caminho. Todavia, os mortos tutsis ultrapassavam 500 mil. Em números brutos, os tutsis em Ruanda no início de abril poderiam ter sido cerca de um décimo dos judeus capturados sucessivamente pelos alemães, mas, em termos percentuais, a perda era tão pesada quanto os 5 milhões de judeus.[16]

---

15 *Ibid.*, pp. 366-369. Para o texto da Resolução 912 do Conselho de Segurança, de 21 de abril de 1994, que autoriza a redução da Força de Paz, ver United Nations Blue Book Series, vol. X, *The United Nations e Rwanda, 1993-1996* (Nova York, 1996), pp. 268-269. A resolução foi baseada no Relatório Especial 470 do Secretário Geral das Nações Unidas que define três alternativas, 20 de abril de 1994, em *ibid.*, pp. 262-265.

16 Um relato abrangente da operação hutu, a partir da qual a maioria das informações nas páginas anteriores é tomada, foi escrito por Alison Des Forges, com base em pesquisas de oito colaboradores, e publicado pela Human Rights Watch e pela Fédération Internationale des ligues des droits de l'homme, *Leave None to Tell the Tale* (Nova York e Paris, 1999). Ver também Alain

O desastre dos tutsis aconteceu diante do mundo todo. Nenhuma crise global ofuscou esse evento. Nenhuma falta de aeronaves ou de mão de obra impediu ou dificultou medidas de compensação. A legislação internacional foi posta em cheque e falhou. Especialistas jurídicos no Departamento de Estado americano se opuseram até mesmo a usar a palavra "genocídio" com relação a Ruanda, que dirá interpretar aquele acontecido como uma obrigação de fazer alguma coisa. Em 30 de abril o presidente Bill Clinton, em uma mensagem de rádio pública, referiu-se apenas aos "horrores de uma guerra civil e aos assassinatos em massa em Ruanda" no decorrer das últimas três semanas.[17] E em 17 de maio, o Conselho de Segurança das Nações Unidas emitiu uma resolução unânime condenando a "morte de civis" e uma decisão que estabelecia que ele "ficaria ativamente atento a essas questões".[18] A história se repetia.

Destexhe, *Rwanda e Genocide in the Twentieth Century* (Nova York, 1994, 1995), e Arthur Jay Klinghoffer, *The International Dimension of Genocide in Rwea* (Nova York, 1998). Para a taxa de mortalidade e a viabilidade da intervenção estrangeira, ver Alan J. Kuperman, "Rwanda in Retrospect", *Foreign Affairs* 79 (2000): 94-118. O pano de fundo histórico do surto é analisado por Mahmood Mamdani, *When Victims Become Killers – Colonialism, Nativism, e the Genocide in Rwanda* (Princeton, 2001).

17 Texto da mensagem de rádio do presidente de 30 de abril de 1994 em Departamento de Estado, *Dispatch*, 2 de maio de 1994, p. 250.

18 Texto da resolução do Conselho de Segurança das Nações Unidas 918 de 17 de maio de 1994, em *The United Nations e Rwea*, pp. 282-284. Nesta resolução, o Conselho de Segurança autorizou o aumento da Força da Missão para 5.500 homens. Eles não foram rapidamente mobilizados e, em 31 de maio, as forças do governo ainda mantinham a metade ocidental do país. Ver o mapa em *ibid.*, p. 298.

Apêndice A

Cargos alemães

TABELA A.1 Cargos de serviço público

POSTO	UNIDADE ADMINISTRATIVA
Reichsminister	*Reichsministerium*
Staatssekretär – StS.	
Unterstaatssekretär – UStS.	*Abteilung*
Ministerialdirektor – MinDir.	
Ministerialdirigent – MinDirig.	*Unterabteilung* ou *Amt* ou *Amtsgruppe*
Ministerialrat – MinRat.	*Referat*
Oberregierungsrat – ORR.	
Regierungsrat – RR.	
Botschaftsrat (Ministério das Relações Exteriores) – *BR.*	
Gesandtschaftsrat (Ministério das Relações Exteriores) – *GR.*	
Legationsrat (Ministério das Relações Exteriores) – *LR.*	
Amtsrat – AR.	

Nota: Ver Arnold Brecht, *The Art e Technique of Administration in German Ministries* (Cambridge, 1940), pp. 171-185. O *Referent* (posto do *Referat*) era, geralmente, um especialista. A maioria dos primeiros projetos de decretos foi preparada por *Referenten*. *Ibid*., pp. 179-182. Para obter as classificações completas por salário, consulte os seguintes decretos: 16 dezembro de 1927, RGBl I, 349; 19 de março de 1937, RGBl I, 342; 30 de março de 1943, RGBl I, 189.

TABELA A.2 Cargos de serviço público

SS	EXÉRCITO ALEMÃO	EXÉRCITO AMERICANO
Reichsführer – RF-SS	*Generalfeldmarschall – Gfm.*	General do Exército
Oberst-Gruppenführer – ObstGruf.	*Generaloberst – Genobst.*	General
Obergruppenführer – OGruf.	*General der Infanterie, Artillerie, etc. – Gen. d. Inf.*	Tenente-general
Gruppenführer – Gruf.	*Generalleutnant – Glt.*	Major-general
Brigadeführer – Brif.	*Generalmajor – Genmaj.*	Brigadeiro-general
Oberführer – Obf.		
Standartenführer – Staf.	*Oberst – Obst.*	Coronel
Obersturmbannführer – OStubaf.	*Oberstleutnant – Obstlt.*	Tenente-coronel
Sturmbannführer – Stubaf.	*Major – Maj.*	Major
Hauptsturmführer – HStuf.	*Hauptmann – Hptm.*	Capitão
Obersturmführer – OStuf.	*Oberleutnant – Olt.*	Primeiro-tenente
Untersturmführer – UStuf.	*Leutnant – Lt.*	Segundo-tenente

Apêndice B

Estatísticas de judeus mortos

EM 26 DE NOVEMBRO DE 1945, UM EX-*STURMBANNFÜHRER* NO SERVIÇO DE SEGURANÇA, dr. Wilhelm Höttl, assinou um depoimento no qual descreve uma conversa com Adolf Eichmann, em Budapeste, no final de agosto de 1944. Na ocasião, de acordo com Höttl, Eichmann havia dito que 6 milhões de judeus haviam sido mortos, 4 milhões deles em campos e 2 milhões de outras formas, particularmente em fuzilamentos durante a campanha contra a União Soviética.[1] O Tribunal Militar Internacional, em seu acórdão de 30 de setembro de 1946, citou o número de seis milhões de judeus, atribuindo-o a Eichmann, mas sem fazer menção de Höttl.[2]

Eichmann pode muito bem ter indicado 6 milhões,[3] mas na reunião de seus funcionários no final da guerra, ele havia comentado que pularia feliz em seu

---

1 Testemunho juramentado de Wilhelm Höttl, 26 de novembro de 1945, PS-2738.

2 Julgamento, Tribunal Militar Internacional, *Trial of the Major War Criminals*, XXII, 496.

3 O mesmo número foi dado em junho de 1944 por um emissário judaico, Joel Brand, que tinha sido enviado por Eichmann da Hungria para as negociações de resgate com os Aliados para a Agência Judaica Moshe Shertok. "Preliminary Report" de Moshe Shertok, 27 de junho de 1944, Arquivos Weizmann, Rehovoth, Israel.

túmulo pela morte de 5 milhões de vítimas.[4] Em 1961, em seu julgamento em Jerusalém, ele repetiu o número menor.[5]

Durante o período de seu serviço no Gabinete Central de Segurança do Reich, Eichmann havia coletado diversos relatórios com estatísticas que poderiam ser computadas.[6] Após a guerra, as organizações judaicas fizeram seus próprios cálculos, mas de uma forma totalmente diferente. O principal método dessas agências foi a subtração dos dados do pós-guerra (incluindo registros) de números do censo de antes da guerra ou estimativas. Em uma compilação inédita mimeografada preparada em junho de 1945 pelo Institute of Jewish Affairs em Nova York, o número de mortos ficou entre 5.659.600 e 5.673.100, incluindo 1.250.000 nas fronteiras de agosto de 1939 da União Soviética. A participação Soviética foi baseada na suposição de que originalmente havia 2,1 milhões de habitantes judeus naquela parte do antigo território que viria a ser ocupada pelos alemães, que as autoridades soviéticas tinham evacuado metade dos residentes urbanos, mas uma porcentagem menor da população da aldeia a partir dessa região, e que havia um residual de 30 mil sobreviventes.[7] Um ano depois, Jakob Leszczynski do Congresso Judaico Mundial sugeriu um montante total de 5.978.000 mortos, incluindo 1,5 milhão de judeus soviéticos nas fronteiras de agosto 1939.[8]

Até hoje, a maioria das estimativas publicadas pairaram entre 5 e 6 milhões. Além disso, os métodos de cálculo dos resultados mantiveram-se essencialmente os mesmos. Os números são extrapolados a partir dos relatórios disponíveis, às vezes fragmentários, de agências alemãs, autoridades de países-satélite e conselhos judaicos, ou são refinados a partir de comparações estatísticas de pré-guerra

---

4 Testemunho juramentado de Dieter Wisliceny, 29 de novembro de 1945, em Office of United States Council for Prosecution of Axis Criminality, *Nazi Conspiracy e Aggression*, VIII, p. 610.

5 Testemunho de Eichmann, 7 e 20 de julho de 1961, Julgamento de Eichmann, transcrição em inglês, sessão 88, p. H 1, e sessão 105, pp. Ll 1, Mm 1. Ver também memórias de Eichmann, *Ich, Adolf Eichmann* (Leoni am Starnberger Ver, 1980), pp. 460-61, 472-476.

6 Testemunho de Eichmann, 6 de julho de 1961, sessão 87, p. Y 1.

7 Institute of Jewish Affairs, "Statistics of Jewish Casualties during Axis Domination", agosto de 1945, na biblioteca do Instituto.

8 Jakob Leszczynski, "Bilan de l'extermination", Congrès Juif Mondial (Bruxelas, Paris, Genebra, junho de 1946).

e pós-guerra. Deve-se ter em mente, no entanto, que os dados brutos raramente são autoexplicativos e que sua interpretação muitas vezes requer o uso de diversos materiais extras que precisam ser analisados. Desse modo, pode-se empilhar suposições em cima de suposições, e as margens de erro podem ser mais amplas do que parecem. Em tais circunstâncias, a exatidão é impossível.

SOMAS

Qualquer avaliação baseada em somas deve refletir as origens e os significados dos números encontrados nos documentos dos tempos de guerra. A grande maioria desses números resulta de uma contagem real das vítimas. De um modo geral, os números recaem em três categorias: mortes como resultado de (1) privação, principalmente fome e doenças em guetos; (2) fuzilamentos; e (3) deportações para campos de extermínio. Essa divisão corresponde a uma ampla segmentação jurisdicional na própria burocracia.

As estatísticas de privação eram guardadas pelos conselhos judaicos e notificadas aos órgãos de supervisão alemães que utilizavam os números para diminuir as rações e o espaço. Há tabulações que indicam mortalidade judaica na área do Protetorado do Reich e enumerações detalhadas também para os guetos de Varsóvia e Łódź, mas os dados são escassos para outras localidades. Desse modo, a privação é algo difícil de se medir. Esta é a menor categoria entre as principais causas de morte, mas é também a menos estável.

Estatísticas de fuzilamentos foram produzidas pela ss e pelas unidades da Polícia, especialmente os *Einsatzgruppen*. Às vezes, essas formações pareciam justificar sua existência com números. A atenção aos detalhes é revelada no relatório de campo por *Einsatzkommando* 3 com suas repartições de fuzilamentos por data, local e tipo de vítima.[9]

Os relatórios de situação dos *Einsatzgruppen* eram entregues diariamente no rsha para distribuição aos destinatários privilegiados. Esses longos documentos contêm muitas estatísticas, mas elas não são nem de perto tão detalhadas como os números que preenchem as seis páginas no relatório de andamento elaborado em campo pelo *Einsatzkommando* 3. Alguns dos números acumulados nas consolidações diárias não são específicos sobre períodos de tempo e às vezes não

---

9 Relatório de Jäger (*Einsatzkommando* 3), 1º de dezembro de 1941, Zentrale Stelle Ludwigsburg, UdSSR 108, filme 3, pp. 27-38.

revelam se o crédito foi dado a todo o resultado de uma operação conjunta com outra formação. Quando os fuzilamentos de outras organizações, como a Polícia de Ordem implantada por um alto comandante da ss e da Polícia, são reconhecidos, os números são muitas vezes aproximados.

Além de tais variações em relatórios dos *Einsatzgruppen*, existem algumas grandes lacunas na imagem como um todo. As descrições dos fuzilamentos em 1942 e 1943 são menos completas do que as de 1941, e os assassinatos em pequena escala cometidos por unidades do exército ou da ss nas áreas de retaguarda atrás da frente russa, ou por agências civis, geralmente são subnotificados.

O terceiro conjunto de estatísticas, lidando com as deportações, é numericamente a maior categoria. Mais uma vez, deve-se lembrar que não havia tempo para contagem meticulosa. Nos países ocidentais, na área do Protetorado do Reich e na Eslováquia, os transportes foram planejados com listas. Na Bélgica, França e Itália, as listas de nomes, constituídas em campos de trânsito, em grande parte sobreviveram intactas. Para a Macedônia e a Trácia sob a dominação búlgara e também para a Hungria, há mais de um conjunto de estatísticas, com ligeiras diferenças entre os relatórios. Na Polônia, a administração ferroviária, por vezes, admoestou completamente seu pessoal para informar o número de deportados por trem de modo que a Polícia de Segurança pudesse ser cobrada em conformidade.

Ocasionalmente, a documentação indica não apenas o lugar de deportação, mas também o ponto de chegada. As rotas de alguns dos transportes são discerníveis em relatórios das ferrovias ou guardas de Polícia de Ordem. Paradas nos guetos de Łódź ou Theresienstadt foram registradas. Judeus deportados fuzilados em Minsk, Riga ou Kaunas são mencionados no contexto das operações de assassinato locais. Treblinka foi identificada no relatório do Stroop como o destino de 6.926 judeus capturados no curso da batalha do Gueto de Varsóvia em 1943. Nota-se, no entanto, que não houve contagem sistemática de chegadas pelas administrações do campo. Os deportados descarregados em Treblinka, Bełżec e Sobibór foram apressadamente empurrados para as câmaras de gás. Mesmo em Auschwitz e Lublin, apenas foram registrados aqueles judeus que deveriam ser mantidos vivos por um tempo. Multidões foram para as câmaras de gás de imediato.

A pedra angular de todos os registros alemães é a recapitulação pelo estatístico da ss dr. Richard Korherr sobre a "solução final da questão judaica". O documento de dezesseis páginas de 23 de março de 1943 resume a situação em 31 de dezembro de 1942. Um suplemento de sete páginas, reservado a estatísticas de deportação, lida com os três primeiros meses de 1943.[10]

Nem tudo sobre o relatório Korherr, incluindo até mesmo seu verdadeiro propósito, é completamente claro. A partir do fato de que o final do ano letal de 1942 foi escolhido como referência,[11] pode-se supor que ele foi concebido como um relatório de progresso. Contudo, não se tratava apenas de uma simples soma. Até o final de 1942, Himmler estava sob ataque de Albert Speer, ministro da Produção de Guerra, e do general Fromm, o chefe do exército, que estavam cada vez mais preocupados com a preservação da mão de obra. A "solução final" estava ameaçando uma reserva de trabalho judaico e campos de concentração estavam engolindo potenciais soldados alemães. Speer e Fromm, evidentemente em conluio, aproximaram-se do próprio Hitler para desafiar a adequação e veracidade das estatísticas de apreensão oferecidas pelo Gabinete Central de Segurança do Reich.[12] A implicação da denúncia de que a SS estava se recusando a revelar a extensão de suas incursões em recursos humanos apresentava a Himmler um dilema estranho. Como ele poderia retratar toda a gama de suas realizações para

---

10 Carta de apresentação por Korherr para *Obersturmbannführer* Bret (ajudante de Himmler), 23 de março de 1943, indicando a transmissão do relatório, NO-5195. Himmler para RSHA, 9 de abril de 1943, confirmando o recebimento do relatório, NO-5197. Brandt para Korherr, 10 de abril de 1943, repassando os pedidos de Himmler para mudanças na fraseologia, NO-5196. Korherr para Brandt, 19 de abril de 1943, observando que o projeto de um suplemento para inclusão em uma versão abreviada destinada à apresentação de Hitler tinha sido enviado para a RSHA, NO-5193. Carta de apresentação de Korherr para *Hauptsturmführer* Meine (no gabinete de Himmler), 28 de abril de 1943, afirmando que ele estava devolvendo o relatório com a edição, tal como solicitado na carta de 10 de abril, NO-5193. Texto do longo relatório em NO-5194. Nesse relatório, as páginas editadas foram substituídas pelas originais. A primeira página, inalterada, tem data de início e do recebimento de Himmler de 27 de março. Texto do suplemento com dados de deportação para 31 de março de 1943, em NO-5193. Desde o longo relatório e sua sobreposição em conteúdo e linguagem, eles serão aqui referidos como "o relatório Korherr" sem maiores distinções entre eles. Um resumo, digitado com letras grandes especiais no gabinete de Eichmann para ser apresentado a Hitler não sobreviveu. Eichmann, *Ich*, p. 475.

11 Himmler havia ordenado a destruição dos judeus do *Generalgouvernement* até o final do ano. Himmler para Krüger, 19 de julho de 1942, NO-5574.

12 Entrada do diário de Gerhard Engel (ajudante do exército na sede de Hitler), de 19 de dezembro de 1942, em Hildegard von Kotze, ed., *Heeresadjutant bei Hitler* (Sttutgart, 1974), pp. 141-142.

Adolf Hitler e ainda envolvê-las em condições adequadas de "camuflagem" (*Tarnung*)? Para essa tarefa, ele precisava de seu estatístico profissional, Korherr, um homem cujas credenciais não poderiam ser impugnadas. Em 18 de janeiro de 1943, Himmler instruiu Korherr a compilar o relatório;[13] em seguida, porém, exigiu a eliminação de referências ao "tratamento especial" (*Sonderbehandlung*) no projeto e ordenou uma fraseologia substituta que diria a um leitor casual apenas o número de judeus que tinham sido "levados" (*durchgeschleusst*) para campos não especificados.[14]

Não surpreendentemente, a maioria das estatísticas de Korherr vinham da RSHA. Em suas declarações pós-guerra, ele foi vago sobre as reuniões e discussões,[15] mas Eichmann distintamente recordou um "mal-humorado" estatístico em busca de uma visão geral. Houve conversas, disse Eichmann, acerca de campos e "naturalmente" acerca do número de judeus que o Comandante da Polícia e da SS Globocnik havia exterminado (*ums Leben gebracht hatte*) no *Generalgouvernement*, assim como sobre o número de judeus que os chefes dos *Einsatzgruppen* tinham matado sob sua própria jurisdição (*in eigener Zuständigkeit getötet hatten*).[16]

Embora Korherr tenha consultado também a WVHA sobre prisioneiros judeus registrados em Auschwitz, Lublin e outros campos de concentração regulares, além de um funcionário judaico sobre dados referentes aos alemães judeus, ele, de acordo com o seu testemunho, não examinou outras fontes. Certamente teria sido difícil, se não inconcebível, abordar o Gabinete de Relações Exteriores ou a Reichsbahn, que dirá os governos estrangeiros envolvidos na deportação. De

---

13 Korherr para Brandt, 23 de março de 1943, NO-5195.

14 Brandt para Korherr, 10 de abril de 1943, NO-5196.

15 Declaração do Korherr, 13 de julho de 1951, Amtsgericht Regensburg, em Zentrale Stelle Ludwigsburg, 202 AR 72/60, pp. 207-221.; sua declaração de 26 de maio de 1962 sobre a acusação de Landgericht Hamburg, 141 Js 573/60, Zentrale Stelle 202 AR 74/60, pp. 2214-2217.; e sua declaração de 22 de janeiro de 1965, antes do processo, em Regensburg, 9 Js 121/62, Zentrale Stelle 412 AR 536/61, pp. 49-52.

16 Eichmann, *Ich*, pp. 474-475. Eichmann não menciona Korherr pelo nome. Korherr afirma que ele tinha um adjunto, dr. Roderich Plate, e um assistente administrativa treinado em estatísticas, *Hauptsturmführer* Hofmann. Sobre Korherr e Plate, ver também Götz Aly e Karl Heinz Roth, *Die restlose Erfassung* (Berlim, 1984), pp. 32-35, 60-61. Aly e Roth lidam com inscrições e contagens como instrumento de política populacional sob o regime nazista. Um capítulo é dedicado a aquisições alemãs de dados sobre os judeus.

fato, o relatório de Korherr não contém referências a empresas húngaras de trabalhadores judeus, fuzilamentos romenos ou campos croatas. Muito menos credível, no entanto, é a afirmação de Korherr de que ele nem sequer entendia os números em seu relatório, ou de que não percebeu que os *Einsatzgruppen* matavam pessoas. Ao longo dos anos do pós-guerra, Korherr, como testemunha ou réu em potencial em julgamentos em tribunais da Alemanha Ocidental, foi um homem amedrontado e a ignorância era sua maior característica.

Nenhum resumo final foi elaborado em 1944 ou 1945, embora as estatísticas de novas deportações tenham sido elaboradas pelo gabinete de Eichmann.[17] Durante os últimos seis meses da guerra, numa altura em que as marchas a pé começaram e as trocas de prisioneiros de um campo para outro ocorriam, o sistema nazista quebrou e, com ele, a contagem.

SUBTRAÇÃO

Se o principal problema no curso da soma de números é sua incompletude, a dificuldade na subtração das contagens do pós-guerra ou das estimativas a partir de dados pré-guerra é a necessidade de ajustar os resultados. A primeira dessas correções deve ser feita para mudanças nas fronteiras, das de 1938 para as de 1946, nomeadamente no caso da Polônia e da União Soviética. A segunda envolve fatores causais. Assim, no intervalo entre a última determinação pré-guerra e as primeiras do pós-guerra da população judaica em um determinado país ou região, houve déficits não apenas por causa do Holocausto, mas também por causa da guerra, das migrações ou da mudanças nas taxas de natalidade e mortalidade. A tarefa de calcular esses componentes é ampliada se – para citar a União Soviética – os dois números do censo relevantes são datados de 1939 e 1959, ou se não houver uma maneira simples de desenhar fronteiras conceituais entre mortes normais e o Holocausto ou entre a guerra e o Holocausto.

A questão de quem foi vítima do Holocausto se coloca para as mortes por privação, especialmente se alguém sucumbiu às condições adversas da completa guetização ou morreu enquanto na clandestinidade ou após fugir. O *Reich*, por exemplo, tinha uma comunidade judaica depois de 1939 na qual a média de idade era alta, e em todas as áreas da Europa havia pessoas idosas o suficiente ou

---

17 Testemunho de Eichmann, 6 de julho de 1961, transcrição do julgamento de Eichmann em inglês, sessão 87, p. Y 1.

doentes o suficiente para terem uma baixa expectativa de vida. Ainda assim, do número de vítimas do Holocausto não podem ser descontadas as mortes que teriam ocorrido de todo modo. As comunidades judaicas enfrentavam dificuldades reais, não hipotéticos estados de normalidade. Nos termos da ocupação alemã, e em particular na Polônia conquistada, deve-se presumir que as mortes normais de judeus se tornaram cada vez menores em número.

Muito diferente, no entanto, é a atribuição de causa às vítimas que morreram após a fuga. Nesse caso, a chave é a motivação do refugiado. Um milhão e meio de judeus estavam em movimento depois que a Alemanha invadiu a União Soviética em 22 de junho de 1941. Na medida em que um número ainda maior de habitantes não judeus fugiram – ou foram evacuados – apenas para sofrer taxas de mortalidade maiores do que as normais no interior da União Soviética, seria necessário saber quantos judeus deixaram suas casas porque temiam um destino especificamente judeu sob o domínio alemão. Teoricamente, a questão não é impossível de ser respondida. Se um terço dos moradores eslavos e dois terços da população judaica em uma determinada cidade haviam fugido ou sido evacuados, essa diferença teria de ser, pelo menos, analisada. Alguns, embora não todos os mortos entre os refugiados, foram vítimas do Holocausto. Na prática, no entanto, essas conclusões não são facilmente escritas em números.

Um valor, na casa das dezenas de milhares de pessoas, que não seria revelado em uma subtração, é aquele de cristãos que morreram no Holocausto, pois eram considerados judeus pelos agressores. Muitas dessas pessoas batizadas foram, na verdade, isentas em virtude de um casamento misto, mas outras foram atraídas para o turbilhão de destruição. Mesmo no gueto de Varsóvia, os cristãos não eram de todo raros.

RECAPITULAÇÃO

Em todos os cálculos, existem pontos de interrogação. Para alguns países, incluindo, sobretudo, a Polônia e a União Soviética, pode-se, pelo menos, procurar algum esclarecimento justapondo os resultados obtidos a partir de uma soma aos resultados de uma subtração. É claro que esse cruzamento implica ainda outra complicação. Os alemães e seus aliados se referem em seus relatórios a áreas geográficas que não têm homólogos nos mapas de 1938 ou 1946: Protetorado, *Generalgouvernement*, Transnístria, Ostland, ou *Reichskommissariat* Ucrânia. Eslováquia e Croácia também eram criações *novas,* e os territórios militares da Sérvia e da Salônica tinham novas configurações. A conversão de dados, informados por tais entidades, em números que são apropriados para os países reconhecidos com fronteiras familiares é uma tarefa extraordinária. Para a Polônia e para a União Soviética, que juntas respondem por mais de 70% das mortes, uma análise especial é necessária.

POLÔNIA

No mapa da Europa nazista, a Polônia não existia. Para reconstruí-la com as fronteiras anteriores à guerra a partir de regiões administrativas alemãs, deve-se examinar (1) os territórios incorporados (incluindo Alta Silésia, Łódź, áreas anexadas a Prússia Oriental e Białystok; (2) o *Generalgouvernement*, que compreende cinco distritos nomeados Cracóvia, Varsóvia, Radom, Lublin e Galícia; e (3), as regiões do nordeste, que se tornaram parte do *Reichskommissariat* Ostland (Vilna e Rússia Branca polonesa) e parte do *Reichskommissariat* Ucrânia (Volhynia). Cada um desses três setores apresenta seus próprios problemas.

Para os territórios incorporados e o *Generalgouvernement*, a estatística mais completa pode ser encontrada no relatório de Korherr. Nas duas equações seguintes, todos os números são tirados a partir de suas tabelas. Os dados das três primeiras colunas representam estimativas ou contagens. Os dois números na última coluna são, como ele afirma, derivados.

	Estimativa do número de judeus antes da tomada alemã	População remanescente em 31 de dezembro de 1942	Soma de "evacuações"	Excedente de mortes e emigração sobre nascimentos
Territórios incorporados	790.000 −	(233.210 +	222.117) =	334.673
Generalgouvernement	2.000.000 −	(297.914 +	1.274.166) =	427.920

Todos esses números requerem uma interpretação. As populações de partida, apesar do arredondamento de 790 mil para os territórios incorporados e de 2 milhões para o *Generalgouvernement*, são muito semelhantes aos valores que seriam obtidos a partir de uma projeção direta do censo polonês de 1931.[18]

------

18 Os limites das dezesseis *voivodia* [distritos] na Polônia pré-guerra não correspondem aos das divisões administrativas criadas pelos alemães, mas os dados locais do censo polonês poderiam

Os 297.914 judeus indicados como remanescentes no *Generalgouvernement* em 31 de dezembro de 1942 incluem o número de 50 mil para Varsóvia, o que é muito baixo.[19] As contas da "evacuação" de 222.117 e 1.274.166, respectivamente, sem dúvida, incorporam alguns judeus não poloneses temporariamente alojados em guetos. Assim, havia 20 mil judeus do Antigo Reich, de Viena, de Praga e de Luxemburgo no Gueto de Łódź e outros milhares do Reich e da Eslováquia no *Generalgouvernement*.

Korherr fornece estatísticas suficientes para a seguinte composição do número de "evacuação":

Dos territórios incorporados		222.117
De Warthegau (Łódź e arredores) "levados" dos campos de Warthegau (isto é, Kulmhof)	145.301	
Do Distrito de Białystok (isto é, deportações para Auschwitz e Treblinka)	46.591	
Da Alta Silésia e das regiões anexas para a Prússia Oriental (isto é, deportações para Auschwitz e Treblinka)	30.225	
Dos campos do *Generalgouvernement* (Bełżec, Sobibór, Treblinka e Lublin)		1.274.000

Completando esses totais há os dados parciais para os anos de 1943 e de 1944. O gueto de Łódź, que, de acordo com Korherr, ainda tinha 87.180 habitantes no final de 1942, foi exterminado quando seus habitantes restantes foram deportados para Auschwitz e Kulmhof durante junho-agosto de 1944. O gueto de Varsóvia,

---

ser usados para estimar o tamanho inicial da população judaica em qualquer área recém-formada. Korherr não forneceu tais números para as regiões polonesas do *Reichskommissariate* pré-guerra.

19   Ver também reuniões do *Generalgouvernement* de 26 de março e 9 de julho de 1943, sobre o "resumo" do censo da população do *Generalgouvernement* em Werner Präg e Wolfgang Jacobmeyer, eds, *Das Diensttagebuch des deutschen Generalgouverneurs in Polen, 1939-1945* (Stuttgart, 1975), pp. 636 e 700. O número global para o *Generalgouvernement* de 14.741.000 foi citado em março. Na segunda reunião, em julho, o *Oberregierungsrat* dr. Josef Götz, vice-chefe do Escritório de Estatísticas do *Generalgouvernement* forneceu um número que incluía 203 mil judeus. Não foram incluídos dezenas de milhares de judeus não registrados (muitos escondidos) e que não recebiam rações. O censo foi feito em 1º de março de 1943. Korherr para Brandt, 27 de março de 1943, T 175, Rolo 67.

onde 63 mil judeus ainda estavam vivos em setembro de 1942, foi esvaziado após mais deportações em janeiro e a batalha de abril-maio de 1943, deixando apenas grupos dispersos na clandestinidade. Na Galícia, o comandante da ss e da Polícia Katzmann informou em 30 de junho de 1943 que 21.156 judeus haviam partido.[20] Outros documentos sobre outras localidades contam histórias similares.

Korherr não tinha a contagem para "emigração" e "mortalidade" e não pôde separar os dois conceitos quando calculou seus totais combinados como 334.673 para os territórios incorporados e 427.920 para o *Generalgouvernement*. Em comparação com as populações iniciais, esses números são claramente desproporcionais. Sua relação não é, como se poderia esperar, de 2:5, mas mais próximo de 4:5. A principal explicação para essa aparente discrepância pode ser encontrada nas fugas e expulsões *dos* territórios incorporados *para* o *Generalgouvernement* no início da ocupação alemã. Não há estimativas aproximadas para esses movimentos, mas a diferença certamente está entre 50 mil e 100 mil.[21] A adição de 334.673 e 427.920, que dá um total de 762.593, pode, portanto, ser tomada como uma indicação de um déficit real para as duas regiões como um todo, mas não como a medida não qualificada de mortes por privação. Cerca de 150 mil a 200 mil judeus fugiram da área, especialmente para o interior da União Soviética. Seu número, que é a posição de "emigração" de Korherr, deve ser subtraído.[22]

---

20 Relatório de Katzmann, 30 de junho de 1943, L-18. Além disso, um pequeno número estava escondido. O militar informou em setembro que 6 mil judeus foram deixados em Lvov e que a questão judaica na Galícia havia, "grosso modo" (*im grossen und ganzen*), terminado. OFK 365 a *Wehrkreiskommando* GG, relatório de 16 de agosto a 15 de setembro de 1943, datado de 17 de setembro de 1943, Polônia 75022/13. O documento uma vez localizado em Alexandria, Va.

21 Registros do Serviço de Estatística de Łódź listam 61.086 partidas de judeus durante janeiro--maio de 1940, incluindo 51.739 em janeiro, fevereiro e março. Yad Vashem O 6/79. Os destinos não são indicados, mas os primeiros três meses coincidem com expulsões em massa. Ver estatísticas adicionais em Wlodzimierz Jastrzebski, "Nazi Deportations of Polish and Jewish Population from Territories Incorporated into the Third Reich", artigo para a Comissão Central para Investigação de Crimes Nazistas na Polônia/Sessão Científica Internacional sobre o Genocídio Nazista, Varsóvia, 14-17 de abril de 1983.

22 Alguns ajustes adicionais são necessários para vítimas de guerra. Fuzilamentos no Distrito de Białystok e, durante 1941, também na Galícia, provavelmente foram colocados sob o "excedente de mortes". Nascimentos e mortes normais, se não completamente equilibrados, podem constituir outra complicação. Em vista desses problemas, pode ser tentador calcular as mortes por

A terceira maior região da Polônia, sobre a qual Korherr não fornece nenhum detalhe, tinha uma população inicial de cerca de 550 mil judeus. Ela foi dividida em vários distritos administrativos, listados a seguir com o número de habitantes judeus grosseiramente projetado a partir de dados do censo de 1931:

Para o *Reichskommissariat* Ostland	
Generalbezirk da Lituânia	
Região de Vilna	Mais de 100 mil
Generalbezirk da Rússia Branca	
Hauptkommissariat Minsk	
Região de Wilejka-Glebokie	Mais de 20 mil
Hauptkommissariat Baranowicze	Mais de 100 mil
Para o *Reichskommissariat* Ucrânia	
Generalbezirk Volhynia-Podolia	
Volhynia e maior parte da Polesia	Aproximadamente 330 mil

Relativamente poucos moradores desses distritos conseguiram fugir para a segurança no interior da União Soviética. Até um terço da população judaica da região de Vilna já não estava presente quando os alemães chegaram, mas a maioria dos refugiados de Vilna foram capazes de alcançar somente as áreas vizinhas tomadas pelas forças alemãs. O *Einsatzkommando* 9 do *Einsatzgruppe* B matou milhares de judeus em Vilna durante o verão de 1941.[23] O *Einsatzkommando* 3 do *Einsatzgruppe* A então tomou a região e fuzilou 34.622 judeus a partir de 25 de novembro de 1941. Nessa altura, de acordo com o *Kommando*, apenas cerca de 15 mil judeus foram retidos no gueto de Vilna como uma concessão à produção

---

privação a partir dos dados disponíveis dos guetos de Varsóvia e de Łódź apenas. As duas comunidades perderam cerca de 19% de suas populações combinadas sob o processo de guetização. Por toda a Polônia (sem contar os mortos de guerra e aqueles que escaparam), esse percentual mostraria um saldo de quase 600 mil pessoas. Varsóvia e Łódź, no entanto, não foram suficientemente típicos. Alguns dos menores, os chamados guetos abertos, eram menos severos, e outros guetos não duraram tanto tempo.

23 RSHA IV-A-I, Relatório Operacional nº 21, 13 de julho de 1941, NO-2937 e RSHA IV-A -I, Relatório Operacional 67, 29 de agosto de 1941, NO-2837.

de guerra.[24] Havia, no entanto, vários guetos menores vizinhos que foram posteriormente dissolvidos por fuzilamentos e cujos habitantes sobreviventes foram finalmente transferidos para Vilna. No verão de 1943, o gueto de Vilna era, consequentemente, um reservatório de 20 mil pessoas, incluindo 12.332 trabalhadores contados. Em seguida, milhares foram mortos e todo o restante foi enviado à Estônia, Letônia e Sobibór para mais trabalho, mais seleções e mais mortes.[25]

A área de Wilejka foi submetida a um fuzilamento em março de 1942,[26] e, em 31 de julho de 1942, o *Generalkommissar* Kube da Rússia Branca informou novos assassinatos. Kube também informou uma ação precipitada pelo exército alemão na vizinha Głebokie e arredores que resultou na morte de 10 mil judeus.[27]

O *Hauptkommissariat* de Baranowicze foi tomado por fuzilamentos durante 1941 e 1942. Em 8 de agosto de 1942, um total de 95 mil judeus foram mortos e presume-se que 6 mil tenham conseguido se esconder.[28] No final de 1942, uma expedição do comandante da ss e da Polícia von Gottberg, da Rússia Branca, reduziu a população de judeus que tinham escapado para a parte ocidental do *Hauptkommissariat* assassinando 3.658.[29]

A região de Volhynia foi percorrida em 1941 pelo *Einsatzgruppe* C e por um destacamento da Polícia de Segurança do *Generalgouvernement*. Juntos, eles foram

---

24 Relatório do *Einsatzkommando* 3, 1º de dezembro de 1941, Fb 85/2.

25 Yitzhak Arad, *Ghetto in Flames* (Nova York, 1982), pp. 209-212, 293, 296, 318, 333 e ss., e seu *Belzec, Sobibor, Treblinka* (Bloomington, Ind., 1987), p. 137. As estatísticas são retiradas do Wehrwirtschafts-Aussenstelle em Vilna, relatório para outubro de 1943, Wi/ID 3.26, em Alexandria, Va., nos anos pós-guerra.

26 RSHA IV-A -1, Relatório Operacional nº 178, 9 de março de 1942, NO-3241 e RSHA IV-A -1, Relatório Operacional nº 184, 23 de março de 1942, NO-3235.

27 Kube para *Reichskommissar* Lohse, 31 de julho de 1942, PS-3428. O *Gebietskommissar* Haase em exercício da vizinha Wilejka informou em 8 de abril de 1943 que 3 mil judeus ainda estavam vivos em sua área. Registro de reunião de *Gebietskommissare*, Fb 85/1.

28 *Hauptkommissar* em Baranowicze para *Generalkommissar* Da Rússia Branca (Kube), 27 de agosto de 1942, NG-1315.

29 Relatório de *Gebietskommissar* da Rússia Branca/III (assinado por Preckwinkel), 31 de dezembro de 1942, Wi/ID 2.705, Green Number 6. Em abril de 1943, o *Generalkommissar* Hanweg de Lida (no *Hauptkommissariat* de Baranowicze) relatou que 4.419 judeus ainda estavam vivos em sua região. Fb 85/1.

responsáveis por muitos milhares de mortes de judeus.[30] Em novembro de 1941, as unidades do alto comandante da ss e da Polícia do Sul realizaram um massacre de cerca de 15 mil judeus na cidade de Rovno.[31] Uma enorme onda de assassinatos começou no verão de 1942. Em 29 de dezembro de 1942, Himmler relatou a Hitler que de agosto a novembro 363.211 judeus tinham sido "executados" na Ucrânia, no sul da Rússia e no distrito Białystok.[32] Resta pouca dúvida de que a grande maioria dessas vítimas tinha vivido na porção da Volhynia do *Generalbezirk* Volhynia-Podolia. A varredura foi realizada sem levar em conta a produção de carroças e têxteis nas fábricas. Gueto após gueto, os trabalhadores e suas famílias foram dizimados durante a noite. Os judeus da Volhynia eram aniquilados.[33]

A comunidade judaica polonesa como um todo perdeu mais de 500 mil pessoas nos guetos, bem mais de 700 mil em fuzilamentos e aproximadamente 1.700.000 em campos de concentração. Alguns que procuraram refúgio na União Soviética, mas que morreram de privação, também foram vítimas. Obviamente um cálculo desse tipo é, na melhor das hipóteses, apenas uma aproximação. O impulso da adição pode, no entanto, ser comparado com o resultado de uma simples subtração.[34]

---

30 RSHA IV-A-1,, Relatório Operacional nº 28, 20 de julho de 1941, NO-2943. RSHA IV-A-1, Relatório Operacional nº 43, 5 de agosto de 1941, NO-2949. RSHA IV-A-1, Relatório Operacional nº 56, 18 de agosto de 1941, NO-2848. RSHA IV-A-1, Relatório Operacional nº 58, 20 de agosto de 1941, NO-2846. RSHA IV-A-1, Relatório Operacional No. 66, 28 de agosto de 1941, NO-2839.

31 RSHA IV-A-1, Relatório Operacional nº 143, 8 de dezembro de 1941, NO-2827.

32 Himmler para Hitler, 29 de dezembro de 1942, NO-1128. As mortes foram obra do alto comandante da ss e da Polícia Prützmann. Ver seus relatórios para Himmler, 26 e 27 de dezembro de 1942, o primeiro com as estatísticas, o segundo com descrições de operações centradas no norte da Volhynia e em áreas adjacentes do Distrito Białystok, T 175, rolo 124.

33 Um total de 61 judeus foram presos entre 21 de fevereiro e 21 de abril de 1943. Relatório do *Generalkommissar* em Volhynia-Podolia, 30 de abril de 1943, EAP 99/77, em registros em Alexandria, Va., durante os anos do pós-guerra. Em 21 de março de 1944, o *Gebietskommissariat* de Brest-Litovsk (em Volhynia) informou que a área estava livre de judeus. EAP 99/85, em Alexandria durante os anos do pós-guerra.

34 Relatório do Comitê Anglo-Americano de Inquérito sobre os problemas dos judeus da Europa e da Palestina, 20 de abril de 1946, em Londres, Cmd. 6808, pp. 58-59. Philip Friedman, *Roads to Extinction* (Nova York e Filadélfia, 1980), pp. 211-243. *Annual postwar volumes of the American Jewish Yearbook.*

Estimativa polonesa oficial da população judia em agosto de 1939	3.351.000
Registro relatado de sobreviventes em solo polonês em 1945	55 mil
Repatriações da União Soviética	185 mil
Deslocados na Alemanha, Áustria, Itália, Romênia, Tchecoslováquia e outros lugares em 1946	Mais de 100 mil
Judeus poloneses nas forças militares, em 1945	Aproximadamente 15 mil
Emigrantes na Palestina e em outras regiões, 1939-1944	Mais de 15 mil
Sobreviventes em regiões polonesas anexadas pela União Soviética	Milhares
Refugiados remanescentes em territórios pré-guerra da União Soviética	Milhares
Vítimas de deportações soviéticas	Milhares
Mortos na guerra	Milhares

Apesar de ser difícil alcançar a precisão, mesmo em contagens do pós-guerra, esses números são pequenos o suficiente para sugerir que os sobreviventes e os mortos por causas não relacionadas ao Holocausto não poderia ter sido mais do que aproximadamente 400 mil.[35] Assim, o quadro geral é o de um número de mortos próximo de 3 milhões.

A UNIÃO SOVIÉTICA

Nos anos de 1939 e 1940, a União Soviética anexou o leste da Polônia, os estados bálticos e partes da Romênia. Quando os alemães atacaram a URSS em junho de 1941, eles adentraram por essas regiões em direção aos antigos domínios

---

35 A estimativa polonesa oficial é consistente com a suposição de que entre 1931 e 1939 a população judaica aumentou a uma taxa menor do que a de não judeus e de que a emigração judaica ultrapassou a imigração. A estimativa não inclui a conversão. Na tabulação, presume-se que o número de judeus nascidos entre 1939 e 1945-1946 não tenha sido maior ou menor do que o número de mortes normais. Alguns sobreviventes não foram registrados, mas outros foram contados duas vezes.

soviéticos. Os relatórios da Alemanha sobre a URSS ocupada não apresentam a fronteira soviética de agosto de 1939 e algumas estatísticas repletas de judeus mortos cobrem as áreas de ambos os lados dessa linha desaparecida. Para focar o antigo território da União Soviética, deve-se, portanto, referir-se a um grande número de dados detalhados relativos a locais específicos. A lista a seguir é uma compilação básica para a antiga União Soviética.

Área alemã

Operações dos Einsatzgruppen

Einsatzgruppe A

1º de fevereiro de 1942: 218.050 judeus. Número final muito superior. Operado principalmente na área de Ostland. Porção Soviética, sem contar deportados do Reich: — Algumas dezenas de milhares

Einsatzgruppe B

15 de dezembro de 1942: 134.198 pessoas. Número final não muito maior. Operado principalmente na área militar do Grupo Central do Exército. Judeus apenas, parcela Soviética: — Mais de 100 mil

Einsatzgruppe C

Sonderkommando 4a, para 30 de novembro de 1941: 59.018 pessoas
Einsatzkommando 5, para 7 de dezembro de 1941: 36.147 pessoas.
Número final de todo *Einsatzgruppe* provavelmente mais de 120 mil. Operado principalmente na Ucrânia. Judeus somente, porção Soviética: — Mais de 100 mil

Einsatzgruppe D

8 de abril de 1942: 91.678 pessoas. Número final, cerca de 100 mil. Operado principalmente no sul da Ucrânia, Crimeia e Cáucaso. Judeus apenas, parcela Soviética: — Aproximadamente 90 mil

Assassinatos de judeus soviéticos pelo Alto Comando da ss e da Polícia em 1941, Berdichev, Dnepropetrovsk e outras localidades: — Por volta de 50 mil

Assassinatos em 1942 e 1943 dentro da parte da antiga União Soviética da Rússia Branca	Milhares
Antiga porção soviética de 363.211 judeus mortos em 1942 no Distrito de Białystok, na Ucrânia e no sul da Rússia:	Milhares
Assassinatos em menor escala cometidos pelo exército alemão, pelas autoridades locais e em campos de prisioneiros de guerra:	Dezenas de milhares
Mortes nos guetos e de judeus fugitivos:	Dezenas de milhares
Área romena (Transnístria)	
Fuzilamento de judeus soviéticos em Odessa-Dalnik, prefeitura de Golta e região de Berezovka:	Até 150 mil
Mortes de judeus soviéticos nos guetos da Transnítria:	Algumas dezenas de milhares
	Total: por volta de 700 mil

Para os *Einsatzgruppen*, os valores acumulados aplicam-se às últimas datas disponíveis,[36] mas também há dados fragmentados de assassinatos posteriores e indicações ocasionais de fuzilamentos posteriores que iriam acontecer. Por exemplo, o *Einsatzgruppe* C relatou em 4 de fevereiro de 1942 seus extensos preparativos para os fuzilamentos dos judeus na Carcóvia,[37] e o *Einsatzgruppe* D que no verão de 1942 se moveu de Rostov para a região de Pyatigorsk-Yessentuki-Kislovodsk do Cáucaso, deixou para trás uma proclamação, datada de 7 de setembro

---

36 Relatório preliminar do *Einsatzgruppe* A (sem data), PS-2273. Relatório do *Einsatzgruppe* B, 29 de dezembro de 1942, Arquivo do Estado Russo Central, Fundo 655, Inscrição 1, Pasta 3. *Kommandos* 4a e 5 em RSHA IV-A-1, Relatório operacional nº 156, 16 de janeiro de 1942, NO-3405. *Einsatzgruppe* D em RSHA IV-A-1 Relatório de atividades 195, 8 de abril de 1942, NO-3359.

37 RSHA IV-A-1 Relatório operacional nº 164, 4 de fevereiro de 1942, NO-3399. Relatórios de um funcionário do Gabinete de Economia e Armamentos, 6º Exército (tenente-coronel Maier), 24 de novembro e 3 e 18 de dezembro de 1941, Wi / ID 2.198. Ver também relato da sobrevivente da Carcóvia Maria Markovna Sokol em Ilya Ehrenburg e Vasily Grossman, eds., *The Black Book* (Nova York, 1981), pp. 51-56.

de 1942, ordenando que os judeus de Kislovodsk se reunissem.[38] O relatório do Korherr contém uma única referência à "evacuação" de 633.300 judeus nas "áreas russas, incluindo os antigos países bálticos, a partir do início da campanha no Leste". O número, de acordo com o relatório, foi fornecido pela RSHA e, em um interrogatório do pós-guerra, Korherr chamou de "número de casa", que no jargão dos estatísticos alemães era usado para um suposto rigor desprovido de significado.[39] Há pouca dúvida, no entanto, de que a RSHA pretendia transmitir um número geral do *Einsatzgruppen* e que um observador distante, trabalhando com os documentos disponíveis, pode calcular um resultado semelhante.[40]

Korherr afirma especificamente nos parágrafos finais de seu relatório que podia registrar apenas em parte as "mortes dos judeus russos soviéticos nos territórios ocupados do Leste". Ele não tinha as estatísticas para as matanças organizadas pelos altos comandantes da ss e da Polícia, que reportavam diretamente a Himmler, e não tentou estimar as mortes nos guetos.[41]

Os dados romenos podem apenas ser arredondados. Para o massacre de Odessa, provavelmente o maior da guerra, um oficial da inteligência alemã em contato com um informante romeno ouviu o número de 59 mil, mas as estimativas romenas pós-guerra são um pouco menores.[42] Para as mortes de romenos na prefeitura de Golta, o total estabelecido em julgamentos pós-guerra está próximo

---

38 Proclamação de Kislovodsk em URSS-IA (2-4). Ver também relato de um sobrevivente de Kislovodsk, Moisey Samoylovich Evenson, em Ehrenburg e Grossman, eds., *The Black Book,* pp. 265-270.

39 Depoimento de Korherr, 31 de julho de 1951, Zentrale Stelle Ludwigsburg 202 AR 72/60, pp. 215-216.

40 Um total de 55 mil judeus, mortos no verão de 1942 na área da Rússia Branca (principalmente dentro de território polaco antes da guerra), provavelmente foram creditados na portagem do *Einsatzgruppe* A. É também possível que os *Kommandos* da Polícia de Segurança do *Generalgouvernement*, denominado um *Einsatzgruppe* para Fins Especiais e operando em áreas recém-ocupadas do leste da Polônia em 1941, possam ter sido incluídos. Para análise dos dados dos *Einsatzgruppen*, consulte Helmut Krausnick e Hans-Heinrich Wilhelm, *Die Truppe des Weltanschaungskrieges* (Stuttgart, 1981), pp. 605-609, 618-622.

41 Os assassinatos por formações do Alto Comando da ss e da Polícia que operavam nas áreas dos *Einsatzgruppen* em 1941 geralmente são relatados nos resumos diários da RSHA. Ver, em particular, RSHA IV-A-I, Relatório operacional nº 94, 25 de setembro de 1941, NO-3146.

42 Diretor da Inteligência das Forças Armadas Alemãs (Abwehr) na Romênia (assinado Rodler) para IIº Exército/Inteligência, e as seções de inteligência do exército alemão, marinha e força aérea

de 70 mil[43] e para mortes na região de Berezovka, que foram realizadas por um *Kommando* étnico alemão organizado pela Volksdeutsche Mittelstelle, há indicação documentada de 28 mil mortes.[44] As mortes de judeus soviéticos de fome e de doenças podem ser mais bem avaliadas com base nos relatórios que indicam o número de romenos expulsos e de indígenas vivendo nos mesmos guetos de Transnístria.[45] A alta taxa de mortalidade dos judeus romenos é conhecida e aquela dos judeus soviéticos não poderia ter sido muito menor.

Dada a importância de um número total para a União Soviética, deve-se tentar derivá-lo também a partir de dados dos censos soviéticos. O ponto de partida para essa subtração são os censos de 1939 e de 1959:

População judaica, janeiro de 1939	3.020.171
População judaica, janeiro de 1959	2.267.814
Déficit	752.357

Os 2.267.814 contados em 1959 incluem, pelo menos, 100 mil sobreviventes dos territórios polonês, báltico e romeno que não faziam parte da União Soviética em 1939; assim, o déficit, ajustado para as antigas fronteiras da URSS, é superior a 850 mil.[46]

A questão seguinte é o impacto da natalidade e da mortalidade por causas naturais entre as duas datas do censo. A partir de janeiro de 1939 até 1941, os nascimentos superaram as mortes, mas a guerra diminuiu a taxa de natalidade e elevou a taxa de mortalidade na reduzida comunidade judaica do território desocupado. Essa mudança foi provavelmente suficiente para eliminar o ganho até janeiro

---

das missões na Romênia, 4 de novembro de 1941, T 501, Rolo 278. Outros materiais em Matatias Carp, *Cartea Neagra* (Bucareste, 1946-1948), vol. 3, pp. 199-209.

43 Excerto da acusação dos réus romenos diante do Tribunal Popular de Bucareste, Carp, *Cartea Neagra*, vol. 3, 215-216, pp. 225-226.

44 Nota, provavelmente de Triska (Ministério das Relações Exteriores da Alemanha), 16 de maio de 1942, NG-4817.

45 Ver o relatório detalhado da comissão judaica (assinado Fred Saraga), 31 de janeiro de 1943, Yad Vashem M 20.

46 Ver a análise, com quadros estatísticos, de Ivor Millman, "Diaspora Jewish Populations", em UO Schmelz, P. Glikson, e SJ Gould, eds., *Studies in Jewish Demography* (Nova Iorque, 1983), pp. 99-109.

de 1944. Para o período subsequente de quinze anos, a imagem é mais ou menos como se segue. Havia 434 mil crianças judias na faixa etária de 0-14 anos em janeiro de 1959, dos quais cerca de 415 mil são atribuíveis a pais nascidos em território soviético pré-guerra.[47] A uma taxa anual, esses nascimentos eram um pouco menos de 28 mil. As mortes em toda a população judaica foram de 21.686 no ano anterior ao censo de 1959.[48] Uma vez que a taxa de mortalidade judaica, como a de todas as mortes soviéticas, vinha diminuindo desde o auge da guerra até 1959,[49] a média, ajustada para a região pré-guerra, poderia ter sido perto de 24 mil. Tal cenário permitiria um aumento total para esses anos de cerca de 60 mil.

O déficit para o território de 1939 poderia, portanto, ser ajustado a um número de pouco mais de 900 mil. A partir desse número, no entanto, deve-se deduzir, pelo menos, cinco categorias que não são atribuíveis ao Holocausto:

1. soldados judeus do Exército Vermelho mortos em batalha ou que morreram de ferimentos, doença ou acidentes;
2. prisioneiros de guerra judeus que morreram em cativeiro e não foram reconhecidos como judeus ;
3. mortes de judeus civis em zonas de batalha, como em Leningrado;
4. mortes causadas pela privação entre os judeus que fugiram ou que tinham sido evacuados por outras razões além do medo de atos alemães antissemitas;
5. judeus mortos em campos corretivos soviéticos de trabalho.

Os números podem ser ligados a esses transtornos com dificuldade. Alguma aproximação pode, contudo, ser alcançada por meio das mortes militares. No geral, as mortes de forças soviéticas uniformizadas fora dos campos de prisioneiros de

---

47 Dados derivados principalmente de Sergei Maksudov, "The Jewish Population Losses of the USSR from the Holocaust", em Lucjan Dobroszycki e Jeffrey S. Gurock, eds., *The Holocaust in the Soviet Union* (Armonk, NY, 1993), pp. 207-213, e Mark Tolts, "Trends in Soviet Jewish Demography since the Second World War", in Yaacov Ro'i, ed., *Jews e Jewish Life in Russia e the Soviet Union* (Ilford, Inglaterra e Portle, Oregon., 1995), pp. 365-382.

48 Tolts, "Trends", *Jews in Russia*, p. 367.

49 James W. Bracket, "Demographic Trends e Population Policy in the Soviet Union", em U.S. Congress, Joint Economic Committee, Hearings on Dimensions of Soviet Economic Power, 87º Cong., 2ª sessão, 1962, p. 570.

guerra ultrapassaram a marca de 7 milhões nos combates e guerras travadas entre 1939 e 1945.[50] Os judeus eram 1,77% da população soviética em 1939, mas eram uma porcentagem menor do Exército Vermelho por duas razões. Uma delas era a taxa de natalidade judaica, que foi substancialmente menor do que a média nacional por mais de trinta anos antes da guerra,[51] e que (embora parcialmente compensada pelas taxas mais favoráveis de mortalidade infantil urbana) resultou em um número relativamente pequeno de homens que estavam em idade militar. O outro fator foi a perda na Bielorrússia e na Ucrânia da mão de obra judia que não foi totalmente mobilizada a tempo e que não estava mais disponível durante o último ano da guerra. Partindo do princípio de que os soldados judeus que morreram eram 1,25% das mortes militares soviéticas, esse número só se aproximaria 90 mil.[52] Juntamente com judeus em campos de prisioneiros de guerra que não foram fuzilados lá, mas que morreram de ferimentos, doenças ou fome, o número poderia ser mais de 100 mil.[53] Se as causas restantes não relacionadas ao Holocausto somam algo entre 50

---

50   Grigori Krivosheev, ed., *Soviet Casualties e Combat Losses in the Twentieth Century* (Londres, 1997), pp. 53, 58, 77, 85. O período de 1939 a 1945 abrange as batalhas do Extremo Oriente com os japoneses de 1939, a invasão da Polônia em 1939, a Guerra Russo-Finlandesa de 1939-1940, a guerra com a Alemanha e seus aliados europeus, e a campanha contra os japoneses em 1945. O valor agregado a partir destes concursos, que é de 7.021.000, inclui os que foram mortos em ação, morto por ferimentos, doenças e acidentes, ou fuzilados por deserção. Não inclui os óbitos não registrados de homens abandonados, feridos ou mortos, nos campos de batalha ou aqueles que morreram como prisioneiros de guerra.

51   Roberto Bachi, *Population Trends of World Jewry* (Jerusalém, 1976), p. 43.

52   Essa é a estimativa de Maksudov em Dobroszcycki e Gurock, eds., *The Holocaust in the Soviet Union*, p. 211.

53   A partir de 1º de maio de 1944 houve uma contagem alemã de 5.163.381 prisioneiros soviéticos, dos quais 1.981.364 haviam morrido. Foram incluídos homens que morreram de ferimentos; não contabilizados estavam os presos transferidos para a ss e que morreram sob a custódia da ss. Ver a compilação do exército alemão no documento de Nuremberg NOKW-2125. Provavelmente menos de 100 mil homens do Exército Vermelho foram feitos prisioneiros durante o último ano da guerra. Krivosheev, *Soviet Casualties*, p. 237. Agentes políticos listados como desaparecidos em ação ou prisioneiros de guerra totalizaram 42.126. Krivosheev, *Soviet Casualties*, p. 221. O número de prisioneiros judeus provavelmente foi maior. Políticos e judeus estavam sujeitos a fuzilamento sumário e, possivelmente, metade foi baleada. Os números russos indicam que apenas cerca de 6 mil judeus voltaram do cativeiro. Krivosheev, *Soviet Casualties*, pp. 236-237.

mil e 100 mil mortos,[54] a diferença entre os números brutos dos censos de 1939 e 1959 é reduzida para cerca de 700 mil. Esse é aproximadamente o mesmo resultado calculado a partir da adição de perdas de judeus.

A seguinte recapitulação do número de judeus em escala europeia inclui três tabelas. A Tabela B.1 é uma discriminação por causa, a Tabela B.2 por país e a Tabela B.3 por ano.

TABELA B.1 Mortes por causa

Guetização e privação geral		Mais de 800 mil
Guetos no Leste da Europa ocupados pela Alemanha	Mais de 600 mil	
Theresienstadt e privação fora de guetos	100 mil	
Colônias na Transnístria (judeus romenos e soviéticos)	100 mil	
Fuzilamentos ao ar livre		1.400.000
Einsatzgruppen, Alto Comando da ss e da Polícia, exércitos romeno e alemão em operações móveis; fuzilamentos na Galícia durante as deportações; assassinatos de prisioneiros de guerra; e fuzilamentos na Sérvia e em outros lugares		
Campos		Mais de 2.900.000
Alemanha		
Campos de extermínio		Mais de 2.600.000
Auschwitz	Mais de 1 milhão	
Treblinka	Mais de 800 mil	
Bełżec	434.508	
Sobibór	mais de 150 mil	
Kulmhof	mais de 150 mil	
Lublin (campo principal)	mais de 50 mil	
Campos com números de poucas dezenas de milhares ou menos		mais de 150 mil
Campos de concentração (Bergen-Belsen, Buchenwald, Mauthausen, Dachau, Stutthof e outros)		

Continua

---

54 Maksudov estima que 40 mil civis judeus morreram em zonas de guerra e que 20 mil morreram em campos de trabalho corretivo na União Soviética depois da guerra. Dobroszcycki e Gurock, eds., *The Holocaust in the Soviet Union*, p. 212.

TABELA B.1 Mortes por causa *(continuação)*

Campos com operações de extermínio (Poliatowa, Trawniki, Semlin)	
Campos de trabalho forçado e campos de trânsito	
Romênia	
Complexo de Golta e campos de trânsito de Bessarábia	100 mil
Croatas e outros	menos de 50 mil
Total	5.100.000

Nota: Os números para os guetos no Leste da Europa ocupado pela Alemanha, para os fuzilamentos ao ar livre e para Auschwitz são aproximados para 100 mil, outras categorias são aproximadas para 50 mil.

TABELA B.2 Mortes por país

Polônia	Até 3 milhões
União Soviética	Mais de 700 mil
Romênia	270 mil
Tchecoslováquia	260 mil
Hungria	Mais de 180 mil
Alemanha	130 mil
Lituânia	Até 130 mil
Holanda	Mais de 100 mil
França	75 mil
Letônia	70 mil
Iugoslávia	60 mil
Grécia	60 mil
Áustria	Mais de 50 mil
Bélgica	24 mil
Itália (incluindo Rhodes)	9 mil
Estônia	Mais de mil
Noruega	Menos de mil
Luxemburgo	Menos de mil
Danzig	Menos de mil
Total	5.100.000

Nota: Fronteiras referentes ao ano de 1937. Cristãos convertidos estão incluídos e refugiados são contados nos países dos quais foram deportados.

Estatísticas de judeus mortos 1537

TABELA B.3 Mortes por ano

1933-1940	Menos de 100 mil
1941	1.100.000
1942	2.600.000
1943	600 mil
1944	600 mil
1945	Mais de 100 mil
Total	5.100.000

Nota: Arredondados para os 100 mil mais próximos.

Apêndice C

Sobre as fontes

DOCUMENTOS

Entre 1933 e 1945, as repartições públicas e entidades empresariais da Alemanha nazista geraram um grande volume de correspondência. Alguns desses documentos foram destruídos em bombardeios aliados e muitos mais foram sistematicamente queimados durante a retirada ou em antecipação à rendição.[1] No

---

1 Na Alemanha, em 21 de janeiro de 1945, o *Generalgouverneur* Frank e três oficiais queimaram a maior parte dos registros que haviam sido evacuados da Cracóvia. Entrada dessa data no diário de Frank, Werner Prag e Wolfgang Jacobmeyer, eds, *Das Diensttagebuch des deutschen Generalgouverneurs in Polen.* (Stuttgart: Deutsche Verlags-Anstalt, 1975), p. 938. A ordem do *Reichsverteidigungskommissar* de Berlim (Goebbels), 20 de fevereiro de 1945, fornecida para a destruição de arquivos seguia a seguinte ordem decrescente de prioridade: (1) materiais secretos, (2) outros documentos importantes que "sob nenhuma circunstâncias devem ser autorizados a cair em mãos inimigas (por exemplo, os processos de 'desjudeização' [*Entjudungsvorgänge*])", (3) registros e (4) registros de pessoal. A ordem foi localizada em Footlocker 46/19, Federal Records Center, Alexandria, Va. Alguns itens de alto nível foram subtraídos. Ver bibliografia de Eugen Kreidler, *Die Eisenbahnen im Machtbereich der Achsenmächte während des zweiten Weltkrieges* (Gotinga-Frankfurt:

entanto, a papelada acumulada da burocracia alemã era grande o suficiente para sobreviver em quantidades significativas, e até mesmo pastas secretas foram mantidas. Na medida em que numerosas comunicações tinham sido preparadas em múltiplas cópias, um conjunto único, como no caso dos relatórios consolidados dos *Einsatzgruppen* pôde sobreviver. Se um evento tivesse chamado a atenção de várias agências, algum relato dele poderia ter sido mantido intacto. Assim, em 1945 grandes coleções com muita informação reveladora caíram nas mãos dos Aliados.

Os primeiros documentos alemães a serem apreendidos pelo avanço das forças aliadas foram os das administrações territoriais ou escritórios de campo localizados fora do Reich. Hoje, esses itens são mantidos nos arquivos dos países que estiveram sob domínio alemão. A Polônia, por exemplo, detém os registros do *Generalgouvernement* e dos territórios incorporados, bem como os relatórios dos conselhos judaicos.

Os arquivos dos órgãos centrais foram apreendidos na própria Alemanha. Durante os últimos meses do regime nazista, grandes porções desses materiais foram removidas de Berlim por seus responsáveis alemães e dispersos para a região ocidental, que era alvo de exércitos anglo-americanos. Consequentemente, a Grã-Bretanha tornou-se guardiã de registros do Ministério do Exterior alemão e da Chancelaria do Reich, enquanto os Estados Unidos adquiriram documentos dos ministérios, do exército, do partido, da indústria e dos bancos. Os arquivistas americanos, medindo o estoque em sua posse, falaram de pastas originais em caixas ocupando 40 mil metros de estantes.[2]

Numa fase inicial de coleta de registro pelos Aliados, documentos importantes foram retirados para utilização nos julgamentos de Nuremberg. Cópias mimeografadas desses itens foram depositadas em grandes bibliotecas dos Estados Unidos. Os Arquivos Nacionais designaram os documentos reunidos para os

---

Musterschmidt, 1975), p. 400, onde o autor, um ex-*Ministerialrat*, cita relatórios semanais de *Generalbetriebsleitung* Ost e outros materiais ferroviários importantes como parte de sua coleção pessoal. Os documentos, que contêm referências ao transporte de judeus, foram depositados no Arquivo Federal Alemão após a morte de Kreidler.

2 Para a história da administração dos EUA, ver Robert Wolfe, ed, *Captured German e Related Records – A National Archives Conference* (Athens, Ohio: Ohio University Press, 1974). O problema especial de fotografias é analisado por Sybil Milton, "The Camera as a Weapon: Documentary Photography e the Holocaust", Simon Wiesenthal Center Annual I (1984): 45-68.

julgamentos como Grupo de Registro 238. Os microfilmes foram preparados pelos Arquivos Nacionais para uso público.

A maior parte dos registros capturados foram processados em massa. Os Estados Unidos transferiram os materiais sob seu controle para o Centro de Documentação de Berlim [Berlin Document Center], onde a filiação partidária e os arquivos do pessoal da ss foram armazenados, e para o Centro Federal de Registros em Alexandria, Virginia, onde cerca de 28 mil metros lineares de prateleiras estavam cheias de caixas arrumadas por coleção com seus números de documento originais alemães.

Muitas das informações em Alexandria foram microfilmadas. Aos registros filmados de uma agência (como o *Reichsführer*-ss) foi atribuído um número T. Dentro de cada coleção T, rolos foram numerados consecutivamente. De tempos em tempos, os Arquivos Nacionais divulgam cópias mimeografadas de guias dos registros alemães microfilmados em Alexandria, Virginia [*Guides to German Records Microfilmed at Alexandria, Virginia*], que são tabelas de índices que mostram os antigos números de documentos alemães ao lado das novas designações do microfilme. As coleções microfilmadas como um todo foram colocadas no Grupo de Registro 242. Entre os arquivos de Alexandria *não* microfilmados estão os registros do Ministério das Finanças, inúmeros relatórios militares e uma variedade de documentos corporativos. Até o final da década de 1960, praticamente todos os originais, microfilmados ou não, foram enviados de volta à Alemanha Ocidental. Registros de órgãos públicos foram entregues aos Arquivos Federais Alemães e itens de negócios a empresas privadas.

Os Arquivos Federais Alemães, que receberam as coleções da Grã-Bretanha, assim como as dos Estados Unidos, dividiram seu inventário entre Koblenz (para documentos de agências civis) e Freiburg (militar). Em Koblenz, artigos do partido foram marcados com *NS*, e registros ministeriais com *R*. Freiburg manteve as denominações originais de 1933-1945 nos documentos do exército. O Ministério das Relações Exteriores da Alemanha Ocidental em Bonn estava no comando dos antigos arquivos do Ministério das Relações Exteriores. Os arquivos da Alemanha Oriental continham muito material do Ministério do Interior, incluindo registros valiosos da comunidade judaica. A omissão mais notável nas explorações de arquivamento compreende os documentos das ferrovias alemãs.

A pesquisa para este estudo foi realizada durante décadas e as notas de rodapé refletem as migrações dos registros durante esse tempo. Itens de Nuremberg são citados aqui com suas numerações de Nuremberg. Pastas originais examinadas em Alexandria são identificadas pelos números alemães originalmente fornecidos. Toda informação retirada de um microfilme de Alexandria é observada com os números T e do Rolo dos Arquivos Nacionais. Se um documento foi extraído dos Arquivos Federais Alemães, a referência indica uma nova identificação da Alemanha Ocidental.

O que se segue é uma lista de coleções.

1. Documentos originais localizados em Alexandria são citados em conformidade com o regime inicial de classificação alemã:

   EAP (*Einheitsaktenplan*, sistema de arquivamento unificado)

   H (*Heer*, Alto Comando do Exército)

   OKW (*Oberkommando der Wehrmacht*, Alto Comando das Forças Armadas)

   Wi (*Wirtschaft und Rüstung*, inspetorados de armamento)

   Polen (escritórios militares e comandos do *Generalgouvernement*)

   Heeresgruppe Mitte (Grupo de Exércitos Central)

   Heeresgruppe Süd (Grupo de Exércitos do Sul)

   Südost (Sudeste, militar)

   Rumänien (militar)

   RKO (*Reichskommissariat* Ostland)

   Uma grande parte, mas não todo esse material está listado nos *Guides*.

2. Documentos originais localizados no Arquivo Federal Alemão de Koblenz e Freiburg são citados já com a anotação de que estão localizados nos arquivos federais alemães e com uma notação adicional se estiverem localizados em Freiburg. Os arquivos em Potsdam, agora uma parte dos Arquivos Federais Alemães, são citados com a notação Zentralarchiv Potsdam, que era a designação da instalação durante a existência da República Democrática Alemã (Alemanha Oriental). Os documentos em Potsdam são citados com os números que tinham antes de o Zentralarchiv tornar-se uma parte dos Arquivos Federais Alemães. Por volta de 1996, os itens da era nazista dos Arquivos Federais Alemães foram concentrados em uma nova unidade em Berlim.

3. Documentos originais nos arquivos da ex-União Soviética são citados já com uma notação indicando sua localização. O nome do antigo Arquivos Especiais de Moscou é agora Centro de Preservação do Acervo Documental Histórico, Moscou. Os Arquivos da Revolução de Outubro em Moscou tornaram-se Arquivos do Estado da Federação Russa. Arquivos das diversas repúblicas soviéticas, agora separadas da Rússia, são listados ou como arquivos centrais ou

estaduais, juntamente com o nome do país apropriado. Os arquivos regionais da Ucrânia e da Bielorrússia são referidos como Arquivos Oblast [de região]. Cada um dos arquivos localizados na antiga União Soviética possui coleções conhecidas como Fundos. Uma subcoleção é referida como Inscrição. O Delo, ou Pasta, é listado como Pasta. Na medida em que os documentos desses arquivos são tomados a partir de microfilmes dos Arquivos do Museu Memorial do Holocausto dos Estados Unidos [US Holocaust Memorial Museum Archives], que fazem parte do Museu Memorial do Holocausto dos EUA, a referência lista o grupo de registro e, entre parênteses, o estado, central, ou arquivos oblast ao qual o número do grupo de registro se refere, ou um número de adesão se a coleção ainda não tivesse recebido um número de grupo de registro no momento da utilização. Essa informação é seguida pelo número do Rolo de microfilme, com os números do Fundo, Inscrição e Pasta.

4. Documentos originais do Instituto Histórico Militar em Praga são citados já com uma notação indicando sua localização. Alguns desses itens estão em microfilmes do Museu Memorial do Holocausto dos EUA, Grupo de Registro 48.004, e são citados como tal.

5. Documentos originais em Koblenz são citadas sob seu número R, com notação adicional em cada caso identificando Koblenz

6. Documentos originais do Instituto YIVO em Nova York:

    G

    Occ

    Coleções sobre guetos

7. Documentos originais no Yad Vashem, em Jerusalém:

    Y

    M

    Quando citados, a sua localização no Yad Vashem é indicada.

8. Documentos originais no Centre de Documentation Juive Contemporaine em Paris, incluindo a correspondência de proveniência alemã e materiais judaicos. Muitos desses itens foram impressos em publicações e cópias de outros foram distribuídos para vários arquivos. Quando os originais são citados, o Centre é indicado.

9. Documentos originais do Instituto Leo Baeck, em Nova York, citados com indicação da sua localização.

10. Biblioteca do Congresso/Divisão de Manuscritos:

    Arquivos de Himmler (*Reichsführer*-ss/*Persönlicher Stab*)

II. Documentos em Nuremberg:

CE

L

M

NG (documentos governamentais)

NI (indústria)

NO (Organizações do Partido Nazista e da SS)

NOKW (forças armadas)

PS

R

RF

SA

SS

Reino Unido

URSS

Todos os documentos começam pelo nome de um réu, por exemplo, Funk-13, Speer-10, etc.

Documentos em Nuremberg além dos NG, NI, NO e NOKW foram reunidos para o julgamento dos principais criminosos de guerra perante o Tribunal Militar Internacional. Algumas das designações da série indicam apenas o lugar ou o modo da sua seleção, não o conteúdo ou origem. PS, por exemplo, refere-se aos documentos recolhidos em Paris pelo coronel Storey; L é uma abreviatura para Londres, Inglaterra; R é a inicial de um tenente naval (Rothschild) que estava em Londres e que lidava com outros documentos além dos L, e M significa Melvin Jones, um assistente de promotor britânico. Na coleção inteira de Nuremberg, os números de série representam a ordem de adesão; ou seja, os documentos que se sucedem não estão necessariamente relacionados.

Uma série de documentos (que não sejam NG, NI, NO e NOKW) podem ser consultados em duas publicações:

International Military Tribunal, *Trial of the Major War Criminals* (Nuremberg, 1947-1949), 42 vols. (em alemão)

Office of United States Counsel for Prosecution of Axis Criminality, *Nazi Conspiracy e Aggression* (Washington, DC, 1946-1948), 8 vols. e 2 supl. (em tradução)

Alguns dos documentos utilizados no processo de Nuremberg subsequentes (incluindo NG, NI, NO, e NOKW) estão impressos em

Nuremberg Military Tribunals, *Trials of War Criminals* (Washington, D.C., 1947-1949), 15 vols. (em tradução)

Um grupo de documentos de Nuremberg, alguns apenas em alemão, alguns apenas em inglês e alguns em ambas as línguas – mas todos tratam de questões judaicas diretamente e aumentados com alguns registros americanos sobre os esforços de resgate – podem ser encontrados em

John Mendelsohn, ed, *The Holocaust – Selected Documents in Eighteen Volumes* (Nova York: Garle Publishing, 1982).

12. Cópias de documentos, reunidas a partir de vários arquivos pela polícia de Israel para o julgamento de Eichmann, são citadas como *Israel Police*.

13. Cópias de documentos montadas a partir de vários arquivos pela Zentrale Stelle der Landesjustizverwaltungen zur Aufklärung Nationalsozialistischer Verbrechen em Ludwigsburg são citadas já com indicação de localização em Ludwigsburg.

14. Cópias de documentos montadas a partir de vários arquivos pelo Institut für Zeitgeschichte em Munique são citadas já com a indicação de localização em Munique.

15. Coleções de documentos especializadas publicadas nas línguas originais ou em tradução para o inglês:

H.G. Adler, *Die Wahrheit verheimlichte* (Tübingen: JCB Mohr, 1958). Em Theresienstadt, em alemão.

Jean Ancel, *Documents Concerning the Fate of Romanian Jewry during the Holocaust* (Paris e Nova York: Beate Klarsfeld Foundation, 1986) 12 vols. Em romeno. Não substitui *Cartea Neagră*, de Carp.

B. Baranauskas e K. Ruksenas, *Documents Accuse* (Vilnius: Gintaras, 1970). Na Lituânia em inglês.

Randolph L. Braham, *The Destruction of Hungarian Jewry* (Nova York: World Federation of Hungarian Jews, 1963), 2 vols. Fac-símiles de correspondências do Ministério das Relações Exteriores da Alemanha, incluindo documentos de Nuremberg. Em alemão.

Matatias Carp, *Cartea Neagră: Suferintele Evreilor din Romania 1940- 1944* (Bucareste, 1946-48). 3 vols. Em romeno.

Centralna Żydowska Komisja Historyczna w Polsce, *Dokumenty i materialy do dziejów okupacji niemeckiej w Polsce* (Varsóvia, Łódź e Cracóvia, 1946), 3 vols. Na Polônia em alemão.

Raul Hilberg, *Sonderzüge nach Auschwitz* (Mainz: Dumjahn, 1981). Documentos das ferrovias em alemão.

Jüdisches Historisches Institut Warschau, *Faschismus–Getto–Massenmord* (Berlim Oriental: Rütten & Loening, 1961-62). Na Polônia, em alemão. Não idêntico ao *Dokumenty i materialy*.

Serge Klarsfeld, *Die Endlösung der Judenfrage in Frankreich* (Paris: Beate und Serge Klarsfeld, 1977). Documentos sobre a França retirados do arquivo do Centre de Documentation Juive Contemporaine. Em alemão.

Serge Klarsfeld, *Vichy-Auschwitz* (Paris: Librairie Arthème Fayard, 1983 e 1985). 2 vols. Documentos do regime de Vichy. Em francês. O volume 1 trata do ano de 1942, e o volume 2 dos anos de 1943 e 1944.

Serge Klarsfeld e Maxime Steinberg, *Die Endlösung der Judenfrage in Belgien* (Nova York: Beate Klarsfeld Foundation, 1980). Na Bélgica, em alemão.

Kommission zur Erforschung der Geschichte der Frankfurter Juden, *Dokumente zur Geschichte der Frankfurter Juden 1933-1945* (Frankfurt am Main: Waldemar Kramer, 1963). Em Frankfurt, em alemão.

Werner Präg e Wolfgang Jacobmeyer, *Das Diensttagebuch des deutschen Generalgouverneurs in Polen 1939-1945*. (Stuttgart: Deutsche Verlags-Anstalt, 1975). Uma grande parte do diário de Frank está contida no documento PS-2233 como impresso em *Nazi Conspiracy e Aggression or Trial of the Major War Criminals*. Em alemão. Uma cópia mais completa do diário pode ser encontrada em 12 rolos de microfilmes no Grupo de Registro 238, T 992 dos Arquivos Nacionais.

DEPOIMENTOS E DECLARAÇÕES SOB JURAMENTO OU TESTEMUNHOS

As coleções de Nuremberg incluem depoimentos. Muitos dos materiais de Ludwigsburg são declarações pré-julgamento. A informação detalhada foi obtida a partir de residentes locais na Europa Oriental pelas autoridades soviética e polonesa de investigação logo após a retirada das forças do Eixo dos territórios ocupados. Além disso, os depoimentos judiciais nos julgamentos foram preparados em vários outros países. Não há nenhum catálogo ou depositário central para recuperação rápida de todas essas declarações.

TESTEMUNHOS NOS JULGAMENTOS

Nas notas, os testemunhos em julgamentos são citados com referência ao roteiro de transcrição do julgamento. *Trial of the Major War Criminals* contém o registro completo, em inglês, do julgamento de Goering *et al. Trial of War Criminals* contém apenas trechos relativamente curtos de testemunhos em julgamentos subsequentes. As transcrições em inglês mimeografadas foram utilizadas para esses casos, que são numerados conforme a seguir:

Caso 1	EUA vs. Karl Brandt *et al.* (Médicos)
Caso 2	EUA vs. Erhard Milch
Caso 3	EUA vs. Joseph Altstötter *et al.* (Judiciário)
Caso 4	EUA vs. Oswald Pohl *et al.* (Campos)
Case 5	EUA vs. Friedrich Flick *et al.*
Caso 6	EUA vs. Krauch Karl *et al.* (I. G. Farben)
Caso 7	EUA vs. Wilhelm List *et al.* (Generais, sudeste)
Caso 8	EUA vs. Ulrich Greifelt *et al.*
Caso 9	EUA vs. Otto Ohlendorf *et al.* (*Einsatzgruppen*)
Caso 10	EUA vs. Alfried Krupp *et al.*
Caso 11	EUA vs. Ernst von Weizsäcker *et al.* (Ministérios
Caso 12	EUA vs. Wilhelm von Leeb *et al.* (Generais, Leste)

Os casos podem agora ser consultados em microfilme, Grupo de Registro 238, série M. Para o julgamento de Eichmann, as referências nas notas são feitas de acordo com os anais em inglês mimeografados. Para casos julgados na Alemanha Ocidental ou na Áustria, foram usadas as transcrições originais.

HISTÓRIA ORAL

Fora do quadro judicial, os alemães se ofereceram muito pouco para ajudar a respeito dos assuntos judaicos. Uma breve compilação de respostas diretas de alemães comuns a questões abertas é aquela de Walter Kempowski, *Haben Sie davon gewusst?* (Hamburgo: Albrecht Knaus, 1979). Os sobreviventes judeus, por outro lado, têm oferecido um grande número de demonstrações, geralmente relatos curtos sobre as marcantes experiências pessoais. Uma das maiores coleções judaicas pode ser encontrada em Yad Vashem, mas tais histórias orais estão amplamente espalhadas em bibliotecas e arquivos nos vários continentes.

DIÁRIOS E DOCUMENTOS PARTICULARES

Judeus raramente são mencionados nos diários particulares ou nas cartas escritas por alemães durante os anos do nazismo. A exceção é o famoso diário de Goebbels, em que o destino judaico é registrado incessantemente. O diário do alto comandante da Polícia e da ss Erich von dem Bach-Zelewski foi entregue aos Arquivos Federais Alemães, mas em uma versão que parece ter sido "higienizada". Várias entradas em um diário de Wilhelm Cornides (então suboficial do exército alemão) são notáveis por suas referências explícitas a Bełżec. O diário de Cornides está depositado no Institut für Zeitgeschichte.

Também escassos são diários deixados por vítimas judias. Na maioria das vezes os autores não sobreviveram e seus trabalhos foram preservados por meios clandestinos. Um exemplo é importante *The Warsaw Diary of Adam Czerniakow*, editado por Raul Hilberg, Stanislaw Staron e Josef Kermisz (Nova York: Stein&Day, 1979). Outro não sobrevivente é Philip Mechanicus (pseudônimo?), cujo diário, *Year of Fear* (Nova York: Hawthorn Books, 1968), registra um ano no campo de transição de Westerbork, na Holanda. Raymond-Raoul Lambert, líder judeu na França, também deixou um diário, editado por Richard Cohen, *Carnet d'un temoin*, 1940-1943 (Paris: Fayard, 1985). As notas de um adolescente que morrera no gueto de Łódź permitem uma visão detalhada da vida em Alan Adelson, ed., *The Diary of Dawid Sierakowiak* (Nova York: Oxford University Press, 1996).

MEMÓRIAS

De um modo geral, os judeus não são um tema de discussão nas memórias alemãs. Duas grandes exceções são as considerações de Rudolf Höss, *Kommandant in Auschwitz* (Munique: Deutscher Taschenbuch Verlag, 1963), e Adolf Eichmann, *Ich, Adolf Eichmann* (Leoni am Starnberger Ver: Druffel, 1980). Livros de memórias escritos por judeus são muito mais numerosos. Particularmente útil para os pesquisadores são relatos de sobreviventes que, por causa da posição ou localização, foram capazes de observar eventos significativos durante um longo período de tempo. Memórias nessa categoria são as de Oscar Neumann (que foi presidente do Conselho Judaico Eslovaco), *Im Schatten des Todes* (Tel Aviv: Olamenu, 1956), Filip Müller, *Eyewitness Auschwitz* (Nova York: Stein and Day, 1979) e Stanislaw Adler (que era um policial judeu), *In the Warsaw Guetto*, 1930-1943 (Jerusalém: Yad Vashem, 1982).

LEIS, ESTATUTOS, ETC.

A principal fonte sobre o direito alemão foi o *Reichsgesetzblatt* (RGBl). Além disso, os ministérios centrais e as autoridades regionais em áreas fora do Reich publicavam ordens em gazetas próprias. Exemplos de gazetas ministeriais são o *Reichsarbeitsblatt* do Ministério do Trabalho e o *Ministerial-Blatt* do Ministério do Interior. Exemplos de gazetas territoriais publicadas em território ocupado são o *Verordnungsblatt des Reichsprotektors in Böhmen und Mähren* e o *Verordnungsblatt des Generalgouverneurs*. Grandes coleções desses decretos podem ser encontradas na Columbia Law Library e na Seção de Direito Internacional da Biblioteca do Congresso.

Os leitores também podem ter interesse em consultar comentários de burocratas alemães. Esses comentários são oficiais na medida em que eram preparados pelas mesmas pessoas que redigiram os decretos. Exemplos de tais obras são *Rassenpflege*, de Stuckart, e *Sozialausgleichsabgabe*, de Oermann.

JORNAIS E PERIÓDICOS

Dois jornais publicados em territórios ocupados pela Alemanha contêm uma quantidade extraordinária de informações sobre assuntos judaicos. São eles o *Krakauer Zeitung* (publicado em edições idênticas na Cracóvia e em Varsóvia) e o *Donauzeitung* (publicado em Belgrado). Eles estão disponíveis na Seção de Jornais e Revistas da Biblioteca do Congresso.

Um periódico nazista era inteiramente dedicado a assuntos judaicos: *Die Judenfrage*. Seu anexo confidencial (*Vertrauliche Beilage*) contém a informação interessante sobre a ação antissemita na Alemanha e em outros países. O *Die Judenfrage* pode ser consultado na Biblioteca do Congresso e no Instituto YIVO.

As comunidades judaicas em Berlim, Viena e Praga publicavam edições distintas do *Jüdisches Nachrichtenblatt*. A contrapartida do artigo na Polônia está na *Gazeta Żydowska*. Na Holanda encontra-se o *Joodsche Weekblad*, na Romênia, a *Gazeta Evreiasca*. Cópias da imprensa do gueto judeu estão depositadas no Instituto YIVO.

Índice remissivo

Os autores dos trabalhos publicados e as testemunhas que apresentaram declarações ou depoimentos em geral não são citados nesse índice. Signatários e destinatários das ordens, cartas ou relatórios, mesmo que apenas mencionados em notas de rodapé, estão listados aqui.

Aarhus 484

Abetz, Otto 664, 743-46, 747-48, 754-55, 764n, 774n, 780-81, 784-85n, 792n, 805-06, 1351-52, 1263

Aborto. *Ver* Mulheres

Abrial, Jean Marie 760-61

Abromeit, Franz 664, 877-79, 1017-19

Abs, Hermann J. 1476-77

Abshagen (Institut für medizinische Zoologie) 373n

Abusos 33-34, 35, 195-97

Abwehr-Blätter 50n

Achamer-Pifrader, Humbert 429-430, 444n

Achenbach, Ernst 744-746, 764n, 1344, 1363

Ackerman, Leonard 1408n

Ackermann, Joseph (Administração Civil, Luxemburgo) 725-726

Ackermann, Joseph (Associação Suíça de Banqueiros) 1485n

Acmecetca 436-437

Acordo de Haavara 139-40

Acordo de Tighina 404n, 948-50, 956-957

Adamovic, Franz von 1016-1017

Adenauer, Konrad 1456n, 1474, 1476-1477, 1478n

Adler (embarcação) 1222n

Adler, Fritz 155n

Adler, Lothar 155n

Administradores de bens/Depositários. *Ver* Empresas (judaicas)

Advogados (judeus) 89-90, 131-132, 533-534, 886-888, 937-938, 968-969, 992-993

AEG (*Allgemeine Elektrizitätsgesellschaft*) 730-731, 109n, 1096-1097, 1468

Agência Judaica (Palestina) 149-50, 1420

Agudath (Organização de judeus ortodoxos) 201-202, 594-595, 1484

Ahlwardt, Hermann 14-17, 460-61

Ahnenerbe 1172-74

Ahnert, Horst 787-788

Akiba (grupo religioso tradicionalista) 625n, 57

Alatri, Lionello 874n

Albânia 657-658, 834-36

Albert, Wilhelm 255-256, 399-400n

Albrecht, Erich 148n, 154n, 524-25n, 661-662, 672n, 702-703, 1324-1325, 1388n

Alderney 764n

Alemanha (estatísticas da população judaica) 1310, 1391, 1537-8

Alemanha (República Democrática da) 1479-81

Alemanha (República Federativa da)
indenização 1455-64, 1482-83
julgamentos 1351-59
população judaica pós-guerra 1439-42
reações psicológicas 1317-22, 1479-81
reparações 1474-82

Alepo 1421-22

Alexianu, Gheorghe 404n, 426n, 435-436, 437n, 941-942, 956-957

Alfieri, Dino 76ın, 795n

Alibert, Raphaël 740-741, 762n

Alimentação
fome 296, 301-3
nos campos 287-288, 1128-30, 1151-1152

nos guetos 293-302
racionamento 148-53, 294-295, 410-412, 1031-1032

Allers, Dietrich 1111n, 1363

Alletag (Ministério das Finanças, *Ostland*) 421n

Alliance (seguradora de Londres) 106-107, 108-109

Allianz-Versicherung (empresa) 35-36, 1494-96

Allwörden, Wilhelm 450-451

Almansi, Dante 820-821

Alojamento. *Ver também* Expulsões; Guetos (formação)
aluguéis 276-277
despejos 183-86, 924-925, 961-962, 1306-1307
distribuição de apartamentos 185-87, 233-234, 561-66, 581-583, 1032-1033
locações 131-132, 185-186
marcas 13-14, 196-197, 726-28, 855-856, 924-925, 1061-1062
nos guetos 235-236, 253-55, 276-277, 398-399, 406-407, 513-514
restrições 924-925, 1032-1033

Alpers, Friedrich 59, 431-432

Alsácia 656-657, 727-728, 741-742, 746-747

Alta Silésia 213-16, 573-574, 587-588, 1109

Altenburg, Günther 125-126, 857n, 861-862, 91ın, 1039-1040, 1050n, 1055n, 1363

Altenloh, Wilhelm 617-618

Altenstadt. *Ver* Schmidt von Altenstadt

1552 A destruição dos judeus europeus

Alter, Wiktor 1325n

Altmeier, Jakob 1398n

ALTREU (*Allgemeine Treuhestelle für die Jüdische Ausweerung*) 149-50

Altstötter, Josef 64-65, 1363

Aluerz (*Aluminiumerz-Bergbau und Industrie A.G.*) 997-998

Alytus 332-333

Ambros, Otto 1148-50, 1152n, 1361-63, 1172-73

Ambrosio, Vittorio 795-796

Amend, Karl 1107n

Amstelbank 109-110

Amsterdã 687-688, 699-703, 705-708, 710-711, 715-19, 1305

Ananiev 379-380

Ancker, Edinger 493-495

Ancona 23

Andorfer, Herbert 847-848

Andorra 689n

André, Fritz 122n, 127n, 562n, 731n

Angers 776-777

Anielewicz, Mordechai 604-6, 611-613, 613-14

Annecy 795-796

Ansel, Werner 1080-1081

Ansmann, Heinz 117n, 116n, 117-118, 691-92

Antal, István 1014-1015, 1037-1038

Antignac, Joseph 740-741

Antonescu, Ion

destino 1351-1352, 1363

impostos 965n

marcação de judeus 968-969

Odessa 350-51, 436-38

política de deportação 972-973

política de expulsão (Transnistría) 945-947, 948-949, 951-952, 954-56, 978-84

política de imigração 976-78

posição e personalidade 937-43

trabalho forçado 963n

Antonescu, Mihai 939n, 939-43, 948-949, 956-957, 835n, 966-967, 972-973, 975-77, 984-86, 1351-1352, 1363

Antuérpia 728-729, 735-736, 737-738

Apartamentos. *Ver* Moradia

Apfelbaum, Dawid 613-14

Apor, Vilmos 101-102

Arad 972-973

Arajs, Viktor 334n

Arájs, Viktors. *Ver* Arajs, Viktor

Argélia 758-60

Argentina 1367-69, 1372-74, 1375-1376, 1379-80

Arlt (ministro da Economia) 998n

Arlt, Fritz 1167-1168

Armênios 392-393, 938-939, 1333n

Armia Krajowa (Exército de Livre Resistência Polonesa) 584-86, 609-610, 613-614

Armia Ludowa. *Ver* Gwardia Ludowa

Armyansk 345-346, 127n

Arnim, Hans-Jürgen 789-790

Arnswalde 35-36, 37

Artemovsk 332n, 434-435

Arthur Eersen (firma) 1495

Artistas, músicos, escritores 91-93, 710-11

Artukovic, Andrija 871-872, 1363

Aschaffenburg 35

Asche, Kurt 664, 728-729, 736-737, 738n, 1364

Aschmann, Gottfried 1269n

Asmussen, Hans 1320-21

Asscher, Abraham 698-699, 704-10, 715-716

Assen 709-11. *Ver também* Westerbork
Assicurazioni Generali (empresa) 1494n, 1495-96

Associação Cristã de Jovens 784-785

Associação de Seguros dos Países Baixos 1284

Associação Nacional de Comissários de Seguros [National Association of Insurance Commissioners] (NAIC) 1495

Associação Suíça de Banqueiros 1484-85, 1486n

Associais 746n, 1066-1068, 1238-1239

Astra Werke 290-291

Atachi 950-54

Ataques aéreos

antecipados 563-64, 1031-1032, 1132-34

efeitos dos 561-64, 613-614, 1031-1032, 902n, 1411-112

pedidos dos judeus por 1042, 1051-53, 1412-16, 1420

Atenas 864-865

Atherton, Ray 1402n

Attlee, Clement 1427-1428

Audi (empresa) 1497n

Audinghen 735-736

Auerbach, Philip 1454-55

Auerswald, Heinz 253n, 255-57, 261-262, 266n, 267-268, 278n, 290n, 291-292, 301-302, 305n, 595-596, 1082n, 1364

Aumeier, Hans 1117-1118, 1203-1204, 1291

Auschwitz (campo)

assassinatos com gás e cadáveres 1088-90, 1203-6, 1207-9, 1211-1212

bombardeado 1213-1215, 1411-12

campo de extermínio 1046-49

ciganos 1244-45, 1409

como destino de transportes chegados de

Alta Silésia 285-286, 573-574, 1524

Bélgica 739-740

Bergen-Belsen 1205-1206

Berlim 547-548, 1139-1140

campo de concentração de Lublin 1139-1140

campos de concentração 535-6

campos de trabalho forçado 650-651

Croácia 875-876, 878-879, 882-883

distrito de Białystok 1524

Eslováquia 905-906

França 771-74, 787-788, 789-790,

Holanda 709-710, 719-720

Hungria 1032-1033

Itália 823-824, 826-827, 830-33

Łódź 544-45

Noruega 670-671

Prússia Oriental 573-574

Rhodes 869-871

Salônica 858

Theresienstadt 447n, 727-728, 1139-1140

Wartheland 573-574

confiscos 1174-1175, 1176-1177, 1183-85, 1187-89, 1190

construção 1086-1101

estimativa de judeus mortos 1109, 1535

experiências médicas 1161-1163, 1167-71, 1172-1173

fornecimento de gás 1100-8, 1108-1111

indústria 983-84, 1142-1144, 1494n

localização 920, 1084-1085

organização e pessoal 1086-1087, 1116-24, 1126-1127

orquestras 1131-1132

prisioneiros 535n, 1087-1088, 1091-1092, 1126-33, 1151-57, 1181-1182, 1184-1185

procedimento de chegada 671n, 1201-8

revoltas 1205-1206, 1215-7

segredos, rumores e relatos 734n, 717-719, 798-799, 909-910, 1017-1019, 1032-34, 1191-97, 1205-1206, 1397, 1409

seleções 1129-1131, 1202-1203, 1205-1206

Auschwitz (cidade) 1149-1150, 1196n

Ausnit, Max 964-966

Aussig 115-117, 117-118

Aust, Herbert 698n, 739n

Austrália 1388n, 1473n

Áustria 131n, 137n, 1318, 1135n, 1359, 1427-28, 1430n-2, 1439-1440, 1452n, 1453-6, 1496, 1500-2, 1537-8

Austríacos 687-688, 843-844, 848-849, 1113

Auxílio 25, 155-156, 168-169, 754-755, 967-968, 978-980, 981-982, 1061-1062, 1431-1432

Avarias (*Stabshauptamt*) 568n

Axa (seguradora) 1496

Azerbaijanos 392-393

B'nai Brith International 1484, 1498-9

Baatz, Bernhard 840-841

Babtai 332-333

Bach-Zelewski, Erich von dem

declarações do pós-guerra e destino 383-86, 1252-1253, 1281-83, 1289, 1335-1336, 1358, 1364

papel nos tempos de guerra 328n, 337-338, 377-378, 410n, 430n, 432-434, 1394-1395

Bachi, Armando 832-833

Bachmann, Hans 1224-1226

Backe, Herbert 57, 59, 83-84, 162n, 1364

Bad Tölz 35-36

Baden 85n, 197-198, 746-747, 763-764, 1454n

Bader, Paul 835-7, 849n

Badoglio, Pietro 818-819, 862-864

Baeck, Leo 197-202, 203-6, 516n, 528-529, 542-543, 543n, 546n, 1029-1031, 1124-6, 145in

Baenfer, Martin 82

Baer, Hans J. *Ver* Bär, Hans J.

Baer, Richard 1117-9, 1127-1128, 1216n, 1364

Baetz (major) 85in

Bagölyuk 1039-1040

Bagrianov, Ivan 1351-1352

Baia-Mare 1029-31

Baier, Hans 640n, 644n, 1072-1075, 1364

Baker, George 1456n

Bakhchisaray 427-428, 388n

Baky, László 1016-1017, 1038-1039, 1050-1051, 1052-3, 1364

Balbo, Italo 812-813

Ballensiefen, Heinz 317, 1016-1017

Balta 828n, 982-983

Bălți 348-349, 373-374, 379-380

Bamberg (cidade) 548-49

Bamberg, Georg 408n

Banco Nacional da Suíça 1486

Baneasa 939-941

Bang, Paul 31-32, 57, 81-83, 191-192

Bangert (Ministério da Justiça) 666n

Bank Austria 1493n

Bank der Deutschen Arbeit 725n, 734n

Bank Deutscher Länder 1476-1477

Bank Julius Bär & Co. 1485n

Bank of Manhattan 109-110

Bar 958-960

Bar Kochba, Simon 2ın

Bär, Hans J. 1485n

Barak, Zvi 1485n

Barandon, Paul 680-681

Baranów 1215

Baranowicze 346-347, 413-414, 441-43, 455-456, 1527-8

Baranyai, Lipót 995-996

Barbie, Klaus 802n

Barcs 1028n

Barcza, György 1012-1013

Bárdossy, László 988-990, 1004-6, 1364

Bardroff, Max 692n, 695n

Bargen, Werner von 661, 664, 728-729, 735-38, 1364

Bârlad 984-985

Barlasz, Chaim 1395, 1420

Barozi, Gheorghe 438n

Barry (cachorro) 1113-6

Barth, Heinrich 218-9

Bartha, Károly 999-1000

Barthélemy, Joseph 740-741, 755n, 767n

Baruch, Bernard 1313

Basarabeanu, Gr. C. (Conselho de Ministros romeno) 983n

Basching (WVHA) 1071

Basel 110-111, 190-191, 1395

BASF (firma) 1497-1498

Bastianini, Giuseppe 795n, 796-797

Batz, Rudolf 323-324

Bauder, Theodor 216-218

Bauer (*Reichsbahn*, Bruxelas) 741-742

Bauer, Otto 630-631

Baugeschäft Konrad Segnitz 1094-1096

Baum, Herbert 527n

Baumann, Hubert 104n

Baumert, Paul 1189n

Baur (Łódź) 287n

Baur, André 767n, 768-769, 780-781

Baur, Friedrich vom 1364

Baviera 85n, 187-188, 197-198, 207n, 1454-55

Bayer (empresa) 1497-1498

Bayer, Friedrich 370-371

Bayrhoffer, Walter 82, 1186n

Beaune la Rolande 764-66, 775-776, 779-780

Bebenroth, Erich 481-483, 896-897

Becher, Kurt 912n, 1017-1019, 1023-1024, 1306-7

Bechtolsheim, barão Gustav von Mauchenheim, genannt von 346-347, 1246n, 1359

Beck (gabinete de Sauckel) 523n

Beck, Ludwig 58

Beck, Oskar 499n-500n

Becker (OKW) 313n

Becker, August 387n-46n

Becker, Eugen 181-182, 182n

Becker, Helmut 1344

Becker, Henryk 595-596

Becker, Herbert 224-225

Beckerle, Adolf Heinz 663-64, 916-8, 921-922, 925-926, 929n, 930-2, 1364

Bedzin 239-240, 651-653

Beekman, Anneke H. 1443n

Beger, Bruno 1173-1174

Behr, Max von 733-734

Beisiegel, Philipp 81-83, 395n, 519n

Belaya Tserkov 329n

Belev, Alexander 917-918, 926-31

Bélgica
  desenvolvimentos na 727-40, 1120
  estatísticas 728-729, 732, 739-740, 1310, 1537-8
  julgamentos de crimes de guerra 1348, 1351-1352, 1366-8, 1380-1381, 1383-1384
  Ruanda e 1508

Belgrado 838-840, 847-9, 1299

Belin, Ferdinand Lammot 1409

Belin, René 740-741

Bellwidt, Walter 612

Bełżec (campo de extermínio)
  assassinatos nas câmaras de gás e corpos 1191-1192, 1940-41, 1210-1211
  como destino de transportes 573-574, 583-584, 590-591, 975-976, 1109
  confiscos 1176-1177

construção e layout 1078-80, 1082-4

contagem de mortos 1109, 1110n, 1430

fechamento do campo 1212-1213

orquestra 1200-1201

pessoal 1108-1111, 1113, 1134-1135

procedimento de chegada 1200-2

segredos, rumores e relatos 585-586, 618n, 1195-1196, 1199-1200, 1397

Bełżec (campo de trabalhos forçados) 285-286, 288n, 288-289

Bełżec (cidade) 585-6

Ben-Gurion, David 1413n, 1423, 1474

Benda, Adalbert 1138n

Bender (Ministério das Finanças) 787n

Bender, Horst 534-535, 787n, 1255-1256, 1364

Bendorf-Sayn 529-31

Bene, Otto 664, 704-6, 706n, 708n, 713n-714n, 625-26, 717n-18n, 1364

Benthin, Adolf 633n

Bentivegny, Franz-Eccard von 312

Benvenisti, Misu 972-973

Benzler, Felix 664, 836-837, 838-41, 845-8

Bérard, Léon 756-758

Berdichev 330-331. 338-339

Berenson, Bernard 824-7

Berezovka 437-438, 1246, 1532

Berg (campo) 669-670

Bergen-Belsen 714-715, 719-720 804-805, 831n, 832-833, 858, 861-862, 1043-1045, 1219-20, 1222-4

Bergen, Diego von 784-5n

Berger, Gottlob
  atividades de propaganda 1266-7
  destino 1343, 1364

Índice remissivo **1557**

Escritório Central da ss 218n, 221-2, 449n

Eslováquia 885-886, 911-912

financiamento da ss 221n

Hungria 1010-11, 1060n

Ministério do Leste 428-429

sobre Hans Frank 219n

Unidade Dirlewanger 287n

Berger, Hugo-Fritz 82, 690n

Berger, Wolfgang 317

Bergmann (Estônia) 1246n

Bergmann, Heinrich 1246n

Bergmann, Helmut 660, 794n, 795n, 817n, 860n, 962n, 862n, 1001n, 1010n

Bergmayer (Polícia de Campo Secreta) 865n

Bergson, Peter 1407-1408

Bergwerks Aktiebolaget Freja. *Ver* Freya Beringer (Ministério do Leste) 427-428

Berle, Adolf A. 1397n

Berlim

apartamentos 563-4

deportações 236-237, 409n, 528-529, 541-3, 1139-1140

estatísticas da população de judeus 168-169, 541-542, 545-546, 1299

estrela de Davi 195-196

mão de obra/trabalho 518-519, 520-521, 546-8

organizações da Comunidade Judaica 199, 526-9, 542-7

protesto de Lichtenberg 554-6

Berliner Handels-Gesellschaft 559-61, 1260n

Berliner Illustrierte 236-237

Berliner, Cora 205-206

Bernburg 1076-1077, 1113-1115

Berndorff, Emil 317, 536n

Berndt, Alfred-Ingemar 164n, 189n

Bernstein, Philip 1435n

Bershad 955-956

Bertelsen, Aage 682-683

Bertram (*Sonderführer*) 1002n

Bertram, Adolf Johannes (cardeal) 196

Beslegic (governo croata) 871-872

Bessarábia 329-30. 335-36, 401-4, 435-36, 922-7, 944-52, 960-1019, 983-84

Best, Werner

destino 1351-1352, 1364

Dinamarca 664, 673-85

França 742-743, 747n, 770n

Polícia de Segurança 190-191, 315-316, 461-463

Bethlen, Béla 1034-1035

Bettauer, Hugo 27-28

Beuttel, Kurt 593n, 638n

Beyer (okw) 918n

Biala Podlaska 652n

Białystok (cidade) 330-331, 1126-27

Białystok (distrito)

administração alemã 401-404, 430n, 616-18

deportações de 573-574, 577-578, 1109, 1245

estatísticas 330-331. 1524

fuzilamentos 336-337

população polonesa 355n

Białystok (gueto) 581-583, 617-618, 643-644, 1290n

Biberstein, Ernst 290-91, 360-361, 1279-1280, 1364

Bichelonne, Jean 740-42

Biddle, Francis 1327

Biebow, Hans

confiscos 251n, 1174-1175, 1179n

deportações do gueto de Łódź 589n, 618-22

deportações para o gueto de Łódź 302-3

destino 1364

fornecimento de alimentos 296n, 299-300

Kulmhof 1174-1175, 1210-1211

posição 255-256

saques 652n

utilização de mão de obra 287n, 289n

Bielfeld, Harald 863n

Bielorrússia. *Ver* Rússia Branca

Bierkamp, Walter 224-225, 323-324, 640-641, 648n, 649-650, 1365-66

Bijenkorf (empresa) 690n

Bilfinger, Rudolf 316, 497-498, 566n, 1365-6

Binder, Paul 103n, 104n, 129n, 130n

Binding, Karl 1075n

Binger, Ludwig 577-578

Birk, Louis 556

Birkeland, Paul M. 1410n

Birkenau. *Ver* Auschwitz

Bischof, Max 256-257, 265n, 290-92, 298-99

Bischoff, Karl 1088n, 1092n-1093n, 1098n, 1099n, 1116-1117, 112n, 1127-1128, 1169n, 1191-1192, 1211n, 1216n

Bismarck, príncipe Otto von 879-880

Biss, Andreas 1046n

Bitburg 1321-32

Biuletyn Informacyjny 641n

Blankart et Cie 109-110

Blanke, Kurt 741-742

Blankenburg, Werner 1112-1111, 112n, 1070n, 1071, 1365-6

Blaschke, Hanns 1045-1046

Blaskowitz, Johannes 209-210, 217-218, 1344n

Blizyn 639-641, 645n

Blobel, Paul 323-324, 366-367, 406-407, 1208-1210, 1344, 1349, 1365-6

Bloch, Albert 694-695

Bloch, Lippman 694-695

Bloch, Rolf 1486n

Blomberg, Werner von 58, 91

Blome, Kurt 67-68, 1365-1366

Blücher, Franz 1349

Blücher, Wippert von 667n

Blum, Abrasza 606

Blum, Marcel 737n

Blumberg, David 1405-1406

Blume, Walter 323-324, 1365-1366

BMW (Bayrische Motorwerke) 1497-1498

Bobelis, Jurgis 359n, 399n

Bobermin, Hans 1072-1075, 1142-1144, 1347n, 1365-66

Bobruysk 331-332, 334-335, 422n

Bock, Fedor von 1365-1366

Bock, Wilhelm 323-24, 541-542, 759n

Bockelberg, Alfred von 742-743, 649n, 806n

Bockhorn, Wilhelm 897n

Boda, Ernö 1020n

Bode (capitão) 416n

Boden, Hans August Constantin 1004-1005, 1016-1017, 1024-1025

Boegner, Marc 786n

Boehm, Johannes 596-597

Boekh, von (Administração Civil, Holanda) 690n

Boemelburg, Carl 744-746

Boêmia-Morávia. *Ver* Protetorado

Bogdanov (Embaixada Soviética, Berlim) 254-55

Bogdanovca 435-37

Bogdanovka. *Ver* Bogdanovca

Boger, Wilhelm 1409

Bogomolov, Alexej 1325n

Bohle, Ernst Wilhelm 72-73, 660, 663n

Böhm, Franz Josef 1475-77

Böhmcker, Heinrich 697n, 697-99

Böhme, Franz 835-37, 841-43, 1344n, 1365-6

Böhme, Hans Joachim 381-382, 398n

Böhme, Horst 429-430, 565n

Böhmische Escompte Bank 98-100, 102n, 103-4

Böhmische Union Bank 103-104

Bohr, Niels 681-682

Böhrsch, Herbert 911n

Bohumin 883-884, 1042

Boicote (contra os alemães) 42-43

Boicote (contra os judeus) 35-36, 99-102, 199

Boikat (Grodno) 652n

Bojilov, Dobri 917-918

Boley, Gottfried 493-95, 497-498

Bolonha 815-816, 827n, 829n

Bolzano 832-833

Bömelburg, Carl 744-746

Bönner, Egon 406n

Bonnet, Georges 463-464

Boos, Geza 1410

Böpple, Ernst 215-216, 519n, 626n, 626-27

Bor (minas de cobre) 1000-1001

Bor-Komorowski, Tadeusz 584-585

Borcescu, Traian 963n

Bordeaux 775-79

Borer, Thomas 1485

Börger, Wilhelm 81-83

Borgo San Dalmazzo 801-802

Borgonini-Duca, Francesco 1948-1949

Bóris III (Rei da Bulgária) 917-918, 925-28, 929-31

Boris, Andrè 758-759

Borisov 368-69

Borispol 388-91

Bormann, Martin

destino 1365-1366

discursos sobre corrupção 279-80

expulsões 235n

Holanda 714n

hospedagem 183-84n, 184-85n, 563-64

Hungria 1010-11

incidente de Przemysl 632-33n

julgamento 533-34n, 535-36n, 1166-7

massacres 48-9, 196-97n

posição 60

Solução Final 466-68, 469n

Börne, Ludwig 11-12

Boryslav 1308

Bosch (empresa Robert Bosch) 35

Bosnak, Franz 888-89n

Bósnia-Herzegovina (pós-guerra) 1504n

Bosshammer, Friedrich 478-479, 664, 818-818

Bothmann, Hans 1108-1111, 1212-1213, 1365-66

Bottai, Giuseppe 812-813

Böttcher, Herbert 224-225, 592-594, 649-650, 1365-1366

Boué, Lucien 740-741

Bouhler, Philip 60, 1075, 1077-1078, 1112-1111, 1169-1170, 1175

Bousquet, René 740-741, 773-774, 782-783, 783n, 786n, 787-788, 793-794, 798-799, 1365-1366

Bouthillier, Yves 740-741, 754n, 761n, 766n

Bovensiepen, Otto 541-542

Bracht, Fritz 213-215, 1086n, 1089-1090, 1192-1193, 1264-1265, 1365-1366

Brack, Viktor 932-33, 1083n, 1108-1111, 1112-1111, 1169-1170, 1189-1191, 1365-1366

Bracken, Edmund 248-49n

Bradfield, Michael 1494

Bradfisch, Otto 323-324, 1365-66

Braeckow, Ernst 159-60n

Braemer, Walter 409-10n

Bralley, Louis 740-741

Brand, Joel 1040-1041, 1043-4, 1417-18, 1515-16n

Brandemburgo (estação de eutanásia) 1076-1077, 1113-1115

Brandes, Georg 32n

Brandl, Josef 218-219

Brandner, Johann 865n

Brandt (Kreishauptmann, Pulawy) 232n, 283n, 1234n

Brandt, Karl 1076-1077, 1162, 1161-63n, 1365-66

Brandt, Karl-Georg 596-597

Brandt, Rudolf

campos de concentração 1074n, 1108n, 1112n, 1124-1126, 1155-1156, 1212n

confiscos 1175-1176, 1179n, 1183n

destino 1365-1366

experiências médicas 1166-1167, 1168-1169, 1172-1173, 1173n

Hungria 1025n

Minsk 449n

negócios com Kube 449n

relatório de Korherr 1518-1519

Romênia 938n

ruínas do gueto de Varsóvia 615n

Theresienstadt 516n

utilização de mão de obra 525n, 531n

Brasch, Friedrich 423n

Brasil 1375-1376, 1383-1384

Brasov 995n

Bratislava 484, 893-894, 912-913, 1301n

Brauchitsch, Walter von 58, 209-10, 285-86, 312, 321-22, 722n, 749-50, 805n, 1350-51, 1365-66

Bräuer, Bruno 835

Braun (Ministério das Relações Exteriores) 661

Braune-Krikau (major) 287-88n

Braune, Fritz 323-324

Braune, Werner 323-324, 311n, 1349, 1365

Braus, Karl 1148, 1150-1151, 1151-52n

Bräutigam, Otto 399-400, 406-8, 427-428, 440n, 949n, 956n, 1004n, 1078-1079, 1221n, 1366-1367

Brawer, Dawid 397n

Bredow, Leberecht von 617-618

Breendonck 736-737

Brehm (*Stabshauptamt*) 630n

Breithaupt, Franz 221-222

Bremenburg, A. (ss) 972n

Brenecke, Karl 759n

Brener, Maurice 798n

Brenner (Polícia de Ordem, Galícia) 590n-592n

Brenner, Harro 671n

Brentano, Heinrich von 1481-82

Breslau 168-169, 196-197, 213-215

Brest-Litovsk 331-332, 336-337, 413-14, 456-457, 1527n

Breyer, Hans-Joachim 312, 389-391, 391-392, 759n

Breyhan, Christian 668n

Bridoux, Eugene-Marie 740-741

Briese, Paul 1152-1153

Brigada Judaica 1427-1428

Brinckmann, Fritz 1467-8n

Brinkmann, Rudolf 57, 81-83, 133-134, 135n

Brinon, Fernand de 740-41, 770-771

Britsch, Walter 109n

Brix, Fritz 616-617

Brizgys, Vincent 353-354, 1366-1367

Brno 537-539

Brocke, Carl 316

Bronfman, Edgar M. 1484, 1485n, 1487-8, 1501n

Brosteanu, Emil 380n, 390n, 849n

Brown, Boverie et Cie. 691-692, 730-731

Brucher Kohlenwerke A.G. 115-18

Brück, August 1096n

Brüggemann, Max 1148

Brunhoff, Kurt Heinrich Eduard 1016-1017

Brunner Verzinkerei/Brüder Boblick 518n, 1260n

Brunner, Alois
  Berlim 546-547
  destino 1366-1367
  Eslováquia 664, 911-912
  França 664, 744-746, 786n, 790n, 698-99
  Salônica 664, 853-854, 857-858
  Viena 508-509, 528-529, 540-541

Brunner, Anton 540-541, 1366-1367

Bruns (Ostland) 419n, 420n

Bruns, Georg Viktor 660

Brüsseler Treuhandgesellschaft 733-34

Brüx 115-117

Bruxelas 728-729, 735-736, 737-738

Bryansk 432-434

Brzesc. *Ver* Brest-Litovsk

Brzezinka. *Ver* Auschwitz

Brzeziny. *Ver* Löwenstadt

Bucareste 933-35n, 948-949

Buch, Walter 39n, 44, 60

Buchenwald 39n, 702-703, 804-805, 1216-17, 1224-1226, 1245

Bucher, Rudolf 371-372

Bucovina 329-330, 348-349, 401-404, 932-37, 944-47, 950-949, 981-982, 983-984

Budak, Mile 871-872

Budapeste 1027-1028, 1031-33, 1049-50, 1438-39

Budzyn 639-641, 647-648

Buffarini, Guido 819-820

Buhl, Vilhelm 673-674

Bühler, Albert 689n

Bühler, Josef
confiscos 65in
destino 1334, 1351-1352, 1366-1367
Maydanek (campo de Lublin) 1213n
posição 215-216
Solução Final 472-77, 571-73, 583-584, 59in

Bührmann, Robert 273-274

Bulgária
desenvolvimentos nos · tempos de guerra 524-525, 915-33
desenvolvimentos pós-guerra 1310, 1367-1368, 1403, 1439-1440, 1441, 1445-1446, 1451-53n, 1458

Bülow-Schwante, Vicco K. A. von 66n

Bülow, Bernhard Wilhelm von 660

Buna. *Ver* I.G. Farben/Auschwitz

Bund (organização socialista judaica) 594

Bundke, Otto 615n

Bunjes, Hermann 805n

Buradescu, Sever 960n

Burböck, Wilhelm 1069

Bürckel, Josef 100n, 181-182, 464-465, 465-466, 656-657, 741-742, 746-747

Burckhardt, Roger 856-857

Bureau de secours national (sistema de bem-estar social francês) 754-755

Burg, Avraham 1485n, 1487, 1490n

Burger, Anton 513, 664, 519n, 867-868, 1366

Burger, Wilhelm Max 62in, 1074n, 1072-1075, 1174-1175, 1190

Bürgin, Ernst 1148

Burgsdorff, Carl Ludwig 218-19

Bürkner, Leopold 312

Burmeister, Wilhelm 423n

Burzio, Giuseppe 898-899, 908-909

Busch, Alfred 126n

Busila, Constantin 941-942

Busko 232-233

Bussard (embarcação) 1222n

Bussière, Amédée 740-741

Bussmann, Walter 787n

Bütefisch, Heinrich 1148, 1152n, 1346-1347, 1361-1362, 1366-1367

Butkunas, Andrius 358-59n

Buttlar-Brandenfels, Horst 100in

Byrode, Henry A. 1455n

Cado, Henri 782n

Cadogan, Alexander 1327

Cães 963-64, 1120-1121, 1133-1134

Calarasi 943-944

Callmann, Rudolf 1455n

Calotescu, Corneliu 941-942, 824-25, 1366-1367

Câmaras de gás 1082-84, 1092-93

Camboja 1506-8

Campos de concentração 1065-75, 1115-27, 964-81, 984n, 1141. *Ver também* entrada dos nomes individuais dos campos

Canadá 1438-1439

Canaris, Konstantin 617-618, 728-729, 737n, 1366-67

Canaris, Wilhelm 312, 321n, 325-26, 389-91, 391-392, 430-432, 1366-1367

Cancicov, Mircea 938n, 941-942

Cannes 793-794

Cannon, Cavendish W. 970n, 1401n

Capon, Agosto 832-833

Carbidwerke Deutsch-Matrei A.G. 98

Cardaş, Agricola 941-942

Cardosi, Clara Pirani 832n

Carità, Mario 824n

Carl, Heinrich 439-40, 455n

Carlucci, Frank 1361n

Carol II (rei da Romênia) 937-938

Cárpatos-Ucrânia 1029-1031, 1039-40

Carstersen, Pay 493-495

Carteiras de motorista 186-187

Carter, James E. 1326

Casa de penhores (Pfeleihanstalt, Berlim) 566-567, 1185n, 1187-90

Casamentos mistos. *Ver também* proibição de casamentos mistos

Alemanha 91, 183-86, 195-196, 500-5, 487-88, 569-71, 1305

Áustria 553-4

Bélgica 728-729, 737-738

Bulgária 922-923, 926-928

Croácia 882-883

Dinamarca 683-684

Eslováquia 903-904

França 763n, 802-803

Grécia 855-856, 864-865

Holanda 708-10, 712-15

Hungria 1026-1027

Itália 809-10, 813-14, 828-29, 830-31

Mogilev 1305n

Noruega 671-672

Romênia 968n-970n

Casdorf (Ministério das Finanças) 82, 1086n, 1231n

Castellane 796-797

Castruccio, Giuseppe 860n

Cate, Cornelius Ludovicus ten 698-699

Cathala, Pierre 740-741

Čatloš, František 884-885, 1366-1367

Cáucaso, caucasianos 392-3

Cavendish-Bentinck, Victor 1413

Celler, Emanuel 1437-1438

Cemitérios 257-258, 266-267, 420-421, 942-943, 1317

Central-Verein deutscher Staatsbürger jüdischen Glaubens (principal agência de judeus assimilacionistas) 50-51

Central-Verein Zeitung [Associação Central de Jornais] 50n, 51

Centrala Evreilor din Romania [Centro Judaico na Romênia] 963-964, 964-66n, 836-37, 973-974

Centre de Documentation Juive Contemporaine [Centro de Documentação Judaica Contemporânea] 1197n

Centro de Organizações de Sobreviventes do Holocausto em Israel 1484

Cernatescu, Constantin 968n

Cernăuți 330-331. 348-349, 944-47, 951, 1301n

Chaillet, Pierre 784-785

Châlons-sur-Marne 776-777

Chancelaria do Führer. *Ver* Partido Nazista

Chancelaria do Reich 65-66, 78-79

Chanchelaria do Partido. *Ver* Partido Nazista

Chanler, William 1329n

Channel Islands 874-81

Charleroi 728-729, 735-7

Charvat (presidente da Polícia, Praga) 187-8

Chęciny 253-254

Chełm 211n, 1195-1196

Chełmno. Ver Kulmhof

Chemnitz 206-207n

Chernigov 334-335

Chernovtsy. Ver Cernăuți

Chieti (campos) 815-816

Chile 765-766, 1380-1381

Chipre 21n, 1435

Chişinău 330-331. 944-47, 951-950

Chmielewski, Karl 710-711

Chorazycki, Julian 1136-1137

Chorin, Ferenc 1024n

Christian x (rei da Dinamarca) 596

Christiansen, Friedrich 702

Christiansen, Werner 1106-1105

Christmann, Kurt 323-324

Christov, Docho 917-918

Churchill, Winston 1323, 1327, 1390, 1424

Chvalkovský, Frantisek Karel 125-126

Ciano, Galeazzo 663n, 690-1, 808-9, 810-12, 815-18, 875-76, 1267-8n

Ciechanów 269-270

Ciganos

definição 1241-3

experiências médicas com 1163-1164, 1166-1167, 1172-1173

expulsos, deportados 227-28, 235-37, 746n, 914-15, 1243-44

fuzilamento de 375, 404-406, 427n, 432-4n, 841-42, 843-44, 1245-46

indenização 1493-94n

mortos nas câmaras de gás 1243, 1245

Cimon (*Einsatzkommando*, Luxemburgo) 1079n

Clahes, Dietrich 563

Class (*Kreishauptmann*, Sanok) 580n

Clauberg, Carl 1167-69, 1169-70n, 1351-1352, 1366-7

Clay, Lucius 1346-1347

Clejan, Hermann 968n

Clermont-Ferre 763n, 1305

Clinton, Bill 1510

Clodius, Karl 661-662, 995-996

Cluj 1029-1031, 902n, 1043-1044

Coelln, Karl-Günther von 139-140, 666n

Coha-Bank 109-110

Cohen, David 698, 708-709, 715-716

Cohn, Conrad 205-206

Cohn, Ilse 205-206

Colli, Carlo 846-847

Colmar 746-747

Colombo, Francesco 824n

Colônia 168-169, 236-237, 536-537, 552-553

Comandos territoriais do Exército 314

Bélgica e norte da França 729-730

Croácia 835

Dinamarca 673-674

Distrito II 368n

Distrito IX 372n

Distrito VII 393-395

Distrito VIII 368n, 1136-1137

Distrito XVII 368n

Distrito xx 368n, 388-390

Distrito XXI 208-209, 368n, 55ın

França 741

Generalgouvernement 217, 592n, 612

Grécia 835

Holanda 701-2

Itália 818-19

Salônica 851-853

Sérvia 835-37

União Soviética (ocupada) 402, 413-15

Comissão Internacional sobre as Reivindicações de Seguros Referentes à Época do Holocausto 1496

Comissão Presidencial do Holocausto 1315-1316, 1326

Comitê Conjunto de Emergência sobre a Questão dos Judeus Europeus 1403

Comité d'Assistence aux Refugies (CAR) [Comitê de Assistência aos Refugiados] 766-767

Comitê de Serviço dos Amigos Americanos 784-785

Comitê Independente de Pessoas Eminentes 1484, 1487

Comitê Intergovernamental para Refugiados 1247n

Comitê Judaico Americano 1407-1408

Comitê Judaico-Americano de Distribuição Conjunta 754-755, 769n, 1434n, 1438-1439, 1473n, 1484

Commerzbank 96n, 561

Compagnie des Mines de Bor 1000n

Compiègne 770

Comunistas 345-346, 350-351, 446-447, 594-595, 598n, 604-6, 609-610, 613-614, 1065-66

Conferência de Bermuda 1403-1404

Conferência de Moscou sobre os Criminosos de Guerra 1327

Conferência de Reivindicações Materiais Judaicas contra a Alemanha 1467n, 1474n, 1482, 1500

Conferência de Reivindicações. *Ver* Conferência de Reivindicações Materiais Judaicas contra a Alemanha

Conferência Judaica Americana 1429-30, 1328, 1340, 1401-1402, 1407-1408

Confiscos (natureza dos)

Alemanha 556-71

Bélgica 733-734, 733-735

Bulgária 924-925

propriedade "abandonada" 270-271, 651-54, 720-23, 830-831, 859-860, 960-62, 1250-51

Confiscos (por localidade)

Croácia 880-881

depósitos bancários 422-423, 560-61, 720-721, 924-925

distribuição dos objetos 271-76, 561-70, 733-734, 733-5, 807-808, 837-838, 842-843, 864-865, 998-999, 1175-91

Eslováquia 888-91

França 805-5

Grécia e Rhodes 858, 864-66

Holanda 720-23

Hungria 1023-1024, 1062-1063

imóveis 560-63, 733-735, 812-813, 961-962

Itália 812-13

Luxemburgo 725-726

mobiliário 275-276, 567-70, 721-722, 733-734, 807-808

Noruega 668-669, 669-670

nos campos de concentração 1173-91, 1217-1218

objetos de arte720-721, 805-806

ouro, joias, relógios 279-280, 422-423, 669-670, 720-721, 791-793, 821-822, 1175-1176, 1180-1181, 1184-90, 1208-1210

peles 278-279, 733n, 890-891, 1174-1175, 1179-1180, 1190

pensões e apólices de seguro 553-61

Polônia 268-80, 627-628, 651-53

propriedade agrícola 812-15, 888-889, 960-961, 995-994, 998-999

reinvidicações e créditos 556-59, 837-838

Romênia 960-62

Sérvia 836-837

Tunísia 791-793

União Soviética (ocupada) 419-27

Congresso Judaico Americano 1311, 1313n, 1498-1499,

Congresso Judaico Mundial 1484-86

Conolly, Tom 1429

Conselho Federal de Igrejas 1339

Conselho para Refugiados de Guerra. *Ver* Estados Unidos

Conselhos judaicos (estratégia e papel) 698-99, 1290-91

Conselhos Judaicos e Organizações Comunitárias (geografia). *Ver também* nos nomes de cada cidade e gueto

Alemanha 189-90n, 197-206, 528-529, 536-39, 542-48, 552-54, 556-58n, 561-63, 565-66

Áustria 528-529, 539-42, 553-54

Bélgica 733-35

Bulgária 925-926

Croácia 878-879

Dinamarca 679-680

Eslováquia 891-94, 898-901

França 753-54, 766-70, 780-4, 797-798, 803-804

Holanda 689-701, 704-6, 708-709, 711-7

Hungria 1017-21, 1026-1027, 1039-41, 1059-1061, 1297, 1419

Itália 820-821

Polônia 211-3, 231-232, 240-6, 287n, 630-1

Praga 537-539, 553-554

Rhodes 868-869

Romênia e Transnístria 942n, 952-954, 956-957, 963n, 964n, 966-8

Salônica 854-855, 857-858, 865-866

União Soviética (ocupada) 397-99, 404-406

Conservação de arquivos 1541-4

Consistoire Central des Israëlites de France 753-5, 781-782, 783-784

Constanta 985-986

Constantinescu, C. Al. Atta 941-942

Conti, Leonardo

dr. Hagen 492-3

esterilizações 437n

pacientes judeus com doenças mentais 529-30

política com relação aos poloneses 1241

posição 57, 60, 1162

rações 165-166

suicídio 1343, 1366-1367

Continentale Bank 637-37

Continentale Wasserwerkgesellschaft 1094-1096

Contrabando 152-153, 248-249, 667. *Ver também* Mercado Negro

Convenção para a Prevenção e a Repressão do Crime de Genocídio 1504-5

Convertidos aos Cristianismo 619. *Ver também* "Judeus", definição

Alemanha e Áustria 63-64, 547n

Bulgária 918-20, 926-928

Copenhagen 1304-5

Eslováquia 781-83

Holanda 708-709, 712-714

Hungria 990-3, 1025n, 1026-1027, 1061-1062

Itália 813-4n, 814-815

Polônia 261-262

Romênia 936-8

Coradello, Aldo 1304

Corfu 657-658, 834-5, 866-8

Cornides, Wilhelm 1195n

Corrupção 279-280, 288-9, 359-360, 456-8, 1123-27, 1178-1179

Cosăuți 948n, 951-950

Cosenza (campo) 815-816

Coulon, Albert Karl 254n

Cowles, Gardner 1324n

Cracóvia (cidade) 216-218, 230-2, 241-242, 269-70, 281n, 283, 283n, 466-8, 856-857

Cracóvia (distrito) 218-219, 224-225, 573-574, 632-33

Cracóvia (gueto) 246-247

Cramer, Hans 752n, 419-420

Craushaar, Harry von 625n, 729-730

Credit Suisse Group 1485, 1487, 1490n

Creditanstalt (Viena). *Ver* Österreichische Creditanstalt

Cremasto 868-869

Cremese, Cesare 795-796

Creta 657-658, 834-6, 866-867, 868-869

Cretzianu, Alexandre 813n, 941-942, 964n

Crianças. *Ver também* herança, escolas, adoções 813-814

apreendidas 432n, 585-586, 618n, 737-738, 758-759, 782-7, 802-4

assassinadas 328-329. 360-361, 380-381, 455n, 847-9, 1076-1077, 1113-1115, 1201-3, 1236-1237, 1345

emigração 985-986

escondidas 784-785, 1441-1442, 1443

mestiças [*Mischlinge*] 159-61, 180-181, 184-185, 490-1

nos campos 782-783, 874-6, 1201-3

nos guetos 257-258, 259-260, 301-302, 618-619

órfãos, orfanatos e abrigos 585-586, 598-600, 739-740, 786-787, 798-799, 801-4, 911-912, 981-982, 983-984, 1031-1032, 1043-1044

rações 165-166, 545-546

transportes 714-5, 779-81, 782-7, 899-901, 1294-5

trocas propostas aos alemães 1403-1404

Crimeia 368-369, 434-5, 1246

Crimeia-Tauria (*Generalbezirk*) 400-1

Croácia 524-525, 774-775, 847-848, 871-4, 1246, 1468

Cront, Gheorghe 941-942

Cropp, Fritz 63-64, 1162

Cruz Vermelha Alemã 1189-1191

Cruz Vermelha Internacional 681-682, 759-60n, 977-978, 1050-1051, 1224-7, 1396n, 1425-1426

Crvenkovic (governo croata) 871-872, 880n

Csáky, István 1002n

Csatay, Lajos 1014-1015

Cservenka 1000n

Cuba 1391

Cuenca (médico judeu, Salônica) 856-857

Cukierman, Yitzchak 598-600n, 606, 605-607, 611-3n, 615n

Culpa coletiva 1320-1

Cuptor, I. (Romênia) 968n

Cyanamid Corporation 1101-1102

Cyrenaica 21n, 815n

Czerniaków, Adam
alimentação e saúde no gueto 298-299, 300-1, 305-6
angústia 1293-1294
deportações 595
formação do Gueto de Varsóvia 249-52
mão de obra 280n, 283-285, 286-7n
orçamento e finanças no gueto 265n, 266-8, 278-279
posição 212-213, 241-242, 255-256
problemas administrativos 261-262, 266-267

requerimentos 1285-1286, 1286n
resistência judaica 594-595
suicídio 597-598

Częstochowa 246-247, 267n, 283-285, 620-621, 632-633, 647-648, 1234

Czortków 357-358

Dachau 39n, 1144-45, 1066-68, 1159-60, 1163-64, 1184-85, 1219-22, 1223n

DAF (*Deutsche Arbeitsfront*) 38n, 99-100, 193n, 255n, 400-401, 466-8, 490-491, 1334

DAG (*Deutsche Ansiedlungsgesellschaft*) 274-5

Daimler-Benz (empresa) 375n, 1260n, 1285

Đakovo 875-876

Dalla Costa, Elia (cardeal) 705-708

Dallaire, Romeo 1509-10

Dalmácia 872-874

Dalnik 350-3, 436-7n

Daluege, Kurt
1ª Brigada de Infantaria 338-9n
destino 1366-1367
massacre de 1938 44
posição 221-222
relatórios da força de resistência para Wolff 223n, 429n, 430n, 574n, 697-8n, 776n, 793n
Schutzmannschaft 429-430, 1240n
trens especiais 549-50n

Danckelmann, Heinrich 835-7

Danckwerts, Justus 1004n

Danica 874

Dannecker, Theodor
Bulgária 664, 916-8, 928-929

destino 1366-1367

França 664, 744-46, 747-8n, 754n, 764-65, 770-1, 779-80, 782-83, 805n

Hungria 664, 1017-1019

Itália 664, 818-819, 824-826

Polícia de Segurança 565n

Danulescu, Constantin 941-942

Danzig 211-212, 213-215, 274n, 1537-8

Darda 1027n

Dardel, Gustav von 682-3

Dargel, Paul 62, 452-453

Dargs (Ministério do Leste) 1004n

Darlan, François 740-741, 754n, 766n, 787n

Darquier de Pellepoix, Louis 646-47, 769n, 779-780, 781-82, 1366

Darré, Walter 57, 83, 99-100

Daugavpils 294n, 332-333, 440-441, 1245

Davidescu, Gheorghe 969-970

Davidescu, Radu 313n, 352n

Davis, Elmer 1324n, 1396n

DAW (*Deutsche Ausrüstungswerke*) 639-641, 641-642, 643-5n, 566-68, 1069, 1091-1092, 1143-1144, 1185-6, 1494n

De Bono, Emilio 812-813

Déat, Marcel 740-741

Debevoise, Dickinson 1498-1499

Deblin 1082-1083

Debrecen 1042n

Declaração de Moscou de 1943 1323-5, 1328, 1333n, 1351-2

DEGESCH (*Deutsche Gesellschaft für Schädlingsbekämpfung* mbH.) 1101-2

DEGUSSA (*Deutsche Gold- und Silberscheideanstalt*) 1103, 1497-9

Dej 1029-30

Dejaco, Walter 1092-3n, 1210n, 1366-7

DELASSEM (Delegazione Assistenza Emigranti Ebrei) 820-821

Delbrück, Ernst 668n, 669n

Delius, Hans Conrad 111-112, 115n

Dellbrügge, Hans 1336n

Dellschow, Fritz 691n, 692n, 694n, 695n, 721n

Deloncle, Eugène 770-771

Delta Flugzeughallen- und Barackenbau GmbH 647-648

Dengel, Oskar Rudolf 255-6n

Dentistas 85-86, 100-101, 132n

Denúncias. *Ver* Esconderijos

Deppner, Erich 711-712

Descendentes de alemães

Cidadania alemã 1238-1239

Como deslocados 1436-37

Como recebedores de bens confiscados 273-76, 415-416, 419-420, 428n, 725-726, 836-837, 1183-1184, 1185, 1190

Eslováquia 898-899, 906-908

na ss 1121-1122

Polônia 227-9, 287-288, 581-583

Sérvia 837-838

União Soviética (ocupada) 360-361, 425-7n, 437-438

Descoeudres, Pierre 759n

DeSola Pool, David 1340n

Dessauer Werke für Zucker und Chemische Industrie 1101-1102, 1103-5

Dessel, van (Bélgica) 733-735

DEST (*Deutsche Erd- und Steinwerke*) 714-715, 1069, 1143-1144

Dettmer (*Kriegsverwaltungsrat*) 493-5n

Deutsche Asbest Zement A.G. 730-731

Deutsche Bank 93n, 98, 103-104, 109-110, 492, 691-692, 1467n, 1497-1498

Deutsche Ukraine Zeitung 765-766

Dewey, Thomas 41-42

Dexter, Robert C. 1408n

Dey 1029-31

Diamant (judeus veteranos de guerra, Viena) 508-9n, 510n, 511n, 513-4

Dibelius, Otto 92-93

Dieckhof, Hans 41-42, 524-5n

Diehm, Christoph 224-5

Diels, Rudolf 311, 1065-1066

Diesselberg, Paul 689-90n

Dietrich, Hugo 124n

Dietz, Alfred 1121n

Diewerge, Wolfgang 1269n

Diez, Federico 861-862

Dijon 775-776

Dilli, Gustav 481-483

Dinamarca 475-476, 673-85, 1310, 1351-1352, 1364

Dinerstein, Robert C. 1490n

Dirksen, Herbert von 153n

Dirlewanger, Oskar 287n, 1196-1197, 1254-1255, 1366-7

Dischner, Josef Hugo 711-712

Dittel, Paul 317

Divórcio 183-184, 502-3, 712-714, 1305n

Dix, Rudolf 1344

Djerba 791-793

Djurin (Transnístria) 957-958

DKW (*Deutsche Kraftwagenwerke*) 42-43

Dnepropetrovsk (cidade) 330-331. 334-335, 338-40, 450-451

Dnepropetrovsk (*Generalbezirk*) 400-1

Dobberke, Walter 545-546

Dobre, Gheorghe 941-942

Dobrudja 915-916, 932-933, 936-937

Documentos médicos em compêndio impresso 1545-6

Doenitz, Karl 58, 312, 1334, 1335n, 1338

Dohary (Bucareste) 933n

Dohmen, Arnold 1160-1161, 1161n

Dohrmann-Schütte (empresa) 958-960

Doll, Adalbert 1098n

Dollmann, Eugen 816-818

Dolp, Hermann 1243n

Domanevka. *Ver* Dumanovca

Domasik (abade) 626n

Donati, Angelo 796-8

Donau (embarcação) 670-671

Donauzeitung 1549

Donnely, Walter Joseph 1318-20n

Dora (campo) 1217-1218

Döring, Wilhelm. *Ver* Wilhelm Döring (empresa)

Dörnberg, Alexander von 660

Dorndorf (*Oberscharführer*, Cracóvia) 644n

Dorner (RSHA) 317

Doroghi-Farkas, Ákos 1032n

Dorohoi (distrito) 944-945, 949-51, 981-4

Dorohucza 643-644

Dorpmüller, Julius 57, 180n, 480-481, 776n, 1367

Dorr, Max 408-409

Dorsch, Xaver 260n, 1157-1158, 1367-8

Dösen 193n

Doussinague, José Maria 860-861

Dragalina, Cornel 941-42, 980-81, 982-4

Dragoş, Titus 426n, 941-3

Drahos, János 1036-1037

Drancy (campo) 763n, 764-765, 770-771, 779-780, 798-799, 801

Drechsel, Hans 239-240, 252

Drechsler, Otto-Heinrich 400-401, 407-8

Drescher, Heinz 1126-1127

Dresdner Bank
Alemanha 96n, 98, 102-3, 107-108, 115-7, 109-10, 118-119, 122-123, 126-127, 560-3

Holanda 690-2, 695-696

indenização 1497-1498

Polônia 274-275

resgate em operações de extermínio 1184n

Drexler, Anton 29n

Drohobycz 415-416, 647-648, 1308

Dronke, Wolfgang 631-2n

Dror (grupo de jovens sionistas) 604-5n, 606

Düben 322-324

Dubno 456-457

Dubnow, Simon 408-9n

DuBois, Josiah 1345, 1190n, 1408-9n

Duckart, Wolfgang 63-64

Duckwitz, Georg Ferdinand 676-677, 679-680, 682-3

Dulnig (tenente-coronel) 388-90n

Dumanovca 436-437

Dunant, Paul 1226-7n

Dunn, James Clement 140in

DuPont (empresa) 92-3

Ďurčanský, Ferdinand 895-7

Durholz, Otto 1437-1438

Dürrfeld, Ernst 600n, 1231n, 1367-8

Dürrfeld, Walter 992-94, 1151n, 1152n, 1215, 1346-1347, 1361-1362, 1367

Durst, Karl 81-83

Düsseldorf 236-237, 55in

DUT (*Deutsche Umsiedlungstreuhege-sellschaft*) 274

Dvinsk. *Ver* Daugavpils

Dwory 1150n

Dynamit Nobel A.G. 1367-1368, 1467n

Dzhankoy 347-8

Dzinuda, Gertrud 1263

Eagleburger, Lawrence 1496-8

EAM (organização grega de resistência) 865-866

Ebeling, Friedrich 481-483

Ebensee (campo) 1221-1222

Eberhardt, Karl 629-31n

Eberl, Irmfried 1080-1082, 1113-5, 1367-8

Eberl, Sebastian 1160n

Ebert (Ministério da Economia) 125-126

Ebner, Gregor 56in

Ebner, Karl 540-2

Ebrecht, Georg 617-618

Eckert (*Stadtkommissar*, Tarnów) 281n

Edelman, Marek 611-613, 615n

Edelstein, Jakub 514-515, 699-701n

Eden, Anthony 1327, 1403, 1413, 1422

EDES (organização grega de resistência) 865-866

1572   A destruição dos judeus europeus

Edineți 951-2, 954-955

Edinger, Georges 768-769

Egen, Friedrich 218-219

Egerländer Bergbau A.G. 126-127

Egersdorf, Karl 1350-1n

Egerseki 1040-1041

Eggert, Albert 481-483

Eggert, Gustav 1071

Eglfing-Haar 529-30n

Ehlers, Ernst 317, 728-729, 735n, 1192n

Ehlers, Hermann 1348n, 1367-1368

Ehlich, Hans 316, 885n, 910n

Ehrensleitner, Ludwig 442n

Ehrich & Graetz A.G. 193n

Ehrlich, Henryk 1326n

Ehrlinger, Erich 323-24, 358n, 1366-67

Eibner, Max 442-443

Eichler (*Gau* Colônia-Aachen) 569n

Eichler (médico, Leipzig) 193n

Eichler, Johannes 534n

Eichmann, Adolf

  Alemanha 525-8, 536-537, 561n

  Auschwitz 1088-9

  Bélgica 735n

  Bergen-Belsen 1222n

  ciganos 1244n

  destino 1226-1227, 1366-1367, 1367-1368

  Eslováquia 908-10

  estatísticas 1391n, 1519-21

  estimativa de judeus mortos 1224-7, 1515-6

  experiências médicas 1173-1174

  França 770-2, 774-81, 797-798, 801-2n

  Grécia 862-864

Holanda 703-704, 712-714, 717-20

Hungria 664, 1017-21, 1043-4, 1046-1048, 1053-1055, 1057-1058, 1234, 1425-6n

Łódź 236-237

Luxemburgo 723-4n

Mônaco 801-2n

negociações de resgate 1415-19

posição e personalidade 317, 478-79

produção de guerra 518-20

representantes (lista de) 664

Romênia 956-957, 841-2n, 851-3n, 840-41, 974-975

Sérvia 840-841

Solução Final 468-469, 470-2, 474-475, 476n, 492-493, 497-498, 556n, 1233n

transportes 428n, 488, 1231n

Eicke, Theodor 1066-1068

Eigl, Johann 485n, 858n

Einsatzgruppen e Einsatzkommandos da ss

  como instituição 224-225, 315-316

  Eslováquia 911-3

  França 796n

  Hungria 1017-1019, 1027-30, 1046-1048, 1056-1057

  Itália 818-20

  Luxemburgo 725-7

  Polônia (1939) 211-3

  relatório de estatísticas 1517-9, 1530-32

  Salônica 853n

  Sérvia 836-837

  Tunísia 790-791

  União Soviética (1941-43) 315-9, 320-37, 377-378, 947-9, 1122-4, 1530-2

Eirenschmalz, Franz 1071, 1367-8

Eisenerz 1218-1220

Eisenlohr, Georg 218-219

Eisenwerke Trzynietz 630-631

Eisfeld, Kurt 1148, 1367-1368

Eisler (judeus veteranos de guerra, Viena) 450

Eissfeldt, Kurt 216-218

Eizenstat, Stuart 1485, 1487, 1498-502

Elbogen, Ismar 50-1n

Elsinore. *Ver* Helsingør

Elting, Howard 1395n

Emerson, H. W. 1450n

Emigração 464-465, 814-815, 1391

Emmerich, Walter 216-218, 263-264, 276-7n, 290-1

Emrich, Ernst 481-483, 1226-1227

Emrich, Wilhelm 481-483

Endre, Lásló 1016-1017, 1020n, 1021n, 1031n, 1050-1051, 1052-4, 1367-8

Enescu, I. D. 941-942

Enge, Edgar 847-848

Engel, Friedrich 57, 78-79, 158-159

Engel, Gerhard 466n, 471n, 851n, 1519n

Engel, Hans 57, 81-83

Engert, Georg 175-176

Engert, Karl 64-65, 1238-9n

Engler, Wilhelm 218-219

Entzian, Joachim 691n, 694n, 695n

Epidemias

tifo 232-33, 248-53, 302-5, 592-94, 815-16, 957-58, 1223-24, 1226-27, 1243, 1245-6, 1247n

várias 181-82, 302-3, 347-48, 359-60n, 380-81, 580-581, 1129-30

Eppstein, Paul 195n, 205-206, 514-515, 528n, 542-543, 543n, 546-547, 552

Epstein, Johanna 209-210

Erbe, Ernst. *Ver* Ernst Erbe (empresa)

Erdmann, Fritz 664, 728-729, 737n

Erdmannsdorff, Otto von

apartamento 563n

Bulgária 925n

Danzig 213n

Dinamarca 679n

França 752n

Grécia 860n

Hungria 664, 988n

morte de Lichtenberg 556n, 1262n

posição 659-662, 661

reféns 846n

Romênia 975-976

Erfurt 25n

Erhardt, Karl 1167-1168

Ermert (Administração Militar, França) 741-742

Ernst Erbe (empresa) 630-631

Ernst, Karl 1065-1066

Erren, Gerhard 442-443, 455-456

Ertl, Fritz 945n, 1191-1192

Erxleben (major) 435n

Escolas/Universidades 178-80, 187-188, 197-198, 205-206, 498-499, 999-1000. *Ver também* Universidades

Esconderijos

Alemanha e Áustria 547-49

Bélgica 736-38

Bielorrússia 430-432, 432-434, 442

Dinamarca 681-682

Eslováquia 899-901

França 765-766, 784-785, 802-4, 1304

Holanda 717-719

Hungria 1039-1040, 1062-1063

Indenização pós-guerra 1458

Itália 823-7

Polônia 580-581, 589-590, 592-594, 616-617, 1425-6

Protetorado 1305

Ucrânia 354-355, 434-5, 450-451

Escritório de Restituição Unificado 1475-6n

Eslováquia 285-286, 524-525, 696-8n, 774-775, 883-915, 1031-1032, 1039-1040, 1051-1052, 958-59, 1293-1294, 1468

Eslovênia 656-58, 872-874

Espanha 524-525, 791-793, 801-802, 860-2, 926-928, 1051-1052, 1061-3, 1366-1367, 1379-1380, 1381-1382, 1387

Essen 200

Estados Unidos

arianização 131-132, 691-4, 732, 725-726, 753-754

campos de concentração 1108-10, 1221n, 1223n

Comissão Presidencial sobre o Holocausto 1315-1316

Conselho do Memorial do Holocausto 1315-1316, 1322

Conselho para Refugiados de Guerra 1408-1409, 1413

Convenção para a Prevenção e a Repressão do Crime de Genocídio 1504-8, 1510-1511

emigração 814-815, 1391-3, 1438-9

envolvimento com os requerimentos dos judeus 1446-1447, 1438n, 1451, 1463-1464, 1473, 1484-96, 1498-1502

Escritório de Serviços Estratégicos 1394-1395, 1409-10, 1415-1416

Estado-Maior Conjunto 1340, 1446-1447

Estatísticas

imigração 1289-90, 1292-1293, 1387-90, 1438-1439

informação sobre os assassinatos 1395-6, 1410

julgamentos 1328-33, 1360

mortes de alemães 608n, 613-614, 1283-4

negócios judaicos 131-132, 132n, 155-156, 886-888, 963-964, 992-993

Perdas da população judaica (geografia)

Alemanha 93n, 155-156, 168-169, 206-207, 501-502, 523-5, 553-5, 1310, 1439-42, 1537-8

Áustria 168-169, 553-5, 1310, 1537-8

Bélgica 728-729, 739-740, 1310, 1537-8

Bulgária 1441, 1310

Croácia 877-878, 883-884

Danzig 1537-1538

Dinamarca 674-675, 681-682, 683-684, 1310

Eslováquia 886-888, 905-906, 914-915

Estônia 457-8, 1537-1538

França 76ın, 764-765, 803-5, 1310,
1537-8
Grécia 849-850, 858, 929-930,
1310, 1441, 1537-8
Holanda 628-29, 1310, 1321
Hungria 990-992, 992-993, 1002-
1003, 1310, 1441, 1537-1538
Itália 809-810, 814-815, 832-833,
1310, 1321
Iugoslávia 929-930, 1310, 1441,
1537-1538
Letônia 457-8, 1537-1538
Lituânia 457-8, 1537-1538
Luxemburgo 725-8, 1310, 1537-8
Noruega 671-2, 1310, 1537-1538
Polônia 207-208, 254-255, 204-7,
329-32, 1310, 1441, 1523-9, 1537-8
Protetorado 501-502, 514-515, 553-5
Romênia 329-31, 935-7, 944-945,
963-964, 978-81, 983-984, 1310,
1441, 1321
Sérvia 834-836, 846-847, 848-849
Tchecoslováquia 1310, 1441, 1537-8.
Ver também Protetorado, Eslo-
váquia
União Soviética 329-31, 338-40,
413-415, 444, 457-9, 1310, 1441,
1528-9, 1537-8
Perdas da população judaica (por
ano) 1537-1538
Perdas da população judaica (por
causa) 1535
protestos 751-752, 784-5, 1051-1052
Esterilizações 492-98, 586-587, 796-7,
739-740, 1164-71
Esteva, Jean Pierre 760-761, 790-791

Estônia 359-360, 400-401, 444n,
1245-6, 1310, 1537-8
Eupatoria 427n, 435n
Eupen 656n, 727-728
Eupen, Theodor van 1080n
Evans, Gregory T. 1360n
Evers (saúde pública do Wehrmacht)
1107-1108
Ewing, Homer H. 92n
Exército Vermelho. *Ver* Unidades do
Exército (soviéticos)
Exodus (embarcação) 1517
Exonerações
Alsácia-Lorena 746-747
Baden-Saarpfalz 465-466, 746-747
Bélgica 728-729
Bélgica 729-730
Bratislava 893-894
Bucovina-Bessarábia 945-56
Bulgária 919-22
Cracóvia 230-3
Croácia 872-874
Eslováquia 891-892
Estetino 464-465
Experiências médicas 960-961, 1160-
74, 1343
Expulsões da
França 759-760
Holanda 687-9
Hungria 995-994, 1020-2
Itália 812-4
Morawská Ostrava 464-465
Praga 464-465
regiões e cidades polonesas 211-212,
226-39, 1149-1150
Reich 81-96

Romênia 935-9, 962-4

Sérvia 909-910

Sob regra da igreja 3n, 8

Sofia 923-5

Viena 464-465

zona da fronteira romena 943-944

Fabrica de Cauciuc (firma) 962n

Fabrizius, Wilhelm 664

Fagan, Edward D. 1486, 1493n, 1494n, 1497n

Fähnrich, Fritz 486-487

Fahrzeuge Gaubschat (firma) 386-387

Falange 860-861

Falck. *Ver* Karl Falck (firma)

Falco, Robert 1450n

Falkenhahn, Günther 1151n

Falkenhausen, Alexander von 728-729, 1351-1352, 1367

Falkenhorst, Nikolaus von 667-668, 1277-78

Fanger (almirante) 629-630

Fanslau, Heinz Karl 1071, 1118-1119, 1124n, 1346n, 1367-1368

Faramond, Melchior de 740-741

Farinacci, Roberto 810-812

Fasick, J. K. 1361n

Fassbinder, Reiner Werner 1318n

Fatgen, Rudolf 577-578

Faulhaber, Michael (cardeal) 1385-1386

Faust, Max 1087n, 1150-1151

Fay-Halasz, Gedeon 1009n. *Ver também* Vay, László

Fay, von (oficial húngaro) 1007-10. *Ver também* Fay-Halasz, Gedeon, e Vay, László

Federenko, Feodor 1115n

Federer, Oskar 107-108, 111n

Federzoni, Luigi 812-813

Fegelein, Hermann 337-338

Fehling, Wilhelm 1098n

Fehlis, Heinrich 668-669, 670-671

Fehringer, Franz 1166-1167

Feilchenfeld (Böhmische Escompte Bank) 99-100

Feine, Gerhard 661, 1016-1017, 1056-7n

Feis, Herbert 1403-1404

Feketehalmy-Czeydner, Ferenc 1005-1006

Felber, Gustav Hans 834, 864-865

Feldberg, Rudolf 420n

Feldmühle Nobel. *Ver* Dynamit Nobel A.G.

Feldscher, Werner 492-493, 497-498

Felicin, Johann 422n, 1305n

Fellgiebel, Erich 312, 1367-1368

Felmy, Helmuth 835, 1367-1368

Fendler, Lothar 323-324, 1367-1368

Fenz, Friedrich 441n

Feodosiya 355n, 364n, 426n

Ferber, Karl Josef 175, 176n

Ferdinand (*Ostland*) 409n, 1104n

Ferenczy, László 1016-1017, 1046n, 1056-1057, 1366

Ferrara 826n, 828n

Ferrovias (funções)

agendamento 481-483, 486-8, 549-52, 878-879, 1248

carregamento e descarregamento 548-50, 1046-1048

financiamento dos transportes 480-5, 552-4, 578-579, 773-5, 786, 859-860, 897-898, 914-915 guardas nos trens 549-52, 776-777, 802-803, 858

mobília confiscada 420n, 807-808

organização 219-220, 480, 577, 741-742

pessoas que saltavam dos trens 590-591, 802-803

trabalho forçado 521-523, 631-632, 853-854

vagões, locomotivas 481-5, 486-487, 577-80, 773-5, 896-8, 1034-1035, 1248

Ferrovias (geografia)

Alemanha e Áustria 548-53

Auschwitz 1091-1092, 1097-1098, 1098-1101

Bélgica 484, 703-704

Bełżec 583-584, 1200-1201

Croácia 484, 878-879

Dinamarca, judeus dinamarqueses 484, 679-680

Eslováquia 484, 896

França 484, 703-704, 742-743, 770-771, 771-6, 786-787

Grécia 484, 858-60

Holanda 484, 703-704, 710-711

Hungria 1033-6, 1046-1048

Itália 484

Kulmhof 578n, 1200-2

Minsk 486n, 551-552

Noruega 484

Polônia 219-220, 230, 485-486, 577-9, 583, 603, 631-2

Protetorado 484

Riga 432n, 420-421, 551n

Romênia 963n, 975-976

Sérvia 484, 485n

Sobibór 549-550, 583-584, 1200-1201

Transnístria 437n

Treblinka 579n, 583-584, 1200-1201

União Soviética (ocupada) 437-438, 484

Viena 485n, 858n, 1033-5

Ferrum A.G./Werk Laurahütte 630

Fertig, Maldwin 1187n

Fettmilch, Vinzent 26-27

Fiala, Fritz 908-909

Fichtinger, Wilhelm 1069

Ficker, Hans 65-66, 469-70n

Fiebig (Ministério das Finanças) 82

Fiehler, Karl 563-4

Fikentscher-Emden (OKW) 519-20n

Filbert, Alfred 317, 323-324

Filderman, Wilhelm 954-6, 966-9, 972-973

Filipović-Majstorović, Miroslav 874n

Filov, Bogdan 917-918, 926-8, 930n, 1367-1368

Finaly, Irmãos 1443n

Finch, George A. 1504n

Fineman, Hayim 1312

Finger (OKW) 1106-1105

Finlândia 524-525, 667-8

Fintescu, I. N. 941-942, 964-6n

Finzi, Aldo 829-830

First, Izrael 279n, 605-607

Fischböck, Hans 59, 687-688

Fischer (ajudante, escritório de Himmler) 1166-1167

Fischer (*Gau* de Viena) 1336n

Fischer (Ministério do Trabalho) 395n

Fischer, Fritz Ernst 1163-1164

Fischer, Johannes Sebastian 643n

Fischer, Ludwig 218-219, 249-250, 251n, 255, 263-264, 275n, 249n, 291-292, 296, 302-303, 59n, 1367-1368

Fischer, Werner 1172-1173

Fischmann, Josef 549-50

Fisher, Adrian 1504n

Flein, Pierre-Etienne 740-741

Fleischmann, Gisi 899-901, 1293n, 1396n

Flensburg 1224-1226, 1369-1370

Flesch, Gerhard 669-670

Flick, Friedrich 101n, 102-103, 104n, 119-27, 155-156, 1343, 1346-1347, 1360, 1368-1369, 1467n

Flir, Erich 1069

Florença 818-20, 826-827, 830-831

Florstedt, Hermann 1116-1117

Flossenbürg 650n, 1218-1220

Floto, Werner 1071

Flugzeugmotorenwerk Reichshof 647

Foà, Jole 810-812

Foà, Ugo 820-821

Focker (empresa) 701-702

Fog, Johannes 683-684

Föhl, Walter 285n, 288n

Foley, Mark 1496n

Ford Motor Company 42, 1498-1499

Forlì 828n

Fornecimento de gás 1082-1083, 938n, 1100-8, 1108-11

Forster (coronel) 635-636

Forster, Albert 213-6, 229, 1368-1369

Fortner, Hans 874n

Förtsch, Hermann 835n

Fossoli di Carpi 830-831

Fotografias 292, 373-374, 456-457, 843n, 1222

Fournier, Pierre-Eugène 740, 749-750

França

ciganos 1246

desenvolvimentos na 739-809

estatísticas 737n, 764-765, 823-4, 1310, 1537

indenização 1468

julgamentos dos crimes de guerra 1351-1352, 1363, 1365-1366, 1372-1373, 1374-1375, 1378-80, 1385-7

François, Jean 740-741

Frank (Fräulein) 279-280

Frank, August 1071, 966n, 1156-1157, 1174-1175, 1180-1181, 1184-5, 1189-91n, 1224-1226, 1272n, 1368-1369

Frank, Hans

Auschwitz 1194-5

boicote 99-100

confiscos 269-71, 651-4

conselhos judaicos 242-6

destino 1334, 1338, 1368-1369

destruição dos registros 1539n

e Himmler 279-280, 581-583

expulsões 226-35

fornecimento de alimentos 296, 650

guetos 249-52, 262-263, 276n

Maydanek (campo de Lublin) 1194-1195, 1213-1215

medida de identificação dos judeus/

Estrela de Davi 239-40

métodos de deportação 591n

política polonesa 625n

posições e personalidade 35, 60, 215-18

sobre [seu] envolvimento 626-627, 1261, 1320

sobre os judeus 19-20, 293-294, 635-8, 1273-1274

Solução Final 468-469, 472-473, 570-3, 769-70n

utilização de mão de obra escrava 281-282, 631-2n

Frank, Karl Hermann 111-112, 193-194, 1244n, 1351-1352, 1244n, 1368-1369

Franke (Distrito de Varsóvia) 309-10n

Franken (*Gau*) 135-136

Frankfurt am Main 168-169, 236-237, 537-40

Frankfurt an der Oder 807-808

Frankfurter, David 38n

Franssen, Udo 735-736

Franz, Hermann 337-338

Franz, Kurt 1113-5

Fränzl, Karl 74-75

Frauendorfer, Max 216-218, 328n, 283-285, 571-572, 630n, 1368-1369

Frauenfeld, Alfred 400-401, 1358, 1368-9

Frederic, Vsevolod 621-4

Frederiks, Karl Johannes 687-688, 697n

Freisler, Roland 45, 57, 474-475, 496-7n, 533-534, 1368-1369

Freja Berkwerks Aktiebolaget 107-10, 111-4

Frente Alemã de Trabalho. *Ver* DAF

Frenzel, Ernst 660

Freter, Wilhelm 600n, 608-609

Frey, Richard 428-429

Freytag, Reinhold 524n, 661-662, 752-3

Freytagh-Loringhoven, Axel Freiherr von 153-55n

Frick, Wilhelm

ações do partido Nazista 35-6

arianizações 129n, 131-5

assistência pública 155-56n

conselho judaico na Alemanha 203-6

decreto de despejo 185-186

decreto escolar 179-80n

demissões 85-86, 89n, 91

destino 1334, 1338, 1339n, 1369-70

judeus estrangeiros 31n

julgamento 534-5n

Leis de Nuremberg 67-68, 170

Luxemburgo 723-4n

passaportes 190-1n

pensões/aposentadorias 559-60n

posição 57, 63-64, 311, 564-5

Fricke, Helmut 1069

Fricke, Kurt 58, 312

Friedman, Zishie 598-600n

Fritsch, Werner von 58

Fritzen, Karl-Robert 710-11n

Fritzsch, Karl 1087-1088

Fritzsche, Hans 1334, 1336-8

Frković, Ivica 871-872

Fröhlich, Wilhelm 481-483

Fromm, Friedrich 209-10n, 218-219, 312, 371-372, 678n, 1519-20

Fromm, Werner 617-618

Fründt, Theodor 409-10n

Fuchs, Erich 1083-4n

Fuchs, Günter 296n, 299-300n, 1210-11n

Fuchs, Wilhelm 429-430, 446-447, 836-837, 847-848, 1368-9

Fuga (em massa) 25-27, 329-330. 334-335, 723-724, 728-729, 746-747, 801-802, 901-902, 970-972, 1039-1040

Fugas 571-572, 648-50, 682-4, 802-803, 1263, 1289, 1308, 1410. *Ver também* Resistência

Fuglesang, Rolf 669-70n

Fuglsang, Damgaard H. 681-682

Fundos bloqueados 147-55, 270-271, 290-291, 560-1, 699-701, 754-755, 924-925, 1023-1024, 1449-1450

Fünfbrunnen 725-7

Funk, Walter
arianizações 115-117, 129n, 130n, 133-4
confiscos 1184-1185, 1187-1188
destino 1334-6, 1338, 1339n, 1368-9
estimativa de produção de guerra 1252-3n
massacre de 1938 40-41, 44
posição 40-41, 57, 81-83, 1185-1186
taxas de propriedades 145-6n

Fünten, Ferdinand aus der 697-698, 704-706, 716-717, 719n, 1368-1369

Fürst, Paula 205-206

Fürstengrube 1151-1152

Fürth (cidade) 135-136

Fürth (judeus veteranos de guerra, Viena) 508n, 509-10, 511n

Fyfe, David Maxwell 1329n, 1330n, 1331-1332

Gabel, Oskar 81-83, 115n, 851-853, 997n

Gabinete de Serviços Estratégicos. *Ver* Estados Unidos

Gabolde, Maurice 800-801

Gabrovski, Petâr 917-918, 923-924, 925-9

Gaecks, Walter 577-578

Gajewski, Fritz 1148

Galen, Clemens August von 1236-1237

Galícia
administração alemã 224-225, 334-335, 401-4
deportações da 504-6, 580-581, 589-94, 616-617
estatísticas 1525n
fuzilamentos 334-335, 589-590, 1004-5
resistência 592-594, 1284
utilização de mão de obra 630-2, 635n, 636-40, 647-9

Galien, Pierre 740-741, 779-780

Galke, Bruno 273-274

Galleiske (*Devisenschutzkommando*, França) 816n

Galzow, Georg 317

Gancwajch, Abraham 261n

Gans & Hochberger (empresa) 281n

Ganzenmüller, Albert 57, 480-481, 583-5, 636-638, 1368-1369

Gargzdai 381-382

Garnier (Oficial francês, departamento do Sena) 779-780

Gasch (Polícia de Campo Secreta) 432n

Gasset, Eduardo 860-2

Gater, Rudolf 263-5

Gaubschat. *Ver* Fahrzeuge Gaubschat (empresa)

Gaus, Friedrich 461-3n, 495n, 519n, 660, 661

Gaya 454n

Gayl, Wilhelm 32-33

Gazeta Zydowska 1549

Geber (ss *Haushalt und Bauten*) 1069

Gebhardt, Joseph 119-20n, 122n, 126-127, 1368-9

Gebhardt, Karl 1161-3, 1167-68, 1368-69

Gebr. Gerzon Modemagazijnen, N.V. 689-90n

Geheime Feldpolizei. *Ver* Exército da Polícia de Campo Secreta

Geib, Theodor 835

Geibel, Paul Otto 224-5

Geiger, Emil 660, 860-1n

Geiringer, Ernest 116n

Geissler, Franz 375-6n

Geissler, Georg 744-746, 800-801

Geissmann, Raymond 768-769

Geitel & Co. 195-196

Geitmann, Hans 1097-1098, 1368-9

Geitner, Kurt von 836-837, 866n

Geler, Eliezer 611-613

Gelich, Fernando 760-761

Gemeinnützige Kranken-Transport--GmbH 529-30n, 1111n

Gemlich, Adolf 48n

Gemmeker, Albert Konrad 711-712, 714n, 1368

Gendarmaria (Unidades de campo) 337n, 344-6n, 430-432, 435n, 776-777, 864-6, 867-868, 947-948

Genealogische Afdesling 698-699

Genebra 1395

Gengenbach, Karl 316, 497-498

Genicke 372n

Gênova 818-818

Gens, Jacob 446-8, 1297

Gentz (escritório do *Hauptkommissar*, Baranowicze) 441-2n

Genzken, Karl 1162, 1368-1369

Georg von Giesches Erben (empresa) 1395

George V (rei da Inglaterra) 33

Georgescu, Corneliu 941-942

Georgianos 392-393

Gercke, Achim 99-100

Gercke, Rudolf 312, 480-481, 483-5

Gerdes, Bertus 139-40

Gerechter, Erich 205-6

Gerhardt, Harrison 1413-14

Gerlach, Helmut von 63-4

Gerland, Karl 1166-1167

Gerlich (Wartheland) 1174-1175

Gerlier, Pierre (cardeal) 784-785

Geron, Josef 925-926

Gerson, Martin 205-206

Gerstein, Kurt 1104-1106, 1107-1108, 1108-11, 1192-5

Gerteis, Adolf 216-218, 219-220, 577-578, 583-584, 631-2

Gerzon, Jules e família 608. *Ver também Gebr.* Gerzon Modemagazijnen, N.V.

Geschke, Hans-Ulrich 1017-1019

Gestapo. *Ver* Polícia: Alemanha (Segurança)

Gewecke, Hans 422-423, 439-440

Ghineraru, Nicolae 350-1n

Giado 815-816

Gienanth, Kurt Freiherr von 218-219, 632-633, 633-5n

Giesche. *Ver* Georg von Giesches Erben (empresa)

Gigurtu, Ion 936-8

Gildemeister, Eugen 1162

Gilleleje 683-684

Gingold, Nandor 966-8, 978-980, 983-4n

Ginsberg, Karl 694-695

Girbeau, Jean 1301-1302

Girzick, Ernst 540-541

Giurgiu 939-941

Glaise-Horstenau, Edmund von 835

Glas, Alfons 1368-1369

Glebokie (distrito) 454-5n, 1526-1527

Globke, Hans 32-33, 63-64, 191-3, 1233, 1361-63, 1368-9

Globocnik, Odilo
auxiliares ucranianos 429-30n
confisco 652n, 1175-9, 1183n, 1190
construção dos campos 476-477, 1083-1084, 1232
deportações 576-577, 617-618
destino 1368-1369
e gás 1107-1108
equipe do campo 1112-6, 1232
estatísticas de assassinatos 1320-1
indústrias da ss 640-641, 642-643, 644-645, 1143-1144
posição e reflexos 224-225, 279-280, 626-627, 642, 819-820, 832-833

segredos/sigilo 1194-1195
utilização de mão de obra 287n, 608-609, 639-641, 644-645, 646n

Glogojanu, Ioan 349-350

Glootz, Walter 58n

Glücks, Richard
administração do campo de concentração 1123n, 1127n, 1132n, 1133n, 1134-1135, 1030 confiscos 1174-1175, 1181n
Auschwitz 1086n, 1121-1122, 1156-1157
destino 1369-1370
experiências médicas 1161-1163, 1167-1168
posição 1066-1068, 1071
utilização de mão de obra 1093n, 1138-1139

Glücksberg, Henryk 26n

Gmeinder (Ministério da Economia, Koblenz) 519n

Gmeiner, Josef 340n, 372n, 398n

Goebbels, Josef
Berlim 471-472, 504, 520-521, 526-528, 547
demissões 91
destino 1369-1370
emigração 466n
julgamento de Grynzpan 1269-70n
marcas registradas 129-30
massacre de 1938 39-42, 44, 48-9
ordem de destruição de registros 1540n
posições 39, 41-42, 57, 60
recursos 180-181
regras para viagens 179-81

sobre a aniquilação dos judeus 463-464, 476-477, 483

sobre os austríacos 687-688

Goebel (capitão de polícia) 629n

Goga, Octavian 936-937

Golddiskontbank 1185n, 1187, 1189-1191

Goldenbaum, Ernst 148in

Goldflus, Norbert 765-766

Goldmann, Nahum 1423n, 1456n, 1474n

Goldschmidt A.G. 1103

Goldschmidt, Theo 1369-1370

Goldstein, Israel 1314-5

Goldwater, Monroe 1451n

Gollert, Friedrich 1241

Golopenția, Anton 944n

Golta (prefeitura) 352-353, 435, 982-983, 1246

Gomel 330-331. 334-335

Gordonia 606

Gorgon, Herbert 631-2n

Göring, Hermann. *Ver também* obras de Hermann Göring

alojamento 183-5

arianizações 104-7, 119-20n, 122-4, 126-127, 129n, 130-131, 135-39

campos de concentração 1065-1066

confiscos 40-2, 268-9

demissões 86-8

destino 1338, 1339n, 1369-1370

emigração 464-465

Eslováquia 883-884

estrela de identificação/Estrela de Davi 193-96

expulsões 229

judeus estrangeiros 46-47

líderes judeus recebidos por 200

massacre de 1938 40-41

moeda estrangeira 153-154

objetos de arte720-721, 805-806

posições 53-55, 312, 311, 412-413, 413-5

programa do partido 31-32

regras de viagens 179-81

sobre a aniquilação dos judeus 476-477

sobre os guetos 181-182

Solução Final 470-471, 654-656, 1232

taxa/multas/impostos 144-6, 146n, 159-160

utilização de mão de obra 415-7, 519-520, 1149n

Gorlovka 434-435

Görnnert, Fritz 837n

Gorsky, Arthur 941-942

Gossel, Karl 615n, 1188n

Gossett, Ed 1435

Gotenland (embarcação) 671-672

Gottberg, Curt von 400-401, 444-6, 1527-8

Gotthardt, Hermann 103-104, 125-126, 130n

Gottong, Heinrich 239

Gottschalk (tenente) 1246n

Gottschalk, M. (Comitê Judaico Americano) 1217n

Götz, Carl 104n, 113-114, 122n

Götz, Josef 1309n

Göx, Ernst 1280

Grã-Bretanha 609n, 840n, 905n, 1051-1052, 1194n, 1390, 1199-1200, 1204n, 1208-9, 1215-16, 1421, 1433

Grabner, Maximilian 1116-1117, 1203-1204, 1207-1208, 1369-1370, 1212

Graetz (empresa) 1155-1156

Graevenitz, Hans von 312, 389-391, 393-395, 759n

Gräfe, Heinz 317

Grafenberger, Theodor 178n

Grafeneck 1076-1077

Gramm, Hans 533n

Gramsch, Friedrich 82, 164n, 689n

Grands Moulins de Bruxelles 750n

Grant, G. W. P. 1413

Grassler, Franz 256-257

Grau, Fritz 172n, 531n

Grauert, Ludwig 63-64, 311

Grawitz, Ernst 377-378, 436n, 1077-1078, 1160-4n, 1167-1168, 1169n, 1175-1176, 1369-1370

Grécia 657-658, 834, 849, 1310, 1315-8, 1439-1440, 1441, 1537-1538

Greenaway, Joseph A. 1498n

Greenberg, Irving 1326n

Greifelt, Ulrich 221-222, 273-274, 275-276, 472n, 1175-1176, 1369

Greiser, Arthur
  assassinatos 468-469, 572-4, 1074-1075, 1072-1075, 1212-1213
  confiscos 1174-1175
  destino 1351-1352, 1369-1370
  empresas no gueto de Łódź 644-645
  estabelecimento do gueto de Łódź 247-9n, 262-3

expulsões 229, 234-235, 236-237, 471-472

medida de identificação/Estrela de Davi 229-40

poloneses tuberculosos 622-624, 1236-9

posição 213-5, 255-256

Grese, Irma 1122-1123, 1350-1351, 1369

Gribetz, Judah 1490-1493, 1493

Griese, Bernhard 793-794

Griesinger, Wilhelm 1159n

Grinberg, Zalman 1312

Gritzbach, Erich 82

Grodno 331-332, 397-8n, 651-653, 1262, 1299, 1306-7

Grohmann, Joseph 493-495

Gros, André 1333n

Groscurth, Helmut 388n

Gross (tenente-coronel, Viena) 918n

Gross-Rosen (campo de concentração) 1217-21

Gross, Walter 60, 66, 490-2

Grossbetscherek 837n

Grosse (Câmara de Comércio do Reich) 138

Grossmann (coronel, veterano de guerra judeu) 509

Grossmann, Klaus 670-671

Grosulovo 981-982

Grosz, Bandi 1044-1045, 1301-2

Grotefend, Ulrich 698n

Groth, Karl 82, 498n

Groupements de travelleurs etrangers (GTE) 879-81

Groza, Petre 1371-1372

Grudacker (administração da cidade de Viena) 183n

Grün, Else 909-910

Grünberg-Willman, Matai (Mathias) 973n

Grundherr, Werner von 463n, 661, 673-674, 592n, 1361-1362, 1269

Grünewald, Adam 711n

Grüninger, Hans 896n

Grünkorn 422n

Grünwald, Hans-Dietrich 224-225, 640

Grynzpan, Herschel 38, 1269-1270

Guarda de Ferro (Romênia) 936-41

Guarda Hlinka 884-885, 891-892, 898-899, 911-912

Guderian, Heinz 58, 312, 1369-1370

Guenter (Gabinete de Reconstrução Econômica do Reich) 1159n

Guenther (guarda de prisão) 448n

Guetos. *Ver também* sob os nomes individuais de cada cidade
  administração 254-69
  formação 231-232, 245-55, 352-353, 404-406, 855-856, 956, 1059-1061
  medieval 9-11, 809-810

Guibert, Auguste 798n

Guidot (polícia francesa) 779-780, 798n

Gumpel, Ludwig 78-79

Gumpert, Gerhard 822n

Gunskirchen 1059-1061, 1221-1222

Günther, Christian 681-682

Gunther, Franklin Mott 938n

Günther, Rolf
  Alemanha 76n
  Bełżec 1107-1108
  Białystok 617-618

Croácia 878-879

destino 1369-1370

Dinamarca 679-680

Eslováquia 896-897

experiências médicas 1066-7n, 1168-9n

Holanda 712-714, 628n, 1233

Noruega 670-2

posição 478-80

Salônica 853-854

segredos 1092n

Solução Final 497-498

Gura Humorului 951-950, 951n

Gurs (campo de concentração) 763-5, 804-805

Gürtner, Franz 35-36, 57, 64-65
  ações do partido 35
  decreto de despejo 185-6
  decreto do nome 191-2
  demissões e arianizações 89n, 129n, 131-4
  Leis de Nuremberg 170n
  massacre de 1938 47-8
  posição 57, 64-65

Gustaf Adolf V (rei da Suécia) 681-2

Gustloff, Wilhelm 38n, 159-60

Gutmann, Barão Willi 107-108
  interesses na indústria 107-109

Gütt, Arthur 63-64

Gutterer, Leopold 57, 195-196, 472n

Gutwasser, Richard 195n, 478-479, 528-529, 552

Gwardia Ludowa 609-610, 649-650

Györ 1045-1046

Haarde, Johann 835, 853-854

Haase (*Gebietskommissar*, Wilejka) 1526n

Haberle, Ulrich 1148, 1159n, 1369-70

Habsburg, Albrecht von 1010-11

Hackbarth (*Stadtkommissar*, Tarnów) 627n

Hackenholt, Lorenz 1191-1192, 1206-1207

Hackmann, Hermann 1116-1117, 1124-1126

Hadamar 1076-1077

Haenicke, Siegfried 1138n

Haensch, Walter 323-324, 366-367, 1369-1370

Hafke, Kurt 316

Häfliger, Paul 98n

Hafranek (major da polícia) 864-6

Hagelin, Adalbert Viljam 669n, 670n

Hagen, Herbert 744-746, 783n, 787n, 796n, 798-799, 800-801, 1369-1370

Hagen, Wilhelm 252-3, 624-5

Hague, The 712-714

Hahn (Escritório do Plano de Quatro Anos) 82, 119-120, 124-5

Hahn, Fritz-Gebhardt von 663n

Hahn, Ludwig 1369-1370

Hahnenbruch, Erich 317

Haidlen, Richard 554n, 661, 847n, 1262n

Haiti 846-847

Halder, Franz 208-209, 209n, 212n, 312, 320-321, 1369-1370

Halifax, Edward (Earl of) 1324-1325, 1403, 1403n

Halisz 426-427

Hall, George Henry 1413, 1422n, 1423

Hallbauer, Wilhelm 246n

Haller (distrito de Lublin) 285-286

Hallwachs, Robert 129n

Halpern (judeus veteranos de guerra, Viena) 511

Hamann, Joachim 334n, 359n, 439

Hambro, Carl Joachim 667-668

Hamburgo 168-169, 236-237, 561-4, 807-808

Hammer, Walter 317

Hand, Learned 1329n

Handelstrust West 690-6

Handloser, Siegfried 312, 1162, 1163-1164, 1369-70

Hanke, Karl 213-215

Hanneken, Hermann von 81-83, 115n, 673-674, 675-8, 1147-1149

Hanoar Hazioni (sionistas gerais, i.e., centristas) 446-447, 604n, 606

Hans Vermehren Import-Fabrikation--Export 997n

Hansabank 728-729

Hansen, Georg 312

Hansmeyer, Herbert 1494n

Hansson, Per Albin 676n

Hanweg, Hermann 1527n

Harders, Georg 497-498, 746n

Harku 1246

Harrison, Leland 786n, 1398n, 1400n, 1401

Harster, Wilhelm 697-698, 712n, 719-720, 818-819, 1063n, 1369-70

Hartheim 1077-1078

Hartjenstein, Fritz 1116-8, 1370

Hartl, Albert 317, 456-457, 478-479, 1099

Hartmann (major) 805n

Hartmann, Fritz 726-727

Hartmann, Hanns 556n

Hartmann, Richard 478

Harttmann, Ernst 481-483

HASAG (Hugo Schneider A.G.), Skarżysko-Kamienna 647-648, 649-50n, 650-651

Hashomer Hatzair (grupo de jovens sionistas socialistas) 446-447, 604-6

Haššik, Stefan 884-885

Hatzinger, Franz 1216-7n

Hauffe, Arthur 40In, 948-50

Haug (administração militar, França) 768n

Hauser, Otto 1437-1438

Hausfeld, Michael 1486n, 1490n

Hayler, Franz 57, 59, 81-83, 998n

Hearst, Randolph 41-42

Heath, James 1345

Heberlein, Erich 661

Hebert, Paul Macarius 1346-7n

Hechalutz (organização sionista de jovens) 594-595, 957n

Hecker, Robert 534n

Hedding, Otto 82, 142n, 145n, 159n, 237

Hedtoft, Hans 679-680

Heerdt und Lingler GmbH 1103

Heerdt, Walter. *Ver* Heerdt und Lingler GmbH

Hees, Hans-Heinrich van 725n

Heess, Walter 317, 386

Heidegger, Martin 89n

Heilesen, Claus 683-684

Heim, Franz 1108n

Heim, Willi 1344n

Heimann (Gabinete de Comando Militar, Sérvia) 838n

Hein, Karl 679-680

Heinburg, Kurt 524n, 661, 858n, 895-896, 1370

Heine (conselheiro de administração da guerra) 434n

Heinemann (assistende de Göring) 720-721

Heinemann (Ministério da Alimentação) 139-40

Heines, Edmund 1065-1066

Heinkel Flugzeugwerk, Budzyn 647-648, 648-9n

Heinrich (DEGESCH) 1107n

Heissmeyer, August 221-222

Heitzinger, Hans 589n

Hela 1221-1222

Helbronner, Jacques 754-55, 781-82, 783-84

Held, Adolph 1398n

HELI (Heerdt und Lingler GmbH) 1101-4

Hellenthal, Walter von 664, 801n, 1370

Hellwig, Otto 617-618

Helm, Hans 880n, 882-883

Helmstedt 1385-1386

Helsingør 678n

Hemburg 701-702

Hencke, Andor

  destino 1343

  Dinamarca 676n, 681n

  Eslováquia 912n

  França 746n, 801n

  Grécia 860-861, 862n

  Hungria 1123n, 1072n, 1051n

  Itália 827n, 828n, 860-861

  Mônaco 801n

Noruega 67n

posição 661

Henlein, Konrad 118-119

Hennequin, Emile 740-741, 779-780

Hennicke, Karl 377-378

Hennyey, Gustáv 1055n

Henriques, C. B. 675-676, 679-680

Henschel, Moritz 205-206, 528n, 542-7, 1297

Hentig, Georg Werner Otto 661

Herança 569-71

Herbeck, Otto 110-1n

Herbig, Gustav 125-126

Herder (administração, Łódź) 286n

Herff, Maximilian von 221-222, 444n, 1111n, 1118-1119

Hering, Gottlieb 1111-5, 1370-1371

Hering, Hans-Georg 578n

Hering, Hermann 63-64, 171n, 556-8n

Hermann (Ministério do Leste) 445n, 448n

Hermann Göring, Fábricas 104-27, 521-3

Hermann Hirt Nachf. (empresa) 1094-1096

Hermann Tietz (loja de departamentos) 96-97

Hermann, Richard 337-338

Herrgott, Adolf 388-391

Herrmann (ss) 989n, 901n

Herrmann, Günther 323-324

Herta 944-945

Hertie. *Ver* Hertogenbosch (loja de departamentos de Hermann Tietz) 709-11, 712in. *Ver também* Vught

Herzogenbusch. *Ver* Hertogenbosch; Vught

Hess, Rudolf

arianizações 129n, 130n, 131-3, 135n

boicote 100-101

conselho judaico na Alemanha 203-5

decreto de despejo 185-186

destino 1334, 1336-8

leis de Nuremberg 170n, 171n

pogrom de 1938 46n

Hesse (Ministério da Justiça) 64-65, 570-1

Hessen 85n

Heuser, Georg 551n

Heves 1039-41

Hevesi, Alan 1488-1489

Hewel, Walter 459n, 660, 1005n

Heyde, Werner 1077n

Heydebrand und der Lasa, Ernst von 31

Heydrich, Reinhard

Acordo de Canaris 430-432

arianizações 130n

Auschwitz 1086n

caso de profanação de raças 171-172

ciganos 1243n, 1244

conselhos judaicos 204, 209-210

destino 1370-1371

Einsatzgruppen 209-12, 320-4, 315-8, 368-9n

emigração 152-4, 139n

estrela de identificação/Estrela de Davi 193

expulsões 209-12, 226-227, 227-8n, 234-6

França 771-4

guetos 181-182, 208-209

ligações na polícia 917n

massacre de 1938 38, 44-6

mestiços [Mischlinge] e casamentos mistos 496n, 503n

movimento de restrições 186-9

posições 35, 221-222, 309-310, 311-8, 316, 464-465, 478-479

prisioneiros de guerra 384-91, 392-3

produção de guerra 519-520

recursos 180-181

segredos 373n-75n, 456-57

Sérvia 841-842

Solução Final 365n, 418-23, 573-574, 654-656, 771-772, 1230, 1232, 1197n

Theresienstadt 513-514

Hezinger, Adolf 1016-1017, 1031-1032

Hiege, Ferdinand 83

Hierthes, Heinrich 337-338

Higgins, Fremont A. 1455n

Hildebrandt, Richard 221-222, 223-224, 673n, 845-846, 1185, 1271n, 1370

Hilgard, Eduard 44-7

Hilger, Gustav 660, 661-662, 827-828, 1005n, 1361-1362, 1370-1371

Hilldring, John H. 1413n, 1429n, 1431

Hilleke (Ministério da Propaganda) 140n

Hiller (empresa Aluerz) 997-998, 998n

Hilversum 701-3

Himmler, Heinrich

Acordo de Thierack 534-6

Auschwitz 1086n, 1087-8, 1134-1135, 1149-1150, 1192-1193, 1232

Bélgica 735-736

Białystok 581-583

boicote 99-100

campos de concentração 535-536, 1066-1068, 1074-1075, 1093n, 1133-1134, 1138-1139, 1141-1142, 1154, 1224-1226, 1249

confiscos 273-274, 377-78, 642-643, 651-54, 1175-1176, 1179-81, 1183-1184, 1185n, 1187-1188

campos de extermínio no General-gouvernement 1083n, 1112-1111

casamentos mistos 504-505

ciganos 534-535, 1242, 1243n

Croácia 872-4n

destino 1224-1226, 1370-1371

e a criação de leis 186-187, 428, 1232

e Kube 449-450

e o *Generalgouverneur* Frank 225, 1213-1215

em Minsk 383-6, 1274-1275

emigração 148n, 1387n, 1391n

Eslováquia 885n, 895-896, 906-908, 911-3

experiências médicas 1160n, 1161-70, 1170n, 1172-1173

expiação de judeus 695n, 696n

expulsões 230, 234-9

França 787n, 788-789, 791n, 793-794, 804-805

Gueto de Łódź 235

gueto de Varsóvia 608-609, 615, 641-2

guetos 449-450

história e educação 32n, 219-23

Holanda 695-6n, 696-8n, 708-9n, 709-10, 711-2n, 714-715, 720-721

Hungria 1000-1001, 1010-2, 1024-1025, 1043-1045, 1046-1048, 1059n

incidente de Przemysl 632n

Itália 815-18

ligações na polícia 917n

massacre de 1938 39-41

mestiços [Mischlinge] 497-498

operações antipartido 431-4

operações de fuzilamento 315-318, 320-321, 325-326, 328-329, 336-8, 382-6, 408n, 455-8, 1252-1253

Pinsk 455-456

Polícia de Segurança 315-316

poloneses 622-624, 1238n

posições 35, 57, 60, 63-64, 222-223, 312, 336n, 1066-1068

propaganda 1272-1273

regulamentação dos nomes 191-192

relatórios estatísticos enviados a 206n, 222n, 360n, 666n, 1391n, 1517n, 1519-1520, 1527-8n

relatos 1254-6

Ribbentrop 659-662

Romênia 939-940, 978-980

rumores sobre sabão 1197n, 1397n

Salônica 851-853

Schutzmannschaft 429-430

segredos 1192

Sobibór 1143-1144, 1191-1192

sobre "fraqueza" 1255-1256, 1257

sobre a aniquilação dos judeus 1254-1255, 1267-1268, 1271, 1281-1282

sobre a delicadeza 1264-1265

sobre a glória 1257-1258

sobre consciência 1274-1275

sobre corrupção 18-19, 1178-1179, 1254-6

sobre os judeus 18-19, 1278

Solução Final 471-472, 572n, 584-585, 515n

Sosnowiec 576n

Theresienstadt 515-6

utilização de mão de obrea 285-286, 452-453, 521-523, 629-630, 631-6, 639n, 561-62, 644-645, 646n, 1093n, 1138-1139, 1157-60, 1251

Hindenburg, Oskar von 388-391, 1370

Hindenburg, Paul von 33-34, 85-8, 89-90n

Hingst, Hans 423n

Hinkel, Hans 91

Hinkler, Paul 311

Hippke, Erich 1160n, 1162, 1163-4

Hird (organização norueguesa) 670

Hirsch, N. V. & Co. 689n

Hirsch, Otto 181-82, 203-205, 542n

Hirschfeld (coronel da polícia, Białystok) 617

Hirschfeld, G. von 518n, 1086n

Hirschfeld, Hans Max 688-689

Hirschle, Georg 200-2

Hirschmann, Ira A. 1408-9n, 1423, 1429n, 1430n

Hirszman, Chaim 1202n

Hirt, August 1172-4

Hirtreiter, Josef 1192-1193, 1264

Hitler, Adolf

advogados 132-133

apelo a (por líderes judaicos) 199-200

arianizações 132, 135

Auschwitz 1097-1098, 1195-1196

Białystok 401-4n

Buchenwald 1224-1226

Bulgária 917-918

casamentos mistos 504-505

caso Katzenberger 176-177

caso Luftglas 531-533

contra a "sentimentalidade" 1263

Croácia 879-880

decisões sobre os extermínios 460-61, 466-72, 477-78, 923-24, 1232

decreto de despejo 185-186

Decreto de identificação/Estrela de Davi 193-96

demissões 85-6, 89-90n

deportações do Reich 363-64, 494-95

destinação de apartamentos 561-4

destino 1227-1228, 1370-1371

Dinamarca 675-7, 679-680

e Einsatzgruppen 315-318, 320-321

escolas 179-80n

Eslováquia 910-911, 1053-6

expulsões 229n, 212-13

França 743-744, 652n, 769-770

guetos 581-583

Holanda 721-2n

Hungria 469-470, 1005-1006, 1010-2, 1016-7n, 1053-1055

imposto sobre rendimentos 159-160

Itália 822-823, 829-830

Iugoslávia 871-872

judeus estrangeiros 135

Leis de Nuremberg 67-70

Luxemburgo 723-4n

massacres 39, 40-41, 48-9n

mestiços [Mischlinge] 69-70, 78-79, 79-80, 91, 172-173, 491-2n, 496-7n, 498-499

multa de 1938 40-41

objetos de arte 805-806

operações antipartidárias 431

ordem de eutanásia 1075-7

passaportes 190n

poloneses 624-625, 1238-1239

posições 53-54, 60, 312, 835

profecias 477-478, 1267-1268

programa do Partido Nazista 31-32

proibição de casamentos mistos 67-70, 170n, 171-3

queixas a 591-592, 1263

regulamentação dos nomes/lei dos nomes 191-192

relatórios estatísticos enviados a 457-9, 1519-20n, 1527-8n

Salônica 85n

sobre a "influência" dos judeus 17-18, 81-4

sobre a ordem Reichenau 370-371

sobre antissemitismo 48n-51n

sobre emigração 463-464

sobre o "destino" 1281-1282

sobre os médicos 131-132

sobre os veteranos 86, 508-9n

testamento 1057-58, 1083

utilização de mão de obra 519-520, 521-523, 650-1n, 1157-1158, 1415-1416, 1519-20

Hnilitschek (Judeus veteranos de guerra, Viena) 508-9n, 511-3n

Hobirk, Robert 691n, 695n

Hochberg, Karel 899-901

Hoche, Alfred 1075n

Hoche, Werner 63-4

Höchst (empresa) 1497-8

Hódmezovásárhely 1056-1057

Hodonin 1244

Hodys, Eleonore 1126-1127

Hoelk (Ministério do Trabalho) 395-6n

Hoepner, Erich 340-341, 1370-1371

Hofer, Franz 819-820

Hoff, Troels 680-681

Hoffmann (Ministério da Economia) 155n

Hoffmann (Ministério do Interior) 263-4n, 1086n

Hoffmann, Günther 661

Hoffmann, Heinz Hugo 175, 175n

Hoffmann, Karl 916-917, 928n, 929-32

Hoffmann, Karl Heinz 678n

Hoffmann, Kurt 1086n

Hoffmann, Sándor 1055n

Hoffmann, Ulrich 1148

Hoffmann, Walter 339-40n

Hoffmeyer, Horst 426-7n, 1301-2n

Höfle, Hermann (comandante da Polícia e da Alta ss, Eslováquia) 911n, 1370-1371

Höfle, Hermann (Lublin) 576-577, 596-597, 626-627, 1082-1083, 959n, 1174-1175, 1190, 1370-1

Höfler, Heinrich 1348

Höfler, Wolfgang 1266-1267

Hofmann (estatístico da ss) 1520-1n

Hofmann, Franz Johann 1117-1118

Hofmann, Otto 221-222, 420n, 472-3n, 474-475, 492-493, 496n, 503n, 1160-1161, 1370

Hofmann, Wilhelm 453n

Hohberg, Hans 1370-1371

Höhmann, Gottlieb 596-597

Höhn (professor, experiências médicas) 1164-1165

Holanda

desenvolvimentos nos tempos de guerra 682-724, 774-775

estatísticas 1310, 1537-1538

julgamentos dos crimes de guerra 1368-9, 1374-1375, 1380-1381, 1382-1383

Holcinger, Robert 736-737

Holfelder, Albert 1167-1168

Hölkeskamp, Walter 1155-1156

Höller, Egon 232n

Hollesche Draaden Kabelfabrik 701-2

Holz (*Reichskreditgesellschaft*) 691-692, 720-1n

Holz, Karl 135-136

Holzlöhner, Ernst 1163-1164

Holzschuher, Wilhelm von 1086-7n

Homenau 899-901

Homossexuais 1326, 1493-4n

Honeck (Gabinete do *Stadthautpmann*, Lvov 616-7n

Hoover, Herbert 41-42

Hoover, J. Edgar 1396n

Hopchet (Escritório de Registros, Bruxelas, 1947) 733-5n

Hopkins, Harry 1403, 1403-4n

Hoppe (*Reichsbahn*) 948-9n

Hoppe, Günther 1159-60n

Höppner, Rolf-Heinz 468-469, 1351-2n

Horelli, Toivo 667-8n

Höring, Emil 224-225

Horn, Max 643-5, 652n, 1308n

Horneck, Karl 1172-1173

Horodenka 631

Horst Jüssen (empresa de construção) 958-960

Índice remissivo **1593**

Horten, Helmut 695-696

Horthy, Miklós 988-989, 990-992, 993-994, 1010-2, 1024-1025, 1040-1041, 909-15

Horthy, Miklós Jr. 1056-1057

Höss, Rudolf

    Auschwitz 1086-90, 1092n, 1098-1100, 1107-8, 1108-11, 1116, 1120n, 1226, 1138-9, 1191n, 1194-95, 1205-6, 1210-11, 1249, 1264-65

    biografia 1117-9

    destino 1224-1226, 1334, 1351-1352, 1370

    posições 1058-1059, 1072-1075, 1086-1087

    relatório sobre a resistência polonesa 1409

    sobre Treblinka 1202-1203

    Solução Final 1087-90

Hossbach, Friedrich 83n, 91n

Hossfeld, Johannes 82

Hössler, Franz 1117-1118, 1203-1204, 1206-1207, 1216-1217, 1350-1351, 1370-1371

Hoth, Hermann 332n, 1370-1371

Hotin 331-332, 945n

Höttl, Wilhelm 1014n, 1334, 1370-1371, 1515

Houdremont, Eduard 630n, 1370

Hoven, Waldemar 1124-1126, 1371-1372

Hrubieszów 288, 586

Hruby (Ministério do Protetorado) 167n

Huber, Franz Josef 476-77, 1176n

Hubrich, Georg 63-64, 87-88

Hudal, Alois 822-823, 1381-1382, 1387

Hugenberg, Alfred 57, 83

Hugo Kaufmanns Bank 689n

Huhnhäuser (Ministério da Educação) 673n

Hühnlein, Adolf 99-100

Hull, Cordell 683n, 786-787, 939n, 1327, 1398n, 1400n, 1403, 1408

Hull, John Edwin 1413-1414

Hummel, Herbert 218-219, 291-292, 571-572, 1371

Hungria

    desenvolvimentos na 985, 1062-63

    estatísticas 1310, 1537-1538

    judeus húngaros em outros países 524-5, 788-789, 926-928, 1324-5

    julgamentos dos crimes de guerra 1364, 1367-1368, 1371-1372, 1385-1386

    migrações pós-guerra 1439-1440, 1441

    negociações 1415-23

    profecia de Hitler 469-470

    refugiados da Croácia e da Eslováquia 901-902, 910-1

    restituição e indenização 1445-1446, 1468-69, 1482-3, 1501-1502

Hunke, Heinrich 140n

Hunsche, Otto 478-479, 497-498, 664, 712-714, 1017-1019, 1020n, 1029-1030, 1048-1049, 1371-1372

Huntziger, Charles 740-741, 746-747

Huppenkothen, Walter 316, 317

Husseini, Amin el (Mufti de Jerusalem) 977-978, 1340

Huta Hoch- und Tiefbau (empresa) 1094-1096

Hüter, Adolf 1156n

Huth (major, Viena) 997n

Hüttig, Hans 711-712

Hutu (tribo) 1508-11

I. G. Farben

arianizações 96-8, 122-123, 124-125, 155n, 275-6

Auschwitz 1087-1088, 1089-92, 1139-1140, 1150-1151, 1213-1215, 1216-8

demissões 92-93

experiências médicas 1160-3

julgamento dos crimes de guerra 1343

Leverkusen 1148, 1159-1160

organização 1144-8

pagamento de indenização 1467-8

Zyklon 1101-1102, 1103-1104

Iacobici, Iasif 349-50n-14n, 941-942

Iampol. *Ver* Yampol

Iaşi 943-4, 983-984

Iasinschi, Vasile 937-938, 941-942

Identificação. *Ver também* Listas; Registro

apartamentos 11-12, 196-197, 726-8, 855-856, 924-925, 1032-1033

bandeiras, cumprimentos, insígnia, medalhas 192-4

braçadeiras, distintivos, remendos, tatuagens

Auschwitz 1133-1134

Bélgica 735-736

Bulgária 921-922, 924-925, 926-928

Croácia 872-874

Eslováquia 892-893

França 773-5

Holanda 703-4

Hungria 1025-1026

Luxemburgo 725-726

medieval 9

Polônia 239-41

Reich 192-7

Romênia 968-969, 983-984

Salônica 854-6

Sérvia 837-838

União Soviética (ocupada) 404-406

cartão de identificação 189-190, 668-669, 793-794, 892-893

empresas 751-752, 854-855, 872-874, 924-925

passaportes 11-12, 189-92

ração 161-162, 191-2

Idosos 475-476, 504-7, 456-57, 589-590, 725-726, 737-738, 803-804, 1201-2. *Ver também* Theresienstadt

Ignor, Peter 649-50n

Igreja Católica. *Ver também* diplomacia do Vaticano

Alemanha 502-503, 556n

Croácia 874-5n

Eslováquia 885-886, 901-902, 908-909

Estados Unidos 41-42

França 783-5

Holanda 708-9n, 715-6n

Hungria 990-992, 992-993, 1026-7, 1038-1039

Itália 823-824, 826-827

Lituânia 353-354

medieval/Idade Média 6-10

Polônia 621-4, 625n

Igrejas 71-3, 706-9, 714n, 715n,

895-896, 898-899, 918n, 990-992, 992-993, 1038. *Ver também* Igreja Católica; Igrejas Protestantes.

Igrejas protestantes 71n, 196-197, 670-671, 708n, 902-903, 992-993, 1038-1039, 1320

Ihn, Max Otto 523n, 1371-1372

Ihnen (missão diplomática alemã, Bucareste) 349n

Ilges, Walter 35n

Ilgner, Max 96-97, 1147-1149, 1371-1372

Ilha Lopud 880-881

Ilha Pag 874

Ilha Rab 880-881

Iliescu, Mihai 437n

Illgner, Hans 81-83

Impostos

"multas" 11, 40-2, 142-8, 702-703, 768-769, 790-791, 837n, 1250

arianizações 137-138, 1250

fuga 141-3, 147-148

pela Comunidade Judaica 197-198, 202-3n, 266-267, 283-285, 413-415, 552-3n, 769-770 892-893, 963-964

per capita 301-302, 769-770

proposta de nascimentos ilegítimos de poloneses 1241

receita 8, 159-61, 964-7

restituição após a guerra 1459

sobre propriedade 141-8, 891-892, 921-922, 964-7, 1250

Impulevicius, Antanas 440n, 1274n

Imrédy, Béla 988-990, 993-994, 1014-1015, 1024-1025, 1371

Indenização 1452-72, 1497-502

Indústrias da ss 640-1

Industrie-Bau A.G. 1094-1096

Inspetorias e Comandos de Armamentos 412-15

Institut für Deutsche Ostarbeit 569n

Institut zur Erforschung der Judenfrage 1266n

Institute of Jewish Affairs 1515-1516

Irgens, Kjeld Stub 669n-71n

Irgun Zwai Leumi (organização militar nacionalista judaica) 583n, 1420

IRO (International Refugee Organization [Organização Internacional de Refugiados]) 1433n, 1434, 1437n, 1450n, 1472

Isaacs, George 1435n

Isopescu, Modest 435, 1371-1372

Ispert, Wolfgang 698n

Israel 1314-1315, 1321, 1265-72

Israelowicz, Leo 1192n, 1284n-6n

Isselhorst, Erich 323-324, 393n

Istambul 958-960, 1420

Itália

desenvolvimentos na 808

e Bulgária 926-928

e Croácia 878

e França 788

e Grécia 858

e Rhodes 657-658

e Tunísia 760-761

estatísticas 809-810, 814-815, 830, 1310, 1537

indenização 1463n, 1468

judeus italianos na Alemanha 524

Iugoslávia 1310, 1368-1369, 1372-1373, 1374-1375, 1376-1378, 1385-1386,

1439-1440, 1441, 1537. *Ver também* Albânia; Croácia; Macedônia; Novi Sad; Sérvia

Ivano-Frankovsk. *Ver* Stanislawów

Iwacewicze 346n

Iwanski, Henryk 613-614

Izeu-Ain 801-802

J'accuse 798n

Jäcklein, Josef 590n

Jackson, Robert 1323, 1329, 1330n, 1331-1332, 1334n, 1341

Jacob, Fritz 452n, 1265n

Jacobi, Karl 481-483, 486-487, 1371-1372

Jacobi, Kurt 728n

Jacobi, Ludwig 205-206

Jacobsen (OKW) 938n

Jadovno 874

Jägendorf, Siegfried 957-958

Jäger, Emil 835, 866-8

Jäger, Karl 323-324, 326-327, 334n, 365n, 366n, 422n, 391-92, 441n, 1294n, 1371-1372, 1517n

Jagow, Dietrich von 664, 1013n

Jagusch, Walter 423-424

Jagwitz, Eberhard von 81-83, 689-90n, 730n

Jähne, Friedrich 1333

Jahrreis, Hermann 1147n

Janetzke, Wilhelm 410

Janina 864-6

Janinagrube 1151-1152

Jänisch, Josef 1098n

Janiszów 649-650

Jannicot (administração francesa) 113-114

Janov 455-456

Jans (Escritório Geral de Auditoria, Bruxelas) 733n

Janssen, Friedrich 1156n

Japão 66-67, 1392n

Jarke, Alfred 252-253

Jarnieu, Pierre Chomel de 755-8

Jaross, Andor 1016-1017, 1039-1040, 1052-1053, 1055-1056, 1371

Jasenovac 874n, 875, 880-881, 1246

Jaskielewicz, Hipolit 1303n

Jaskielewicz, Maria 1303n

Jaslo 232n, 466-468

Javits, Jacob J. 1455n

JDC. *Ver* Comitê Judaico-Americano de Distribuição Conjunta

Jeckeln, Friedrich 328-329, 337-40, 408-409, 420-1n, 429-30n, 1004-1005, 1351-1352, 1371-2

Jedamzik, Eduard 253-254

Jędrzejów 468

Jedwabne 357-358

Jelgava 331-332, 332-333

Jerusalém 1420, 1423

Jeschonnek, Hans 58, 312

Jewish Frontier 1396

Jewish Restitution Successor Organization 1247n, 1451n

Jewish Telegraphic Agency (relatório dos tempos de guerra) 1396

Jewish Trust Corporation 1450n

Jodl, Alfred 312, 315-318, 320-321, 615n, 633n, 678, 1334-6, 1338, 1371-1372

Joël, Günther, 47-8, 135n

Jonava 332-333

Jones, Melvin 1545

Jonić, Vladimir 882n

Joodsche Weekblad 699-701

Jordan (Distrito de Cracóvia) 362n

Jörg, Frieda 1192-1193

Josef Ketz (empresa) 281-2n

Josef Kluge (empresa) 1096-1097

Josephthal, Giora 1475-1476

Josephus, Titus Flavius 27-28

Jost, Heinz 317, 287n, 323-324, 429-430, 441-442, 1371

Jothann, Werner 939n, 1216-7n

Jovanovic, Dragomir-Dragi 847-848

Jowitt, William Allen 1333

Judeus (definição). *Ver também* Mestiços [*Mischlinge*]

  Alemanha 63-80

  Bélgica 729-730

  Bulgária 918-20

  Croácia 872

  em Salônica 857-858

  Eslováquia 885, 902

  França 748-749

  Holanda 688-689

  Hungria 988-93

  Itália 812-813

Judeus estrangeiros

  na França e na Tunísa 760, 773, 787-89, 790-791, 797-798

  na Holanda 704-5n

  na Itália 813-5

  na Polônia 254-255

  no Reich 46-47, 135, 144-6, 461-463, 523-25

  Noruega 668-669

  Polônia 239-40

  Romênia 936-8

  Salônica 854

  Sérvia 837-838

  União Soviética (ocupada) 404-406, 427n, 428-429

Judeus iranianos 797-798

Judeus ortodoxos. *Ver* Agudath

Judeus portugueses 720-721

Judeus proeminentes 25, 87-88, 201-202, 211-212, 240-241, 484, 516-517, 526-528, 717-21, 929-930, 1043-1044

Judeus veteranos de guerra (Estados Unidos) 1313

Jüdische Rundschau 51

Jüdisches Nachrichtenblatt 203-205, 1314-5

Juhl, Hans 678n

Julgamentos de Nuremberg 1328-49, 1543-5, 1547

Jung, Franz 995n

Jung, Moses 1413n

Jungclaus, Richard 729-730

Jungfernhof 417n

Jüngling, Martin 1009n

Jurcic, Milutin 871-872

Jurcsek, Béla 1014-1015

Jurk (major da polícia, Protetorado) 564n

Jüttner, Hans 221-222, 711-712, 1024-1025, 1058-1059, 1120n, 1212n, 1371-1372

Juventude Hitlerista 44, 489-490, 725-726

Kabelwerk (empresa, Cracóvia) 647

Kabiljo, Aaron 883-884

Kadow, Walter 1117-1118

Kaganovich, Lazar 1267-1268

Kahlert 523n

Kahn, Frieda 529n

Kaindl, Anton 1072-1075

Kaiser (capitão) 356n

Kaiser, Fritz 155n, 146n

Kakhovka 360n

Kaldenberg, Ernst von 140-141

Kalfus, Josef 110-111

Kalisch (Ministério das Relações Exteriores) 125

Kaliwerke A. G. 1101-1102, 1103-1104

Kállay, Miklós 988-990, 998n, 1005-10, 1011-5, 1259

Kallenbach, Richard 553-554, 668n, 721n, 787n

Kallmayer, Helmut 933-34, 1371

Kaltenbrunner, Ernst
  Bulgária 931-3
  confiscos 1176-8n
  Cruz Vermelha Internacional 1224-1226
  destino 1216-21, 1371-1372
  equipe de Kulmhof 1108n
  estatísticas 666n
  Gueto de Varsóvia 615n
  Hungria 1014n, 1045-1046, 1052n, 1059n
  posição 221-222, 316, 478
  propaganda 1271-3
  relações de alemães e judeus 449-450
  Theresienstadt 515-8

Kamenets-Podolsky 338-339, 416-9, 452-453, 1004-1005, 1265-1266

Kamenka 362-4

Kaminski, Hannah 205-206

Kammerl (*Generalgouvernement*) 493-5

Kammler, Hans 615, 1057-1058, 1071, 1087-1088, 1092-1093, 1097-1098, 1141-4, 1152-1153, 1157-1158, 1211-2n, 1371

Kanał, Israel 605-607, 611-613

Kanstein, Käthe 157n

Kanstein, Paul Ernst 676-677, 681-682

Kanstein, Salomon 157n

Kantor (Böhmische Escompte Bank) 99

Kanzler, Ernst 102-3n

Kap, Horst 497-498

Kaplan, Jacob 659-60, 763-764, 1284

Kappeler, Franz 190n

Kappler, Herbert 818-20, 821-3, 823n, 829-830, 1371-2

Karaites 426-427

Karalius, Vincas 359-60n

Karasubar 435n

Kareski, Georg 50n

Karger, Walter von 720n

Karl Diehl (empresa) 1467n

Karl Falck (empresa) 1096-1097

Karmasin, Franz 884n, 906n, 1196

Karpathen-Öl, Drohobycz (empresa) 647

Karpenstein, Wilhelm 1065-1066

Karsava 359-360

Karstadt A. G. *Ver* Rudolf Karstadt A. G.

Kaschau. *Ver* Kosice

Kasche, Siegfried 663, 877-83, 1351-1352, 1372-3

Kassel 157-158

Kastner, Rudolf (Kasztner, Rezso) 1017-1019, 1040-1041, 1043-6, 1048-1049, 1315-1316, 1424

Katowice 213-215, 230, 269-270

Katyn, Floresta 445-6n

Katz, Delwin 35

Katzenberger, Lehmann 174-8, 530-1

Katzenstein, Ernst 1467n

Katzmann, Fritz 224-225, 580-581, 589n, 592n, 635n, 638n, 648n, 1284, 1372-1373, 1525

Kaufering 1221-1222

Kauffmann, Arthur 539n

Kaufmann, Karl 561

Kaufmanns. *Ver* Hugo Kaufmanns Bank

Kaul, Curt 56n

Kaunas 332, 356-357, 358-60n, 398-399, 409-410, 419-420, 440-441, 446-447, 449-450, 804-805, 1294-5

Kaupisch, Leonhard 673-674

Kausch, Hans-Joachim 400n, 456n, 941-942

Kayser, Hermann 55n

Kedainiai 332-333

Keesing, Isaak 695n

Keesing, Leonard 107-108, 109n, 110-111, 695n

Kehrl, Hans 59, 81-83, 107-108, 109-110, 115n, 122-123, 1372-1373

Keiper, Wilhelm 835

Keitel, Wilhelm
Białystok 401n
deportações 406-407
destino 1334-6, 1338
França 743-744, 805n
Holanda 722n

Hungria 988n
mestiços [Mischlinge] 91
operações dos *Einsatzgruppen* 315-318, 320n
posição 58, 312, 835
reféns 841n
Sérvia 841n
utilização de mão de obra 416n
Varsóvia 608-609

Kempner, Robert M. W. 1277, 1344

Kennan, George F. 1361n

Keppler, Wilhelm 98n, 123-124, 660, 661-2n, 1277, 1182

Kerch 437n, 435n

Kéri, Kálmán 1002-1003

Kermel, Wilhelm. *Ver* Wilhelm Kermel (empresa)

Kerrl, Hanns 57, 192n, 203-205

Kersten (administração, I. G. Farben) 155n

Kessel, Albrecht von 1279-1280

Kesselring, Albert 789-790, 819-820, 822-823, 829-830, 1350-1351, 1372-1373

Kessler, J. (médico judeus, Mogilev-Podolsky) 957n

Keuck, Walter Rudolf 248n

Kewisch, Erich 848n

Keyes, Geoffrey 1359n

Kharkov 330-331, 335-336, 346-347, 1531

Khazars 426-427

Khemelnik 368-369

Kherson 330-331. 335-336, 345n

Khorol 388-390

Khotin. *Ver* Hotin

Kiefe, Robert 783-784

Kiefer, Max 1071, 1346n, 1372-1373

Kiel 1222-1223, 1280

Kielce 232n, 246-247, 252, 647-648

Kiesewetter, Anton 103n

Kiev (cidade) 330-331. 331-332, 335-336, 338-339, 344n, 364n, 371-372, 379-380, 396-397, 450-451, 1259

Kiev (*Generalbezirk*) 400-401

Kigali 1509

Killinger, Manfred von 581-82, 885-886, 944-945, 966n, 969n, 973-8, 984, 1055-1056, 1107n, 1372-1373

Killy, Leo 65-66, 78-80, 155n, 158n

Kimmich, Karl 103-104, 109n

Kinder, Christian 196n

Kipper, Paul 196n

Kirchfeld (Ministério da Economia) 81-3

Kirov, Sava 917-918

Kirovograd 330-331

Kirschneck, Hans 1096n, 1156n

Kirszenbaum, Menachem 606

Kishinev. *Ver* Chisinau

Kislovodsk 1288, 1531

Kistarcsa 1032-1033, 1053-1055

KK. *Ver* Żydowski Komitet Koordynacji

Klaas, Paul 139-40n

Kladovo 843-844

Klaipeda 381-382

Klebe (marinha) 1107n

Kleemann, Ulrich 835, 868-869, 869n

Kleemann, Wilhelm 199

Klehr, Josef 1104n

Klein, Alexander 818-818

Klein, Fritz 1121-1122, 1202-1203, 1222-1223, 1350-1351, 1372

Klein, Horst 1069

Kleine, Hans 1148

Kleinmann, Wilhelm 57, 230, 480-481

Kleist, Ewald von 1372-1373

Klemm, Bruno 486-487, 975-976, 1227-1228, 1372

Klemm, Herbert 64-65, 1345n, 1372-1373

Klemm, Kurt 400-401

Klemm, Werner 73-74

Klemt (partido nazista) 46n

Klessheim, reuniões 1010-12, 1014-1015

Kletsk 346-347

Klimaitis (Klimavičius), Jonas 356

Klimovichi 421n

Klingelhöfer, Woldemar 323-324, 324-325, 1372

Klingenfuss, Karl Otto 497-498, 666n, 797n, 880n, 924n, 928-929, 969-970, 972n, 976-977, 1372-1373

Kliniki 346-347

Klocke, von (XXI Corpo de Montanha) 866n

Klooga 450-451

Klopfer, Gerhard 60, 129n, 164n, 472n, 474-475, 456n, 503n, 1372-1373

Klötzel (Ministério das Relações Exteriores) 1003n

Klotzsche, Johannes 196n

Klucki, Ludwig 81-83

Kluge, Günther von 759n, 1372

Kluge, Josef. *Ver* Josef Kluge (empresa)

Klünder (distrito de Lublin) 1286

Knecht, Karl Friedrich 1245n

Knoblauch, Kurt 592n

Knobloch, Herbert 692n, 694n, 695n

Knochen, Helmut
destino 1372-1373
França 744-746, 768n, 720n, 783n, 787-89n, 793n, 796-7, 798n, 816-818, 969n, 1192n
posições 317, 744-746
Knorth, Hans 727n
Knoth (tenente) 442n
Köberlein (WVHA) 1069, 1071
Koblenz 519-520, 530-531
Kobryn 456-457
Koch-Erpach, Rudolf 1136-1137
Koch, Erich 215-216, 229, 234-235, 400-401, 401-404, 425-426, 616-617, 1372
Koch, Günther 577-578
Koch, Hans 371-372
Koch, Hellmuth 345n
Koch, Karl-Otto 1116-1117, 1124-1126, 1143-1144
Koch, Pietro 824n
Kodyma 344-345
Koegel, Max 1116-1117, 1124n, 1168n
Koehler (ss, Buchenwald) 1124-1126
Koesters, Friedrich 896-897
Kogard, Rudolf 848n
Kogon, Eugen 1343
Kohl, Helmut 1322
Kohl, Otto 742-743, 773-774, 1321-2, 1373-1374
Köhle, Julius 577-578
Köhler, Robert. *Ver* Robert Köhler (empresa)
Köhnlein, Friedrich 802n
Kolisch, Siegfried 450-53, 1286n, 1296n
Koło. *Ver* Warthbrücken

Kolomea 590-591, 630-631
Kołomyja. *Ver* Kolomea
Kommando "1005" 456-457, 1210-1211, 1331-2
Komoly, Ottó 1040-1041
König (tenente, Córcira) 866n
König, Hans Wilhelm 1202-1203
König, Karl 1161n
Königsberg 1304
Königshaus, Franz 389-391, 393-395
Konka, Gejza 884-885
Kontinentale Öl A. G. 444
Kopecki, Jaromir 1410, 1411n
Kopkow, Horst 316
Koppe, Wilhelm 216-218, 223-224, 234n, 573-574, 650n, 651n, 1108-1111, 1179-80n, 1213-1215, 1373
Koppelmann, Isidor 1395
Koprivnica 874
Kopyl 454n
Körber, Willy 99-100
Korczak, Janusz 598-601
Kordt, Erich 660
Koretz, Zvi 853-4, 1285-6
Korherr, Richard
estatísticas das equipes da ss 222n
relatório de emigração 1391n
relatório do Generalgouvernement (1943) 1524n
relatório sobre a Solução Final (estatísticas) 183n, 206n, 306n, 501n, 535n, 553-55, 638n, 639-41n, 710n, 798n, 858n, 880n, 905n, 929n, 1391n, 1531-2
relatório sobre a Solução Final (gêneses e fontes) 1518, 1525

Korman, Edward 1488-93, 1493n, 1494

Körner, Hellmut 216-218, 294-295

Körner, Paul 59, 82, 115-7n, 158-159, 412-413, 413-415, 1150-1n, 1194n, 1373-1374

Kornienko (Ucrânia) 360n

Korschan, Heinrich 201-202

Korsemann, Gerret 429n

Korten, Günther 58, 312

Korzecka, Stanislawa 1303n

Kos 834-836, 868-869, 869n

Košak, Vladimir 871-872, 880-881

Košice 1029-1031, 1046-1048, 1413

Koslovichisna 442-3n

Kosow 631-2

Köster (*Ostland*) 423-4n

Köster, Arnold 103-4n

Kotthaus (capitão da marinha) 416n, 421n

Kovalevka 1246

Kovno. *Ver* Kaunas

Kowel 456-457

Koydanov 346-347

Kozower, Philipp 205-206, 526-528, 542-7

Krakauer Zeitung 371-372

Krallert, Wilfried 317, 1014-5n

Kramarz, Hans 660

Kramatorskaya 446n

Krämer (Polícia de Campo Secreta) 344-345

Kramer, Josef 1117-1118, 1222-1223, 1350-1351, 1373

Krane, Jay B. 1429n, 1547n

Kranebitter, Fritz 818-818

Kranefuss, Fritz 1152-4n, 1156-1157

Krasnystaw 466-468

Krauch, Carl 59, 1146-1147, 1149-1150, 1150-1151, 1152-4n, 1156-1157, 1194n, 1346-1347, 1373-1374

Krause (Ministério da Economia) 122n, 125

Krause, Johannes 191n, 316

Krause, Kurt 417-9n

Krauss, Clemens 564-5

Krautsdorfer, Anton 1021-2n

Krayer, Georg 1484, 1485n

Krebs, Friedrich 168-9n, 506-7n, 1373-1374

Krebs, Hans 650n

Kreditanstalt der Deutschen 103-104

Kreidler, Eugen 1540n

Kreipe, Werner 58

Kreklow, Arnold 316

Kremenchug 330-331, 334n, 344-345, 353

Kremenets. *Ver* Krzemieniec

Krenzki, Curt von 835, 851-853

Kressendorf 1216-1217

Kretschmann, Max 1185n

Krichbaum, Wilhelm 312, 316

Kriebel, Hermann 660

Krimchaks 426-8

Kris (judeus veteranos de guerra, Viena) 508n

Kristaponis, Juozas 1274-5n

Kritzinger, Friedrich Wilhelm 65-66, 132-133, 472n, 474-475, 1373

Kröger (I. G. Farben) 1151n

Kröger, Erhard 323-324

Krohn (pastor) 683-684

Krohn, Johannes 185-186

Krol, John (cardeal) 1326n

Kroll, Hans 661

Krone-Presswerk, Berlim 1155-1156

Kroner, Hayes 1396n

Kröning (Ministérios das Relações Exteriores) 190n

Kropp (Tesouro do Reich) 1185n

Krosigk, Ernst Anton von 1004n

Krosigk, Lutz Schwerin von 1373-1374
    ações do Partido Nazista 35
    apartamentos 564
    arianizações 130-1
    assistência pública 155-6
    confiscos 450n
    demissões 85-6
    destino 1343, 1373-1374
    gueto de Łódź 262-3n
    gueto de Varsóvia 615
    impostos/taxas 146n
    massacre de 1938 44, 45n
    posição 57, 82

Krug von Nidda, Role Hans 744-746, 791-3n

Krüger, Felix 79-80

Krüger, Friedrich Wilhelm
    batalha do gueto de Varsóvia (relatório de Stroop) 254-5n, 576-7n, 601-2n, 608-9n, 612n, 613n, 1283n
    confiscos 1175-1176, 1178n
    destino 1373-1374
    expulsões 226-227
    Galícia (relatório de Katzmann) 580n, 589-90n, 592-4n, 616-7n, 638-40n, 648-9n
    Lublin (campo) 1121-2n
    Ostindustrie GmbH 642-3

política polonesa 625-6n

posição 216-218, 223-224, 225-226

restrições de movimento 240-1

Solução Final 472-3n, 586-7n, 1519-20n

trabalho forçado 280-281, 283, 553-57, 646n

transportes 583-4

Krüger, Kurt 98n

Krumey, Hermann 664, 882-883, 1017-1019, 1046-1048, 1373

Krümmer, Ewald 526-8n, 1269-70n

Krupp A. G. 41, 523-4n, 629-630, 695-696, 730-731, 751-752, 1089-1090, 1155-7, 1159-1160, 1343, 1467-8

Krupp, Alfried 1346-1347, 1373-1374

Krupp, Gustav von Bohlen und Halbach 1334n, 1346-1347, 1497-1498

Kruščica 874-6

Kryschak, Werner 478-479, 679-80

Krzemieniec 357-358

Kube, Wilhelm
    controvérsia com Strauch 447-448, 1088
    deportações para Minsk 366-67
    destino 449-450, 1373-1374
    incidente de Arnswalde 37
    mão de obra judia 417-9n, 419-20n, 441-442, 446-7
    operações de extermínio 304n, 391-92, 339n, 1276, 1279-1280, 1526
    posições 37, 400-401

Kubiš, Robert 898n

Kubowitsky, Leon 1324n

Kuchendorf, Eugen 1098-1100n

Küchler, Georg von 1373-1374

Kühn, Adolf 664, 691-2
Kuhn, Loeb & Co. 109-10
Kühne, Hans 1148
Kühne, Walter Heinrich Karsten 147n, 569-70n
Kühnemann, Herbert 139-140
Kühnen, Harald 694-5n
Kulmhof
 ciganos 1243
 como destino de transportes 573-574, 578n, 1109
 confiscos 1174-1175, 1178-80, 1190
 criação 468-469, 1072-1075
 equipe 1134-1135
 estimativa de mortos 1109, 1535
 fechamento do campo 1210-1211, 1212-1213
 localização 920
 poloneses tuberculosos 1236-7
 procedimento de chegada 1200-2
 segredos, rumores e relatórios 584-585, 617-8n, 1396
Kulturbund 92-93
Kummer, Karl 83
Kumming, E. (*Sonderführer*) 367-8n
Kunder, Antal 1016-1017
Kundt, Ernst 218-219, 571-572, 591-2n
Kunska (gabinete do *Generalkommissar*, Letônia) 374n, 423-4n
Künstler, Karl 1124n
Kuntze, Walter 835, 1346n, 1373
Kunze, Friedrich 600n
Künzel (Polícia de Ordem, Łódź) 236
Kupaygorod 958n
Kurhessen 39
Kursk (cidade) 1002-1003

Kursk, Emil 453n
Kurth (*Reichsbank*) 150n
Kusche, Heinz 1086n
Küster, Otto 1475-7
Kutschera, Franz 224-225
Kvaternik, Eugen 871-872, 875-876, 1373-4
Kvaternik, Slavko 469-470, 871-872, 1374-5
Kysak 1948-1949
Kyustendil 929-930
La Guardia, Fiorello 1427-1428
La Laurencie, Benoît Léon Fournel de 740-2, 748n
La Vernet 764-765
La Vita Italiana 810-812
Labs, Walter 491-2n, 1004-5n
Lachmann, Karl 675-676
Lackenbach 1166-1167, 1243
Lagardelle, Hubert 740-741
Lages, Willy 697-698, 699-701, 1374-1375
Lago Maggiore 818-818
Lahousen von Vivremont, Erwin 312, 364-67n, 368n, 371n, 383n, 389-391, 391-3, 1259n, 1261n
Lakatos, Géza 988-990, 1055-8
Lambert, Raymond-Raoul 766-9, 781-782, 798-799
Lambrecht, Arnold 252-253
Lambsdorff, Otto conde 1500
Lammers, Hans Heinrich
 apartamentos em Berlim 563n
 arianizações 129n, 132n, 135
 caso Katzenberger 176n
 corrupção 279

destino 1346n, 1374-1375

distrito de Białystok 401-4n

estrela de identificação/Estrela de Davi 193-4

expulsões 229n, 233-234

impostos/taxas 159n

judeus estrangeiros 31-32

ligações (Ministério do Leste) 400n

Luxemburgo 723n

mão de obra estrangeira 1252-3n

mestiços [Mischlinge] e casamentos mistos 79-80, 172n, 490, 503-504, 504n

mudanças de nomes 191-192

pensões/aposentadorias 88-89

posição 65

Reichsbank 1185n

salários 157n, 158n

Solução Final 469-470, 472-473

Länderbank Wien A. G. 103-104, 106-8

Landfried, Friedrich 57, 81-83, 211-2n, 1185n, 1374-1375

Lange (Ministério do Leste) 450n

Lange (ss, Haushalt und Bauten) 1070-1073

Lange, Herbert 1108-1111

Lange, Kurt 57, 1185-1186

Lange, Rudolf Erwin 323-324, 407-408, 474-475, 1374

Langenfeld (Estado-Maior Geral Polonês, Londres) 1410n

Langenschwalbach 35-36

Langer, William (Escritório de Serviços Estratégicos) 1409, 1410n

Langer, William (senador) 1436

Langleist, Walter 1116-1117

Langmann, Otto 42-3n

Lantos, Tom 1361-2n

Lanz, Hubert 750n, 1374-1375

Lárisa 865n

Lasch, Karl 218-219, 279-280, 283n, 1374-1375

Latvia 334n, 359-360, 400-401, 416-417, 444, 457-8, 1300, 1310, 1537-1538

Laub (tenente-coronel) 1246n

Laufer, Feiwel 957-8n

Lautenschläger, Karl 1148

Lautz, Ernst 556n

Lauxmann, Richard 216-218

Laval, Pierre 740-741, 777-88, 800-2, 1351-1352, 1374-1375

Law, Richard 1413

Leach, James 1493-1494

Leavit, Moses A. 1475-1476

Lebensborn e. V. 561-3, 652-4n, 1185-1186

Lecca, Radu 941-942, 954-955, 966-967, 973-75, 980-2, 983-4n, 984-6, 1247n

Lechler, Fritz 1071, 1072-1075

Lechthaler, Franz 440-1n, 1374-5

Lederer, Ernst 1308n

Leeb, Emil 312

Leeb, Luitpold 849-50n

Leeb, Wilhelm von 1374-1375

Leese, Ernst 561-3n

Leghorn. *Ver* Livorno

Leguay, Jean 740-2, 779-780, 781-3, 798-799, 1374-5

Lehideux, François 740-2, 754n

Lehmann, Arthur 711n

Lehmann, Hans 1263

Lehmann, Rudolf 312

Lehner, Otto 1224-3n

Leibbrandt, Georg 399-400, 407-408, 440-441, 445-446, 474-475, 1357-8, 1374-5

Leibbrandt, Max 481-483, 486-7n, 775-776

Leideritz, Peter 631-2

Leimer, Karl 47n

Leipzig 35-36, 157-158, 168-169, 207n

Leiss (juiz) 135-136

Leist, Ludwig 249-250, 252n, 255n, 267n, 280n, 283n, 1111n, 1374-1375

Leitner (ss, *Haushalt und Bauten*) 1070-1073

Lejkin, Jakub 597-598, 605-607

Lemberg. *Ver* Lvov

Lemkin, Raphael 1504

Lemmer, Ernst 1394-1395

Lendschner (Escritório Político Racial) 497-8

Leningrado 330-331. 332-333

Lenzer, Wilhelm 1071

Leo Baeck Institute 1543-1544

Leon, Gh. N. (Ministério da Economia romeno) 938-9n, 941-942

Leonhard Tietz (loja de departamentos) 96n

Léros 834-836, 868-869

Lerouville 802-803

Les Milles 764-765

Leszcynski, Jakob 1515-1516

Letsch, Walter 395n, 521n

Lety 1244

Letz, Rudolf 64-65

Levi, Renzo 820-2

Lévy, Albert 766-9, 781-782

Lewartowski-Finkelstein, Jozef 598-600n

Lewin, Ignacy 261-2n

Lewinski, Karl von 109-10n

Lewis, Geoffrey 1455n

Ley, Robert 99-100, 466-8, 1334

Leyba, Edward 797-798

Leyers, Hans 830n

Leykauf, Hans 450-3

Libya 815-816

Licht (capitão) 509-510

Lichtenbaum, Marek 256-257, 597-598, 601n, 605

Lichtenberg, Bernhard 554-6, 1261-2

Lichtheim, Richard 1411n

Lida 310n, 449-450, 1527-1528

Lie, Jonas 668-669

Liebehenschel, Arthur 1071-5, 955n, 1116-8, 1120-1n, 1127-8n, 1173-4n, 1178-1179, 1222-3n, 1374-5

Lieberose 1218-1220

Liechtenstein 694-695, 1233

Liège 728-729, 735-736

Liegener, Eberhard 492-493, 497-8

Liepãja 331-332, 332-333, 440

Liga Anti-difamação Judaica 1313n

Likus, Rudolf 660

Lilienthal, Arthur 205-206

Lille 741-742

Lillehammer 669-670

Lindemann (Ministério do Leste) 427-28

Linden, Herbert 63-64, 1162, 1208-1210

Lindow, Kurt 316, 317, 389-391, 393-395, 1374-5

Lingens-Reiner, Ella 1132-4

Lintl, Hans 125-126

Lippke, Georg 274-5n

Lippmann (*Generalbezirk*, Letônia) 417-9n

Lippmann, Rosenthal, & Co. 689-90n, 605-7, 720-1n, 733n

Lipski (Exército alemão) 208-9n

Lipski, Jozef 463-464

Lipsky, Louis 1398-9n, 1444n

Lisboa 1394-1395

Lischka, Kurt 744-46, 770-71, 771-5n, 776-7n, 729n, 783n, 787n, 798n, 1374

Liska, Walter 388-391, 395n

List, Wilhelm 208n, 839-5, 842n, 1346n, 1374-1375

Lista (ss, *Haushalt und Bauten*) 1069

Listas e cartões. *Ver também* Registro
  França 748-749, 764-765
  Holanda 711-712
  Hungria 1043-1045, 1045-1046
  Itália 813-814, 820-2
  Noruega 669-670
  Polônia 283, 596-597
  Região do Protetorado do Reich 508-13, 536-40, 542-543, 545-7, 552n
  Romênia 945n, 952-954
  Theresienstadt 515-516

Litter, Fritz 787-788

Lituânia. *Ver também* polícia lituana
  administração alemã 400-401, 406-7
  confiscos 422-423
  estatísticas 440-441, 444, 457-8, 1310, 1537-1538
  fuzilamentos 332-5, 358-60, 379-380, 439-40
  pacientes mentais 381-382
  população local 356-357, 1421

Litzenberg, Willy 316

Litzmann, Karl 400

Livorno 760-761

Ljubljana 872-874

Lo Spinoso, Guido 795-7

Lob (Böhmische Escompte Bank) 99-100

Lobbes, Hans 317

Loborgrad 875-876

Łódź (cidade) 229, 253-254, 262-263, 270-1n, 272-273, 283-5n, 1299, 1525n

Łódź (gueto)
  administração judaica em 257-8, 576-7
  ciganos 1243
  condições 254-255, 288-9, 292-3, 294-301, 305-7
  deportações de 585-586, 617-22, 1212-1213, 1524
  deportações para 234-9, 302-303, 726-727
  formação 246-9, 253-254
  rumores e relatórios sobre 1396
  supervisão alemã 248-249, 255-256, 262-4, 566-567, 1174-1175, 1176-81, 1190
  trabalhos forçados 286-87, 644-45

Logemann, Wilhelm 551n

Lohmann, Johann Georg 660, 879n

Löhner-Beda, Fritz 1151-4

Löhr, Alexander 834-6, 849-850, 864-865, 868-869, 1351-1352, 1374-5

Lohse, Hinrich
  assassinatos 439-40, 444-6n, 1526-7n
  ciganos 1245

confiscos 422-6

definição de judeus 427-8n

deportações para Ostland 407-408, 409-12, 1078-9n

destino 1356, 1357, 1374-1375

e Kube 1262n

guetificação 401-404

posição 400-401

rações 413-414

utilização de mão de obra 444-6n

Lojas de departamento 92n, 96-97, 689-690

Lolling, Enno 1072-1075, 1166-1167

Lom 929-930

Lombard, Gustav 337-338

Long, Breckenridge 1403-4, 1407-8

Lorena 656-657

Lorenz, Erwin 83-4

Lorenz, Werner 221-222, 1183-4n, 1375-6

Lorkovic, Mladen 871-872, 880-881, 1375-1376

Lörner, Georg 615n, 621-2n, 642-643, 1071, 1072-1075, 1346-7n, 1375-1376

Lörner, Hans 1069, 1074-5n, 1071, 1086-7n, 1375-6

Losacker, Ludwig 216-218, 218-219, 232-3n, 468-9n, 1375-6

Lösener, Bernhard

confiscos 666-7n

consciência 1262

Conselho Judaico na Alemanha 202-3

destino 1375-1376

Estrela de identificação/Estrela de Davi 195-196

Leis de Nuremberg 67-72, 427-8

Mão de obra 158-159, 518-20

Mestiços [Mischlinge] 440-41

posição 63-64

Löser, Ewald 1375-1376

Louisenthal, Max de Lassale von 345n

Löw, Albert 1098n

Löwenherz, Josef 204, 509-11, 526-8n, 528-529, 536-537, 539-40n, 540-2, 553-4n, 1029-1031, 1293-4

Löwenstadt 286-287

Löwenstein, Victor 205-206

Lowrie, Donald 784-785

Lubartów 624-625

Lublin (campo de concentração)

assassinatos 640-2

como destino de transportes 535-536, 573-574, 613-614, 804-805, 905-906, 1109

confiscos 1176-1177, 1183-5

construção e instalações 1083-5, 1127-1128

equipe 1115-7, 1121-1122

estimativa de judeus mortos 1109, 1535

indústrias da ss 1143-4

prisioneiros 1087-1088

relatórios sobre 1194-1195, 1212-5, 1408-9

resgate pelo Exército Vermelho 1212-5

Lublin (campo de trabalhos) 632-633, 639-641, 641-642, 643-644, 1142-1144

Lublin (cidade) 232-233, 249-50n, 253-254, 283-5n, 622-5, 1299

Lublin (distrito) 218-219, 224-225, 227-9, 245-246, 283n, 285-7, 288-9, 573-574, 1109

Lublin (gueto) 239-240, 580-581, 595-596, 621-622

Luburic, Vjekoslav 874n

Luceri, Tommaso 796-797

Luchterhet, Otto 1174-5n

Ludin, Hanns Elard 664-7, 885-886, 895-7, 903-5, 906-11, 912-913, 1009-10n, 1048n, 1351-1352, 1375-1376

Lüdinghausen, Reinhold barão von 103-4n, 117-8n, 412-3n

Lüdke, Erich 673-674

Ludwiger (coronel) 1034n

Ludwigshütte (empresa) 647-648

Ludza 1245n

Luftglas, Markus 529-30

Luftwaffenbetrieb Vereinigte Ostwerke GmbH 647

Lukács, Bela 1010

Lullay, László 1034-1035

Lustig, Walter 205-206

Lustiger, Jean-Marie (cardeal) 1443n

Lüters, Rudolf 1070-1073

Luth (marinha) 1224-1226

Luther, Martin (líder da igreja) 3-4, 13-15, 460, 1336-1337

Luther, Martin (Ministério das Relações Exteriores)
atividades de propaganda 1266-1267, 1269-70n
Bélgica 737-738
Bulgária 924-6, 926n
Croácia 877n, 878n, 879n
destino 1375-1376
Dinamarca 475-476, 673-4n, 674-5n
Eslováquia 885n, 890-891, 893n, 895-896, 905-6n

Estrela de Davi 195-6n

França 747-8n, 751-2n, 760-1n, 770-2, 788-789, 805-6n

Holanda 690n, 702-703, 704-705

Hungria 1006-9, 1009n, 1259n

Itália 760n, 813-4n, 815-6n

judeus estrangeiros 524-8n

Noruega 475-476

Plano de Madagascar 465-6n

posição e jurisdição 958-60, 1248, 1261

Romênia 956-7n, 969-970, 972-973, 975-7

Salônica 853-4n

Sérvia 840-2, 846-847

Solução Final 474-6, 495-6n, 496-7n, 503-4n, 519-20n, 546n, 667-8

Lütkenhus, Erich 551-2n

Lutsk 331-332, 372n, 455-456

Lutterloh (Ministério da Justiça) 533-534

Lüttwitz, Smilo barão von 650n

Lutze, Viktor 60

Luxemburgo 236-237, 656-657, 723-8, 1310, 1537-8

Lvov (campo de trabalho) 639-641, 643-4n, 644-5n

Lvov (cidade) 330-331, 336-337, 356-357, 574-7, 595-596

Lvov (gueto) 246-247, 616-617, 1525n

Lyon 794-795, 801-3

Maass (Ministério da Economia) 82, 247-5n

Macedônia 915-7, 928-30, 1109

Mach, Alexander (Šaňo) 884-885, 897-99, 902-903, 1375-6

Macici, Nicolae 352-353

Mackensen, Eberhard von 819-820, 829-830, 1375-6

Mackensen, Hans Georg von 57, 190-1n, 660, 664, 793-794, 794-5n, 795-796, 816-818, 861-862

MacLeish, Archibald 1324-5n

Madaus, Gerhard 1164-7

Maedel, Walter 82, 552-4, 561-3, 566-567, 668-9n, 733n, 1188-1189

Maertius (*Generalkommissariat* Volhynia-Podolia) 1003n

Magdeburg-Anhalt 39

Magill, Franz 337-338, 338-339

Maglione, Luigi (cardeal) 783-784, 875-6n, 878-9n, 886-8n, 897-8n, 902-3n, 903-904, 908-909, 1398-9

Magnus (marinha) 867-868

Maguire, Robert F. 1279-1280

Magunia, Waldemar 400-401, 616-7

Magyar Szo 1038-1039

Mahler (serviços florestais) 431n

Maier (tenente-coronel) 1531n

Mainz 21-22

Maison de Bonneterie 689-90n

Majdan-Sopocki 586

Majdanek. *Ver* Lublin (campo de concentração)

Makeyevka 434-435

Maktos, John 1505n

Malfatti di Montetretto, Francesco 796-7

Malines 735-736

Malkinia. *Ver* Treblinka

Malmédy 727-728

Malzan (Ministério da Justiça) 19n

Mälzer, Kurt 819-820, 829-830

Mandel, Maria 1409

Mandić, Nikola 871-872

Manecuța, Ioan 951-2n

Manfred Weiss Stahl- und Metallwerke A.G. 1023-1024

Mangold, Philipp 481-483

Maniu, Iuliu 973-974

Mann, Wilhelm R. 1103

Mannheim (cidade) 168-169

Mannheim, Bruno 184-5n, 542-3n, 545-6n

Mannl, Walter 1098-1100n

Manowski, Paul von 866-867

Mansfeld, Werner 395-6n

Manstein, Erich von 371-2, 1350-1, 1375-6

Manstein, Ernst von 78-9n

Manteufel, Hans-Karl von (barão) 83-4

Manteufel, Joachim von 82

Mântua 830-831

Mão de obra. *Ver também* Salários
campos 283-9, 763-764, 891-3, 962-964, 964n, 1138-44
colunas 280-3, 413-7, 1058-1059
especializada 520-521, 630-631, 714-715, 732, 874-5
estatísticas (parciais) 286-287, 631-632, 640-641, 644-6, 963-964
gueto 288-94, 452-453, 956-957
na indústria de armamentos 516-20, 627-40, 640-641, 644-51, 708-709
projetos 283-8, 696-698, 735-736, 763-764, 790-791, 815-816, 851-4, 958-960, 1218-1220
serviços 763-764, 921-3, 962-964, 999-1004, 1025-1026, 1058-1059, 1324-6

Mapas de agrupamentos 546-547, 595-596, 1029-31

Marazzani, Mario 796-7n

Marburg 1306-7n

Marcas registradas 138-40

Marchas a pé 435-436, 436n, 1058-61

Marcinkance 1262, 1263n

Marcone, Giuseppe 875-876, 878-879

Marculeşti 950-2

Marder, Karl 253-4n, 255-256, 286-7n, 302-3n

Margraf (joalheria) 44

Maribor 878-879

Marijampole 332-333

Marinescu, Ion 436-7n, 941-942

Mariupol 335-336

Markl, Hermann 175-6, 1375-1376

Markstädt 286-287, 629-630

Marotzke, Wilhelm 82, 113-4n

Marrocos 760-761

Marselha 768-769, 796-797, 798-799, 802-3n, 1299

Marshall, George 1435

Martel, René. *Ver* Frederic, Vsevolod

Marthinsen, Karl 669-670

Marti, Roland 759-60n

Martin (Carcóvia) 1241n

Martin, Friedrich 478-479, 1033-1034, 1293-4n

Martin, Victor 1196-7n, 1293-4n

Marx, Arthur 695-6n

Marx, Hanns 64-65

Massfeller, Franz 497-498

Massute, Erwin 577-578, 1375-1376

Maurach, Reinhard 1345n

Maurer, Gerhard 46n, 1069, 1072-1075, 1127-1128, 1138-40, 1142-1144, 1152-1153

Mauthausen 392-3n, 702-703, 709-710, 719-720, 1059-1061, 1142-1144, 1152-1153, 1219-22

May, Kurt 1072-1075, 1143-4n

Mayer-Falk (ss, França) 744-746, 775-6n

Mayer, Josef Leonhard 805-6n

Mayer, Kurt 60

Mayer, René 766-767, 1385-1386

Mayer, Saly 1045n

Mayr, Karl 48-9n

Maywald, Gerhard 420n

Mazarini, Nicolae 349-50n, 962n

McCall, Elizabeth 1486

McCall, H. Carl 1487-9

McClelland, Roswell 1408-9n, 1410, 1413-1414, 1425-1426

McCloy, John J. 1327-9, 1348-9, 1413-4, 1422n, 1425-1426, 1452-1453

McKittrick, Thomas M. 1395

McLaughlin, Joseph T. 1490-3

Meader, George 1429n, 1431-1432

Mecheln. *Ver* Malines

Meck (Ministério da Economia) 695-6n

Meculescu, Teodor 947-948

Medeazza, von (*Generalgouvernement*) 267-8n

Médicos (alemães). *Ver* programa de eutanásia; Experiências médicas; e nome de cada médico

Médicos (judeus)

Auschwitz 1129-1131, 1159-1160

Bulgária 929-930

Eslováquia 886-888

Hungria 992-993, 1021-1022, 1027-1028, 1029-1031, 1033-1034, 1046-1048

Polônia 305n

Reich 88-9, 100-1, 131-3, 155-8, 187-8

Romênia 957-958, 963-964

Salônica 855n

sob regras da igreja 8, 7-9

Medicus, Franz Albrecht 63-64, 67-68

Medrický, Gejza 884-885

Meerwald, Willy 65-66

Megève 796-797

Mehrbach, Hans 1121-1122

Meier, August 323-324

Meine, August 420n, 1518-9n Meinecke (Ministério do Trabalho) 395-6n

Meinhof, Carl Gerhard 64-65

Meisen, Franz Adolf 290-291

Meisinger, Josef 1375-1376

Meiss, Léon 754-755

Meisslein, Johann 1256-7n

Meissner, Otto Lebrecht 498-9n, 531-3n

Melbourne, Roy Malcolm 1409n

Melchers, Wilhelm 661

Melhado, Rebecca 1443n

Melitopol 335-336, 400n

Melmer, Bruno 1071, 1187-8, 1189n

Melzer, Martin 1116-1117

Memel. *Ver* Klaipeda

Ménétrel, Bernard 800-801

Mengele, Josef 1170-2, 1202-1203, 1217-1218, 1375-6

Menton 793-794

Mercado negro 249-50, 261-2, 290-2, 298-9, 300-2, 305-6, 1010-1011, 1129-31. *Ver também* Contrabando/Tráfico

Mercedes. *Ver* Daimler-Benz

Merci, Lucilo 858

Merin, Moses (Moszek) 256n, 587-588, 908-909

Merkatz, Hans von 1348n

Merkel (funcionário de armamentos) 288-9n, 293-4n

Merkel, Hans 689-90n

Merten, Max 740-43, 857-8n, 1285-6n, 1375-6

Mertens, Georg 1161-3n

Messe, Giovanni 789-790

Messersmith, George 33n

Mestiços [*Mischlinge*] *Ver também* Judeus

casamentos de 172-5, 490-3

ciganos alemães 1293-4

definição 70-80

demissões 86-93

impostos/taxas 151-61

judeus croatas 882-883

judeus holandeses 698-699, 708-10

judeus italianos 832-833

mudanças de nome 192-3n

nas forças armadas 89-91

nas relações 179n, 498-499

relações sexuais 172-173

Solução Final 489-502, 535n

trabalho forçado 500

Metrawatt A. G. 648-9

Metz 773-774

Metzner, Alfred 442-3n

Meurer, Fritz 759-60n

México 846-847

Mey, Siegfried 661

Meyer, Albert 1179-80n

Meyer, Alfred 57, 399-400, 431-2n, 449-450, 472-3n, 474-475, 476-477, 496-7n, 503-6n, 1376-8

Meyer, Eugen 507-8, 897-898

Meyer, J. H. 1437-1438

Meyer, Martin 725-6n

Meyerheim, Paul 205-206

Meyszner, August 836-837, 1376-1378

Michalsen, Georg 617-618

Michel, Elmar 742-743, 748-749, 752-753, 753n, 768-769, 1376-1378

Mielec 595-596, 627n, 647n

Mierzinsky, Kurt 434n

Mihai (rei da Romênia) 1055-1056

Milão 815-816, 818-819, 826n, 829-31

Milch, Erhard 1024-1025, 1150n, 1157-58, 1164-1165, 1082n, 1343, 1159n, 1376

Mildner, Rudolf 676-677

Milgrom, David 1409n

Milos, Ljubo 874n

Ministério da Alimentação e da Agricultura 57, 83-4, 160-6

Ministério da Economia
moeda estrangeira 150-151
multas/taxas 145-7, 768-769
organização 57, 82
ruínas do Gueto de Varsóvia 615, 1251

Ministério da Educação 57, 673-674

Ministério da Igreja 46-47

Ministério da Justiça 57, 64-65, 100-101, 189-190

Ministério da Propaganda 48-9, 57, 100-101

Ministério das Finanças
arianizações 103-104, 114-7, 118-119, 133-134, 137-138, 140-141
arianizações 118-119, 122-123, 124-8, 133-4
Auschwitz 1086-7n
compra de objetos de valor para impostos 145-146
confiscos 183-4
confiscos 556-3, 564-70, 669-70n, 1185n, 1188-1189
contas bloqueadas 150-3
custos dos transportes 552-4, 786-8, 859-860
demissões 85-6

Ministério das Relações Exteriores (jurisdição e organização) 657-67

Ministério do Interior
arianizações 127-34
Auschwitz 1043-4n
boicote 100-101
carteiras de identificação 189-90
demissões 65-6
herança 570-571
instituições mentais 529-530
Leis de Nuremberg 67-70, 170-2n
mudanças de nomes 191-3
organização 57, 63-64
salários e auxílios 155-9

Ministério do Trabalho 81-83, 287-8n

Ministério dos Armamentos 57, 59

Ministério dos Transportes 57, 180-181, 187-8

Ministério Postal 57, 187-188, 720-721

Minsk
  assassinatos em 337-338, 379-380, 383-7, 448-449
  deportações de 449-50, 1109, 1137-8
  deportações para 407-408, 408-12, 471-472, 536-537, 551-552
  população judaica 330-331, 449-50
  travessia dos Einsatzgruppen 332-3
  visita de Himmler 383-6, 1274-5

Mirre, Ludwig 82

Mischke, Alfred 1072-1075

Miskolc 902n

Mitakov, Vasili 917-918

MITROPA (MitteleuropäischesReisebüro) 483-5

Mitrovica 847-848

Mitteldeutsche Stahlwerke 119-120, 122-4. *Ver também* Flick, Friedrich

Mittendorf (juiz) 500n

Mociulschi, Teodor 941-942, 962-964

Möckel, Karl 1069, 1098-1100n, 1116-1117, 1118-1119, 1174-1175, 1188-90, 1260

Modena 828-9n

Moder, Paul 224-225

Modreanu, Rodrig 933-5n

Moeda estrangeira 101-102, 107-10, 115-117, 117-118, 122-123, 147-54, 695-696, 905-906, 985-6. *Ver também* Fundos bloqueados

Moellhausen, Eitel Friedrich 821-3

Moes, Ernst 478-479, 514-515

Mogilev 328-9n, 337-38, 379-80, 421-3, 432-34, 1093-94, 1097-98, 1300n

Mogilev-Podolsky 947-8, 955-8, 982-3

Möhl, Kurt 742-743, 771-2n, 773-4n, 775-6n

Mohns, Otto 267-268, 1290n

Mohr, Robert 323-324

Mojert, Paul 691-692

Moldávia 983-984

Moldenhauer (Łódź) 286-7n

Moll, Otto 1116-1117, 1122-4, 1211-1212

Mônaco 801n

Monsky, Henry 1401-1402, 1444n

Montenegro 657-658, 834-836, 862-864

Montua, Max 326-8n, 382-383

Moran, Frederick 1346-1347, 1348n

Morávek, Augustin 884-885, 901-2n, 902-3n, 904-905

Moravská Ostrava 106-107, 227-228, 464-465

Morawski (Escritório para Alimentação, Berlim) 545-546

Morgan, Edmund M. 1329n

Morgan, Frederick 1427-1428

Morgen, Georg Konrad 1124-1126

Morgenthau, Henry J. 1313, 1327n, 1401-2n, 1407-9, 1413-4

Morgenthau, Henry Sr. 1333n

Moritz, Alfons 83, 164n, 1128n, 1344n

Moritz, August 796n

Morris, James 1345

Morrison, Herbert 1324-1325

Moscou 330-331

Moser (*Baurat, Kreishauptmannschaft* Chełm) 1080-1082

Moser, Hilmar 624-5n, 1138-9n

Moser, Walter 246-247, 253-4n, 286-7, 257n, 294-5

Mosse, Martha 478-79, 547-548

Mostar 879-80

Mostovoye 380-381

Motschall (*Stadtkommissar*, Ostrowiec) 592-4n

Moyne, Walter Edward Guinness (Lorde) 1044-1045, 1425-6n

Mrugowski, Joachim 1104-5, 1162, 1376-8

Muchow, Reinhold 99-100

Muçulmanos 392-393

Muegge (*Kreishauptmannschaft*, Nowy Sącz) 232-3n

Mühldorf 1221-1222, 1283n

Mühler, Rolf 796-797, 802-3n

Mühlmann, Kajetan 720-721

Muhs, Hermann 57

Mukachevo 1039-1040

Mulert, Botho 1149-1150

Mulheres. *Ver também* Divórcio; Casamento misto; Esterilização

abortos 531-533, 1241, 1296

como domésticas 170-171

estatísticas 155-156, 305-6n, 779-780, 803-804

experiências médicas 1163-1164, 1167-72

nos campos 847-8, 874-6, 1117-1118, 1129-31n, 1202-7, 1215-7, 1221-1222

prisão dos maridos 765-766, 1305

rações durante gravidez e amamentação 165-166

recolhimento de sangue e de cabelos 1181-1182, 1184-1185, 1202-1203, 1208-1210

sadismo e abusos sexuais contra 47-8, 453-454, 209-210, 954-955, 1122-4

trabalho forçado 1058-1059, 1157-60

transportes 715-716

Mulhouse 746n

Müller (juiz) 500n

Müller (Ministério da Economia) 119-20n, 122-3n, 124-5

Müller-Cunradi, Martin 1148, 1166-1167

Müller-Teusler, Hans 401-4n

Müller, Bruno 323-324

Müller, Erich (*Einsatzgruppen*) 323-4

Müller, Erich (Krupp) 629-30n, 1156-7n

Müller, Eugen 312, 305n, 1376-1378

Müller, Heinrich

Auschwitz 1152-1153

Bulgária 924-925

destino 1336-1337, 1376-1378

Einsatzgruppen 321-322

emigração de judeus 464-465

França 777-779, 794-795, 788-9n

Holanda 703-704

Hungria 1003-4n

mestiços [Mischlinge] 535-6n

posição 316, 478-80

prisioneiros de guerra 389-391, 391-3, 395-6

Romênia 972-973, 978-980

rumores e segredos 541-542, 1208-1210, 1397n

Solução Final 471-472, 474-5

troca de judeus por alemães 1403-4n

Müller, Herbert (Ministério das Relações Exteriores) 440-1

Müller, Herbert (RSHA) 317

Muller, Hermann 1455n

Müller, Johannes Hermann 626-627, 1376-8

Mummenthey, Karl 1069, 1072-1075, 1143-4n, 1142-1144, 1260

Mumuianu, Iuliu 978-980

Mundt, Friedrich 115-7n

Munique 168-169, 393-395, 563-5, 1318-20n

Munkacs 1046-8n

Münzer, Hans 741-742

Murgescu, I. (comandante do campo de Vapniarca) 960-1n

Murmelstein, Benjamin 508-10, 514-515, 516-517, 528-529, 540-541, 1226-1227

Mussgay, Friedrich 172-3n

Mussolini, Benito
Croácia 879-880
e o pogrom de 1938 41-2n
e Ribbentrop 1267-1268 214n
França 794-6
Grécia 862-864
Itália 810-3, 814-8, 819-820

Muszyna 647-8

Mutschmann, Martin 804-805

Nachtmann, Otto von 887-8n

Nagel, Hans (general) 109-10n, 413-414

Nagel, Hans (ss, Eslováquia) 912-3n

NAGU (Niederländische Aktiengesellschaft für die Abwicklung von Unternehmungen) 606

Nagybánya 906n

NAIC. Ver Associação Nacional de Comissários de Seguros [National Association of Insurance Commissioners]

Nalezów 905-906

Nance, James W. 136in

Nancy 775-7

Não arianos. Ver Judeus (definição); mestiços [Mischlinge]

Nápoles 808-809

Narten, Georg 161-4n, 191-3n

Nasielsk 209-210

Nasjonal Samling (União Nacional, Noruega) 667-668

Nasse, Albert 116n, 119-20n, 120-1n

Nasturas, Constantin 957-958

Natal 347-348, 382-383, 436-437, 720-721, 1398-9

Nathow, Hans 115-7n

Natzweiler 1173-1174

Naumann, Erich 323-324, 387-8n, 696-698, 697-698, 1349, 1376-1378

Naumann, Karl 216-218, 298-299, 650-1

Neagu, Alexeru 941-942, 964n

Nebe, Artur 317, 323-324, 383-6, 1161-1163, 1242, 1376-1378

Nebola (tenente ucraniano, Lvov) 576n

Nederlesche Heels Mij 109-110

Nedic, Milan 836-837, 849-50n, 1005-6n, 1376-8

NEEP (Nord Europeesche Ertsen Pyriet Matschappij N. V.) 694-5

Negócios de propriedade judaica. Ver também Estatísticas; e nomes de empresas individuais
"bens" imateriais 103-4
administração 133-134, 272-7, 638-39, 725-726, 631-8, 837-838, 859-860, 1021-1022

agências 7-9, 131-132

agricultura 130-131, 725-726, 813-4n, 814-815, 888-889, 942-943, 995-994, 998-999

arianizações e fechamentos 95-142, 272-7, 689-96, 732, 748-55, 760-761, 768-769, 872-874, 887-9, 921-922, 942-943, 996-99, 1021-5

bancos 103-104, 689-690

carvão e aço 104-128

definição 94-95, 129

estrangeiros 135

industriais 133-134, 732, 751-752, 961-4

lojas de departamento 96-97, 132-133, 689-690, 695-6

mercado imobiliário 133-134, 135-136, 733-35, 837n, 890-891, 942-943, 961-962

restituição e indenização 1446-50, 1450

varejo 133-134, 1056-1057

Nehring, Walter 789-91

Neifeind, Kurt 316, 428-9, 497-8

Neikrug, Lewis 1436-7n

Neofit de Vidin (grande vigário) 918-9n

Neubacher, Hermann 664, 862-5, 1186

Neuborne, Burt 1367-8n

Neuendorff (*Generalbezirk*, Letônia) 408-409, 420n, 423

Neuengamme 1222-3n

Neuhausen, Franz 836-8, 847-848

Neuhäusler, Johannes 1349

Neumann (judeus veteranos de guerra, Viena) 513-4

Neumann-Reppert, Ekkehardt 698-9n

Neumann, Erich 192n, 412-413, 473, 474-475, 496n, 503n, 519-520

Neumann, Franz von 964-966, 973-974

Neumann, Oskar 892-893, 899-901

Neurath, Konstantin von 33-34, 57, 69n, 111n, 135n, 660, 1334, 1336-7, 1330n, 1376-1378

Neustadt 1222-1223

Neutra 912-913

Nevel 380-381

Never, Ludwig 742-743, 775-6n

New York Times, The (notícias do período de guerra) 1396-7

Newman, Steven 1488-1489

Newsweek (notícias do período de guerra) 1396

Nice 793-794, 795-796, 801-802

Nicolai, Helmut 31-32

Niculescu, G. (comissão de investigação romena) 945-7n, 949-50n

Niculescu, Mihai 437-8n

Niedermayer, Ferdinand 807-808

Niehoff, Heinrich 741-742

Niemann (I. G. Farben) 1148

Niemann, Johann 1137-1138

Niemann, Karl 1069

Niemeyer, Christian 150-1n

Niemöller, Martin 92-93, 1320

Nietzsche, Friedrich 32n

Nikitchenko, I. T. 1333n, 1334n

Niklas, Johann 775-776

Nikolaev (cidade) 330-1, 335-6, 421-2n

Nikolaev (*Generalbezirk*) 400-401,

956-957

Nikolai, Hellmuth von 521-523

Niksic, Ante 871-872

Nîmes 1121

Nisko 464n

Nitsche, Paul 193n

Nockemann, Heinrich 316, 1173n

Noé 764-765

Noell (WVHA) 1071

Noguès, Charles 760-761

Nomes e mudanças de nomes
de empresas 96-97, 138-41
de pessoas 11-12, 31-32, 191-3, 813-814, 937-938
de ruas 93-94

Norden, Albert 1481

Normandia 804-805

Normann, Hans H. 666-7n

Noruega 393-395, 475-476, 667-74, 1109, 1149-1150, 1310, 1537-1538

Nosske, Gustav 323-324, 1376-1378

Notz (Comitê de Armas) 523-4n

Novak, Franz 478-80, 483-485, 485-486, 664, 775-776, 897-898, 1017-1019, 1020-1n, 1029-1030, 1033-1034, 1199-1200n, 1376-1378

Nováky 891-892, 899-901, 912-3n

Novara 818-818

Novi Sad 1005-1006

Novomoskovsk 434-5n

Novoukrainka 379-380

Nowy Sącz 232-3n

NSB (partido nazista holandês) 699-702, 709-10

NSDAP. *Ver* Partido Nazista

NSV (Nationtambémzialistische Volkswohlfahrt) 420n, 490-491, 566-567, 843-844, 1179-1180, 1026

Nuremberg 168-169, 174-175, 393-395, 548-549

O'Dwyer, William 1408n

Oberembt (Ministério do Protetorado) 167n

Oberg, Carl-Albrecht 224-225, 744-746, 771-772, 774-5n, 776-9, 787-8n, 788-789, 791-793, 798-9n, 1376

Oberhauser, Josef 1082n, 1379-1380

Oberlindober, Hans 99-100

Oberschlesische Bauunternehmung Wolfgang Dronke 631-2n

Obstfelder, Hans von 388n

Oceakov 981-982

Odessa 330-331, 331-332, 349-53, 435-8, 956-957, 1532

Oels, Arnold 1113-5n

Oerzen, von (administração militar, França) 741-742

Oeschey, Rudolf 1345n

Oever, D. J. J. van der 696-8n

Oheimb, Ulrich von 1000-1n

Oherr (major) 649-50n, 650-1n

Ohlenbusch, Wilhelm 216-218

Ohlendorf, Otto 1349
destino 1334, 1343-5, 1379-1380
operações de campo na União Soviética ocupada 325-326, 340n, 366-8, 398n, 420n, 945-7n
posição 81-83, 316, 322-4, 323-324

Ohnesorge, Wilhelm 57, 88-89, 559-60

OKH (*Oberkommando* des Heeres) 58,

309-13

OKL (*Oberkommando* der Luftwaffe) 58, 309-13

OKW (*Oberkommando* der Kriegsmarine) 58, 309-79

OKM (*Oberkommando* der Wehrmacht) 58, 277-79

Olbricht, Friedrich 312

Olmer, David 766-767

Olsen, Iver C. 1408-9n

Olshanka 344-345

Opatów 1215

Opole Lubelskie 292-293

Oppeln 324-325, 486-7n, 521-523, 694-695, 980-981, 1098-1100

Oppenheimer, Alfred 725-726

Oppenheimer, Karl 500n

Opperbeck, Josef 639-41n, 1072-1075, 1142-1144

Oppermann, Ewald 400-401

Oradea 1029-1031, 1038-40, 1042n

Oranczyce 577-8n

Oranienburg 1224-1226

Oranjekrant 716-717

Orezeanu, T. C. (ferrovias romenas) 982-983

Organização Judaica Mundial de Indenização 1484-6, 1490n

Organização Todt
Audinghen 735-736
Bor 1000-1001
França 500-501, 735-736, 802-803
Ilhas Channel 879-81
judeus húngaros 1000-1001, 1157-1158
Reich 500-501, 629-630, 1159-61n

Salônica 853-854

Semlin 847-848

União Soviética (ocupada) 398-399, 552n, 450-451, 958-960, 1256n

Varsóvia 280-2

Orlandini, Gustavo 788-789

Orléans 776-777, 784n

Orssich, Philip 733n

Orzech, Maurycy 598-600n

Osieer, Wilhelm 673-674, 698n

Osijek 834-5

Oslo 667-668, 669-71

OSS. *Ver* Escritório de Serviços Estratégicos

Osservatore Romano 823-824

Ostelbisches Braunkohle-Syndikat 125-6

Osten, Fritz-Wedig von der 346n

Osten, von den (Ministério do Armamento) 1156-1157

Oster, Hans 312

Osterkamp, Herbert 312

Ostermann, Anton 1263

Österreich, Kurt von 388-90n

Österreichische Creditanstalt 96-8, 116n, 1493n

Österreichische Kontrollbank für Industrie und Heel 137n

Osterwind, Heinz 103n

Osti (Ostindustrie GmbH) 642-5, 647-648, 652-654

Ostland 400-401, 401-404, 406-8, 409-410, 417-419, 422-423, 445-446

Ostrowiec 647-648

Ostrowiecer Hochöfen 647-8

Oswald (tenente coronel) 370n

Oswald, Alfons 253n

Ott, Adolf 323-324, 1379-1380

Otter, barão Göran von 1194-1195

Otto, Helmuth 255-6n

Otto, Kurt 1121-1122

OUN (organização nacionalista ucraniana) 348-9

Overbeck, Joachim 730-1n

Ovruch 1394-1395

Pabianice 286-287, 1174-1175, 1176-1177, 1178-1179

Pacientes com doenças mentais 364n, 381-382, 385-7, 529-31, 746n, 1076-8, 1108-15, 1161-1163, 1236-1237

Pádua 826-827

Paeffgen, Theodor 317

Paersch, Fritz 216-218, 263-264, 1379

Pagamentos e políticas de seguros 559-60, 560, 720-721, 1460, 1494-8

Palangeanu, Nicolae 948-949

Palciauskas, Kazis 356n, 1360

Palestina (Mandato) 149-51, 153-154, 465-466, 937-938, 970-972, 976-8, 1043-1045, 1062-1063, 1390-3, 1401-1402, 1426-1427

Palfinger, Alexander 255-256, 283n, 294n, 298

Palitzsch, Gerhard 1116-1117, 1126-1127

Pallmann (tenente) 435n

Palm (I.G. Farben) 1148

Palssewsky, Eugen 860-861

Pamberg, Bernhard 728-9n

Panevezys 332-333

Pantazi, Constantin 941-942, 962-4n

Panzinger, Friedrich 316, 317n, 389-391, 393-395, 429-430, 1379-1380

Papen, Franz von 33-34, 830-1n, 1334, 1339

Paraguai 797-798

Paralisia 26-27

Paris 740-741, 765-766, 768-70, 775-81, 803-804, 807-808, 1300, 1303-5

Paris Soir 1396

Parma 828-9n

Parpatt, Friedrich 560-1n

Partido da Cruz Flechada (partido húngaro) 1037-1038, 1057-1058, 1062-3n

Partido Nazista

arianizações 121-22

Chancelaria do Führer 60, 78-79, 1108-13

Chancelaria do Partido 60, 140-141, 170-72n, 496-497, 533-534, 553-554, 1261

Divisão Política 32-33

Escritório de Famílias (Sippenamt) 73-74

organização 60

pogrom de 1938 38-41

programa e políticas 29-32, 67-68

Partov, Konstantin 917-918, 926-928

Paschleben, Walter 853-854

Passermann Füllfeder-Reparatur, Sosnowiec 290n

Patras 866-867

Pătrăşcanu, Lucretiu 1366-1367, 1371-1372

Patronka 899-901

Patzer (Ministério da Economia) 82, 805n, 1188n

Paulsen (*Hauptkommissar*, Minsk) 454n

Pausch, Walter 977-978

Pavelić, Ante 871-872, 875-876, 1379-1380

Pavlograd 434-5n

Pavolini, Alessero 826-827

Pazicky, Ereas 899-901

Pechersky, Alexander 1137-1138

Peciora (campo) 958-61

Peck, David 1346-1347, 1348n

Pegler, Konrad 492-493

Pehle, John 1403-1404, 1408-1409, 1410, 1413, 1413n

Peicher, Karl 577-578

Pell, Herbert 1410

Pemsel, Max 836-837, 842-3n, 1379-1380

Pensões
de militares e burocratas alemães 1355
de vítimas judias 88-89, 94-95, 559-61

Perlasca, Giorgio 1061-1062

Perlzweig, Maurice, L. 1405-1406

Pernutz (*Kreishauptmannschaft* Tarnów) 580-1n

Persterer, Alois 323-324, 367-368

Peshev, Dimitâr 929-930

Pétain, Henri Philippe 740-2, 747-748, 754-5n, 756-758, 761-3n, 776n, 781-2n, 788-789, 800-801

Peter, Johann 551-2n

Peters, Gerhard Friedrich 1120n, 1103-1104, 1106-1105, 1107-8n, 1357

Petersen, Walter 454-5n

Petraschka (Sofia) 918-9n

Petrenko, Vasily 1217-8n

Petrescu, Stefan 941-942

Petrikau. *Ver* Piotkrów Trybunalski

Petrovgrad. *Ver* Grossbetscherek

Petrovicescu, Constantin 937-938

Petrovs, Janis 1245n

Petschek, Ignaz (empresas) 119-27, 155-6n

Petschek, Julius 113-16

Petschek, Karl 124-125

Petzel, Walter 208-209

Peyrouton, Marcel 740-2, 761-3n

Pfannenstiel, Wilhelm 1206-7, 1379-80

Pfannmüller, Hermann 529-30n

Pfeffer (*Reichskommissariat* Holanda) 691-2n

Pfeifle (Ministério da Justiça) 428-429

Pfundtner, Hans 57, 63-64, 66-8n, 83-6n, 87-88, 91n, 100-1n, 131-3n, 170-3n, 191-192, 469-70n, 1389-91

Phillips (empresa) 689-690, 701-702

Philo 27-28

Piacenza 828-9n

Piadas 217-218, 644-645, 1045-1046, 1083-1084, 1084-1085, 1115-1116, 1159-1160, 1197-1198, 1318-20n

Piazza, Adeodato Giovanni (cardeal) 826-827

Picasso, Pablo 1303

Pichier (*Kriegsverwaltungsrat*, Bélgica) 730-4

Picot, Werner 660, 663n

Pièche, Giuseppe 880-881

Pieckenbrock, Hans 312

Pietzsch, Albert 59

Pifrader. *Ver* Achamer-Pifrader

Pilhagem 10, 39, 44, 47-8, 359-360, 420-421, 581-583, 651-653, 859-860, 952-5, 1212-1213, 1306-7

Pinsk 331-332, 379-380, 413-5, 453-454, 405

Pio XI 810-3, 1267-1268

Pio XII 556n, 821-6, 1012-1013, 1398-1401

Pionki 647-648, 649-650

Piorkowski, Alex 1124-6n

Piotrków-Trybunalski 239-240, 267-8n, 1286-7n, 1307n

Piraeus 866-867

Pirath, Wilhelm 1097-1098

Pirot 929-930

Pisk, Arthur 711-4

Pithiviers 764-765, 775-776, 779-780

Pituley, Volodimir 574-6n

Plänk, Wilhelm 612

Plano de Madagascar 227-228, 233-234, 251-252, 465-8

Plano Quadrienal, Escritório do 59, 82, 111-112, 119-20n, 123-124, 268-70, 413-415, 492-493, 497-498, 1277

Plaszów 285-286, 639-641, 650-1n, 1219

Plate, Roderich 1520n

Platon, Charles 754-5n

Pleiger, Paul 59, 82, 109-110, 111-112, 114-5n, 115-7n, 123-124, 521-523, 1025-6n, 1379-80

Pleske (Grodno) 581-3n

Plodeck, Oskar Friedrich 269-70

Ploetz, Achim 316, 882-3n

Ploetz, Dietrich von 1263n

Ploieşti 931-932, 939-941

Plovdiv 929-930

Poalei Zion 594-595, 604-5n, 606

Podul Iloaiei 943-944

Pogroms
como conceito 355-356
distrito de Białystok 357-8
Galícia 356-8
Holanda 701-702
Letônia 356-357
Lituânia 356-7
medievais 10
novembro de 1938 38-49
política 355-356, 791-793
Romênia 939-940, 943-944

Pohl, Oswald
arianizações 103n, 1024-1025
campos 711n, 1086-7n, 1127-1128, 1133-7n, 1143-4n, 1152-6, 1157-60, 1191-92, 1222-23
confiscos 1175-1176, 1178-1179, 1180-1181, 1083n, 1184-8
corrupção 1124-1126
destino 1334, 1379-1380
experiências médicas 1161-1163, 1168-1169, 1169-70n
gueto de Varsóvia 615n, 642-643
posição 221-222, 1024-1025, 1025-6n, 1068-73, 1071
utilização de mão de obra 535-6n, 633-5n, 639-41n, 641-3, 564n, 1138-1139, 1152-60, 1126n

Pohle, Walter 103n

Poitivin, Jean 437n, 950n, 951n

Pokorny, Adolf 1164-1165, 1279-80

Índice remissivo **1623**

Polensky & Zöllner (empresa) 1159-1160

Polícia de Campo Secreta do Exército 208-209, 321-322, 344-6, 360-361, 430-432, 432-434, 434-5, 442n, 865-866, 867-868, 1172n, 1246n, 1272-3n

Polícia. *Ver também Einsatzgruppen*; e sob os nomes de cada escritório

alemã (orpo)

Dinamarca 678, 681-682

França 776-777, 791-7

Grécia 864-6

Holanda 697-698, 715-7

Hungria 1027-1028, 1948-1949

Itália 822-823, 829-830

Polônia 223-6, 248-249, 252-3, 571-572, 574-77, 589-590, 612-5n, 641-642

Reich 187-188, 539-540, 549-52

Sérvia 836-837, 848-849

União Soviética (ocupada) 337-338, 346-347, 382-383, 429-32, 439-92, 453-5n, 1394-1395

Alemã (segurança) 176-9, 203-205, 222-26, 311-8, 696-8

descendentes de alemães 287-288, 360-361, 437-438, 574-576, 898-899, 1532

dinamarquesa 681-3

eslovaca 890-891, 898-899

estoniana 432-434

francesa 777-779, 780-781, 795-796, 798-799, 801-802

grega 864-6

holandesa 705-708, 715-7

húngara 1027-30, 1046-50, 1058-1059

italiana 795-796, 824-7

judaica

Berlim e Viena 536-9, 540-541, 546-7

Eslováquia 893-894

França (Drancy) 798-9n

Holanda (Westerbork) 711-712, 716-717

Polônia e União Soviética sob controle 241-242, 252-3, 257-258, 260-2, 404-406, 441-2n, 596-8, 600-4, 618-619, 630-631, 649-50n

Salônica 857-858

Transnístria 957-60

Letoniana 334-5n, 359-360, 370-371, 430-2n, 453-454, 576-577, 597-8

Lituana 358-60, 430-2n, 439-440, 440-1n, 958-60n, 1121-2n, 1256-1257, 1274-6

norueguesa 669-670

polonesa 223-224, 252-3, 574-576, 612, 1308n

russa 432-434

sérvia 836-837

ucraniana 223-224, 252-3, 358-61, 380-1n, 431-432, 574-7, 587-8n, 612, 648-50, 1240n

Pollack, Isidor 98

Poloneses 251-3, 273-274, 354-5n, 357-358, 579-83, 592-594, 613-614, 616-617, 622-6, 1076-7n, 1149-1150, 1163-1164, 1238-40, 1303, 1306-1307

Polônia. *Ver também* Poloneses

desenvolvimentos no período de guerra 206-307, 570-3, 774-775

Estatísticas de população 149-150, 1299, 1310, 1441, 1523-8, 1537-1538

Governo da 461-4, 1351-1352, 1359, 1410n

Julgamentos pós-guerra 1351-1352, 1359, 1364-5, 1368-71, 1372-1373, 1374-5, 1382-6

Poltava 330-331, 334-5n, 1236-1237

Pomser (OKH) 790-1n

Poniatowa 639-641, 641-642, 644-645, 647-648, 1084-1085

Pook, Hermann 1344, 1379-1380

Pool, DeSola. *Ver* DeSola Pool, David

Popa, Alexeru 941-942

Popescu (gendarmerie romena) 437-8n

Popescu, Christodor 960-1n

Popescu, Dumitru 941-942, 985-986

Popescu, Ion 968-9n

Popitz, Johannes 85-6

Popov, Ivan Vladimir 917-918, 921-4, 926-928

Popovici, Traian 952-954

Portugal 524-525, 1061-3, 1473

Posen. *Ver* Poznań

Posse, Hans (especialista em arte) 720-721

Posse, Hans (Ministério da Economia) 81-83, 123-25

Possehl, L. & Co. 102-103

Potopeanu, Gheorghe 941-942

Poznan 208-209, 211-212, 269-70, 1179-1180, 1244n

Pozner, Chaim 1395

PPR (Polska Partija Robotnicza) 594-595, 604-6

PPS (Polska Partija Socjalistyczna) 594-5n

Pradel, Friedrich 387-8n, 848-9n, 851-3n, 1379-80

Praga 187-188, 204, 227-228, 236-237, 464-465, 537-539, 564-6

Prager, Alfred 1455n

Prebichl (montanha) 1218-1220

Preckwinkel, Heinrich 1527-8n

Preiss, Jaroslav 107-108

Prelle, Kurt 100-101

Prentzel (administração, I. G. Farben) 155-6n

Presov 1413

Pretzsch 289, 326-327

Preusch, Hermann 493-5, 497-498

Preussische Staatsmünze 1188-90

Preysing, Konrad von 556n, 1400-1n

Preziosi, Giovanni 810-812

Pribuzhye. *Ver* Acmecetca

Prienai 359-60n

Prietzel, Kurt 316, 1069, 1071

Priluki 434-435

Pripet Marshes 337-338

prisioneiros 534-6

prisioneiros de guerra (judeus) 387-96, 758-60, 1535n

Pristina 865-866

Procedimentos judiciais. *Ver também* Julgamentos dos crimes de guerra
civis 9, 63-5, 93-5, 163-164, 186-187, 533-34, 1260
criminais 46-8, 157-158, 174-8, 530-6, 571-572, 1303n

Programa de eutanásia 529-31, 1075-8, 1236-7. *Ver também* Pacientes com doenças mentais

Proibição de casamentos mistos 8,

67-68, 171-73, 404-406, 922-923, 1025-6. *Ver também* Casamentos mistos

Proskauer, Joseph 1403, 1407-1408, 1425-6

Protetorado 193-194, 501-502, 514-515, 554-555, 1391. *Ver também* Tchecoslováquia; Praga

Prüfer, Curt (embaixador) 661, 977-8n

Prüfer, Franz Wilhelm 195-6n, 542-7, 567-8

Prüfer, Kurt (empresa Topf) 1091-2n, 1096-1097

Prússia 85-6, 187-188, 207-8. *Ver também* Prússia do Leste

Prússia Oriental 573-574, 1108-1111

Prützmann, Hans Adolf 337-338, 339-340, 323n, 422-423, 429-30n, 455-6n, 617-618, 1183-4n, 1379-1380, 1527-8n

Pruzinsky, Mikulas 884-885

Prytz, Frederik 669-70n

Przemysl 331-332, 415-416, 583-584, 632-3n

Przemyslany 1468n

Pucheu, Pierre 740-2, 754-5n, 761-3n, 766-7n

Pugliese, Emanuele 814-815

Puhl, Emil Johann 57, 1185-8, 1189-1191, 1262, 1379-80

Puk, Mirko 871-872

Pulawy 211n, 283-285, 1234

Pulitzer, Joseph 1339

Pulverfabrik Pionki 647-648, 648-9n, 650-1

Pulverfabrik Skodawerke-Wetzler A. G.

96-7

Pulz, Josef 103n

Puskas, Stefan 902-903

Puttkammer, Alfred von 338-9n

Pütz, Georg 501-2n

Pütz, Karl 453-4n

Puy-de-Dome 763n

Pyatigorsk 1531

Quakers. Ver Comitê de Serviço dos Amigos Americanos

Quassowski, Leo 64-65, 139-40n

Querner, Rudolf 452n, 1265-6n

Quisling, Vidkun 656-657, 667-70

Raab, Julius 1318-20n, 1370

Raabe, Hans 111-112

Rabe, Karl 323-324

Rabeneck, Friedrich 1072-1075, 1142-1144

Rabsch (Luxemburgo) 726n

Racismo 20-21, 66-68

Raczinski, Edward 1326n

Rademacher (administração militar, França) 742-4

Rademacher, Franz
apartamentos 563-4n
Bélgica 735-6n
Bulgária 925-6n
Croácia 877-8n
destino 1357, 1379-1380
Dinamarca 673-674
Eslováquia 890-1n, 893-894, 777n
França 751-2n, 770-1n, 771-772
Grécia 862-864
Holanda 690-1n, 703-5
Hungria 1009-10n
Itália 813-4n, 815-6n

Liechtenstein 1233n

plano de Madagascar 465-6n

posição 659-662, 660

Romênia 948-9n, 956-957, 974-975, 977-978

Sérvia 840-841, 846-7n, 847-848

Solução Final 492-3n, 507-8n, 519-20n

Rademacher, Hellmuth 82

Radetzky, Waldemar 1380-1381

Radom (campo de trabalho) 639-641, 643-644, 644-5n, 647-8

Radom (cidade) 232-233, 249-50n, 581-583, 1299

Radom (distrito) 218-219, 224-225, 573-574, 1109

Radomysl 360-1n, 380-381

Radulescu (coronel romeno) 980-981

Radzins, Nikolai 425n

Radzyn 240-241, 1286-7n

Raeder, Erich 58, 312, 1334, 1338

Rahm, Karl 513, 1340, 1226-1227, 1380

Rahn, Rudolf 1380-1381

    destino 1226-1227, 1380-1381

    França 744-746, 780-2, 790-3

    Hungria 1056-1057

    Itália 664, 818-20, 822-823, 827-828

    Tunisia 664

Rainer, Fritz 656-657, 819-820

Rajakowitsch, Erich 561-3n, 705-6n

Rall (WVHA) 1071

Rang, Fritz 317

Ranner, Sebastian 725-6n

Rapp, Albert 323-324, 1380-1381

Rasch, Otto 323-324, 328-329. 377-378, 429-430, 1380-1

Rasche, Karl 103-4n, 107-108, 109-14, 115-7n, 117-19, 122-3n, 125-6n, 412-3n, 690-1n, 694n, 1343, 1380-1381

Rascher, Sigmund 1161-3n, 1005-6, 1380-1

Raschwitz, Wilhelm 388-391

Rašeiniai 332-333

Rath, Ernst vom 38, 41-2n, 142-143, 159-160, 1269-70

Rathenau, Walther 1317

Rathje, Hans Ulrich 256-257

Ratvang 1053-1055

Ratz, Paul 1344

Rau, Werner 481-483, 959-60n

Rauca, Helmut 1360n

Raudies, Herbert 497-498

Rauff, Walter 316, 317, 386-7n, 387-8n, 790-791, 818-819, 949-50n, 1380-1

Rausch, Günter 323-324

Rauter, Hanns Albin 687-688, 696-8n, 697-698, 701-702, 706-11, 1380-1381

Ravena 828-9n

Ravensbrück 152-3n, 1163-1164, 1167-1168, 1168-9n, 1179-1180, 1181-1182, 1190, 1217-9

Rawa Ruska 576-577, 580-581, 589-91, 1195-1196, 1408-9

Rawack & Grünfeld 101n, 102-103

Reagan, Ronald 1322

Récébédon 764-765

Reckmann, Richard. *Ver* Richard Reckmann (empresa)

Reder, Rudolf 1202-3n

Rediess, Wilhelm 223-224, 668-669, 1108-11n

Reeder, Eggert 728-729, 735-736,

1380-1

Reféns 286-287, 346-347, 526-528, 769-70n, 770-771, 829-830, 841-842, 846-847, 856-7. *Ver também* Represálias

Refugiados 1427-39. *Ver também* Lei de Refugiados 1436-8

Regensburg 393-395

Reggio Nell'Emilia 720n

Registro. *Ver também* Identificação (cartões); Listas

pessoas 335-336, 397-9, 404-406, 669-670, 697-9, 735-736, 748-749, 813-814, 864-865, 968-969, 1133-1134, 1518-1519

propriedade 127-9, 135, 270-271, 408-409, 425-426, 565-566, 748-749, 872-874, 888-91, 1021-1022

Reichardt, Konrad 551-2n

Reichart, Georg 363-4n

Reichenau, Walter von 338-339, 370-371, 391-392, 1380-1381

Reichert, Leo 567-8n

Reichleitner, Franz 1113-5, 1212-1213

Reichsbank 35-36, 720-721, 1180-4, 1185-8, 1189-91

Reichsbund Jüdischer Frontsoldaten 50

Reichshauptkasse 566

Reichskreditgesellschaft 691-692

Reichskulturkammer 91-3

Reichsrechnungshof 1187-8, 1188-9n

Reichsvereinigung der Juden in Deutschland. Ver Conselhos judaicos (Alemanha)

Reichswerke A. G. für Erzbergbau und Eisenhütten "Hermann Göring". *Ver*

Hermann Göring, Fábricas

Reimer, Georg 708-9n

Reinebeck, Otto 661-662, 912-3n

Reinecke (Ministério da Economia) 129n, 159-60n

Reinecke (*Sturmbannführer*) 636-8

Reinecke, Hermann 312, 387-388, 389-391, 392-393, 395-396, 1346-7n, 1380-1381

Reinhard, Gustav Helmuth 668-669, 670-1

Reinhardt, Fritz 46-7n, 57, 82, 131-3, 141-142, 159-60n, 160-1n, 190-1n

Reinhardt, Hans 344-345, 1380-1381

Reinhold, Paul 1150-1151

Reino Unido. *Ver* Grã-Bretanha

Reischauer, Herbert 428-9, 493-495

Reivytis, Vitautas 359-60n

Reiwinkel K. G. 690-691, 694-5n

Rekowsky[i], Carl 1016-1017, 1024-1025

Remény-Schneller, Lajos 1014-1015

Rendel, Sir George 1433, 1473

Rendulic, Lothar 834-6, 1380-1381

Renken, Walter Heinrich 316, 317

Renteln, Theodor Adrian von 99-100, 400-401, 406-407, 449-50n

Renthe-Fink, Cecil von 673-674

Rentsch (capitão, Sérvia) 837-8n

Reparações 1450-2n, 1472-82

Represálias 349-53, 356-8, 408-409, 701-702, 769-770 829-830, 828-40. *Ver também* reféns

Resistência (judaica)

em unidades partidárias 434-5n, 442-4, 446-447, 591-4, 883-884, 911-3 estratégia 20-3, 600-4, 648-649, 1131-1132, 1281-4, 1290

incidentes de

individual e de pequenos grupos 366-7n, 526-528, 548-549, 701-702, 736-737

nos campos 648-9n, 912-3n, 1136-8, 1205-1206, 1215-17

nos guetos 444-8, 602-14, 617-8

Resnais, Alain 1326n

Restituição 1444-52, 1483-98

Reuss, Alexandru 941-942

Reuter, Fritz 1082-1083

Reveillon (empresa) 694-695

Revisionistas (sionistas nacionalistas) 446-447, 594-595, 597-598, 598-600n, 604-605, 605-8. *Ver também* Irgun Zwai Leumi; ZZN

Rexroth, Ernst Ludwig 64-65

Rezekne 370-371

Rezina 951-950

Rhallis, Joannis 857-858

Rhein (almirante) 629-30n

Rheinle-Pfalz 1454-5n

Rheinmetall Borsig 690-691, 1468

Rheinthaler, Anton Friedrich 83-4

Rhodes 834-836, 868-77

Ribbe, Friedrich Wilhelm 255-256, 576-7n, 580-1n, 1178-9n, 1210-1211

Ribbentrop, Joachim
arianizações 130-1n, 135
Bulgária 922-26, 930-931
Croácia 871-2n, 879-880
destino 1334, 1335-6n, 1338, 1339n, 1380-1
Dinamarca 674-5n, 676-677, 678n, 679-80n, 678

Einsatzgruppen 663-664

Eslováquia 883-4n, 909-910, 912-913

França 743-744, 751-3, 765-766, 788-789, 793-7n, 794-795, 805-6n

Grécia 853-4n, 861-4

Hungria 988-990, 1006-1007, 1009-13, 1024-1025, 1043-4n, 1045-6n, 1051-2, 1057-1058, 1061-2n, 1271n

Itália 816-818, 821-822, 827-828, 1267-1268, 1269-70n

judeus estrangeiros 135, 463-4n, 525-6n

Noruega 671-672

Política de emigração 154-155, 464-5n

posição 57, 658-60

relações na polícia 917-8n

Romênia 956-7n, 969-70n, 972-973, 977-8n, 984-985

Sérvia 840-841

troca de judeus por alemães 1403-4n

Ribière, Marcel 793-794

Ricci, Renato 824-826

Richard Reckmann (empresa) 1100-1101

Richert, Arvid 588, 680-681, 702-703

Richter (Sudeto) 118-119

Richter, Alfred 279-80n

Richter, Erich 578-579, 1380-1381

Richter, Gustav 664-7, 944-5n, 954-5n, 960-1n, 966-967, 967-8n, 970-3, 973-4n, 974-975, 976-7n, 984-985, 1380-1

Richter, Heinz 316, 323-324

Richter, Werner Ludwig Wilhelm 694-5n

Richter, Wolfgang 115-7n

Richthofen, Herbert von 917-8n

Rickert (representante, Reichstag) 16

Rickmers (DAF-Fronte de Trabalho Alemã) 234-5n

Riecke, Hans Joachim 93-4, 165-6n, 191-192, 501-2n

Riedel, W. und Sohn (empresa) 1094-1096

Riege, Paul 224-225

Riegner, Gerhart 1395-6, 1401-1402, 1413n

Riehle, Joachim 81-83

Rienecker, Georg 690-1n, 691-2n

Riga
  assassinatos 331-332, 332-333, 339-340, 356-357, 408-9
  como destino de transportes 407-8, 471-472, 551-2n, 1078-1079
  confiscos 420-421, 423-6
  população 330-331, 1299n, 1300n, 1301-2
  resistência 445-446
  rumores sobre 1262
  utilização de mão de obra 416-7n, 417-9

Riisnaes, Sverre 669-70

Rindfleisch, Heinrich 1131-1132

Ringelblum, Emmanuel 594-595, 601-60

Ringelmann, Richard 1454-1455

Rinn, Hans W. 690-1n, 725-726

Rinsche (médico do exército) 437-438

Rintelen, Emil von 406-407, 578-79, 805-6n, 879-80n, 924-5n, 972-3n, 1269-70n, 1380-81

Riosanu, Alexeru 941-942

Ritter, Karl
  Croácia 879-880
  destino 1380-1381
  Dinamarca 678n
  França 769-70n, 770-1n, 793-4n
  Hungria 992-3n, 1027-8n, 1034-5n, 1037-40n, 1042n, 1045-6n, 1049-50n, 1051-3n, 1271n, 1423n
  posição 660-1

Riva 818-818

Rivesaltes 764-765

Rizescu, Hariton 941-942

Roatta, Mario 879-880

Robert Koch Institute 1106-1105, 1162

Robert Koehler (empresa) 1096-1097

Roberts, F. J. 1188-9n

Rocco, Carmine 783-784

Röchling, Hermann 59

Rödiger, Conrad 190-1, 661-2

Rödiger, Gustav 190-1n, 661-2

Rodler, Erich 349-53n, 1532n

Roey, Joseph-Ernst (cardeal) 733-735

Rogachev 328-9n

Rohde (questão Flick) 101-2n

Rohden (*Sonderführer*) 765-6n

Röhm, Ernst 35, 222-3n

Röhmer, Georg 897-898

Rokiskis 332-333

Roma 7, 815-816, 818-24, 829-830, 1299, 1305

Romênia. *Ver também* Transnístria
  assassinatos na União Soviética ocupada 348-53, 373-374
  ciganos 1246-7
  desenvolvimentos na 932-86,

1051-1052, 1055-1056

estatísticas 935-7, 944-945, 949-51, 1310, 1441, 1537-1538

fugas da Hungria 1039-1040

indenização e restituição 1445-1446, 1451-53n, 1468, 1482-8, 1501-2

judeus romenos na Alemanha e na França 524-525, 774-775, 788-789, 969-970

julgamentos dos crimes de guerra 1363, 1366-1367, 1371-1372

migração pós-guerra 1439-1440

protestos romenos 969-970, 1006-1007

tentativa de resgate de judeus na 1401-2n

Römer (Ministério da Economia) 1149-1150

Rommel, Erwin 789-790

Roosevelt, Franklin Delano 915-916, 1323, 1327, 1329, 1398-1399, 1407-9

Roques, Karl von 336-7n, 338-9n, 345-6n, 389-91n, 401-4n, 416-7n, 421-2n, 1380-1

Rosé, Alma 1131-2n

Rose, Gerhard 1106-1105, 1380-1381

Rosenbaum (Krupp) 629-30n

Rosenberg, Alfred
alojamentos 183-4n
assassinatos 440-441, 444-6n
atividades de propaganda 1266-7n
confiscos na União Soviética ocupada 422-24, 425-6n
deportações para a União Soviética ocupada 406-407, 570-571, 769-770, 1078-9n

destino 1334, 1338, 1339n, 1381-2

Einsatzstab 566-567, 721-722, 733-734, 805-6

memorando de Wetzel 1078-9n

Minsk 410-412

Noruega 667-8n

posições 57, 60, 399-400, 412-3

Rosenheim, Jacob 1413n

Rosenkranz, David 963-4n, 967-968

Rosenman, Samuel 1327

Rosenthal-Porzellan A. G. 138-40

Rosenthal, Ernst 508-9n

Rosenthal, Moritz 201-2n

Rosenthal, Philipp 138-9

Rösler, Karl 371-3

Rösler, Oswald 102-4n

Rossbach, Martin 1150-1151

Rossum, Fritz 612, 1359, 1381-1382

Rostoki 951-2n

Rostov 330-331. 1531

Roterdã 586-7

Roth, Emil 1045-1046

Roth, Erich 317

Rothaug, Oswald 175-8, 530-531, 1345n, 1381-2

Rothenberg, Franz 98

Rothenberger, Kurt 57, 64-65, 534-535, 1381-2

Röthke, Heinz 664, 744-746, 768-9n, 776-8n, 782-4n, 788-9n, 796-797, 797-802n, 1381-1382

Rothmund, Heinrich 189-91

Rothschild (empresas) 96-8, 104-15, 751-2n

Rothschild, Alphons 106-8

Rothschild, Edouard de 753-55

Rothschild, Eugene (barão) 106-9, 113-4

Rothschild, Louis (barão) 106-107, 109-110, 113-4

Rothschild, Sigmund 537-539

Rotmann, Wolfgang 100-1n

Rotta, Angelo 897-898, 1034-1035

Rouen 775-7

Rovno 330-331. 339-340, 366-367, 1527-8

Równe. *Ver* Rovno

RSHA (*Reichssicherheitshauptamt*) 221-3, 215-22, 478-81, 664. *Ver também Einsatzgruppen* e *Einsatzkommandos*; Polícia (Segurança alemã)

Ruanda 1508-11

Ruberg, Bernhard 48-9n

Rübesamen, Friedrich-Wilhelm 346-7n

Rublee, George 1267-1268

Rückerl, Adalbert 1358

Rudensk 346-7n, 1274-1275

Rudniki (floresta) 446-447

Rudolf Karstadt A. G. 96-7n

Ruehl, Felix 1381-1382

Rumkowski, Chaim 242-244, 255-256, 262, 541n, 542n, 620-621, 1210-1211

Rumores e relatos

em Rhodos 869-871

em Theresienstadt 1294-95

na Bélgica 737-738

na Croácia 878-879

na Eslováquia 897-9, 906-10

na Finlândia 667-8n

na França 798-799

na Holanda 705-706, 716-20, 1199-1201

na Hungria 845-6n, 1007-1009, 1017-1019, 1040-2, 1948-1949

na Itália 821-822, 824-826, 830-831

na Polônia 357-358, 584-7, 591-592, 594-7, 618-20, 647-6, 1195-1196, 1199-1201

na Romênia 973-974

na União Soviética (ocupada) 368-72

no Reich 541-542, 556, 1199-1200, 1261

nos países Aliados 334-335, 1394-401, 1408-11

Rumores sobre a fabricação de sabão 624-625, 898-899, 906-9, 1196-99, 1397

Rundstedt, Karl von 370-371, 375-6n, 791-793, 793-4n, 1350-1351, 1381-1382

Rusch, Paul 1318-20n

Ruse (cidade) 929-930

Ruses 363-364, 857-858, 1032-4

RUSHA (Rasse- und Siedlungshauptamt-Escritório Central de Reassentamento e Assuntos Raciais) 221-222, 698-9n, 1180-1181, 1185-6, 1190

Russenheim (Chancelaria do Reich) 805-6n

Rússia Branca 329-330. 346-347, 400-401, 417-20, 441-442, 444-6, 447-448, 457-8

russos da Rússia Branca 368-369, 392-393, 439-440

Russos 354-355, 1240

Rust, Bernhard 35-36, 57, 203-205, 1381-2

Rutkowski, Genowefa 1303n

Rutkowski, Wladyslaw 1303n

Ryan, Allan 1360

Rybnitsa 951-950

Rzeszów 627-8n, 647-648, 1303n

SA 33-34, 35, 38-9, 98, 99-100, 222-3n, 537-539, 1065-1066

Saager, Gerhard 730-1n

Saar 83-4n, 187-188

Saarpfalz 746-747, 879-81

Sabac (campo) 838-42

Sachs (judeus veteranos de guerra, Viena) 508-9n, 511-3n, 513-514

Sachsenhausen 39n, 526-528, 1124-1126, 1172-1173, 1217-21

Sadismo 208-10, 448-449, 454-455, 1121-4, 1235-6

Sagalowitz, Benjamin 1395

Sakiai 359-60n

Salameer A.G. 35-36, 1376-1378

Salaspils (campo) 407-408, 417-419

Salat (polícia, Viena) 549-50n

Salerno (campo) 815-816

Saliège, Jules Gérard 784-5n

Salin, Edgar 1395

Salitter, Paul 551-2n

Salmuth, Hans von 375-6n, 1381-1382

Salônica 657-658, 664, 849-62, 1297, 1300

Salpeter, Walter 1069, 1071, 1072-1075

Salzwedel 14-15n

Sambol, Wolf 589-91

Sambor 1308

Sammern-Frankenegg, Ferdinand von 224-225, 600-1n, 611-613, 642-4, 652-4n, 1175-6n, 1176-8n, 1381-1382

Sámos 834-836, 868-869

Samuel, Maximilian 1170-1171

San Sabba 832-833

Sanberger, Martin 323-324, 1381-2

Sanderer, Heinrich 1098-1100n

Sandomierz 536-8n

Sanok 580-1n

Santo, Camill 1150-1151

Sanz Briz, Angel 1061-1062

Sapieha, Adam 622-4n, 625-6n

Saraga, Fred 437-8n, 956-7n, 978-980, 1533n

Sarajevo 874-5

Sardinia 808-809

Sarter, Adolf 481-483

Sattler, Bruno 847-848

Sauckel, Fritz 59, 123-124, 165-166, 520-521, 627-628, 774-775, 1156-1157, 1252-3n, 1334, 1338, 1381-2

Saur, Helmut 453-4n

Saur, Karl-Otto 1152-5, 1157-1158

Saurmann, Friedrich 249-50n, 253-254

Saxônia 85-6n

Scavenius, Harald Eric von 673-674

Schacht, Hjalmar 35-8, 57, 81-83, 153-5, 461-463, 1335-8, 1381-1382

Schäfer (*Kreishauptmann*, Busko) 282-3n

Schäfer, Emanuel 836-837, 847-9, 849-50n, 1358, 1381-2

Schäfer, Ernst 64-65

Schäfer, Johannes 247-248, 255-256, 270-1n, 273-4n

Schäfer, Oswald 323-324

Schäffer, Fritz 1476-1477

Schapira 508-9n

Schapira, David 508-9n, 510-1n, 511-3n

Scharrer, Franz 577-578, 897-898

Schatzberger (judeus veteranos de guerra, Viena) 508-9n, 510-11n, 511-513, 513-514

Schaub, Julius 176-8n

Schaumburg, Ernst 742-4

Scheer (Polícia de Ordem, Alta Silésia) 230n

Scheide, Rudolf 1071, 1134-1135, 1381-2

Scheidemann, Karl Friedrich 118-9n

Schellenberg, Walter 222-3n, 317, 320-1n, 321-322, 325-326, 469-70n, 860-1n, 872-3n, 925-6, 1343, 1381-1382

Schellin, Erich 643-644, 1190

Schelp, Fritz 480-481, 1381-1382

Schemmel, Alfred 1121-1122

Schemmerl (comandante de Treblinka) 1113

Schenk (WVHA) 1071

Schenkendorff, Max von 346-7n

Schepmann, Wilhelm 60

Schering A. G. 690-691

Schermer, Martin 393-5n

Scherner, Julian 224-225, 631-2n, 1121-2n

Scheuer (comitê de armas e munições) 523-4n

Schickert, Klaus 1266-7n

Schicketanz, Rudolf 103-4n, 118-119

Schieber, Walter L. 1152-4n, 1152-1153

Schiedermair, Rolf 203-205

Schiffer (*Stadthauptmann*, Łódź) 255-256, 292-3n

Schiffer, August 388-391

Schilling, János 1034-1035

Schillinger, Josef 1205-6n

Schimana, Walter 864-865, 1381-1382

Schimke (Ministério das Relações Exteriores) 159-60n

Schindhelm, Hans-Gerhard 208-209

Schindler, Max 218-219, 608-9n, 631-632, 640-641, 646n, 650-1n

Schiper, Izak. *Ver* Sziper, Izak

Schirach, Baldur von 233-234, 563-4, 1263-5, 1335-8, 1381-2

Schlageter, Leo 1117-1118

Schlegelberger, Franz
  arianizações 135-136
  boicote 100-1n
  casamentos mistos 503-4
  destino 1345n, 1381-1382
  e advogados judeus 132-133
  julgamentos 531-5, 214n
  massacre de 1938 46-7n
  mestiçagem [Mischlinge] 496-497
  passaportes 190-1n
  posição 57, 64-65
  Solução Final 472-3n

Schleicher, Robert 408-10n

Schleier, Rudolf 744-746, 751-2n, 754-755, 764-6n, 770-4n, 783-4n, 787-9n, 791-95n, 797-8n, 805-6n

Schleif, Hans 1071

Schlempp, Walter 1157-1158

Schlesinger, Kurt 711-4, 717-719

Schleswig-Holstein 1367-1368, 1387

Schliep, Martin 661

Schlitter, Oskar 661

Schlotterer, Gustav 730-1n

Schlumprecht, Karl 689-90n

Schlüter, Ernst 218-219

Schlüter, Walter 553-4n, 560-1n,

565-6n, 567-8n

Schmalz, Otto 725-6n

Schmauser, Ernst Heinrich 223-224, 629-630, 1089-1090, 1134-1135, 1216-1217

Schmelt, Albrecht 283-6, 629-630

Schmelter, Fritz 1157, 1504

Schmid-Burgh (Ministério da Propaganda) 493-5, 497-498

Schmid, Carlo 1348n

Schmid, Jonathan 742-743, 751-752

Schmid, Josef 231-232, 281-2n

Schmid, Theodor 488n, 578-579, 579-80n, 1382-3

Schmidt & Münstermann, Tiefbaugesellschaft GmbH 278-279, 1080-1082

Schmidt von Altenstadt, Hans Georg 336-7n, 1004-5n

Schmidt-Klevenow, Kurt 77

Schmidt-Leonhardt, Hans 139-40n

Schmidt-Rohr (Manfred Weiss) 1025-6n

Schmidt, Friedrich (*Einsatzgruppe* C) 323-4

Schmidt, Friedrich (*Gouverneur*, Lublin) 218-9

Schmidt, Helmut 78-79

Schmidt, Paul Karl 661-662, 909-910, 1050-1051, 1273-1274, 1382-1383

Schmidt, Paul Otto 660, 884-5n, 1010-11

Schmidt, Waldemar. *Ver* Waldemar Schmidt (empresa)

Schmidt, Walter 1467-8n

Schmidtke, Fritz 752-3n

Schmige, Fritz 218-219, 240-1n, 1286-7n

Schmitt, Walter 221-222, 1124-6n

Schmitz, Hermann 1144-1145, 1382-3

Schmolz (major) 648-9n

Schmundt, Hubert 629-30n

Schmundt, Rudolf 312

Schnabel (empresas Rothschild) 107-8

Schneider (Ministério da Fazenda, Wiesbaden) 519-20n

Schneider, Christian 1148

Schneider, J. und C. A. (empresa) 155-6n

Schneider, Tilo 1071

Schnell, Paul 481-483, 485-486, 679-680, 775-6n

Schneller, Otto 64-65

Schniewind, Otto 58, 312

Schniewindt, Rudolf 359-360

Schnitzler, Georg von 98n, 1146-9, 1382-3

Schobert, Eugen Ritter von 336n, 947-948, 1382-3

Scholtz, Robert 805-6n

Scholz (gabinete do *Regierungspräsident*, Katowice) 1098-1100n

Schön, Waldemar 249-52, 252-3n, 255-256, 265

Schönberg, Fritz 664, 853-854, 860-861, 1285-6n

Schönbrunn (empresa) 1080-1082

Schöne, Heinrich 400-401

Schöngarth, Karl Eberhard 224-225, 336-337, 474-475, 571-572, 696-698, 697-698, 1382-1383

Schöppe, Karl 612

Schornstein (judeus veteranos de guerra, Viena) 808-9n, 510-11n, 511-3n

Schramm, Helmut 1271

Schreiber, Walter 1106-1105, 1162, 1382-1383

Schrenk, Hans 548-549

Schriever & Co. 1210-1211

Schröder (*Reichskommissariat*, Holanda) 694-5n, 695-6n, 697-8

Schröder, barão Kurt von 222-n, 1024-1025

Schröder, Gerhard 1497-1498

Schröder, Hans 660, 805-6n, 974-975

Schröder, Johannes 751-2n

Schröder, Ludwig von 835-8

Schröder, Oskar 1382-1383

Schröter (*Sonderführer*) 363-4n

Schubert, Heinz Hermann 367-368, 1382-3

Schubert, Wilhelm 412-413, 413-415

Schuh- und Lederfabrik A. G., Chmelnek 1127-1128

Schuh, Hans 283

Schüle, Erwin 1358

Schulenburg (Ministério da Alimentação) 83-4

Schuler, Erwin 1124-1126

Schulte-Mimberg (empresa Stalowa-Wola) 648-9n

Schulte-Noelle, Henning 1494

Schulte-Wissermann, Fritz 291-2n

Schulte, Eduard 1395

Schultheiss Brauerei 730-731

Schultz (*Staatsrat*, Hamburgo) 87-88n

Schultz & Co., GmbH. 290-291, 600-1n, 608-609, 647-8

Schultz, Johannes 481-483

Schultz, Walther 196-7n

Schultze-Schlutius, Karl-Gisbert 730-1n, 918-9n

Schultze, Günther 1167-1168

Schulz, Erwin 316, 323-324, 328-329, 1382-1383

Schulz, Franz 317

Schulz, Paul 323-324

Schulze-Fielitz, Günther 57

Schulze, Richard 317

Schumann, Horst 1169-1170, 1382-1383

Schumburg, Hans-Emil 660

Schürmann, Kurt 751-2n

Schwalb, Nathan 1410, 1411n

Schwarcz, Heinrich. *Ver* Schwartz, Heinrich Schwartz, Heinrich 892-893

Schwartz (capitão) 1156-1157

Schwarz & Co. 641-642, 644-5n

Schwarz 689-90n

Schwarz, Franz Xaver 60, 222-3n

Schwarz, Heinrich 1117-1118, 1139-1140, 1156-1157, 1409

Schwarzheide 1218-1220

Schwarzhuber, Johann 1117-1118

Schwarzmann, Hans 751-2n

Schweblin, Jacques 740-2

Schweder, Alfred 316

Schwedler, Hans 224-225

Schwefelberg, Arnold 967-968

Schweinoch, Werner 1382-1383

Schwet (Ministério da Economia) 82

Sebestyén, Arpad 892-893, 898-901

Secureni 950-2

Sedivy (pastor) 902-903

Seetzen, Heinz 323-4, 345-6n, 348-9

Segelken (Ministério da Justiça) 64-65

Segnitz, Konrad. *Ver* Baugeschäft Konrad Segnitz

Segredos 368-369, 419-20n, 543-544, 780-781, 784-785, 1179-1180, 1189-98. *Ver também* Rumores

Seibert, Wilhelm 316, 355-6n, 380-1n, 1190

Seidl (Ministério da Economia) 164-5n

Seidl, Alfred 1320

Seidl, Siegfried 513-5, 664, 1017-1019, 1382-3

Seifert, Franz 1174-1175, 1178-1179, 1190

Seiler, Irene 175-8

Seldte, Franz 57, 81-83, 155-156, 158-9n

Seletzky, Bruno 155-6n

Seligsohn, Julius 205-206

Selle, Herbert 346-7n

Selzner, Klaus 400-401

Semlin 375-8, 872-874

Senkowsky, Hermann 216-218

Senulis, Stasys 422-423

Sequestro 23-24, 106-10, 695-8, 851-853, 911-13, 1046-8, 1415-23

Seraphim, Peter-Heinz 450-3, 534-6

Serbohm (empresas) 126-127

Sered 891-892

Serédi, Jusztinian (cardeal) 1026-1027, 1034-8

Serényi, Miklos 1009-1010

Serl, Hans 67-68, 85-6

Sérvia 657-658, 834-50, 1245

Service du contróle 740-2, 749-750

Sesemann, Karl 1069

Sethe, Eduard 661-662

Sevastopol 435-6n

Seyss-Inquart, Artur
destino 1334, 1338, 1339, 1382-1383
Eslováquia 884-5n
Holanda 656-657, 687-688, 609n, 697-698, 712-5, 719-720, 721-722
Polônia 215-216
sobre os judeus 648-649

Sharett, Moshe. *Ver* Shertok, Moshe

Shargorod 956-8, 958-60n

Sharp, William Graves 1333n

Shavli. *Ver* Siauliai

Shertok, Moshe 1294-1295, 1422-3, 1478n, 1515-6n

Sherwood, Robert 1324-5n

Shinnar, Felix E. 1475-6

Short, Dewey 1239

Shoskes, Henry 1394-5

Shultz, George 1321-2

Shumachi 1236-1237

Siauliai 332-333, 334-5n, 422-423, 439-41, 1296

Sicília 808-809

Sidor, Karel 885-886, 886-8n, 782n

Siebert, Friedrich Wilhelm 216-218, 591-2n, 1082-1083, 1392-3

Siebert, Ludwig 35

Siegert (administração financeira alemã, 1946) 137-8n

Siegert, Rudolf 316, 787-788

Siemens (empresa) 195-196, 521-523,

620-621, 730-731, 1156-1157, 1468, 1497-9

Siena 824-826

Sieradz 1179-80n

Sievers, Wolfram 1172-1173, 1013n, 1383-4

Siewers (igreja luterana) 196-7n

Sighet 1029-1031, 1306-1307

Siklos 1027-8n

Silberschein, Adolf 899-901n, 1293-4n, 1396n

Silésia 213-5. *Ver também* Alta Silésia

Silimbani, Giacomo 790-1n

Sillich, Kurt 577-578

Silverman, Sidney 1324-1325, 1395-6

Sima, Horia 937-938, 939-940, 1383-4

Simferopol 335-336, 309n, 347-348, 367-368, 434-5

Simon, Alfred 481-483

Simon, Gustav 656-657, 723-6, 1383-4

Simonides, Vasilis 859-860

Sinagogas 9, 39, 42-3n, 76-77, 701-702, 770-771, 1441-1442

Sindicato. *Ver* Weichsel Metall Union-Werke (empresa)

Singer, Israel 1485n, 1486, 1490-3n, 1501-2

Sionistas 51, 201-202, 446-447, 594-595, 598-600n, 530-32, 698-699, 1040-1041, 1407-1408

Siosnovy (minicípio de Carcóvia) 1241n

Six, Franz 317, 323-324, 661-662, 1383-1384

Skalat 283-5n

Skidel 1263

Skopje 929-930

Skorzeny, Otto 317, 1056-1057

Slavyansk 434-5n

Slivina 981-982

Slonim 442-443

Slottke, Gertrud 708-9n, 716-7n

Slutsk 346-347, 391-92, 453-454, 405n

Smilovichi 346-347

Smolensk 334-335, 432-434

Smolevichi 346-347

Sniatyn 631-2

Snigerevka 360-1n

Snouk Hurgronje, A. M. 687-9

Snovsk 734-5n

Snow, Conrad E. 1346-1347, 1348n

Sobel (I. G. Farben) 1151-2n

Sobibór

assassinatos nas câmaras de gás e cadáveres 1202-1203, 1210-1211

como destino de transportes 447-48, 549-550, 573-574, 583-584, 715-716,719-720, 804-805, 905-906, 1109

confiscos 1176-1177

construção e layout 1079-84

equipe 1108-1111, 1113, 1134-1135, 1232

estimativa de mortos 1109, 1535

procedimento de chegada 1200-3

projeto de fábrica de armamentos 1143-1144

revolta 640-641, 1137-1138

segredos, rumores e relatos 595-596, 617-8n, 1394-1395, 1397

Sobreviventes 1315-1316, 1425-8. *Ver*

também Refugiados

Sociedade para a Prevenção da Terceira Guerra Mundial 1313n, 1339

SOEG. *Ver* Südosteuropa-Gesellschaft e. V.

Sofia 922-5, 930-2

Solbunow 453-4n

Soldau 1108-11n

Sollmann, Max 561-3n, 1383-1384

Solução Final 308-9, 378-379, 470-8, 492-493, 497-498, 1279-80

Sommer, Artur 1394-5

Sommer, Karl 644-5n, 1138-1139, 1156-1157, 1346-7n, 1383-4

Sommer, Walter 67-68

Sommerlatte (*Generalbezirk*, Letônia) 1232n

Sonderdienst 287-8n, 574-576

Sönnecken (*Hauptfeldwebel*) 365-6n, 368-9n

Sonnenstein 1077-1078

Sonnleithner, Franz von 465-6n, 660, 674-5, 676-7n, 682-3n, 746-7n, 822-3n, 840-1n, 862-3n, 879-880, 909-10n

Sönsken, Hans 1148

Soosten, Walther von 589-90n, 1308n

Sorani, Settimio 820-821

Sosnowiec 285-6n, 576-577, 1203-6

Sospello 795-795

Sossenheimer, Heinrich 1100-1n

Sova, Nicolae 984-5

Spalcke, Karl 933-5n, 954-5n

Spanier, F. (Westerbork) 711-4

Spanner, Rudolf 1197-9n

Speer, Albert

apartamentos em Berlim 563-4

Auschwitz 1150-1n, 1155-1156

Białystok 581-583

destino 1334-6, 1338, 1339n, 1383-4

posições 57, 59, 398-9n

suprimentos para campos de concentração 1091-1092, 1154-6, 1249

utilização de mão de obra 520-521, 523-524, 1000-1001, 1141-2n, 1152-1153, 1157-1158, 1519-1520

Speidel, Hans 1383-1384

Speidel, Wilhelm 316, 835, 864-865, 1383-4

Spengler, Oswald 1281-1282

Spengler, Wilhelm 316

Speyer 21-22

Spick (Hermann Göring) 106-7n

Spiekermann (*Einsatzgruppe* D) 372-3n

Spindler, Alfred 263-264

Sporrenberg, Jakob 223-224, 224-225, 640-641, 647-648, 1108n, 1188-9n, 1191

Sprenger, Jakob 99-100

Spreti, Rudolf von 93-4n

Springmann, Samuel 1040-1041

Springorum, Walther 283-285, 285-6n

SS 60, 99-100, 22-3n, 576-577, 1351-1352

St. Gervais 796-797

Staats, Elmer 1360n

Stäbler, Otto 1098-1100

Stabshauptamt für die Festigung des deutschen Volkstums 293-4

Staden, Hans Adolf von 1148

Stahel, Rainer 819-820, 822-823

Stahl, Heinrich 199, 201-2n, 203-205,

205-6

Stahlecker, Franz Walter 323-324, 331-7n, 340-341, 355-7, 381-2n, 408-9n, 429-430, 1244, 1273-1274, 1383-1384

Stahlwerke Braunschweig GmbH/Werk Stalowa Wola 627-8n, 647-648, 648-9n

Stahlwerke Braunschweig GmbH/Werk Starachowice 647-648

Staiger (Ministério da Propaganda) 566-567

Stálin, Josef 1267-1268, 1323, 1327

Stalino 434-435

Stalowa-Wola. Ver Stahlwerke Braunschweig GmbH/Werk Stalowa Wola

Stanculescu (coronel romeno) 350-1n

Stange, Otto 481-483, 483-5n, 485-486, 679-80n, 786-7n

Stangl, Franz 551-552, 1113-5, 1232, 1290, 1383-4

Stanislav. Ver Stanislawów

Stanislawów 283-5n, 330-331. 589-590, 1003-5

Stankevich, Adam J. 421-2n

Stanley, Oliver 1422

Stano, Julius 884-885, 896-897

Stapf, Otto 413-415

Stara Gradiska 875-876, 880-881

Starace, Achille 812-813, 814-815

Starachowice. Ver Stahlwerke Braunschweig GmbH/Werk Starachowice

Starokonstantinov 338-339, 379-380

Stauning, Thorwald 673-674

Stavrescu, Gheorge 943-944

Steengracht van Moyle, Gustav Adolf von

destino 1334, 1383-1384

Dinamarca 676-7n, 680-681, 682-683

Eslováquia 909-10n, 912-3n

França 801-2n

Grécia 860-861, 862-864

Hungria 1005-6n, 1012-3n, 1016-7n, 1043-4n, 1050-1051, 1051-2n, 1061-1062

Itália 828-9n, 830-1n

Mônaco 801-2n

Noruega 671-2n

posição 57, 660

propaganda 1266-7n

Romênia 977-8n

Stefan (arcebispo de Sofia) 926-928, 930-1n

Steffen (Ministério do Armamento) 1152-1153

Steffler, Wilhelm 1150-1n, 1194-5n

Steflea, Ilie 941-942

Steimle, Eugen 317, 1383-1384

Stein, Walter 751-2n

Steinbrinck, Otto 101-2n, 120-1n, 123-4n, 117-18, 126-7n, 1382-3

Steiner, Fanny 1284n

Steinhardt, Lawrence 1420

Stephanus (major) 434-435

Stephany, Werner 980-1n

Stern, Heinrich 201-2n

Stern, Samuel 1017-1019

Sternagel (comitê de armamentos, Lvov) 635-6n, 641-2n

Sternagel, Ewald 612

Sternfeld, David 261-2n

Stetke, Julius 417-9n

Stettin 227-228, 229, 464-465

Stettinius, Edward R. 1407-1408, 1422n

Steyr-Daimler-Puch A. G. 581-583, 647-648, 649-650, 1134-1136

Stier, Günther 497-498

Stier, Walther 577-578, 579-580, 1383-1384

Stiewe, August 565-6n

Stiller, Georg 111-2n, 113-4n, 694-5n, 695-6n, 730-1n

Stimson, Henry 1327, 1333n, 1408-1409

Stitz (Böhmische Escompte Bank) 102-3n

Stock, Walter 542-543, 546-547

Stockburger (Heelstrust Ocidental) 690-1n

Stockies en Zoonen, Amsterdã 41-2

Stoenescu, Nicolae 941-942, 942-3n

Stoicescu, Constantin 436-7n, 941-942, 942-3n, 962-4n

Stolze, Erwin 364n, 371-2n, 277-8n, 1259n, 126in

Stomonjakow, Christo 917-918

Stora, Marcel 768-769

Storfer, Berthold 723-4n

Storojinet 951-952

Straaten, Raymond van den 1151-1152

Strack, Hans 770-1n, 805-6n

Strang, William 1403-4n

Strasbourg 746-7n

Strassburg GmbH 1184-5n

Straub, Franz Ludwig 729-730

Strauch, Eduard 323-324, 447-50, 453-454, 1262, 1348n, 1383-4

Strauss, Adolf 1350-1351, 1383-4

Strauss, Franz Josef 1348n

Strauss, Wilhelm 420-1n

Streckenbach, Bruno 224-225, 220-22, 283n, 316, 326-327. 534-535, 1385-86

Streibel, Karl 1115-6n

Streicher, Julius 17-9, 35-8, 99-100, 135-136, 1267-1268, 1271, 1330, 1334-9, 1385-1386

Streimer, Leonore 74-75

Streitmann, Henry 966-967

Strong, Tracy 784-5n

Stroop, Jürgen 224-225, 254-5n, 576-7n, 601-2n, 608-9n, 611-613, 612-4, 643-644, 1283n, 1351-1352, 1385-1386

Struma 970-972, 985-986

Struss, Ernst A. 1146-1147

Struve, Wilhelm 216-218

Stry 1308

Stübbs, Gerhard 542-4, 546-547

Stuckart, Wilhelm

apartamentos 496

arianizações 129n

boicote 100-1n

carreira 69-70

casamentos mistos 502-503, 503-4n

confiscos 275-6n

consciência 1262

destino 1357, 1385-1386

estrela de identificação/Estrela de Davi 193-194

impostos/taxas 159-60n, 160-161

lei do nome 191-192

Leis de Nuremberg 66-67, 469-70n

massacre de 1938 46-7n

mestiçagem [Mischlinge] 492-7

posição 57, 63-64

salários 157-8n

Solução Final 469-70n, 412-3n, 414-5

territórios poloneses 211-2n, 275-6n

Stucki, Walter 786-787

Stud, Erich 765-6n

Studnitz, Bogislav von 835

Stülpnagel, Carl-Heinrich von 344-6n, 345-6n, 742-743, 793-4n, 1385-1386

Stülpnagel, Otto von 469-70n, 742-752, 769-770, 774-5n, 1271n, 1385-1386

Stumm (distrito de Cracóvia) 218-219

Sturdza, Mihai 937-938

Stürmer 1336-1337

Stutterheim, Hermann von 65-66

Stuttgart 172-3n

Stutthof 448-449, 1197-9n, 1219, 1221-3

Stutz, Gretl 1133-1134

SUBAG. *Ver* Sudetenländische Bergbau A. G. Suchomehl, Franz 1113n

Submissão (como estratégia) 26-7

Sudetenländische Bergbau A. G. 115-117, 118-119, 122-123

Sudetos 187-188

Südosteuropa-Gesellschaft e. v. 961-2n, 995-6n

Suécia 524-525, 670-2, 676-7n, 681-4, 702-703, 1050-52, 1061-3, 1194-1195, 1223-1224, 1426-1427, 1473

Suhr, Friedrich 316, 428-9, 478-479, 497-498, 552-3n, 847-8n, 896-7n, 1233n

Suíça

como base de agências de resgate 1395, 1410

como um meio de libertação 769-70n, 1405-6

como um paraíso 189-92, 786-787, 801-802, 1223-1224, 1426-7

contas bancárias de judeus 1484-94

intervenções e protestos da 786-787, 1050-2, 1061-1062

judeus suíços no Reich 524-525, 526-528

reparações de bens alemães 1473

restituição de propriedades sem herdeiros 1451-2n

venda e objetos de arte por agências alemãs 720-721

Sünner (reunião sobre nomes de empresas) 140-1n

Susic, Mirko 871-872

Sussdorf (Administração Militar, França) 741-742

Süsskind, Richard 711-2n

Svencionys 358-9n

Svenningsen, Nils 679-83

Svilpa, Antanas 359-60n

Swift, Robert 1490-3n

Swint, Wendell R. 92-3n

Swoboda, Heinrich 1096-7n

Syrup, Friedrich 57, 81-83, 155-156, 158-159, 521-3n

Szálasi, Ferenc 988-990, 1057-63, 1385-6

Szarva 1053-1055

Szász, Lajos 1016-1017

Szczebrzeszyn 574-6n, 1306-1307, 1308n

Szeged 1029-1031, 1042n, 1056-1057

Szentmiklóssy, Eor 875n

Szepticki, Ereas 621-4

Szerynski, Józef Erzej (Szynkman) 261-262, 278-9n, 597-598, 600-601, 605-607

Szolnok 1042n

Szpilfogel, Maurycy 275-6n

Sztójay, Döme 988-990, 1006-10, 1011-13, 1020-1021, 1025-6n, 1026-1027, 1050-5, 1351-1352, 1385-1386

Szwarcbart, Ignacy 1397

Szydlowiec 253-4n

Szyper, Izak 598-600n

Tallinn 331-332, 471-472

Tamburini, Tullio 819-820, 828-829

Tanzmann, Hellmut 129n

Targu Jiu 981-982

Tarnopol 74-75, 340-341, 357-358, 1004-1005

Tarnów 281-282, 2834n, 580-1n, 627-628

Tartu 331-332

Tassef, Jordan 918-9n

Tataranu, Nicolae 350-1n, 403n, 941-942, 948-949

Tati 427-8n

Tauboeck, Karl 1166-1167

Taylor, Myron 1397

Taylor, Telford 1342, 1345

Tchecoslováquia. *Ver também* Cárpatos-Ucrânia; Praga; Protetorado; Eslováquia; e os nomes individuais das cidades

estatísticas da população judaica 1310, 1441, 1537-1538

julgamentos dos crimes de guerra

1351-1352, 1366-1367, 1368-1369, 1370-1371, 1375-1376, 1380-1381, 1385-1386, 1387-8

restituição 1449-51

Teich, Meyer 957-8n

Teicher (Ministério da Economia) 957-8n, 998-9n

Teichmann (major) 347-8n

Teitge, Heinrich 216-218, 652-4n

Telefones 189-190, 252-3, 392-393, 406-407, 725-726, 855-856, 1027-1028

Teleki, Pál 988-990, 993-994

Tenenbaum, Joseph 1311

Tenje 874-6

Teplik 958-60n

Ter Meer, Fritz 1146-1147, 1148-50, 1152-4n, 1346-1347, 1349, 1361-1362, 1385-1386

Terboven, Josef 656-657, 667-668, 672-2n, 1278

Terespol 455-6n

Territórios Ocupados do Leste, Ministério dos (organização) 399-401

Tesch, Bruno 1103-4, 1350-1351

Tesch, Günther 561-3n

Tesin 883-884

TESTA (Tesch und Stabenow, Internationale Gesellschaft für Schädlingsbekämpfung mbH.) 1101-6, 1350-1351

Testemunhas de Jeová 1066-1068, 1238-1239, 1371-2n

Teuber (construção de armamentos) 108-9n, 109-10n

Textilia Aradana (empresa) 973-974

Thadden, Eberhard von

Bergen-Belsen 1222-1223

Croácia 882-3n

destino 1385-1386

Dinamarca 674-5n

emigração 1403-4n

Eslováquia 908-909, 909-10n

França 694-5n

Grécia 860-1n, 861-2n

Hungria 1003-4n, 1016-7n, 1029-30n, 1029-31n, 1033-4n, 1049-50n, 1050-1051

Itália 819-20n, 822-3n

judeus estrangeiros 525-8

Mônaco 801-2n

Noruega 671-2n

posição 660, 661-2

Romênia 977-8n

troca de judeus por alemães 1403-4n

Théas, Pierre Marie 784-5n

Thedieck, Franz 737-738

Theodorescu, Dem. M. 941-942

Theresienstadt

administração alemã 513-4, 1222-4

conselho judaico 513-5, 516-517, 1226-1227

deportações de 514-8, 518-20, 1138-1139

deportações para 475-476, 503-15, 536-537, 546-7n, 680-2, 719-720, 914-915, 1294-5

estabelecimento 513-514

estatísticas 514-6, 554-5n

filmes 1259

Thiel (Polícia de Segurança) 649-50n

Thier, Theobald 224-225

Thierack, Otto 19-20, 57, 64-65, 163-164, 534-6, 1194-1195, 1248-9, 1385-6

Thilo, Heinz 1202-1203

Thito, Heinz 831-1n

Thomalla, Richard 1080-1082, 1113

Thomas, Georg 218-219, 312, 412-413, 413-415, 452-453, 1385-1386

Thomas, Max 323-324, 429-430, 456-457, 744-746, 1385-6

Thompson, Tyler 784-5n

Thoms, Albert 1187-9

Thuman, Anton 1116-1117

Tidow, Walter 281-2n

Tiefbauunternehmen "TRITON" 1094-1096

Tietz. *Ver* Hermann Tietz; Leonhard Tietz

Tighina 331-332, 945-947

Tijn, Gertrude van 716-7n

Tilsit 336-337, 381-382

Timisoara 970-3

Timm, Max 81-83, 395-6n, 519-20n

Tippelskirch, Werner von (Exército) 406-407, 633-5n

Tippelskirch, Werner von (Ministério das Relações Exteriores) 1280

Tiraspol 981-982

Tiso, Jozef 884-885, 898-899, 909-11, 1351-1352, 1385-6

Tiso, Stefan 884-885, 912-913

Tiszabogdány 1039-1040

Titho, Karl 830-1n

Tito, Marshal (Josip Broz) 882-883

Tittmann, Harold H. 1398-1399

Többens, Walther C. 608-10, 642-3. *Ver*

também Walther Többens (empresa)

Tobescu, Constantin 435-6n, 978-80n, 983-4n

Todt, Fritz 57, 280-281, 398-9n

Tomaszów Lubelski 585-6

Tomaszów Mazowiecki 649-50n

Tomescu, Petre 389n, 941-942, 962-4n

Tomitschek (AEG) 1096-7n

Topf und Söhne (empresa) 1093-4n, 1094-7

Topola 841-842, 1032-1033

Topor, Ioan 950-1n, 951-2n

Toque de recolher 186-187, 703-704, 735-736, 770-771, 1026-1027, 1056-1057

Török, Seor 1037-8n

Toulouse 783-784

Trabucci, Alessandro 795-796

Trácia 915-7, 928-30, 1109

Trainin, A. N. 1333n, 1341

Trampedach, Karl Friedrich 400-401, 407-408, 440-2, 1245n

Transávia (empresa) 600-1n

Transilvânia 932-933, 936-937

Transnístria 401-404, 426-7n, 435-40, 948-949, 954-61, 978-84, 1246-7

Trapp, Wilhelm 1276

Trawniki (campo de treinamento) 612, 621-2n, 1115-1116

Trawniki (campos de trabalho) 615n, 639-641, 641-642, 643-5, 647-648, 1084-1085

Trawniki (cidade) 536-7n, 1082-1083

Treblinka I (campo de trabalho) 1080-2n, 1143-4n, 1142-1144

Treblinka II (compo de extermínio)

assassinatos em câmaras de gás e cadáveres 1206-1207, 1210-1211

ciganos 1245

como destino de transportes 573-574, 579-80n, 583-584, 613-614, 929-930, 1109, 1518-1519, 1523

confiscos 1176-1177, 1178-9n

construção e layout 1082-4

equipe 1108-1111, 1113, 1134-1135

estimativa de mortes 1109, 1535

fechamento do campo 1212-1213

procedimento de chegada 1200-5

revolta 1136-8

segredos, rumores e relatos 600-601, 608-609, 617-8n, 1397, 1408-1409

Treibe, Paul 480-481, 481-3n

Trencín 897-898

Trendtel (médico, Dösen) 193-4n

Trestioreanu, Constantin 349-51

Trianda 868-869

Trichati. *Ver* Trikhaty

Trier 726-727

Trieste 809-810, 819-820, 832-833

Trikhaty 958-960, 1246

Trikkala 865-866

Trípoli 815-816

Triska, Helmut 1016-1017, 1532n

TRITON Trondheim 667-668, 669-72

TRITON. *Ver* Tiefbauunternehmen

Trühe, Heinz 387-8n

Truman, Harry 1329n, 1331-1332, 1341n, 1430, 1435, 1505

Trzynietz, fábricas de ferro 630-631

Tschentscher, Erwin 1071, 1128-9n, 1385-1386

Tuck, H. Pinkney 786-7n

Tuka, Vojtech 884-885, 903-5, 906-11, 1385-6

Tulard, André 740-2, 779-780

Tulchin 956-7n, 958-960, 982-983

Tulp, Sybren 705-708

Tungstram A.G. 997-998

Tunísia 664, 760-761, 789-93

Turda 972-973

Turek 208-209

Turin 818-818

Türk, Richard 1082-1083

Turner, Harald 782-4, 805-6n, 836-837, 842-843, 845-846, 846-7n, 847-848, 849-850, 1245n, 1271n, 1385-6

Turquia 524-525, 526-528, 797-8n, 970-972, 1051-1052, 1401-2n

Tutsi (tribo) 1508-11

Twardowski, Fritz von 661-662

UBS A.G. 1485, 1487, 1490-3n

Ucrânia 329-330. 396-397, 400-401, 410-2n, 450-3

Ucranianos 354-355, 392-393, 415-416, 592-594, 621-622, 1115-1116, 1123-4n, 1134-1135, 1178-1179, 1240, 1308

Uebelhoer, Friedrich 235-9, 239-40n, 246-8, 250-5n, 255-256, 297, 302-303, 1251n

Ufer (empresa) 958-960

Uhlich, Martin 82

Uiberreither, Siegfried 656-657

Uj Elet 1313

Ukmerge 332-333

Ulflingen 725-726

Ullmann, Salomon 733-735, 736-737

Uman 330-331

União Soviética (Convenção para Prevenção e Punição do Crime de Genocídio) 1504-5, 1508

União Soviética (estatísticas da população de judeus) 457-8, 1310, 1439-1440, 1441, 1528-35, 1537-1538

União Soviética (julgamentos dos crimes de guerra) 1351-1352

União/Federação Americana de Judeus Sobreviventes do Holocausto 1484

Unidades da ss

10º Regimento de Infantaria da ss 337-338

14º Regimento de Infantaria da ss 325-6n

1ª Brigada de Infantaria da ss 337-338, 379-380

1ª Divisão Panzer da ss "Leibstearte Adolf Hitler" 547-548, 1185-1186

1º Regimento de Cavalaria da ss 328-9n, 337-39

21ª Divisão de Montanha da ss "Skeerbeg" 865-866

22ª Divisão Voluntárua da ss "Maria Theresia" 1419

2ª Brigada de Infantaria da ss 337-338

2ª Divisão Panzer da ss "Das Reich" 1185-1186

2º Regimento de Cavalaria da ss 328-9n, 337-39

3ª Divisão Panzer da ss "Totenkopf" 1185-1186

7ª Divisão Voluntária de Montanha da ss "Prinz Eugen" 1108-1111

8ª Divisão de Cavalaria da ss "Florian Geyer" 1419

8º Regimento de Infantaria da ss

337-338, 388-90n

Batalhão Nordeste da ss holandesa 711-2

Brigada de Cavalaria da ss 337-338

Divisão "Germanske ss Norge" 666-71

Guarnições Totenkopf nos campos de concentração 1066-1068, 1120-1n

Polizeidivision [Divisão da Polícia] 1185-1186

v Brigada de Montanha da ss 866-7n

Unidades do Exército

1017º Regimento de Infantaria 867-8n

101ª Divisão Leve de Infantaria 404-6n

113ª Divisão de Infantaria 836-837

11º Exército 331-2n, 340-1n, 345-6n, 347-348, 370-1n, 371-372, 373-374, 398-9n, 404-6n, 420-3n, 427n, 434-5, 435-6n, 947-948

12º Exército 835

14º Exército 208-209, 829-830

154ª Divisão de Reserva 592-4n

170ª Divisão de Infantaria 348-349

17º Exército 332-3n, 344-345, 345-346, 371-372

1ª Divisão de Montanha 865-6n

1º Exército Panzer 371-372

202ª Brigada Substituta 345-6n

207ª Divisão de Segurança 432-4n, 1272-3n

213ª Divisão de Segurança 431-2n, 1246n

221ª Divisão de Segurança 328-9n, 345-346, 346-7n

22ª Divisão de Infantaria 372-3n

22ª Divisão Jäger 1027-8n

24ª Divisão Panzer 1056-1057

251ª Divisão de Infantaria 355-6n

281ª Divisão de Segurança 359-60n, 370-371, 427-428, 432-3n

295ª Divisão de Infantaria 388-90n

299ª Divisão de Infantaria 404-6n

2º Exército 388-390, 416-7n

2º Exército Panzer 834-6, 866-7n

2º Regimento de Paraquedistas 822-823

339ª Divisão de Infantaria 375-6, 1246n

342ª Divisão de Infantaria 836-837, 841-842

350º Regimento de Infantaria 345-346

3º Exército 208-9n

3º Exército Panzer 442-3n

433º Regimento de Infantaria 843-4n

444ª Divisão de Segurança 434-5n

449º Batalhão de Sinal 841-842

454ª Divisão de Segurança 328-9n, 355-6n, 401-4n, 420-1n, 427-8n, 1246n

4º Exército 416-7n

4º Exército Panzer 340-341

521º Batalhão de Sinal 841-842

528º Regimento de Infantaria 371-2

52ª Divisão de Infantaria 346-7n

5º Exército Panzer 789-790

65º Regimento de Infantaria 372-3n

677º Regimento de Engenharia 346-7n

69ª Divisão Jäger 442-3n

6º Exército 344-6n, 346-7n, 373-4n, 434-5n, 727-728

704ª Divisão de Infantaria 842-3n, 843-4n

707ª Divisão de Infantaria 346-347

714ª Divisão de Infantaria 824-3n

718ª Divisão de Infantaria 874-5n

727º Regimento de Infantaria 346-7

734º Regimento de Infantaria 843-4n

764ª Divisão de Infantaria 842-3n

836º Regimento Armado 379-80n

999ª Divisão de Força de Rhodos 868-869

99ª Divisão de Infantaria 344-6n

9º Exército 416-7n

Armeegruppe Wöhler 983-5

Corpo de Exército Kirchner 984-5n

Corpo de Exército Mieth 984-5n

Exército Panzer na África 789-790

Grupo B do Exército 416-7n

Grupo Central do Exército 371-372, 404-406, 409-410, 431-2n

Grupo E do Exército 835, 866-7n, 868-869

Grupo F do Exército 726, 866-7n

Grupo Norte do Exército 404-6n

Grupo Sul do Exército 371-372, 375-6n, 431-2n

LXV Corpo de Exército 842-3n

LXXXVIII Corpo de Exército 705-708, 708-9n

XL Corpo de Exército 984-5n

XLII Corpo de Exército 404-6n

XLIV Corpo de Exército 434-5n

XLIX Corpo de Exército 984-5n

XLIX Corpo de Exército de Montanha 984-5n

XV Corpo de Exército de Montanha 882-3n, 883-4n

XVII Corpo de Exército 338-90n, 984-5n

XXI Corpo de Exército de Montanha 866-7n

XXII Corpo de Exército de Montanha 864-5n, 865-6n, 866-7n, 867-868, 1027-8n

XXIX Corpo de Exército 388-390, 404-6n

XXX Corpo de Exército 344-345, 345-6n, 374-5, 375-6n

XXXXIX Corpo de Exército 388-90n

Unidades do Exército (Brigada Judaica) 1427-1428

Unidades do Exército (britânicas) 1219

Unidades do Exército (eslovacas) 456-457

Unidades do Exército (húngaras) 347-9, 456-457, 1005-1006

Unidades do Exército (italianas) 789-790, 791-793, 793-794, 795-796, 848-9n

Unidades do Exército (romenas) 312-15

Unidades do Exército (soviéticas) 1217-8n, 1219

United Continental Corporation 122-3

Universidades 3n, 72-73, 89-90, 179-180, 189-190, 994-5. *Ver também* Escolas

UNRRA (Administração das Nações Unidas para Assistência e Reabilitação) 1427-1428, 1548

Unruh, Walter von 296n

Urban (RSHA) 1014-5n

Urbantke, Wilhelm 898-9n, 901-2n

Uruguai 42-3n

Ustasha (Ustasa) 871-4, 874-875

Utena 332-333

Utikal, Gerhart 807-8n

Utrecht 484, 701-2

Uzhorod 1029-31

Vaadat Ezra v'Hazalah (organização judaica) 1040-1041

Vaerst, Gustav von 789-790

Vajna, Gábor 1057-1058, 1059-61n, 1061-2n

Valas comuns/covas coletivas. *Ver também Kommando "1005"*
  em operações de fuzilamento 366-8, 454-6
  exumações 456-457, 1208-11, 1042-43
  fugas de 440-441, 455-6
  massacre de Iasi 943-944
  nos campos 417-419, 1089-1090, 1099, 1208-10

Valeanu (missão diplomática romena, Berlim) 969-970

Vallat, Xavier 646-47, 755-756, 661-62, 761-763, 1284, 1385

Vandziogala 332-333

Vans-câmaras de gás 385-8, 847-50, 1074-1075, 1072-1075, 1329n

Vapniarca 955-956, 960-961, 978-980, 981-982

Varena 358-9n

Varna 929-930

Varsóvia (cidade) 240-241, 241-242, 249-54, 1299, 1305

Varsóvia (distrito) 224-225, 286-287, 573-574, 632-633, 1109

Varsóvia (gueto)
  administração judaica no 260-2, 267-8
  batalha 602-14, 1283
  ciganos 1245
  condições 292-4, 301-7
  confiscos 278-279, 643-644
  contrabando e mercado negro 261-262, 268-269, 290-291, 300-2
  deportações de 576-8, 583-584, 596-604, 1296
  formação 239-240, 246-247, 249-53
  mão de obra 288-9n
  ruínas 615, 1249, 1251
  rumores e relatos 595-7, 1408-9
  supervisão alemã do 252-253

Vasek, Anton 884-885, 901-2n, 904-905

Vasiliu, Constantin 941-942, 978-80n, 980-4

Vaticano (diplomacia). *Ver também* Igreja Católica; Pio XI; Pio XII
  Alemanha 554-5
  Croácia 874-5n, 875-876
  Eslováquia 886-888, 902-3n, 903-4, 906-9, 912-913
  França 756-758, 783-4
  Hungria 1034-7, 1050-1051, 1061-1062
  Itália 812-4, 821-6
  Sérvia 846-847

Vaticano (nas considerações dos alemães) 502-3

VAW (Vereinigte Aluminiumwerke) 997-998

Vay, László 1005-10n. *Ver também* Fay, e Fay-Halasz, Gedeon

Vayer, Scott 1495n

Vayna, Gábor 1057-1058, 1059-61n

VEDAG Vereinigte Dachpappen A. G. 1094-1096

Veesenmayer, Edmund
Croácia 871-872
destino 1344, 1346-7n, 1385-7
Eslováquia 884-885, 781n, 788-89
Hungria 664, 992-3n, 1013-7, 1020-8n, 1029-35n, 1037n-1040, 1042, 1045-6n, 1048-63n, 1388-9n, 1423n
Sérvia 603, 838-840, 840-1n

Veltjens, Josef 709-710

Veneza 819-820, 824-826

Ventzki, Werner 235-236, 254-5n, 297, 299-300

Verbeck, Franz Heinrich 577-578, 1387

Verein zur Abwehr des Antisemitismus 50-1n

Vereinigte Finanzkontore 103-4n

Vereinigte Papierfabriken 690-691

Vereinigte Stahlwerke 124-125

Vermehren. *Ver* Hans Vermehren Import-Fabrikation-Export

Vermes 21-22

Verona 484, 826-7n, 829-30n, 830-831

Vershovsky, Senitsa 353-354

Vertujeni 931-2

Veszprém 1037-1038

Veteranos (alemães) 561-3, 730-731

Veteranos (húngaros) 998-999

Veteranos (judeus)

exército búlgaro 918-919

exército francês 758-759, 761-763

exército húngaro 993-994, 1025-7

exército italiano 813-814

exército romeno 937-938, 961-962

exércitos austro-húngaro e alemão 35-36, 50-51, 83-84, 87-88, 90n, 409-410, 417-419, 447-54, 719-720, 993-994, 1025-1026, 1115

Vetter, Helmut 1004n

Vialon, Friedrich Karl 376n, 425-426, 1193

Vichy 739-42

Victor Emanuel III (Vittorio Emanuele, rei da Itália) 814-815

Viena. *Ver também* Áustria
abortos 1296n
deportações de 227-228, 232-3n, 233-5, 236-237, 464-465, 528-529, 549-52, 563-4, 1296
emigração de 152-4, 189-190, 464-5
estatísticas 168-169, 1299
ferrovia de 1944 1034-5n
judeus húngaros 1045-8
massacre de 1406 10
massacre de 1938 39n
organização da comunidade judaica 167, 528-9
plano de guetificação 181-4
rumores e inquéritos 1260, 1114
trânsito através de 858, 929-930

Viik, Jan 1246n

Villanovo 868-869

Vilna 330-331. 332-333, 359-360, 399-400, 416-7n, 423-4n, 426-427, 393n, 443-8, 1290n, 1297, 1526-7

Vilnius. *Ver* Vilna

Vinnitsa 331-332, 363-364, 391-392, 981-3

Visser, Lodewijk Ernst 698-701

Vitebsk 330-331. 334-335, 380-381

Vitenberg. *Ver* Witenberg, Yitzhak

Vladescu, Ovidiu 941-942

Vogel, Heinrich 1069, 1072-1075

Vogt, Josef (RSHA) 316, 389-391, 393-395

Vogt, Josef (WVHA) 1071

Voiculescu, Constantin 436-7n, 941-942

Volhynia-Podolia 400-401, 416-417, 455-456, 1003-4n, 1526-8

Volk, Leo 644-5n, 1387

Volker, Paul A. 1485, 1493-4

Volkmann, Klaus 631-2n

Volkssturm 1218-1220

Volkswagen (empresa) 1497-1498

Vólos 865-6n

Volz, Paul 196-7n

VOMI (Volksdeutsche Mittelstelle) 221-222, 293-294, 426-7n, 938-9n, 1181-5, 1190, 1532

Voznesensk 956-957

Vrba, Rudolf (Rosenberg, Walter) 1410

Vrij Nederle 705-708

Vught 709-12, 714-7, 1142-1144, 1183-4n. *Ver também* Hertogenbosch Vulcanescu de Vught, Mircea 436-7n

Vyazma 386n Vyhne 891-892

Wächter, Otto 216-8n, 218-219, 245-246, 591-2n, 818-20, 1387

Wächter, Werner 189-90n

Wages 157-60, 266-267, 283-88, 290-291, 404-406, 417-20, 891-2. *Ver também* Mão de obra

Wagner (major) 1004-5n

Wagner Horst

Alemanha 505-7n, 526-8n

Bulgária 929-30n, 931-3

Croácia 882-3n

destino 1387

Dinamarca 679-80n

emigração 1403-4n

Eslováquia 899-90In, 912-3n

Grécia 860-1n, 861-2n, 862-864

Hungria 1012-3, 1029-31n, 1043-4n, 1050-In, 1051-52, 1052-3n, 1061-2n

Itália 827-828

Noruega 671-2n

posição 659-662, 660

troca de judeus por alemães 1403-4n

Wagner, Adolf 35-7

Wagner, Eduard 209-12, 312, 320-2, 325-326, 370-In, 633-5n, 1387

Wagner, Gerhard 60, 67-68, 99-100, 131-132, 492-3n

Wagner, Hans 1137-9n

Wagner, Josef 229

Wagner, Robert 464-465, 656-657, 741-742, 746-747, 1387

Wagner, Rudolf 1120-In, 1127-8n

Wagner, Wilhelm 668-70

Waisenegger, Erich 302-303

Walbaum, Jost 216-218, 248-9n, 251-252, 570-571, 1387

Waldemar Schmidt (empresa) 290-291

Waldman, Morris 1407-1408

Wallenberg, Raoul 1061-1062

Walter, Alexander 83-4

Índice remissivo **1651**

Walter, Gerhard 388-391, 395-6n

Walther C. Többens (empresa) 290-291, 600-1n, 608-609, 647-648

Walther, Hans Dietrich 843-844

Warburg & Co. 140n, 689-90n

Warburg, Max 1277

Warenhaus Helmut Horten K. G. *Ver* Horten, Helmut

Warlimont, Walter 83-4, 312, 315-316, 315-318, 320-321, 406-407, 1346-7n, 1387

Warnecke (I. G. Farben) 1159-60n

Wartenberg (coronel) 1156-7n

Warthbrücken 1201-1202

Wartheland (Warthegau) 212-213, 215-216, 239-240, 468-469, 521-523, 573-574, 576-577, 1109, 1174-1175, 1233, 1524

Warthenau 630-631

Warthewerk 647-648

Wasikowski (tenente) 948-9n

Wasilewski, A. (major de Biala Podlaska) 651-3n

Watzke, Adolf 205-206

Weber, Julius 1161-3n

Weber, Walter 661

Weckmann, Alfons 741-742

Weckwerth, Erich 421-2n

Wedel, Hasso von 312

Weesleben, Otto-Wilhelm 317

Weggel, Ereas 1069, 1071

Weh, Albert 591-2n

Wehner, Bernhard 1124-1126

Weichs, Maximilian von 834-5, 864-865, 1000-1n, 1387

Weichsel Metall Union-Werke 620-621, 1156-1157

Weidmann (Polícia de Segurança, Bélgica) 729-730

Weidmann, Frantisek 204

Weige (capitão) 401-4n

Weige, Wolfgang 111-112, 421-2n

Weigert, Julius B. 1455n

Weihe (Wartheland) 273-4n

Weihenmaier, Helmut 287-8n

Weihs (judeus veteranos de guerra, Viena) 508-9n

Weil, Alfred 539-40n

Weil, Bruno 1455n

Weill, Albert 768-769

Weill, Julien 747-748

Weimar 1224-1226

Weinbacher, Karl 1104-6n, 1350-1n

Weinberg, Arthur von 93-4n

Weinberg, Karl von 89-90

Weinhold (Krupp, Auschwitz) 1156-7n

Weinmann (empresas) 1168-74

Weinmann, Erwin 317, 323-324, 324-5

Weinmann, Fritz 115-117, 117-9

Weinmann, Hans 115-117, 111-12

Weir, John 1329n

Weirauch, Lothar 497-498, 624-6

Weiss, Manfred (família) 1023-5, 1051-1052

Weiss, Martin 1116-1117

Weiss, Melvin J. 1490-3n

Weiss, Peter 1326n

Weitnauer (Ministério do Leste) 427-428, 491-2n

Weizmann, Chaim 1412-3, 1420, 1422-3, 1444n

Weizsäcker, Ernst von

antissemitismo 33n, 147-8n

Bélgica 728-9n

Bulgária 917-8n, 923-4n, 924-6

Croácia 877-8n

Danzig 213-5n

destino 1343, 1387

Dinamarca 673-4n, 674-5n

Eslováquia 883-4n, 843-6, 904-5n, 905-6n

estrela de identificação/Estrela de Davi 195-6n

França 743-744, 746-7n, 752-3n, 760-1n, 765-766, 771-772, 758-9n, 805-806

Grã-Bretanha 1267-8n

Grécia 853-4n, 862-4n

Holanda 704-5n

Hungria 1006-7n, 1009-1010, 1010-11n

Itália 760-1n, 815-6n, 823-6

judeus estrangeiros 135, 465-6n, 463-464, 525-28n

ligações na polícia 917-8n

Noruega 671-672

Plano de Madagascar 465-6n

política de emigração 147-8n, 153-4n, 154-5n, 465-6n, 1267-8n

posições 33-4n, 57, 660, 661-662, 664

propaganda 1269-70n

reflexões sobre o pós-guerra no diário pessoal 1280

Romênia 944-5n, 969-70n, 972-973, 975-6n

Salônica 853-4n

Sérvia 840n, 841-842, 845-47

Solução Final 493-5n, 506-7n, 519-20n

Vaticano 556n, 1262n

Welck, barão Wolfgang von 770-1n

Welles, Sumner 1396, 1400-2, 1403-1404

Welungen 651-3n

Wendler, Richard 218-219, 246-7n, 276-7n, 283-5n, 591-2n, 1387

Weneck (RSHA) 1014-5n

Werkmeister, Karl 1005-6n, 1387

Werkverruiming 696-698, 709-11

Werner (*Gebietskommissar*, Baranowicze) 442-443

Werner (*Untersturmführer*, Varsóvia) 209-10

Werner, Alfons 712-4n, 1232n

Werner, Paul 103-4

Werner, Reinhold 103-4n

Werth, Henrik 999-1000

Westbank (empresa) 730-731

Westböhmischer Bergbau Aktienverein 116, 118-9n

Westdeutscher Kaufhof 96-7n

Westerbork 708-9n, 709-14, 715-9

Westerkamp, Eberhard 216-218, 1387

Westermann, Albert 577-8n, 589-90n, 590-2n

Westrick, Ludger 997-998, 998-9n

Westring, Claus 1278

Wetter, Karl 848-849

Wetter, Sune 111-112

Wetzel, Eberhard 399-400, 401-4n, 410-412, 427-428, 491-2n, 492-493, 497-498, 956-957, 1078-1079, 1387

Wetzler, Alfred 1410

Wever, Karl 82

Weygand, Maxime 760-761

Widmann, Albert 386-387

Widmer, Peter 1490-93n

Wiebens, Wilhelm 323-324

Wied, Heinz 1124-1126

Wiehl, Emil Karl Josef 144-5n, 524-6n, 661-662, 689-90n

Wielan (comitê de munições) 1156-7n

Wielun. *Ver* Welungen

Wiesel, Elie 1322

Wieser (casa de penhores de Berlim) 1188-1189

Wieser (OKW) 1106-1105

Wige, Arpad 224-225, 1175-1176

Wilbertz, Julius 720n

Wilejka 1526-1527

Wilhelm Döring (empresa) 600-1n

Wilhelm Kermel (empresa) 1091-2n

Wilhelm, Karl Friedrich 689-90n, 1023n, 1024, 1189-1191, 1262, 1276

Wilkendorf (Igreja Luterana) 196-7n

Wille, Kurt Friedrich Theodor 216-8

Willikens, Werner 83-4

Willstätter, Richard 201-202

Willuhn, Franz 65-66, 164-5n

Wilno. *Ver* Vilna

Wilshaus (Krupp, Essen) 1159-60n

Wimmer, Friedrich 687-688

Winchell, Walter 1313

Windecker, Adolf 1265-1266

Winkelmann, Otto 400-1n, 1017-1019, 1020-1021, 1034-5n, 1055-1056, 1057-8n, 1387

Winkler, Gerhard 224-225

Winkler, Max 59, 262-3n, 269-70, 273-274, 1086-7n, 1357, 1387

Winkler, N. (médico, Mogilev-Podolsk) 957n

Winter, August 1000-2n

Winterfeld, von (*Oberkriegsverwaltungsrat*) 328-9n

Winterschall A. G. 122-123

WinterthurVersicherungs-Gesellschaft 1496

Wippern, Georg 578-9n, 1174-5n, 1188-90

Wirth (Gabinete do Plenipotenciário da Indústria Química) 1149-50n

Wirth, Christian 1077-1078, 1107-1108, 1110-3, 1212-1213, 1248

Wirths, Eduard 1116-1117, 1127-1128, 1170-1172

Wirtschafts-Rüstungsamt (OKW/WiRü) 312, 313n, 368-9n, 330-1n, 412-3

Wirtschaftsführungsstab Ost 412-413, 413-5

Wirtschaftsstab Ost 412-5, 421-422

Wirtz (WVHA) 1093-4n

Wise, Stephen 1395-7, 1401-1402, 1403n, 1403-6

Wisliceny, Dieter
destino 1334, 1351-1352, 1387-1388
e Eichmann 479-80n
Eslováquia 285-6n, 664, 885-886, 896-7n, 899-901, 903-5, 909-11
Hungria 664, 1007-10, 1017-1019, 1029-31, 1043-1044
Romênia 975-6n
Salônica 664, 853-6, 857-8, 1285-6n
sobre Baeck 528-9n, 1029-31

Witenberg, Yitzhak 446-8

Witiska, Josef 911-13

Witkowitz Bergbau- und Eisenhüttern Gewerkschaft 106-15

Witten, Roger 1486

Wittgenstein, Friedrich Theodor Prince zu Sayn und 362-4

Wittje, Kurt 221-222

Wittrock, Hugo 408-9n, 423-4n

WJRO. *Ver* Organização Judaica Mundial de Indenização

Wöhler, Otto 331-2n, 340-1n, 373-4n, 947-8n, 983-5, 1387-1388

Wohlthat, Helmut 82, 120-1n, 124-125, 461-463, 464-465, 389-90n, 948-9n, 1387-1388

Wöhrn, Fritz 478-479

Wolf, M. (médico, Mogilev-Podolsk) 957-8n

Wölfel, R. (Dresdner Bank) 561-3n

Wolff, Albert 523-524

Wolff, Günther von 1167-1168

Wolff, Karl

  destino 1357, 1387-8

  em Minsk 385-386

  experiências médicas 1160-1n, 1164-65

  França 793-4n

  Itália 818-20, 823-4n

  pogrom de 1938 39

  posição 221-222

  Prisão de Rothschild 110-111

  problemas com transportes 578-9n, 583-584

  relatórios de força policial de Daluege 429-30n, 430-2n, 574-6n, 697-8n, 776-7n, 793-4n

  Romênia 978-80n

  Soldau 1108-11n

  utilização de mão de obra 633-5n, 642-3n

Wolff, Leo 199

Wolkowysk 551-2n

Wollisch (capitão, judeu veterano de guerra, Viena) 509-510

Wolsegger, Ferdinand 218-219

Wolstayn (fugitivo de Bełżec) 585-6

Wolter, Fritz 1096-7n

Wolzt, Leonhard 107-108

Wörlein, Karl 704-705

Wörmann, Ernst

  Bulgária 924-6

  Danzig 213-5n

  destino 1343, 1387-1388

  emigração 153-4n, 190-1n, 1267-8n

  Eslováquia 883-4n, 893-6

  França 752-3n, 771-772, 788-9n

  Grã-Bretanha 1267-8n

  Grécia 860-1n

  Holanda 702-3n

  Hungria 1000-1n

  impostos/taxas 146-7n

  judeus estrangeiros 44, 46-47, 254-5n, 461-3n, 525-6n

  posição 659-662, 661

  Romênia 839n, 972-973, 975-6n

  Sérvia 840-1n, 846-7n

  Solução Final 495-6n, 519-20n

  Vaticano 556n, 1262n

Worst (Holanda) 695-6n

Worster, Heinrich 1116-1117

Worthoff, Hermann 596-597

Wrangel, barão von (*Oberkriegsverwaltungsrat*) 373-4n

Wucher, Theodor 82, 560-1n

Wühlisch, Johann von 254-5n, 362n

Wulff, Karl 1148

Wunder, Gerd 72-3n

Wünnenberg, Alfred 221-222

Würfel, Ritter von (coronel) 434-5n

Wurm, Theophil 1320

Wurster, Karl 1148, 1387-1388

Württemberg 83n, 197-198, 1454-5n

Württembergische Metallwarenfabrik 1160-1

Würzburg 483-84

WVHA (*Wirtschafts-Verwaltungshauptamt*) 221-222, 714-715, 928-30, 1176-1177, 1190

Xangai 1391, 1392-3n, 1436-1437, 1433-8n, 1458, 1469n

Yad Vashem 1315-6n

Yampol 945-7n, 947-948, 951-950, 982-983

Yanovichi 380-381

Yessentuki 1531

YIVO Institute 1315-6n

Zaandam 702-703

Zabel, Martin 577-578, 1387-1388

Zabludowski, Benjamin 261-262

Zacke, Friedrich 897-8n

Zagore 366-7n

Zagreb 871-872, 874-875, 878-879

Zahn, Albrecht 577-578, 579-80n, 1387-8

Zamboni, Guelfo 860-1n

Zamosc 287-288, 585-586, 935-36

Zangen, Wilhelm 59

Zante 868-869

Zapp, Paul 323-324, 395-6n, 945-7n

Zawercie. *Ver* Warthenau

Zbaszyn 461-463

Zech, Karl 224-225

Zee-Heräus, Carl Bernhard 741-742

Zeitschel, Carltheo 744-746, 747n, 754-755, 764-5n, 765-766, 774-5n, 780-781, 805-6n, 916-9

Zeitzler, Kurt 58, 312

Zemun. *Ver* Semlin

Zentrale Stelle (Ludwigsburg) 1358-9

Zentralheelsgesellschaft Ost 454-5n

Zentralkomitee zur Abwehr der jüdischen Greuel- und Hetzpropagea 99-101

Zentralstellen für jüdische Ausweerung 204, 696-8

Zhdanov. *Ver* Mariupol

Zhitomir (cidade) 330-2, 335-336, 344-345, 347-348, 371-372, 419-20n

Zhitomir (distrito) 360-361, 400-401

Židowske Listy (Praga). *Ver Jüdisches Nachrichtenblatt*

Ziegler (general) 452-3n

Ziereis, Franz 1218-21n

Zilina 898-9n, 780, 1410

Zimmermann, Herbert 578-9n, 617-618, 1387-8

Zirpins, Walter 248-9n, 278-80n, 1387-1388

Zissu, Abraham Leib 985-986

Zivnostenska Banka 107-8

ZKK (Zydowski Komitet Koordynaczji) 604-6

ZKN (Zydowski Komitet Narodowy) 604-6

ZOB (Zydowska Organizacja Bojowa)

604-10, 611-613, 613-614

Zoepf, Wilhelm 697-8, 708-9, 712-4n, 715-21, 1192-3, 1226-7, 1233n, 1387-8

Zolkiewka 1199-1200

Zolli, Israel (Eugenio) 820-821

Zöllner, Otto 139-40n

Zöppke (Ministério das Relações Exteriores) 113-4n

Zörner (Grupo Sul do Exército) 1059-6n

Zörner, Ernst 218-219, 232-233, 245-246, 246-7n, 270-3n, 591-592, 592-4n

Zschimmer, Gerhard 81-83, 559-60n

Zschintzsch, Werner 57

Zschoppe (8º Regimento de Infantaria da SS) 388-90n

Zucker, Otto 514-5n

Zukowski (diretor, Distrito Skalat, Galícia) 283-5n

Zülow, Kurt 159-60n, 160-1n

Zwiedeneck, Eugen 933-5n, 941-3

Zyklon. *Ver* câmaras de gás; fornecimento de gás

zzw (Zydowski Zwiazek Wojskowski)

Fontes: Amalia e Akkurat
Papel: Pólen Bold 70gm^2
Impressão: R. R. Donnelley